国家社科基金
后期资助项目

欧洲示范民法典草案：欧洲私法的原则、定义和示范规则

Principles, Definitions and Model Rules of European Private Law
Draft Common Frame of Reference (DCFR)
(Outline Edition)

欧洲民法典研究组　编著
欧盟现行私法研究组

克里斯蒂安·冯·巴尔
埃里克·克莱夫
汉斯·舒尔特－纽尔克
休·比尔
约翰尼·埃雷
杰罗姆·胡氏　　　　　主编
马蒂亚斯·斯特姆
斯蒂芬·斯旺
保罗·瓦卢尔
安娜·维尼基亚诺
弗莱德里克·措尔

高圣平　译

中国人民大学出版社
·北京·

国家社科基金后期资助项目
出版说明

  后期资助项目是国家社科基金设立的一类重要项目,旨在鼓励广大社科研究者潜心治学,支持基础研究多出优秀成果。它是经过严格评审,从接近完成的科研成果中遴选立项的。为扩大后期资助项目的影响,更好地推动学术发展,促进成果转化,全国哲学社会科学规划办公室按照"统一设计、统一标识、统一版式、形成系列"的总体要求,组织出版国家社科基金后期资助项目成果。

全国哲学社会科学规划办公室

中译本序言

　　非常荣幸，也十分高兴地受邀为《欧洲示范民法典草案》的中译本作序。《欧洲示范民法典草案》是欧洲学者们所起草的欧洲私法共同参考框架，本中译本的出版，促进了中欧之间在私法领域的交流，我们作为起草者对此倍感欣慰。欧盟各成员国的私法与东亚主要国家的私法之间原本就十分接近，为使原有法典适应现代社会的要求，与欧洲目前的法典化趋势一样，亚洲也正掀起一股新的法典化运动。在这一进程中，唯有保持紧密联系，才不致错过相互学习和共享资源的机会。事实上，我曾设想建立亚欧民法典研究组，共同起草包括债法在内的示范条文。我深信这些示范规则对于立法、法学研究和法学教育均深具助益。

　　《欧洲示范民法典草案》是由学者发起起草的文本，自着手研究之始，就没有得到欧盟宪法机构的官方"授权"。它是源于欧洲法学研究中心的自发产物，在欧洲合同法委员会，也就是著名的以其丹麦籍主席命名的兰道委员会（Lando-Group）的前期研究成果的基础上，加入了有名合同法、非合同责任法和物权法相关领域的示范规则。而且，《欧洲示范民法典草案》涵盖了与欧盟现行私法相关的合同责任规则和非合同责任规则，其中大部分由欧洲民法典研究组的专家起草，其余则由另外一个研究机构——欧盟现行私法研究组的欧洲学者起草。由分别来自两个研究组的成员共同组成的编校工作组负责汇纂最终的文本。为了了解各界对《欧洲示范民法典草案》的态度，我们先公布了草案的临时纲要版，其后出版了两种形式的正式文本：一种是单卷本的纲要版（即本书），仅包括原则、定义和示范规则；另一种是六卷本的完整版，对示范规则详加评述，并罗列了欧盟各成员国的相关规定及所收集的大量资料的索引。

　　《欧洲示范民法典草案》出版不久，即激起了广泛的争议，同时，也迎来了世界范围内的共鸣。各主要语种的翻译文本促进了它的传播。欧盟委员会刚刚启动了一个后续项目，拟将《欧洲示范民法典草案》翻译成德文、法文、意大利文、波兰文和西班牙文。相比较而言，将其翻译成中文更富有挑战性，也更费时间和精力。毋庸置疑，我为此壮举而深深感动。

《欧洲示范民法典草案》的起草旨在提供可供参照的范本，也就是为欧盟和各成员国的立法者提供一个灵感的来源。更进一步的目标是使各国法院了解立法争议以及其他国家的解决方案，并为法学教育提供一个新的工具，以使学者精确地找到本国法律制度与欧洲基准相比所处的位置。在目前看来，《欧洲示范民法典草案》离上述目标已经越来越近了。

《欧洲示范民法典草案》受到我们的同行（甚至是一些报刊）的广泛关注，可能主要归功于这样一个事实：它已经成为欧洲法律政策的一部分。它正接受欧洲议会、欧盟理事会和欧盟委员会的详细审查。尽管业已起步的政治进程的结果还不够明朗，但一些最基本的路线却日益清晰。欧盟委员会已经组成了一个专家组，专门负责从《欧洲示范民法典草案》中提取出一个草案，并研究将其中的示范规则植入欧盟立法程序的可行性。这一草案所涉及的范围比《欧洲示范民法典草案》更受限制，规划中的方案仅包括合同法总则（《欧洲示范民法典草案》第一卷至第三卷）以及买卖合同、服务合同（《欧洲示范民法典草案》第四卷第一编和第三编）。主事委员认为，在"第一轮"就支持起草新的欧盟私法在政治上暂不合时宜，因此，《欧洲示范民法典草案》仍将持续地起着为立法者、司法者和法学家提供灵感源泉的主要作用。此外，《欧洲示范民法典草案》受到广泛关注的另外一个原因可能是还没有哪一个官方文本能够像《欧洲示范民法典草案》这样整合了如此丰富的比较法资料。

在政治上修正《欧洲示范民法典草案》（在我看来，与原始文本之间的差异仅仅是次要的问题）的目标应当是通过一个法规（Regulation），但就此尚无定论。公开磋商程序已经启动，专家组尚未正式签署认可的文本，实际上文本已经"出炉"，并将送至相关人员以作进一步考量。磋商也已在欧洲议会法律事务委员会的代表之间以及欧盟委员会的专家顾问之间进行。在2011年的下半年，欧盟理事会波兰轮值主席会议将为拟启动的立法程序奠定基础，但最终通过的日期尚无法精准地预期，因此，十分欢迎来自世界各地，尤其是中国的专家的意见。

值得注意的是，不管是《欧洲示范民法典草案》，还是议定中的法规，都不是法律统一化的经典文献。法律之间的接近具有间接相关性。这是因为正在起草中的欧洲合同法最终极有可能是采取选择性文件（Optional Instrument）的形式，也就是说，它仅是另外一个可供选择的法律制度，不会触动各成员国的国内法律制度。暂时看来，它只有在合同当事人选择的时候，才得以适用。因此，其适用的前提条件是当事人选择将其作为准据法，我希望，在纯粹国内贸易背景下，例如在网上交易中，也有当事人选择适用它。但是，如果没有最初就这一新的欧洲文本的深入磋商，在未来就没有哪一个欧盟国家的立法机构会启动这一程序。这或多或少是植根于《欧洲示范民法典草案》的统一化观念。就其有限的调整范围而言，以《欧洲示范民法典草案》为基础的选择性文件只是开了一个头；相比较而言，在其他领域，《欧洲示范民法典草案》暂时仍然是灵感的源泉。

克里斯蒂安·冯·巴尔
2011年3月于德国奥斯纳布吕克

目 录

导论	1
学术贡献者和资助者	36
原则	48
条文对照（导入）表	79
条文对照（导出）表	91
示范规则	108
第一卷　一般规定	148
第二卷　合同及其他法律行为	153
第三卷　债务及相应的债权	189
第四卷　有名合同及其权利与义务	224
第五卷　无因管理	309
第六卷　侵权责任	312
第七卷　不当得利	327
第八卷　动产所有权的取得与丧失	334
第九卷　动产担保物权	355
第十卷　信托	395
附录·定义	428
索引·词汇表	446
译后记	548

导 论

- 一、概 况 ·· 3
  - 1. 《欧洲示范民法典草案》和《欧洲示范民法典》的区别 ·········· 3
  - 2. 《临时纲要版》的修正 ·· 4
  - 3. 《欧洲示范民法典草案》的平装版和精装版 ························ 5
  - 4. 学者建议稿，并非经官方授权的文本 ································ 5
  - 5. 关于本纲要版 ··· 5
- 二、《欧洲示范民法典草案》的目的 ·· 6
  - 6. 为官方的《欧洲示范民法典》提供可行的范本 ···················· 6
  - 7. 法律科学、研究与教育 ·· 6
  - 8. 灵感的潜在来源 ·· 6
- 三、《欧洲示范民法典草案》的内容 ·· 7
  - 9. 原则、定义和示范规则 ·· 7
  - 10. "原则"的意义 ·· 7
  - 11. 基本原则 ··· 8
  - 12. 《临时纲要版》中基本原则所采取的方法 ·························· 8
  - 13. 《欧洲合同法指导原则》所采取的方法 ····························· 9
  - 14. 《欧洲合同法指导原则》的经验教训 ································ 10
  - 15. 根本原则 ··· 11
  - 16. 最主要的原则（首要原则） ·· 11
  - 17. 保障人权 ··· 11
  - 18. 促进团结和社会责任 ··· 12
  - 19. 保护文化和语言的多样性 ··· 12
  - 20. 保护和促进福祉 ··· 13
  - 21. 促进内部市场发展 ·· 13
  - 22. 自由、安全、正义和效率 ··· 13
  - 23. 定 义 ·· 13
  - 24. 示范规则 ··· 14
  - 25. 评述和注释 ·· 14

四、《临时纲要版》的修订 ·· 14
    26. 概述 ··· 14
    27. 第一卷 ··· 15
    28. 第二卷 ··· 15
    29. 第三卷 ··· 16
    30. 第四卷 ··· 16
    31. 第五卷至第七卷 ······································ 17
    32. 第八卷至第十卷 ······································ 17
    33. 定义 ··· 17

五、《欧洲示范民法典草案》的调整范围 ·················· 17
    34. 比《欧洲合同法原则》更为广泛的调整范围 ···· 17
    35. 有名合同 ··· 18
    36. 非合同债务 ·· 18
    37. 动产法的相关事项 ··································· 18
    38. 除外的事项 ·· 18
    39. 采取这种方法的理由 ································ 18
    40. 作为私法组成部分的合同法 ······················· 19

六、《欧洲示范民法典草案》示范规则的结构和语言 ···· 19
    41. 示范规则的结构 ······································ 19
    42. 示范规则的编号模式 ································ 20
    43. 十卷 ··· 20
    44. 第二卷和第三卷 ······································ 21
    45. 合同与债务 ·· 21
    46. 合同的和非合同的债务 ····························· 22
    47. 语言 ··· 22
    48. 普及性和可理解性 ··································· 23

七、《欧洲示范民法典草案》与《欧洲合同法原则》、《欧洲私法原则》丛书、
现行私法和保险合同研究组之间的关系 ··············· 23
    49. 部分以《欧洲合同法原则》为基础 ············· 23
    50. 和《欧洲合同法原则》的差异 ··················· 24
    51. 示　例 ··· 24
    52. 来自利益相关者的影响 ····························· 24
    53. 自《欧洲合同法原则》公布以来的发展 ······· 25
    54.《欧洲法原则》丛书 ································· 25
    55. 和《欧洲法原则》丛书的差异 ··················· 26
    56. 改进 ··· 26
    57. 现行私法原则 ··· 27

58. 欧洲保险合同法原则 …………………………………………… 27
八、《欧洲示范民法典草案》如何为《欧洲示范民法典》提供准备工作 …… 27
59. 欧盟委员会的公告 ……………………………………………… 27
60. 《欧洲示范民法典》的目的 …………………………………… 28
61. 现行消费者法审查绿皮书 ……………………………………… 28
62. 消费合同权利指令的建议草案 ………………………………… 29
63. 改进现有的和以后的私法：示范规则 ………………………… 29
64. 改进现行私法：制定内在统一的术语 ………………………… 30
65. 没有规则，就没有实用的术语表 ……………………………… 31
66. 《欧洲示范民法典》的调整范围 ……………………………… 31
67. 消费者法和电子商务 …………………………………………… 31
68. 现行法的修改和进一步协调统一的措施 ……………………… 31
69. 指令中提及的术语和概念 ……………………………………… 32
70. 存疑的主题应予涵盖 …………………………………………… 32
71. 基本的背景资料 ………………………………………………… 32
72. 以诚实信用为例 ………………………………………………… 33
73. 内国法的前提规则 ……………………………………………… 33
74. 《欧洲示范民法典草案》的架构并非"什么都有或什么都没有" …… 34

九、本版之后的发展 ……………………………………………… 34
75. 《欧洲示范民法典草案》的完整版 …………………………… 34
76. 消费信贷合同并不涉及 ………………………………………… 34
77. 评价《欧洲示范民法典草案》 ………………………………… 34
78. 《欧洲示范民法典》 …………………………………………… 35
79. 方括号 …………………………………………………………… 35
80. 《欧洲示范民法典》是选择性文件的基础 …………………… 35

一、概　况

1.《欧洲示范民法典草案》和《欧洲示范民法典》的区别

在本书中，欧洲民法典研究组（以下简称"民法典研究组"）和欧盟现行私法研究组（以下简称"现行私法研究组"）提出了修订后的《欧洲示范民法典草案》（学者建议稿最终版）。它以纲要的形式涵盖了欧洲私法的原则、定义和示范规则。除了其他一些目的之外，《欧洲示范民法典草案》的完成履行了 2005 年向欧盟委员会（European Commission）承诺的一项任务。欧盟委员会的研究总署为本项研究提供了部分资助。本草案的目的之一是为起草"官方"《欧洲示范民法典》提供一个草案,该框架首先由欧盟委员会依据 2003 年 2 月"构建更为统一的欧洲合同法行动计划"提出。① 《欧洲示范民法典草案》与《欧洲示范民法典》应予明确区分,容后详述。《欧洲示范民法典草案》还服务于其他一些重要的目的。

2. 《临时纲要版》的修正

《欧洲示范民法典草案》于一年前首次以临时纲要版的形式出版。② 本版从三个方面对《临时纲要版》作了修正。第一,《临时纲要版》没有规定的内容,本版对之作了补充,包括借款合同和赠与合同(第四卷)、动产所有权的取得和丧失(第八卷)、动产担保物权(第九卷)和信托(第十卷)等的示范规则。第二,先行出版《临时纲要版》的目的在于给感兴趣的读者提供一个对之作出评论和提出改进建议的机会。《临时纲要版》的公开讨论促进研究组对已公布文本作了许多修正。研究组对所有参与批评性评价的读者,无论是以公开出版物的形式,还是以讨论会或私下交流的形式参与评价的,以及对条文的改进作出贡献的读者表示感谢。当然,并非所有建议都被采纳,例如,有些建议所提出的方案,早已为民法典研究组和现行私法研究组在充分讨论后予以否定,但我们仍接受了其中许多改进建议,对此,我们心怀感激。经过一再考虑和讨论,又经过合作平台各评估小组的研究,以及根据从前三卷翻译成法语③的过程中所得出的一些结论,我们又作了进一步的修改。第一卷至第三卷的修改情况尤甚,当然所作修改也不仅限于这几卷。(详细介绍,参见以下第 26~33 段)。第三,本修正版新增了自成体系的一个部分。本部分中,我们在吸收了另一项独立研究项目的主题——《欧洲合同法指导原则》(该项目于 2008 年出版了其研究成果)④ 以及参照了"经济影响研究组"对《欧洲示范民法典

---

① COM (2003) final OJC63/1 (以下简称《行动计划》)。
② von Bar/Clive/Schulte-Nölke and Beale/Herre/Huet/Schlechtriem/Storme/Swann/Varul/Veneziano/Zoll, Principles, Definitions and Model Rules of European Private Law. Draft Common Frame of Reference (Munich 2008) (以下简称《临时纲要版》)。
③ By Professor Jacques Ghestin (Paris); published at http://www.fondation-droitcontinental.org/Documents/Traduc-vBar-livre%20-Ⅰ-Ⅱ-Ⅲ-%2008-2008.doc.
④ Fauvarque-Cosson/Mazeaud and Wicker/Racine/Sautonie-Laguionie/Bujoli (eds.), Principes contractuels commun. Projet de cadre commun de référence (Paris 2008); Fauvarque-Cosson/Mazeaud and Tenenbaum, Terminologie contractuelle commune. Projet de cadre commun de référence (Paris 2008). 此项研究的成果还有英文版。European Contract Law. Materials for a Common Frame of Reference: Terminology, Guiding Principles, Model Rules. Produced by Association Henri Capitant des Amis de la Culture Juridique Fran. aise and Société de Législation Comparée. Edited by Fauvarque-Cosson and Denis Mazeaud. Prepared by Racine, Sautonie-Laguionie, Tenenbaum and Wicker (Munich 2008)。

草案》的某些条文从经济分析视角进行研究得出的结论的基础上,阐述了作为《欧洲示范民法典草案》基础的四大根本原则。

3.《欧洲示范民法典草案》的平装版和精装版

和2008年的《临时纲要版》一样,本修正版也仅仅是一个纲要,没有评论和注释。2008年12月,我们向欧盟委员会提交的材料包括本修正版以及对每一条示范规则所作的解释性和说明性的评述。此外,我们还向欧盟委员会提交了近些年来收集和整理的大量比较法资料。整部著作将于今年的晚些时候出版成册。* 同时,我们认为,另行出版一部简明、廉价的平装版草案将有助于草案的传播与研讨。完整版将以多卷本形式出版,适合在家或办公桌前研读。但由于完整版体积过于庞大,不便于随身携带参加聚会或研讨会,所以这也是再出版一本主要由条文构成的纲要版的另一原因。

4. 学者建议稿,并非经官方授权的文本

必须强调指出的是,我们今天所称的《欧洲示范民法典草案》是欧洲法律学者主动编写的。它将学者们数十年的独立和合作研究以及私法、比较法和欧共体法的专家意见以规则的形式予以浓缩。在研究的每个阶段,两个研究组和其他所有贡献者一直都坚定不移地保持和遵循着独立性。这样就有可能使我们在与欧洲各国的利益相关者和其他专家的大量会面交流中,更好地理解并接受来自他们的许多建议。不过,仅由两个研究组负责编写本书的内容,尤其是文本中的规则、定义或原则,均尚未得到欧洲或各国任何官方机构的批准或授权(当然,与现行欧盟或国内立法相同者除外),是很难做到十分完备的。或许在以后的时间里,《欧洲示范民法典草案》的部分内容将会被移入《欧洲示范民法典》,但这是由他人去决定的问题。本导论仅阐明在将《欧洲示范民法典草案》转化为《欧洲示范民法典》过程(如果这种转化可能发生的话)中值得考量的一些因素。

5. 关于本纲要版

本纲要版包括了以下各部分:导论、学术贡献者的姓名、对赞助者和捐助者的致谢、对作为示范规则基础的指导原则的概述、一整套定义〔是指第1-1:108条(《附录》中的定义)所称的以及其后在示范规则附录中所列举的定义〕、条文对照表(条文导入、导出表)以及示范规则。本

---

* 本处所提及的完整版(六卷本)已于2009年10月正式出版。该书已由法律出版社取得中文翻译版版权,并由中国社会科学院法学研究所梁慧星研究员所组织的翻译团队着手翻译。——译者注

导论阐明起草《欧洲示范民法典草案》的目的，并概述其内容、适用范围和结构，描述对 2008 年《临时纲要版》的修正，并说明《欧洲示范民法典草案》与在草案准备工作中已经问世或即将问世的出版物之间的关系。最后，它勾勒了《欧洲示范民法典草案》对《欧洲示范民法典》的制定可能产生的影响。

二、《欧洲示范民法典草案》的目的

6. 为官方的《欧洲示范民法典》提供可行的范本

正如前述，本《欧洲示范民法典草案》的目的之一就是为正式的或官方的《欧洲示范民法典》提供可行的范本。《欧洲示范民法典草案》规定了具体的条文，内容详尽，可在决策与《欧洲示范民法典》有关的问题时提供参考。当然，官方的《欧洲示范民法典》的调整范围和具体内容并不必要与本《欧洲示范民法典草案》相同。至于《欧洲示范民法典草案》在《欧洲示范民法典》制定过程中可能起到的作用，将在本导论第 59~74 段再作阐述。

7. 法律科学、研究与教育

但是，《欧洲示范民法典草案》不能仅被认为是官方的《欧洲示范民法典》的基础材料。无论将来与《欧洲示范民法典》的关系如何，《欧洲示范民法典草案》都是独立的，且将继续保持其重要性。《欧洲示范民法典草案》是一个学者建议稿，它展现的是一项大型欧洲研究项目的成果，并欢迎来自研究视角的评价。当完整版出版时大家可以看出学者们为之所付出的巨大努力。不管《欧洲示范民法典》的前景如何，《欧洲示范民法典草案》承载了促进欧盟各国私法发展的殷殷希望。尤其是通过《欧洲示范民法典草案》，人们能看到在多大程度上各国私法间存在着相似性并相互促进、发展，以及这些法律在多大程度上能够被看作是全部欧洲文化遗产的区域性表现。从而，《欧洲示范民法典草案》的功能与《欧洲示范民法典》并不相同。前者可以使人们更加深刻认识到欧洲统一的私法的存在，并且（通过完整版中的比较法研究）论证了仅在相对较少的情形下不同的法律制度会对共同的问题得出完全不同的结论。《欧洲示范民法典草案》可为欧洲私法理念提供一个新的基础，可以增进相互理解并促进对欧洲私法的集体研究。

8. 灵感的潜在来源

《欧洲示范民法典草案》的起草者希望，在学术界之外，它也被作为一个可以提供灵感的范本，以便为私法问题提供适当的解决方案。在《欧洲合同法原则》①［《欧洲示范民法典草案》吸收了该原则（见本导论第49～53段），并作了部分修改］公布后不久，即受到了许多欧洲高级法院和负责国内合同法现代化的官方机构的广泛关注。《欧洲示范民法典草案》的目标也是如此。它将对欧盟各国的内国法和共同体法以及欧盟之外的法制改革项目产生一定的影响。如果其内容令人信服，则《欧洲示范民法典草案》可能有助于形成统一的、非正式的欧洲私法。

三、《欧洲示范民法典草案》的内容

9. 原则、定义和示范规则

《欧洲示范民法典草案》规定了欧洲私法的"原则、定义和示范规则"。本书的书名遵循了欧盟委员会的报告书（以下第59段详述）以及我们与欧盟委员会的合同中所确立的框架。"定义"的概念较为明确，但"原则"和"示范规则"的概念似乎有所重叠，尚需解释。

10. "原则"的意义

欧盟委员会与《欧洲示范民法典》有关的报告书并未详尽地阐述"原则"的概念。这一词可作不同的解释，有时它在当时的上下文中被用作没有法律效力的规则的同义词，《欧洲合同法原则》中的"原则"

---

① Ole Lando and Hugh Beale (eds.), Principles of European Contract Law Parts I and II. Prepared by the Commission on European Contract Law (The Hague 1999); Ole Lando. Eric Clive, André PrÜ and Reinhard Zimmermann (eds.), Principles of European Contract Law Part III (The Hague, London and Boston 2003）.
翻译版有：法文版（Principes du droit européen du contract. Version francaise préparée par Georges Rouhette, avec le concours de Isabelle de Lamberterie, Denis Tallon et Claude Witz, Doit privé comparé et europeéen, vol. 2, Paris 2003); 德文版 (Grundregeln des Europäischen Vetragsrechts, Teile I und II, Kommission für Europäischen Vertragsrechts Teil III, Kommission für Europäischen Vertragsrecht. Deutsche Ausgabe von Christian von Bar und Reinhard Zimmermann, München 2005); 意大利文版 (Commissione peril Diritto Europeo dei Contratti. Principi di Diritto Europeo dei Contratti, Parte I & II, Edizione italiana a cura di Carlo Carlo Castronovo, Milano2001; Commissione per il Diritto Europeo dei Contratti. Principi di Diritto Europeo dei Contratti, Parte III. Edizione italiana a cura di Carlo Castronvo, Milano 2005) 和西班牙文版 (Principiosde Derecho Contractual Europeo, Partes I y II. Edición española a cargo de Pilar Barres Bennloch, José Miguel Embid Irujo, Fernando Martínes Sanz, Madrid 2003). Matthias Storme 将第一至三部分的条文翻译成荷兰文 (Tijdschrift voor priaatrecht 2005, 1181-1241); M.-A. Zachariasiewicz and J. Beldowski 将第一、二部分 (Kwartalnik Prawa Prywatnego 3/2004, 814-881) and J. Beldowski and A. Koziol 将第三部分 (Kwartalnik Prawa Prywatnego 3/2006, 847-859) 翻译成波兰文; Christian Takoff 将第一至三部分的条文翻译成保加利亚文 (Targovsko pravo 1/2005, 15-85).

即属此义。正如其第1：101条第（1）款所言，"原则……是指欧盟合同法所适用的一般规则"（斜体为编者所加）。这一词明显与《国际统一私法协会国际商事合同原则》（Unidroit Principles of International Commercial Contracts）* 中的"原则"一词意义相当。① 正是在这个意义上，《欧洲示范民法典草案》可以说是由原则和定义所组成。在性质上，其与其他法律文件所使用的为大家耳熟能详的"原则"完全一致。或者，"原则"一词也可被用来指更具普遍性的规则，例如合同自由原则或诚实信用原则。从这个意义上可以说，《欧洲示范民法典草案》的示范规则包括了原则。不过，在下面几段中，我们可以发现第三种意义上的"原则"。

11. 基本原则

前述欧盟委员会报告书中偶尔会出现"原则"一词，但其前面都加上了"基本"一词。这就意味着"原则"一词实质上是用来概指抽象的基本价值。不管是否明文规定，示范规则一定是构筑于这些基本原则之上，其重要性毋庸置疑。私法是或至少应该是，以这些根深蒂固的原则为基础的，并以这些原则为指南的法律部门之一。在某种程度上，这些基本原则尚需解释，并容易引发争议。很明显，《欧洲示范民法典草案》并不认为，私法，尤其是合同法，仅为均衡实力相当的自然人和法人之间的私法关系的工具。但是，对于《欧洲示范民法典草案》在多大程度上体现了对市场失灵的矫正，或者包含了"社会正义"的因素以及对弱势当事人的保护，不同的读者会有不同的解释，也会有不同的观点。

12.《临时纲要版》中基本原则所采取的方法

《临时纲要版》的"导论"中，我们向读者征求过意见，在《欧洲示范民法典草案》中用一个独立的部分来规定作为示范规则基础的基本原则和价值是否有用。我们认为，这一部分可以明确地列举出来，也就是说，介绍性地陈述后述条文的基本内容的原因，也可以在序言中列明。为了表明根本原则将如何表述（主要是在合同法中），《临时纲要版》中概述了几个可能的基本原则。② 《临时纲要版》中列举的原则不下15项，诸如正

---

* 又译《国际统一私法协会国际商事合同通则》，见商务部条约法律司：《国际统一私法协会国际商事合同通则（中英文对照）》，北京，法律出版社，2004；张玉卿主译：《国际统一私法协会UNIDROIT国际商事合同通则2004》，北京，中国商务出版社，2005。——译者注。

① 《国际统一私法协会国际商事合同原则2004》（罗马2004），前言（原则的目的）第一段规定："本原则旨在为国际商事合同制定一般规则。"

② 见《临时纲要版》"导论"，第23~36段。

义，自由，保障人权，经济福祉，团结和社会责任，构建自由、安全和正义的领域，促进欧盟内部市场发展，保护消费者以及其他需要保护的人，保护文化和语言的多样性，理性，法律的确定性，可预见性，效率，保护合理信赖，以及合理分配制造风险的责任等。① 这些原则的排列并无先后顺序。《临时纲要版》强调指出，这些原则之间会不可避免地存在冲突，示范规则的功能即在于求得妥当的均衡。② 对此，评论者的反馈意见褒贬不一。有些评论者赞成将一些非商业价值明确规定为基本原则，诸如人权、团结和社会责任等，但另外一些评论者则对这一庞杂多样且没有优先顺序的基本原则清单的实用价值提出了质疑。我们强烈呼吁亨利·卡比当协会（Association Henri Capitant）和比较法学会（Société de législation comparée）③ 就起主要作用的原则所从事的研究进行全盘考量。该项研究是"《欧洲合同法原则》专家合作平台"（Co PECL Network of Excellence）参与《欧洲示范民法典》项目研究的一部分。④ 以下述之。

13. 《欧洲合同法指导原则》所采取的方法

亨利·卡比当协会和比较法学会于 2008 年早些时候公布了它们草拟的《欧洲合同法指导原则》。⑤ 我们称之为《指导原则》，以区别于我们其后即将讨论的原则。负责该项目的评估小组以以下方式处理其工作：第一，抽象出构成《欧洲合同法原则》基础的主要原则；第二，将这些主要原则与许多内国法和国际、欧洲法律文件所采取的同等原则进行比较。⑥ 他们据此确立了三大原则——合同自由、合同安全和合同"诚信"，每一原则均有其下位原则。"诚信"之所以打引号是因为它不能完全反映出法语"loyauté"一词在上下文中的意义。合同关系中的关键要素是诚实信用、公平和合作。"loyauté"包括如下义务：当事人从合同的磋商谈判起到所有条款实现为止，都应依诚实信用和公平交易的要求行事，禁止以违

---

① 见《临时纲要版》"导论"，第 22 段和第 35 段。
② 见《临时纲要版》"导论"，第 23 段。
③ 见本书第 4 页注④。
④ Joint Network on European Private Law (CoPECL: Common Principles of European Contract Law), Network of Excellence under the 6th EU Framework Programme for Research and Technological Development, Priority 7-FP6-2002-CITIZENS-3, Contract N°513351 (co-ordinator: Professor Hans Schulte-Nölke, Osnabrück).
⑤ 该原则即为本书第 4 页注④所引述的一部分。
⑥ 所采用的国内法主要有荷兰、英国、法国、德国、意大利和西班牙的国内法。所采用的国际文件（除了《欧洲合同法原则》之外）主要包括《联合国国际货物销售合同公约》（CISG）、《国际统一私法协会国际商事合同原则（2004）》，以及位于帕维亚（Pavia）的欧洲私法研究所所制定的《欧洲合同法典（草案）》。

背当事人订立合同目的的方式行使合同权利和利用合同条款，以及履行合同之债所必需的合作义务；它还要求当事人不得以违背为对方当事人合理信赖的先前允诺或行为的方式而行事。① 这些原则和下位原则被表述为11个试拟的条文（条文草案），适于作为一个版块插入到示范规则之首。评估小组所采用的方法非常值得借鉴。原则以简洁、兼容、集中的方式得以表达，并由深具说服力的分析和论证所支撑。但是，在一定程度上，我们认为用该方法所阐释的原则，其实质内容均与《欧洲示范民法典草案》的目的之间存在着细微的差别。其中原因有二：第一，《指导原则》仅涉及合同法，但就《欧洲示范民法典草案》而言，根本原则的表述尚须涵盖非合同之债和物权法。第二，将指导性原则作为示范规则的一个版块置于《欧洲示范民法典草案》之首似乎不大合适。它们在不同层面发挥作用。指导性原则是从具体的示范规则中抽象出来的，承载着更多的描述性功能。它们有时彼此重叠，并经常发生冲突。的确，几乎所有的下位原则均能在《欧洲示范民法典草案》条文中找到直接对应者，但这些条文在特定的上下文中，或者为适应特定的上下文，可能会有许多限制和例外。将这些原则抽象出来，并将其作为一组条文置于框架之首，可能会削弱《欧洲示范民法典草案》的作用。很明显，重复表述这些原则是不可取的。而且，这些条文绝不是体现和阐明根本原则的唯一条文。就这些原则的介绍性陈述而言，采用分散的方法似乎更为合适。这种方法也是研究组的编校工作组（the Compilation and Redaction Team）和协调委员会（the Co-ordinating Committee of the Study Group）于2008年4月和6月讨论这一问题时所首选的方法。

14.《欧洲合同法指导原则》的经验教训

尽管如此，我们还是可以从《指导原则》中吸取一些经验教训。其中，最重要的是，《临时纲要版》"导论"中列举的许多基本原则可以以更为有效的方式组织和表达。从这些原则中，可以抽象出较小的一组原则（在一定程度上与《指导原则》中所确定的基本原则相对应），并可作更为详细的讨论。这些原则是可以普遍适用于《欧洲示范民法典草案》的基本原则，通过研究示范规则即可探知，它们是根本原则，并为论证特定规则的优点提供了理由。《临时纲要版》"导论"中所列举的其他原则均具有相当高的政治特征。可以说，它们是最主要的原则，但绝非根本原则，虽然其中一些原则被强有力地反映在《欧洲示范民法典草案》的部分文本中，

---

① 本书第4页注④书，198页。

但它们主要与《欧洲示范民法典草案》的外部整体性评估有关，在对这两类原则作简要评述之前，我们仅能注意到，可从《指导原则》吸取的另外一个经验教训就是，像《欧洲示范民法典草案》这样的文件可以用多种不同的方法来规定基本原则。至于在官方的《欧洲示范民法典》中如何规定基本原则，则由他人来决定。一个可取的方法是采用列举方式，但其形式和内容则有赖于文件的形式和内容。在此，采取这种方法还为时尚早。

15. 根本原则

为了达到《欧洲示范民法典草案》更广泛的目的，我们认为根本原则应该以"自由"、"安全"、"正义"和"效率"（而不是《指导原则》中的"合同自由"、"合同安全"和"合同诚信"）为主题进行分组。这并不意味着合同"诚信"原则的丧失。在很大程度上，它被更广义的"正义原则"所涵盖，没有这一原则，《欧洲示范民法典草案》中的许多规则将无法得到合理的解释。在某些情况下，从对方当事人看来，它简直就是合同安全的一个方面。① 一方当事人的合作并依诚实信用和公平交易的要求行事，能够提升对方当事人的合同安全性。没有什么比合同当事人不依此行事对合同安全更为有害：当事人的欺诈和不值得信赖，或者不合作，比起根本没有当事人，更为糟糕。增加"效率"原则是因为，尽管这通常是自由的一个方面（免于不必要的妨碍和成本的自由），但将它置于某个其他基本原则之下并不十分合适。自由、安全、正义和效率这四项原则将会在示范规则之前的根本原则部分详加讨论和说明。

16. 最主要的原则（首要原则）

在具有很高政治特征的"最主要的原则"的类别之中，我们可以加入"保障人权"、"促进团结和社会责任"、"保护文化和语言的多样性"、"保护和促进福祉"以及"促进内部市场发展"等。自由、安全、正义和效率同样在"最主要的原则"中占据一席之地。它们扮演着两种角色，且两大类别之间相互重叠。因此，本处对之亦作简述，其后仍会作更为详尽的讨论。

17. 保障人权

《欧洲示范民法典草案》确认这一原则为最主要的原则之一。最开始的条文中就规定，示范规则应根据保障人权和基本自由的法律加以解读。② 同时，这一最主要的原则在示范规则的具体内容中也得到了相当有

---

① 这一重叠为《指导原则》所承认。见第0：201条，第二段。
② 第1-1：102条第（2）款。

力的体现,第二卷和第三卷中的非歧视规则①以及第六卷许多侵权责任规则②即为著例。当然,这些规则亦可视为是促进正义、保护和促进安全原则的示例。

18. 促进团结和社会责任

一般认为,促进团结和社会责任主要是公法(例如刑法、税法和社会福利法)而非私法的职能。不过,《欧洲示范民法典草案》的私法规则中并非没有体现对团结和社会责任的促进。在合同背景下,"团结"一词通常意味着"忠诚"或"安全"。这对于《欧洲示范民法典草案》至关重要。例如,促进团结和社会责任原则在无因管理规则中也得到了有力的体现,这些规则试图消除阻碍促进邻里团结的行为的不利因素。③ 同样地,赠与规则也试图消除阻碍慈善捐赠(团结和社会责任的表现之一,无论在过去还是现在都很重要)的不利因素。④ 而且,第六卷规定的一些侵权责任规则,在一般意义上也起着防范有害社会行为的作用。⑤ 这些规定中的许多规则也可以视为促进安全的示例。

19. 保护文化和语言的多样性

本原则与前一原则和后述二原则相并而称,最好地说明了基本原则之间的冲突。在欧洲这样多元化的社会中,保护文化和语言的多样性是十分重要的原则,对于欧盟的存在也至关重要,此点相当明显。但是,当人类生活的某一方面不仅具有文化内容,而且具有很强的功能内容时,这一原则就与团结原则、保护和促进福祉原则和促进内部市场发展原则等相冲突。私法即为典型。《欧洲示范民法典草案》的一些规则也反映了尊重文化和语言的多样性的原则。⑥ 不过,《欧洲示范民法典草案》的形式和目的,一方面源于对文化和语言多样性的承认,另一方面源于对于合同法体系的过度多样化可能会危害内部市场(并因此危害欧洲市民和工商界的福

---

① 见第 2-2:201 条至第 2-2:105 条以及第 3-1:105 条。
② 尤其,见,第 6-2:201 条(人身伤害及其引发的损失)、第 6-2:203 条(对人格尊严、自由以及隐私的侵犯)和第 6-2:206 条(侵犯财产权或合法占有造成的损失)。
③ 第五卷。
④ 第四卷第八编。
⑤ 第 6-2:209 条,另见第 6-3:202 条、第 6-3:206 和第 6-5:103 条。
⑥ 见,例如,第 2-1:104 条第(2)款(当地惯例的适用可能);第 2-3:102 条第(2)款第(c)项和第(3)款(经营者与消费者从事市场交易时相互沟通所使用的语言);第 2-9:109 条(与合同相关的沟通所使用的语言);第 4.1-6:103 条第(1)款第(e)项(消费者瑕疵担保文件所使用的语言);第 9-3:319 条第(2)款(向担保权人提出登记信息请求所使用的语言),以及第 9-7:210 条第(3)款(担保权人发出通知所使用的语言)。

祉）的担心。《欧洲示范民法典》项目并未试图制定一部适用于全欧洲的单一法律。相反,《欧洲示范民法典》的目的在于为立法者提供指引或工具箱,从而,使具有不同法律背景的人们也能清晰理解欧洲立法。而且,代表全部欧洲法律文化的律师,基于平等的地位参与《欧洲示范民法典草案》的草拟,并尽可能地在注释（notes）中反映所有欧盟成员国的法律制度,尊重了现有的文化多样性。这就导致了在"软法"层面上的多样性的统一。通过将《欧洲示范民法典草案》译为尽可能多的欧洲语言,语言的多样性也得到了尊重。

20. 保护和促进福祉

《临时纲要版》规定了"经济福祉",但并不应将这一原则仅限定于福祉的某个方面。这一原则涵盖了所有或几乎所有其他方面的福祉。《欧洲示范民法典草案》的整体目标和制定原因可以说都是源自这一原则。无论它的效果是如何间接、缓慢或轻微,如果不能帮助促进欧洲的市民和工商界的福祉,它都将是失败的。尽管这一原则包罗万象,但它太过抽象,无法独立使用。

21. 促进内部市场发展

这一原则实际是上一原则的下位原则。《欧洲示范民法典草案》促进欧洲市民和工商界福祉的最显著的方法,就是促进内部市场的平稳运行。通过提高现有和将来欧盟立法的质量,进而增强其可理解性和适用性。这是否妥当,或者是否可以通过一部或多部选择性文件（optional instruments）* 即可达到,则属于政治决策的范围。

22. 自由、安全、正义和效率

作为《欧洲示范民法典草案》的根本原则,这些原则将在后面讨论并详述,为满足外界评估的需要,它们也可作为最主要的原则起作用。将《欧洲示范民法典草案》作为一个整体进行评估,主要是看它在多大程度上体现了这些原则,平衡了这些原则。在最主要的政治性原则层面,还可以参考欧盟构建自由、安全和正义的区域和促进商品、人员、服务和资本在成员国间自由流动的特定目标。如果政治意愿确实如此,那《欧洲示范民法典草案》就为这些目标的达成作出了贡献。

23. 定 义

"定义"旨在构建统一的欧洲法律术语。为此,第一卷开始就规定了

---

* 所谓选择性文件,是指基于合同自由原则,只有当事人采纳时才发生拘束力的文件。——译者注

一些特别重要的概念。对于其他术语，《欧洲示范民法典草案》第1-1：108条规定："除非上下文有不同规定，《附录》中的定义适用于全部示范规则。"这就明确说明了《附录》中的术语表是《欧洲示范民法典草案》的组成部分。这一立法技术将"定义"作为附件规定于主文之后，旨在保持第一章不致过于冗长，并且能使术语表随时得以拓展而无须费力辑录。其基本内容部分来自欧盟现行私法，但主要源于《欧洲示范民法典草案》的示范规则。如果说定义对于示范规则至关重要，那么也可以说示范规则对于定义也同样至关重要。如果一组定义的内部毫无关联，那么它们几乎没有任何价值。在制定规则或成套规则时，定义可以被视为组成部分来使用，但彼此矛盾且不能组合起来的组成部分是没有任何意义的。与来源不同而聚集在一起的术语词典相比，《附录》中的定义受到了示范规则的检验，并随着示范规则的改进而不断得以修正和完善。最后，没有示范规则，不可能组成有用的定义；没有定义，也不可能起草出有用的示范规则。

24. 示范规则

《欧洲示范民法典草案》的大部分内容是示范规则。"示范"一词本身就表明规则并无规范效力，和《欧洲合同法原则》及其他类似出版物中的规则一样，仅仅只是"软法"规则。例如，其中特定规则是否会被用作立法的范本，以促进欧盟现行私法内部更加协调有序，则由他人去决定。

25. 评述和注释

在完整版中，示范规则均辅之以评述和注释。评述将阐释每一条规则，通过示例的形式说明其应用，并概述相关的批评性政策考量。注释将介绍其在内国法律体系（必要时还包括现行欧盟法律）中的法律地位。在适当的地方，注释还会提及相关国际文件，例如《联合国国际货物销售合同公约》、《国际统一私法协会国际商事合同原则（2004）》。至于这些注释是如何汇集的，在本书学术贡献者和资助者部分再作叙述。

四、《临时纲要版》的修订

26. 概　述

《欧洲示范民法典草案》的最终版在许多方面都不同于2008年的《临时纲要版》。如前所述，新增加了几卷，此外，构成示范规则基础的原则论述，现在作为独立的部分，被置于本导论和示范规则之间。这里，我们将介绍对《临时纲要版》条文一些更为细致的修改。首先，删除了大量的冗杂条文。其次，在基于欧盟现行法的大量条文中对"动产和服务"进行了扩张表述，以涵盖除了"动产"（是狭义上的有形动产，《欧洲示范民法典草案》对此已作界定）以外的财产。最后，定义的目录得以修正，并得到扩充，其中被错置的部分有些被删去，有些被提升为示范规则。在修订过程中，我们经常采纳读者在文本公开讨论中提出的一些观点。尽管详细介绍《临时纲要版》公布后的每一处起草或编辑上的修改十分费力，但对一些较为重要的修改加以说明是很有必要的。

27. 第一卷

第一卷的主要修改是将《临时纲要版》其他各处的一些相关条文移至本卷。特别是第1-1：103条（诚实信用与公平交易）。第（1）款是基于之前《附录·定义》中的一个定义的改进版本，因其重要性而规定于本卷。第（2）款规定不一致的行为，是根据亨利·卡比当协会和比较法学会所组成的评估小组所提出的建议加进去的。原《附录》（时间的计算）的条文已被整合进第一卷，见第1-1：110条。

28. 第二卷

第2-1：101条第（1）款关于"合同"的定义被简化。现在，它是指"旨在产生具有拘束力的法律关系或产生其他的法律效力的协议"。此前的定义包括了其他一些表述，旨在涵盖虽然没有主观意思但协议超出当事人所说或所做的情形。但是，此点已在其后的一个条文（第2-4：102条）中作了充分规定，本条中就无须重复了。第2-1：101条第（2）款中"法律行为"定义的修改情况与此相似。此前的定义受到了评论者的批评，因为它未将意思表示作为必要条件，因此过于宽泛。另一方面，主观意思可以客观地判断，该点已由其后的一个条文（第2-4：302条）充分涵盖。第2-1：102条（当事人自治）中援引诚实信用与公平交易原则因造成混淆而被删去。第2-1：103条（拘束力）中所使用的"允诺或许诺"一语被批评为不必要的重复，现仅使用"允诺"一语。第2-1：106条（形式）新增了一款（第（3）款），将原规定于赠与合同一编的一个规则一般化。第三章的许多修改尤其是与告知义务相关，这体现了现行私法研究组的进一步研究，也回应了我们收到的许多评论性意见。特别值得注意的是经营者与消费者从事市场交易时的特别义务条款（第2-3：102条）。第（1）款被重新制定以更接近于现行私法。违反告知义务的惩罚条款得以改进，并增加了一个新的条文（第2-3：501条），规定了违反第三章规定的义务所造成的损害的责任。根据亨利·卡比当协会和比较法学会所组成的评估小组所提出的意见，修改并扩充了第2-8：103条所规定的合同条款存在疑义时，应作不利于条款提供人的解释的规则。

29. 第三卷

还是根据亨利·卡比当协会和比较法学会所组成的评估小组所提出的意见，增加了一个关于默示延期的一般性条款（第3-1：111条）。根据现行私法研究组的意见，第3-2：102条（履行时间）新增了一款（第（3）款），新增加了一条（第3-3：205条），以明确规定债务人更换瑕疵物后，债务人有权并有义务取回被更换之物。对不履行合同义务导致合同解除的法律效果规则（第三章第五节第三分节）作了一些细微的调整。根据现行私法研究组的意见新增了商事合同中的利息规则（第3-3：710条和第3-3：711条）。第五章关于债权让与的要件（第3-5：104条），与动产所有权转移的规则保持一致，此外，基于同样的理由，还增加了一项新的条文，以规定自始无效、嗣后撤销、撤回、解除、撤销的效力（第3-5：118条）。第五章关于债权让与禁止之效力的规则（第3-5：108条）得以强化，其中部分内容被转移，并被一般化为一个新的关于让与人和受让人之间竞争取得履行收益的规则（第3-5：122条）。第五章被扩展以涵盖新债务人的替代或加入并不导致原债务人免责的情形（第五章第二节），新增了一个条文允许本人在代理人破产时可以行使代理人享有的对抗第三人的权利（第3-5：401条），并赋予第三人选择权，可直接要求本人对代理人依合同所应承担的债务负责（第3-5：402条）。这些规则与间接代理的情形（即代理人以代理人本人的名义签订合同的情形）尤为相关。由于上述修改，第五章的章名也被修改为"当事人的变更"*。在我们注意到《欧洲合同法原则》英文本和法文本之间的实质性差异之后，关于抵销条件规则的条文（第3-6：102条）得以重拟。该条文被扩展，表明为了抵销目的的抵销权必须为双方当事人享有，不限于债权人。最后，在考虑到与调解有关的发展之后，两个有关时效的条文（第3-7：302条和第3-7：303条）部分作了细微的扩展。

30. 第四卷

第四卷的修改主要是删除了冗杂或重叠的条文，包括一些实质上重复了第二卷或第三卷中已有规定的条文。《临时纲要版》的这些冗杂条文招致了评论者的批评。为使个别制度相对完整，这些条文大多在各自独立的《欧洲私法原则》中已经占据一席之地，但它们在《欧洲示范民法典草案》中却并不必要。在有些情况下，此前各卷的新增规则或修正规则（例如关

---

* 本中文版译为"合同的转让"，详见该部分翻译说明。——译者注

于默示延期或不利于占优势一方的解释的规则）使得第四卷中曾经必要的条文得以删除。第 4.1-2：305 条（第三人的权利或请求权：一般规则）作了细微的调整，以便与评述中所叙明的既定政策相一致。对委托合同一章作了几处修改，是为了明确本章不仅适用于为了本人而缔结的合同，也适用于谈判或促成本人缔结合同的合同，诸如与不动产代理人或各种经纪人签订的合同。规定这一范围的部分原因是为了使用更简明的术语，例如有权协商但无权（为本人）订立合同的不动产代理人会被更为准确地表述为"受托人"，而不是"代理人"（《临时纲要版》中即使用该词）。

31. 第五卷至第七卷

这几卷仅作了细微的文字上的修改。

32. 第八卷至第十卷

第八卷、第九卷和第十卷与《欧洲示范民法典草案》的其他各卷一样，都是在工作小组、顾问委员会和全体会议深思熟虑的基础上草拟的。但是，主要由于时间关系，编校工作组没有像其他各卷那样，对这几卷作全面仔细的审查。

33. 定 义

关于《附录》中的定义，我们收到了一些有用的评论。于是，一些主要起立法辅助作用而非阐释某一术语或概念的意义的定义被删除。这就意味着，相比以前，有时某些条文需要用更多的话来表述。一些定义的修改是为了使其更加明确或简明。有些仅在《临时纲要版》中界定的术语，因其重要性而被移至示范规则的条文之中，定义中既包括了取自或源自示范规则的定义，也包括了因其普遍性而无法在某一示范规则中找到其当然位置的定义。这就造成了定义表的混合性和重复性，但目的是为了方便读者。如果定义是取自或源自示范规则中的某一条文，其后会增加针对该条文的交叉参照条目。这也是对评论者的一项有用建议的回应。

五、《欧洲示范民法典草案》的调整范围

34. 比《欧洲合同法原则》更为广泛的调整范围

《欧洲合同法原则》的调整范围已经相当广泛，不仅包括了合同（以及，依此类推，其他法律行为）的成立、效力、解释和内容，而且涵盖了债务的履行以及债务不履行的救济措施。事实上，后面几章的许多规则可普遍适用于私法上的权利和义务，例如，多数当事人的规则、债权让与规

则、抵销规则以及时效规则。从这个意义上说,《欧洲合同法原则》已经超出了合同法本身。《欧洲示范民法典草案》保留了这一调整范围,但在这基础上走得更远。

35. 有名合同

《欧洲示范民法典草案》也规定了一系列的关于所谓"有名合同"及由此而生的权利、义务的示范规则（第四卷）。在其适用范围内,这些规则扩展了第一卷至第三卷所规定的一般条款并使之更为明确,在上下文如此要求的情况下,作出了不同于一般规定的规定,或者规定一般条款没有涉及的事项。

36. 非合同债务

《欧洲示范民法典草案》也将非因合同产生的其他私法权利和义务纳入其调整范围。例如,调整因不当得利、损害他人和无因管理所产生的权利和义务。还有,例如,因占有担保财产或作为受托人所承担的义务。因此,比起《欧洲合同法原则》,《欧洲示范民法典草案》对非合同债务的调整达到了更为深入的程度。以下（第 44~46 段）会述及。第三卷规定了一些适用于《欧洲示范民法典草案》所调整的所有债务的一般规则,而不论债务是否由合同产生。这种方法的优势在于,第三卷的这些规则可以当然地,或者在适当的时候作细微的修正后适用于后面关于非合同事项的各卷。如果采取其他的方法,将直接导致无法令人接受的大量不必要的重复。

37. 动产法的相关事项

《欧洲示范民法典草案》也调整动产法中的一些事项,即所有权的取得和丧失、担保物权和信托法。它们分别构成了第八卷、第九卷和第十卷的内容,将在本书中首次公布。

38. 除外的事项

《欧洲示范民法典草案》第 1-1:101 条第（2）款列举了排除于其适用范围的各个事项。这些事项分别是：自然人的法律地位或行为能力,遗嘱和继承,家庭关系,流通票据,雇佣关系,不动产法,公司法和民事程序法和执行法。

39. 采取这种方法的理由

由此可见,《欧洲示范民法典草案》的调整范围明显比欧盟委员会计划的关于《欧洲示范民法典》的调整范围（见以下第 59 段）要广泛得多。这一"学术上"的参照框架并不受"官方的"参照框架的限制。尽管《欧洲示范民法典草案》与《欧洲示范民法典》存在一定的联系,但它被认为是一个独立的文本。研究团队以欧洲合同法委员会的传统为起始,意在拓展其调整范围。但本项研究工作启动之时,并没有就《欧洲示范民法典》的制定进行任何形式的政治性的讨论,无论是合同法上的,还是任何其他法的部分,都没有。我们与研究总署依第六次欧洲研究框架计划签订的资助协议即反映了这一点;它使我们负有处理以上列举的所有事项的义务。从政治的视角而言,《欧洲示范民法典草案》的调整范围相对广泛也是有利的,只有拥有一部综合性的《欧洲示范民法典草案》才能为进一步讨论《欧洲示范民法典》提供现实基础,主管的政治机构可以据此作出明智的决定。

40. 作为私法组成部分的合同法

在《欧洲示范民法典草案》中规定合同法总则之外的规则具有充分的理由。这些总则性的规则尚需检验以查明其在最重要的有名合同的框架下,是否或在什么方面,需要调整、修改或修正。《欧洲示范民法典草案》也不能仅仅只规定调整消费合同的规则。两大研究组都赞同,消费者法并非私法内部的独立王国。消费者法包含一些不同于私法一般规则的规则,但是消费者法构筑于私法的基本原则之上,离开了这些基本原则,消费者法也无法展开。从这个意义上讲,私法并不局限于合同法和合同之债。合同法(广义上的)和其他法律部门的准确分界线很难精准地确定。① 因此,《欧洲示范民法典草案》将债法的全部作为一个有机的整体或单元来对待。基于大致同样的原因,《欧洲示范民法典草案》也规定了物权法中与动产有关的一些方面。当然,这也是因为物权法的一些方面与内部市场的平稳运行密切相关。

六、《欧洲示范民法典草案》示范规则的结构和语言

41. 示范规则的结构

研究组和联合编校工作组在许多场合都讨论过示范规则的结构问题。从一开始就采纳了以下结构:全部文本分为卷(books),每卷再细分为章(chapters)、节(sections)、分节(sub-sections)(适当的时候)和条(articles)。此外,调整有名合同及其所产生的权利义务的一卷,因其篇幅过大,细分为编(parts),每编规定一种特定的合同类型(例如第四卷

---

① 详细的论述,见 Bar and Drobning (eds.), The Interaction of Contract Law and Tort and Property Law in Europe (Munich 2004)。此项研究系代表欧盟委员会而展开。

第一编即规定了买卖合同）。所有这些相对没有争议。

42. 示范规则的编号模式

在基本方法上，对示范规则予以编号的模式与许多新近欧洲法典编纂的技术相当。采取这种方法也是为了便于以后对文本进行必要的修改而不致增加编辑负担。"卷"以大写的罗马数字来编号，亦即 BOOK Ⅰ（第一卷）（一般规定）、BOOK Ⅱ（第二卷）（合同及其他法律行为），等等。* 只有一卷（第四卷）（有名合同及其权利和义务）之下分了"编"：第一编（买卖合同）、第二编（租赁合同），等等。"章"、"节"（以及"分节"）均以阿拉伯数字编号**，例如第五章、第二节、第四分节等等。"条"在每卷（编）中则以阿拉伯数字依次编号，冒号之前的第一位阿拉伯数字是相关章的编号，紧接着冒号之后的数字是该章之中相应节的编号，其后的数字则是该条在该节中的编号；分节不影响条文的编号。例如第 3-3：509 条（对合同债务的效力）是指第三卷（债务及相应的债权）的第三章（债务不履行的救济措施）的第五节（解除）的第九条。不过，我们不可能设计出一种既不太复杂又易于操作的编号系统来指明文本中的每一级细分。*** 例如从第 3-3：509 条的编号中，读者无法看出它是第五节（解除）下第三分节（解除的效力）的第一个条文。

43. 十卷

在很大程度上，分卷对特定事项进行规定也没有争议。具体而言，第一卷应当篇幅较小，旨在对读者如何使用整个文本提供一般性的指导，诸如调整范围、本规则的解释与发展、如何检索关键术语的定义等。从第四卷开始的其后各卷，在结构上也未遇到太大问题。讨论集中在适当的排序上，但最终还是达成了一致意见：有名合同及其权利与义务（第四卷）、无因管理（第五卷）、侵权责任（第六卷）、不当得利（第七卷）、动产所有权的取得与丧失（第八卷）、动产担保物权（第九卷）和信托（第十卷）。将有名合同及其债之效力的规则自成一卷（以下再分编）而不是分散规定于各卷的重要理由在于，便于以后随时增加新的分编来规定其他有名合同，而不致影响到其后各卷的排序和内容。

---

* 为符合我国读者阅读习惯及立法惯例，本书中文翻译本采用大写汉字来对卷（books）进行编号。——译者注

** 为符合我国读者阅读习惯及立法惯例，本书中文翻译本采用大写汉字来对章（chapters）、节（sections）、分节（sub-sections）进行编号。——译者注

*** 不过，为符合我国读者阅读习惯，本书中文译本仍沿用我国大陆对法条之下各级细分的统一指称，即条下分款、款下分项、项下分目。——译者注

44. 第二卷和第三卷

第二卷和第三卷很难处理。毋庸置疑，这两卷应当规定现有《欧洲合同法原则》（见上文第 8 段及下文第 49～53 段）中的内容——有关合同及其他法律行为的一般规则、有关合同债务及（在大多数情况下）其他债务的一般规则，但是，这些内容如何在这两卷之间和之中进行分配，又如何对之进行命名，则存在相当大的困难。只有在协调组对示范规则中如何使用"合同"和"债务"等两个关键术语作出决定之后，以及在一个特别的结构组成立之后，可行的方法才逐渐明朗。第二卷规定合同及其他法律行为（其成立、解释、效力、内容等等），而第三卷则规定《欧洲示范民法典草案》调整适用范围内的债务——既包括合同债务，又包括非合同债务——及相应债权。

45. 合同与债务

这种内容划分的特征之一即在于明确区分了作为一种协议——作为一种法律行为——的合同与由其所产生的法律关系（通常涉及整套相互的权利和义务）。第二卷规定作为法律行为的合同；第三卷规定被视为法律行为的合同所生的债权和债务，以及非合同的债权债务。在这个意义上，在《欧洲合同法原则》中暗含的结构区分在《欧洲示范民法典草案》中则得以明晰。一些《临时纲要版》的评论者呼吁采取像《欧洲合同法原则》那样的简单结构，一种自然的"按时间顺序的"顺序（至少在合同及合同债务上是如此）。不过，应当注意的是，《欧洲示范民法典草案》确实遵循了这一顺序。它由先合同阶段而始，其后再是合同的成立、撤销、代理（亦即代理人如何为本人订立合同）、无效的事由、解释、内容与效力、履行、债务不履行的救济措施、多数债务人和债权人、合同的转让、抵销、混同以及时效。这一顺序与《欧洲合同法原则》基本相同。唯一的区别在于《欧洲示范民法典草案》在规定完作为协议的合同（成立、解释、无效、内容和效力等）之后，规定因合同而产生的权利和义务之前中断了一下。此时开始了新的一卷并插入新的一章来规定债务及其相应债权的一般规则。这不是大的修改，几乎不会影响到示范规则的顺序或内容。这一安排是合理的，不仅是因为合同和由合同所产生的权利和义务之间存在区别，这样安排有助于澄清人们的认识，而且是因为这样有利于使第三卷的适用呈开放态势，使其他各卷无法囊括的条文能够规定在这里，诸如那些附条件或附期限的权利和义务。消除第二卷和第三卷之间的这种区隔是一种倒退，令人遗憾，对此，很难看到任何正当性。

46. 合同的和非合同的债务

接下来的一大难题在于如何在第三卷中妥当地处理合同债务与非合同债务之间的关系。我们曾经尝试过先规定合同债务，而后在另一编中专门规定非合同债务。但事实证明这样不仅冗长复杂而且也无法令人满意。这种模式要么会导致条文的不必要重复，要么必须对此前条文进行大量复杂的参照援引。这样，文本将毫无吸引力可言，而且过于笨重，不便于读者使用。最终，我们采取的最好方法是，尽可能概括地架构第三卷的条文，以使其既能够适用于合同债务，又能够适用于非合同债务。如某一特定条文仅适用于合同债务，则在条文中明确指出，见第 3-1：101 条（"本卷规定适用于本示范规则所规定的所有债务及相应的债权*，不管其是否因合同而生，但另有规定的除外。"）。例如，有关解除的规则仅适用于合同债务［见第 3-3：501 条第（1）款（范围和定义）］；第 3-3：601 条（减少价款的权利）（"价款"一词本身就表明了本条适用范围的限制）和第 3-3：203 条（债权人无须给债务人补救机会的情形）第（1）款的情形也是如此，这两者的措辞即表明该款的适用范围仅限于合同债务。毋庸赘言，如果《欧洲示范民法典》的适用范围仅限于合同债务和非合同债务，则直接采用第三卷中的示范规则将非常容易。其中绝大多数规则均无须变动。

47. 语　言

《欧洲示范民法典草案》首先以英文公布。英语是所有负责草拟示范规则的研究组的工作语言。不过，就各卷的大部分（或者，第四卷中的各编），工作组还将其翻译成多种语言。这些都将依次出版，首先是在《欧洲私法原则》系列丛书（见下文第 54～56 段）中，其后将分别在《欧洲示范民法典草案》各书中。在翻译过程中，英文版的示范规则经常得到修正。法国大陆法基金会（Fondation pour le droit continental）（巴黎）于 2008 年秋出版了《欧洲示范民法典草案》前三卷（《临时纲要版》的版本）的法文版。① 《临时纲要版》的捷克文译本紧随其后出版。② 研究团队的本意是尽快地、以尽可能多的语言出版《欧洲示范民法典草案》示范规则。但是，《欧洲示范民法典草案》的英文版是唯一被参与研究的各研

---

* "a right to performance"，直译为"履行请求权"，在该卷中，其含义等同于"债权"。
　　——译者注
① 由 Jacques Ghestin 教授完成，见本书第 4 页注③。
② 由 Přemysl Raban 教授领导的团队完成，出版于 Karlovarská Právní Revuei 2008（2），1～222 页。

究组的相关机构以及编校工作组讨论并采纳的文本。

48. 普及性和可理解性

在《欧洲示范民法典草案》草拟过程中,我们所做的所有努力不仅仅是为了构建一个清晰并和谐的结构,而且还要运用浅显、直白的措辞。示范规则和定义无论是被视为改进立法的工具,还是作为一个或多个选择性文件的可行基础,重要的是它们都应当首先适合于这些目的。术语应当简明并前后使用一致。例如"合同"一词应仅在一个意义上使用,而不是三个或更多意义。术语应当尽可能地适合于翻译成多种语言。因此,应当避免从任何一个法律体系中提取法律术语和专门用语。如果可能,在任何情况下都应采用描述性的语言,以便于免去翻译中不必要的麻烦。正是基于这种原因,像"recission"、"tort"和"delit"这样的词都避免使用。* 不管示范规则的内容如何,示范规则所使用的概念必须能够内在统一。文本应当组织良好、浅显易懂、可读性强。由于是为21世纪的欧洲而设计,它应当以中性的术语来表述。它应当尽量简化,但应与准确传达文本拟表达意思的需要相适应,不应当出现不合理的、重复的或相冲突的条文。《欧洲示范民法典草案》是否达到了这些目标,则由他人去评说。我们确实付出了很大努力来试图达到这些目标。

七、《欧洲示范民法典草案》与《欧洲合同法原则》、《欧洲私法原则》丛书、现行私法和保险合同研究组之间的关系

49. 部分以《欧洲合同法原则》为基础

《欧洲示范民法典草案》第二卷和第三卷的许多规则来源于《欧洲合同法原则》。这些规则的采用得到了欧洲合同法委员会(其继任者为欧洲民法典研究组)的明确同意。条文导入、导出对照表将有助于读者在《欧洲示范民法典草案》中找到《欧洲合同法原则》的条文。然而,《欧洲合同法原则》并不能直接照搬进《欧洲示范民法典草案》。鉴于《欧洲示范民法典草案》的规范意旨、结构和适用范围与《欧洲合同法原则》并不相同,且《欧洲合同法原则》的调整范围需要扩展以涵盖消费者保护的相关事项,因此,《欧洲示范民法典草案》的条文不可避免地与《欧洲合同法

---

* 就本中文版的翻译而言,为使语言简洁,译者均以我国民法上的通用语汇来传译本书中的描述性语汇。——译者注

原则》不尽相同。

50. 和《欧洲合同法原则》的差异

《欧洲示范民法典草案》的主要目的之一在于试图规定一套明晰并一致的概念和术语。为了达到这一目的，研究组仔细研究，找出了最妥当的方式，即使用像"合同"和"债务"这样术语，不仅考虑到了各国内国法律制度的规定，而且考虑到了欧洲和国际有关私法的文件中的主流用法。对《欧洲合同法原则》进行许多修改的原因之一在于，在合同（被视为一种协议或法律行为）和由合同所产生的关系（通常由相互的债权和债务所构成）之间已经作了很明确的区分（已如前述）。这种区分的后果遍及整个文本。

51. 示 例

例如，依《欧洲示范民法典草案》，履行的不是合同；订立的是合同，但履行的是债务。同样，合同不能被解除，被解除的是合同关系或由合同所生的特定债权和债务。第三卷将新的重心置于债权和债务之上，也使之有可能统一使用"债权人"和"债务人"等术语，而不是《欧洲合同法原则》普遍使用的"受害方"和"另一方"等术语。既然决定将"债务"一贯地作为债权的对应词来使用，也意味着一些条文的修改。《欧洲合同法原则》为表述这一意义，有时使用"义务"（duty），有时使用"债务"（obligation）。概念和术语必须明晰的要求也意味着，与《欧洲合同法原则》相比，在《欧洲示范民法典草案》中条文会更频繁地去参照法律行为而非合同。所谓法律行为，依第2-1：101条的界定，是指一种发生其所预期的法律效果的陈述或者协议。各国法律制度均需规定合同之外的各种法律行为，但并不是所有国家均使用这一术语，也并不是所有国家均有一般性规定。这些法律行为如要约、承诺、解除通知、授权、保证、让与行为、单方允诺等等。《欧洲合同法原则》通过一个条文（第1：107条）规定，该原则"经适当修正"适用（准用）于这些行为。然而，这种方法是一种应当谨慎使用的捷径，仅在适当修正是细微的且相当明显时，才能采取这种方法。在这种情况下，哪些修正是适当的则并非总是那么显而易见。正是因为如此，2004年我们就已经决定分开规定其他法律行为。《临时纲要版》的一些评论者认为这一决定具有一定的功能性，并具有重要意义，但这确实并非起草者的本意。

52. 来自利益相关者的影响

修改《欧洲合同法原则》条文的另外一个原因是：利益相关者对欧盟委员会举办一些关于特定主题的研讨会施加了一定影响。例如，代理规则就因此作了几处重大的修改,同样的,先合同的陈述构成合同一部分的规则、法院依情势变更而调整合同债权和债务的规则,以及所谓合同的"默示条款"规则也是如此。有时,甚至是筹备利益相关者会议的过程(尽管最终会议并未召开)都导致针对《欧洲合同法原则》的修改建议最终被采纳。如多数债务人和债权人一章的修改即是如此,当然,就该章中的一个或两个特定问题,学术批评也起到了一定作用。

53. 自《欧洲合同法原则》公布以来的发展

最后,根据新近的发展和进一步的研究思考,《欧洲合同法原则》中有一些特定的条文或条文组应该加以改善。例如《欧洲合同法原则》中关于为第三人利益的规定的规则,虽然在当时是一项了不起的成就,但是随着最近国内、国际法律制度的发展,这一规定似乎需要作些扩展。我们在深入研究第四卷有名合同及其权利与义务之后,认为在有名合同的规则中有时需要对第二卷和第三卷的一般规定进行一些补充、调整。例如,经研究发现,在第二卷中就"混合合同"规定一项一般规则,在第三卷中就与合同不符的通知规定一项一般规则,将会十分有利。还发现,将规定于第四卷买卖合同中出卖人"补救"的规则予以一般化并置于第三卷也会非常有利。后面其他各卷的研究也可能反过来影响到第二卷和第三卷。例如,对于不当得利的研究表明,对于解除合同关系之后的恢复原状后果,需要更加完善的规则,同时,对于动产所有权的取得和丧失(以及动产担保物权)的研究,反过来影响到第三卷的让与规则。虽然通常的态度是尽可能地遵循《欧洲合同法原则》,但在许多情况下,不可避免地要作些细微的修改,以增加清晰度和一贯性。例如《欧洲合同法原则》中的"claim"(请求权)一词有时是指基于主张权利而请求,有时指的是债权(a right to performance,请求履行的权利)。《欧洲示范民法典草案》中的"claim"(请求权)仅在第一种意义上使用,对于第二种意义则改用"债权"。再如,《欧洲合同法原则》有时使用合同"条款"(terms),有时使用合同"条款"(clauses)。《欧洲示范民法典草案》倾向于使用"条款"(terms),因为它可同时适用于书面和非书面的合同。

54. 《欧洲法原则》丛书

欧洲民法典研究组自 1998 年启动其研究工作。起初的设想是在适当的时候成套地出版研究成果的全本,但是实际上其结构是逐渐成型的(见上文第 41~46 段)。第一步是组织和研讨作为项目组成部分的任务。其成果在一个单独的系列丛书——《欧洲法原则》中得以出版。目前已经出版六册,涵盖了买卖合同①、租赁合同②、服务合同③、商事代理、特许经营和经销合同④、保证合同⑤以及无因管理。⑥ 余下的各册将于 2009 年和 2010 年陆续出版,主要涵盖侵权责任、不当得利、委托合同以及与物权法有关的所有各册。《欧洲法原则》丛书中已出版的各册中包含了不被《欧洲示范民法典草案》全本所涵盖的部分,它们主要是各卷、各编、各章的比较法概况以及已出版的《欧洲法原则》丛书中示范规则的各种翻译文本。《欧洲法原则》丛书的不断出版,也使《欧洲示范民法典草案》的完整版在不用顾及比较法资料编纂的空缺是否已得到及时、现实的填补的情况下,也能够独立及时出版。

55. 和《欧洲法原则》丛书的差异

不过,在有些情况下,读者会发现,《欧洲示范民法典草案》中的示范规则与《欧洲法原则》丛书中已出版的示范规则并不一定相同。修改的原因有多种。首先,在就特定事项(例如,服务合同)起草独立的成套示范规则时,有必要重复已经作为《欧洲法原则》组成部分的一些规则。在《欧洲示范民法典草案》的完整版中,这些规则将在更为普遍抽象的层面予以规定(亦即在第二卷和第三卷中规定),这些重复性规定即显多余。因此,如果将所有《欧洲法原则》进行单纯叠加,将会比现有的《欧洲示范民法典草案》的篇幅大得多。

56. 改　进

对已出版的《欧洲法原则》示范规则进行修改的第二个原因在于,在为《欧洲示范民法典草案》所做的修正和编辑工作过程中,编校工作组发

---

① 欧洲民法典研究组:《欧洲法原则:买卖合同》(PEL S),主编:Ewoud Hondius, Viola Heutger, Christoph Jeloschek, Hanna Sivesand, Aneta Wiewiorowska (Sellier, Bruylant, Staempfli, Oxford University Press 2008)。
② 欧洲民法典研究组:《欧洲法原则:动产租赁合同》(PEL LG),主编:Kåre Lilleholt, Anders Victorint, Andreas Fötschl, Berte—Elen R. Konow, Andreas Meidell, Amund Bjøranger Tørum (Sellier, Bruylant, Staempfli, Oxford University Press 2007)。
③ 欧洲民法典研究组:《欧洲法原则:服务合同》(PEL SC),主编:Maurits Barendrecht, Chris Jansen, Marco Loos, Andrea Pinna, Rui Cascão, Stéphanie van Gulijk (Sellier, Bruylant, Staempfli, Oxford University Press 2006)。
④ 欧洲民法典研究组:《欧洲法原则:商事代理、特许经营和经销合同》(PEL CAFDC),主编:Martijn W. Hesselink, Jacobien W. Rutgers, Odavia Bueno Díaz, Manola Scotton, Muriel Veldmann (Sellier, Bruylant, Staempfli, Oxford University Press 2006)。
⑤ 欧洲民法典研究组:《欧洲法原则:保证合同》(PEL Pers. Sec.),主编:Ulrich Drobnig (Sellier, Bruylant, Staempfli, Oxford University Press 2007)。
⑥ 欧洲民法典研究组:《欧洲法原则:无因管理》(PEL Ben. Int.),主编:Christian von Bar (Sellier, Bruylant, Staempfli, Oxford University Press 2006)。

现了一些可以改进的空间。在与《欧洲法原则》相应各书的作者们进行充分协商之后，编校工作组向研究组的协调委员会提交了重新草拟的规则，供其批准、修正或否决。最终的修改有一部分是对文字的修改，但也有一部分是实质上的修改。这些都是对 2006 年开始的示范规则系统化修改的结果，也是整合了其他人（包括利益相关者）的观点和编辑术语表的结果，反映了此前文本中的一些前后龃龉之处。此后，在《临时纲要版》的基础上，《欧洲示范民法典草案》的完整版又作了进一步的改进。

57. 现行私法原则

欧盟现行私法研究组，通常称为现行私法研究组，也在一个单独的系列丛书中出版了其研究成果。① 现行私法原则试图以适当的方式展现和架构欧盟私法大杂烩中的庞大的且相当不一致的规则，以便明晰现行私法的演进状况以及简便地找到相关的立法文件和案例法。这也给判断现行私法的共同特征、自相矛盾之处和漏洞提供了可能。因此，现行私法原则有其自身的独特功能，即为欧洲共同体法律的起草、转换和解释提供资料来源。在研究起草《欧洲示范民法典草案》的过程中，现行私法研究组及其研究成果起到了确保欧盟现有法律能被适当反映的作用。因此，现行私法原则也成了编校工作组提炼规则的来源之一。

58. 欧洲保险合同法原则

依第六次研究框架计划（见下文：学术贡献者和资助者）组建的《欧洲合同法原则》专家合作平台还包括了"欧洲保险合同法重述项目组（保险组）"。该研究组有望向欧盟委员会提交《欧洲保险合同法原则》，其提交时间与我们提交《欧洲示范民法典草案》的时间相同。

八、《欧洲示范民法典草案》如何为《欧洲示范民法典》提供准备工作

59. 欧盟委员会的公告

欧盟委员会于 2003 年 1 月公布了"构建更为统一的欧洲合同法行动

---

① 欧洲现行合同法原则（Acquis Principles）・合同法（第一卷）：先合同义务；合同的订立；不公平合同条款，编著：欧盟现行私法研究组（Acquis Group）（Munich 2007）；合同法（第二卷）（Munich 2009）（印刷中）：一般规定；标的物的交付；包价旅游和结算服务。正在准备有名合同和非合同责任等其余各册。

计划"①，呼吁对已提出的三大措施作出评价：提高欧盟现行私法的协调性，促进欧盟范围内标准合同条款的起草②，以及进一步研究是否有必要在特定议题解决模式之外，采取制定诸如"选择性文件"等的措施。其主要改进建议是起草一部《欧洲示范民法典》，以供委员会审视现有私法和起草新的法律文件时参考。③ 2004 年 10 月欧盟委员会公布另一份文件"欧洲合同法与现行私法的修正：前进之路"④。其中建议，《欧洲示范民法典》应当规定"基本原则、定义和示范规则"，从而有助于改进欧盟现行私法，同时为制定一份选择性文件提供基础（如果决定要制定一份的话）。示范规则将是《欧洲示范民法典》的主体⑤，其主要目的作为立法者的指南或"工具箱"。本《欧洲示范民法典草案》即是对委员会公告的回应，并包括了其中所提到的原则、定义和示范规则的建议草案。

60.《欧洲示范民法典》的目的

《欧洲示范民法典》究竟要求达到什么目的，还有待进一步观察。我们可以从"原则、定义和示范规则"的表述本身得到一些信息，还可以从委员会的关于本论题的文件中获取其他一些信息。以下我们来探究这些信息，及其对《欧洲示范民法典草案》调整范围所隐含的意义。

61. 现行消费者法审查绿皮书

《前进之路》报告书中宣布，在草拟《欧洲示范民法典草案》的同时，还将对 8 个消费者指令⑥进行审查。现行私法研究组的成员参与了此项研究。⑦ 2007 年欧盟委员会发布了现行消费者法审查绿皮书。⑧ 它在许多不同的层面提出了疑问。例如，（将现行消费者法）全盘协调统一是否可取⑨，平行文件（horizontal instrument）是否有必要（关于此点见下文第

---

① 见本书第 4 页注①。
② 这一方面的计划并未实现。见 Commission of the European Communities. First Progress Report on The Common Frame of Reference, COM (2005), 456 final, p. 10。
③ 《行动计划》第 72 段。
④ Communication from the Commission to the European Parliament and the Council, COM (2004) 651 final, 11 October 2004 (以下简称《前进之路》)。
⑤ 《前进之路》第 3.1.3 段，第 11 页。
⑥ 第 85/577 号指令、第 90/314 号指令、93/13 号指令、第 94/47 号指令、第 97/7 号指令、第 98/6 号指令、第 98/27 号指令、第 99/44 号指令。见《前进之路》第 2.1.1 段。
⑦ 见 Schulte-Nölke/Twigg-Flesner/Ebers (eds), EC Consumer Law Compendium. The Consumer Acquis and its Transposition in the Member States (Munich 2008)。
⑧ Green Paper on the Review of the Consumer Acquis, COM (2006) 744 final of 8 February 2007 (http://ec.europa.eu/consumers/cons_int/safe_shop/acquis/green-paper_cons_acquis_en.pdf)。
⑨ Question A3, p. 15。

62段)①，以及消费者买卖合同指令是否应当规定许多补充事项。② 其他指令也有可能需要修改，例如向金融服务接受者披露信息的有关指令。从更长远的观点来看，针对仍然需要对消费者提供保护的行业（例如服务合同和保证合同），或在成员国法律之间的差异已明显给内部市场造成阻碍的情况下（例如保险和动产担保），可能还会有建议要求采取进一步协调措施。

62. 消费合同权利指令的建议草案

在现行消费者法审查绿皮书发布之后，即公布了一个平行指令的建议草案。③ 不过，从目前的版本来看，可能是由于时间的关系，该草案并未明确地利用《欧洲示范民法典草案》。尽管术语和立法模式完全不同，但两者在本质上仍然存在一些相似特性。例如《欧洲示范民法典草案》和平行指令草案均就先合同阶段的告知义务和撤回权规定了一般规则，虽然细节内容上存在差异，但所依循的基本理论均相同。其中理论之一就是，除易于证明且明文规定的情形外，在一般情况下，撤回权和相应的告知义务应当适用于远离营业场所协商签订的所有类型的合同（平行指令草案称之为"远程和场外合同"）。以后指令的起草究竟将如何利用《欧洲示范民法典草案》或官方《欧洲示范民法典》，还有待进一步观察。

63. 改进现有的和以后的私法：示范规则

《欧洲示范民法典草案》的目的之一在于帮助改进现行私法以及以后欧盟私法领域的法律文件的起草。通过梳理和清晰地陈述现行私法的基本原则，《欧洲示范民法典草案》能够表明现行指令如何能够更为协调一致，多个部门的规定如何能够得到更广泛的适用，以减少现有的漏洞和重复——建议草案中的所谓"平行方法"。（例如，《欧洲示范民法典草案》就先合同阶段的告知义务和撤回权规定了一般示范规则，这也是平行指令中规定的内容，不过，与《欧洲示范民法典草案》不同的是，平行指令将违反告知义务的后果主要交由内国法去决定。《欧洲示范民法典草案》为欧盟立法者和国内立法者均提供了一套违反告知义务的惩罚示范规则。）《欧洲示范民法典草案》还寻求确定应予考虑的实质上改进。研究起草《欧洲示范民法典草案》"旨在找出最佳的解决方案，充

---

① Question A2, p. 14.
② Directive 1999/44/EC. See questions H1-M3, pp. 24-32.
③ Proposal for a Directive of the European Parliament and of the Council on Consumer Rights, COM (2008) 614.

分研究各国合同法律（包括案例法和既有的实践）、欧盟现行法和相关的国际文件，尤其是 1980 年《联合国国际货物销售合同公约》"①。因此，在广泛的比较研究和仔细分析的基础上，针对立法者在现有基本预设的广泛框架内，有意对欧盟法律文件进行改变或增加时所应考虑的事项，《欧洲示范民法典草案》提出了一些建议。正如共通的内国法主张一样，《欧洲示范民法典草案》也没有去挑战现行私法中的这些基本预设（诸如，告知义务的效能或消费者的价值理念是提供必要保护的基础）。一些专业律师在执行事务的过程中去挑战这些基本预设，这是不合适的；这些基本预设是根本的且属于政治上敏感的问题，主要也并不具有法律性质。《欧洲示范民法典草案》仅仅只是在特定的政策预设之下，就相关规定如何更有效地修正、更为内在统一地得以制定，提供了自己的建议。在极少的情况下，与一些成员国一样，我们建议，适用于消费者的特定现行私法规则应当更为普遍地适用。当然，我们不主张这些建议在没有被进一步讨论之前即被采纳。它们只是示范规则，立法者和其他感兴趣的人可以从中寻找灵感。

64. 改进现行私法：制定内在统一的术语

指令不断地使用法律术语和概念，但又不对其作出界定。② 典型者是委员会文件中提到的 Simone Leitner 案③，当然还有许多其他的案例。《欧洲示范民法典》规定了这些法律术语和概念的定义，这将有助于解决此类解释上的问题，尤其是在它被欧洲机构所采纳的情况下（例如，可以作为立法起草的指南）。④ 可以推定指令中的词语或概念与《欧洲示范民法典》的词语或概念意义相同，但指令作出相反规定的除外。⑤ 试图实施指令的国内立法者以及面临解释施行的立法文件的内国法院，均能从《欧

---

① 《前进之路》第 3.1.3 段。
② 在《共同参照框架》现行消费者法讨论会上，规定欧盟现行法上使用的或预设的概念的定义的条文被称为"直接相关的"材料。见 Second Progress Report on the Common Frame of Reference, COM (2007) 447 final, p.2.
③ 欧洲法院必须判定消费者依包价旅游指令的条文所能主张的损害赔偿，是否必须包括假期没有如约度过所遭受的非经济损失的补偿。这种损害赔偿由许多国家的内国法所接受，但是未被奥地利法所承认。欧洲法院认为，指令中的"损害"必须有一个自主的、"欧洲的"法律意义，在上下文中，"损害"在解释上包括非经济损失。
④ 在没有任何正式安排的情况下，立法者可以在单个的立法议案中通过列举的方式规定本议案应依《共同参照框架》而为解释来达到几乎相同的结果。
⑤ 我们注意到，消费者权利草案（本书第 29 页注③）目前经常采用现有指令中的词语，尽管这些词语的意义并不十分明确。我们希望，在指令通过之前，其文字应核对《欧洲示范民法典草案》，并与其保持一致，以免出现不同的后果。

洲示范民法典》那里找到他们需要的解释。而且，如果条文中有比较法注释，正如《欧洲示范民法典草案》完整版包含的那样，针对内国法目前如何处理相关问题，这些注释通常会提供有用的背景资料。

65. 没有规则，就没有实用的术语表

正如前述，没有一套示范规则，就不可能起草一套实用的术语表，反之亦然。这也反过来说明《欧洲示范民法典》调整范围相当广泛是可取的。例如，如果没有充分认识到许多概念在非合同债务领域也起着重要作用的话，就很难制定出一个合同法和合同债务法的核心概念体系（如"订立"、"债权人"、"损害"、"赔偿"、"损失"、"过失"、"财产"等等）。

66.《欧洲示范民法典》的调整范围

《欧洲示范民法典草案》的目的对其调整范围具有直接影响。正如上文第34～39段所解释的那样，《欧洲示范民法典草案》的调整范围远远超出了委员会在其报告书中所期待的《欧洲示范民法典》的调整范围（但是，欧洲议会在多个决定中所设想的《欧洲示范民法典》的调整范围或多或少地与《欧洲示范民法典草案》的调整范围相当）。① 目前，《欧洲示范民法典》的调整范围似乎仍是一个有待解决的问题。这一范围应是多大才能使之起到作为立法者的指导或"工具箱"的作用？如果最终决定《欧洲示范民法典》的调整范围窄于（或过分地窄于）《欧洲示范民法典草案》的调整范围，《欧洲示范民法典草案》可以怎样使用？在对此作出相应的政治决策时，以下几个方面似乎值得考虑。

67. 消费者法和电子商务

有一点是肯定的，即无论怎样，《欧洲示范民法典》的调整范围，应当包括正在审查的现有指令以及在可预见的将来可能被审查的其他指令的适用范围。因此，所有的消费者法和电子商务问题均应包括在其中，而且所有的合同及合同关系也应该包括在内，这些合同及合同关系是某些现有指令的调整对象，这些指令影响到私法上的事项，可能在某个阶段也会被审查。

68. 现行法的修改和进一步协调统一的措施

第二，《欧洲示范民法典》应当涵盖正在考虑修改的现行法以及正在

---

① European Parliament, Resolution of 15 November 2001, OJ C 140E of 13 June 2002, p. 538; Resolution of 23 March 2006, OJ C 292E of 1 December 2006, p. 109; Resolution of 7 September 2007, OJ C 305E of 14 December 2006, p. 247; Resolution of 12 December 2007, OJ C 323E of 18 December 2008, p. 364; Resolution of 3 September 2008, Texts adopted, P6_TA (2008) 0397.

考虑制定进一步协调统一措施的领域。这既包括目前正在接受审查的领域（如买卖，以及现行消费者法审查绿皮书①中讨论的租赁），也包括那些即使没有立刻制定新法的提议但正在考虑协调统一的领域。这样，服务合同应当包括在其中，动产担保也应包括在其中，因为这些部门法律的分歧已经产生了严重的问题。

69. 指令中提及的术语和概念

第三，为提供必要的定义，《欧洲示范民法典》必须规定许多指令中虽已提及但未作界定的术语和概念。实际上，这将涵盖所有合同和合同债务的一般法律规则。很少有主题未被现行法提及，或至少被其作为前提条件，因此涵盖所有一般法律规则比起找出哪些主题可以省略要简单得多。不过，并不仅仅只有严格意义上的合同法术语被提及，也不仅仅只有合同法在欧盟文件被作为前提条件。例如，消费者指令经常以不当得利规则为先决条件，先合同告知指令或以其为前提条件的规则在许多国家被归类为损害的非合同责任规则，即不法行为或侵权行为。因此，规定这些领域的术语的定义和示范规则是有益的，不是因为它们很可能在不久的将来会被欧洲立法所规制或协调统一，而是因为现有的欧洲法律文件已经建立在各成员国的法律已有相应规则并提供适当的救济这一预设的基础上。它们是否能契合欧盟法律文件（现有的或拟定中的）则是另外一个问题。这应由欧洲机构来决定需要什么或什么是有用的。现在可以明确的是，事先就确定哪些主题永不需要是很困难的。

70. 存疑的主题应予涵盖

存疑的主题应予涵盖，就此有充分的理由予以支持。如果将太多的主题排除在外，《欧洲示范民法典》将是一个零散的大杂烩，果若如此，就会大规模重复现有欧盟法律文件的主要失误。调整范围广泛的《欧洲示范民法典》并不会造成任何损害。它不是立法文件，甚至还不是立法建议，它仅仅提供语言和定义，以供真正立法时参考使用，这种法律文件现在是，以后可能仍然是，欧盟私法的特征。

71. 基本的背景资料

《欧洲示范民法典》可以在更广的方面作为立法者的指南，而且它确实是为了达到这一目标而准备的。如果欧盟立法要与成员国的内国法协调统一，特别是既不想留下无意的漏洞，又不想过度地扩张，立法者有必要准确了解各成员国的不同法律。各国的注释包含在完整版的《欧洲示范民

---

① 见本书第 28 页注⑧。

法典草案》中，对各国立法者了解其他成员国的情况具有重要意义。如果要让各国立法者持续性地了解其他成员国的情况，《欧洲示范民法典草案》中的国别注释就得不断更新。

72. 以诚实信用为例

诚实信用原则可作为一个例证。这一原则在许多国家的法律中被确认为基本原则，但并未得到所有成员国法律的同等程度的认同。在许多国家的法律制度中，它并非能直接适用的一般规则。这些国家的法律制度中确实存在许多特定的规则，起着和诚实信用相同的作用，在这个意义上，这些规则旨在避免当事人以不符合诚实信用的方式而为某种行为，但是没有关于诚实信用的一般规则。因此，欧洲的立法者就不能想当然地认为，无论在消费合同上增加什么要件来保护消费者，均要辅之以当事人应依诚实信用而为某种行为的一般要件。如果要想在所有法域的特定范围内均适用一般要件，立法者必须在指令中明文规定这一要件，正如《消费合同中不公平条款指令》那样。[1] 或者，有必要在指令中规定特定的条文，来达到有些法域通过适用诚实信用原则即可达到的效果。举另外一个例子，在起草或修改有关先合同告知义务的指令时，立法者需要了解他们需要规定哪些内容，以及哪些内容已经为所有成员国的法律以相对一致的方式作了充分的规定。这样，误解、欺诈的一般原则以及错误信息的条款就构成了现行消费者法关于先合同阶段信息的基本背景。在这个意义上说，即使"立法者指南"也需要有不同法律中共同原则及一些演进注释的论述，需要找出有关现有法律的内容以及哪些因为所有成员国已经以不同的形式作出规定从而可以从欧洲现行法中删除的信息。

73. 内国法的前提规则

而且，指令通常以内国法特定规则的存在为前提条件。例如，当消费者行使合同撤回权时，返还原物的责任问题则主要留由内国法去解决。前提性法律的信息远不仅仅是"基本背景"，对此尚存争议。委员会的"《欧洲示范民法典》第二步报告"将之表述为"直接相关"[2]。无论如何正确分类，这一方面的信息很明显都是至关重要的。简而言之，欧洲立法者需要了解在内国法的条文中哪些是问题，哪些不是。这也是为什么《欧洲示范民法典草案》的调整范围很宽泛，以及为什么完整的《欧洲示范民法典草案》要包括详尽的注释以及将示范规则与许多内国法进行比较的重要

---

[1] Council Directive 93/13/EEC, ART.3 (1).
[2] 见本书第30页注②书，2页。

原因。

74. 《欧洲示范民法典草案》的架构并非"什么都有或什么都没有"

《欧洲示范民法典草案》的结构尽可能地以此为导向：只要官方机构希望基于一些提议着手启动官方的《欧洲示范民法典》，即可截取《欧洲示范民法典草案》的某些部分并对之进行深入研究或将之提交学者们进行一般性讨论。换句话说，《欧洲示范民法典草案》的架构尽量避免出现"什么都有或什么都没有"的情形。也许并非每一个细节都能从中原封不动地挑选出来，但任何情况下较大的领域还是能从中获取且无须接受全部。例如，读者可以看到第三卷的规定可直接适用于合同债权和债务；它们也同样适用于非合同债权和债务。如果委员会决定《欧洲示范民法典》仅规定前者，也能非常快速便捷地将草案调整至仅适用于合同债权和债务。我们并不建议这么做，理由已如前述。它将在合同债务与其他债务之间造成隔阂，而这一隔阂在成员国的法律中并不实际存在，而且它将危及结构的内在协调统一。但是如果需要，确实可以这么做。①

九、本版之后的发展

75. 《欧洲示范民法典草案》的完整版

《欧洲示范民法典草案》的完整版已于 2008 年 12 月底提交欧盟委员会，不久将作为大规模出版物出版成册。纲要版与完整版的区别在于完整版将包括评述和比较法注释，并辅之以附录和书目表。

76. 消费信贷合同并不涉及

《欧洲示范民法典草案》没有规定消费信贷合同的示范规则。这是《欧洲示范民法典草案》研究工作成稿阶段所通过的唯一一个指令的主题。②《欧洲示范民法典草案》还来不及修改以反映这一方面的内容。

77. 评价《欧洲示范民法典草案》

研究团队按照第六次研究框架计划，付出自己的辛勤劳动，以公布《欧洲示范民法典草案》的形式完成了自己的工作。在 2009 年 4 月底之

---

① 我们极力主张，如果采取这种方式，评估应当重写，以阐明在大多数制度中，规则还适用于非合同债务。

② Directive 2008/48/EC of the European Parliament and of the Council of 23 April 2008 on Consumer Credit Contracts and abrogating Directive 87/102/EEC, OJ L 133/66 of 2 May 2008.

前，这个组织仍然存在。不过，关于《欧洲示范民法典草案》以及在此基础上可能制定的《欧洲示范民法典》的讨论仍将继续。研究者愿意推动这一发展和进行各法律专家组间的新型合作，但必须指出的是，这些均必须以找到新的资助为前提。

78.《欧洲示范民法典》

制定《欧洲示范民法典》是欧盟委员会的职责。我们建议欧盟委员会只有在与相关各研究组进行磋商之后，才能就本文中所提出的法律政策问题作出决定。如果可行，研究者们仍然愿意参加。

79. 方括号

《临时纲要版》第 2-2-9：404 条（经营者与消费者订立的合同中"不公平"的含义）（现第 2-2-9：403 条）中的方括号仍予保留。问题是对经营者与消费者订立的合同中不公平条款的控制是仅仅针对未经个别磋商的条款，还是针对经营者提供的任何条款。保留或删除"未经个别磋商的"一句在实践中的后果在上下文中可能没有那么大（因为大多数由经营商提供的条款都是未经个别磋商的条款），但问题是微妙的，最好留由政治决定去解决。《临时纲要版》第 3-5：108 条（可让与性：合同禁止的效力）的方括号被删除，因为它很可能达成一项决定，即倾向于比第 5 款事先规定的措施更为便利的措施。

80.《欧洲示范民法典》是选择性文件的基础

正如前述，《欧洲示范民法典》的目的与其作为立法者指南或"工具箱"的功能直接相关。《欧洲示范民法典》或其中的部分是否在以后会被作为选择性文件的基础，即是否可能为当事人选择适用以调整双方权利和义务的另外一套法律规则的基础，仍无定论。就两个研究组来看，这样一个选择性文件将会引起极大的关注，而不仅仅是对消费交易而言。不过，对此更为详尽的讨论在现阶段似乎还为时过早。我们完全可以说，《欧洲示范民法典草案》的起草模式是有意识的，一旦政治需要，即可促进选择性文件的制定。

克里斯蒂安·冯·巴尔

休·比尔

埃里克·克莱夫

汉斯·舒尔特-纽尔克

2009 年 1 月

学术贡献者和资助者

一、泛欧洲团队 ·· 36
二、欧洲民法典研究组 ································ 36
三、欧洲民法典研究组协调组 ······················· 37
四、欧洲民法典研究组工作小组 ····················· 39
五、欧洲民法典研究组顾问委员会 ·················· 40
六、欧盟现行私法研究组 ······························ 42
七、前欧洲合同法委员会 ······························ 44
八、编校工作组 ·· 45
九、资助 ··· 46

一、泛欧洲团队

正如前述,《欧洲示范民法典草案》是来自欧盟成员国的所有法域的法学家历经 25 年多通力合作的结果。它始于 1982 年欧洲合同法委员会的组建,并进而到 1998 年欧洲民法典研究组的成立以及 2002 年欧盟现行私法研究组的成立。自 2005 年起,欧洲民法典研究组、欧盟现行私法研究组和欧洲保险合同法研究组共同组成了所谓的《欧洲合同法原则》研究者合作平台的"起草小组"。《欧洲示范民法典草案》即为欧洲民法典研究组、欧盟现行私法研究组和欧洲合同法委员会的研究成果。

二、欧洲民法典研究组

本研究组得到了工作(或研究)小组的大力支持。工作小组由较为年轻的法律学者组成，并受研究组的高级成员（小组领导）的指导。各小组从事基础的比较法研究，草拟草案以供讨论，并收集注释所需的大量资料。每一个工作小组都有一个咨询机构——顾问委员会。这些咨询机构基于效率的考虑，规模都比较小，主要由相关领域的顶尖专家组成，代表着欧洲的主要法系。由工作小组所起草的，并经相应顾问委员会在一系列会议中批评性地研读和改进过的建议草案，最后提交欧洲民法典研究组的实际决策机构——协调组反复讨论和仔细推敲。在2004年6月之前，协调组由欧盟所有法域的代表所组成。在2004年春欧盟即将扩大之前，来自爱沙尼亚、匈牙利、挪威、波兰、斯洛文尼亚和瑞士的学者也加入其中。来自捷克、马耳他、拉脱维亚、立陶宛、斯洛伐克的代表在2004年6月华沙会议后加入，来自保加利亚和罗马尼亚的代表在2006年12月卢塞恩会议之后加入。协调组除了常务成员之外，其他有表决权的参加者包括所有团队的领导以及在相关问题提交讨论时相应的顾问委员会委员。协调组为期一周的讨论研究之后成果被并入条文文本和注释，再并入协调组下次会议（或依协调组和相关工作小组的工作负荷所定的会期）议程。项目中的一部分均在多种场合讨论多次，有的甚至持续许多年。在无法取得一致意见时，则采纳多数票的意见。

三、欧洲民法典研究组协调组

欧洲民法典研究组的协调组由（或曾由）以下成员组成：圭多·阿尔帕（Guido Alpa）教授（罗马/热亚那，至2005年5月），克里斯蒂安·冯·巴尔（Christian von Bar）教授（德国/奥斯纳布吕克，主席），毛里·博伟达（Maurits Barendrecht）教授（荷兰/蒂尔堡，至2005年5月），休·比尔（Hugh Beale）教授（华威），米尔恰-丹·鲍勃（Mircea-Dan Bob）博士（罗马尼亚/克卢日，从2007年6月），迈克尔·约阿希姆·波内尔（Michael Joachim Bonell）教授（罗马），米夫萨德·基·邦尼奇（Mifsud G. Bonnici）教授（马耳他/瓦莱塔，从2004年12月），卡罗·卡斯特罗诺沃（Carlo Castronovo）教授（米兰），埃里克·克莱夫（Eric Clive）教授（英国/爱丁堡），尤金·达克罗尼亚（Eugenia Dacoronia）教授（雅典），乌尔里希·德罗布尼希（Ulrich Drobnig）教授（汉堡），本尼迪克特·福瓦克-寇松（Bénédicte Fauvarque-Cosson）教授（巴黎），马塞尔·方丹（Marcel Fontaine）教授（比利时/鲁汶，至2003年

12月），安德烈·富勒尔（Andreas Furrer）教授（瑞士/卢塞恩州，从2003年12月），胡里奥·曼努埃尔·维埃拉·戈麦斯（Júlio Manuel Vieira Gomes）教授（巴西/波尔图），维果·哈格斯特罗姆（Viggo Hagstrom）教授（挪威/奥斯陆，从2002年6月），最高法院法官托尔尼·霍斯塔德（Torgny Håstad）（瑞典/斯德哥尔摩），约翰尼·埃雷（Johnny Herre）教授（斯德哥尔摩），马丁·海塞林克（Martijn Hesselink）教授（阿姆斯特丹），埃冯德·洪迪厄斯（Ewoud Hondius）教授（荷兰/乌得勒支，至2005年5月），杰罗姆·胡氏（Jérôme Huet）教授（巴黎），乔瓦尼·尤迪卡（Giovanni Iudica）教授（米兰，从2004年6月），莫妮卡·尤尔乔娃（Monika Jurčova）博士（斯洛伐克/特尔瓦纳，从2006年6月），康斯坦丁诺斯·克拉缪斯（Konstantinos Kerameus）教授（雅典），奥莱彼得·兰多（Ole Lando）教授（哥本哈根），克里·里尔特霍特（Kåre Lilleholt）教授（挪威/卑尔根奥斯陆，从2003年6月），马可·洛斯（Marco Loos）教授（阿姆斯特丹），布里吉塔·鲁格（Brigitta Lurger）教授（奥地利/格拉茨），埃克托尔·麦克奎恩（Hector MacQueen）教授（爱丁堡），伊万·麦格麦肯德里克（Ewan McKendrick）教授（牛津），瓦连京纳斯·麦克纳斯（Valentinas Mikelenas）教授（立陶宛/维尔纳，从2004年12月），约恩·奥德尔（Eoin O'Dell）教授（都柏林，至2006年6月），埃德加·杜·佩荣（Edgar du Perron）教授（阿姆斯特丹），丹尼斯·菲利普（Denis Philippe）教授（比利时/鲁汶，从2004年6月），耶日·拉伊斯基（Jerzy Rajski）教授（波兰/华沙），克里斯汀娜·兰贝格（Christina Ramberg）教授（瑞典/哥德堡），最高法院法官恩卡纳·罗科·泰厄斯（Encarna Rocay Trias）教授（马德里/巴塞罗那），彼得·施勒希特里姆特（Peter Schlechtriemt）教授（德国/弗赖堡），马丁·施密特·克塞尔（Martin Schmidt-Kessel）教授（德国/奥斯纳布吕克，从2004年12月），豪尔赫·辛德·蒙泰罗（Jorge Sinde Monteiro）教授（葡萄牙/科英布拉，至2004年12月），莉娜·西苏拉-图洛卡斯（Lena Sisula-Tulokas）教授（芬兰/赫尔辛基），苏菲·梯金斯（Sophie Stijns）教授（比利时/鲁汶），马蒂亚斯·斯特姆（Matthias Storme）教授（比利时/鲁汶），斯蒂芬·斯旺（Stephen Swann）博士（德国/奥斯纳布吕克），克里斯蒂安·塔可弗（Christian Takoff）教授（保加利亚/索非亚，从2007年6月），卢博斯·蒂奇（Luboš Tichý）教授（捷克/布拉格，从2005年6月），韦丽察·特尔斯泰尼亚克（Verica Trstenjak）教授（斯洛文尼亚/马里博尔，至2006年

12月),韦伯·乌尔贝克(Vibe Ulfbeck)教授(哥本哈根,从2006年6月),保罗·瓦卢尔(Paul Varul)教授(爱沙尼亚/塔尔图,从2003年6月),约什·韦卡什(Lajos Vékás)教授(匈牙利/布达佩斯),安娜·维尼基亚诺(Anna Veneziano)教授(意大利/特拉莫)。

四、欧洲民法典研究组工作小组

常务工作小组在许多欧洲大学研究机构的基础上组成。工作小组以前和现在的"初级成员"主要从事三大主要私法领域的研究工作:有名合同法、非合同债务法和物权法。他们有的仅呆一年或两年时间,但通常都会相当长,主要是为了展开他们自身的研究项目。协调组会议以及无数的顾问委员会会议均在奥斯纳布吕克和相应的东道主地区举行,并由依娜·爱尔·科比亚(Ina EL Kobbia)组织。

工作小组成员包括:贝戈尼亚·阿方·德·拉·萨里瓦(Begoña Alfonso de la Riva),乔治奥斯·阿诺克罗斯(Georgios Arnokouros),欧文·贝以森(Erwin Beysen)博士,克里斯托弗·比斯平(Christopher Bisping),奥莱彼得·鲍格(Ole Böger),迈克尔·博塞(Michael Bosse),曼努埃尔·布拉加(Manuel Braga),奥达维亚·布埃诺·迪亚兹(Odavia Bueno Díaz)博士,圣迪埃·卡尔梅(Sandie Calme),瑞·卡斯康(Rui Cascão)博士,克瑞斯汀娜·奇科里亚(Cristiana Ciacoria),马丁·科斯塔(Martine Costa),伊内·斯科托·格德斯(Inês Couto Guedes),约翰·迪基(John Dickie)博士,托拜尔斯·迪尔克斯(Tobias Dierks),艾弗拉里亚·埃尔瑟拉都(Evlalia Eleftheriadou)博士,沃尔夫·冈伯(Wolfgang Faber)博士,西尔维亚·费德里齐(Silvia Fedrizzi),弗朗西斯·菲奥伦蒂尼(Francesca Fiorentini)博士,安德烈亚斯·弗特斯奇(Andreas Fötschl)博士,蒂希·弗兰克(Laetitia Franck),卡泰·高吉(Caterina Gozzi)博士,阿莱西·格雷可(Alessio Greco),洛德维克·古尔瑟热万·维兹尔(Lodewijk Gualthérie van Weezel),斯蒂芬·万·古里基科(Stéphanie van Gulijk),朱迪·豪克(Judith Hauck),拉尔斯·哈弗坎普(Lars Haverkamp)博士,安娜玛丽亚·海尔保伊(Annamaria Herpai)博士,薇奥娜·赫特格尔(Viola Heutger)博士,马蒂亚斯·胡内特(Matthias Hünert)博士,克里斯·扬森(Chris Jansen)教授,克里斯多夫·杰洛斯切克(Christoph Jeloschek）博士，迈内劳斯·卡帕萨卡斯（Menelaos Karpathakis），斯特凡·克特勒（Stefan Kettler）博士，依娜·爱尔·科比亚（Ina El Kobbia），贝尔泰-艾伦·艾库鲁（Berte-Elen R. Konow）博士，罗纱丽·科尔霍汶（Rosalie Koolhoven），卡罗琳·勒邦（Caroline Lebon），亚采·莱曼（Jacek Lehmann），马丁·尼尔贾（Martin Lilja），罗兰·洛纳特（Roland Lohnert），比尔特·洛伦茨（Birte Lorenzen），玛丽亚·安杰勒斯·马丁·维达（María Ángeles Martín Vida）博士，阿尔穆德纳·德·拉·马塔·穆尼奥斯（Almudena de la Mata Muñz），伯德里克·迈坎农（Pádraic McCannon），玛丽-罗斯·麦圭尔（Mary-Rose McGuire）博士，保罗·麦克纳（Paul McKane），何塞·卡洛斯·德·梅德罗斯·诺夫雷加（José Carlos de Medeiros Nóbrega），安德烈亚斯·梅戴尔（Andreas Meidell）博士，菲利普·米尔尼克（Philip Mielnicki），安纳斯塔西奥斯·穆埃提斯（Anastasios Moraitis），桑德拉·穆勒（Sandra Müller），弗朗茨·涅珀（Franz Nieper），特雷莎·佩雷拉（Teresa Pereira），特雷莎·皮娜（Teresa Pinna）博士，桑德拉·罗尔芬（Sandra Rohlfing），雅克比·W·罗格斯（Jacobien W. Rutgers）博士，约翰·赞德施泰特（Johan Sandstedt），玛塔·利维娅·多斯·桑托斯·席尔瓦（Marta Lívia dos Santos Silva），马丁·舒尔茨（Mårten Schultz）博士，马诺拉·斯科特（Manola Scottont），弗兰克·赛德尔（Frank Seidel），安娜·冯·希尔特（Anna von Seht），苏珊·辛格尔顿（Susan Singleton），汉娜·斯文森（Hanna Sivesand）博士，丹尼尔·史密斯（Daniel Smith），马伦·斯坦·波尔森（Malene Stein Poulsen）博士，迪米特尔·斯托伊梅诺夫（Dimitar Stoimenov），斯蒂芬·斯旺（Stephen Swann）博士，费伦茨·施惹拉依（Ferenc Szilágyi），阿蒙德·乔让戈·特吕姆（Amund Bjøranger Tørum）博士，皮娅·乌尔里希（Pia Ulrich），穆里尔·维特曼（Muriel Veldman），卡尔·文德雷尔·吉文特（Carles Vendrell Gervantes），欧内斯特·维克（Ernest Weiker），阿内塔·威尔威洛维斯卡（Aneta Wiewiorowska），巴斯蒂安·维勒斯（Bastian Willers）。

五、欧洲民法典研究组顾问委员会

常务工作小组的顾问委员会成员（经常服务于多个小组或履行其他职责）有：休·比尔（Hugh Beale）教授（华威），约翰·W·布莱基

(John W. Blakie)教授(斯特拉斯克莱德),迈克尔·基·布里奇(Michael G. Bridge)教授(伦敦),安琪·拉斯科(Angel Carrasco)教授(托莱多),卡罗·卡斯特罗诺沃(Carlo Castronovo)教授(米兰),埃里克·克莱夫(Eric Clive)教授(爱丁堡),皮埃尔·克罗克(Pierre Crocq)教授(巴黎),尤金·达克罗尼亚(Eugenia Dacoronia)教授(雅典),本尼迪克特·福瓦克-寇松(Bénédicte Fauvarque-Cosson)教授(巴黎),雅克·杰斯汀(Jacques Ghestin)教授(巴黎),胡里奥·曼努埃尔·维埃拉·戈麦斯(Júlio Manuel Vieira Gomes)教授(巴西/波尔图),赫尔穆特·格罗特(Helmut Grothe)教授(柏林),最高法院法官托尔尼·霍斯塔德(Torgny Håstad)(瑞典/斯德哥尔摩),约翰尼·埃雷(Johnny Herre)教授(斯德哥尔摩),杰罗姆·胡氏(Jérôme Huet)教授(巴黎),乔瓦尼·尤迪卡(Giovanni Iudica)教授(米兰),莫妮卡·尤尔乔娃(Monika Jurčova)博士(斯洛伐克/特尔瓦纳),简·克莱内曼(Jan Kleineman)教授(斯德哥尔摩),艾琳·库尔(Irene Kull)教授(爱沙尼亚/塔尔图),马可·洛斯(Marco Loos)教授(阿姆斯特丹),丹尼斯·马泽奥德(Denis Mazeaud)教授(巴黎),埃克托尔·麦克奎恩(Hector MacQueen)教授(爱丁堡),伊万·麦格麦肯德里克(Ewan McKendrick)教授(牛津),格雷厄姆·莫法特(Graham Moffat)教授(华威),安德烈·尼科卢西(Andrea Nicolussi)教授(米兰),约恩·奥德尔(Eoin O'Dell)教授(都柏林),吉列·帕劳·莫雷诺(Guillermo Palao Moreno)教授(西班牙/瓦伦西亚),埃德加·杜·佩荣(Edgar du Perron)教授(阿姆斯特丹),玛丽亚克罗伯·普林克斯·车克纳(Maria A. L. Puelinckx-van Coene)教授(比利时/安特卫普),菲利普·雷米(Philippe Rémy)教授(法国/普瓦捷),彼得·施勒希特里姆特(Peter Schlechtriemt)教授(德国/弗赖堡),马丁·施密特·克塞尔(Martin Schmidt-Kessel)教授(德国/奥斯纳布吕克),克里斯蒂娜·斯格(Kristina Siig)博士(丹麦/奥胡斯),莱因哈德·斯梯洛特(Reinhard Steennot)教授(比利时/根特),马蒂亚斯·斯特姆(Matthias Storme)教授(比利时/鲁汶),斯蒂芬·斯旺(Stephen Swann)博士(德国/奥斯纳布吕克),卢博斯·蒂奇(Luboš Tichý)教授(捷克/布拉格),斯特凡诺·特罗亚诺(Stefano Troiano)教授(意大利/维罗纳),安东尼·瓦丘尔·阿洛里(Antoni Vaquer Aloy)教授(西班牙/莱里达),安娜·维尼基亚诺(Anna Veneziano)教授(意大利/特拉莫),阿兰韦贝克(Alain Verbeke)教授(鲁汶和蒂尔堡),安德斯·维克多林特

(Anders Victorint)教授（斯德哥尔摩），萨拉·华盛顿（Sarah Worthington）教授（伦敦）。

六、欧盟现行私法研究组

现行私法条文的形成经过一系列的单独的起草程序，包括起草小组、校订委员会、术语组和全体会议。起草小组准备规则的首个草案，并以欧共体现行法律的分析为基础对其主题或领域进行评述。草案接着要提交给校订委员会和术语组，由不同的小组系统地提出建议以使不同的草案彼此互相配合，并达到协调使用统一的术语、改进语言和保持草案一致性的目的。所有的草案规则均要在一年两次的现行私法研究组全体会议上讨论多次，并最终获得通过。全体会议通过的有些草案（特别是那些关于先合同告知义务、不公平条款和撤回权的草案）还将被提交到《欧洲示范民法典》利益相关者网络会议上讨论。其评述将在第二轮的起草工作中予以考虑，并最终合并成现行私法原则。

现行私法研究组的以下成员参加了全体会议：吉安马里·阿雅尼（Gianmaria Ajani）教授（都灵，发言人），埃斯特·阿罗约·埃·阿玛约拉斯（Esther Arroyo i Amayuelas）教授（巴塞罗那），卡罗尔·奥贝尔特·德·文赛勒斯（Carole Aubert de Vincelles）教授（法国/里昂），纪尧姆·巴塞尤尔（Guillaume Busseuil）博士（巴黎），西蒙·沙尔德努（Simon Chardenoux）博士（巴黎），朱迪塔·科尔德罗·莫斯（Giuditta Cordero Moss）教授（奥斯陆），格哈·丹纳曼（Gerhard Dannemann）教授（柏林），斯利维亚·费拉里（Silivia Ferreri）教授（都灵），拉斯·戈顿（Lars Gorton）教授（瑞典/隆德），米歇尔·格拉齐亚代伊（Michele Graziadei）教授（都灵），汉斯·克里斯托夫·格里戈莱特（Hans Christoph Grigoleit）教授（德国/雷根斯堡），吕克·格雷班（Luc Grynbaum）教授（巴黎），杰兰特·豪厄尔斯（Geraint Howells）教授（曼彻斯特），简·胡迪克（Jan Hurdik）教授（捷克/布尔诺），茨韦塔纳·纳卡梅（Tsvetana Kamenova）教授（保加利亚/索非亚），康斯坦丁·克拉缪斯（Konstantinos Kerameus）教授（雅典），斯特凡·雷博尔（Stefan Leible）教授（德国/拜罗伊特），伊娃·林德尔-弗朗兹（Eva Lindell-Frantz）教授（德国/隆德），赫布·彼得亚雷·曼彻尼科沃斯基（Hab. Piotr Machnikowski）博士（波兰/弗罗茨瓦夫），乌尔里希·马格努斯（Ulrich Magnus）教授（汉堡），彼得·莫格尔瓦-汉森（Peter Møgelvang-Hansen）教授（哥本哈根），苏珊娜·纳瓦斯·纳瓦罗（Susana Navas Navarro）教授（巴塞罗那），鲍利萨·内比亚（Paolisa Nebbia）博士（英国/莱斯特），安德斯·奥伽德（Anders Ørgaard）教授（丹麦/奥尔堡），芭芭拉·帕萨（Barbara Pasa）博士（都灵），托马斯·法伊弗（Thomas Pfeiffer）教授（德国/海德堡），安东尼奥·平托·蒙泰罗（António Pinto Monteiro）教授（葡萄牙/科英布拉），耶日·匹苏林斯基（Jerzy Pisulinski）教授（波兰/克拉科夫），爱丽丝·普瓦洛（Elise Poillot）教授（里昂），朱迪·罗奇菲德（Judith Rochfeld）教授（巴黎），埃娃·罗特-派特斯基（Ewa Rott-Pietrzyk）教授（波兰/卡托维兹），索伦·珊得菲德·雅各布森（Søren Sandfeld Jakobsen）教授（哥本哈根），马克特·塞卢茨卡（Markéta Selucká）博士（捷克/布尔诺），汉斯·舒尔特·洛尔克（Hans Schulte Nölke）教授（德国奥斯纳布吕克，协调人），赖纳·舒尔兹（Reiner Schulze）教授（德国/明斯特），卡拉·斯尔博奇（Carla Sieburgh）教授（荷兰/奈梅亨），苏菲亚·斯塔拉-鲍迪伦（Sophie Stalla-Bourdillon）博士（佛罗伦萨），马蒂亚斯·斯特姆（Matthias Storme）教授（安特卫普和鲁汶），格特罗·斯确特曼斯（Gert Straetmans）教授（比利时/安特卫普），赫布·马切什普纳尔（hab. Maciej Szpunar）博士（波兰/卡托维兹），埃弗利娜·特里安（Evelyne Terryn）教授（比利时/鲁汶），克里斯汀·特威格-弗雷斯勒（Christinan Twigg-Flesner）博士（英国/赫尔），安东尼·瓦丘尔·阿洛里（Antoni Vaquer Aloy）教授（西班牙/莱里达），托马斯·威廉松（Thomas Wilhelmsson）教授（芬兰/赫尔辛基），弗莱德里克·措尔（Fryderyk Zoll）教授（波兰/克拉科夫）。

除了现行私法研究组发言人（吉安马里·阿雅尼）（Gianmaria Ajani）和总协调人（汉斯·舒尔特·洛尔克）（Hans Schulte Nölke）之外，校订委员会的委员名单如下：格哈·丹纳曼（Gerhard Dannemann）（主持人），吕克·格雷班（Luc Grynbaum），赖纳·舒尔兹（Reiner Schulze），马蒂亚斯·斯特姆（Matthias Storme），克里斯汀·特威格-弗雷斯勒（Christinan Twigg-Flesner），弗莱德里克·措尔（Fryderyk Zoll）。术语组由格哈·丹纳曼（Gerhard Dannemann）（主持人），斯利维亚·费拉里（Silvia Ferreri），米歇尔·格拉齐亚代伊（Michele Graziadei）组成。

现行私法研究组各起草小组成员如下："合同法 I"（起初分为以下小

组：消费者和经营者的定义、形式、诚实信用、先合同告知义务、成立、撤回、非经磋商的条款）：埃斯特·阿罗约·埃·阿玛约拉斯（Esther Arroyo i Amayuelas），克里斯托·格里戈莱特（Christoh Grigleit），彼得·莫格尔瓦-汉森（Peter Møgelvang-Hansen），芭芭拉·帕萨（Barbara Pasa），托马斯·法伊弗（Thomas Pfeiffer），汉斯·舒尔特-诺尔克（Hans Schulte-Nölke），赖纳·舒尔兹（Reiner Schulze），埃弗利娜·特里安（Evelyne Terryn），克里斯汀·特威格-弗雷斯勒（Christinan Twigg-Flesner），安东尼·瓦丘尔·阿洛里（Antoni Vaquer Aloy）；"合同法 II"（负责履行、不履行、救济）：卡罗尔·奥贝尔特·德·文赛勒斯（Carole Aubert de Vincelles），彼得亚雷·曼彻尼科沃斯基（Piotr Machnikowski），乌尔里希·马格努斯（Ulrich Magnus），耶日·匹苏林斯基（Jerzy Pisulilski），朱迪·罗奇菲德（Judith Rochfeld），埃娃·罗特-派特斯基（Ewa Rott-Pietrzyk），赖纳·舒尔兹（Reiner Schulze），马蒂亚斯·斯特姆（Matthias Storme），马切·什普纳尔（Maciej Szpunar），弗莱德里克·措尔（Fryderyk Zoll）；"电子商务"：斯特凡·雷博尔（Stefan Leible），耶日·匹苏林斯基（Jerzy Pisulinski），弗莱德里克·措尔（Fryderyk Zoll）；"非歧视"：斯特凡·雷博尔（Stefan Leible），苏珊娜·纳瓦斯·纳瓦罗（Susana Navas Navarro），耶日·匹苏林斯基（Jerzy Pisulinski），弗莱德里克·措尔（Fryderyk Zoll）；"实际履行"：拉尔斯·戈登（Lars Gorton），杰兰特·豪厄尔斯（Geraint Howells）。许多同行为全体会议和起草小组提供了帮助或对评述作出了贡献，其中包括：克里斯托夫·布施（Christoph Busch）博士，马丁·埃伯斯（Martin Ebers）博士，克日什托夫·科鲁斯（Krzysztof Korus）博士，马蒂亚斯·莱曼（Matthias Lehmann）教授以及菲利普·韦伊曼（Filip Wejman）博士。

七、前欧洲合同法委员会

由奥莱彼得·兰多（Ole Lando）（哥本哈根）领导的前后三个欧洲合同法委员会（1982 年至 1999 年）的委员包括：克里斯蒂安·冯·巴尔（Chritian von Bar）教授（奥斯纳布吕克），休·比尔（Hugh Beale）教授（华威），阿尔贝托·贝丘韦特兹（Alberto Berchovitz）教授（马德里），布里吉特·柏辽兹-乌安（Brigitte Berlioz-Houin）教授（巴黎），马西莫·比安卡（Massimo Bianca）教授（罗马），迈克尔·约阿希姆·波内尔（Michael Joachim Bonell）教授（罗马），迈克尔·布里奇（Michael Bridge）教授（伦敦），卡罗·卡斯特罗诺沃（Carlo Castronovo）教授（米兰），埃里克·克莱夫（Eric Clive）教授（爱丁堡），伊莎贝尔·德·马加良斯·克拉克（Isabel de Magalhães Collaço）教授（里斯本），乌尔里希·德罗布尼希（Ulrich Drobnig）教授（汉堡），大律师 安德烈·埃尔万热（Batonnier Dr. André Elvinger）博士（卢森堡），梅特·马克·埃尔万热（Maitre Marc Elvinger）（卢森堡），迪米特里·伊万基斯特（Dimitri Evrigenist）教授（塞萨洛尼基），卡洛斯·费雷拉·阿尔梅达（Carlos Ferreira de Almeida）教授（里斯本），爵士 罗伊·米·古德（Sir Roy M. Goode）教授（牛津），阿瑟·哈坎普（Arthur Hartkamp）教授（海牙），埃冯德·洪迪厄斯（Ewound Hondius）教授（乌得勒支），盖伊·赫马斯（Guy Horsmans）教授（卢拉讷），罗杰·霍英特（Roger Houint）教授（巴黎），康斯坦丁·克拉缪斯（Konstantinos Kerameus）教授（雅典），布赖恩·马克马本（Bryan MacMabon）教授（科克），埃克托尔·麦克奎恩（Hector MacQueen）教授（爱丁堡），夫维利巴尔·波施（Willibald Posch）教授（格拉茨），安德烈·普吕姆（André Prum）教授（南希），简·兰贝格（Jan Ramberg）教授（斯德哥尔摩），乔治·洛赫特（Georges Rouhette）教授（克莱蒙费朗），巴勃罗·萨尔瓦多·科德尔奇（Pablo Salvador Coderch）教授（巴塞罗那），费尔南多·马丁内斯·桑斯（Fernando Martinez Sanz）教授（卡斯特隆），马蒂亚斯·埃·斯特姆（Matthias E. Storme）教授（鲁汶），丹尼斯·塔隆（Denis Tallon）教授（巴黎），弗兰斯·熊彼特·范德·尔韦尔登（Frans J. A. vander Velden）博士（乌得勒支），J. A. 韦德（J. A. Wade）博士（海牙），威廉·埃·威尔森（William A. Wilsont）教授（爱丁堡），托马斯·威廉松（Thomas Wilhelmsson）教授（赫尔辛基），克劳德·维茨（Claude Witz）教授（萨尔布吕肯），莱因哈德·齐默尔曼（Reinhard Zimmermann）教授（雷根斯堡）。

八、编校工作组

为了协调民法典研究组和现行私法研究组，为《欧洲示范民法典草案》的目的修改并整合《欧洲合同法原则》的材料，以及修改和吸收子项目的草案，我们于 2006 年之初成立了"编校工作组"。编校工作组成员包括：克里斯蒂安·冯·巴尔（Christian von Bar）（奥斯纳布吕克），休·比尔（Hugh Beale）（华威），埃里克·克莱夫（Eric Clive）（爱丁堡），约翰尼·埃雷（Johnny Herre）（斯德哥尔摩），杰罗姆·胡氏（Jérôme Huet）（巴黎），彼得·施勒希特里姆特（Peter Schlechtriemt）（弗赖堡），汉斯·舒尔特·洛尔克（Hans Schulte-Nölke）（奥斯纳布吕克），马蒂亚斯·斯特姆（Matthias Storme）（鲁汶），斯蒂芬·斯旺（Stephen Swann）（德奥斯纳布吕克），保罗·瓦卢尔（Paul Varul）（塔尔图），安娜·维尼基亚诺（Anna Veneziano）（特拉莫），弗莱德里克·措尔（Fryderyk Zoll）（克拉科夫）。编校工作组由埃里克·克莱夫（Eric Clive）和克里斯蒂安·冯·巴尔（Christian von Bar）担任主席，其中克莱夫（Clive）教授在编校工作组后期担负着主要的起草和编辑工作；他同时还是《欧洲示范民法典草案》附录中术语表的主要起草人。格哈·丹纳曼（Gerhard Dannemann）教授（柏林）是现行私法研究组校订委员会的主席，经邀请出席了编校工作组的后几次会议并对起草工作做了重大贡献。

克莱夫（Clive）教授的工作得到了阿什利·托伊尼森（Ashley Theunissen）（爱丁堡）的协助，冯·巴尔（Chrsitian von Bar）教授的工作得到了丹尼尔·史密斯（Daniel Smith）（奥斯纳布吕克）的协助。在过去的几年里，约翰·赞德施泰特（Johan Sandstedt）（卑尔根）和丹尼尔·史密斯（Daniel Smith）（奥斯纳布吕克）保存着《欧洲示范民法典草案》的原件。

九、资助

《欧洲示范民法典草案》是许多欧洲团队的法学家数年研究的成果，他们得到了各个不同来源的资助，无法在这里全部列明。[①] 在我们依欧盟委员会第六次研究框架计划与其他团队于2005年5月共同组建"欧洲合同法原则专家合作平台"（Copecl Network of Excellence）[②] 之前，欧洲

[①] 欧洲民法典研究组的捐赠人的全部概况将在最新出版的研究组《欧洲私法原则》丛书（见导论第54段的介绍）的开始数页中列明。欧洲合同法委员会的捐赠人在《欧洲合同法原则》的两卷本的序言中列明。

[②] 依欧盟委员会第六次研究和科技发展框架计划而组建的欧洲私法专家合作平台（欧洲合同法合作平台：欧洲合同法的共通原则）。Priority 7-FP6-2002-CITIZENS-3，Contract N°513351 (co-ordinator: Professor Hans Schulte-Nölke, Osnabrück)。

民法典研究组的各成员得到了来自国内研究机构的资助。其中，德国研究董事会（DFG）数年来提供了大部分经费，其中包括在德国的工作小组的薪酬，以及协调组会议和众多顾问委员会会议的直接差旅费。荷兰的工作小组受到了荷兰科学研究组织（NOW）的资助。其他个人费用受到以下机构的资助：佛兰芒·法兰德（Flemish Vlaanderen）科学研究基金（FWO），希腊奥纳西斯（Onassis）基金会，奥地利科学研究基金，葡萄牙卡洛斯提-古尔班基安（Calouste Gulbenkian）基金会，挪威科研理事会。专家合作平台组建之后，我们的研究由欧盟委员会资助。现行私法研究组受到欧盟委员会第四次研究框架计划之中的"欧洲私法的共通原则"（1997—2002）[①] 和第五次研究框架计划之中的"欧洲私法中的统一术语"的前培训和机动平台（Training and Mobility Networks）[②] 的主要支持。我们对所有向我们提供过帮助的人表示万分的感谢。

[①] TMR (Training and Mobility) Network 'Common Principles of European Private Law' of the Universities of Barcelona, Berlin (Humboldt), Lyon Ⅲ, Münster (co-ordinator of the Network: Professor Reiner Schulze), Nijmegen, Oxford and Turin, funded under the 4th EU Research Framework Programme 1997—2002.

[②] TMR (Training and Mobility) Network 'Uniform Terminology for European Private Law' of the Universities of Barcelona, Lyon Münster, Nijmegen, Oxford, Turin (co-ordinator of the Network: Professor Gianmaria Ajani), Warsaw, funded under the 5th EU Research Framework Programme 2002—2006.

原　　则

- **一、自由、安全、正义和效率等根本原则** ………………………… 50
  - 1. 四大原则 ……………………………………………… 50
- **二、自由** ……………………………………………………… 51
  - 2. 总体评价 ……………………………………………… 51
  - （一）合同自由 ……………………………………………… 52
    - 3. 合同自由：起点 ………………………………………… 52
    - 4. 关于第三人的限制 ……………………………………… 52
    - 5. 有害于第三人和全体社会的合同 ………………………… 53
    - 6. 合意存在瑕疵时的干预 ………………………………… 54
    - 7. 对选择合同当事人自由的限制 …………………………… 54
    - 8. 对先合同阶段隐瞒信息自由的限制 ……………………… 54
    - 9. 根据合同条款所取得的信息 ……………………………… 55
    - 10. 谈判能力不平等的校正 ………………………………… 55
    - 11. 最小程度的干预 ………………………………………… 56
  - （二）非合同债务 …………………………………………… 57
    - 12. 强调义务而非自由 ……………………………………… 57
    - 13. 符合政策目标下对自由的尊重 …………………………… 57
  - （三）财产 …………………………………………………… 57
    - 14. 限制当事人意思自治的范围 ……………………………… 57
    - 15. 承认和增进特定方面的自由 ……………………………… 58
- **三、安全** ……………………………………………………… 58
  - 16. 总体评价 ……………………………………………… 58
  - （一）合同安全 ……………………………………………… 59
    - 17. 主要的构成要素 ………………………………………… 59
    - 18. 第三人尊重和依赖 ……………………………………… 59
    - 19. 对合理信赖和期待的保护 ……………………………… 60
    - 20. 拘束力原则 …………………………………………… 60
    - 21. 情势的意外变化 ………………………………………… 61
    - 22. 确定性抑或灵活性 ……………………………………… 61

23. 诚实信用与公平交易 ………………………………………………… 62
24. 合作 …………………………………………………………………… 62
25. 矛盾的行为 …………………………………………………………… 62
26. 强制实际履行 ………………………………………………………… 63
27. 其他救济措施 ………………………………………………………… 63
28. 维系合同关系 ………………………………………………………… 64
29. 其他促进安全的规则 ………………………………………………… 64
（二）非合同债务 …………………………………………………………… 64
30. 安全是关于非合同债务的法律的核心目标和价值 ………………… 64
31. 对现状的保护：侵权责任 …………………………………………… 65
32. 对人的保护 …………………………………………………………… 65
33. 对人权的保护 ………………………………………………………… 65
34. 对其他权利和利益的保护 …………………………………………… 65
35. 不当得利法对安全的保护 …………………………………………… 66
（三）财产 …………………………………………………………………… 66
36. 安全是核心目标 ……………………………………………………… 66
37. 对合理信赖和期待的保护 …………………………………………… 67
38. 有效救济的规定 ……………………………………………………… 67
39. 对现状的保护 ………………………………………………………… 67

四、正义 ………………………………………………………………………… 67
40. 总体评价 ……………………………………………………………… 67
（一）合同 …………………………………………………………………… 68
41. 同样情况同样对待 …………………………………………………… 68
42. 不得依赖于其自身的非法、不诚实或不理性的行为 ……………… 68
43. 不得获取不当利益 …………………………………………………… 69
44. 不得提出非常过分的要求 …………………………………………… 70
45. 对结果负责 …………………………………………………………… 70
46. 对弱势群体的保护 …………………………………………………… 70
（二）非合同债务 …………………………………………………………… 71
47. 概述 …………………………………………………………………… 71
48. 不得从其自身的非法、不诚实或不理性的行为中获益 …………… 72
49. 不得获取不当利益 …………………………………………………… 72
50. 不得提出非常过分的要求 …………………………………………… 72
51. 为结果负责 …………………………………………………………… 73
52. 对弱势群体的保护 …………………………………………………… 73
（三）财产 …………………………………………………………………… 73
53. 确定性的重要性 ……………………………………………………… 73

  五、效率 74
    54. 总体评价 74
   （一）为了当事人的效率 74
    55. 最少的形式上和程序上限制 74
    56. 减少实质性的限制 75
    57. 规定有效的缺省规则 75
   （二）为更广泛公众的效率 76
    58. 概　述 76
    59. 告知义务 76
    60. 债务不履行的救济 77
    61. 其他规则 77
  六、结论 78
    62. 稳定 78

一、自由、安全、正义和效率等根本原则

1. 四大原则

  自由、安全、正义和效率等四大原则构成了整部《欧洲示范民法典草案》的基础。每一个原则均有几个方面的内容。基于众所周知的原因，自由在合同和单方允诺及由此而生的债务关系中发挥着相对更为重要的作用，但并不意味着在其他领域它就不起作用了。在所有领域中，安全、正义和效率均同等重要。四大原则相并而称，并不表明其均具有同等价值。比起其他原则来，效率原则更显普通、地位较低。虽然效率原则与其他原则不是处于同一层面，但因其重要性而将其纳入四大原则之中。法律是一门应用科学。效率观念构成了许多示范规则的基础，没有它，这些规则将无法得到充分解释。

  在某种层面上，自由、安全、正义本身就是宗旨和目标。人们为之奋斗，甚至为之牺牲。效率则没有这么引人注目。但是，在私法背景下，最好不要将这些价值本身认定为宗旨，而应将其视为达到终极目标的手段——增进福祉，允许人们追求合法目的并实现自身的潜能。

  在起草《欧洲示范民法典草案》的第一部分时，考虑到这些根本原则在《欧洲示范民法典草案》中所起的作用，我们大量地参考了《欧洲合同法指导原则》[①]，也建议读者去参考他们精心创作的分析和比较法作品。

  [①]　见导论第 2 段，本书第 4 页注④。

不过，为了达到《欧洲示范民法典草案》的目的，我们所采取的方法稍微有些不同，并没有局限于传统合同法。

本处讨论的这些原则，其特征就在于原则之间彼此存在冲突。例如，正义有时会在特定的情况下让位于法律安全或效率，时效规则即是如此。在另一方面，旨在促进安全的规则必须与正义观念之间保持平衡，第五卷和第六卷依公平而允许减轻责任的规则就是这样。自由，尤其是合同自由，因正义观念而受到限制，例如，以避免某些形式的歧视或优势地位的滥用而限制自由。如果站在不同的立场上，原则自身内部甚至也会发生冲突：免受歧视的自由限制了他人的歧视自由。正义的一个方面（例如平等对待）可能和另一个方面（例如保护弱者）发生冲突。因此，原则从来都不能绝对地、僵硬地适用。

原则有时也相互重叠。正如以下即将论述的那样，许多规则都可在多个原则之下进行解释。尤其是，一些原来旨在确保真正的合同自由而设计的规则，也可在合同正义之下得到解释。

二、自　由

2. 总体评价

作为私法根本原则的自由有以下几个方面的内容。通过不规定强制性规定或课以其他控制，以及通过不对人们的合法交易施加不必要的形式上的或程序上的限制，即可保护自由。通过提高人们办事的能力，即可促进自由。这两个方面贯穿于《欧洲示范民法典草案》的始终。第一个方面可由当事人意思自治的一般路径予以说明，特别是，（但不仅仅是）合同和合同债务领域中的相关规则。除非有充分理由干预，当事人意思自治应当得到尊重，这是一项基本预设。当然，通常情况下有充分理由才去干预，例如，为了确保当事人不受在缺乏真正合同自由时订立的合同的约束。此外，该基本预设也包括，应将在形式上的和程序上对自由的障碍程度降至最低。第二个方面——提高能力——也贯穿于《欧洲示范民法典草案》的始终。由于规定了默示规则（包括各种有名合同的默示规则），人们可以更容易和以更低成本建立井然有序的法律关系。人们还可以采取更高效、更灵活的方式，来实现其权利让与与财产转移、确保债务履行以及管理财产的各种权利。促进自由与促进效率之间存在重叠，下文在相应标题下会对其中一些例证进行更全面的讨论。

（一）合同自由

3. 合同自由：起点

一般说来，自然人和法人应当自由地决定是否订立合同、和谁订立合同。他们还应当自由地决定合同的条款。这一基本理念得到了《欧洲示范民法典草案》的承认。[1]《欧洲合同法指导原则》第1条也明文规定了这一原则。[2] 在这两个文件中，自由均受到相应强制性规定的约束。当事人还可在任何时候自由地协商变更合同条款或终止合同关系。这种观念体现于《欧洲示范民法典草案》[3]和《欧洲合同法指导原则》[4]中。在正常情况下，合同自由与合同正义之间并没有什么不相容之处。事实上，一直有观点认为，在某些情况下，合同自由本身即导致合同正义。例如，如果合同当事人在订立合同时均了解充分的信息且处于相当的谈判地位，即可推定其协议的内容符合双方当事人的利益且对他们而言是公平的。"合同即正义（Qui dit contractuel, dit juste.）。"[5] 在正常情况下，合同自由与效率也没有什么不一致的地方。一般情况下，充分了解相关信息且具有相当谈判能力的当事人之间达成的协议，从给各方当事人都带来利益的意义上讲，是利益最大化的协议（利益的准确划分是经济分析上较小关注的分配问题）。唯一需要注意的是，该协议不应给第三人强加成本（外部性）。这也是为什么在大多数国家的法律制度中，基于公共政策将有可能对第三人产生不利影响的合同认定为无效的原因。

4. 关于第三人的限制

《欧洲合同法指导原则》关于合同自由的规定中，有一个原则在《欧洲示范民法典草案》中没有明确规定。它指出："除非有相反规定，当事

---

[1] 第2-1：102条第（1）款规定："在遵守强制性规定的前提下，当事人可以自由地订立合同或为其他法律行为，并可以自由地确定其内容。"从合同成立的一般规则可以得出这样的结论，如果合同不采取特定的形式，当事人即不同意受合同的约束。见第2-4：101条。在动产担保物权卷中当事人意思自治原则也得到了充分的承认，当事人在违约之前的阶段可以自由地调整其相互关系。第9-5：101条。

[2]《指导原则》第0：101条规定："任一当事人均有是否订立合同和选择对方当事人的自由。当事人可以自由地决定合同的内容以及其所适用的形式规则。合同自由仅受强制性规定的约束。"

[3] 第2-1：103条第（3）款。同时见第3-1：108条第（1）款"债权、债务或合同关系可以在任何时间依协议而变更或解除"。

[4] 第0：103条。该条第（2）款增加规定单方撤销只在期限不确定的合同中才是有效的。《共同参照框架草案》第2-1：103条第（1）款和第3-1：109条第（2）款表达了同样的观念，但服务合同（包括委托合同）有一些特殊的规则。

[5] Alfred Fouillée, La science sociale contemporaine. Paris (Hachette) 1880, p. 410.

人仅能为自己订立合同。合同只有在不侵犯或不非法变更第三人权利的情况下才发生效力。"① 《欧洲示范民法典草案》没有从这个一般层面上明确规定合同与第三人的关系。它认为以下论断是不言而喻的：当事人仅能为自己订立合同（除非另有规定），而且，一般而言，合同仅能调整订立该合同的当事人之间的权利与义务。《欧洲示范民法典草案》只规定了一些例外，主要有代理规则②和为第三人利益条款的规则。③ 目前，《欧洲示范民法典草案》采取的观点是，在通常情况下，因为其他规则的存在，依合同几乎不可能达到侵犯第三人权利的目的。例如，合同当事人无法通过简单订立相应的合同即有效地剥夺他人的财产，无须制定特别的规则即可达到这个结果。至于可能存在的侵犯或侵害，则部分适用非法合同的规则④，部分适用第六卷侵权责任规则进行处理。后者的一个例证就是诱使合同当事人违反合同。《欧洲示范民法典草案》将此种行为规定为引起第六卷之下侵权责任的事由之一。⑤ 一个完全不同的情形就是，合同的目的是使债权人处于不利境地，这通常是通过将财产置于债权人控制之外的方式为之。以罗马法为基础的传统法制针对此类合同规定了所谓的债权保全之诉（actio pauliana），赋予受到影响的债权人向持有该财产的合同当事人提起诉讼的权利。《欧洲示范民法典草案》对这一问题并未作出明确规定，原因在于，尽管在破产清算程序开始之前，可以提起债权保全之诉，但该问题却与破产法密切相关，《欧洲示范民法典草案》无须对此作出规定。但针对旨在损害债权人的虚假转让，则可以依据第六卷的规则处理。⑥

5. 有害于第三人和全体社会的合同

即使是两个平等当事人之间自由订立的合同，当合同（或更常见的是，履行该合同的债务的行为）严重地损害第三人或社会的利益时，合同将被认定为无效。因此，这些非法或违背公共政策的合同在这种意义上是无效的。（在欧盟框架内，一个常见的例子就是违反《公约》中竞争条款

---

① 第0：102条（对自由和第三人权利的尊重）。
② 第二卷第六章。依这些规定，一人（代理人）可以为他人（本人）订立合同。
③ 第2-9：301条至第2-9：303条。第三卷第五章关于当事人的变更的规则（债权的让与与新债务人的替代）以及和第3-5：401条关于间接代理的规则（据此，代理人破产时，本人和第三人可取得对抗对方的权利）也可被认为是合同仅能对合同当事人产生效力的例外。
④ 例如侵害他人权利或盗取他人财产的合同是无效的。本论题将在下一段进一步讨论。
⑤ 第6-2：211条。
⑥ 比较，特别是，第6-2：101条第（3）款。

的合同。)《欧洲示范民法典草案》没有规定合同违反此种意义上的公共政策的情形,这是因为,该问题超出了《欧洲示范民法典草案》的调整范围,是相应履行地点的成员国的竞争法或刑法上的问题。但是,合同可能侵害特定第三人或全体社会的事实,很明显构成了立法者认定其无效的理由。

6. 合意存在瑕疵时的干预

即使是传统合同法也承认,如果当事人一方处于弱势,典型者如当事人在不自由或受误导的情况下签订合同,强制履行合同可能会不公平。例如,因为误解或受欺诈所订立的合同,或因胁迫或乘人之危所订立的合同,可以由受害人撤销。这些无效的事由通常依正义原则得以解释,但同样可以说,这些规定是为了保证合同自由是真正的自由;并且在《欧洲示范民法典草案》中,正如成员国国内的法律一样,将这些情形规定为合同无效的事由。进而言之,至少在因一方当事人故意侵犯对方当事人的自由或者故意误导对方当事人而订立的合同的情形下,撤销权是不可剥夺的,也就是说是具有强制性的。《欧洲示范民法典草案》针对欺诈和强迫所规定的救济措施,不能排除适用或加以限制。① 与此相对,就因误解和不涉及故意不法行为的类似情形所导致的合意瑕疵而言,相应的救济措施是可以排除适用或加以限制的。②

7. 对选择合同当事人自由的限制

虽然在一般情况下,人们仍然享有与他人订立合同或不订立合同的自由,但如果这一自由将导致不可接受的歧视,如性别、种族或民族的歧视时,则需加以限制。这种歧视实际上是一种否定对方当事人合同自由的反社会形式,并且,实际上否定了对方当事人的人格尊严。因此,欧盟法律和《欧洲示范民法典草案》均禁止这些形式的歧视,并规定了适当的救济措施。③《欧洲示范民法典草案》的起草模式便于增加新的歧视事由,就像一些成员国的合同法总则已经规定的一样,这也是将来欧盟共同体法律可能采用的模式。

8. 对先合同阶段隐瞒信息自由的限制

同样地,即使在传统的程序不公正情形(例如误解、欺诈、胁迫和乘

---

① 第2-7:215条第(1)款。
② 第2-7:215条第(2)款。但是,任何排除适用或限制针对误解的救济措施的尝试均自动地受针对未经磋商的不公平条款的控制和约束。见第2-9:401条及以下多条。
③ 见《欧洲示范民法典草案》第2-2:101条至第2-2:105条和第3-1:105条。

人之危)之外,限制当事人的合同自由也可能是正当的。特别值得关注的一点就是当事人应当充分了解相关信息。因误解而无效(在《欧洲示范民法典草案》的上述规定中已有反映)的传统事由相当有限:例如,许多法律规定误解的对象必须是所出卖之物的本质。这一观点形成于早期动产或服务供应比今天简单得多的时代。时至今日,当事人通常需要了解更多的信息才能被认定充分了解相关信息。因此,法律不仅要规定合同双方就动产或服务的基本特征的信息不对称问题,而且还要规定其他相关的情形。此外,可能有必要超越有些成员国的合同法总则,课以向不知情的当事人提供信息的积极义务。在《欧洲示范民法典草案》中,作为传统抗辩的误解,被辅以向对方当事人提供其据以作出适当决定的必要信息的义务。这些规则尤其适用于消费合同,但是,经营者之间的合同也可能出现同样的问题。正常情况下,经营者在签订合同之前应当进行充分的调查,但是,如果良好的商事实践决定了特定信息由一方当事人提供,对方当事人就很可能认定该信息已经提供了。然而,如果在事实上信息并没有充分提供,结果该当事人签订了本不会签订或本应以根本不同的条款签订的合同,他就有权获得救济权。

9. 根据合同条款所取得的信息

现代法还应规定合同条款中的信息缺失问题。在传统抗辩形成的时代,大多数合同都是当事人易于理解的简单合同。目前,这种情况也发生了改变,特别是随着长期合同(也因此更为复杂)的发展和格式条款的使用。格式条款虽然十分有用,但也存在着当事人可能没有意识到格式条款内容或可能不能完全理解格式条款的风险。现有的欧盟法律规定了这一问题,并于消费合同中未经个别磋商的条款存在疑义时保护消费者的利益。① 不过,就像许多成员国内国法律所承认的那样,在经营者之间的合同也会出现同样的问题。特别是当一方当事人是缺少经验的小经营者,或相关条款规定于一项格式合同中,且该项合同由一方当事人提供,并试图依赖该条款时,对方当事人可能不知道该条款的存在或者不知道该条款的内容。《欧洲示范民法典草案》规定了相应的控制措施,以解决经营者之间的类似问题,不过,相对于消费合同而言,这里的控制措施受到的限制更多。

10. 谈判能力不平等的校正

传统的合同无效事由规定了一些缔约人缺乏谈判能力的简单情形。例如,一方当事人利用对方当事人的紧迫需要和别无选择而相当不合理地提

---

① 消费合同中不公平条款指令,1993/13/EEC。

高动产或服务的价格。① 但是，在现代条件下，尤其是因为格式合同条款的使用，出现了新的不平等的形式，尚待规定。格式合同相对人在了解格式合同的内容并理解其含义之后，尽管并不满意该合同条款，但可能会发现不可能找到格式合同提供者以外的其他当事人，或任何其他可能的合同当事人不可能提出更好的条件；相对人会被告知"要么接受，要么离开"。这样的问题在消费者与经营者之间的交易中非常普遍，而且在经营者之间的合同中也会出现，特别是当一方当事人是缺乏谈判能力的小经营者时。因此，对不公平条款的规定同样基于保护合同自由的理念，但是，正如现有欧盟法律所体现出来的，比传统法要延伸得更广。一些成员国的法律将这些规定适用于所有种类的合同，而没有限于经营者与消费者之间的合同。《欧洲示范民法典草案》同样采取了相对折中的观念，对超出欧洲共同体现行法之外的延伸持谨慎态度。

11. 最小程度的干预

尽管基于前述事由之一，使得某种对合同自由的干预具有正当性，我们也必须考虑干预的形式。是否可以通过要求一方当事人在订立合同之前向对方当事人提供信息，并赋予对方当事人在信息未被提供时撤回合同的权利，问题就能得到充分解决？我们认为，正如前述，应确保当事人订立合同时都充分了解相关信息，这就意味着，如果向他们提供了相关信息，他们就应当受他们所同意的合同的约束。但是，在有些情况下，即使在消费者（例如）"被告知了"的情形下，问题可能会仍然存在，因为他们可能不能有效地利用这些信息。在这种情况下，赋予消费者某些最低限度的权利（如撤回分时度假合同的权利，因为这些合同的达成明显没有经过深思熟虑）的强制性规定可能是正当的。总而言之，对合同自由的干预应维持在最低限度内，只需在向对方当事人（如经营活动中的商家）提供足够的指导，以使其有效地安排其事务的同时来解决问题就够了。针对合同条款时亦需如此：必须斟酌是否有必要将某一条款规定为强制性条款，或像"公平"这样的弹性检验标准是否足以保护处于弱势的一方。只要消费者或者对方当事人在合同订立之前已经充分意识到特定条款的意义，公平检验标准即可能允许这些条款的使用。因此，与规定一条强制性条款相比，公平检验标准对合同自由的干预更小。在特定的情形下，某一条款的不公平则足以导致受害方当事人不受该条款的约束。这就使已获充分告知且不受对方控制的交易当事人一方（此时条款通常是公平的，见上文）能够依

---

① 见第2-7：207条的说明。

自己的意愿安排自己的事务。不过，相对于一个随个案情况变化的标准而言，规定一个简单的规则可能更为容易。

（二）非合同债务

12. 强调义务而非自由

调整无因管理、侵权责任以及不当得利的法律的宗旨不是为了促进自由，而是通过强加义务以限制自由。从中我们可以发现自由原则受到相竞存的安全和正义原则对抗的情形。

13. 符合政策目标下对自由的尊重

但是，只有在其很明显是正当的情况下，自由原则才能在规定非合同责任的示范规则中得到承认。因此，无因管理人只有在管理行为有正当理由时才享有这样的权利；如果管理人有适当的机会发现本人的意愿但最终未能发现，或者管理人知道或应当知道管理行为违背了本人意愿时，该管理行为就没有正当理由。① 本人的行为和控制自由得到了最大程度的尊重。在侵权责任规则中，赔偿义务被谨慎地限制在正当的情形下。正是基于这种考虑，本卷没有采用一些像"人们应为其所造成的损害负责"这样笼统的说法。对自由的尊重（更不用说从加害人立场所理解的安全和正义），要求谨慎而详细地设计相关的责任规则。同样，在不当得利法中，根本原则是人们可以自由地持有他们所拥有的东西，返还不当得利的义务只有在谨慎规制的情形下才能施加。特别是，规则应当保证：一方当事人在自由且无错误的情况下接受某种不利的，不得强迫对方当事人返还据此受有的利益。② 这将是对自由无根据的侵犯。规则还应保证，就未经其同意而获得不可转让的利益（比如接受了不需要的服务）的受益人，不得强迫其以支付价额的形式返还利益，因为这实质上是要求受益者在履行一个非自愿达成的交易。如果一定要他们承担责任，那么在任何情况下，他们的责任也不应超过为了享受其不知情的、非自愿地接受的利益所应支付的费用。③

（三）财　产

14. 限制当事人意思自治的范围

当事人意思自治原则在物权法上不得不受到相当大的修正。因为物权

---

① 第5-1:101条第（2）款。
② 第7-2:101条第（1）款第（b）项。
③ 第7-5:102条第（2）款。

一般会影响到第三人的利益，交易当事人并不能如其所愿地在其之间自由创设基本规则。例如，他们不能自己界定如"占有"这样的基本概念的意义，他们也不能自由地修改有关取得、转让或丧失所有权的规则。根据《欧洲示范民法典草案》，他们甚至不能以有效合同的方式禁止财产转让。① 动产的自由让渡不仅对于相关的当事人，而且对于一般公众，都很重要。一种自由被限制是为了促进另一种自由以及效率。

15. 承认和增进特定方面的自由

在前述基本限制的范围内，当事人意思自治原则在第八卷中得以反映。它在以下规则中均可得到体现：转让动产的当事人，在一般情况下可以依协议确定所有权移转的时点②；加工他人动产所产生的新动产，不同所有人的动产附合或混合所产生的新动产的所有权归属，可由当事人协议规定。③ 第九卷关于担保物权的规则可以被视为促进自由（或效率）的手段，它们为非移转占有的担保提供了非常广泛的可能性，而其中一些方式尚未得到许多国家的法律制度承认。与此相似，第十卷的信托规则也能促进自由，它们以灵活的方式为基于特定目的（商事、家族或慈善目的）的财产转移提供了可能性。长久以来，这一制度在一些国家的法律制度中得到了充分的利用并备受重视，并逐渐传播至其他国家。

三、安　全

16. 总体评价

自然人和法人平常安排其生活和事务的安全也会受到一些方式的威胁，这就可以理解安全原则在私法上的重要性。最明显的方式是对他们权利和利益的非法侵犯或者对其现状的不必要的扰乱。安全，特别是先期规划的安全，同样受到结果不确定性的威胁。这种情况可能归咎于起草的法律晦涩难懂、相互混淆或质量拙劣，也可能归咎于其他不可预见的因素。例如，他们会履行债务吗？他们会适当履行债务吗？他们提供的商品或服务是值得购买的吗？还是会偷工减料，利用最小的可能性蒙混过关？他们会不会不合作或很难共事？他们有履行能力吗？如果情况变糟，存在有效

---

① 第 8-1：301 条。
② 第 8-2：103 条。
③ 第 8-5：101 条第（1）款。

的救济措施吗?

(一) 合同安全

17. 主要的构成要素

《欧洲合同法指导原则》确定的合同安全的主要要素如下:

(1) 合同的强制执行力(但受制于合同一方当事人可能遭到的挑战——不可预见的情势变更,可能会严重减损合同的功用);

(2) 每一方当事人均负有依合同诚实信用原则所产生的义务的事实(也就是,依诚实信用的要求行事;履行实现债务所必需的合作义务;不违背先前的允诺而行事以及依对方当事人已产生的信赖而行事);

(3) 请求依合同条款履行合同债务的权利;

(4) 第三人必须尊重该合同所引起的情况并信赖该情况的事实;

(5) "促进合同交易"(faveur pour le contrat)的方法(据此,在遇到解释、无效或履行等问题时,如果不赋予合同效力将损及一方当事人的合法利益,则赋予合同效力的方法优先于不赋予合同效力的方法)。①

几乎所有以上合同安全的要素,都被《欧洲示范民法典草案》明确承认和规定。合同安全的另外一个非常重要的因素,就是不履行合同债务时可获得充分的救济(除强制履行之外)。这一点也得到了《欧洲示范民法典草案》的承认,并将在下文强制履行标题之后的第 27 段项下再作讨论。合同安全的另外一个要素是保护不为合同诚信观念所及的情形下的合理信赖和期待。

18. 第三人尊重和依赖

《欧洲合同法指导原则》已经提及但在《欧洲示范民法典草案》中未作明文规定的合同安全要素就是第四项要素,也就是说,第三人必须尊重该合同所创设的情形并依赖该情形。起草者并非否认规定这一要素的必要性,而是因为《欧洲示范民法典草案》中的任何一个规则均未排除这一要素,并且如果以合理的方式解读,从其他规则和基本假定中均足以导出这一要素。它在实务中重要性的一个例子就是,尽管某人并非合同当事人,亦非合同指向的特定受益人,但依赖于合同债务的适当履行(例如,依照合同,出租人有义务维修房屋断裂的栏杆,当承租人的访客从楼梯上摔落,该访客同承租人一样,有权向出租人主张损害赔偿)。在《欧洲示范民法典草案》中,类似情形均规定于第六卷侵权责

---

① 见第 0:201 条至第 0:204 条。

任规则之中。

19. 对合理信赖和期待的保护

这是合同安全的一个方面，在《欧洲示范民法典草案》中的多个部分均有体现。它首先出现在合同成立的相关规则之中。比如，可能会出现这样的情形：一方当事人并不想承担某一债务，但该当事人的行为却向对方当事人表明其正在承担这一债务。一个典型的例子是错误地发出要约。此时，如果对方当事人有合理理由信赖一方如同其明确表示的那样承担了债务，那么这种信赖在许多国家的法律制度中都会得到保护。这样的保护可能通过适用侵权责任法来实现，或者更简单的，也可以通过让作出错误意思表示的一方当事人按其外部表示履行债务来实现。就像《欧洲合同法原则》一样保护，合理信赖和期待是《欧洲示范民法典草案》的核心目标。通常采取的方法是让作出错误意思表示的一方当事人履行对方当事人已合理地相信正被履行的债务。客观解释规则即为例证[1]，将错误所致的撤销仅仅局限于非错误的一方促成错误形成的情形，应当知道该错误者应该告知该错误的情形[2]；未能遵守先合同阶段信息告知义务的经营者，导致信息欠缺或者信息失当的，必须对相对人承担如同相对人合理信赖般的债务。[3]

20. 拘束力原则

如果当事人订立合同是出于自由且均获得了充分的告知，则该合同在通常情况下对双方当事人均具有拘束力，除非他们（仍然自由地）协议变更或解除该合同，或者当事人一方就未定期限的合同通知对方解除合同关系。[4] 这些规则在《欧洲示范民法典草案》中得到了明确的规定。[5] 它还规定了解除合同关系的详细规则。例如，除了因债务不履行而解除之外，还规定了根据合同约定依通知而解除合同关系的权利以及合同未定期限时解除合同关系的权利。在后一种情况，意欲解除合同关系的一方当事人必须给予合理的通知期间。[6] 合同拘束力原则［通常仍由拉丁谚语"有约必守"（pacta sunt servanda）来表达］，在传统上仅适用于当事人均无过错，

---

[1] 见第 2-8：101 条。
[2] 见第 2-7：201 条。
[3] 见第 2-3：107 条第（3）款。
[4] 《欧洲合同法指导原则》第 0：201 条（拘束力原则）第（1）款规定："依法订立的合同在当事人之间产生拘束力。"第 0：103 条（当事人变更或终止合同的自由）规定："经双方同意，当事人可以自由地在任何时候终止合同或者变更合同。单方撤销仅在合同未定期限时才有效。"
[5] 第 2-1：103 条援引第 3-1：108 和第 3-1：109 条。
[6] 第 3-1：109 条。

合同债务因不可预见的原因而变得履行不能的情形。最近的发展则是消费者在特定情形下的撤回权。这一例外的原因各不相同，但它们体现在存在撤回权的特定情形中。比如消费者对在经营场所以外订立的合同（例如上门销售或远程交易）享有撤回权。① 在这些情况下，消费者往往觉得太突然或者没有像他或她在商店那样审慎认真。又如有些复杂合同（例如分时度假合同）②，消费者往往需要额外的考虑时间。撤回权赋予在这些情形下订立合同的消费者一个"犹豫期"（cooling off period），使他或她能够获取额外的信息以及进一步考虑是否愿意继续合同。基于简明和法律确定性的考虑，赋予消费者以撤回权，而不去个别考虑他们是否需要保护，因为相当多的消费者在这种情形下通常是被认为需要保护的。

21. 情势的意外变化

许多现代法律均承认，在一些极端的情形下，如果承担债务时的情势与履行债务时的情势完全不同，尽管在实际上按照原合同条款合同债务仍能履行，但这可能是不公平的。正如前述，这种限制在《欧洲合同法指导原则》的一般条款中已作规定。③《欧洲示范民法典草案》中也对此作了确认，但如果当事人愿意，在未经所有当事人同意的情况下，当事人可以自由地排除任何调整的可能性。④

22. 确定性抑或灵活性

一个更具有一般性的问题是：如何更好地促进合同的安全？通过刚性的规则，抑或通过使用诸如"合理的"这样的弹性条款，或者以其他方式为灵活性留下空间？答案可能取决于合同的性质。在买卖特定动产或特定种类的无形资产时，由于价格波动很快，且交易可能在较短的时间段内紧接着连续发生，此时，确定性是至关重要的。没有人希望在连锁交易链条因某个模糊的标准而中断。确定性即意味着安全。但是，在各种服务条款（包括建筑服务）的长期合同中，合同关系可能持续几年，合同关系的背景情况在履行过程中可能会发生巨大的变化，情况就正好相反。这里，真正的安全来自于应对情势变化的公平机制。正是因为这一原因，《欧洲示范民法典草案》的服务合同违约规则均规定有特殊条款，以调整当即将发生的变化已被一方当事人知悉时的警示说明义务、合作义务、接受委托人

---

① 第 2-5：201 条。
② 第 2-5：202 条。
③ 第 0：201 条第（3）款规定："在合同履行过程中，如果不可预见的情势变化严重损害合同一方当事人的利益，此时，合同的拘束力值得质疑。"
④ 第 2-1：102 条，另见第 3-1：110 条第（3）款第（b）项。

的指令义务以及变更合同的义务。① 第三卷中规定的合同和其他债务的一般规则必须顾及所有种类的合同。因此，关于情势变化的相关规定则受到更多的限制。然而，即使是在一般规则中，构建具有相当大灵活性的制度是否利大于弊，也是值得商榷的，因为弹性标准要么因为高度具体的格式条款被排除适用（这些条款为商事活动而设计，对此，确定性至关重要）；要么因不合适而自行排除适用。诸如"合理的"和"公平交易"这样的术语的效力完全依赖于具体情况。而刚性规则（如"五日内"而不是"合理期间内"）在适用于完全意外和不合适的情形时，则易于增加不安全性。

23. 诚实信用与公平交易

正如《欧洲合同法指导原则》所认可的那样，一方当事人的合同安全因对方当事人负有依诚实信用的要求行事的义务而得以强化。但是，与此相反的是，对于被要求依诚实信用与公平交易（这都是相当开放不确定的概念）行事的当事人而言，就多少意味着不确定和不安全。而且，在《欧洲示范民法典草案》中，诚实信用与公平交易超越了合同安全的地位。因此，这些概念将在下文正义项下进行讨论。

24. 合　作

合同安全还因课以合作义务而强化。《欧洲合同法指导原则》是这样规定的："在履行合同所必需的范围内，当事人有义务彼此合作。"② 《欧洲示范民法典草案》的规定较之上述必要合作则更进一步：对于债务人履行债务，如果债权人和债务人彼此合作是可得合理预期的，此时，债权人和债务人则在此种范围内负有彼此合作的义务。③

25. 矛盾的行为

保护合理信赖和期待的一个特别方面，在于当一方的行为已使对方当事人产生合理信赖时，禁止该方当事人采取不一致的立场，并因此破坏了对方当事人的信赖。这一原则通常被表述为拉丁谚语"自相矛盾"（venire contra factum proprium）。《欧洲合同法指导原则》是这样规定的："当事人不得违背其已使对方当事人产生合理信赖的在先陈述或行为而行事"④，《临时纲要版》没有明文规定此种规则；起草者当时认为通过适用诚实信用与

---

① 第2-1：102条，例如第4.3-2：102、第4.3-2：103条、第4.3-2：107条、第4.3-2：108条、第4.3-2：109条、第4.3-2：110条。
② 第0：303条（合作的义务）。
③ 第3-1：104条。
④ 第0：304条（一致的义务）。

公平交易的一般原则，即可达到这一目标。受《欧洲合同法指导原则》的影响，《欧洲示范民法典草案》现加入了一个条文，明确规定矛盾的行为违反了诚实信用和公平交易原则。①

26. 强制实际履行

如果一方当事人未履行合同债务，对方当事人应当享有有效的救济。《欧洲示范民法典草案》规定的主要救济措施之一就是强制实际履行的权利，不论未履行的债务是金钱债务还是非金钱债务，例如，从事一定行为或转移某物。这一基本理念也体现在《欧洲合同法指导原则》中。②《欧洲示范民法典草案》稍微地修改和补充了这一原则，即规定了一些例外情形，强制履行的权利在实际履行不可能或不合适时则不予以适用。③ 但是，与《欧洲合同法指导原则》④ 不同，要求强制履行的权利在《欧洲示范民法典草案》中并非"次位的"（第二位的）救济手段，这反映了除非有相反的正当理由，否则债务应予履行的根本原则。

27. 其他救济措施

除了要求强制履行的权利以外，《欧洲示范民法典草案》规定了一整套其他救济措施以保护合同关系之中的债权人：拒绝履行、解除合同、减少价款和损害赔偿。对于不可免责的债务不履行，债权人通常可以采取上述任何一种救济措施；只要其所寻求的救济措施之间并不相斥，债权人还可以采取多种救济措施。⑤ 如果债务不履行因不可能而得以免除，则债权人不能要求强制履行或主张损害赔偿，但可以寻求其他救济。⑥《欧洲示范民法典草案》规定的解除合同是一项强有力的救济措施，提升了当债务人根本不履行时债权人的合同安全性。一旦债权人知悉，如果债务人不能按照预期提出对待履行，债权人则有可能通过解除合同脱离合同关系而从其他地方取得其需要的回报。不过，这种救济措施的巨大威力也对债务人的合同安全构成了威胁，至少潜在地与尽可能地维系合同关系的理念相违。解除合同通常会导致债务人的损失（例如，因准备履行的费用被浪费，或因市场变化所导致的损失）。债权人不得以债务人的轻微不履行或易于补救的不履行作为解除合同的正当理由。因此，调整解除合同的规则

---

① 见第 1-1：103 条第（2）款。
② 第 0：202 条规定："每一当事人均可以要求对方当事人依合同履行其债务。"
③ 见第 3-3：301 条和第 3-3：302 条。
④ 比较《欧洲合同法指导原则》第 9：102 条，特别是第（2）款第（d）项。
⑤ 第 3-3：102 条。
⑥ 第 3-3：101 条。

将解除合同限制在债务不履行严重影响债权人利益的情形。不过,在其他情形下,当事人仍可自由地协议解除合同。

28. 维系合同关系

《欧洲合同法指导原则》在"促进合同交易"(faveur pour le contrat)项下①所确立的这一目标,也在《欧洲示范民法典草案》的不同条款中得到了承认,例如关于合同解释的规定②、关于法院享有调整无效合同的权力的规定。③ 同样,债务人补救不适当履行④的权利也可以被视为旨在保护合同关系,因为这一权利可以避免救济措施的实行,包括解除合同。在当事人明显忽略了某些内容时,有些规定能补充当事人合意,这样规定也是基于维系合同关系的目的。在这种意义上,合同法的许多规则——例如债务不履行的救济措施——是"缺省规则"(default rules),填补了当事人协议的漏洞,因而有助于维系有效的协作关系。但是,仍有许多规则特别规定了许多被一些国家的法院认定为不存在债务的情形,即使当事人不顾合同内容不完整仍非常明显地愿意受合同的约束。这些规定包括确定价格和其他条件的条款。⑤ 而且,《欧洲示范民法典草案》还规定了一项更为一般化的机制,对当事人在协议中没有预见或规定的事项作出补充,以使协议切实可行,并因此"促进合同交易"、增强合同安全性。⑥

29. 其他促进安全的规则

第四卷之第七编关于保证的规则无疑增加了合同的安全性,依据这些规则,债权人可以在债务人违约时向其他人主张履行。通过避免主张过时权利导致现存秩序的紊乱,时效规则也可以被认为从另外的角度增强安全性。这表明,即使是在《欧洲合同法指导原则》的调整范围内,安全根本原则也不限于债权人的合同安全。安全对于债务人也是重要的。

(二)非合同债务

30. 安全是关于非合同债务的法律的核心目标和价值

保护和促进安全,是调整非合同债务的法律的核心目标和价值。这些

---

① 第0:204条规定:"当合同需要解释,或其效力或履行受到威胁时,如果破坏合同将损害一方当事人的合法权益,则应当尽量承认合同的有效性。"
② 见第2-8:106条"使合同条款合法或有效的解释优先于不具有此种效果的解释"。
③ 见第2-7:203条。
④ 第3-3:202条至第3-3:204条。
⑤ 见第2-9:104条及以下。
⑥ 第2-9:101条。《欧洲合同法指导原则》相应条文的限制要稍微少些。它们将根据利益相关者的意见而修改。

法律部门可以看作是合同法的补充。依合同法，当事人可以取得财产，但保护已取得的财产以及保护人格等与生俱来的权利免受侵害，则不属于合同法调整的范畴，而是侵权责任法的任务（第六卷）。某人没有法律依据而丧失了某种利益，例如已经履行的合同被认定为无效，则他必须能够恢复原状，这一情形就由不当得利法（第七卷）调整。在一方当事人本来希望别人采取某种行为的情形下，特别是该当事人需要帮助时，但由于情况紧迫或时间紧急，不可能取得该当事人的同意，此情形即与合同相似。但是，本应由双方当事人订立提供必要服务的合同以保证安全，此时则由无因管理法（第五卷）来规定这种安全。

31. 对现状的保护：侵权责任

如果没有对非自愿遭受损失进行补偿的观念，合同观念即毫无意义。合同旨在保护关系的自愿改变，但要求以一种保护现状免受非自愿改变的制度作为前提。侵权责任法的规范意旨就在于使遭受此种损害的人恢复到如同损害没有发生时此人所处的状态。① 侵权责任法无意惩罚任何人，也不求使受害人获利。其目标也不在于使社会财富再分配，或依据社会连带的原则将个人整合入一个共同体。恰恰相反，它的目标是保护。

32. 对人的保护

侵权责任法特别关注对人的保护。个人占据着法律制度的中心。个人就身体福祉（健康、身体完整、自由）享有的权利最为重要，其他人格权利，尤其是人格尊严权等也同样重要，应保护其免受歧视和披露。对人的损害除了经济损失之外，还将导致非经济损失，就非经济损失也应当赔偿。

33. 对人权的保护

《欧洲示范民法典草案》的侵权责任法的功能主要是（虽然并非唯一的功能）对人权提供"水平"的保护——也就是说，一种并非相对于国家，而是相对于其他市民以及私法上的其他主体的保护。这种保护首先是请求赔偿所遭受的损失，但并不仅限于此。预防损害的发生优于赔偿损失，因此，第六卷赋予可能遭受损害的人阻止即将发生的损害的权利。②

34. 对其他权利和利益的保护

就可能会引起侵权责任的各种法律上相关损害（包括侵害财产或合法占有所导致的损失），第六卷都作了特别规定。但是，在这些列举的情形下，它并不仅限于提供安全。依据某些限制性条款的规定，只要财产损失

---

① 第6-6：101条第（1）款。
② 第6-1：102条。

或人身伤害是因侵犯法律赋予的权利或值得法律保护的利益造成的,该财产损失或人身伤害同样也构成第六卷意义上的法律上相关损害。①

35. 不当得利法对安全的保护

不当得利规则尊重合同的拘束力,因为当事人之间的有效合同为一方当事人依合同条款将利益给予对方当事人提供了正当性基础。② 通过不允许不法行为人从侵害他人权利中获益的原则,不当得利规则支撑着私法权利的保护。对他人财产的非无害利用通常会产生支付对价的义务③,如此即有助于消除不当利用他人财产的任何诱因。对合理信赖和期待的保护,作为一个价值和目标,与不当得利规则中的请求权要素以及抗辩事由相互关联。将利益给予他人的人,往往是基于其合理地预见到对等利益,或当事件并未如预期那样发生时,能合理地期待利益会返还。如果其信赖的协议最终无效或者双方均期待结果不会发生,他有权要求返还利益,从而得到保护。④ 同样,如果受益人信赖其对所收到的利益享有明显的权利,则其利益也应得到保护。这种保护是通过给予不利益抗辩实现的,即受益人(符合诚信地假定受益人有权利这么做)处分利益⑤,或通过对保护市场中信赖的抗辩,即取得者就取得的利益已基于诚实信用原则向第三人支付了对价。⑥

(三) 财 产

36. 安全是核心目标

安全是物权法中的首要价值,并遍及整个第八卷,其中第六章关于所有权和占有的保护规则即为典型。事实上,就动产所有权的取得和丧失而言,结果的确定性和可预见性有时可能比规则的实际内容本身更为重要。不同的方法,甚至是完全不同的方法,都能产生可以接受的结果。不过,在不同的价值间同样需要保持平衡。例如,有些增进安全的方法可能抑制了流动性。而且确定性必须与公平性保持平衡,这种理念在第八卷关于加工、附合和混合的规则中体现得特别明显。⑦ 不言而喻,安全也是担保物权一卷的核心目标。担保物权卷的全部目标就是使当事人能够提供和取得

---

① 第 6-2:101 条。
② 第 7-2:101 条第 (1) 款第 (a) 项。
③ 特别见第 7-4:101 条第 (c) 项以及第 7-5:102 条第 (1) 款。
④ 参较第 7-2:101 条第 (4) 款。
⑤ 第 7-6:101 条。
⑥ 第 7-6:102 条。
⑦ 第 8-5:101 条至第 8-5:105 条。

担保以确保债务得以适当的履行。担保物权的规则复杂，且涵盖所有种类的动产担保物权，包括所有权保留。担保物权卷通过引入登记制度，使担保物权取得了对抗第三人的效力，从而达到实现最大程度的确定性的目标。① 第九卷的大部分均与该制度的具体规则有关。这些规则为意欲执行其担保物权的债权人提供了有效的救济措施。②

37. 对合理信赖和期待的保护

这一价值理念在第八卷得到了有力反映。从无权处分人手中善意取得所有权的规则③，以及因持续占有而取得所有权的规则④，均可非常明确地看到这一价值理念。在担保物权这一卷中，这一价值理念非常明显地反映在对财产或财产上担保物权的善意取得并免受在先担保物权拘束的保护规则之中。⑤

38. 有效救济的规定

这一点与合同法中的相关规定同等重要，但救济方法不同，其旨在使所有权和占有得到保护。⑥ 因此，所有权人有权从实际控制动产的人那里取得或恢复对动产的占有。⑦ 动产的占有人对非法侵犯其占有的人，同样享有保护性的救济措施。⑧

39. 对现状的保护

这一价值体现在第八卷的一些旨在保护占有的规则中，特别是体现在那些保护"更优的占有"（better possession）的规则之中。⑨

四、正　义

40. 总体评价

正义是《欧洲示范民法典草案》中具有普适性的原则，它可能和其他原则，诸如效率相冲突，却不能轻易地被替代。正义很难界定、不可估

---

① 第三章。
② 第七章。
③ 第 8-3：101 条和第 8-3：102 条。
④ 第 8-4：101 条至第 8-4：302 条。
⑤ 第 9-2：108 条、第 9-2：109 条和第 9-6：102 条。
⑥ 见第八卷，第六章。
⑦ 第 8-6：101 条。
⑧ 第 8-6：201 条至第 8-6：204 条。
⑨ 第 8-6：301 条和第 8-6：302 条。

量,其边缘地带可能会仁者见仁,智者见智,但是不正义的典型情形得到了广泛的承认和普遍的拒绝。

和上文已经讨论的其他原则一样。正义在目前情况下也有几个方面。在《欧洲示范民法典草案》中,促进正义是指:确保相似情形得到相似处理;不允许人们依赖于其自身的非法、不诚实或不理性的行为;不允许人们不当利用他人的弱点、不幸或好意;要求不得非常过分;人们应对自己的行为结果或自己造成的风险负责。正义有时也指保障性正义——对那些处于弱势或易受伤害的人们提供保护,有时是普遍的预防措施。

(一) 合 同

41. 同样情况同样对待

《欧洲示范民法典草案》关于正义方面最明显的表现就是非歧视规则①,但它是绝大多数合同和合同债务规则背后隐含的预设,除非有正当理由,当事人应得到法律的同等对待。平等待遇规则的一大例外就是经营者和消费者不能被同等对待的情形。对此,前文已经提及,下文还将进一步讨论。正义的"平等"方面也以完全不同的方式显现在如下观念之中:如果双方当事人依据合同均负有债务,适用于一方当事人的也适用于对方当事人。这一理念有时也被称为合同关系的相对性原则,例如,对待给付的履行顺序规则即体现了这一理念:在没有相反约定或指示时,一方当事人不必在对方当事人之前履行债务。② 在对方当事人履行之前拒绝自己履行的规则③,以及对方当事人根本不履行债务时一方当事人可以解除合同的规则④,也都体现了这一理念,尽管在解释上,这些规则的设置,是为满足提供有效救济措施以增进合同安全的需要。在多数债务人或债权人规则中,可以找到正义的"平等"方面的另一个例子:缺省规则是连带债务人和债权人间按平等份额承担责任或享有权利。⑤

42. 不得依赖于其自身的非法、不诚实或不理性的行为

《欧洲示范民法典草案》关于合同法的规定中有几个这方面的正义的示例。当事人应依诚实信用与公平交易而为某种行为,这一理念被反复提起且十分重要。例如,参与谈判的当事人有义务按照诚实信用与公平交易

---

① 第2-2:101条至第2-2:105条和第3-1:105条。
② 第3-2:104条。
③ 第3-3:401条。
④ 第3-3:502条。
⑤ 第3-4:106条和第3-4:204条。

的要求进行谈判,并对因违反本义务所造成的损失承担赔偿责任。① 对于合同关系此后的阶段,作了如下规定:

行为人履行债务、行使债权、就债务不履行寻求救济或提出抗辩、行使解除合同债务或合同关系的权利,均有义务遵守诚实信用与公平交易原则。②

违反此义务并不自动产生损害赔偿责任,但可以阻止一方当事人行使权利、信赖权利、寻求救济或行使抗辩。《欧洲合同法指导原则》规定:"从合同的磋商谈判到其所有条款均得以实现,各方当事人均有遵守诚实信用与公平交易原则的义务。"③ 该原则还就履行单独规定了一项条款:"每一份合同必须依诚实信用原则履行。当事人仅在依合同订立之目的时才能从合同权利和条款中获益。"④ 将这些规定综合在一起,可以看出,《欧洲合同法指导原则》的规定比《欧洲示范民法典草案》要宽泛一些,但在实际效果上两者是否有很大的差异,则可能还存在疑问。

《欧洲示范民法典草案》中的许多特殊规定,可以被认为是不允许人们依赖于其自身的非法、不诚实或不理性的行为的理念的具体化。比如,债权人所遭受的损失,如果通过采取合理措施本可以减少的,则债务人对此种损失不承担责任。⑤ 又如,在采取某些可能损害对方当事人利益的措施之前,应给予合理的通知。而且,有些规则规定,仅在人们出于诚信时,才允许其依赖表面的状况。⑥ 就可撤销合同的规则而言,虽然其主要目的是为了保证当事人脱离非基于真正的合同自由而订立的合同,但也会产生一些附带效果,即阻止对方当事人从欺诈⑦、强迫或威胁⑧等行为中获益。

43. 不得获取不当利益

这个方面与上一方面有所重叠。合同法对该方面的承认,最明确地体现在以下规则中:如果一方当事人依赖于对方当事人或与其有信任关系,或处于经济窘迫或有紧急需要,或者不谨慎、不知道、没有经验或者缺乏谈判技巧而订立了合同,一方当事人可以在明确规定的情况下,基于被不

---

① 第 2-3:301 条第(2)款和第(3)款。
② 第 3-1:103 条。
③ 第 0:301 条(诚实信用和公平交易的一般义务)。
④ 第 0:302 条(依诚实信用而为履行)。
⑤ 第 3-3:705 条。
⑥ 见,例如,第 2-6:103 条第(3)款(代理的表见授权);第 2-9:201 条(虚假合同的效力)第(2)款。
⑦ 第 2-7:205 条。
⑧ 第 2-7:206 条。

当利用而撤销该合同。当然，对方当事人必须知道或应当知道这种不利状况，且必须通过取得过分的或非常不公平的利益，而利用了前一方当事人的状况。① 同样，这一规则也明显地具有确保受害人脱离非基于真正合同自由而订立的合同的功能。

44. 不得提出非常过分的要求

正义的这一方面在许多限制合同的拘束力的规则中得以体现。它在以下规则中得到了承认：如果债务不履行是因为债务人无法控制的障碍造成的，且债务人并不能被合理地期待去避免或克服这一障碍或其结果，债务不履行即可免责（据此，履行不得强制，也不能赔偿损害）。② 它是以下规则的理由：如果因情势的意外变化使得合同债务变得负担过重，以至于"如仍要求债务人履行债务将明显不公平"，法院可以变更或解除合同关系。③ 它是履行将造成不合理的负担或费用时不得强制实际履行规定④的基础。同样，它也反映在以下规则之中：就债务不履行约定的损害赔偿额在具体情形之下"非常过分"时，可以减少至合理数额。⑤ 但是，很明显，正义的此方面应受严格限制。重点在于"非常"，之前再三强调的原则之间存在冲突，必须保持平衡的警示，在这里相当贴切。人们在有利的讨价还价中获益或在不利的讨价还价中受损，本也无可厚非。《欧洲示范民法典草案》并无当事人因受有损害即能挑战合同的一般理念。在《欧洲示范民法典草案》调整不公平合同条款的规定中，将价格是否适当排除在不公平检验范围之外⑥的规则即明确地证明这一点。

45. 对结果负责

这一方面在第六卷侵权责任中最为显著，但也出现在第三卷之中。例如，在因自己的原因导致债务不履行的范围内，不得主张债务不履行的救济。⑦

46. 对弱势群体的保护

上述许多对合同自由的限制性规定，也可解释为为保护弱势群体而设计的规则。现在我们来看其他一些示例。在《欧洲示范民法典草案》中，

---

① 第2-7：207条。
② 第3-3：104条。
③ 第3-1：110条。
④ 第3-3：302条。
⑤ 第3-3：370条。
⑥ 第2-9：407条第（2）款。这一例外规定仅仅适用于合同条款以浅显易懂的语言拟定的情形。
⑦ 第3-3：101条第（3）款。

正义在这一方面的主要示例是对消费者的特殊保护。这显著地体现在以下规则之中：第二卷第三章关于市场营销和先合同义务的规则、第二卷第五章关于撤回权的规则，以及第二卷第九章第四节关于不公平条款的规则。它还明显地体现在第四卷关于买卖合同、租赁合同和保证合同的规则中。① 通常建议对弱者的保护采取的形式是，就经营者与消费者订立的合同，不应减损特定规则以损害消费者。《欧洲示范民法典草案》中许多保护消费者规则来自于现行私法。虽然没有明确说，但这些现行私法实际上构成了欧盟及其成员国的法律的组成部分，且可能会如此。"消费者"被界定为"从事活动的主要目的与自身的业务、营业或职业无涉的自然人"②。确立消费者的观念是否必然是确定需要对其特殊保护的人群的最好方式，是过去和将来必定会继续争论的问题。有人认为小经营者或各种"单笔交易者"（"non-repeat player"）同样需要保护。不过，这一问题可以在以后回答，关键点仍然在于对弱势或易受伤害群体的保护可被视为《欧洲示范民法典草案》中正义原则的一个方面。《欧洲示范民法典草案》中的另外一个例子是提供医疗服务（治疗及其他）的合同规则，它们为病人提供了特殊保护。③ 其他例子还有债权让与时对债务人的保护④，以及对非专业保证人保护。⑤ 两者在本质上均处在易受侵犯的状态。实际上，一方当事人提供格式条款时，面对格式条款的相对人也处于弱势地位，无论该相对人是否为消费者，《欧洲示范民法典草案》规定了相关规则对其加以保护。⑥ 此外，还有规则与上述规则具有十分相似的性质，即未经个别磋商的不明确条款存在歧义时，应作不利于条款提供人解释。⑦

（二）非合同债务

47. 概述

第三卷关于债务及相应债权的大多数规则既适用于合同债务，又适用

---

① 见，例如（买卖合同的情形）第 4.1-2：304 条、第 4.1-2：309 条、第 4.1-4：102 条、第 4.1-5：103 条、第 4.1-6：101 条至第 4.1-6：106 条；（租赁合同情形）第 4.2-1：102 条至第 4.2-1：104 条、第 4.2-3：105 条、第 4.2-6：102 条；以及（保证合同的情形）第 4.7-4：101 条至第 4.7-4：107 条。
② 第 1-1：105 条第（1）款。
③ 第 4.3-8：103 条、第 4.3-8：104 条、第 4.3-8：108 条、第 4.3-8：109 条第（5）款、第 4.3-8：111 条。
④ 第 3-5：118 条和 3-5：119 条。
⑤ 特别见第 4.7-4：101 条至第 4.7-4：107 条。
⑥ 第 2-9：103 条、第 2-9：405 条和第 2-9：406 条。
⑦ 第 2-8：103 条。

于非合同债务。以上针对合同债务所作的许多论述，同样适用于非合同债务。而且，以上所述正义的许多方面在第五卷至第七卷的规则中得以有力体现。

48. 不得从其自身的非法、不诚实或不理性的行为中获益

第六卷中正义在这方面的一个例子，就是犯罪行为人在犯罪过程中非因故意对其他共犯所造成的损害不承担赔偿责任（在如果认可损害赔偿会违背公共政策的情况下）①的规则。前已述及，不当得利法确认了不法行为人不能因侵害他人权利而获益这一原则。对他人财产的非无害利用一般会产生就该利用支付对价的义务。② 不当得利一卷中还有几个规则规定，只能在善意时才能取得利益。③

49. 不得获取不当利益

无因管理规则反映了如下理念：允许在紧急情况下受到陌生人好意帮助的人从该好意中获益是不公平的。因此，受益人（受帮助的人）负有至少偿付因此所支出合理费用的义务。这一理念同样构成了不当得利法的基础。不当得利规则主要植根于根深蒂固的正义原则，一人不得以牺牲他人利益为代价而不当获益。如某人因误解、欺诈或其他相似的原因而给予他人利益，且如果该人在知悉真实情况下即不会给予该利益，受领人欠缺与保有该利益相对应的原因，也不是意外收到该利益，则受领人不能使他人受损而自己保有利益。④

50. 不得提出非常过分的要求

正义的这一方面也能在第五卷至第七卷的规则中找到。例如，它是以下规则的基础：在一些特定的情形下，管理人的正当权利应基于公平而减少。⑤ 第六卷也规定基于公平而减少的规则。⑥ 这些都反映了这样一个事实：可归责性的程度可能与所造成的损害非常不成比例：非常轻微的过失可能造成非常严重的损害后果。作为正常责任规则的制衡考量，正义的这一方面也在不当得利规则中得以体现。它与不利益的抗辩更为相关，依该规则，已善意处分利益的人受到保护。⑦ 此时，让不知情的且不再享有所受利益的受领人为请求权人的错误承担责任，是不公平的。

---

① 第6-5：103条。
② 特别见第7-4：101条（3）款和第7-5：102条第（1）款。
③ 见，例如，第7-4：103条、第7-5：101条第（4）款、第7-5：102条第（2）款、第7-5：104条第（2）款、第7-6：101条第（2）款和第7-6：102条。
④ 第7-1：101条。
⑤ 第5-3：104条第（2）款规定应当考虑"本人的责任是否过重"。
⑥ 第6-6：202条。
⑦ 第7-6：101条。

51. 为结果负责

正义的这一方面是第六卷侵权责任规则的主要特征，它也构成了这一法律部门的直接基础。为损害负责并非基于合同上的承诺。实际上，它以故意、过失或对损害源的特殊责任为基础。每个人都能信赖其邻居守法，并信赖其在特定情形下作出合理谨慎行为。雇主应为雇员在其雇佣活动中所造成的损失承担责任，这是公平的要求。基于同样的原因，机动车的保有人、生产经营场所的所有人和产品的生产者必须为其物件导致的人身伤害和财产损失承担责任。在另一方面，如果某人同意遭受损失或有意地接受风险，则其不能主张损害赔偿。① 与此相似，如果遭受损失的一方也存在过错（与有过错），则赔偿责任应当予以减轻。②

52. 对弱势群体的保护

虽然侵权责任法旨在保护受损害的权益，但它是依损害类型架构的，而不考虑特定群体需要保护问题。但是，在有些情况下，正义原则的这一方面也得到了确认。如一个间接的例子：在过失的定义中，参照的是未达到旨在保护受害人的制定法所规定的注意义务标准（假定制定法保护的是弱势群体的利益，受害人即为其中一员）。③ 其他例子更为直接但方向完全相反，如果要求受保护的特定群体承担此种责任有失公平，他们就无须对造成的损害承担完全的责任。未满七周岁的儿童、未满十八周岁的未成年人以及心智不健全的人均能依此受到一定保护。④

（三）财　产

53. 确定性的重要性

确定性在物权法上至关重要，比起以上已经讨论的法律部门，其中有更少的规则明显依赖于公平。但是，依据对同样情形同样对待的理念（尤其是对出让人的债权人同样对待），在如下问题的讨论中起了关键性的作用：所有权一般是依相关合同（例如买卖合同）移转，还是依交付动产移转，或是适用其他法律制度。⑤ 而且，诚实信用的观念在第八卷动产所有权的取得规则中占据着至关重要的地位。其中第三章规定自非所有权人处善意取得。这些规则的主要目标是通过维护现状来促进安全，但却受到正

---

① 第 6–5：101 条。
② 第 6–5：102 条。
③ 第 6–3：102 条。
④ 第 6–3：103 条和第 6–5：301 条。
⑤ 讨论结果，见第 8–2：101 条。

义观念的极大限制。取得人只有在取得时出于善意才能取得所有权。[①] 依持续占有而取得所有权的规则[②]的情况也是一样。在确定加工、附合或混合的后果的规则中，正义也是一项关键因素。对于添附物的所有权归属问题，不足以给出一个答案，结果仍然必须是公平的。例如，加工他人材料成新物的人取得该物的所有权，但丧失材料所有权的人有权要求新的所有人支付与该材料加工时价值相等的款项，并在新物上对此权利设定担保物权予以担保，方为公平[③]，这就避免以牺牲他人利益为代价而获得不当利益。第八卷中消费者保护的唯一示例就是，经营者主动向消费者提供动产时动产所有权的归属规则。[④] 在第九卷担保物权中，正义是隐藏在很多规则背后的理由，特别是优先顺位[⑤]和强制执行[⑥]的规则。此种情况下，不仅意味着担保人和担保权人之间的公平，也意味着不同的担保权人和其他事实上对担保物享有物权的人之间的公平。重点放在正义的保护性方面，通常需要保护的是担保人。有许多规定旨在对消费者担保人提供了特别的保护。[⑦] 正义的另外一个方面反映在财产、财产上担保物权的善意取得（免受在先担保物权的拘束）规则之中。[⑧]

五、效　率

54. 总体评价

效率原则是在制定《欧洲示范民法典草案》过程中许多争论和决策背后的原因，它具有两大相互重叠的方面——为了可能使用这些规则的当事人的效率以及为了更广泛公众的效率。

（一）为了当事人的效率

55. 最少的形式上和程序上限制

《欧洲示范民法典草案》试图将形式上的要求降至最低限度。例如，

---

① 第8-3：101条。另见第8-3：101条关于免受定限物权拘束的取得的规定。
② 第8-4：101条。
③ 第8-5：201条。
④ 第8-2：304条。
⑤ 第四章。
⑥ 第七章。
⑦ 第9-2：107条、第9-7：103条第（2）款、第9-7：105条第（3）款、第9-7：107条、第9-7：201条第（2）款、第9-7：204条、第9-7：207条第（2）款。
⑧ 第9-2：108条、第9-2：109条和第9-6：102条。

一般情况下，对合同或者其他法律行为既不要求采取书面形式，也不要求采取其他任何一种形式。[1] 只有在特别需要保护的少数情形时才会出现例外。[2] 在《欧洲示范民法典草案》的调整范围之外（诸如土地的转让或遗嘱），内国法可能会要求采取书面或其他形式，但是一般而言合同或其他法律行为都是不要式的。如果交易当事人出于自身目的要求采取书面或某种形式，他们可以就此作出约定。关于效率原则另外一个经常提及的示例，就是将不必要程序步骤保持在最低限度。可撤销合同可仅因通知而撤销，而无须通过法庭程序。[3] 在债务人根本不履行其债务的情况下，债权人可以同样的方式解除合同关系。[4] 债权无须通知债务人即可转让。[5] 动产所有权未经交付即可移转。[6] 非移转占有型的担保物权易于设定。为了对抗第三人，通常还必须登记，但为了符合效率原则，形式上的要求保持在最低限度。[7] 效率原则也可以认为是抵销规则的基础。如果交互支付可以简单地相互抵销，则没有理由让 X 先向 Y 支付，然后再让 Y 向 X 支付。[8] 同样，在《欧洲示范民法典草案》中，抵销并不仅限于法庭程序，依简单的通知即可达成。[9]

56. 减少实质性的限制

有效合同的成立无须对价或约因（causa，原因）[10]；单方允诺也能产生拘束力[11]；合同可以赋予第三人权利。[12] 所有这些规则均使得当事人无须借助法律手段或其他变通，即可更加便捷地达到其所需的法律后果，从而促进了效率（和自由）。

57. 规定有效的缺省规则

就常见类型的合同和合同问题规定广泛的缺省规则，有助于提高效率。这对于并不像大企业那样拥有充分法律资源的个人和小经营者而言尤为有利。对于那些经验表明易于陷入困境的事项，事先以公平且合理的方

---

[1] 第 2-1:106 条。
[2] 例如，消费者提供的保证（第 4.7-4:104 条）和赠与（第 4.8-2:101 条）。
[3] 第 2-7:209 条。
[4] 第 3-3:507 条。
[5] 第 3-5:104 条第（2）款。
[6] 第 8-2:101 条。
[7] 一般地见第九卷。
[8] 第 2-6:102 条。
[9] 第 3-6:105 条。
[10] 第 2-4:101 条。
[11] 第 2-1:103 条第（2）款。
[12] 第 2-9:301 条至第 2-9:303 条。

式加以规定,比事后为之诉诸法庭更有效率。人们希望缺省规则的内容也能促进效率。《欧洲示范民法典草案》并不持有这样的观点(时常听到但绝少支持且从不采纳):缺省规则是如此的不合理,以至于迫使当事人去谈判并独立地想出解决问题的方法。在仅涉及交易当事人的情形时,《欧洲示范民法典草案》试图依当事人可能会同意的内容(但因为这样约定的成本过高而没有约定)去设计缺省规则。这些规则应当会产生符合效率的结果,因为那些可能就是当事人所需要的。

(二) 为更广泛公众的效率

58. 概 述

总体而言,《欧洲示范民法典草案》的规则均意在促进经济福祉的发展;这也是检验立法介入的正当性的标准。对市场效率的促进,可以说是《欧洲示范民法典》项目作为一个整体的有益成果,但它不是我们此处所要关注的重点。现在的问题是,市场效率在多大程度上反映于《欧洲示范民法典草案》的示范规则之中,并由之促进。很遗憾,起草和评估《欧洲示范民法典草案》的时间表缩短了,《欧洲合同法原则》合作研究平台之下的经济影响评价组,没有时间从最早开始起草示范规则时起就对其进行评估。不过,经济影响评价工作将构成围绕《欧洲示范民法典草案》的评估体系中很有价值的部分,并将会为进一步从事该项目的研究人员所用。以下将简要介绍效率的这一方面在《欧洲示范民法典草案》中体现的一些领域。

59. 告知义务

第二卷中有关告知义务的规定可以被称为促进市场效率的规则(至少和一些更为传统的方法比较起来)。[1] 在得到充分信息后再作全面的决定是符合公共价值的。如果有理由认为,协议因为一定程度的市场失灵(诸如因信息不对称所引起的市场失灵)而变得没有足够的效率,即可依促进经济福祉的理由而干预合同自由。例如,消费者保护规则不仅是对特定弱势群体的保护,也有利于福祉,因为这些规则可以促进充分竞争,从而更好地促进市场运行。告知义务也是如此,消费者对所出售商品的特性以及

---

[1] 第 2-3:101 条至第 2-3:107 条。见 De Geest and Kovac, "The Formation of Contracts in the DCFR-A Law and Economics Perspective" (publication forthcoming in Chirico/Larouche (eds.), Economic Impact Group within the CoPECL network of excellent (Munich 2009))。作者对基于同意的瑕疵而撤销合同权利的持续价值以及《共同参照框架草案》规定因误解等而无效的规则的方式提出了质疑。

合同条款均不了解,这将导致某种形式的市场失灵。在订立某一特定种类的合同时或在特定的情形下,要求一方当事人(通常是经营者)向对方当事人(通常是消费者)提供包括交易性质、条款和效力的特定信息(这些信息是在充分知情时作出决定所必需的,且不易为对方当事人所取得的)。从促进市场效率的角度来看,这一规则即为正当。事实上,立法者应当考虑所建议的干预是否正当,是否基于保护消费者的理念即可认定消费者是否应当享有尚存争议的权利。对这一问题的回答,可能会影响对干预内容和形式的选择。

60. 债务不履行的救济

与完全不可强制执行的惩罚性条款规则相比,规定债务不履行时的约定损害赔偿[①]可能更有利于市场效率。[②] 问题可能在于,该条的第(2)款允许约定的损害赔偿额在过分高于债务不履行造成的损失时可降低至合理数额[③],但这里必须斟酌正义考量,以求均衡。从效率的观点出发,允许赔偿纯粹经济损失,似乎比有些国家的法律制度中否定此种赔偿[④]更为可取。很难找到区分纯粹经济损失和财产损失或人身伤害所造成损失的正当性。其他损害赔偿规则从效率的视角来看是不是最合适的,还值得讨论。[⑤]

61. 其他规则

第三卷第七章关于时效的规定旨在促进效率。这些规则鼓励权利人在证据日益陈旧和提供证据成本很高之前及时主张权利,使财产免受先前权利主张而被追夺的危险。在预期不履行债务的情况下,债权人可以拒绝履行和解除合同关系[⑥],这一规则并不要求债权人等到债务不履行实际发生时,从而促进效率。还有通过阻碍不必要的履行而促进效率的规则。[⑦] 否定禁止财产转让约定的效力的规则[⑧],也因其有利于动产和其他财产的自

[①] 第3-3:712条。

[②] 见 Schweizer, "Obligations and Remedies for non-Performance: Book Ⅲ of the DCFR from an Economist's Perspective", http://www.wipol.uni-bonn.De/fileadmin/Fachbereich_Wirtschaft/Einrichtungen/Wirtschaftspolitik/Mitarbeiter/Prof._Dr._Urs_Schweizer/DCFRSchweizerRev.pdf; Ogus, "Measure of Damages, Expectation, Reliance and Opportunity Cost" (publication forthcoming in the work cited in fn.128)。

[③] 同上。

[④] 前引 Schweizer 文,9页。

[⑤] 见,例如,上引 Schweizer 和 Ougs 的不同观点。

[⑥] 第3-3:401条和第3-3:504条。

[⑦] 见第3-3:301条第(2)款、第4.3-2:111和第4.4-6:101条。

[⑧] 见第3-1:301条和第3-5:108条。

由流通而有助于促进一般意义上的效率。同样的情形也适用于善意取得或因持续占有而取得的规则。① 第九卷关于动产担保物权的规则的一项核心目标，就是通过提供担保而能以优惠的条件取得信贷，从而促进经济活动和经济福祉的发展。

六、结　论

62. 稳定

效率和安全原则共通的一个方面应当予以单独讨论，因为不管是有意识的还是下意识的，它都是示范规则的许多争论的背后原因，同时也构成了《欧洲示范民法典草案》的实际框架和内容中的很大一部分，它就是稳定。人们可以对熟悉的、尝试过的、得到检验的和传统的决定更为放心。由于其他东西或多或少是相同的，这些决定也因无须了解新的规则、无须知道其所有可能的含义而促进效率。知识和经验的宝贵积累没有被浪费。安全和效率原则的这一方面似乎在法律领域具有更大价值。过去有一位很著名的法官在向很多杰出的听众作了整整一个小时的演讲之后，非常真诚地说："我希望我没有讲任何新东西。"虽然我们没有必要走到不提出什么新东西的程度，但我们希望并坚信《欧洲示范民法典草案》中的许多内容在事实上已为欧洲各国的私法律师熟知。我们希望欧洲各国的律师不要将其视为陌生的产物，而将其视为源于一个共同传统和共同法律文化的产物。由于几个世纪以来各国法律思想家的共同努力，自由、安全、正义和效率等原则深深地植根于这一法律文化中，我们对此深感荣幸。

克里斯蒂安·冯·巴尔

休·比尔

埃里克·克莱夫

汉斯·舒尔特-纽尔克

---

① 见第3-3：101条和第8-4：101条。

条文对照（导入）表[*]

本表中的一栏表明一个与相应的《欧洲合同法原则》条文规定的法律问题相同的示范规则。但这并不意味着相应的示范规则使用了相同的语言或产生了相同的效力。

自《临时纲要版》公布后示范规则的重新定位以斜体的形式置于方括号内。如欲了解措辞上的变化，还应参照《临时纲要版》[**] 的条文。

	《欧洲合同法原则》	《欧洲示范民法典草案》示范规则
第一章	第 1：101 条	
	第（1）款	第 1-1：101 条第（1）款
	第（2）款	—
	第（3）款	—
	第（4）款	—
	第 1：102 条	
	第（1）款	第 2-1：102 条第（1）款
	第（2）款	第 2-1：102 条第（2）款
	第 1：103 条	—
	第 1：104 条	—
	第 1：105 条	第 2-1：104 条第（1）款，第（2）款
	第 1：106 条	第 2-1：102 条第（1）款，第（3）款，第（4）款
	第 1：107 条	—
	第 1：201 条	
	第（1）款	第 2-3：301 条第（2）款；第 3-1：

---

[*] 本表及下表均由 Daniel Smith（奥斯纳布吕克）在 Stephen Swann（奥斯纳布吕克）博士的协助下编辑而成。

[**] 《临时纲要版》在本表及下表中略作"《临》"。——译者注

		103条第（1）款
	第（2）款	第3-1：103条第（2）款
第1：202条		第3-1：104条
第1：301条		
	第（1）款	第1-1：108条第（1）款（连同附录）[《临》第1-1：103条第（1）款（连同附录1："作为"）]
	第（2）款	第1-1：108条第（1）款（连同附录）[《临》第1：103条第（1）款（连同附录1："法院"）]
	第（3）款	—
	第（4）款	第1-1：108条第（1）款（连同附录）[《临》第1-1：103条第（1）款（连同附录1："债务不履行"）] 第3-1：102条第（3）款 [《临》第3-1：101条]
	第（5）款	第1-1：106条
	第（6）款	[《临》第1-1：105条]
第1：302条		第1-1：104条 [《临》第1-1：103条第（1）款（连同附录1："合理的"）]
第1：303条		
	第（1）款	第1-1：109条第（2）款 [《临》第2-1：106条第（2）款]
	第（2）款	第1-1：109条第（3）款 [《临》第2-1：106条第（3）款]
	第（3）款	第1-1：109条第（4）款 [《临》第2-1：106条第（4）款]
	第（4）款	第3-3：106条
	第（5）款	第1-1：109条第（5）款 [《临》第2-1：106条第（5）款]
	第（6）款	第1-1：109条第（1）款 [《临》第2-1：106条第（1）款]
第1：304条		第1-1：110条 [《临》第1-1：104条（连同附录2）]
第1：305条		第2-1：105条

第二章	第2：101条	
	第（1）款	第2-4：101条
	第（2）款	第2-1：106条第（1）款 [《临》第2-1：107条]
	第2：102条	第2-4：102条
	第2：103条	第2-4：103条
	第2：104条	
	第（1）款	第2-9：103条第（1）款
	第（2）款	第2-9：103条第（3）款（b）
	第2：105条	第2-4：104条
	第2：106条	第2-4：105条
	第2：107条	第2-1：103条第（2）款
	第2：201条	第2-4：201条
	第2：202条	第2-4：202条第（1）款，第（3）款
	第2：203条	第2-4：203条
	第2：204条	第2-4：204条
	第2：205条	第2-4：205条
	第2：206条	第2-4：206条
	第2：207条	第2-4：207条
	第2：208条	第2-4：208条
	第2：209条	
	第（1）款	第2-4：209条第（1）款
	第（2）款	第2-4：209条第（2）款
	第（3）款	第1-1：108条第（1）款（连同附录）[《临》第1-1：103条第（1）款（连同附录1："格式条款"）]
	第2：210条	第2-4：210条
	第2：211条	第2-4：211条
	第2：301条	
	第（1）款	第2-3：301条第（1）款
	第（2）款	第2-3：301条第（3）款
	第（3）款	第2-3：301条第（4）款
	第2：302条	第2-4：302条第（1）款，第（4）款
第三章	第3：101条	
	第（1）款	第2-6：101条第（1）款

	第（2）款	—
	第（3）款	第2-6：101条第（3）款
	第3：102条	—
	第3：201条	
	第（1）款	第2-6：103条第（2）款
	第（2）款	第2-6：104条第（2）款
	第（3）款	第2-6：103条第（3）款
	第3：202条	第2-6：105条
	第3：203条	第2-6：108条
	第3：204条	
	第（1）款	第2-6：107条第（1）款
	第（2）款	第2-6：107条第（2）款，第（3）款
	第3：205条	第2-6：109条
	第3：206条	第2-6：104条第（3）款
	第3：207条	第2-6：111条第（1）款，第（2）款
	第3：208条	—
	第3：209条	
	第（1）款	第2-6：112条第（1）款
	第（2）款	第2-6：112条第（3）款
	第（3）款	第2-6：112条第（4）款
	第3：301条	第2-6：106条
	第3：302条	—
	第3：303条	—
	第3：304条	—
第四章	第4：101条	第2-7：101条第（2）款
	第4：102条	第2-7：102条
	第4：103条	第2-7：201条
	第4：104条	第2-7：202条
	第4：105条	第2-7：203条
	第4：106条	第2-7：204条
	第4：107条	第2-7：205条
	第4：108条	第2-7：206条
	第4：109条	第2-7：207条
	第4：110条	
	第（1）款	第2-9：403条至第2-9：405条

		[《临》第2-9：404条至第2-9：406条]
		第2-9：407条第（1）款
		[《临》第2-9：408条第（1）款]
		第2-9：408条
	第（2）款	[《临》第2-9：409条]
		第2-9：406条第（2）款
		[《临》第2-9：407条第（2）款]
	第4：111条	第2-7：208条
	第4：112条	第2-7：209条
	第4：113条	
	第（1）款	第2-7：210条
	第（2）款	—
	第4：114条	第2-7：211条
	第4：115条	第2-7：212条第（2）款
	第4：116条	第2-7：213条
	第4：117条	第2-7：214条
	第4：118条	第2-7：215条
	第4：119条	第2-7：216条
第五章	第5：101条	第2-8：101条
	第5：102条	第2-8：102条第（1）款
	第5：103条	第2-8：103条第（1）款
	第5：104条	第2-8：104条
	第5：105条	第2-8：105条
	第5：106条	第2-8：106条
	第5：107条	第2-8：107条
第六章	第6：101条	
	第（1）款	第2-9：102条第（1）款
	第（2）款	第2-9：102条第（2）款
	第（3）款	第2-9：102条第（3）款，第（4）款
	第6：102条	第2-9：101条第（2）款
	第6：103条	第2-9：201条第（1）款
	第6：104条	第2-9：104条
	第6：105条	第2-9：105条
	第6：106条	第2-9：106条
	第6：107条	第2-9：107条

	第6：108条	第2-9：108条
	第6：109条	第3-1：109条第（2）款
	第6：110条	
	第（1）款	第2-9：301条第（1）款
	第（2）款	第2-9：303条第（1）款第二句
	第（3）款	第2-9：303条第（2）款，第（3）款
	第6：111条	第3-1：110条
第七章	第7：101条	第3-2：101条第（1）款，第（2）款
	第7：102条	
	第（1）款	第3-2：102条第（1）款
	第（2）款	第3-2：102条第（2）款
	第（3）款	第3-2：102条第（1）款
	第7：103条	第3-2：103条
	第7：104条	第3-2：104条
	第7：105条	第3-2：105条
	第7：106条	第3-2：107条第（1）款，第（2）款
	第7：107条	第3-2：108条
	第7：108条	第3-2：109条第（1）款至第（3）款
	第7：109条	
	第（1）款	第3-2：110条第（1）款
	第（2）款	第3-2：110条第（2）款，第（3）款
	第（3）款	第3-2：110条第（4）款
	第（4）款	第3-2：110条第（5）款
	第7：110条	第3-2：111条
	第7：111条	第3-2：112条第（1）款
	第7：112条	第3-2：113条第（1）款
第八章	第8：101条	第3-3：101条
	第8：102条	第3-3：102条
	第8：103条	第3-3：502条第（2）款
	第8：104条	第3-3：202条；第3-3：203条（a）项

	第8:105条	
	第(1)款	第3-3:401条第(2)款
	第(2)款	第3-3:505条
	第8:106条	
	第(1)款	第3-3:103条第(1)款
	第(2)款	第3-3:103条第(2)款,第(3)款
	第(3)款	第3-3:503条;第3-3:507条第(2)款
	第8:107条	第3-2:106条
	第8:108条	第3-3:104条第(1)款,第(3)款,第(5)款
	第8:109条	第3-3:105条第(2)款
第九章	第9:101条	第3-3:301条
	第9:102条	
	第(1)款	第3-3:302条第(1)款,第(2)款
	第(2)款	第3-3:302条第(3)款,第(5)款
	第(3)款	第3-2:302条第(4)款
	第9:103条	第3-3:303条
	第9:201条	
	第(1)款	第3-3:401条第(1)款,第(4)款
	第(2)款	第3-3:401条第(2)款
	第9:301条	
	第(1)款	第3-3:502条第(1)款
	第(2)款	—
	第9:302条	第3-3:506条第(2)款
	第9:303条	
	第(1)款	第3-3:507条第(1)款
	第(2)款	第3-3:508条
	第(3)款	第3-3:508条
	第(4)款	第3-3:104条第(4)款
	第9:304条	第3-3:504条
	第9:305条	第3-3:509条第(1)款,第(2)款
	第9:306条	第3-3:511条第(2)款

		[《临》第3-3：510条， 第3-3：512条第（2）款]
	第9：307条	第3-3：510条
		[《临》第3-3：511条]
	第9：308条	第3-3：510条
		[《临》第3-3：511条]
	第9：309条	第3-3：510条
		[《临》第3-3：511条]
		第3-3：512条
		[《临》第3-3：513条]
	第9：401条	第3-3：601条
	第9：501条	第3-3：701条
	第9：502条	第3-3：702条
	第9：503条	第3-3：703条
	第9：504条	第3-3：704条
	第9：505条	第3-3：705条
	第9：506条	第3-3：706条
	第9：507条	第3-3：707条
	第9：508条	第3-3：708条
	第9：509条	第3-3：712条
		[《临》第3-3：710条]
	第9：510条	第3-3：713条
		[《临》第3-3：711条]
第十章	第10：101条	第3-4：102条
	第10：102条	第3-4：103条
	第10：103条	第3-4：104条
	第10：104条	第3-4：105条
	第10：105条	第3-4：106条
	第10：106条	第3-4：107条
	第10：107条	第3-4：108条
	第10：108条	
	第（1）款	第3-4：109条第（1）款
	第（2）款	—
	第（3）款	第3-4：109条第（2）款
	第10：109条	第3-4：110条
	第10：110条	第3-4：111条
	第10：111条	第3-4：112条

	第10：201条	第3-4：202条
	第10：202条	第3-4：204条
	第10：203条	第3-4：205条
	第10：204条	第3-4：206条
	第10：205条	第3-4：207条
第十一章	第11：101条	
	第（1）款	第3-5：101条第（1）款
	第（2）款	第3-5：101条第（1）款
	第（3）款	第3-5：101条第（2）款
	第（4）款	第3-5：103条第（1）款
	第（5）款	—
	第11：102条	
	第（1）款	第3-5：105条第（1）款
	第（2）款	第3-5：106条第（1）款
	第11：103条	第3-5：107条
	第11：104条	第3-5：110条
	第11：201条	第3-5：115条
	第11：202条	第3-5：114条第（1）款，第（2）款
	第11：203条	第3-5：108条第（1）款
		第3-5：122条
		[《临》第3-5：108条第（3）款]
	第11：204条	第3-5：112条第（2）款，第（4）款，第（6）款
	第11：301条	
	第（1）款	第3-5：108条第（2）款
		第3-5：108条第（3）款
		[《临》第3-5：108条第（4）款，第（5）款]
	第（2）款	第3-5：108条第（4）款
		[《临》第3-5：108条第（6）款]
	第11：302条	第3-5：109条
	第11：303条	
	第（1）款	第3-5：119条第（1）款
		[《临》第3-5：118条第（1）款]
		第3-5：120条第（2）款
		[《临》第3-5：119条第（2）款]

	第（2）款	第3-5：120条第（3）款，第（4）款
		[《临》第3-5：119条第（3）款，第（4）款]
	第（3）款	第3-5：120条第（1）款
		[《临》第3-5：119条第（1）款]
	第（4）款	第3-5：119条第（1）款
		[《临》第3-5：118条第（1）款]
第11：304条		第3-5：119条第（2）款
		[《临》第3-5：118条第（2）款]
第11：305条		—
第11：306条		第3-5：117条
第11：307条		第3-5：116条第（1）款，第（3）款
第11：308条		—
第11：401条		
	第（1）款	第3-5：121条第（1）款
		[《临》第3-5：120条第（1）款]
	第（2）款	第3-5：114条第（3）款
	第（3）款	第3-5：122条
		[《临》第3-5：108条第（3）款]
	第（4）款	第3-5：122条
		[《临》第3-5：108条第（3）款]
第十二章　第12：101条		
	第（1）款	第3-5：202条第（1）款（a）
		[《临》第3-5：201条第（1）款]
		第3-5：203条第（1）款
		[《临》第3-5：201条第（1）款]
	第（2）款	第3-5：203条第（2）款
		[《临》第3-5：201条第（2）款]
第12：102条		
	第（1）款	第3-5：205条第（3）款
		[《临》第3-5：202条第（1）款]
	第（2）款	第3-5：205条第（4）款
		[《临》第3-5：202条第（2）款]
	第（3）款	第3-5：205条第（5）款
		[《临》第3-5：202条第（3）款]
	第（4）款	第3-5：205条第（1）款
		[《临》第3-5：202条第（4）款]

	第12：201条	
	第（1）款	第3-5：302条第（1）款
		[《临》第3-5：301条第（1）款]
	第（2）款	第3-5：302条第（2）款
		[《临》第3-5：301条第（2）款]
第十三章	第13：101条	第3-6：102条（a）项，(b)项
	第13：102条	第3-6：103条
	第13：103条	第3-6：104条
	第13：104条	第3-6：105条
	第13：105条	第3-6：106条
	第13：106条	第3-6：107条
	第13：107条	第3-6：108条
第十四章	第14：101条	第3-7：101条
	第14：201条	第3-7：201条
	第14：202条	第3-7：202条
	第14：203条	第3-7：203条
	第14：301条	第3-7：301条
	第14：302条	第3-7：302条第（1）款至第（3）款
	第14：303条	第3-7：303条第（1）款，第（2）款
	第14：304条	第3-7：304条
	第14：305条	第3-7：305条
	第14：306条	第3-7：306条
	第14：307条	第3-7：307条
	第14：401条	第3-7：401条
	第14：402条	第3-7：402条
	第14：501条	第3-7：501条
	第14：502条	第3-7：502条
	第14：503条	第3-7：503条
	第14：601条	第3-7：601条
第十五章	第15：101条	第2-7：301条
	第15：102条	第2-7：302条
	第15：103条	—
	第15：104条	第2-7：303条
	第15：105条	第2-7：304条
第十六章	第16：101条	第3-1：106条第（1）款

	第16：102条	第3-1：106条第（4）款
	第16：103条	
	第（1）款	第3-1：106条第（2）款
	第（2）款	第3-1：106条第（3）款
第十七章	第17：101条	第3-3：709条

条文对照（导出）表

本表中的一栏表明一个与相应的示范规则条文规定的法律问题相同的条文。但这并不意味着《欧洲合同法原则》的条文使用了相同的语言或产生了相同的效力。

自《临时纲要版》公布后示范规则的重新定位以斜体的形式置于方括号内；就近增加的条或款用星号作了标志。如欲了解措辞上的变化，还应参照《临时纲要版》的条文。

《欧洲示范民法典草案》示范规则	《欧洲合同法原则》
第一卷　第 1-1：101 条	
第（1）款	第 1：101 条第（1）款
第（2）款	—
第（3）款	—
第 1-1：102 条	
第（1）款	第 1-1：106 条第（1）款第一句
第（2）款	—
第（3）款	第 1-1：106 条第（1）款第二句
第（4）款	第 1-1：106 条第（2）款第一句
第（5）款	—
第 1-1：103 条*	—
[《临》附录 1："诚信信用和公平交易"]	
第 1-1：104 条*	第 1：302 条
[《临》附录 1："合理的"]	
第 1-1：105 条*	—
[《临》连同附录 1："消费者"和"经营者"]	

第 1-1:106 条	第 1:301 条第（6）款
[《临》第 1-1:105 条]	
第 1-1:107 条	—
[《临》第 1-1:106 条]	
第 1-1:108 条	
第（1）款（连同附录："行为"；"法院"；"债务不履行"；"格式条款"）	第 1:301 条第（1）款，第（2）款，第（4）款；第 2:209 条第（3）款
[《临》第 1-1:103 条第（1）款（连同附录 1："行为"；"法院"；"债务不履行"；"格式条款"）]	
第（2）款	—
[《临》第 1-1:103 条第（2）款]	
第 1-1:109 条	
[《临》第 2-1:106 条]	
第（1）款	第 1:303 条第（6）款
第（2）款	第 1:303 条第（1）款
第（3）款	第 1:303 条第（2）款
第（4）款	第 1:303 条第（3）款
第（5）款	第 1:303 条第（5）款
第（6）款	—
第（7）款	—
第 1-1:110 条*	第 1:304 条
[《临》第 1-1:104 条（连同附录 2）]	
第二卷　第 2-1:101 条	—
第 2-1:102 条*	
第（1）款	第 1:102 条第（1）款
第（2）款	第 1:102 条第（2）款
第（3）款	—
第 2-1:103 条*	
第（1）款	—
第（2）款	第 2:107 条
第（3）款	—

第 2-1：104 条*
   第（1）款   第 1：105 条第（1）款
   第（2）款   第 1：105 条第（2）款
   第（3）款   —
第 2-1：105 条*   第 1：305 条
第 2-1：106 条
[《临》第 2-1：107 条]
   第（1）款   第 2：101 条第（2）款
   第（2）款*   —
第 2-1：107 条   —
[《临》第 2-1：108 条]
第 2-1：108 条   —
[《临》第 2-1：109 条]
第 2-1：109 条*   —
[《临》连同附录 1："格式条款"]
第 2-1：110 条   —
[《临》第 2-9：403 条]
第 2-2：101 条
第 2-2：102 条   —
第 2-2：103 条   —
第 2-2：104 条   —
第 2-2：105 条   —
第 2-3：101 条
第 2-3：102 条
   第（1）款   —
   第（2）款   —
   第（3）款*   —
第 2-3：103 条
第 2-3：104 条
   第（1）款   —
   第（2）款   —
   第（3）款   —
   第（4）款*   —
   第（5）款*
第 2-3：105 条
   第（1）款   —
   第（2）款   —

第（3）款*	—
第（4）款*	—
第2-3：106条	
第（1）款	—
第（2）款*	—
第（3）款	—
第2-3：107条*	
第2-3：108条*	—
第2-3：109条	
[《临》第2-3：107条]	—
第2-3：201条	—
第2-3：202条*	—
第2-3：301条	
第（1）款	第2：301条第（1）款
第（2）款	第1：201条第（1）款
第（3）款	第2：301条第（2）款
第（4）款	第2：301条第（3）款
第2-3：302条	
第（1）款	第2：302条第一句
第（2）款	—
第（3）款	—
第（4）款	第2：302条第二句
第2-3：401条	—
第2-3：501条*	—
第2-4：101条	第2：101条第（1）款
第2-4：102条	第2：102条
第2-4：103条	第2：103条
第2-4：104条	第2：105条
第2-4：105条	第2：106条
第2-4：201条	第2：201条
第2-4：202条	
第（1）款	第2：101条第（1）款
第（2）款	第2：101条第（2）款
第（3）款	第2：101条第（3）款
第（4）款*	—
第2-4：203条	第2：203条
第2-4：204条	第2：204条

第2-4：205条	第2：205条
第2-4：206条	第2：206条
第2-4：207条	第2：207条
第2-4：208条	第2：208条
第2-4：209条	第2：209条第（1）款，第（2）款
第2-4：210条	第2：210条
第2-4：211条	第2：211条
第2-4：301条	—
第2-4：302条	—
第2-4：303条	—
第2-5：101条	—
第2-5：102条	—
第2-5：103条	—
第2-5：104条	—
第2-5：105条	
第（1）款	—
第（2）款	—
第（3）款*	—
第（4）款	—
第（5）款	—
第（6）款	—
第（7）款*	—
第2-5：106条	—
第2-5：201条	—
第2-5：202条	—
第2-6：101条	
第（1）款	第3：101条第（1）款
第（2）款	—
第（3）款	第3：101条第（3）款
第2-6：102条	—
第2-6：103条	
第（1）款	—
第（2）款	第3：201条第（1）款
第（3）款	第3：201条第（3）款
第2-6：104条	
第（1）款	—
第（2）款	第3：201条第（2）款

第（3）款	第3：206条
第2-6：105条	第3：202条
第2-6：106条	第3：301条
第2-6：107条	
第（1）款	第3：204条第（1）款
第（2）款	第3：204条第（2）款第一句
第（3）款	第3：204条第（2）款第二句
第2-6：108条	第3：203条
第2-6：109条	第3：205条
第2-6：110条	—
第2-6：111条	
第（1）款	第3：207条第（1）款
第（2）款	第3：207条第（2）款
第（3）款	—
第2-6：112条	
第（1）款	第3：209条第（1）款
第（2）款	—
第（3）款	第3：209条第（2）款
第（4）款	第3：209条第（3）款
第2-7：101条	
第（1）款	—
第（2）款	第4：101条
第（3）款	—
第2-7：102条	第4：102条
第2-7：201条	第4：103条
第2-7：202条	第4：104条
第2-7：203条	第4：105条
第2-7：204条	第4：106条
第2-7：205条	第4：107条
第2-7：206条	第4：108条
第2-7：207条	第4：109条
第2-7：208条	第4：111条
第2-7：209条	第4：112条
第2-7：210条	第4：113条第（1）款
第2-7：211条	第4：114条
第2-7：212条	
第（1）款	—

第（2）款	第4：115条
第（3）款	—
第2-7：213条	第4：116条
第2-7：214条	第4：117条
第2-7：215条	第4：118条
第2-7：216条	第4：119条
第2-7：301条	第15：101条
第2-7：302条	第15：102条
第2-7：303条	第15：104条
第2-7：304条	第15：105条
第2-8：101条	第5：101条
第2-8：102条	
第（1）款	第5：102条
第（2）款	—
第2-8：103条	
第（1）款	第5：103条
第（2）款*	—
第2-8：104条	第5：104条
第2-8：105条	第5：105条
第2-8：106条	第5：106条
第2-8：107条	第5：107条
第2-8：201条	—
第2-8：202条	—
第2-9：101条	
第（1）款	—
第（2）款	第6：102条
第（3）款	—
第（4）款	—
第2-9：102条	
第（1）款	第6：101条第（1）款
第（2）款	第6：101条第（2）款
第（3）款	第6：101条第（3）款
第（4）款	第6：101条第（3）款
第（5）款	—
第（6）款*	—
第2-9：103条	
第（1）款	第2：104条第（1）款

第（2）款	—
第（3）款（a）项	—
第（3）款（b）项	第2：104条第（2）款
第2-9：104条	第6：104条
第2-9：105条	第6：105条
第2-9：106条	第6：106条
第2-9：107条	第6：107条
第2-9：108条	第6：108条
第2-9：109条*	—
第2-9：201条	
第（1）款	第6：103条
第（2）款	—
第2-9：301条	
第（1）款	第6：110条第（1）款
第（2）款	—
第（3）款	—
第2-9：302条	—
第2-9：303条	第6：110条第（2）款，第（3）款
第2-9：401条	—
第2-9：402条	
第2-9：403条	第4：110条第（1）款
[《临》第2-9：404条]	
第2-9：404条	第4：110条第（1）款
[《临》第2-9：405条]	
第2-9：405条	第4：110条第（1）款
[《临》第2-9：406条]	
第2-9：406条	
[《临》第2-9：407条]	
第（1）款	—
第（2）款	第4：110条第（2）款
第2-9：407条	
[《临》第2-9：408条]	
第（1）款	第4：110条第（1）款
第（2）款	—
第2-9：408条	第4：110条第（1）款
[《临》第2-9：409条]	
第2-9：409条	—

[《临》第2-9：410条]
第2-9：410条 —
[《临》第2-9：411条]
第三卷 第3-1：101条 —
[《临》第3-1：102条]
第3-1：102条
[《临》第3-1：101条]
  第（1）款 —
  第（2）款 —
  第（3）款 第1：301条第（4）款
  第（4）款 —
  第（5）款 —
第3-1：103条
  第（1）款 第1：201条第（1）款
  第（2）款 第1：201条第（2）款
  第（3）款 —
第3-1：104条 第1：202条
第3-1：105条 —
第3-1：106条
  第（1）款 第16：101条
  第（2）款 第16：103条第（1）款
  第（3）款 第16：103条第（2）款
  第（4）款 第16：102条
  第（5）款 —
第3-1：107条 —
第3-1：108条 —
第3-1：109条
  第（1）款 —
  第（2）款 第6：109条
  第（3）款 —
第3-1：110条 第6：111条
第3-1：111条*
第3-2：101条
  第（1）款 第7：101条
  第（2）款 第7：101条第（2）款，第（3）款
  第（3）款 —
第3-2：102条

第（1）款	第7：102条第（1）款，第（3）款
第（2）款	第7：102条第（2）款
第（3）款*	—
第（4）款*	—
第3-2：103条	第7：103条
第3-2：104条	第7：104条
第3-2：105条	第7：105条
第3-2：106条	第8：107条
第3-2：107条	
第（1）款	第7：106条第（1）款
第（2）款	第7：106条第（2）款
第（3）款	—
第3-2：108条	第7：107条
第3-2：109条	
第（1）款	第7：108条第（1）款
第（2）款	第7：108条第（2）款
第（3）款	第7：108条第（3）款
第（4）款	—
第3-2：110条	
第（1）款	第7：109条第（1）款
第（2）款	第7：109条第（2）款
第（3）款	第7：109条第（2）款
第（4）款	第7：109条第（3）款
第（5）款	第7：109条第（4）款
第3-2：111条	第7：110条
第3-2：112条	
第（1）款	第7：111条
第（2）款	—
第3-2：113条	
第（1）款	第7：112条
第（2）款	—
第3-2：114条	—
第3-3：101条	第8：101条
第3-3：102条	第8：102条
第3-3：103条	
第（1）款	第8：106条第（1）款
第（2）款	第8：106条第（2）款第一句

第（3）款	第8：106条第（2）款第二句
第3-3：104条	
第（1）款	第8：108条第（1）款
第（2）款	—
第（3）款	第8：106条第（2）款
第（4）款	第9：303条第（4）款
第（5）款	第8：108条第（3）款
第3-3：105条	
第（1）款	—
第（2）款	第8：109条
第3-3：106条	
第（1）款	第1：303条第（4）款，第一句
第（2）款	第1：303条第（4）款，第二句
第3-3：107条	—
第3-3：108条*	—
第3-3：201条	—
第3-3：202条	第8：104条
第3-3：203条	
(a)项	第8：104条
(b)项	—
(c)项	—
(d)项	—
第3-3：204条	—
第3-3：205条*	—
第3-3：301条	第9：101条
第3-3：302条	
第（1）款	第9：102条第（1）款
第（2）款	第9：102条第（1）款
第（3）款	第9：102条第（2）款（a）项至（c）项
第（4）款	第9：102条第（3）款
第（5）款	第9：102条第（2）款（d）项
第3-3：303条	第9：103条
第3-3：401条	
第（1）款	第9：201条第（1）款第一句
第（2）款	第8：105条第（1）款
	第9：201条第（2）款

第（3）款	—
第（4）款	第9：201条第（1）款第二句
第3-3：501条	
第3-3：502条	
第（1）款	第9：301条第（1）款
第（2）款	第8：103条
第3-3：503条	第8：106条第（3）款
第3-3：504条	第9：304条
第3-3：505条	第8：105条第（2）款
第3-3：506条	
第（1）款*	—
第（2）款	第9：302条
第3-3：507条	
第（1）款	第9：303条第（1）款
第（2）款	第8：106条第（3）款
第3-3：508条*	第9：303条第（2）款，第（3）款
第3-3：509条	
第（1）款	第9：305条第（1）款
第（2）款	第8：305条第（2）款
第（3）款	—
第3-3：510条	第9：307条；第9：308条；第9：309条
[《临》第3-3：511条]	
第3-3：511条	
[《临》第3-3：512条]	
第（1）款	—
第（2）款	第9：306条
[《临》第3-3：510条]	
第（3）款*	—
第3-3：512条	
[《临》第3-3：513条]	第9：309条
第3-3：513条	—
[《临》第3-3：514条]	
第3-3：514条	—
[《临》第3-3：515条]	
第3-3：601条	第9：401条
第3-3：701条	第9：501条

第3-3：702条	第9：502条
第3-3：703条	第9：503条
第3-3：704条	第9：504条
第3-3：705条	第9：505条
第3-3：706条	第9：506条
第3-3：707条	第9：507条
第3-3：708条	第9：508条
第3-3：709条	第17：101条
第3-3：710条*	—
第3-3：711条*	—
第3-3：712条	第9：509条
[《临》第3-3：710条]	
第3-3：713条	第9：510条
[《临》第3-3：711条]	
第3-4：101条	—
第3-4：102条	第10：101条
第3-4：103条*	第10：102条
第3-4：104条	第10：103条
第3-4：105条	第10：104条
第3-4：106条	第10：105条
第3-4：107条	第10：106条
第3-4：108条	第10：107条
第3-4：109条	
第（1）款	第10：108条第（1）款
第（2）款	第10：108条第（3）款
第（3）款	—
第3-4：110条	第10：109条
第3-4：111条	第10：110条
第3-4：112条*	第10：111条
第3-4：201条	—
第3-4：202条	第10：201条
第3-4：203条	—
第3-4：204条	第10：202条
第3-4：205条	第10：203条
第3-4：206条	第10：204条
第3-4：207条	第10：205条
第3-5：101条	

第（1）款	第11：101条第（1）款，第（2）款
第（2）款	第11：101条第（3）款
第3-5：102条	—
第3-5：103条*	
第（1）款	第11：101条第（4）款
第（2）款	—
第3-5：104条*	
第（1）款	—
第（2）款*	—
第（3）款*	—
第（4）款	—
第3-5：105条	
第（1）款	第11：102条第（1）款
第（2）款	—
第3-5：106条	
第（1）款	第11：102条第（2）款
第（2）款	—
第3-5：107条	第11：103条
第3-5：108条	
第（1）款	第11：203条
第（2）款	第11：301条第（1）款
第（3）款	第11：301条第（1）款
[《临》第3-5：108条第(4)款，第(5)款]	
第（4）款	第11：301条第（2）款
[《临》第3-5：108条第（4）款]	
第3-5：109条	第11：302条
第3-5：110条	第11：104条
第3-5：111条	—
第3-5：112条	
第（1）款	—
第（2）款	第11：204条（a）项
第（3）款	—
第（4）款	第11：204条（b）项
第（5）款	—
第（6）款	第11：204条（c）项
第（7）款	—

第 3-5：113 条	—
第 3-5：114 条	
第（1）款	第 11：202 条第（1）款
第（2）款	第 11：202 条第（2）款
第（3）款	第 11：401 条第（2）款
第 3-5：115 条	第 11：201 条
第 3-5：116 条	
第（1）款	第 11：307 条第（1）款
第（2）款	—
第（3）款	第 11：307 条第（2）款
第 3-5：117 条	第 11：306 条
第 3-5：118 条*	—
第 3-5：119 条	
[《临》第 3-5：118 条]	
第（1）款	第 11：303 条第（1）款，第（4）款
第（2）款	第 11：304 条
第（3）款*	—
第 3-5：120 条	
[《临》第 3-5：119 条]	
第（1）款	第 11：303 条第（3）款
第（2）款	第 11：303 条第（1）款
第（3）款	第 11：303 条第（2）款
第（4）款	第 11：303 条第（2）款
第 3-5：121 条	
[《临》第 3-5：120 条]	
第（1）款	第 11：401 条第（1）款
第（2）款	—
第 3-5：122 条*	第 11：203 条；第 11：401 条第（3）款，第（4）款
[《临》第 3-5：108 条第（3）款]	
第 3-5：201 条*	—
第 3-5：202 条	
第（1）款	
(a) 项	第 12：101 条第（1）款
[《临》第 3-5：201 条第（1）款]	
(b) 项*	—
(c) 项*	—

第（2）款	—
第3-5：203条	
第（1）款	第12：101条第（1）款
[《临》第3-5：201条第（1）款]	
第（2）款	第12：101条第（2）款
[《临》第3-5：201条第（2）款]	
第（3）款*	—
第3-5：204条*	—
第3-5：205条	
第（1）款	第12：102条第（4）款
[《临》第3-5：202条第（4）款]	
第（2）款*	—
第（3）款	第12：102条第（1）款
[《临》第3-5：202条第（1）款]	
第（4）款	第12：102条第（2）款
[《临》第3-5：202条第（2）款]	
第（5）款	第12：102条第（3）款
[《临》第3-5：202条第（3）款]	
第3-5：206条*	
第3-5：207条*	
第3-5：208条*	
第3-5：209条*	
第3-5：301条*	
第3-5：302条	
第（1）款	第12：201条第（1）款第一句
[《临》第3-5：301条第（1）款]	
第（2）款	第12：201条第（1）款第二句
[《临》第3-5：301条第（1）款]	
第（3）款	第12：201条第（2）款
[《临》第3-5：301条第（2）款]	
第3-5：401条*	—
第3-5：402条*	—
第3-6：101条	
第（1）款	—
第（2）款*	—
第3-6：102条	
(a)项，(b)项	第13：101条

(c)项*	—
第3-6：103条	第13：102条
第3-6：104条	第13：103条
第3-6：105条	第13：104条
第3-6：106条	第13：105条
第3-6：107条	第13：106条
第3-6：108条	第13：107条
第3-6：201条	—
第3-7：101条	第14：101条
第3-7：201条	第14：201条
第3-7：202条	第14：202条
第3-7：203条	第14：203条
第3-7：301条	第14：301条
第3-7：302条	
第（1）款	第14：302条第（1）款
第（2）款	第14：302条第（2）款
第（3）款	第14：302条第（3）款
第（4）款*	—
第3-7：303条	
第（1）款	第14：303条第（1）款
第（2）款	第14：301条第（2）款
第（3）款*	—
第（4）款	—
第3-7：304条	第14：304条
第3-7：305条	第14：305条
第3-7：306条	第14：306条
第3-7：307条	第14：307条
第3-7：401条	第14：401条
第3-7：402条	第14：402条
第3-7：501条	第14：501条
第3-7：502条	第14：502条
第3-7：503条	第14：503条
第3-7：601条	第14：601条

示范规则

第一卷　一般规定 ·· 148
 第 1-1：101 条　适用范围 ··· 148
 第 1-1：102 条　解释和发展 ·· 148
 第 1-1：103 条　诚实信用与公平交易 ······································ 149
 第 1-1：104 条　合理 ·· 149
 第 1-1：105 条　"消费者"和"经营者" ································· 149
 第 1-1：106 条　"书面形式"及相似表述 ································· 149
 第 1-1：107 条　"签名"及相似表述 ······································· 149
 第 1-1：108 条　《附录》中的定义 ·· 150
 第 1-1：109 条　通知 ·· 150
 第 1-1：110 条　时间的计算 ·· 151

第二卷　合同及其他法律行为 ·· 153
 第一章　一般规定 ··· 153
  第 2-1：101 条　"合同"和"法律行为"的含义 ····················· 153
  第 2-1：102 条　当事人自治 ·· 153
  第 2-1：103 条　拘束力 ··· 153
  第 2-1：104 条　惯例与习惯做法 ·· 154
  第 2-1：105 条　知道等的推定 ··· 154
  第 2-1：106 条　形式 ·· 154
  第 2-1：107 条　混合合同 ·· 155
  第 2-1：108 条　部分无效或不生效力 ···································· 156
  第 2-1：109 条　格式条款 ·· 156
  第 2-1：110 条　"未经个别磋商的"条款 ······························ 156
 第二章　非歧视 ··· 156
  第 2-2：101 条　不受歧视的权利 ·· 156
  第 2-2：102 条　歧视的含义 ·· 156

　　　　第2-2：103条　例外 …………………………………………… 157
　　　　第2-2：104条　救济措施 ………………………………………… 157
　　　　第2-2：105条　举证责任 ………………………………………… 157
　第三章　市场营销与先合同义务 ………………………………………… 157
　　第一节　告知义务 ……………………………………………………… 157
　　　　第2-3：101条　有关动产、其他财产与服务信息的披露义务…… 157
　　　　第2-3：102条　经营者向消费者推销时的特别义务 …………… 158
　　　　第2-3：103条　与处于特别不利地位的消费者订立
　　　　　　　　　　　合同时提供信息的义务 ……………………… 158
　　　　第2-3：104条　实时远程通讯中的告知义务 …………………… 159
　　　　第2-3：105条　以电子手段订立合同 …………………………… 159
　　　　第2-3：106条　信息的明晰度与信息的形式 …………………… 160
　　　　第2-3：107条　有关价款和附加费用的信息 …………………… 160
　　　　第2-3：108条　有关经营者地址和身份的信息 ………………… 160
　　　　第2-3：109条　违反告知义务的救济措施 ……………………… 161
　　第二节　防止输入错误和确认收到的义务 …………………………… 161
　　　　第2-3：201条　输入错误的纠正 ………………………………… 161
　　　　第2-3：202条　收到的确认 ……………………………………… 162
　　第三节　磋商及保密义务 ……………………………………………… 162
　　　　第2-3：301条　有悖于诚实信用与公平交易的磋商 …………… 162
　　　　第2-3：302条　保密义务的违反 ………………………………… 162
　　第四节　主动推销的动产或服务 ……………………………………… 163
　　　　第2-3：401条　未答复无债务 …………………………………… 163
　　第五节　违反本章规定义务的损害赔偿 ……………………………… 163
　　　　第2-3：501条　损害赔偿责任 …………………………………… 163
　第四章　合同的成立 ……………………………………………………… 163
　　第一节　一般规定 ……………………………………………………… 163
　　　　第2-4：101条　合同成立的要件 ………………………………… 163
　　　　第2-4：102条　意思表示的确定方法 …………………………… 164
　　　　第2-4：103条　充分的合意 ……………………………………… 164
　　　　第2-4：104条　归并条款 ………………………………………… 164
　　　　第2-4：105条　仅依特定形式而变更 …………………………… 164
　　第二节　要约与承诺 …………………………………………………… 164
　　　　第2-4：201条　要约 ……………………………………………… 164

第 2-4：202 条　要约的撤销 …………………………………… 165

第 2-4：203 条　要约的拒绝 …………………………………… 165

第 2-4：204 条　承诺 …………………………………………… 165

第 2-4：205 条　合同成立的时间 ……………………………… 165

第 2-4：206 条　承诺的期限 …………………………………… 166

第 2-4：207 条　迟到的承诺 …………………………………… 166

第 2-4：208 条　承诺的变更 …………………………………… 166

第 2-4：209 条　相冲突的格式条款 …………………………… 167

第 2-4：210 条　经营者之间合同的正式确认 ………………… 167

第 2-4：211 条　非经要约与承诺订立的合同 ………………… 167

第三节　其他法律行为 ………………………………………………… 167

第 2-4：301 条　单方法律行为的要件 ………………………… 167

第 2-4：302 条　意思表示的确定方法 ………………………… 167

第 2-4：303 条　权利或利益的拒绝 …………………………… 167

第五章　撤回权 …………………………………………………………… 168

第一节　撤回权的行使与效力 ………………………………………… 168

第 2-5：101 条　适用范围及强制性 …………………………… 168

第 2-5：102 条　撤回权的行使 ………………………………… 168

第 2-5：103 条　撤回期间 ……………………………………… 168

第 2-5：104 条　关于撤回权的充分信息 ……………………… 168

第 2-5：105 条　撤回的效力 …………………………………… 169

第 2-5：106 条　关联合同 ……………………………………… 169

第二节　特别撤回权 …………………………………………………… 170

第 2-5：201 条　在经营场所之外磋商的合同 ………………… 170

第 2-5：202 条　分时度假合同 ………………………………… 171

第六章　代　理 …………………………………………………………… 171

第 2-6：101 条　适用范围 ……………………………………… 171

第 2-6：102 条　定义 …………………………………………… 172

第 2-6：103 条　授权 …………………………………………… 172

第 2-6：104 条　代理权限的范围 ……………………………… 172

第 2-6：105 条　代理人的行为影响本人的法律地位的情形 … 172

第 2-6：106 条　代理人以自己的名义实施代理行为 ………… 173

第 2-6：107 条　无代理权限而以代理人身份实施一定

行为的人 ……………………………………… 173

　　　　第2-6：108条　未明确的本人 …………………………………… 173
　　　　第2-6：109条　利益冲突 …………………………………………… 173
　　　　第2-6：110条　复数代理人 …………………………………………… 173
　　　　第2-6：111条　追认 ………………………………………………… 174
　　　　第2-6：112条　代理权限终止或受到限制的效力 ………………… 174
　第七章　效力欠缺的情形 ……………………………………………………… 174
　　第一节　一般规定 …………………………………………………………… 174
　　　　第2-7：101条　适用范围 …………………………………………… 174
　　　　第2-7：102条　自始不能或无处分权 ……………………………… 175
　　第二节　意思表示的瑕疵 …………………………………………………… 175
　　　　第2-7：201条　误解 ………………………………………………… 175
　　　　第2-7：202条　沟通时的不准确视为误解 ………………………… 175
　　　　第2-7：203条　误解情形下合同的变更 …………………………… 175
　　　　第2-7：204条　因信赖错误信息所受的损失的责任 ……………… 176
　　　　第2-7：205条　欺诈 ………………………………………………… 176
　　　　第2-7：206条　强迫或威胁 ………………………………………… 176
　　　　第2-7：207条　乘人之危 …………………………………………… 177
　　　　第2-7：208条　第三人 ……………………………………………… 177
　　　　第2-7：209条　撤销通知 …………………………………………… 177
　　　　第2-7：210条　撤销期间 …………………………………………… 177
　　　　第2-7：211条　对合同效力的确认 ………………………………… 177
　　　　第2-7：212条　撤销的法律后果 …………………………………… 178
　　　　第2-7：213条　部分撤销 …………………………………………… 178
　　　　第2-7：214条　损失的赔偿 ………………………………………… 178
　　　　第2-7：215条　救济措施的排除或限制 …………………………… 178
　　　　第2-7：216条　竞存的救济措施 …………………………………… 178
　　第三节　对基本原则或强制性规定的违反 ………………………………… 178
　　　　第2-7：301条　违反基本原则的合同 ……………………………… 178
　　　　第2-7：302条　违反强制性规定的合同 …………………………… 179
　　　　第2-7：303条　无效或被撤销的法律后果 ………………………… 179
　　　　第2-7：304条　损失的赔偿 ………………………………………… 179
　第八章　解　释 ………………………………………………………………… 180
　　第一节　合同的解释 ………………………………………………………… 180
　　　　第2-8：101条　一般规则 …………………………………………… 180

第 2-8：102 条　相关重要事项 ………………………………… 180
　　　第 2-8：103 条　不利于条款提供人或处于支配地位的当
　　　　　　　　　　事人的解释 ……………………………………… 181
　　　第 2-8：104 条　个别磋商条款优先 …………………………… 181
　　　第 2-8：105 条　整体解释 ……………………………………… 181
　　　第 2-8：106 条　有效解释优先 ………………………………… 181
　　　第 2-8：107 条　语言上的矛盾 ………………………………… 181
　第二节　其他法律行为的解释 ………………………………………… 181
　　　第 2-8：201 条　一般规则 ……………………………………… 181
　　　第 2-8：202 条　其他规则的类推适用 ………………………… 182

第九章　合同的内容与效力 ……………………………………………… 182
　第一节　合同的内容 …………………………………………………… 182
　　　第 2-9：101 条　合同条款 ……………………………………… 182
　　　第 2-9：102 条　视为合同条款的先合同陈述 ………………… 182
　　　第 2-9：103 条　未经个别磋商的条款 ………………………… 183
　　　第 2-9：104 条　价款的确定 …………………………………… 183
　　　第 2-9：105 条　当事人单方确定 ……………………………… 184
　　　第 2-9：106 条　第三人确定 …………………………………… 184
　　　第 2-9：107 条　对不存在的因素的参照 ……………………… 184
　　　第 2-9：108 条　质量 …………………………………………… 184
　　　第 2-9：109 条　语言 …………………………………………… 184
　第二节　虚伪合同 ……………………………………………………… 184
　　　第 2-9：201 条　虚伪合同的效力 ……………………………… 184
　第三节　为第三人利益条款的效力 …………………………………… 184
　　　第 2-9：301 条　基本规则 ……………………………………… 184
　　　第 2-9：302 条　权利、救济与抗辩 …………………………… 185
　　　第 2-9：303 条　利益的拒绝或撤销 …………………………… 185
　第四节　不公平条款 …………………………………………………… 185
　　　第 2-9：401 条　本节规定的强制性 …………………………… 185
　　　第 2-9：402 条　未经个别磋商条款的明晰义务 ……………… 185
　　　第 2-9：403 条　经营者与消费者订立的合同中
　　　　　　　　　　"不公平"的含义 ……………………………… 186
　　　第 2-9：404 条　非经营者之间订立的合同中
　　　　　　　　　　"不公平"的含义 ……………………………… 186

第 2-9：405 条	经营者之间订立的合同中"不公平"的含义	186
第 2-9：406 条	不公平判断的排除	186
第 2-9：407 条	进行不公平判断的考量因素	186
第 2-9：408 条	不公平条款的效力	186
第 2-9：409 条	专属管辖权条款	187
第 2-9：410 条	经营者与消费者订立的合同中不公平条款的推定	187

第三卷 债务及相应的债权 189

第一章 一般规定 189

第 3-1：101 条	本卷的适用范围	189
第 3-1：102 条	定义	189
第 3-1：103 条	诚实信用与公平交易	190
第 3-1：104 条	合作	190
第 3-1：105 条	非歧视	190
第 3-1：106 条	附条件的债权和债务	190
第 3-1：107 条	附期限的债权和债务	190
第 3-1：108 条	依协议变更或解除	191
第 3-1：109 条	依通知变更或解除	191
第 3-1：110 条	法庭依情势变更而变更或解除	191
第 3-1：111 条	默示延期	192

第二章 履 行 192

第 3-2：101 条	履行地点	192
第 3-2：102 条	履行时间	192
第 3-2：103 条	提前履行	193
第 3-2：104 条	履行顺序	193
第 3-2：105 条	选择之债或履行方式的选择	193
第 3-2：106 条	委托他人履行	193
第 3-2：107 条	第三人履行	193
第 3-2：108 条	支付的方式	194
第 3-2：109 条	支付的币种	194
第 3-2：110 条	履行的充抵	194
第 3-2：111 条	未被受领的财产	195
第 3-2：112 条	未被受领的金钱	195

第 3-2：113 条　履行的费用和程序 ················· 195
第 3-2：114 条　履行消灭债务的效力 ················ 195

第三章　债务不履行的救济措施 ······················ 196

第一节　一般规定 ································ 196

第 3-3：101 条　可以采取的救济措施 ················ 196
第 3-3：102 条　救济措施的竞存 ··················· 196
第 3-3：103 条　规定履行宽限期的通知 ··············· 196
第 3-3：104 条　因障碍而免责 ····················· 196
第 3-3：105 条　排除或限制救济措施的条款 ············ 197
第 3-3：106 条　与债务不履行相关的通知 ············· 197
第 3-3：107 条　就与规定不符未为通知 ··············· 197
第 3-3：108 条　经营者未能完成消费者依远程通讯的指令 ···· 197

第二节　债务人对履行不符合规定的补救 ·············· 198

第 3-3：201 条　适用范围 ························ 198
第 3-3：202 条　债务人的补救：一般规则 ············· 198
第 3-3：203 条　债权人无须给债务人补救机会的情形 ······ 198
第 3-3：204 条　给予债务人补救机会的后果 ············ 198
第 3-3：205 条　被更换标的的返还 ·················· 198

第三节　请求强制履行的权利 ····················· 199

第 3-3：301 条　金钱债务的强制履行 ················ 199
第 3-3：302 条　非金钱债务的强制履行 ··············· 199
第 3-3：303 条　损害赔偿请求权不得排除 ············· 199

第四节　拒绝履行 ······························ 199

第 3-3：401 条　拒绝履行对待债务的权利 ············· 199

第五节　解　除 ································ 200

第 3-3：501 条　适用范围和定义 ··················· 200

第一分节　解除事由 ··························· 200

第 3-3：502 条　因根本不履行而解除 ················ 200
第 3-3：503 条　以通知规定履行宽限期后的解除 ········· 201
第 3-3：504 条　因预期不履行而解除 ················ 201
第 3-3：505 条　因履行无充分担保而解除 ············· 201

第二分节　解除权的范围、行使和丧失 ·············· 201

第 3-3：506 条　解除权的范围 ····················· 201
第 3-3：507 条　解除的通知 ······················ 201

         第 3-3：508 条　解除权的丧失 ·· 201
    第三分节　解除的效力 ·· 202
         第 3-3：509 条　对合同债务的效力 ·· 202
    第四分节　恢复原状 ··· 202
         第 3-3：510 条　因履行而取得的利益的返还 ································· 202
         第 3-3：511 条　无须返还的情形 ·· 203
         第 3-3：512 条　利益的价值的支付 ·· 203
         第 3-3：513 条　利用和改良 ·· 203
         第 3-3：514 条　返还期届满后的责任 ·· 204
  第六节　价款的减少 ··· 204
         第 3-3：601 条　减少价款的权利 ·· 204
  第七节　损害赔偿和利息 ·· 204
         第 3-3：701 条　损害赔偿请求权 ·· 204
         第 3-3：702 条　一般赔偿标准 ··· 205
         第 3-3：703 条　可预见规则 ·· 205
         第 3-3：704 条　可归因于债权人的损失 ······································· 205
         第 3-3：705 条　损失的减少 ·· 205
         第 3-3：706 条　替代交易 ·· 205
         第 3-3：707 条　市价 ·· 205
         第 3-3：708 条　迟延付款的利息 ·· 205
         第 3-3：709 条　利息计入本金的情形 ·· 205
         第 3-3：710 条　商事合同中的利息 ··· 206
         第 3-3：711 条　与利息有关的不公平条款 ··································· 206
         第 3-3：712 条　约定的不履行赔偿金 ·· 206
         第 3-3：713 条　计算损害赔偿金的货币 ······································ 207

第四章　多数债务人与债权人 ·· 207
  第一节　多数债务人 ·· 207
         第 3-4：101 条　本节的适用范围 ·· 207
         第 3-4：102 条　连带债务、按份债务与共同债务 ·························· 207
         第 3-4：103 条　不同类型债务的发生 ·· 207
         第 3-4：104 条　按份债务下的责任 ··· 207
         第 3-4：105 条　共同债务：就不履行请求金钱给付的特殊
                           规则 ·· 208
         第 3-4：106 条　连带债务人之间的分担 ······································ 208

　　　　第3-4：107条　连带债务人之间的追偿 ……………………… 208
　　　　第3-4：108条　连带债务的履行、抵销和混同 ……………… 208
　　　　第3-4：109条　连带债务的免除或和解 …………………… 208
　　　　第3-4：110条　连带债务判决的效力 ……………………… 209
　　　　第3-4：111条　连带债务的诉讼时效 ……………………… 209
　　　　第3-4：112条　连带债务中其他抗辩的援引 ……………… 209
　　第二节　多数债权人 ………………………………………………… 209
　　　　第3-4：201条　本节的适用范围 …………………………… 209
　　　　第3-4：202条　连带债权、按份债权与共同债权 ………… 209
　　　　第3-4：203条　不同类型债权的发生 ……………………… 209
　　　　第3-4：204条　按份债权的分配 …………………………… 210
　　　　第3-4：205条　共同债权中的履行困难 …………………… 210
　　　　第3-4：206条　连带债权的分配 …………………………… 210
　　　　第3-4：207条　连带债权的内部关系 ……………………… 210

第五章　合同的转让 ……………………………………………………… 210
　　第一节　债权让与 …………………………………………………… 210
　　　　第一分节　一般规定 ………………………………………… 210
　　　　　　第3-5：101条　本节的适用范围 ……………………… 210
　　　　　　第3-5：102条　定义 …………………………………… 211
　　　　　　第3-5：103条　担保物权和信托规定的优先性 ……… 211
　　　　第二分节　债权让与的要件 ………………………………… 211
　　　　　　第3-5：104条　基本要件 ……………………………… 211
　　　　　　第3-5：105条　可让与性：一般规定 ………………… 211
　　　　　　第3-5：106条　将来债权与未特定化的债权的让与 … 211
　　　　　　第3-5：107条　部分让与 ……………………………… 212
　　　　　　第3-5：108条　可让与性：合同禁止的效力 ………… 212
　　　　　　第3-5：109条　可让与性：专属于债权人的权利 …… 212
　　　　　　第3-5：110条　让与行为：成立及效力 ……………… 212
　　　　　　第3-5：111条　让与的权利或权限 …………………… 212
　　　　第三分节　让与人的允诺 …………………………………… 213
　　　　　　第3-5：112条　让与人的允诺 ………………………… 213
　　　　第四分节　债权让与的效力 ………………………………… 213
　　　　　　第3-5：113条　新债权人 ……………………………… 213
　　　　　　第3-5：114条　债权发生让与的时间 ………………… 213

    第 3-5：115 条 移转给受让人的权利 ·················· 214
    第 3-5：116 条 抗辩权和抵销权的效力 ··············· 214
    第 3-5：117 条 履行地点的效力 ······················ 214
    第 3-5：118 条 自始无效、嗣后撤销、撤回、解除、
           撤销的效力 ·························· 214
  第五分节 债务人的保护 ··· 215
    第 3-5：119 条 向债权人之外的人履行 ··············· 215
    第 3-5：120 条 让与的充分证据 ······················ 215
  第六分节 优先顺位规则 ··· 215
    第 3-5：121 条 递次受让人之间的权利冲突 ·········· 215
    第 3-5：122 条 受让人与收到收益的让与人之间的权利冲突 ····· 215
 第二节 债务承担 ·· 216
    第 3-5：201 条 本节的适用范围 ······················ 216
    第 3-5：202 条 债务承担的类型 ······················ 216
    第 3-5：203 条 债权人的同意 ························· 216
    第 3-5：204 条 免责的债务承担 ······················ 216
    第 3-5：205 条 免责的债务承担对抗辩权、抵销权
           和担保物权的效力 ··················· 216
    第 3-5：206 条 不完全的债务承担 ···················· 217
    第 3-5：207 条 不完全债务承担的效力 ··············· 217
    第 3-5：208 条 并存的债务承担 ······················ 217
    第 3-5：209 条 并存的债务承担的效力 ··············· 217
 第三节 合同的承受 ··· 218
    第 3-5：301 条 本节的适用范围 ······················ 218
    第 3-5：302 条 合同的承受 ··························· 218
 第四节 代理人破产时债权债务的移转 ······························ 218
    第 3-5：401 条 代理人破产时本人接管权利的选择权 ····· 218
    第 3-5：402 条 第三人的反选择 ······················ 218

第六章 抵销与混同 ·· 218
 第一节 抵 销 ··· 218
    第 3-6：101 条 定义和适用范围 ······················ 218
    第 3-6：102 条 抵销的条件 ··························· 219
    第 3-6：103 条 未确定的债权 ························· 219
    第 3-6：104 条 外币的抵销 ··························· 219

　　　　第 3-6：105 条　依通知而抵销……………………………………… 219
　　　　第 3-6：106 条　两项或多项债权与债务 …………………………… 219
　　　　第 3-6：107 条　抵销的效力 …………………………………………… 219
　　　　第 3-6：108 条　抵销权的排除 ………………………………………… 219
　　第二节　债务混同 ……………………………………………………………… 219
　　　　第 3-6：201 条　依混同而消灭债务 …………………………………… 219
第七章　诉讼时效 ………………………………………………………………… 220
　　第一节　一般规定 ……………………………………………………………… 220
　　　　第 3-7：101 条　适用诉讼时效的权利 ……………………………… 220
　　第二节　诉讼时效期间及其起算 ……………………………………………… 220
　　　　第 3-7：201 条　一般诉讼时效期间 …………………………………… 220
　　　　第 3-7：202 条　经法律程序确认的权利的诉讼时效期间 …………… 220
　　　　第 3-7：203 条　诉讼时效期间的起算 ………………………………… 220
　　第三节　诉讼时效期间的延长 ………………………………………………… 221
　　　　第 3-7：301 条　因不知道而中止 ……………………………………… 221
　　　　第 3-7：302 条　因司法及其他程序而中止 …………………………… 221
　　　　第 3-7：303 条　因债权人不可控制的障碍而中止 …………………… 221
　　　　第 3-7：304 条　因磋商而推迟届满 …………………………………… 221
　　　　第 3-7：305 条　因无行为能力而推迟届满 …………………………… 222
　　　　第 3-7：306 条　推迟届满：死者的遗产 ……………………………… 222
　　　　第 3-7：307 条　最长诉讼时效期间 …………………………………… 222
　　第四节　诉讼时效期间的更新 ………………………………………………… 222
　　　　第 3-7：401 条　因承认而更新 ………………………………………… 222
　　　　第 3-7：402 条　因尝试执行而更新 …………………………………… 222
　　第五节　诉讼时效的效力 ……………………………………………………… 222
　　　　第 3-7：501 条　一般效力 ……………………………………………… 222
　　　　第 3-7：502 条　对从属性权利的效力 ………………………………… 222
　　　　第 3-7：503 条　对抵销的效力 ………………………………………… 223
　　第六节　依协议而变更诉讼时效 ……………………………………………… 223
　　　　第 3-7：601 条　与诉讼时效有关的协议 ……………………………… 223
第四卷　有名合同及其权利与义务 ……………………………………………… 224
　第一编　买卖合同 ……………………………………………………………… 224
　　第一章　适用范围与定义 …………………………………………………… 224
　　　第一节　适用范围 …………………………………………………………… 224

第 4.1-1：101 条　　本编所适用的合同 ························· 224
　　　第 4.1-1：102 条　　待制造或待生产的动产 ····················· 224
　第二节　定　义 ··· 225
　　　第 4.1-1：201 条　　动产 ·· 225
　　　第 4.1-1：202 条　　买卖合同 ·· 225
　　　第 4.1-1：203 条　　互易合同 ·· 225
　　　第 4.1-1：204 条　　消费买卖合同 ······································ 225
第二章　出卖人的义务 ··· 225
　第一节　一般规定 ··· 225
　　　第 4.1-2：101 条　　出卖人义务的一般规定 ······················· 225
　第二节　标的物的交付 ·· 226
　　　第 4.1-2：201 条　　交付 ·· 226
　　　第 4.1-2：202 条　　交付地点与时间 ································· 226
　　　第 4.1-2：203 条　　提前交付的补救 ································· 226
　　　第 4.1-2：204 条　　标的物的运送 ···································· 227
　第三节　标的物与合同相符 ·· 227
　　　第 4.1-2：301 条　　标的物与合同相符 ····························· 227
　　　第 4.1-2：302 条　　符合合同目的、质量与包装要求 ········· 227
　　　第 4.1-2：303 条　　第三人陈述 ······································· 227
　　　第 4.1-2：304 条　　消费买卖合同中的不正确安装 ············ 227
　　　第 4.1-2：305 条　　第三人的权利或请求权：一般规则 ······ 228
　　　第 4.1-2：306 条　　第三人基于工业产权或其他知识产权的
　　　　　　　　　　　　　权利或请求权 ···································· 228
　　　第 4.1-2：307 条　　买受人知道标的物与合同不符 ············ 228
　　　第 4.1-2：308 条　　确定标的物是否与合同相符的时间 ····· 228
　　　第 4.1-2：309 条　　消费买卖合同中减损标的物与合同相符的
　　　　　　　　　　　　　权利的限制 ·· 228
第三章　买受人的义务 ·· 229
　　　第 4.1-3：101 条　　买受人的主要义务 ····························· 229
　　　第 4.1-3：102 条　　标的物的形状、尺寸或其他特性的确定 ··· 229
　　　第 4.1-3：103 条　　依重量计价 ······································· 229
　　　第 4.1-3：104 条　　交付的受领 ······································· 229
　　　第 4.1-3：105 条　　提前交付和超额交付 ·························· 229
第四章　救济措施 ·· 230

第一节　对减损救济的限制 …………………………………… 230
第4.1-4：101条　消费买卖合同中减损标的物与合同不符的救济措施的限制 …………………………………… 230

第二节　标的物与合同不符时买受人的救济措施的特别规定 …………………………………… 230
第4.1-4：201条　标的物与合同不符时消费者的解除权 …… 230
第4.1-4：202条　非经营者出卖人损害赔偿责任的限制 …… 230

第三节　检验及通知的要求 …………………………………… 230
第4.1-4：301条　标的物的检验 …………………………… 230
第4.1-4：302条　就标的物与合同不符的通知 …………… 231
第4.1-4：303条　部分交付的通知 ………………………… 231
第4.1-4：304条　出卖人对标的物与合同不符的知悉 …… 231

第五章　风险负担的转移 …………………………………… 231
第一节　一般规定 …………………………………………… 231
第4.1-5：101条　风险负担转移的后果 …………………… 231
第4.1-5：102条　风险负担转移的时间 …………………… 232
第4.1-5：103条　消费买卖合同中的风险负担转移 ……… 232

第二节　特别规则 …………………………………………… 232
第4.1-5：201条　处于买受人支配下的标的物的风险负担 … 232
第4.1-5：202条　标的物运送时的风险负担 ……………… 232
第4.1-5：203条　买卖在途动产时的风险负担 …………… 233

第六章　消费品瑕疵担保 …………………………………… 233
第4.1-6：101条　消费品瑕疵担保的定义 ………………… 233
第4.1-6：102条　瑕疵担保的拘束力 ……………………… 234
第4.1-6：103条　瑕疵担保文件 …………………………… 234
第4.1-6：104条　瑕疵担保的范围 ………………………… 235
第4.1-6：105条　就特定部分的瑕疵担保 ………………… 235
第4.1-6：106条　对瑕疵担保责任的排除或限制 ………… 235
第4.1-6：107条　举证责任 ………………………………… 235
第4.1-6：108条　瑕疵担保期的延长 ……………………… 235

第二编　租赁合同 …………………………………………… 236
第一章　适用范围及一般规定 ……………………………… 236
第4.2-1：101条　动产租赁 ………………………………… 236
第4.2-1：102条　消费租赁合同 …………………………… 236

　　　　第4.2-1：103条　消费租赁合同中减损租赁物与合同相符
　　　　　　　　　　　的权利的限制 ………………………………… 236
　　　　第4.2-1：104条　消费租赁合同中减损租赁物与合同
　　　　　　　　　　　不符的救济措施的限制 ……………………… 236

第二章　租赁期间 …………………………………………………………… 237
　　　　第4.2-2：101条　租赁期间的起算 …………………………… 237
　　　　第4.2-2：102条　租赁期间的届满 …………………………… 237
　　　　第4.2-2：103条　默示延期 …………………………………… 237

第三章　出租人的义务 ……………………………………………………… 237
　　　　第4.2-3：101条　租赁物的提供 ……………………………… 237
　　　　第4.2-3：102条　租赁期间开始时租赁物与合同相符 ……… 238
　　　　第4.2-3：103条　符合合同目的、质量、包装等要求 ……… 238
　　　　第4.2-3：104条　租赁期间租赁物与合同相符 ……………… 238
　　　　第4.2-3：105条　消费租赁合同中的不正确安装 …………… 239
　　　　第4.2-3：106条　配合租赁物的返还 ………………………… 239

第四章　承租人的救济措施：特别规定 …………………………………… 239
　　　　第4.2-4：101条　承租人在租赁物与合同不符时的救济措施 …… 239
　　　　第4.2-4：102条　减少租金 …………………………………… 239
　　　　第4.2-4：103条　就租赁物与合同不符的通知 ……………… 239
　　　　第4.2-4：104条　可向租赁物的供应人主张的救济措施 …… 240

第五章　承租人的义务 ……………………………………………………… 240
　　　　第4.2-5：101条　支付租金的义务 …………………………… 240
　　　　第4.2-5：102条　支付时间 …………………………………… 241
　　　　第4.2-5：103条　租赁物的受领 ……………………………… 241
　　　　第4.2-5：104条　依合同约定使用租赁物 …………………… 241
　　　　第4.2-5：105条　避免危及或损及租赁物的管理行为 ……… 241
　　　　第4.2-5：106条　维护和改良费用的补偿 …………………… 241
　　　　第4.2-5：107条　告知义务 …………………………………… 242
　　　　第4.2-5：108条　出租人的修理和检查 ……………………… 242
　　　　第4.2-5：109条　返还租赁物的义务 ………………………… 242

第六章　出租人的救济措施：特别规定 …………………………………… 242
　　　　第4.2-6：101条　请求强制支付未来租金的权利的限制 …… 242
　　　　第4.2-6：102条　消费租赁合同中责任的减轻 ……………… 242

第七章　当事人的变更与转租 ……………………………………………… 243

　　　　第4.2-7：101条　所有权移转及出租人的替代 …………… 243
　　　　第4.2-7：102条　承租人债权的让与 …………………… 243
　　　　第4.2-7：103条　转租 ……………………………………… 243
第三编　服务合同 ……………………………………………………… 243
　第一章　一般规定 …………………………………………………… 243
　　　　第4.3-1：101条　适用范围 ……………………………… 243
　　　　第4.3-1：102条　除外规定 ……………………………… 244
　　　　第4.3-1：103条　优先适用规则 ………………………… 244
　第二章　适用于服务合同的普遍规则 …………………………… 244
　　　　第4.3-2：101条　价款 …………………………………… 244
　　　　第4.3-2：102条　先合同警示义务 ……………………… 244
　　　　第4.3-2：103条　合作义务 ……………………………… 245
　　　　第4.3-2：104条　转包人（分包人）、工具和材料 …… 246
　　　　第4.3-2：105条　具备相应技能及注意的义务 ………… 246
　　　　第4.3-2：106条　完成工作成果的义务 ………………… 247
　　　　第4.3-2：107条　遵守客户指令的义务 ………………… 247
　　　　第4.3-2：108条　服务提供人的约定警示义务 ………… 247
　　　　第4.3-2：109条　服务合同的单方变更 ………………… 248
　　　　第4.3-2：110条　客户就预期不履行的通知义务 ……… 249
　　　　第4.3-2：111条　客户的解除权 ………………………… 249
　第三章　建筑合同 …………………………………………………… 250
　　　　第4.3-3：101条　适用范围 ……………………………… 250
　　　　第4.3-3：102条　客户的合作义务 ……………………… 250
　　　　第4.3-3：103条　防止损害构筑物的义务 ……………… 250
　　　　第4.3-3：104条　与合同相符 …………………………… 250
　　　　第4.3-3：105条　检查、监督以及验收 ………………… 251
　　　　第4.3-3：106条　构筑物的移交 ………………………… 251
　　　　第4.3-3：107条　价款的支付 …………………………… 251
　　　　第4.3-3：108条　风险负担 ……………………………… 251
　第四章　加工合同 …………………………………………………… 252
　　　　第4.3-4：101条　适用范围 ……………………………… 252
　　　　第4.3-4：102条　客户的合作义务 ……………………… 252
　　　　第4.3-4：103条　防止损害加工物的义务 ……………… 253
　　　　第4.3-4：104条　检查和监督 …………………………… 253

  第4.3-4：105条 加工物的返还 …………………………… 253

  第4.3-4：106条 价款的支付 …………………………… 253

  第4.3-4：107条 风险负担 ……………………………… 253

  第4.3-4：108条 责任的限制 …………………………… 254

第五章 保管合同 …………………………………………… 255

  第4.3-5：101条 适用范围 ……………………………… 255

  第4.3-5：102条 保管场所和转保管人 ………………… 255

  第4.3-5：103条 保管物的保护和使用 ………………… 255

  第4.3-5：104条 保管物的返还 ………………………… 255

  第4.3-5：105条 与合同相符 …………………………… 256

  第4.3-5：106条 价款的支付 …………………………… 256

  第4.3-5：107条 保管后的告知义务 …………………… 256

  第4.3-5：108条 风险负担 ……………………………… 256

  第4.3-5：109条 责任的限制 …………………………… 257

  第4.3-5：110条 旅馆管理人的责任 …………………… 257

第六章 设计合同 …………………………………………… 258

  第4.3-6：101条 适用范围 ……………………………… 258

  第4.3-6：102条 先合同警示义务 ……………………… 258

  第4.3-6：103条 具备相应技能及注意的义务 ………… 258

  第4.3-6：104条 与合同相符 …………………………… 258

  第4.3-6：105条 设计的移交 …………………………… 259

  第4.3-6：106条 记录 …………………………………… 259

  第4.3-6：107条 责任的限制 …………………………… 259

第七章 信息和咨询合同 …………………………………… 259

  第4.3-7：101条 适用范围 ……………………………… 259

  第4.3-7：102条 收集原始资料的义务 ………………… 259

  第4.3-7：103条 取得和使用专业知识的义务 ………… 260

  第4.3-7：104条 具备相应技能和注意的义务 ………… 260

  第4.3-7：105条 与合同相符 …………………………… 260

  第4.3-7：106条 记录 …………………………………… 260

  第4.3-7：107条 利益冲突 ……………………………… 261

  第4.3-7：108条 客户能力的影响 ……………………… 261

  第4.3-7：109条 因果关系 ……………………………… 261

第八章 医疗服务合同 ……………………………………… 261

第 4.3-8：101 条　适用范围……………………………… 261
第 4.3-8：102 条　初步评估……………………………… 262
第 4.3-8：103 条　有关器械、药品、材料、设施和
场所的义务……………………………… 262
第 4.3-8：104 条　具备相应的技能和注意的义务……… 262
第 4.3-8：105 条　告知义务……………………………… 262
第 4.3-8：106 条　非必要或试验性治疗的告知义务…… 263
第 4.3-8：107 条　告知义务的例外……………………… 263
第 4.3-8：108 条　未经同意不得治疗的义务…………… 263
第 4.3-8：109 条　记录…………………………………… 264
第 4.3-8：110 条　不履行义务的救济…………………… 264
第 4.3-8：111 条　医疗机构的义务……………………… 265

第四编　委托合同……………………………………………… 265
第一章　一般规定…………………………………………… 265
第 4.4-1：101 条　适用范围……………………………… 265
第 4.4-1：102 条　定义…………………………………… 266
第 4.4-1：103 条　委托合同的期间……………………… 267
第 4.4-1：104 条　委托的撤销…………………………… 267
第 4.4-1：105 条　不可撤销的委托……………………… 267
第二章　委托人的主要义务………………………………… 268
第 4.4-2：101 条　合作义务……………………………… 268
第 4.4-2：102 条　价款…………………………………… 268
第 4.4-2：103 条　受托人发生的费用…………………… 269
第三章　受托人履行义务…………………………………… 269
第一节　受托人的主要义务……………………………… 269
第 4.4-3：101 条　依委托合同从事一定行为的义务…… 269
第 4.4-3：102 条　为委托人利益从事一定行为的义务… 269
第 4.4-3：103 条　具备相应的技能和注意的义务……… 269
第二节　超越委托权限的后果…………………………… 270
第 4.4-3：201 条　超越委托权限而行为………………… 270
第 4.4-3：202 条　追认的后果…………………………… 270
第三节　非独占委托……………………………………… 270
第 4.4-3：301 条　不推定为独占………………………… 270
第 4.4-3：302 条　转委托………………………………… 270

第四节　告知委托人的义务 …………………………………… 271
　　第4.4-3：401条　履行进展的告知 ………………………… 271
　　第4.4-3：402条　向委托人报告 …………………………… 271
　　第4.4-3：403条　第三人身份的披露 ……………………… 271

第四章　指令和变更 ……………………………………………… 271
第一节　指　令 ……………………………………………………… 271
　　第4.4-4：101条　委托人的指令 …………………………… 271
　　第4.4-4：102条　请求指令 ………………………………… 272
　　第4.4-4：103条　未为指令的后果 ………………………… 272
　　第4.4-4：104条　没有时间请求指令或等待指令的情形 …… 272
第二节　委托合同的变更 …………………………………………… 272
　　第4.4-4：201条　委托合同的变更 ………………………… 272

第五章　利益冲突 ………………………………………………… 273
　　第4.4-5：101条　与自己订立合同 ………………………… 273
　　第4.4-5：102条　双方委托 ………………………………… 274

第六章　非因债务不履行而依通知的解除 ……………………… 274
　　第4.4-6：101条　依通知而解除：一般规定 ……………… 274
　　第4.4-6：102条　委托人对不定期委托或特定事务
　　　　　　　　　　委托的解除 ……………………………… 275
　　第4.4-6：103条　委托人因特别的、严重的原因而解除 …… 275
　　第4.4-6：104条　受托人对不定期委托或无偿委托的解除 … 275
　　第4.4-6：105条　受托人因特别的、严重的原因而解除 …… 276

第七章　终止的其他事由 ………………………………………… 276
　　第4.4-7：101条　委托人或其他受托人订立预期合同 …… 276
　　第4.4-7：102条　委托人死亡 ……………………………… 276
　　第4.4-7：103条　受托人死亡 ……………………………… 276

第五编　商事代理、特许经营及经销合同 ……………………… 277

第一章　一般规定 ………………………………………………… 277
第一节　适用范围 …………………………………………………… 277
　　第4.5-1：101条　本编适用的合同类型 …………………… 277
第二节　其他一般规定 ……………………………………………… 277
　　第4.5-1：201条　优先适用规则 …………………………… 277

第二章　适用于本编所有合同的规则 …………………………… 277
第一节　先合同义务 ………………………………………………… 277

         第 4.5-2：101 条　先合同告知义务 ·················· 277
　　第二节　当事人的义务 ························· 277
         第 4.5-2：201 条　合作义务 ························ 277
         第 4.5-2：202 条　履行过程中的告知义务 ············ 278
         第 4.5-2：203 条　保密义务 ························ 278
　　第三节　合同关系的解除 ······················· 278
         第 4.5-2：301 条　定期合同 ························ 278
         第 4.5-2：302 条　不定期合同 ······················ 278
         第 4.5-2：303 条　依不充分通知而解除合同的损害赔偿 ·· 279
         第 4.5-2：304 条　因债务不履行而解除 ·············· 279
         第 4.5-2：305 条　商誉的补偿 ······················ 279
         第 4.5-2：306 条　存货、配件与材料 ················ 279
　　第四节　其他一般规定 ························· 280
         第 4.5-2：401 条　留置权 ·························· 280
         第 4.5-2：402 条　经请求签署文件 ·················· 280

第三章　商事代理合同 ····························· 280
　　第一节　一般规定 ····························· 280
         第 4.5-3：101 条　适用范围 ························ 280
　　第二节　商事代理人的义务 ····················· 280
         第 4.5-3：201 条　磋商与订立合同 ·················· 280
         第 4.5-3：202 条　指示 ···························· 280
         第 4.5-3：203 条　商事代理人在履行过程中的告知义务 ·· 280
         第 4.5-3：204 条　账目 ···························· 280
　　第三节　本人的义务 ··························· 281
         第 4.5-3：301 条　代理期间的佣金 ·················· 281
         第 4.5-3：302 条　代理终止后的佣金 ················ 281
         第 4.5-3：303 条　递次商事代理人的权利冲突 ········ 282
         第 4.5-3：304 条　佣金支付的时间 ·················· 282
         第 4.5-3：305 条　佣金请求权的消灭 ················ 282
         第 4.5-3：306 条　报酬 ···························· 282
         第 4.5-3：307 条　本人在履行过程中的告知义务 ······ 282
         第 4.5-3：308 条　承诺、拒绝承诺以及债务不履行的告知 ·· 282
         第 4.5-3：309 条　合同数量下降时的预先通知 ········ 282
         第 4.5-3：310 条　佣金的告知 ······················ 283

第 4.5-3：311 条　账目 ·· 283

第 4.5-3：312 条　补偿的数额 ·· 283

第 4.5-3：313 条　保付条款 ··· 284

第四章　特许经营合同 ··· 284

第一节　一般规定 ··· 284

第 4.5-4：101 条　适用范围 ··· 284

第 4.5-4：102 条　先合同告知义务 ·································· 284

第 4.5-4：103 条　合作义务 ··· 285

第二节　特许人的义务 ··· 285

第 4.5-4：201 条　知识产权 ··· 285

第 4.5-4：202 条　技术秘密 ··· 285

第 4.5-4：203 条　协助 ··· 285

第 4.5-4：204 条　供应 ··· 285

第 4.5-4：205 条　特许人在履行过程中的告知义务 ············· 286

第 4.5-4：206 条　供应量下降时的预先告知 ······················ 286

第 4.5-4：207 条　特许经营体系的声誉与广告 ··················· 286

第三节　被特许人的义务 ·· 286

第 4.5-4：301 条　规费、特许经营费及其他定期支付的费用 ······ 286

第 4.5-4：302 条　被特许人在履行过程中的告知义务 ·········· 286

第 4.5-4：303 条　特许经营模式与指示 ···························· 287

第 4.5-4：304 条　检查 ··· 287

第五章　经销合同 ·· 287

第一节　一般规定 ··· 287

第 4.5-5：101 条　适用范围与定义 ·································· 287

第二节　供应人的义务 ··· 287

第 4.5-5：201 条　供应义务 ··· 287

第 4.5-5：202 条　供应人在履行过程中的告知义务 ············· 288

第 4.5-5：203 条　供应人在供应量下降时的预先告知 ·········· 288

第 4.5-5：204 条　广告材料 ··· 288

第 4.5-5：205 条　产品的声誉 ·· 288

第三节　经销人的义务 ··· 288

第 4.5-5：301 条　经销义务 ··· 288

第 4.5-5：302 条　经销人在履行过程中的告知义务 ············· 288

第 4.5-5：303 条　经销人在需求量下降时的预先告知 ·········· 288

第 4.5-5：304 条　　指示 ……………………………………… 289

第 4.5-5：305 条　　检查 ……………………………………… 289

第 4.5-5：306 条　　产品声誉 ………………………………… 289

第六编　借款合同 ……………………………………………… 289

第 4.6-1：101 条　　适用范围 ………………………………… 289

第 4.6-1：102 条　　贷款人的主要义务 ……………………… 290

第 4.6-1：103 条　　借款人领取贷款的义务 ………………… 290

第 4.6-1：104 条　　利息 ……………………………………… 290

第 4.6-1：105 条　　贷款用途 ………………………………… 290

第 4.6-1：106 条　　偿还与终止 ……………………………… 290

第七编　保证合同 ………………………………………………… 291

第一章　一般规定 ……………………………………………… 291

第 4.7-1：101 条　　定义 ……………………………………… 291

第 4.7-1：102 条　　适用范围 ………………………………… 292

第 4.7-1：103 条　　债权人的承诺 …………………………… 292

第 4.7-1：104 条　　起担保作用的共同债务 ………………… 292

第 4.7-1：105 条　　多数保证人：对债权人的连带责任 …… 292

第 4.7-1：106 条　　多数保证人：内部追偿权 ……………… 292

第 4.7-1：107 条　　多数保证人：对债务人的追偿权 ……… 293

第 4.7-1：108 条　　连带债务人规则的补充适用 …………… 293

第二章　从属保证 ……………………………………………… 294

第 4.7-2：101 条　　从属保证的推定 ………………………… 294

第 4.7-2：102 条　　保证债务的从属性 ……………………… 294

第 4.7-2：103 条　　保证人主张债务人的抗辩 ……………… 294

第 4.7-2：104 条　　保证范围 ………………………………… 295

第 4.7-2：105 条　　保证人的连带责任 ……………………… 295

第 4.7-2：106 条　　保证人的补充责任 ……………………… 295

第 4.7-2：107 条　　债权人的通知义务 ……………………… 296

第 4.7-2：108 条　　主张保证债权的期间 …………………… 296

第 4.7-2：109 条　　不定期保证的限制 ……………………… 297

第 4.7-2：110 条　　债权人权利的限制 ……………………… 297

第 4.7-2：111 条　　债务人对保证人的救济 ………………… 297

第 4.7-2：112 条　　保证人履行之前的通知与请求 ………… 297

第 4.7-2：113 条　　保证人履行之后的权利 ………………… 298

第三章 独立保证 ································· 298
- 第 4.7-3：101 条　适用范围 ························· 298
- 第 4.7-3：102 条　保证人对债务人的通知 ············· 299
- 第 4.7-3：103 条　保证人履行保证债务 ··············· 299
- 第 4.7-3：104 条　一经请求即应履行的独立保证 ······· 299
- 第 4.7-3：105 条　明显滥用或欺诈的请求 ············· 299
- 第 4.7-3：106 条　保证人的返还请求权 ··············· 299
- 第 4.7-3：107 条　定期或未定期保证 ················· 300
- 第 4.7-3：108 条　担保权的让与 ····················· 300
- 第 4.7-3：109 条　保证人履行之后的权利 ············· 300

第四章 消费者保证的特别规定 ····················· 300
- 第 4.7-4：101 条　适用范围 ························· 300
- 第 4.7-4：102 条　法律适用规则 ····················· 300
- 第 4.7-4：103 条　债权人的先合同义务 ··············· 301
- 第 4.7-4：104 条　形式 ····························· 301
- 第 4.7-4：105 条　保证责任的性质 ··················· 301
- 第 4.7-4：106 条　债权人的年度报告义务 ············· 301
- 第 4.7-4：107 条　定期保证的限制 ··················· 302

第八编　赠与合同 ································· 302

第一章 适用范围和一般规定 ······················· 302

第一节 适用范围和定义 ··························· 302
- 第 4.8-1：101 条　本编调整的合同 ··················· 302
- 第 4.8-1：102 条　未来动产和待制造或待生产的动产 ··· 302
- 第 4.8-1：103 条　适用于其他财产 ··················· 302
- 第 4.8-1：104 条　适用于单方允诺和即时赠与 ········· 303
- 第 4.8-1：105 条　死因赠与 ························· 303

第二节 无偿与施惠的意图 ························· 303
- 第 4.8-1：201 条　无偿 ····························· 303
- 第 4.8-1：202 条　并非完全无偿的交易 ··············· 303
- 第 4.8-1：203 条　施惠的意图 ······················· 304

第二章 成立与效力 ······························· 304
- 第 4.8-2：101 条　形式要件 ························· 304
- 第 4.8-2：102 条　形式要件的例外规定 ··············· 304
- 第 4.8-2：103 条　误解 ····························· 304

第 4.8-2：104 条　乘人之危 ·················· 304
　第三章　义务与救济 ························· 304
　　第一节　赠与人的义务 ······················ 304
         第 4.8-3：101 条　主要义务 ·················· 304
         第 4.8-3：102 条　赠与物与合同相符 ············ 305
         第 4.8-3：103 条　第三人的权利或请求权 ········· 305
　　第二节　受赠人的救济措施 ··················· 305
         第 4.8-3：201 条　一般规定的适用 ·············· 305
         第 4.8-3：202 条　请求强制履行权利的限制 ······· 305
         第 4.8-3：203 条　合同解除时的返还 ············ 305
         第 4.8-3：204 条　出现障碍时损害赔偿请求权的排除 · 305
         第 4.8-3：205 条　损害赔偿金的标准 ············ 306
         第 4.8-3：206 条　金钱给付义务的履行迟延 ······· 306
　　第三节　受赠人的义务 ······················ 306
         第 4.8-3：301 条　受领交付和接受移转的义务 ····· 306
　　第四节　赠与人的救济措施 ··················· 306
         第 4.8-3：401 条　一般规定的适用 ·············· 306
　第四章　赠与人撤销赠与 ····················· 307
　　第一节　撤销赠与的一般规定 ················· 307
         第 4.8-4：101 条　不可撤销的情形及其例外规定 ··· 307
         第 4.8-4：102 条　撤销权的行使与范围 ·········· 307
         第 4.8-4：103 条　撤销的后果 ················· 307
         第 4.8-4：104 条　时间限制 ··················· 307
　　第二节　赠与人的撤销权 ···················· 307
         第 4.8-4：201 条　受赠人忘恩负义 ·············· 307
         第 4.8-4：202 条　赠与人穷困 ················· 308
         第 4.8-4：203 条　其他撤销权 ················· 308

第五卷　无因管理 ····························· 309
　第一章　适用范围 ··························· 309
         第 5-1：101 条　为本人利益而管理 ············· 309
         第 5-1：102 条　履行他人义务的无因管理 ········ 309
         第 5-1：103 条　除外规定 ···················· 309
　第二章　管理人的义务 ······················· 310
         第 5-2：101 条　管理义务 ···················· 310

　　　　第 5-2：102 条　管理人违反义务所造成损害的赔偿 …………… 310
　　　　第 5-2：103 条　管理结束后的义务 ……………………………… 310
　　第三章　管理人的权利及权限 …………………………………………… 311
　　　　第 5-3：101 条　补偿请求权或偿还请求权 ……………………… 311
　　　　第 5-3：102 条　报酬请求权 ……………………………………… 311
　　　　第 5-3：103 条　损害赔偿请求权 ………………………………… 311
　　　　第 5-3：104 条　管理人权利的限制或排除 ……………………… 311
　　　　第 5-3：105 条　第三人对本人的补偿或赔偿义务 ……………… 311
　　　　第 5-3：106 条　管理人充当本人代理人的权限 ………………… 311

第六卷　侵权责任 …………………………………………………………… 312
　　第一章　基本规定 ………………………………………………………… 312
　　　　第 6-1：101 条　基本规则 ………………………………………… 312
　　　　第 6-1：102 条　防止损害的发生 ………………………………… 312
　　　　第 6-1：103 条　适用范围 ………………………………………… 312
　　第二章　具有法律相关性的损害 ………………………………………… 313
　　　　第一节　一般规定 …………………………………………………… 313
　　　　　　第 6-2：101 条　"具有法律相关性的损害"的含义 ………… 313
　　　　第二节　具有法律相关性的损害的特别类型 …………………… 314
　　　　　　第 6-2：201 条　人身伤害及其引发的损失 ………………… 314
　　　　　　第 6-2：202 条　因受害人的人身伤害或死亡而造成的
　　　　　　　　　　　　　　第三人损失 ………………………………… 314
　　　　　　第 6-2：203 条　对人格尊严、自由以及隐私的侵犯 ……… 314
　　　　　　第 6-2：204 条　散布有关他人的虚假信息造成的损失 …… 314
　　　　　　第 6-2：205 条　违反保密义务造成的损失 ………………… 315
　　　　　　第 6-2：206 条　侵犯财产权或合法占有造成的损失 ……… 315
　　　　　　第 6-2：207 条　因信赖错误的建议或信息而遭受的损失 … 315
　　　　　　第 6-2：208 条　不法侵害经营造成的损失 ………………… 315
　　　　　　第 6-2：209 条　政府因环境损害负担的费用 ……………… 315
　　　　　　第 6-2：210 条　因虚假陈述造成的损失 …………………… 315
　　　　　　第 6-2：211 条　诱使债务不履行造成的损失 ……………… 315
　　第三章　归　责 …………………………………………………………… 316
　　　　第一节　故意与过失 ………………………………………………… 316
　　　　　　第 6-3：101 条　故意 ………………………………………… 316
　　　　　　第 6-3：102 条　过失 ………………………………………… 316

    第 6-3：103 条 未满十八周岁的人 ………………………… 316
    第 6-3：104 条 儿童或被监护人造成损害的责任承担 ………… 316
  第二节 无过错责任 …………………………………………………… 317
    第 6-3：201 条 雇员和代表人造成损害的责任承担 ………… 317
    第 6-3：202 条 不动产的危险状态造成损害的责任承担 …… 317
    第 6-3：203 条 动物造成损害的责任承担 ………………… 318
    第 6-3：204 条 缺陷产品造成损害的责任承担 …………… 318
    第 6-3：205 条 机动车辆造成损害的责任承担 …………… 319
    第 6-3：206 条 危险物质或排放物造成损害的责任承担 …… 319
    第 6-3：207 条 其他具有法律相关性的损害的责任承担 …… 320
    第 6-3：208 条 抛弃物 …………………………………… 320
 第四章 因果关系 ……………………………………………………… 320
    第 6-4：101 条 一般规定 ………………………………… 320
    第 6-4：102 条 通谋 ……………………………………… 320
    第 6-4：103 条 可供选择的原因 …………………………… 321
 第五章 抗辩事由 ……………………………………………………… 321
  第一节 受害人的同意或行为 …………………………………………… 321
    第 6-5：101 条 同意和自甘风险行为 ……………………… 321
    第 6-5：102 条 与有过错与可归责性 ……………………… 321
    第 6-5：103 条 犯罪人对其他共犯造成的损害 …………… 322
  第二节 责任人或第三人的利益 ………………………………………… 322
    第 6-5：201 条 法律赋予的权限 …………………………… 322
    第 6-5：202 条 正当防卫、无因管理与紧急避险 ………… 322
    第 6-5：203 条 公共利益的保护 …………………………… 323
  第三节 无法控制的因素 ……………………………………………… 323
    第 6-5：301 条 心智不健全 ……………………………… 323
    第 6-5：302 条 不可控制的意外事件 ……………………… 323
  第四节 责任的约定排除或限制 ………………………………………… 323
    第 6-5：401 条 责任的约定排除或限制 …………………… 323
  第五节 第 6-2：202 条所规定的损失 ………………………………… 323
    第 6-5：501 条 对受害人的抗辩扩展至第三人 …………… 323
 第六章 救济措施 ……………………………………………………… 324
  第一节 损害赔偿的一般规定 …………………………………………… 324
    第 6-6：101 条 损害赔偿的目标与形式 …………………… 324

　　　　第 6-6：102 条　琐利不计原则 …………………………………… 324
　　　　第 6-6：103 条　利益的均衡 ……………………………………… 324
　　　　第 6-6：104 条　多数受害人 ……………………………………… 324
　　　　第 6-6：105 条　连带责任 ………………………………………… 324
　　　　第 6-6：106 条　损害赔偿请求权的让与 ………………………… 325
　　第二节　金钱赔偿 ……………………………………………………… 325
　　　　第 6-6：201 条　受害人的选择权 ………………………………… 325
　　　　第 6-6：202 条　责任的减轻 ……………………………………… 325
　　　　第 6-6：203 条　一次性赔偿与分期赔偿 ………………………… 325
　　　　第 6-6：204 条　伤害本身的金钱赔偿 …………………………… 325
　　第三节　损害防止 ……………………………………………………… 325
　　　　第 6-6：301 条　损害防止请求权 ………………………………… 325
　　　　第 6-6：302 条　为防止损害发生的损失的责任 ………………… 325
　第七章　附　则 …………………………………………………………… 325
　　　　第 6-7：101 条　内国宪法 ………………………………………… 325
　　　　第 6-7：102 条　制定法的规定 …………………………………… 326
　　　　第 6-7：103 条　公法上的职能与法庭程序 ……………………… 326
　　　　第 6-7：104 条　雇员、雇主、工会以及雇主协会的责任 ……… 326
　　　　第 6-7：105 条　对已受补偿的人的责任的减轻或排除 ………… 326

第七卷　不当得利 …………………………………………………………… 327
　第一章　一般规定 ………………………………………………………… 327
　　　　第 7-1：101 条　基本规则 ………………………………………… 327
　第二章　利益没有合法依据的情形 ……………………………………… 327
　　　　第 7-2：101 条　所取得的利益没有合法依据的情形 …………… 327
　　　　第 7-2：102 条　向第三人履行债务 ……………………………… 328
　　　　第 7-2：103 条　自愿同意或履行 ………………………………… 328
　第三章　利益和损害 ……………………………………………………… 328
　　　　第 7-3：101 条　利益 ……………………………………………… 328
　　　　第 7-3：102 条　损害 ……………………………………………… 328
　第四章　因果关系 ………………………………………………………… 328
　　　　第 7-4：101 条　因果关系的情形 ………………………………… 328
　　　　第 7-4：102 条　间接代理人 ……………………………………… 329
　　　　第 7-4：103 条　债务人对非债权人的履行；所受利益
　　　　　　　　　　　　的善意转让 …………………………………… 329

第7-4：104条	对债务人向非债权人履行的追认 …………… 329
第7-4：105条	因管理人的行为所引起的因果关系 ………… 330
第7-4：106条	对管理人行为的追认 ………………………… 330
第7-4：107条	类型或价值不完全相同 ……………………… 330

第五章 利益的返还 …………………………………………… 330
第7-5：101条	可转让的利益 ………………………………… 330
第7-5：102条	不可转让的利益 ……………………………… 331
第7-5：103条	利益的金钱价值；现存利益 ………………… 331
第7-5：104条	利益的孳息和使用 …………………………… 331

第六章 抗辩事由 ……………………………………………… 331
第7-6：101条	不利益 ………………………………………… 331
第7-6：102条	善意与第三人为法律行为 …………………… 332
第7-6：103条	违反法律规定 ………………………………… 332

第七章 与其他法律规定的关系 ……………………………… 332
第7-7：101条	私法上的其他返还请求权 …………………… 332
第7-7：102条	请求权的竞合 ………………………………… 332
第7-7：103条	公法上的请求权 ……………………………… 333

第八卷 动产所有权的取得与丧失 ……………………………… 334
第一章 一般规定 ……………………………………………… 334
第一节 适用范围及与其他规定之间的关系 ……………… 334
第8-1：101条	适用范围 ……………………………………… 334
第8-1：102条	动产的登记 …………………………………… 335
第8-1：103条	其他规定的优先适用 ………………………… 335
第8-1：104条	第一卷至第三卷规则的适用 ………………… 335

第二节 定义 ………………………………………………… 336
第8-1：201条	有形动产 ……………………………………… 336
第8-1：202条	所有权 ………………………………………… 336
第8-1：203条	共有 …………………………………………… 336
第8-1：204条	定限物权 ……………………………………… 336
第8-1：205条	占有 …………………………………………… 336
第8-1：206条	自主占有 ……………………………………… 337
第8-1：207条	他主占有 ……………………………………… 337
第8-1：208条	占有辅助 ……………………………………… 337

第三节 其他一般规定 ……………………………………… 337

第8-1：301条　可转让性 ·· 337
第二章　基于转让人的权利或权限的所有权移转 ······················ 338
　第一节　转让的要件 ··· 338
　　　第8-2：101条　所有权移转的一般要件 ································ 338
　　　第8-2：102条　转让人的权利或权限 ··································· 338
　　　第8-2：103条　关于所有权移转时间的协议 ························ 338
　　　第8-2：104条　交付 ··· 339
　　　第8-2：105条　等同于交付的行为 ······································ 339
　第二节　转让的效力 ··· 339
　　　第8-2：201条　所有权移转的效力 ······································ 339
　　　第8-2：202条　自始无效、其后撤销、撤回、解除和
　　　　　　　　　　 撤销的效力 ·· 340
　　　第8-2：203条　附条件的移转 ·· 340
　第三节　特别规定 ·· 341
　　　第8-2：301条　多次转让 ··· 341
　　　第8-2：302条　间接代理 ··· 341
　　　第8-2：303条　系列交易中直接交付时所有权的移转 ············ 341
　　　第8-2：304条　主动推销的动产的所有权的转移 ·················· 342
　　　第8-2：305条　构成集合物组成部分的动产的转让 ··············· 342
　　　第8-2：306条　从集合物中提取动产 ··································· 342
　　　第8-2：307条　保留所有权交易中受让人的期待权 ··············· 343
第三章　所有权的善意取得 ·· 343
　　　第8-3：101条　通过没有权利或权限转让所有权的人的
　　　　　　　　　　 善意取得 ·· 343
　　　第8-3：102条　善意取得所有权并免受定限物权的约束 ······· 343
第四章　依持续占有而取得所有权 ··· 344
　第一节　依持续占有而取得所有权的要件 ·································· 344
　　　第8-4：101条　基本规则 ··· 344
　　　第8-4：102条　文物 ··· 344
　　　第8-4：103条　持续占有 ··· 345
　第二节　取得时效的补充规定 ·· 345
　　　第8-4：201条　无行为能力时的期间延长 ···························· 345
　　　第8-4：202条　所有人无法控制的阻碍所引起的期间延长 ····· 346
　　　第8-4：203条　因司法程序或其他程序所引起的

　　　　　　　期间延长和更新 ································· 346
　　　　第8-4：204条　因磋商所引起的延期 ························· 347
　　　　第8-4：205条　因承认所引起的时效终止 ····················· 347
　　　　第8-4：206条　计算前占有人的占有期间 ····················· 347
　　第三节　依持续占有取得所有权的效力 ··························· 347
　　　　第8-4：301条　所有权的取得 ································ 347
　　　　第8-4：302条　依不当得利和非合同损害赔偿责任
　　　　　　　　　　　规定产生的权利的消灭 ························ 347

第五章　加工、附合和混合 ·· 348
　第一节　一般规定 ··· 348
　　　　第8-5：101条　当事人自治及和相关规定的关系 ················ 348
　第二节　默示规则和补充规定 ·· 348
　　　　第8-5：201条　加工 ··· 348
　　　　第8-5：202条　混合 ··· 349
　　　　第8-5：203条　附合 ··· 349
　　　　第8-5：204条　关于担保物权的补充规定 ······················ 350

第六章　所有权的保护和占有的保护 ·································· 350
　第一节　所有权的保护 ·· 350
　　　　第8-6：101条　所有权的保护 ································ 350
　　　　第8-6：102条　基于无效或被撤销的合同或其他法律
　　　　　　　　　　　行为而转让的动产的返还 ······················ 351
　第二节　占有的保护 ·· 351
　　　　第8-6：201条　非法侵夺和妨害的定义 ························ 351
　　　　第8-6：202条　占有人的自力救济 ···························· 351
　　　　第8-6：203条　作为占有保护的返还请求权 ···················· 352
　　　　第8-6：204条　请求签发保护令以保护占有 ···················· 352
　第三节　更优占有的保护 ·· 353
　　　　第8-6：301条　更优占有时的返还请求权 ······················ 353
　　　　第8-6：302条　请求签发保护令以保护更优占有 ················ 353
　第四节　其他救济方式 ·· 353
　　　　第8-6：401条　侵权责任 ···································· 353

第七章　返还原物的其他问题 ·· 353
　　　　第8-7：101条　适用范围 ···································· 353
　　　　第8-7：102条　占有期间动产的灭失或损坏 ···················· 354

第 8-7：103 条　占有期间动产的孳息、使用及其他利益 ········ 354

第 8-7：104 条　占有期间动产的支出或添附 ················ 354

第九卷　动产担保物权 ···························· 355

第一章　一般规定 ································· 355

第一节　适用范围 ······························· 355

第 9-1：101 条　适用范围的一般规则 ················ 355

第 9-1：102 条　动产之上的担保物权 ················ 355

第 9-1：103 条　保留所有权交易：适用范围 ·········· 356

第 9-1：104 条　保留所有权交易：法律适用规则 ······ 357

第 9-1：105 条　适用范围的除外规定 ················ 357

第二节　定　义 ································· 358

第 9-1：201 条　定　义 ··························· 358

第二章　担保物权的设立和效力范围 ················· 359

第一节　担保物权的设立 ························· 359

第一分节　一般规定 ························· 359

第 9-2：101 条　担保物权的设立方式 ················ 359

第 9-2：102 条　设立担保物权的一般要件 ············ 360

第 9-2：103 条　移转占有和非移转占有的担保物权 ···· 360

第 9-2：104 条　可转让性、现实存在和特定化的
　　　　　　　　特别规定 ························· 360

第二分节　担保物权的创设 ··················· 361

第 9-2：105 条　创设担保物权的要件 ················ 361

第 9-2：106 条　通过创设而设立担保物权的时间 ······ 361

第 9-2：107 条　消费者所创设的担保物权 ············ 361

第 9-2：108 条　担保物权的善意取得 ················ 361

第 9-2：109 条　在担保财产之上善意取得担保物权 ···· 362

第 9-2：110 条　延期设立 ························· 362

第 9-2：111 条　现金、流通票据和无记名单证之上
　　　　　　　　的担保物权 ······················· 362

第 9-2：112 条　物权法的一般规定 ·················· 362

第三分节　担保物权的保留 ··················· 363

第 9-2：113 条　保留担保物权的要件 ················ 363

第四分节　留置权 ··························· 363

第 9-2：114 条　留置权 ··························· 363

第二节　保留所有权交易的成立 ·················· 363
  第9-2：201条　保留所有权交易 ················ 363
第三节　特定种类财产之上担保物权的设立 ·············· 363
  第9-2：301条　金钱债权之上的担保物权 ············ 363
  第9-2：302条　公司股份之上的担保物权 ············ 364
  第9-2：303条　债券之上的担保物权 ·············· 364
  第9-2：304条　流通物权凭证和流通票据之上的担保物权 ····· 364
  第9-2：305条　添附物之上的担保物权 ············· 364
  第9-2：306条　担保财产的收益 ················ 364
  第9-2：307条　为加工或附合目的而使用担保财产 ········ 364
  第9-2：308条　为加工或附合目的而使用保留所有权
       交易的标的物 ·················· 365
  第9-2：309条　担保财产的混合 ················ 365
第四节　担保物权的效力范围 ···················· 366
  第9-2：401条　被担保的权利 ················· 366

第三章　对抗第三人的效力 ······················ 366

第一节　一般规则 ························· 366
  第9-3：101条　对抗第三人的效力 ··············· 366
  第9-3：102条　取得对抗效力的方法 ·············· 367
  第9-3：103条　担保物权以多种方法取得对抗效力 ······· 367
  第9-3：104条　取得对抗效力方法的变更 ············ 368
  第9-3：105条　不动产的添附物之上的担保物权 ········ 368
  第9-3：106条　混合物之上的担保物权 ············ 368
  第9-3：107条　所有权担保方式的登记 ············ 368
  第9-3：108条　担保财产的进口 ················ 368
第二节　债权人占有或控制担保财产 ·················· 368
  第9-3：201条　占有 ····················· 368
  第9-3：202条　流通物权凭证和流通票据 ············ 369
  第9-3：203条　有证书的股票和债券 ·············· 369
  第9-3：204条　金融财产的控制 ················ 369
第三节　登　记 ·························· 369
  第一分节　担保物权登记程序 ················· 369
    第9-3：301条　欧洲担保物权登记簿；其他登记或
         备案系统 ················ 369

第9-3：302条 登记簿的结构和运行	370
第9-3：303条 保留所有权交易和担保物权	370
第9-3：304条 确认是登记的前提条件	370

第二分节　登记事项 …………………………………… 370

第9-3：305条 担保权人填写的登记事项和预告登记	370
第9-3：306条 登记内容的最低要求	370
第9-3：307条 登记事项的其他内容	371
第9-3：308条 登记簿上所显示的内容	371
第9-3：309条 必须经担保人同意	371
第9-3：310条 担保人身份、担保财产的描述和登记的效力	371
第9-3：311条 登记事项的修正	372
第9-3：312条 依内国法建立的其他登记或备案系统中与登记事项有关的过渡性规定	372
第9-3：313条 登记证书自动传送至担保权人和担保人	373
第9-3：314条 担任担保权人代理人的第三人	373

第三分节　担保人的保护 …………………………………… 373

第9-3：315条 担保人的涂销或修正登记请求权	373
第9-3：316条 登记机构对有争议登记的审查	373

第四分节　访问和查询登记簿 ……………………………… 374

第9-3：317条 为查询目的而访问登记簿	374
第9-3：318条 查询登记簿	374

第五分节　登记担保权人提供信息的义务 ………………… 374

第9-3：319条 提供信息的义务	374
第9-3：320条 信息的内容	374
第9-3：321条 担保权人提供正确信息的法律后果	375
第9-3：322条 担保权人提供错误信息的法律后果	375
第9-3：323条 担保权人未提供信息的法律后果	375
第9-3：324条 请求的形式和提供信息的形式	376

第六分节　登记的期间、续期和涂销 ……………………… 376

第9-3：325条 期间	376
第9-3：326条 续期	376
第9-3：327条 涂销	376

第七分节 担保物权或担保财产的转让 ………………………………… 376

第9-3：328条 担保物权的转让：一般规则 …………………… 376
第9-3：329条 担保物权的转让：转让声明 …………………… 377
第9-3：330条 担保财产的转让：一般规则 …………………… 377
第9-3：331条 担保财产的转让：转让声明 …………………… 378

第八分节 费　　用 ……………………………………………………… 378

第9-3：332条 费用分担 ………………………………………… 378

第九分节 登记簿建立前已设立的担保物权 …………………………… 378

第9-3：333条 登记簿建立之前已设立的担保物权 …………… 378

第四章 优先顺位 …………………………………………………………… 379

第9-4：101条 优先顺位：一般规则 …………………………… 379
第9-4：102条 超优先顺位 ……………………………………… 379
第9-4：103条 优先顺位的持续 ………………………………… 379
第9-4：104条 孳息和收益：一般规则 ………………………… 380
第9-4：105条 孳息和收益：例外规定 ………………………… 380
第9-4：106条 进口担保财产之上担保物权的
　　　　　　　　优先顺位 ……………………………………… 380
第9-4：107条 执行债权人的优先顺位 ………………………… 380
第9-4：108条 优先顺位的改变 ………………………………… 380

第五章 违约前的规则 ……………………………………………………… 381

第一节 一般原则 ………………………………………………………… 381

第9-5：101条 一般原则 ………………………………………… 381

第二节 担保财产 ………………………………………………………… 381

第9-5：201条 担保财产的保管和保险 ………………………… 381

第一分节 担保人的权利和义务 ………………………………………… 381

第9-5：202条 一般权利 ………………………………………… 381
第9-5：203条 已担保的工业原料的使用 ……………………… 382
第9-5：204条 销售者和制造者处分担保财产 ………………… 382
第9-5：205条 未经授权的使用或处分 ………………………… 382

第二分节 担保权人的权利和义务 ……………………………………… 382

第9-5：206条 限定的使用权 …………………………………… 382
第9-5：207条 有权处分金融财产的银行 ……………………… 382
第9-5：208条 以法定孳息抵偿债务 …………………………… 382

第三节 当事人变更 ……………………………………………………… 382

第 9—5：301 条　担保债权的转让 …………………… 382

第 9—5：302 条　担保债权的部分转让 ………………… 383

第 9—5：303 条　担保财产的转让 ……………………… 383

第四节　担保权人告知担保物权内容的义务 …………………… 384

第 9—5：401 条　担保权人告知担保物权内容的义务 ……… 384

第六章　消　灭 …………………………………………… 384

第 9—6：101 条　担保物权消灭的情形 ………………… 384

第 9—6：102 条　因所有权的善意取得而导致担保

物权的丧失 …………………………… 385

第 9—6：103 条　担保债权的消灭时效 ………………… 385

第 9—6：104 条　消灭的法律后果 ……………………… 385

第 9—6：105 条　担保权人清算收益的义务 …………… 385

第 9—6：106 条　物上保证人的追偿权 ………………… 386

第七章　违约和担保物权的实现 …………………………… 386

第一节　一般规则 ……………………………………………… 386

第 9—7：101 条　违约后担保权人的权利 ……………… 386

第 9—7：102 条　强制性规定 …………………………… 386

第 9—7：103 条　实现担保物权的司法途径和

非司法途径 …………………………… 386

第 9—7：104 条　寻求法庭救济的权利和损害赔偿请求权 …… 387

第 9—7：105 条　流质契约 ……………………………… 387

第 9—7：106 条　担保人的赎回权 ……………………… 387

第 9—7：107 条　对消费者实现担保物权的通知 ……… 387

第 9—7：108 条　多数担保人的连带责任 ……………… 388

第 9—7：109 条　物上保证人的追偿权 ………………… 388

第二节　担保物权的实现 ……………………………………… 388

第一分节　非司法途径：变现前的规则 ……………………… 388

第 9—7：201 条　担保权人占有有形财产的权利 ……… 388

第 9—7：202 条　债权人固定和保存担保财产的权利 …… 389

第 9—7：203 条　法庭或其他机关的介入 ……………… 389

第 9—7：204 条　给付请求权的担保 …………………… 389

第 9—7：205 条　流通票据 ……………………………… 389

第 9—7：206 条　流通物权凭证 ………………………… 390

第二分节　非司法途径：担保财产的变现 …………………… 390

第 9-7：207 条	变现的一般规则	390
第 9-7：208 条	以非司法途径处分担保财产的通知	390
第 9-7：209 条	通知的收件人	390
第 9-7：210 条	通知的时间和内容	391
第 9-7：211 条	通过强制拍卖、任意拍卖或私下交易而变卖	391
第 9-7：212 条	商业上合理的价格	392
第 9-7：213 条	以变卖方式变现后买受人对财产的权利	392
第 9-7：214 条	给付请求权或流通票据之上担保物权的变现	392
第 9-7：215 条	收益的分配	393
第 9-7：216 条	担保权人以担保财产抵偿债务	393

第三分节　以司法途径实现担保物权 …………………………………… 394
　　第 9-7：217 条　法律适用 …………………………………… 394
第三节　保留所有权交易的特殊规则 …………………………………… 394
　　第 9-7：301 条　保留所有权交易的违约后果 …………………………………… 394
　　第 9-7：302 条　占有、固定和保存 …………………………………… 394

第十卷　信　托 …………………………………… 395
第一章　基本规定 …………………………………… 395
第一节　适用范围及与其他规定之间的关系 …………………………………… 395
　　第 10-1：101 条　本卷所适用的信托 …………………………………… 395
　　第 10-1：102 条　担保物权法的优先适用 …………………………………… 395
第二节　定义、特殊效力和当事人 …………………………………… 396
　　第 10-1：201 条　信托的定义 …………………………………… 396
　　第 10-1：202 条　信托的特殊效力 …………………………………… 396
　　第 10-1：203 条　信托的当事人 …………………………………… 396
　　第 10-1：204 条　多数受托人 …………………………………… 397
　　第 10-1：205 条　有权强制受托人履行债务的人 …………………………………… 397
　　第 10-1：206 条　受益权利或受益资格 …………………………………… 397
第三节　一般规则的修改与补充 …………………………………… 397
　　第 10-1：301 条　无偿的引申意义 …………………………………… 397
　　第 10-1：302 条　通知 …………………………………… 398
　　第 10-1：303 条　规则的强制性 …………………………………… 398
第二章　信托的设立 …………………………………… 398
第一节　依法律行为而设立信托的基本规则 …………………………………… 398
　　第 10-2：101 条　设立的要件 …………………………………… 398

　　　　第10-2：102条　依转让而设立 …………………………… 398
　　　　第10-2：103条　非依转让而设立 …………………………… 398
　　第二节　设立信托的意思表示 ……………………………………… 399
　　　　第10-2：201条　意思表示的要件 …………………………… 399
　　　　第10-2：202条　意思表示的方式 …………………………… 399
　　　　第10-2：203条　意思表示的形式要件 ……………………… 399
　　　　第10-2：204条　意思表示的撤销或变更 …………………… 399
　　　　第10-2：205条　未满足要件的意思表示的效力 …………… 400
　　第三节　信托的拒绝及受益权的抛弃 ……………………………… 400
　　　　第10-2：301条　受托人拒绝信托的权利 …………………… 400
　　　　第10-2：302条　受益权或受益资格的抛弃 ………………… 400
　　第四节　特殊情况的附加规定 ……………………………………… 400
　　　　第10-2：401条　赠与与信托的区别 ………………………… 400
　　　　第10-2：402条　继承法规定的优先适用 …………………… 401
　　　　第10-2：403条　与请求分割未决遗产的权利有关的信托 …… 401
　第三章　信托资金 ……………………………………………………… 401
　　第一节　初始信托资金的条件 ……………………………………… 401
　　　　第10-3：101条　信托资金 …………………………………… 401
　　　　第10-3：102条　信托财产的范围 …………………………… 402
　　　　第10-3：103条　信托资金的确定与分离 …………………… 402
　　第二节　信托资金的变动 …………………………………………… 402
　　　　第10-3：201条　信托资金的增加 …………………………… 402
　　　　第10-3：202条　信托资金的减少 …………………………… 403
　　　　第10-3：203条　信托资金与其他财产的混合 ……………… 403
　　　　第10-3：204条　信托资金的灭失或耗尽 …………………… 403
　第四章　信托条款及其无效 …………………………………………… 403
　　第一节　信托条款 …………………………………………………… 403
　　　　第10-4：101条　解释 ………………………………………… 403
　　　　第10-4：102条　信托资金的不完全处分 …………………… 404
　　　　第10-4：103条　受益人的确定 ……………………………… 404
　　　　第10-4：104条　受益权或受益资格的确定 ………………… 404
　　　　第10-4：105条　偿还债权人的信托 ………………………… 404
　　第二节　信托条款的无效 …………………………………………… 404
　　　　第10-4：201条　委托人撤销 ………………………………… 404

第10-4：202条　撤销后受托人和第三人的保护 …………… 405
　　　第10-4：203条　不可强制执行的信托目的 ………………… 405
　第五章　受托人决策与权力 …………………………………………… 406
　　第一节　受托人决策 ………………………………………………… 406
　　　第10-5：101条　受托人的酌情决定 …………………………… 406
　　　第10-5：102条　多个受托人决策 ……………………………… 406
　　　第10-5：103条　行使权力或酌情决定权时的利益冲突 ……… 406
　　第二节　受托人的权力 ……………………………………………… 406
　　　第一分节　一般规定 ……………………………………………… 406
　　　　第10-5：201条　受托人的权力：一般规则 …………………… 406
　　　　第10-5：202条　最少受托人的限制 …………………………… 407
　　　第二分节　受托人的特殊权力 …………………………………… 407
　　　　第10-5：203条　授权代理人的权力 …………………………… 407
　　　　第10-5：204条　移转所有权给允诺充当受托人的人的权力 … 408
　　　　第10-5：205条　将物理上的控制移转给保管人的权力 ……… 408
　　　　第10-5：206条　委托的权力 …………………………………… 408
　　　　第10-5：207条　选择投资的权力 ……………………………… 408
　　　　第10-5：208条　为审计提交信托账目的权力 ………………… 408
　第六章　受托人和信托辅助人的权利与义务 ………………………… 409
　　第一节　受托人的义务 ……………………………………………… 409
　　　第一分节　一般规定 ……………………………………………… 409
　　　　第10-6：101条　受托人的一般义务 …………………………… 409
　　　　第10-6：102条　必要的注意与技能 …………………………… 409
　　　第二分节　受托人的特别义务 …………………………………… 409
　　　　第10-6：103条　分离、保护和保险的义务 …………………… 409
　　　　第10-6：104条　告知和报告的义务 …………………………… 410
　　　　第10-6：105条　保管信托账目的义务 ………………………… 410
　　　　第10-6：106条　接受检查和允许复制信托文书的义务 ……… 410
　　　　第10-6：107条　投资的义务 …………………………………… 411
　　　　第10-6：108条　不得获取信托财产或信托债权人权利的义务 … 411
　　　　第10-6：109条　不得获取未经授权的利益或好处的义务 …… 411
　　　　第10-6：110条　共同受托人的义务 …………………………… 412
　　第二节　受托人的权利 ……………………………………………… 412
　　　第10-6：201条　从信托资金中获得赔偿和补偿的权利 ……… 412

    第10-6：202条　从信托资金中获得报酬的权利 …………… 412

    第10-6：203条　涉及未经授权而取得的权利 ……………… 412

    第10-6：204条　相对于受益人的权利 ……………………… 413

    第10-6：205条　由信托资金付费投保个人责任险的权利 …… 413

  第三节　信托辅助人的义务 ………………………………………… 413

    第10-6：301条　信托辅助人的义务 ………………………… 413

 第七章　不履行义务的救济措施 ………………………………………… 414

  第一节　实际履行、司法审查和辅助救济措施 …………………… 414

    第10-7：101条　实际履行 …………………………………… 414

    第10-7：102条　司法审查 …………………………………… 414

    第10-7：103条　进一步的救济措施 ………………………… 414

  第二节　未经授权的利益的赔偿和归入 …………………………… 414

    第10-7：201条　受托人恢复信托资金的责任 ……………… 414

    第10-7：202条　受托人赔偿受益人的责任 ………………… 415

    第10-7：203条　未经授权的利益的归入 …………………… 415

  第三节　抗辩 ………………………………………………………… 416

    第10-7：301条　受益人对不履行的同意 …………………… 416

    第10-7：302条　诉讼时效 …………………………………… 416

    第10-7：303条　受托人的保护 ……………………………… 416

  第四节　连带责任与丧失 …………………………………………… 416

    第10-7：401条　连带责任 …………………………………… 416

    第10-7：402条　与受托人串通的受益人的受益权的丧失 …… 417

 第八章　受托人或信托辅助人的变更 …………………………………… 417

  第一节　受托人变更的一般规定 …………………………………… 417

    第10-8：101条　变更受托人权力的一般规定 ……………… 417

    第10-8：102条　授予受托人变更受托人的权力 …………… 417

  第二节　受托人的聘任 ……………………………………………… 418

    第10-8：201条　聘任的一般限制性条件 …………………… 418

    第10-8：202条　由信托辅助人或受托人聘任 ……………… 418

    第10-8：203条　依法庭裁定而聘任 ………………………… 418

  第三节　受托人的辞任 ……………………………………………… 418

    第10-8：301条　信托辅助人或共同受托人同意的辞任 …… 418

    第10-8：302条　法庭同意的辞任 …………………………… 419

  第四节　受托人的解任 ……………………………………………… 419

第 10-8：401 条　由信托辅助人或共同受托人解任 …… 419
第 10-8：402 条　依法庭裁定而解任 …… 419

第五节　受托人变更的效力 …… 419
第 10-8：501 条　对受托人义务与权利的影响 …… 419
第 10-8：502 条　信托财产的归属和剥夺 …… 420
第 10-8：503 条　信托文书的移交 …… 420
第 10-8：504 条　受托人死亡或解散的效力 …… 420

第六节　信托辅助人死亡或解散 …… 421
第 10-8：601 条　信托辅助人死亡或解散的后果 …… 421

第九章　信托的终止和变更以及受益权的转让 …… 421

第一节　信托的终止 …… 421

第一分节　信托终止的一般规定 …… 421
第 10-9：101 条　终止的方式 …… 421
第 10-9：102 条　终止对受托人责任的效力 …… 421

第二分节　委托人或受益人解除信托 …… 421
第 10-9：103 条　委托人解除无偿信托的权利 …… 421
第 10-9：104 条　受益人的解除权 …… 422
第 10-9：105 条　"排他性利益"的含义 …… 422
第 10-9：106 条　解除通知及其效力 …… 422
第 10-9：107 条　受托人的留置权 …… 423

第三分节　其他终止形式 …… 423
第 10-9：108 条　受托人终止 …… 423
第 10-9：109 条　权利与义务的混同 …… 423

第二节　信托的变更 …… 423
第 10-9：201 条　委托人或受益人变更信托 …… 423
第 10-9：202 条　依法庭裁定变更信托管理条款 …… 424
第 10-9：203 条　为受益人而依法庭裁定变更信托 …… 424
第 10-9：204 条　为公共利益目的而依法庭裁定变更信托 …… 424

第三节　受益权的转让 …… 424
第 10-9：301 条　依法律行为转让受益权 …… 424

第十章　与第三人的关系 …… 425

第一节　关于债权人的一般规定 …… 425
第 10-10：101 条　关于债权人的基本规则 …… 425
第 10-10：102 条　信托债务的定义 …… 425

第二节　信托债权人 ……………………………………… 425

第10-10：201条　信托债权人对受托人的权利 …………… 425
第10-10：202条　信托债权人与信托资金有关的权利 …… 426
第10-10：203条　委托人和受益人的保护 ………………… 426

第三节　信托债务人 ……………………………………… 426

第10-10：301条　强制信托债务人履行债务的权利 ……… 426
第10-10：302条　抵销 ……………………………………… 426
第10-10：303条　信托债务人的免除 ……………………… 426

第四节　信托财产和信托财产之上担保物权的取得人 … 426

第10-10：401条　受赠人和恶意取得人的责任 …………… 426

第五节　第三人的责任和保护的其他规定 ……………… 427

第10-10：501条　诱使或帮助滥用信托资金的责任 ……… 427
第10-10：502条　对与受托人交易的第三人的保护 ……… 427

第一卷　一般规定

第 1-1：101 条　适用范围

（1）本示范规则主要调整与合同和其他法律行为、合同与非合同上的权利和义务以及相关的物权问题有关的事项。

（2）本示范规则不适用于，或不能不加修改或补充地适用于，具有公法性质的权利与义务。本示范规则也不调整以下事项，但另有规定的除外：

(a) 自然人的法律地位或行为能力；

(b) 遗嘱和继承；

(c) 家庭关系，包括婚姻关系及其他类似关系；

(d) 汇票、支票、本票以及其他流通票据；

(e) 雇佣关系；

(f) 不动产所有权或不动产担保物权；

(g) 公司以及其他法人或非法人团体的设立、行为能力、组织机构、内部管理或解散；

(h) 主要与程序或执行有关的事项。

（3）对本示范规则调整范围的进一步限制，规定于此后各卷之中。

第 1-1：102 条　解释和发展

（1）本示范规则应当独立地并依其规范目的和根本原则加以解释与发展。

（2）本示范规则应当根据保障人权和基本自由的相关法律文件或相应的宪法性法律加以解读。

（3）对本示范规则的解释与发展，应当考虑到促进以下因素的需要：

(a) 法律适用的统一性；

(b) 诚实信用与公平交易；

(c) 法律的确定性。

（4）属于本示范规则调整范围但未明确规定的事项，应当尽可能地依本示范规则的基本原则处理。

（5）就本示范规则调整范围内的特定事项，一般规定与特别规定发生冲突时，优先适用特别规定。

第 1-1：103 条　诚实信用与公平交易

（1）"诚实信用与公平交易"，是指一种行为准则。这一行为准则具有以下特征：诚实、公开并考虑到相关交易或法律关系的对方当事人的利益。

（2）特别是，一方当事人违背对方当事人已经对之产生合理信赖的在先陈述或行为，从而损害对方当事人利益的，即构成对诚实信用与公平交易原则的违反。

第 1-1：104 条　合理

合理，应依行为的性质和目的、具体情形以及相关的惯例和习惯做法，客观地进行判断。

第 1-1：105 条　"消费者"和"经营者"

（1）"消费者"，是指主要不是为了与其业务、营业或职业相关的目的而为某种行为的自然人。

（2）"经营者"，是指为了与其自营业务、工作或职业相关的目的而为某种行为的自然人或法人。是公有还是私有，是否以营利为目的，均无不可。

（3）同时具有以上两款特征的人，就其作为消费者应受保护的规则而言，不适用本条第（1）款的规定；在其他情形下，不适用本条第（2）款的规定。

第 1-1：106 条　"书面形式"及相似表述

（1）本示范规则中，"书面形式"的陈述，是指直接记载于纸张或其他有形耐久介质的文本形式和文字形式的陈述。

（2）"文本形式"，是指以字母或其他可以理解的文字在可以阅读的载体上所表达的文本，这些载体使得文本的内容得以以有形形式记录或复制。

（3）"耐久介质"，是指存储信息的材料，储存信息的时间足够长以便未来能参考该信息，以符合信息存储的目的，并且该介质允许一成不变地复制其中信息。

第 1-1：107 条　"签名"及相似表述

（1）本示范规则所称的签名，包括手写签名、电子签名或高级电子签名，以及可被推定为签名人所签署的任何标记。

（2）"手写签名"，是指为了达到确认签名人身份的目的，而亲自书写的自己的名字或代表自己的标记。

(3)"电子签名",是指以电子形式与其他电子数据相联系或存在逻辑关联的,用于确认签名人身份的数据。

(4)"高级电子签名",是指具有以下特征的电子签名:

(a) 属于签名人专有;

(b) 能够识别签名人的身份;

(c) 签署时制作数据仅由签名人控制;

(d) 签署后对数据的任何改动均能被发现。

(5)本条中,"电子"指有关电、数字、磁、无线电、光学、电磁或类似的技术。

第 1-1:108 条 《附录》中的定义[①]

(1)除非本示范规则另有规定,《附录》中的定义适用于全部示范规则。

(2)术语被界定时,该术语的其他语法形式也具有相应的含义。

第 1-1:109 条 通知

(1)本条规定适用于本示范规则中与通知有关的所有情形。"通知"包括信息或法律行为的传送。

(2)通知可依适合于具体情形的任何方式发出。

(3)通知到达受领人时生效,但其中规定推迟生效的除外。

(4)通知在以下时间即到达受领人:

(a) 向受领人递交通知之时;

(b) 向受领人的经营场所递交通知之时;受领人无经营场所或该通知与经营事项无关的,向受领人的经常居住地递交通知之时;

(c) 以电子手段传送的,受领人可以访问该通知之时;

(d) 以其他方式为受领人所知悉之时,传送的地点和方式足以使受领人及时获悉该通知。

(5)撤回通知[②]在原通知到达受领人之前或与原通知同时到达受领人的,原通知不生效力。

[①] 在完整版的《共同参照框架草案》中,本条的主旨被表述为"定义一览表"(List of definitions),并置于《示范规则》之前。参见 Christian von Bar and Eric Clive (eds), Principles, Definitions and Model Rules of European Private Law, Volume 1 (Munich: sellier. european law publishers GmbH, 2009), pp.65-82。[本书《示范规则》原文中均无脚注,所有脚注均为译者所加。]

[②] 原文为"revocation",与我国合同法上的要约(意思表示)的撤回意义相当。但本示范规则第 2-4:202 条(Revocation of offer)中的意义不同,依该条内容,在该条中,"revocation"是指要约的撤销。

(6) 本示范规则中关于发出或接收通知的规定，同样适用于有权发出或接收通知的人的代理人发出或接收通知的情形。

(7) 在经营者与消费者的关系中，当事人不得为损害消费者的利益而排除本条第（4）款第（c）项规定的适用，也不得减损或变更其效力。

第1-1：110条　时间的计算

(1) 本条规定适用于本示范规则中所有时间的计算。

(2) 除本条另有规定外，时间依以下规定计算：

(a) 以"小时"确定的期间，开始于第一小时之始，终止于最后一小时之末；

(b) 以"日"确定的期间，开始于第一日的第一小时之始，终止于最后一日最后一小时之末；

(c) 以"星期"、"月"、"年"确定的期间，开始于该期间第一日的第一小时之始，终止于最后一周、月、年的对应日的最后一小时之末；在以"月"、"年"确定的期间中，期间届满最后一月没有对应日的，则以该月的最后一日的最后一小时之末为期间届满之时；

(d) 期间包括了"月"的部分时，就该部分的长度计算而言，一月视为三十日。

(3) 期间自特定的事件或行为开始计算的：

(a) 该期间是以"小时"计算的，该事件或行为发生时的第一小时不计入该期间；

(b) 该期间是以"日"、"星期"、"月"或"年"计算的，该事件或行为发生的第一日不计入该期间。

(4) 期间自特定的时间开始计算的：

(a) 该期间是以"小时"计算的，该期间的第一小时即为该特定时间开始之时；

(b) 该期间是以"日"、"星期"、"月"或"年"计算的，该特定时间到来之日不计入该期间。

(5) 期间包括星期六、星期日以及公共假日，但明确表明排除其计算，或仅仅计算工作日的除外。

(6) 除以"小时"计算期间之外，期间的最后之日在行为地是星期六、星期日或公共假日的，期间至下一个工作日的最后一小时经过时终止。这一规定不适用于期间的起算涉及追溯到某一特定日期或事件的情形。

(7) 期间为两日或两日以上的，至少应包括两个工作日。

(8) 向他人发出的文件中载明了受领人回复或采取其他行为的期间但未规定起算点的，除非有相反规定，期间自文件中规定的日期起算；文件中没有规定日期的，则从该文件到达受领人时起算。

(9) 本条中：

(a) 欧盟成员国或其中某个地区的"公共假日"，是指该国或该地区官方公报中所公布的公共假日；

(b) "工作日"，是指除星期六、星期日和公共假日之外的日期。

第二卷 合同及其他法律行为

第一章 一般规定

第 2-1：101 条 "合同"和"法律行为"的含义

（1）合同，是指旨在产生具有拘束力的法律关系或产生其他的法律效力的协议。① 合同是双方或多方法律行为。

（2）法律行为，是指旨在产生其所预期的法律效力的任何陈述或协议，可以是明示的，也可以是依行为所默示的。法律行为可以是单方的、双方的或多方的。

第 2-1：102 条 当事人自治

（1）在遵守强制性规定的前提下，当事人可以自由地订立合同或为其他法律行为，并可以自由地确定其内容。

（2）就以下规则中有关合同或其他法律行为或由此而产生的权利和义务的任何规定，当事人可以排除其适用，也可以减损或变更其效力，但另有规定的除外。

（3）当事人不得排除某一规则的适用或不得对其效力进行减损或变更的规定，并不妨碍当事人放弃已经存在并为其所知的权利。

第 2-1：103 条 拘束力

（1）有效的合同对当事人均具有拘束力。

---

① 产生具有拘束力的法律关系，是指在当事人之间产生债权和债务；产生其他的法律效力，例如，修改合同条款、解除合同关系等。参见 Christian von Bar and Eric Clive (eds), Principles, Definitions and Model Rules of European Private Law, Volume 1 (Munich: sellier. european law publishers GmbH, 2009), p. 125。

(2) 一个单方允诺意在无须承诺即具有法律拘束力①，有效的单方允诺即对作出允诺的人具有拘束力。②

(3) 本条并不禁止修改或终止因债务人与债权人之间的协议或法律的规定而产生的任何权利或义务。

第 2-1：104 条　惯例与习惯做法

(1) 合同当事人受他们之间已经同意适用的任何惯例，以及他们之间已经确立的任何习惯做法的拘束。

(2) 合同当事人受与其处在相同情况下的人普遍适用的惯例的拘束，但这一惯例的适用将导致不合理的除外。

(3) 本条规定准用于其他法律行为。

第 2-1：105 条　知道等的推定

经一方当事人同意参与了订立合同或为其他法律行为，或行使了由此而产生的权利，或履行了由此而产生的义务的人：

(a) 知道或预见到某一事实，或被视为知道或预见到某一事实的；或

(b) 故意或在其他具有法律相关性的心理状态③下而为某种行为的，则推定该当事人已经知道、预见到或具有此种心理状态。

第 2-1：106 条　形式

(1) 合同或其他法律行为无须以书面形式订立、作成或证明，也不受其他任何形式要件的约束。

(2) 某一合同或法律行为仅因未遵守特定的形式要件而无效的，在以

---

① 一个表述明确表明具有法律拘束力的，即足以构成此种单方允诺。如，"我承诺"、"我保证"、"我允诺"、"我承担义务"等等。无须承诺即产生拘束力的单方允诺（unilateral "promise"）和无须承诺即产生拘束力的单方允诺（unilateral "undertaking"）之间并无根本区别。两者均产生债务，而且通常都是合同债务；两者之间的差异仅仅只是语言上的。有时，根据上下文，使用"promise"更自然——例如，有人承诺（promise）支付报酬；有时，根据上下文，使用"undertaking"更自然（在承担债务的时候）——例如，某人承担担保债务。单方允诺（promise）或单方允诺（undertaking）一经对方承诺，均可订入合同。参见 Christian von Bar and Eric Clive（eds），Principles, Definitions and Model Rules of European Private Law, Volume 1（Munich：sellier. european law publishers GmbH，2009），pp. 133, 126。

② 注意区分单方允诺和要约的区别，要约是需要受领人承诺的单方法律行为，未经承诺，要约人不受其行为的约束。参见 Christian von Bar and Eric Clive（eds），Principles, Definitions and Model Rules of European Private Law, Volume 1（Munich：sellier. european law publishers GmbH，2009），p. 134。

③ 其他具有法律相关性的心理状态，包括过失、恶意等。参见 Christian von Bar and Eric Clive（eds），Principles, Definitions and Model Rules of European Private Law, Volume 1（Munich：sellier. european law publishers GmbH，2009），p. 145。

下情况下，一方当事人（第一方当事人）对合理地误认为该合同或法律行为有效的对方当事人（第二方当事人）所遭受的损失承担责任：

（a）第一方当事人已经知道该合同或法律行为无效；

（b）第一方当事人知道或应当知道第二方当事人的行为已经表明其已误信合同或法律行为有效，且可能造成该方当事人的潜在的损害；

（c）第一方当事人违反诚实信用与公平交易的原则，仍然不阻止第二方当事人误信之后的行为。

第 2-1：107 条　混合合同

（1）本条所称的混合合同，是指具有以下特征的合同：

（a）其内容属于本示范规则明确规定的两类或两类以上有名合同；

（b）一部分内容属于本示范规则中的某类有名合同，而其他内容属于仅适用于总则的合同类型。

（2）一个合同构成混合合同的，适用于相关类型的有名合同的规定，可以准用于该混合合同中的相应部分以及由此而产生的权利与义务，但这一准用有违该合同的性质和目的的除外。

（3）本条第（2）款的规定不适用于以下情形：

（a）有规则规定某混合合同应主要属于某类有名合同的①；

（b）没有前项规定的情形时，混合合同的某一部分事实上占据绝对优势，没有理由不将其视为主要属于某类有名合同的。②

（4）在本条第（3）款规定的情形下，调整该混合合同所主要归属的有名合同类型（主要类型）的规定适用于该混合合同及由此而产生的权利与义务。但是，有必要调整该混合合同的其他部分，且调整该部分所属的其他有名合同类型的规定并不与调整主要合同类型的规定相冲突的，该其他有名合同的规定准用于该混合合同。

（5）本条规定不妨碍任何强制性规定的适用。

---

① 例如本示范规则第 4.1-1：102 条就规定，一方当事人以获得价款为目的而允诺为对方当事人制造或生产动产并将动产所有权移转给对方当事人的合同，被主要视为动产买卖合同。参见 Christian von Bar and Eric Clive（eds），Principles, Definitions and Model Rules of European Private Law, Volume 1（Munich：sellier. european law publishers GmbH，2009），p. 156。

② 例如，在旅店住宿合同中，部分价款是用来支付床、桌椅、电视、洗漱用品的使用费。这一合同会被认为是混合合同，其中一部分是动产租赁合同，但这里，动产租赁纯粹是附带的。参见 Christian von Bar and Eric Clive（eds），Principles, Definitions and Model Rules of European Private Law, Volume 1（Munich：sellier. european law publishers GmbH，2009），p. 156。

第 2-1：108 条　部分无效或不生效力①

只有部分合同或其他法律行为无效或不生效力，剩余部分在缺失无效或不生效部分的情况下能够继续合理存在的，则该剩余部分继续有效。

第 2-1：109 条　格式条款

格式条款，是指为与不同当事人的多次交易使用而预先拟定，未经当事人个别磋商的合同条款。

第 2-1：110 条　"未经个别磋商的"条款

（1）一方当事人所提供的合同条款，不管是否构成格式条款的一部分，只要是对方当事人不能影响其内容的形成，尤其是该条款事先已经拟定好，就是未经个别磋商的条款。

（2）一方当事人向对方当事人提供了备选条款的，条款不能仅依对方当事人在备选条款中选定条款，就认定该条款是经过个别磋商的条款。

（3）对于一方当事人所提供的格式条款中的某一条款是否在后来经过了个别磋商存在争议的，该方当事人对于曾经进行个别磋商承担举证责任。

（4）就经营者与消费者之间所订立的合同，经营者承担其所提供的条款已经经过个别磋商的举证责任。

（5）就经营者与消费者之间所订立的合同，第三人拟定的条款视为经营者提供的条款，但消费者在该合同中采用该条款的除外。

第二章　非歧视

第 2-2：101 条　不受歧视的权利

合同或其他法律行为的目的是向公众提供动产、其他财产或服务或提供获得这些动产、其他财产或服务的途径的，任何人不得因其性别、民族或种族原因受歧视。

第 2-2：102 条　歧视的含义

（1）"歧视"，是指因诸如前条所规定的原因而造成以下情形的行为或状况：

（a）在类似的情况下，某人没有受到像其他人那样的待遇；

（b）一个表面中立的条款、标准或习惯做法将某一人群置于相较于

---

① 原文为："partial invalidity or ineffectiveness"。就"invalidity"的译法，参见第二卷第七章的翻译说明。

其他不同的人群特别不利的地位。

（2）歧视还包括因诸如前条所规定的原因而进行的骚扰。"骚扰"是指不受欢迎的行为（unwanted conduct）（包括涉及性的行为），这些行为侵犯了或意在侵犯个人尊严，特别是当此类行为产生了畏惧、敌意、不名誉、羞辱或攻击性的环境时。

（3）任何有差别对待的指示也构成歧视。

第 2-2：103 条 例外

如果出于合法的目的，必须采取某些手段，且这些手段恰当，因此而造成的不平等待遇不构成歧视。

第 2-2：104 条 救济措施

（1）某人受到有悖于第 2-2：101 条（不受歧视的权利）规定的歧视的，在不影响根据第六卷（侵权责任）的规定可以采取的救济措施的情况下，可以采取第三卷第三章（包括经济损失和非经济损失的损害赔偿）所规定的债务不履行的救济措施。

（2）所采取的任何救济措施必须与损害或预期的损害相一致；同时考虑救济措施的阻却效果。①

第 2-2：105 条 举证责任

（1）某人认为其因第 2-2：101 条（不受歧视的权利）所规定的原因而受到歧视，并向法庭或其他主管部门举证证明了从中可推定存在此类歧视的事实的，应由对方当事人举证证明不存在此类歧视。

（2）本条第（1）款的规定不适用于法庭或其他主管部门调查案件事实的程序。

第三章　市场营销与先合同义务

第一节　告知义务

第 2-3：101 条　有关动产、其他财产与服务信息的披露义务

（1）在经营者与对方当事人签订提供动产、其他财产或服务的合同之

---

① 在确定非经济损失时，救济措施的阻却效果起着主要的作用。这样，非经济损失的赔偿就具有了惩罚性的元素。参见 Christian von Bar and Eric Clive（eds），Principles, Definitions and Model Rules of European Private Law, Volume 1（Munich：sellier. european law publishers GmbH，2009），p. 191.

前，经营者有义务向对方当事人披露对方当事人合理地期望了解的有关动产、其他财产或服务的信息，该信息内容的确定应考虑到在具体情况下正常的质量和性能标准。

（2）在判断对方当事人所合理地期望了解的信息时，如果对方当事人也是经营者，所适用的标准是若不提供该信息是否有悖于良好的商事实践。

第 2-3：102 条　经营者向消费者推销时的特别义务

（1）当经营者向消费者推销动产、其他财产或服务时，经营者不应提供令人误解的信息。[①] 如果经营者所提供的信息歪曲或忽略了重要事实，而这些事实又是一般消费者在决定是否订立合同之前所欲了解的信息，该信息即"令人误解"。在判断一般消费者所欲了解的信息时，要考虑到所有具体情况以及所使用的通讯手段的限制。

（2）经营者使用商务通讯[②]，给消费者造成的印象是其中包含了决定是否订立合同所必需的所有相关信息的，经营者应当保证该商务通讯中确实包含了所有相关信息。如从商务通讯的内容中无法明确得知所有相关信息，应予提供的信息包括：

（a）动产、其他财产或服务的主要特征，经营者的身份和地址（如若相关），价格以及相关的撤回权；

（b）支付、交付、履行以及投诉处理方面的特殊之处（如果它们不同于专业勤勉要求）；

（c）订立合同之后当事人相互交流所使用的语言（如果它不同于原商务通讯所使用的语言）。

（3）所需提供的所有信息未以相同的语言提供的，即未履行本条所规定的提供信息义务。

第 2-3：103 条　与处于特别不利地位的消费者订立合同时提供信息的义务

（1）因订立合同所使用的技术媒介、经营者与消费者之间的物理距离或交易的性质，将消费者置于信息上特别不利状态的[③]，经营者应当适当地提供有关下列事项的明确信息：拟提供的所有动产、其他财产或服务的

[①] 本款主要调整"鱼饵"广告，即以令人误解的信息引诱消费者进店采购的情形。参见 Christian von Bar and Eric Clive (eds), Principles, Definitions and Model Rules of European Private Law, Volume 1 (Munich: sellier. european law publishers GmbH, 2009), p. 205.

[②] 例如广告和推销信息。

[③] 远程交易和电子商务即其著例。

主要特征，价格，经营者的地址与身份，合同条款，合同当事人的权利与义务以及相关的撤回权①或救济程序。这些信息必须在合同订立前的合理期限内提供。在适当的情况下，有关撤回权的信息必须依第2-5：104条（关于撤回权的充分信息）的规定充分地提供。

（2）就特殊情形规定了更为详细的告知义务的，该义务优先于本条第（1）款（一般告知义务）的规定适用。

（3）经营者就其已经提供了本条所规定的信息承担举证责任。

第2-3：104条　实时远程通讯中的告知义务

（1）经营者开始与消费者进行实时远程通讯时，必须首先提供有关其身份以及合同商业目的的明确信息。

（2）实时远程通讯，是指直接的、立即的、一方在通讯过程中能够打断对方的远程通讯。它包括电话，以及网络电话和网络聊天等电子手段，但不包括通过电子邮件的通讯。

（3）经营者就消费者已经收到本条第（1）款所规定的信息承担举证责任。

（4）经营者未履行本条第（1）款所规定的义务，但合同已依该通讯订立的，对方当事人有权在第2-5：103条（撤回期间）规定的期间内，通知该经营者撤回合同。

（5）经营者对因其违反本条第（1）款规定的义务而给消费者造成的损失承担责任。

第2-3：105条　以电子手段订立合同

（1）合同拟以电子手段②订立而不经过个别交流的，经营者应当在对方当事人发出或接受要约之前，提供有关下列事项的信息：

（a）订立合同拟采取的技术步骤；

（b）经营者是否会提供合同文本，对方当事人是否可以获取该合同文本；

（c）对方当事人发出或接受要约前识别或纠正输入错误的技术手段；

（d）订立合同所使用的语言；

（e）订立合同所使用的条款。

（2）经营者应当保证本条第（1）款第（e）项所称的合同条款可以以文本形式获取。

---

① 就"right of withdrawal"的译法，参见第二卷第七章的翻译说明。
② 主要是指电子邮件和其他类似电子通讯形式。

（3）经营者未履行本条第（1）款所规定的义务，且该合同在前述情形下已经订立的，对方当事人有权在第2-5：103条（撤回期间）规定的期间内，通知该经营者撤回该合同。

（4）经营者对因违反本条第（1）款规定的义务而给消费者造成的损失承担责任。

第2-3：106条　信息的明晰度与信息的形式

（1）未达到本条规定要求的，本章所规定的经营者提供信息的义务即未履行。

（2）信息必须清晰、简洁，并以浅显易懂的语言表达。

（3）本示范规则有名合同的规定中要求将信息载于耐久介质上或以其他特定形式提供的，信息的提供必须采取该形式。

（4）经营者与消费者订立远程合同的，在适当的情况下，有关下列事项的信息应在合同订立时通过耐久介质以文本形式加以确认：动产、其他财产或服务的主要特征，价格，消费者与之交易的经营者的地址与身份，合同条款，当事人的权利与义务以及相关的救济程序。有关撤回权的信息必须依第2-5：104条（关于撤回权的充分信息）的规定充分地提供。

第2-3：107条　有关价款和附加费用的信息

依本章规定，经营者负有提供价款信息义务的，只有在所提供的信息包括以下内容的情况下，才是履行了该义务：

（a）包括有关到期定金、送货费用以及任何附加税和关税的信息，（如果这些费用应单独列明的话）；

（b）不能指出准确价款的，须提供价款的计算依据，消费者可以据此核实价款；

（c）价款不是一次性支付的，须提供有关分期付款的信息。

第2-3：108条　有关经营者地址和身份的信息

（1）依本章规定，经营者负有提供其地址和身份义务的，只有在所提供的信息包括以下内容的情况下，才是履行了该义务：

（a）经营者的姓名或名称；

（b）与拟签订的合同相关的商号[①]；

（c）在官方登记簿上的登记号以及该登记簿的名称；

[①] 原文为"trading names"。经营者不一定在名称之外另有商号，没有单独的商号的，无须提供本信息。但，有些经营者就其特定的经营活动使用了独立的商号，或就其与消费者有关的所有经营活动使用了统一的商号，此时，即应提供与拟签订的合同相关的商号。

（d）经营者的地理地址；

（e）联系方式①；

（f）该经营者在该消费者的居住地所在州有代理人的，提供该代理人的地址和身份；

（g）该经营者的经营活动是经过特别授权的，提供相关授权机构的详细资料；

（h）该经营者的经营活动应缴纳增值税的，提供相关的增值税识别码。

（2）就第 2-3：103 条（与处于特别不利地位的消费者订立合同时提供信息的义务）而言，经营者的地址和身份仅包括本条第（1）款第（a）、（c）、（d）和（e）项所规定的信息。

第 2-3：109 条　违反告知义务的救济措施

（1）依据第 2-3：103 条（与处于特别不利地位的消费者订立合同时提供信息的义务）的规定，经营者应当在合同订立前向消费者提供信息，且消费者对该合同享有撤回权的，撤回期间在经营者提供所有的信息后才开始计算。无论如何，撤回权自合同订立之日起一年内不行使，即消灭。

（2）经营者未履行本节前述条款所规定的义务，且合同已经订立的，经营者由于未能提供信息或提供错误信息，应当承担对方当事人可以合理期待的合同债务。经营者不履行这些义务的，适用第三卷第三章规定的救济措施。

（3）不管合同是否订立，经营者对因其未履行本节前述条款所规定的义务而给该交易的对方当事人所造成的损失承担责任。本款不适用于依前款规定可以主张不履行合同债务的救济措施的情形。

（4）本条所规定的救济措施不影响依第 2-7：201 条（误解）的规定可以采取的救济措施。

（5）在经营者与消费者的法律关系中，当事人不得为损害消费者的利益而排除本条规定的适用，也不得减损或变更其效力。

第二节　防止输入错误和确认收到的义务

第 2-3：201 条　输入错误的纠正

（1）经营者利用相应电子手段而未经个别交流订立合同的，应当在对

---

① 包括电话号码、电子邮箱和网址等。参见 Christian von Bar and Eric Clive （eds）, Principles, Definitions and Model Rules of European Private Law, Volume 1 （Munich: sellier. european law publishers GmbH, 2009）, p. 233.

方当事人发出或接受要约之前，提供适当、有效且方便的技术手段，以便识别与纠正输入错误。①

（2）经营者未履行本条第（1）款所规定的义务，导致某人错误地订立了合同的，经营者对因此给该人造成的损失承担责任。这一规定并不影响根据第2-7：201条（误解）的规定可以主张的任何救济措施。

（3）在经营者与消费者的法律关系中，当事人不得为损害消费者的利益而排除本条规定的适用，也不得减损或变更其效力。

第2-3：202条 收到的确认

（1）以电子手段而非个别交流订立合同的经营者，应当以电子手段确认收到了对方当事人发出的要约或承诺。

（2）对方当事人没有及时收到回执的，有权撤销要约或撤回合同。

（3）经营者对因违反本条第（1）款规定的义务而给对方当事人造成的损失承担赔偿责任。

（4）在经营者与消费者的法律关系中，当事人不得为损害消费者的利益而排除本条规定的适用，也不得减损或变更其效力。

第三节 磋商及保密义务

第2-3：301条 有悖于诚实信用与公平交易的磋商

（1）当事人有磋商的自由，且无须为未能达成协议而承担责任。

（2）已开始磋商的当事人应依诚实信用与公平交易原则进行，并不得违背诚实信用与公平交易原则中断磋商。这一义务不得依合同加以排除或限制。

（3）违反这一义务的人对因此给对方当事人造成的损失承担责任。

（4）在没有真正达成协议的意图的情况下而进行磋商或继续磋商的，尤其构成违背诚实信用与公平交易原则。

第2-3：302条 保密义务的违反

（1）一方当事人在磋商过程中提供了秘密信息的，不论合同嗣后是否订立，对方当事人均不得泄露该信息，也不得为了本人目的而使用该信息。

（2）本条中，"秘密信息"是指根据信息的性质或获取该信息的具体情况，接受该信息的当事人知道或应当知道该信息对对方当事人而言是秘密的信息。

---

① 本条规定主要适用于电子商务。依电子邮件、短信或类似手段订立合同的，不适用本条。

（3）当事人合理地预见到对方当事人将违反保密义务的，可以申请法庭禁令。

（4）违反保密义务的当事人对因此给对方当事人造成的损失承担责任，并可依裁定将违反保密义务所取得的利益交付给对方当事人。

第四节 主动推销的动产或服务

第 2-3：401 条 未答复无债务

（1）未经消费者请求，经营者即向消费者交付动产或提供服务的：

（a）消费者未予答复，或消费者与该动产或服务有关的其他作为或不作为，均不产生合同关系；

（b）消费者取得、保有、拒绝或使用该动产，或接受来自该服务的利益，均不产生非合同债务。

（2）在以下情形下，前款第（b）项不适用：

（a）因无因管理而提供动产或服务；

（b）动产或服务的提供是基于错误或可产生不当得利返还请求权的其他情形。

（3）本条受调整动产买卖合同中超过约定数量交付的有关规定的约束。

（4）本条第（1）款中，交付是指消费者取得对于动产的物理上的控制。

第五节 违反本章规定义务的损害赔偿

第 2-3：501 条 损害赔偿责任

（1）本章任何规则规定了某人应对因其违反义务给对方当事人所造成的损失承担责任的，对方当事人即就该损失享有损害赔偿请求权。

（2）第 3-3：704 条（可归因于债权人的损失）和第 3-3：705 条（损失的减少）的规定可以准用于本条，其中不履行债务的规定即视为违反义务的规定。

第四章 合同的成立

第一节 一般规定

第 2-4：101 条 合同成立的要件

只要当事人满足以下条件，合同即成立，无须其他要件：

(a) 意在建立具有拘束力的法律关系或产生其他法律效力；
(b) 达成了充分的合意。

第 2-4：102 条　意思表示的确定方法

当事人建立具有拘束力的法律关系或产生其他法律效力的意思表示，应依对方当事人对该当事人的陈述或行为的合理理解而确定。

第 2-4：103 条　充分的合意

(1) 在以下情形之一，合意是充分的：
(a) 当事人为使合同具有效力，已对合同条款做了充分界定；
(b) 为使合同具有效力，合同条款或因合同而产生的权利义务能够以其他方式被充分地确定。

(2) 一方当事人坚持只有在双方当事人就某一特定事项达成一致时才签订合同的，除非双方当事人就该事项已达成一致，否则不存在合同关系。

第 2-4：104 条　归并条款

(1) 合同文件中包含了经个别磋商的条款，其中指出该合同文件归并了合同的全部条款（归并条款）的，任何先前作出但未能并入该合同文件中的陈述、允诺或合意不构成合同的组成部分。

(2) 归并条款未经个别磋商的，推定当事人的本意是先前所作出的陈述、允诺或合意不能成为合同的组成部分。不得排除或限制本规则的适用。

(3) 当事人先前所作的陈述可以用于解释合同。这一规则不得被排除或限制适用，但经个别磋商的条款对之作出排除或限制的除外。

(4) 对方当事人已经对一方当事人的陈述或行为产生了合理的信赖的，该陈述或行为阻却当事人主张归并条款。

第 2-4：105 条　仅依特定形式而变更

(1) 合同条款规定，变更合同条款或解除合同关系的合意必须采取特定的形式的，推定此类合意若不采取该特定形式则不具有法律拘束力。

(2) 对方当事人已经对一方当事人的陈述或行为产生了合理的信赖的，该陈述或行为阻却当事人主张本条款。

第二节　要约与承诺

第 2-4：201 条　要约

(1) 在以下情形下，一项提议构成要约：
(a) 其意在一经对方当事人承诺合同即告成立；

(b) 其包括了足以使合同成立的明确条款。

(2) 要约可以向一个或多个特定的人或公众发出。

(3) 经营者在公开的广告或商品目录或以商品陈列方式所作出的以特定价格提供库存中的商品或服务的提议，被视为经营者将以该价格提供该商品或服务直至其库存商品售罄或提供服务的能力告尽为止的要约，但具体情况另有指明的除外。

第 2-4:202 条　要约的撤销①

(1) 要约可以撤销。撤销要约的通知应当在受要约人发出承诺通知之前到达受要约人；在受要约人通过行为作出承诺时，在合同订立之前到达受要约人。

(2) 向公众发出的要约可以以与发出要约同样的方式而撤销。

(3) 但有以下情形之一的，要约的撤销不生效力：

(a) 要约本身表明其不可撤销；

(b) 要约确定了固定的承诺期间；

(c) 受要约人已合理地信赖该要约不可撤销，且基于对该要约的信赖已为一定行为。

(4) 要约人依本示范规则第二卷至第四卷的规定，享有撤回因受要约人承诺而成立的合同的权利的，本条第(3)款的规定不适用于该要约人的要约。当事人不得为损害要约人的利益而排除本规则的适用，也不得减损或变更其效力。

第 2-4:203 条　要约的拒绝

拒绝要约的通知到达要约人时，该要约失效。

第 2-4:204 条　承诺

(1) 受要约人作出的同意要约的任何形式的陈述或行为，为承诺。

(2) 沉默或不作为本身不构成承诺。

第 2-4:205 条　合同成立的时间

(1) 受要约人已发出承诺通知的，合同自承诺通知到达要约人时成立。

---

① 依本条的立法说明，这里区分了要约的 "revocation" 和 "withdrawal"。本条使用的是 "Revocation of offer"，依其说明，"withdrawal" 适用于要约未到达受要约人之前，与我国合同法上的要约的撤回同义；而 "revocation" 适用于要约已经到达受要约人但其发出承诺通知之前，与我国合同法上的要约的撤销同义。参见 Christian von Bar and Eric Clive (eds), Principles, Definitions and Model Rules of European Private Law, Volume 1 (Munich: sellier. european law publishers GmbH, 2009), p. 301.

(2) 通过行为作出承诺的，合同自行为的通知到达要约人时成立。①

(3) 根据要约、当事人之间业已确立的习惯做法或惯例，受要约人不需要通知要约人，即可通过作出某种行为来表示接受要约的，合同自受要约人开始作出该行为时成立。

第 2-4：206 条　承诺的期限

(1) 对某一要约的承诺仅在其于要约人确定的期限内到达要约人时才生效。

(2) 要约人没有确定承诺期限的，承诺仅在其于合理的期限内到达要约人时才生效。

(3) 对某一要约的承诺只须通过作出某种行为而无须通知要约人的，承诺仅在该行为于要约人所确定的承诺期限内作出时才生效；要约人没有确定承诺期限的，该行为于合理期限内作出时，承诺才生效。

第 2-4：207 条　迟到的承诺

(1) 要约人及时地告知受要约人承诺虽然迟到但仍然有效的，迟到的承诺仍为有效的承诺。

(2) 载有迟到承诺的信件或其他通讯表明，承诺的发送按照正常情形本能够及时到达要约人的，除要约人及时地告知受要约人该要约已失效外，该迟到的承诺仍为有效的承诺。

第 2-4：208 条　承诺的变更

(1) 受要约人的回复规定或默示了附加的或不同的条款，实质性地变更了要约的条款的，该回复为对要约的拒绝，并构成一个新要约。

(2) 对要约明确同意的回复，尽管规定或默示了附加的或不同的条款，只要没有实质性地变更要约的条款，仍为对要约的承诺。该附加的或不同的条款构成合同的组成部分。

(3) 然而，在以下情况下，受要约人的回复被视为对要约的拒绝：

(a) 要约明确将承诺的内容限于要约中的条款的；

(b) 要约人及时地对该附加的或不同的条款表示反对的；

(c) 受要约人规定其承诺以要约人同意附加的或不同的条款为条件，而要约人的同意通知在合理期限内没有到达受要约人的。

---

① "行为的通知到达要约人"，是指以行为作出的承诺为要约人所知悉而言。例如，受要约人交付要约人订购的标的物、接受要约人主动推销的动产、开立以要约人为受益人的信用证、着手生产订购的产品等。参见 Christian von Bar and Eric Clive (eds), Principles, Definitions and Model Rules of European Private Law, Volume 1 (Munich: sellier. european law publishers GmbH, 2009), p. 314.

第2-4:209条　相冲突的格式条款

（1）即使要约与承诺所使用的格式条款相冲突，只要当事人已经达成合意，合同仍然成立。该格式条款在本质上一致时，也构成合同的组成部分。

（2）但是，如果一方当事人有以下行为的，合同不成立：

（a）已事先在格式条款之外明确表明了不受依本条第（1）款而成立的合同拘束的意思；

（b）及时将本条第（2）款第（a）项所述的意思告知了对方当事人。

第2-4:210条　经营者之间合同的正式确认

经营者之间已经订立合同但尚未将其体现在最后的文件中，且一方当事人及时以记载于耐久介质的文本形式向对方当事人发出旨在确认合同但却包含了附加的或不同的条款的，这些条款构成合同的组成部分，但以下情形除外：

（a）这些条款实质性地变更了合同条款；

（b）对方当事人及时对这些条款表示了反对。

第2-4:211条　非经要约与承诺订立的合同

合同的订立过程不能被分解为要约与承诺的，也可以准用本节规定。

第三节　其他法律行为

第2-4:301条　单方法律行为的要件

单方法律行为应当符合以下条件：

（a）行为人的行为旨在产生法律拘束力或产生相关法律效力；

（b）该行为充分确定；

（c）该行为的通知到达相对人；该行为是向公众作出时，则该行为通过广告、公告或其他方式公之于世。

第2-4:302条　意思表示的确定方法

当事人产生法律拘束力或产生相关法律效力的意思表示，应当依相对人对该当事人的陈述或行为的合理理解而确定。

第2-4:303条　权利或利益的拒绝

单方法律行为赋予相对人以权利或利益的，相对人在明示或默示接受该权利或利益之前，可以及时通知行为人拒绝该权利或利益。拒绝一旦作出，该权利或利益即被视为从未产生。

第五章　撤回权①

第一节　撤回权的行使与效力

第 2-5：101 条　适用范围及强制性

（1）本节规定适用于根据第二卷至第四卷的规定当事人在特定期限内享有撤回合同权利的情形。

（2）当事人不得为损害撤回权人的利益而排除本章规定的适用，也不得减损或变更其效力。

第 2-5：102 条　撤回权的行使

（1）撤回权以通知对方当事人的方式行使。无须说明理由。

（2）合同标的物的退回被视为撤回通知，但具体情况另有表明的除外。

第 2-5：103 条　撤回期间

（1）撤回权可以在合同订立之后、撤回期间届满之前行使。

（2）撤回期间自以下时间最晚者之后十四日截止：

（a）合同订立之时；

（b）撤回权人收到对方当事人关于撤回权的充分信息之时；

（c）合同标的为交付动产的，为收到动产之时。

（3）撤回期间至迟不得超过合同成立后一年。

（4）在撤回期间届满前发出的撤回通知为及时的通知。

第 2-5：104 条　关于撤回权的充分信息

关于撤回权的充分信息应当能适当地引起撤回权人注意到撤回权，且

---

① "'withdraw'合同或其他法律行为的权利，指无须说明理由并且无须承担债务不履行的责任，而消灭基于合同或其他法律行为而产生的法律关系的权利。"主要适用于合同订立的情形特殊，一方当事人（通常是消费者）需要特殊保护的情形，如上门推销合同、远程交易合同、分时度假合同。"withdrawal"的主要目的在于消除这些情况下当事人地位的结构性失衡，赋予消费者以"犹豫期"，供其取得相关信息并进一步考虑是否受合同拘束。"withdrawal"也不与误解、欺诈等意思表示的瑕疵相联系，无须任何特定的理由，只要满足"withdrawal"权利存在和权利行使的要件，权利人即可行使该权利，使业已存在的合同关系归于消灭。参《德国债法总论》（梅迪库斯著、杜景林与卢湛译）、《德国民法典》（陈卫佐译，第三版）、《德国债法现代化法》（邵建东、孟翰、牛文怡译和杜景林、卢湛译两个版本）、《德国新、旧债法比较研究》（齐晓琨）将此情形译为"撤回"（Widerruf）。本书亦将其译为撤回。

该信息应当以清晰易懂的语言记载于耐久介质的文本形式，说明撤回权的行使方式、撤回期间、撤回通知相对人的姓名或名称及住址等内容。

第 2-5：105 条　撤回的效力

（1）撤回将消灭当事人因合同所产生的合同关系和合同债务。

（2）消灭后恢复原状的效力，除适用本条之外，准用第三卷第三章第五节第四分节（恢复原状）的规定，但合同已为撤回权人的利益作了其他规定的除外。

（3）撤回权人已依合同支付相应款项的，经营者应当及时返还该款项，至迟不得超过该撤回生效后三十日。

（4）在以下情形下，撤回权人不承担赔偿责任：

（a）依合同所接收的财产或服务因检查和测试所引起的价值的减少；

（b）依合同所接收的财产或服务在撤回权人已经尽到合理注意义务的情况下仍然发生的损坏、灭失或损害。

（5）撤回权人对因正当使用所引起的价值减少承担责任，但撤回权人未收到关于撤回权的充分通知的除外。

（6）除本条规定之外，撤回权人行使撤回权不承担任何责任。

（7）经营者无法提供消费者所预定的财产或服务，用相同品质和相同价格的动产、其他财产或服务代替时，消费者行使撤回权的，经营者必须承担消费者因返还其依合同所收到的财产或服务所发生的费用。

第 2-5：106 条　关联合同

（1）消费者行使其撤回与经营者之间签订的提供动产、其他财产或服务的合同的权利的，撤回的效力及于关联合同。

（2）当合同部分或完全地由信贷合同提供融资的，两者之间构成关联合同，尤其是以下情形之一时：

（a）提供动产、其他财产或服务的经营者为消费者履行债务提供融资；

（b）为消费者履行债务提供融资的第三人为准备或订立信贷合同而使用了该经营者的服务；

（c）信贷合同约定为特定的动产、其他财产或服务提供融资，且两个合同之间的联系是动产、其他财产或服务的提供者或贷款的提供者推荐的；

（d）存在类似的经济联系。

（3）第 2-5：105 条（撤回的效力）的规定也相应地适用于关联合同。

（4）本条第（1）款的规定不适用于为下条第（2）款第（f）项规定的合同提供融资的信贷合同。

第二节 特别撤回权

第 2-5: 201 条 在经营场所之外磋商的合同

(1) 消费者在经营场所之外作出要约或承诺的，消费者有权撤回经营者向其提供动产、其他财产或服务的合同（包括金融服务合同①），或其向经营者提供保证的合同。

(2) 前款规定不适用于以下情况：

(a) 借助于自动售货机或自动化经营场所订立的合同；

(b) 通过使用公用电话与电信运营商订立的合同；

(c) 建筑合同和不动产买卖合同或涉及其他不动产权利的合同，但不动产租赁合同除外；

(d) 送货员定期送至消费者的家庭、住所或工作场所，提供食品、饮料或其他日常消费品的合同；

(e) 通过远程通讯方式②订立的合同，但不包括由供应人经营的有组织的远程销售或服务计划内的合同；

(f) 提供动产、其他财产或服务的合同，其中，动产、其他财产或服务的价格受金融市场波动的影响且超出供应人的控制，而这一波动可能会在撤回期间内发生③；

(g) 通过拍卖订立的合同；

(h) 保险期限不超过 1 个月的旅游和行李保险单或类似的短期保险单。

(3) 经营者仅以远程通讯方式订立合同的，在以下情形下，本条第(1)款的规定不适用：

(a) 该合同是为了提供住宿、交通、饮食或休闲服务，其中经营者承诺，合同一旦订立，即在特定日期或特定期间内提供这些服务；

(b) 该合同是为了提供金融服务之外的其他服务，根据消费者在知情的情况下所提出的明确请求，已经在第 2-5: 103 条（撤回期间）第

---

① 金融服务，是指依第 2002/65/EC 号指令第 2 条第 (b) 项规定的具有银行、信贷、保险、个人退休金、投资、结算性质的服务。参见 Christian von Bar and Eric Clive (eds), Principles, Definitions and Model Rules of European Private Law, Volume 1 (Munich: sellier. european law publishers GmbH, 2009), p. 391.

② 远程通讯方式，是指无须供应人和消费者同时亲自到场即可依第 97/7/EC 号指令第 2 款第 (4) 项第 1 句订立合同的方式。参见 Christian von Bar and Eric Clive (eds), Principles, Definitions and Model Rules of European Private Law, Volume 1 (Munich: sellier. european law publishers GmbH, 2009), p. 390.

③ 这种金融服务包括与外汇交易、货币市场工具、流通证券、金融期货合约等有关的服务。

(1)款所规定的撤回期间届满前开始履行；

(c) 该合同是为了提供动产，而这些动产是根据消费者的指令而生产，或具有明显的个性化特征，或由于其性质而无法返还，或易于腐烂，或易于迅速过期；

(d) 该合同是为了提供录音、录像制品或计算机软件，且：

(i) 消费者已将其启封；

(ii) 在以电子手段提供时，可以下载或复制以供永久使用；

(e) 该合同是为了提供报纸、期刊或杂志；

(f) 该合同提供的是赌博和博彩服务。

(4) 就金融服务而言，本条第(1)款的规定，也不适用于在消费者行使撤回权之前，已应消费者的明确请求，由双方当事人完全履行的合同。

第2-5：202条 分时度假合同

(1) 依其与经营者之间的分时度假合同取得不动产使用权的消费者，有权撤回该合同。

(2) 消费者依本条第(1)款的规定行使撤回权的，合同可以规定消费者偿还同时符合以下要求的费用：

(a) 因订立或撤回合同所产生；

(b) 为了满足必须在第2-5：103条（撤回期间）第(1)款所规定的期间届满前完成的法律手续所产生；

(c) 合理且适当；

(d) 明确规定于合同之中；

(e) 符合关于费用的相关规定。

消费者在第2-3：109条（违反告知义务的救济措施）第(1)款规定的情形下行使撤回权所产生的任何费用，消费者不负偿还义务。

(3) 在消费者可以行使撤回权的期间，经营者不能要求或受领消费者给付预付款。经营者应当返还其所收到的预付款。

第六章 代　理

第2-6：101条 适用范围

(1) 本章规定适用于因代理行为而发生的外部关系，亦即：

(a) 本人与第三人之间的关系；

(b) 代理人与第三人之间的关系。

(2) 本章规定还适用于某人并非实际代理人却自称为代理人的情形。

(3) 本章规定不适用于代理人与本人之间的内部关系。

第 2-6:102 条　定义

(1)"代理人",是指经授权(有权限)以他人(本人)名义为一定行为,从而直接影响本人对第三人的法律地位的人。①

(2) 代理人的"权限"是指能影响本人法律地位的权力。

(3) 代理人的"授权"是指代理权限的授予或维持。

(4)"无权代理"包括越权代理。

(5) 本章中的"第三人"包括在代理本人实施一定行为的同时还以个人身份充当交易相对人的代理人。

第 2-6:103 条　授权

(1) 代理人的权限可以由本人授予,也可以由法律直接规定。

(2) 本人的授权可以采取明示的方式,也可以采取默示的方式。

(3) 某人使第三人合理且善意地相信其已授权代理人实施特定行为的,该人即视为本人,并视为已对表见代理人作了相应授权。

第 2-6:104 条　代理权限的范围

(1) 代理人代理权限的范围依授权而确定。

(2) 代理人有权实施为了实现授权目的所必要的附属行为。

(3) 代理人有权授权他人(复代理人)以本人的名义实施代理人不可能亲自实施的代理行为。本章规定适用于复代理人所实施的行为。

第 2-6:105 条　代理人的行为影响本人的法律地位的情形

代理人的行为:

(a) 是以本人名义或以向第三人表明旨在影响本人法律地位的其他方式;且

(b) 在代理人的权限内实施的;

该行为影响本人对第三人的法律地位,如同本人亲自实施一样。该行为在代理人与第三人之间并不产生上述法律关系。

---

① 这里使用的是"直接影响本人的法律地位",而不是"对本人产生拘束力",是因为"拘束力"会被认为是仅指为本人设定债务而言。但是,代理人可能代理本人取得权利或履行债务,或发出或受领具有法律效力的通知。代理的一般效力在于,代理人的行为视为本人的行为,因此,代理人的行为影响了本人的法律地位,如同本人亲自实施的行为那样。这里加上"直接",是为了排除间接代理的委托中的受托人(agents)。这些人没有权限直接对本人产生拘束力,但在特定的情况下可以间接影响本人的法律地位。参见 Christian von Bar and Eric Clive (eds), Principles, Definitions and Model Rules of European Private Law, Volume 1 (Munich: sellier. european law publishers GmbH, 2009), p.415。

第 2-6：106 条　代理人以自己的名义实施代理行为

代理人尽管有代理权限，但以其自己的名义或以未向第三人表明旨在影响本人法律地位的其他方式实施一定行为的，该行为仍然影响代理人对第三人的法律地位，就像是代理人以个人身份实施的一样。该行为并不影响本人对第三人的法律地位，但法律另有特别规定的除外。

第 2-6：107 条　无代理权限而以代理人身份实施一定行为的人

（1）某人无代理权限但以本人名义或以向第三人表明旨在影响本人法律地位的其他方式实施一定行为的，该行为不影响其所称的本人的法律地位；除本条第（2）款另有规定外，在无权代理人与第三人之间也不产生法律关系。

（2）未经本人追认的，无权代理人应当赔偿第三人因此所遭受的损害，以使第三人处于行为人有权代理时所处的状况。

（3）第三人知道或应当知道行为人无代理权限的，不适用第（2）款的规定。

第 2-6：108 条　未明确的本人

代理人为本人实施一定行为，本人的身份应在其后披露，但在第三人请求后的合理期限内未予披露的，代理人被视为以个人身份实施该行为。

第 2-6：109 条　利益冲突

（1）代理人实施的行为使代理人陷于利益冲突，且第三人知道或应当知道的，本人可依第 2-7：209 条（撤销通知）至第 2-7：213 条（部分撤销）的规定撤销该行为。

（2）有以下情形之一的，推定存在利益冲突：

（a）该代理人同时充当该第三人的代理人的；

（b）交易是代理人代表本人与代理人自己之间进行的。

（3）但是，在以下情况下，本人不能撤销该行为：

（a）代理人事先征得了本人的同意的；

（b）代理人已经向本人披露了利益冲突，但本人未在合理期限内表示反对的；

（c）本人通过其他途径知道或应当知道代理人陷入利益冲突，但未在合理期限内表示反对的；

（d）因其他原因，代理人有权依第 4.4-5：101 条（与自己订立合同）和第 4.4-5：102 条（双方委托）的规定对本人实施该行为的。

第 2-6：110 条　复数代理人

数个代理人都有代理权限为同一本人实施一定行为的，每个代理人可以单独实施代理行为。

第 2-6：111 条 追认

（1）某人无代理权限而以代理人身份实施一定行为的，本人可以对该行为予以追认。

（2）一经追认，该行为即被视为有权代理所实施的行为，且不影响其他人的权利。

（3）第三人知道某行为的实施是无权代理，可以通知本人并确定合理的追认期间。本人未在该期间内追认该行为的，以后不能再予追认。

第 2-6：112 条 代理权限终止或受到限制的效力

（1）尽管代理人的代理权限已经终止或受到限制，但在第三人知道或应当知道代理权限终止或受到限制之前，代理人的代理权限对该第三人继续存在。

（2）本人对第三人负有不得终止或限制代理权限的义务的，尽管该代理权限已经终止或受到限制，且第三人知道或应当知道的，代理人的代理权限继续存在。

（3）代理权限的终止或限制是以与代理权限最初授予相同的方式通知或公告的，推定第三人应当知道代理权限已经终止或受到限制。

（4）尽管代理权限已经终止，但为保护本人或其继受人的利益，代理人仍有权在合理期限内实施必要的代理行为。

第七章 效力欠缺的情形[①]

第一节 一般规定

第 2-7：101 条 适用范围

（1）本章规定以下事项的效力：

---

① 本示范规则规定的合同和其他法律行为效力上的瑕疵包括"ineffective"、"invadity"等，其中，"ineffective"通译为不生效，但根据上下文另有所指的除外，如第九卷中有的是指不具有对抗效力；第七卷中有的是指无效；"invadity"涵盖"voidance"【（自始、绝对）无效】和"avoidance"【撤销，本卷评述中又称相对无效】。"法律行为或法律关系的'avoidance'，指一方当事人或法庭（视具体情况而定），援引一项无效事由，使得原本有效的法律行为或法律关系溯及地自始无效。"为与（自始）无效（voidance）相区别，将其译为撤销。"invadity"是"voidance"和"avoidance"的上位阶概念，直译应是效力欠缺，为使条文行文流畅，翻译时对之做了灵活处理。

(a) 误解、欺诈、威胁或乘人之危；
(b) 违反基本原则或强制性规定。
(2) 本章不调整行为能力欠缺的问题。
(3) 本章适用于与合同相关的事项，并准用于其他法律行为。

第 2-7：102 条　自始不能或无处分权

不能仅因合同订立时债务履行不能或当事人对合同所涉及的财产无权处分，而认定合同全部或部分无效。

第二节　意思表示的瑕疵

第 2-7：201 条　误解①

(1) 在以下情况下，当事人可以以合同成立时对事实或法律的误解为由而撤销合同：

(a) 如果不是因为误解，该当事人不会订立合同或只会以完全不同的条款订立合同，且对方当事人知道或应当知道的；且

(b) 对方当事人：

(i) 引起了该误解；

(ii) 知道或应当知道该误解，仍违背诚实信用与公平交易原则，使当事人在误解的情形下错误地订立了合同；

(iii) 因未能遵守先合同告知义务或提供纠正输入错误手段的义务，从而导致合同被错误地订立；或

(iv) 产生相同的误解。

(2) 但是，在以下情况下，当事人不得以误解为由而撤销合同：

(a) 在当时的情况下误解不可原谅；

(b) 该误解的风险由该当事人承担或在当时的情况下应由该当事人承担。

第 2-7：202 条　沟通时的不准确视为误解

作出或发出的某一陈述在表达或传达上不准确，视为陈述人的误解。

第 2-7：203 条　误解情形下合同的变更

(1) 一方当事人有权以误解为由而撤销合同，但对方当事人已经依撤

---

① 原文为"mistake"，又译为"错误"，依我国民法上的习惯称谓，将之译为"误解"。本条评述中也将其解释为"misapprehension"（"误解"）。参见 Christian von Bar and Eric Clive（eds），Principles, Definitions and Model Rules of European Private Law, Volume 1 (Munich: sellier. european law publishers GmbH, 2009), p.457.

销权人的理解依合同履行了债务，或表达了履行债务的意愿的，合同被视为已经依该当事人所理解的那样成立。这一规定仅适用于如下情形：对方当事人在被告知撤销权人对合同的理解方式后，撤销权人基于对撤销通知的信赖实施一定行为之前，及时地履行了债务或表达了履行债务的意愿。

(2) 在履行债务或表达履行意愿之后，撤销权即告消灭，且此前任何撤销通知也不生效力。

(3) 双方当事人产生相同的误解的，法庭可应任何一方当事人的请求，按照如无误解则当事人可能合理地同意的内容使合同发生效力。

第 2-7：204 条　因信赖错误信息所受的损失的责任

(1) 在以下情况下，基于对对方当事人在磋商过程中提供的错误信息的合理信赖而订立合同的当事人，有权要求赔偿因此受到的损失：

(a) 信息提供人认为信息是错误的或没有合理理由认为信息是正确的；

(b) 信息提供人知道或应当知道信息受领人在决定是否以商定的条款订立合同时将依赖该信息。

(2) 即使不存在合同撤销权，本条规定也适用。

第 2-7：205 条　欺诈

(1) 一方当事人通过语言或行为形式的欺诈性不实陈述，或欺诈性地不披露根据诚实信用与公平交易原则以及先合同告知义务的要求应予披露的信息，从而诱使对方当事人订立合同的，对方当事人可以撤销合同。

(2) 知道或确信陈述虚假，并旨在诱使信息受领人产生误解的，该不实陈述即具有欺诈性。不披露信息的意图在于使对方当事人产生误解的，该不披露信息的行为也具有欺诈性。

(3) 在确定当事人是否应依诚实信用与公平交易原则披露特定信息时，应考虑所有具体情况，包括：

(a) 当事人是否拥有特殊专业知识；

(b) 当事人获取相关信息的成本；

(c) 对方当事人能否通过其他手段合理获取该信息；

(d) 该信息对对方当事人是否具有明显的重要性。

第 2-7：206 条　强迫或威胁[①]

(1) 一方当事人强迫对方当事人订立合同，或以现实且严重的危害相

[①] 强迫 (coercion) 通常会涉及威胁 (threats)，但并不必伴有威胁。参见 Christian von Bar and Eric Clive (eds), Principles, Definitions and Model Rules of European Private Law, Volume 1 (Munich: sellier. european law publishers GmbH, 2009), p. 500。

威胁而导致对方当事人订立合同，而威胁行为本身不合法，或不当地利用合法行为作为订立合同的手段的，对方当事人即可撤销该合同。

（2）受威胁的一方在当时的具体情况下有合理的选择机会的，威胁不被视为导致了合同订立。

第 2-7：207 条　乘人之危

（1）合同订立时出现以下情形的，当事人可以撤销合同：

（a）该当事人依赖于对方当事人或与之有一种信任关系、经济上窘迫或有急迫需要、不谨慎、不知情、无经验或缺乏交易技巧；

（b）对方当事人知道或应当知道这一情况，并且，考虑到具体情况和合同目的，利用了当事人的这一状况，从而获得了额外的利益或非常不公平的优势地位。

（2）应撤销权人的要求，法庭可对合同进行适当变更，使之符合如果遵守了诚实信用与公平交易原则的要求，双方可能达成一致的内容。

（3）撤销权人发出因乘人之危的撤销通知的，对方当事人在收到该通知之后，撤销权人基于对该通知的信赖而实施一定行为之前，及时告知了撤销权人，法庭也可以应对方当事人的请求，对合同作类似变更。

第 2-7：208 条　第三人

（1）其行为由某一方合同当事人承担责任或经某一方当事人同意参与了合同订立的第三人：

（a）引起了误解，或知道或应当知道误解的；

（b）对欺诈、强迫、威胁或乘人之危负有责任；

本节规定的救济措施可以适用，第三人的行为或知情视为是当事人的行为或知情。

（2）其行为不由某一方合同当事人承担责任且某一方当事人并未同意其参与合同订立的第三人，对欺诈、强迫、威胁或乘人之危负有责任，且如果当事人知道或应当知道相关事实，或在合同被撤销时尚未基于对合同的信赖而实施一定行为的，本节规定的救济措施可以适用。

第 2-7：209 条　撤销通知

本节所规定的撤销，自通知对方当事人时生效。

第 2-7：210 条　撤销期间

考虑到具体情况，撤销权人未在知道或应当知道相关事实或能够自由行动后的合理期限内发出本节规定的撤销通知的，该撤销通知不生效力。

第 2-7：211 条　对合同效力的确认

根据本节规定享有撤销权的合同当事人，在撤销期间起算后明示或默示地对合同效力进行了确认的，不得再撤销合同。

第 2-7：212 条　撤销的法律后果

（1）依本节规定被撤销的合同在被撤销之前仍然有效；一旦被撤销，则该合同溯及地自始无效。

（2）合同依本节规定被撤销的，当事人是否有权请求返还依该合同移转或提供的一切财产或与之相当的价款的问题，适用不当得利的有关规定。

（3）合同依本节规定被撤销的，撤销对已依该合同移转的财产所有权的效力，适用有关财产转让的规定。

第 2-7：213 条　部分撤销

本节所规定的撤销事由仅影响部分合同条款的，撤销的效力仅及于这些条款，但在适当考虑了所有具体情况后，继续维持合同剩余部分的效力将导致不合理的，除外。

第 2-7：214 条　损失的赔偿

（1）根据本节规定享有撤销权的合同当事人（或因期间届满或确认而导致撤销权丧失之前享有该权利的当事人），不论合同是否被撤销，均有权要求对方当事人就其因误解、欺诈、强迫、威胁或乘人之危而遭受的任何损失承担赔偿责任，但以对方当事人知道或应当知道撤销事由为条件。

（2）可获得的赔偿应使受损害的当事人尽可能处于假如合同没有订立时其所处的状态，进一步的限制是，如果当事人未撤销合同，则赔偿不得超过由于误解、欺诈、强迫、威胁或乘人之危所造成的损失。

（3）有关不履行合同债务的损害赔偿的规定可以准用于其他方面。

第 2-7：215 条　救济措施的排除或限制

（1）不得排除或限制对欺诈、强迫、威胁以及乘人之危的救济措施。

（2）可以排除或限制对误解的救济措施，但该排除或限制违背诚实信用与公平交易原则的除外。

第 2-7：216 条　竞存的救济措施

当事人有权根据本节规定获得救济，也可以依具体情况寻求不履行合同的救济的，可以选择任一种救济措施。

第三节　对基本原则或强制性规定的违反

第 2-7：301 条　违反基本原则的合同

在以下情形下，合同无效：

（a）违反了欧盟成员国法律确认的基本原则；

（b）为了贯彻该原则，合同必须无效。

第2-7：302条 违反强制性规定的合同

（1）根据前条规定并非无效但违反了法律强制性规定的合同，如果强制性规定明确规定了违反该规定对合同效力的影响，从其规定。

（2）强制性规定没有明确规定违反该规定对合同效力的影响的，法庭可以：

（a）宣告该合同有效；

（b）撤销该合同，使合同全部或部分溯及地无效；

（c）变更合同或其效力。

（3）根据本条第（2）款的规定所作出的裁定，应当与违反规定的具体情况相适应、成比例，这些情况包括：

（a）违反该规定的目的；

（b）该规定保护的人的类型；

（c）根据所违反的规定可施加的制裁；

（d）违反的严重程度；

（e）违反是否是故意的；

（f）该违反与合同之间关系的密切程度。

第2-7：303条 无效或被撤销的法律后果

（1）合同依本节规定被全部或部分认定无效或被撤销后，当事人是否有权请求返还该合同所移转或提供的一切财产或与之相当的价款的问题，适用不当得利的有关规定。

（2）合同依本节规定被全部或部分认定无效或被撤销的，无效或撤销对已依该合同部分移转的财产所有权的效力，适用有关财产转让的规定。

（3）本条规定受法庭变更合同或变更其效力的权力的限制。

第2-7：304条 损失的赔偿

（1）根据本节规定全部或部分无效或被撤销的合同的一方当事人，有权要求对方当事人赔偿其因合同无效或被撤销所遭受的损失，但以一方当事人不知道或不应当知道该违反且对方当事人知道或应当知道该违反为条件。

（2）可获得的赔偿应使受损害的当事人尽可能处于假如合同没有订立或违反规定的条款没有规定于合同中时其所处的状态。

第八章 解　释

第一节　合同的解释

第 2-8:101 条　一般规则

（1）合同应当根据当事人的共同意思进行解释，尽管这样会不同于合同用语的字面含义。

（2）一方当事人拟赋予合同或其中条款或表述以特定含义，而在合同订立时对方当事人已经知道或应当知道该意思的，合同应当按照第一方当事人的意思进行解释。

（3）但是，在以下情形下，合同应当按照理性人所理解的含义进行解释：

（a）不能依前款规定确定当事人的意思的；

（b）合同疑义因某人而引起，而该人既非原合同当事人，依法也不比该当事人享有更多的权利，该人并合理且善意地信赖合同的表面含义。①

第 2-8:102 条　相关重要事项

（1）解释合同时，尤其应当考虑以下因素：

（a）合同订立时的具体情况，包括前期磋商情况；

（b）当事人的行为，包括合同订立后的行为；

（c）当事人对他们此前订立的合同或业已确立的习惯做法中所使用的相同或类似的条款或表述已经作出的解释；

（d）在相关行业中，此类条款或表述的通常含义以及对此类条款或表述已经作出的解释；

（e）合同的性质与目的；

---

① 本项主要是针对受让人而言。受让人对原合同对方当事人的权利不会多于让与人。受让人承担许多风险，其中包括合同订立后依原当事人之间的协议而变更的风险。如果允许受让人利用合同条款的表面含义，而当事人之间的真实意思又与此不同，则可能出现一方当事人借助于让与而欺骗对方当事人的情形。这将有悖于诚实信用与公平交易原则。参见 Christian von Bar and Eric Clive（eds），Principles，Definitions and Model Rules of European Private Law，Volume 1（Munich：sellier. european law publishers GmbH，2009），p.556。

（f）惯例；

（g）诚实信用与公平交易。

（2）疑义因某人而引起，而该人既非原合同当事人，依法也不比该当事人享有更多的权利，该人并合理且善意地信赖合同的表面含义的，应当考虑前款第（a）项至第（c）项的因素，但以该人知道或应当知道这些因素为条件。

第 2-8:103 条　不利于条款提供人或处于支配地位的当事人的解释

（1）对未经个别磋商的合同条款有疑义时，不利于条款提供人的解释优先。

（2）对其他条款有疑义，且该条款的形成取决于一方当事人的决定性的作用的，不利于该方当事人的解释优先。

第 2-8:104 条　个别磋商条款优先

经过个别磋商的条款优先于未经个别磋商的条款。

第 2-8:105 条　整体解释

条款或表述应当根据其所处的整个合同进行解释。

第 2-8:106 条　有效解释优先

使合同条款合法或有效的解释优先于不具有此种效果的解释。

第 2-8:107 条　语言上的矛盾

合同文件采用了两种或两种以上的语言版本，且没有一种版本被确定为权威版本的，如果不同版本之间存在矛盾，依最初起草的合同版本所作的解释优先。

第二节　其他法律行为的解释

第 2-8:201 条　一般规则

（1）单方法律行为应当按照相对人合理期待的理解方式进行解释。

（2）作出法律行为的人拟赋予其行为或其中使用的条款或表述以特定含义，而在该行为作出时相对人知道或应当知道该意思的，该行为应当按照行为人的意思进行解释。

（3）但是，在以下情形下，该行为应当按照理性人所理解的含义进行解释：

（a）本条第（1）款与第（2）款都不能适用的；

（b）疑义因某人引起，而该人既非行为相对人，依法也不比该行为相对人享有更多的权利，该人并合理且善意地信赖该行为的表面含义的。①

第 2-8：202 条　其他规则的类推适用

除第 2-8：101 条之外，本章第一节中的其他规定准用于合同之外的法律行为的解释。

第九章　合同的内容与效力

第一节　合同的内容

第 2-9：101 条　合同条款

（1）合同条款可以来源于当事人之间明示或默示的合意、法律规定或双方当事人业已确立的习惯做法或惯例。

（2）有必要就当事人没有预见或没有规定的事项作出规定时，法庭可在特别考虑了以下因素之后推定一个附加条款：

（a）合同的性质与目的；

（b）订立合同时的具体情况；

（c）诚实信用与公平交易原则的要求。

（3）根据本条第（2）款的规定所推定的任何条款，在可能的情况下，应像当事人如对该事项作出规定则会同意的内容那样发生法律效力。

（4）当事人故意遗留某一事项不作规定，并愿意接受因此所导致的后果的，本条第（2）款规定不适用。

第 2-9：102 条　视为合同条款的先合同陈述

（1）一方当事人在合同订立前所作的陈述，在对方当事人合理地理解该陈述的作出是基于合同如订立该陈述即构成其中一部分时，视为合同条款。在确定对方当事人是否以该方式合理地理解该陈述时，应当考虑以下因素：

（a）该陈述对对方当事人的明显的重要性；

（b）当事人是否在其经营活动中作出该陈述；

---

① 原文为："who has reasonably and in good faith relied on the contract's apparent meaning"，疑有误。本条所针对的是单方法律行为而非合同。

(c) 当事人的相关专业知识。

(2) 合同一方当事人是经营者，并于合同订立前就其依合同将提供的财产或服务所具有的具体特征向对方当事人或公众作了陈述的，该陈述视为合同条款，但以下情形除外：

(a) 在合同订立时，对方当事人意识到或应当意识到该陈述不正确或因其他原因不会信赖其将作为合同条款；

(b) 对方当事人订立合同的决定未受该陈述的影响。

(3) 在本条第（2）款中，为经营者从事广告或营销活动的人所作的陈述，视为经营者所作的陈述。

(4) 对方当事人是消费者的，在本条第（2）款中，由生产者或处于生产者与消费者之间的商业链条中的其他人所作的或代表这些人所作的公开陈述，视为经营者所作的陈述，但该经营者在合同订立时不知道或不应当知道该陈述的除外。

(5) 在本条第（4）款所规定的情形下，在合同订立时不知道或不应当知道该陈述不正确的经营者，有权向作出该陈述的人就该款引起的任何责任请求补偿。

(6) 就经营者与消费者之间的关系，当事人不得为损害消费者的利益而排除本条规定的适用，也不得减损或变更其效力。

第 2-9：103 条　未经个别磋商的条款

(1) 一方当事人提供的且未经个别磋商的条款，只有在合同订立之前或之时对方当事人已意识到该条款的存在，或条款提供人已采取合理措施提醒对方注意该条款的，才能被援引以对抗对方当事人。

(2) 合同拟以电子手段订立的，提供未经个别磋商的条款的一方当事人，只有在对方当事人可以以文本形式获得该条款时，才能援引该条款对抗对方当事人。

(3) 在本条中，

(a) "未经个别磋商"的含义与第 2-1：110 条（"未经个别磋商的"条款）的含义相同；

(b) 仅在合同文件中提及某条款，即使当事人已签署了合同文件，也不能被认为已充分提醒对方当事人注意。

第 2-9：104 条　价款的确定

依合同应支付的价款不能通过当事人已达成的条款、其他相应的法律规定、惯例或习惯做法加以确定的，应予支付的价款为合同订立时在类似情况下通常收取的价款；没有这一类价款的，为合理价款。

第 2-9：105 条　当事人单方确定

价款或其他合同条款应由一方当事人确定，但该当事人的确定非常不合理的，尽管合同条款有相反规定，仍应以合理的价款或条款加以替代。

第 2-9：106 条　第三人确定

(1) 价款或其他任何合同条款应由第三人确定，但该第三人不能或不愿意确定的，法院可指定其他人加以确定，但这一指定不符合合同条款的除外。

(2) 第三人确定的价款或其他条款非常不合理的，应以合理的价款或条款加以替代。

第 2-9：107 条　对不存在的因素的参照

价款或其他合同条款需要参照某一因素确定，而该因素尚不存在、不再存在或不便于取得的，应当以最为接近的相当的因素加以替代，但在具体情况下此替代将产生不合理的除外，此时应以合理的价款或条款加以替代。

第 2-9：108 条　质量

依合同应予供应或提供的财产或服务的质量，不能通过当事人已达成的条款、其他相应的法律规定、惯例或习惯做法加以确定的，质量应当符合在当时具体情况下受领人所能合理期待的质量标准。

第 2-9：109 条　语言

与合同或因其所产生的债权债务相关的通讯所使用的语言，不能通过当事人已达成的条款、其他相应的法律规定、惯例或习惯做法加以确定的，应当以订立合同所使用的语言为准。

第二节　虚伪合同

第 2-9：201 条　虚伪合同的效力

(1) 当事人已订立一个合同或一个表面上的合同，且当事人故意使合同表面上的效力不同于当事人真实想发生的效力的，以当事人的真实意思为准。

(2) 但是，某人既非原合同当事人或表面上的合同当事人，依法也不比该当事人享有更多的权利，该人并合理且善意地信赖合同表面效力的，应当以表面上的效力为准。

第三节　为第三人利益条款的效力

第 2-9：301 条　基本规则

(1) 合同当事人可以通过合同授予第三人权利或其他利益。在合同订立时，该第三人不必已经存在或特定化。

（2）第三人的权利或利益的性质与内容由合同决定，并受合同中的条件或其他限制的拘束。

（3）授予利益可以采取免除或限制第三人对一方当事人的责任的方式。

第 2-9：302 条　权利、救济与抗辩

一方当事人依照合同应向第三人履行债务的，在合同没有相反规定的情况下：

（a）第三人享有同样的履行请求权和就债务不履行寻求救济的权利，如同合同当事人依其为第三人利益作出具有拘束力的单方允诺应当履行一样；

（b）合同当事人可以向第三人主张其可向对方当事人主张的所有抗辩。

第 2-9：303 条　利益的拒绝或撤销

（1）第三人可以通知任一方合同当事人拒绝该权利或利益，第三人应在收到关于权利或利益的通知之后，明示或默示地接受之前，及时地拒绝。一旦拒绝，该权利或利益被视为从未属于该第三人。

（2）合同当事人可以撤销或变更授予权利或利益的合同条款，撤销或变更应在任一方当事人向第三人发出授予权利或利益的通知之前进行。此后，该权利或利益是否可以撤销或变更、由谁撤销或变更以及在何种情况下撤销或变更，由合同决定。

（3）即使授予权利或利益的合同是可撤销或可变更的，如果双方当事人或有撤销权或变更权的当事人，已经使第三人相信这种权利或利益是不可撤销或变更的，且第三人已经基于这一信赖实施了一定行为，撤销或变更的权利即告丧失。

第四节　不公平条款

第 2-9：401 条　本节规定的强制性

当事人不得排除本节条款的适用，也不得对其效力进行减损或变更。

第 2-9：402 条　未经个别磋商条款的明晰义务

（1）提供未经个别磋商的条款的一方，应当以浅显易懂的语言草拟和传送这些条款。

（2）在经营者与消费者订立的合同中，经营者提供的条款违反了本条第（1）款所规定的明晰义务，即可认定为不公平条款。

第 2-9：403 条　经营者与消费者订立的合同中"不公平"的含义

在经营者与消费者订立的合同中，某条款（未经个别磋商）由经营者提供且明显不利于消费者，有悖于诚实信用与公平交易原则的，即构成本节意义上的不公平条款。

第 2-9：404 条　非经营者之间订立的合同中"不公平"的含义

在非经营者之间订立的合同中，由一方当事人所提供的条款构成了格式条款，且明显不利于对方当事人，有悖于诚实信用与公平交易原则的，该条款即构成本节意义上的不公平条款。

第 2-9：405 条　经营者之间订立的合同中"不公平"的含义

在经营者之间订立的合同中，由一方当事人所提供的条款构成了格式条款，且严重地偏离了良好商事实践，有悖于诚实信用与公平交易原则的，该条款即构成本节意义上的不公平条款。

第 2-9：406 条　不公平判断的排除

(1) 合同条款基于以下规定而拟定的，无须经过本节所规定的不公平判断：

(a) 相应的法律规定；

(b) 欧盟成员国或欧盟本身作为缔约国（方）的国际公约；

(c) 本示范规则。

(2) 对于以明白易懂的语言草拟的合同条款，无论是对合同主要标的①的界定还是对拟支付价款的适当性，都无须进行不公平判断。

第 2-9：407 条　进行不公平判断的考量因素

(1) 对合同条款进行本节意义上的不公平判断时，应当考虑以下因素：第 2-9：402 条（未经个别磋商条款的明晰义务）所规定的明晰义务，依合同所提供的财产或服务的性质，合同订立过程中的主要情况，合同的其他条款以及该合同所依赖的其他合同的条款。

(2) 就第 2-9：403 条（经营者与消费者订立的合同中"不公平"的含义）而言，合同订立过程中的主要情况包括合同订立前消费者了解这些条款的机会以及了解的程度。

第 2-9：408 条　不公平条款的效力

(1) 依本节规定认定的不公平条款对非提供人不具有拘束力。

---

① 合同主要标的，是指合同的债务特征和类型。参见 Christian von Bar and Eric Clive (eds), Principles, Definitions and Model Rules of European Private Law, Volume 1 (Munich: sellier. european law publishers GmbH, 2009), p. 648。

（2）没有该不公平条款，合同的效力仍可合理地维系的，合同的其他条款对双方当事人仍然具有拘束力。

第 2-9：409 条　专属管辖权条款

（1）经营者与消费者订立的合同中，由经营者提供的某一条款，规定该合同所产生的所有争议均由经营者所在地法庭专属管辖的，该条款即构成本节意义上的不公平条款。

（2）所选择的法庭也是消费者居住地的法庭的，本条第（1）款的规定不适用。

第 2-9：410 条　经营者与消费者订立的合同中不公平条款的推定

（1）在经营者与消费者订立的合同中，由经营者提供的某一条款具有以下情形之一的，推定为本节意义上的不公平条款：

（a）排除或限制了经营者因其作为或不作为而给消费者造成人身伤亡所应承担的责任；

（b）不适当地排除或限制了消费者因经营者不履行合同债务而有权向经营者或第三人主张的救济措施，这些救济措施包括抵销权；

（c）规定消费者受附条件的债务的拘束，而该条件的成就完全取决于经营者的意思；

（d）规定经营者在消费者不打算订立合同或履行合同债务的情况下仍然可以保有消费者所支付的款项，而没有规定消费者在相反的情况下可以从经营者获得相当数额的赔偿；

（e）规定不履行债务的消费者支付过高的损害赔偿金；

（f）赋予经营者任意撤回或解除合同关系的权利，但却没有赋予消费者同样的权利，或赋予经营者在未向消费者提供服务的情况下撤回或解除合同关系，却仍然有权保留消费者所支付的款项；

（g）规定经营者无须合理通知即可解除不定期合同关系，但经营者有重大理由的除外；这一规定不影响存在正当理由的金融服务合同中的条款，只要规定服务提供人必须迅速告知其他合同当事人为条件；

（h）在规定了不合理的过早的截止日期的情况下，规定只要消费者未作相反表示，合同即可自动续展一定的期限；

（i）规定经营者无须合同明确规定的正当理由即可单方变更合同条款；这一规定并不影响金融服务的提供者在存在正当理由的情况下，无须通知即可变更消费者的存贷款利率或其他金融服务费用的条款的效力，只要规定金融服务提供者必须迅速告知消费者，且消费者有权立即自由地解除合同关系；这一规定也不影响经营者单方变更不定期合同的条件的条款的效力，只要规定经营者必须合理地通知消费者且消费者能自由地解除合同关系；

（j）规定经营者无须正当理由即可单方面地改变所提供的动产、其他财产或服务的特性；

（k）规定动产或其他财产的价款在交付或供货时决定，或规定经营者可以提高价款，而在提高的价款相对于合同订立时达成的价款过高时，消费者却不享有撤回权；这一规定不影响合法的价格指数化条款的效力，只要明确规定价格变化的方法；

（l）规定经营者有权确定所提供的动产、其他财产或服务是否符合合同要求，或规定经营者享有对合同条款的最终解释权；

（m）限制经营者履行其代理人所承诺的义务，或规定这一承诺必须按照特定的程序作出；

（n）规定在经营者不履行义务的情况下消费者仍应履行全部义务；

（o）规定经营者可以未经消费者同意而转移其合同权利和义务，而转移权利义务将减少消费者现有的瑕疵担保请求权；

（p）排除或限制消费者采取法律行动或采取其他救济措施的权利，特别是规定消费者将纠纷提交至非法定的仲裁程序，不正当地限制消费者可能获得的证据，或将举证责任转移给消费者；

（q）规定经营者在消费者预订的财产或服务无法提供时可以提供其他相当的财产或服务，而没有规定经营者应明确告知消费者这种可能性，也没有规定经营者应明确告知消费者如果消费者行使撤回权，返还收到的财产或服务所发生的费用应由经营者承担。

（2）前款第（g）、（i）和（k）项不适用于以下情形：

（a）流通证券、金融工具的交易以及其他产品或服务的交易，其价格与股票交易市场行情或指数或金融市场利率的波动相联系，已经超出经营者的控制范围；

（b）外汇、旅行支票或用外币标价的国际汇款单的买卖合同。

第三卷 债务及相应的债权

第一章 一般规定

第 3-1:101 条 本卷的适用范围

本卷规定适用于本示范规则所规定的所有债务及相应的债权①,不管其是否因合同而生,但另有规定的除外。

第 3-1:102 条 定义

(1) 债务,是指法律关系中的一方当事人(债务人)对对方当事人(债权人)所负的为一定履行的义务。

(2) 债务履行,是指债务人为依据该债务应为的行为,或不为依据该债务不应为的行为。

(3) 债务不履行,是指债务的任何不履行,而不论其是否可以免责,包括迟延履行以及其他不符合有关债务规定的任何履行。

(4) 有以下情形之一的,一项债务与另一项债务构成对待履行关系:

(a) 一项债务的履行是为了换取另一项债务的履行;

(b) 一项债务是为了便于或接受另一项债务的履行;

(c) 一项债务与另一项债务或其标的存在明显的联系,可以合理地认为该项债务的履行依赖于另一项债务的履行。

---

① "a right to performance",直译为"履行请求权",在本卷中,其含义等同于"债权"。应当注意的是,请求权是指权利主体请求义务主体为特定行为的权利,债权是债权人可请求债务人为给付。因此,就权利的作用而言,债权为请求权。请求权固为债权的主要作用,请求权亦多因债权而生,但两者之间仍有不同,债权是以权利为标的为视角,而请求权是以权利的作用为视角;债权除具有请求权的作用之外,特殊情形下还可发生代位权、形成权(撤销权、解除权、终止权)、抗辩权,作用的范围比请求权广;请求权除由债权发生外,尚可由物权、人身权及占有而发生,来源较债权为广。参见邱聪智:《新订民法债编通则》(上册),9 页,北京,中国人民大学出版社,2003。

(5) 有关债务的规定（the terms regulating an obligation）可能源自合同、其他法律行为、法律、具有法律拘束力的惯例或习惯做法，或法庭裁定；有关债权的规定（the terms regulating a right）也是如此。

第 3-1：103 条　诚实信用与公平交易

(1) 行为人履行债务、行使债权、就债务不履行寻求救济或提出抗辩，行使解除合同债务或合同关系的权利，均有义务遵守诚实信用与公平交易原则。

(2) 不得通过合同或其他法律行为排除或限制本义务。

(3) 该义务的违反并不直接产生对债务不履行的救济，但可以阻却违反义务的人行使或信赖其本可以行使或信赖的权利、救济或抗辩。

第 3-1：104 条　合作

债务人在履行债务时，在合理期待的范围内，债权人与债务人有彼此合作的义务。

第 3-1：105 条　非歧视

第二卷第二章（非歧视）的规定准用于以下情形：

(a) 债务的履行是向公众提供动产、其他财产或服务或提供获得这些动产、其他财产或服务的途径的；

(b) 行使请求履行这些债务的权利或就这些债务的不履行寻求救济或提出抗辩；

(c) 行使解除这些债务的权利。

第 3-1：106 条　附条件的债权和债务

(1) 关于债权、债务或合同关系的规定，可以规定债权、债务或合同关系以将来不确定事件的发生为条件，只有在事件发生时才发生效力（停止条件）或在事件发生时失去效力（解除条件）。

(2) 停止条件成就时，相关的债权、债务或合同关系发生效力。

(3) 解除条件成就时，相关的债权、债务或合同关系失其效力。

(4) 一方当事人违反诚实信用与公平交易原则或合作义务，为自己的利益而干扰条件的成就或不成就的，对方当事人可以根据具体情况视条件为未成就或成就。

(5) 合同债务或合同关系因解除条件成就而消灭的，因此所产生的恢复原状的效力准用本卷第三章第五节第四分节（恢复原状）的规定。

第 3-1：107 条　附期限的债权和债务

(1) 关于债权、债务或合同关系的规定，可以规定债权、债务或合同关系在特定时间，或经过特定期间，或确定会发生的事件发生时，发生效力或失去效力。

(2) 无须采取进一步的措施，债权、债务或合同关系将在该时间到来时或该事件发生时发生效力或失去效力。

(3) 合同债务或合同关系根据本条规定消灭的，因此所发生的恢复原状的效力准用本卷第三章第五节第四分节（恢复原状）的规定。

第 3-1：108 条　依协议变更或解除

(1) 债权、债务或合同关系可以在任何时间依协议而变更或解除。

(2) 当事人没有规定解除的效力的，则：

(a) 解除的效力仅对将来发生，并不影响解除前因不履行债务所产生的损害赔偿请求权和支付约定款项请求权；

(b) 解除不影响争议解决条款或其他即便在解除后仍应施行的条款的效力；

(c) 在解除合同债务或合同关系时，因此所发生的恢复原状的效力准用本卷第三章第五节第四分节（恢复原状）的规定。

第 3-1：109 条　依通知变更或解除

(1) 任一方当事人均可依有关债权、债务或合同关系的规定以通知的形式变更或解除债权、债务或合同关系。

(2) 在合同债务需要持续或定期履行的情况下，合同条款并未规定合同关系在何时消灭或规定合同关系将永久存续的，任一方当事人均可在合理期限内通知对方当事人解除合同。在判断通知期间是否合理时，可以考虑履行和对待履行之间的时间间隔。

(3) 当事人没有规定解除的效力的，则：

(a) 解除的效力仅对将来发生，并不影响解除前因不履行债务所产生的损害赔偿请求权和支付约定款项请求权；

(b) 解除不影响争议解决条款或其他即便在解除后仍应施行的条款的效力；

(c) 在解除合同债务或合同关系时，因此所发生的恢复原状的效力准用本卷第三章第五节第四分节（恢复原状）的规定。

第 3-1：110 条　法庭依情势变更而变更或解除

(1) 即使履行因成本的增加或履行对价的减少而变得更为困难，债务仍须得到履行。

(2) 但是，合同债务或产生于单方法律行为的债务的履行因客观情势的异常变更而变得很困难，仍然要求债务人履行债务明显不公平的，法庭可以：

(a) 变更债务内容，使其在新情势下变得合理和公平；或

(b) 按照法庭确定的时间和条件解除债务。

(3) 本条第（2）款的规定仅适用于以下情形：

(a) 情势的变更发生于债务成立之后；

(b) 债务人在债务成立时没有考虑到，且不可能考虑到该情势变更的可能性或程度；

(c) 债务人没有承担且不应当承担该情势变更的风险；

(d) 债务人已经合理和善意地尝试通过磋商对有关债务的规定作合理与公平的调整。

第 3-1：111 条　默示延期

合同规定了债务在某一确定的期间内持续履行或重复履行，且在该期间届满后双方当事人继续履行债务的，该合同即成为不定期合同，但具体情况与当事人对该延期的默示同意不一致的除外。

第二章　履　行

第 3-2：101 条　履行地点

(1) 债务履行的地点不能依有关债务的规定进行确定的，则：

(a) 金钱债务以债权人营业地为履行地点；

(b) 其他债务以债务人营业地为履行地点。

(2) 在前款中：

(a) 当事人的营业地不止一处的，其中与债务有最密切联系的营业地为前款所称的营业地；

(b) 当事人没有营业地的，或债务内容与营业事项无关的，以经常居住地替代前款所称营业地。

(3) 在本条第（1）款规定适用的情形，当事人在债务成立之后变更营业地或经常居住地而导致履行费用增加的，该方当事人应当负担该增加了的费用。

第 3-2：102 条　履行时间

(1) 债务履行的时间或期间不能依有关债务的规定进行确定的，债务必须在债务产生后的合理期限内得以履行。

(2) 债务履行的期间可依有关债务的规定加以确定的，债务人可以选择在该期间内的任何时间履行债务，但具体情况表明应由债权人选择具体

时间的除外。

（3）除非当事人另有约定，经营者必须在合同订立后三十日内向消费者履行以远程方式订立的提供动产、其他财产或服务的合同所发生的债务。

（4）经营者应当偿还消费者因经营者所提供的动产、其他财产或服务而交付的款项的，偿还义务应当尽快履行，在任何情况下，最迟不超过该债务发生后三十日。

第 3-2：103 条　提前履行

（1）债权人可以拒绝债务人的提前履行，但提前履行不会给债权人造成不合理的损害的除外。

（2）债权人接受提前履行不影响债权人为其履行对待债务所确定的时间。

第 3-2：104 条　履行顺序

对待债务的履行顺序不能依有关债务的规定进行确定的，在债务可以同时履行的情况下，当事人应当同时履行债务，但具体情况另有明确的除外。

第 3-2：105 条　选择之债或履行方式的选择

（1）债务人应当履行两项或更多债务中的一项，或以两种或更多方式中的一种履行某债务的，债务人有选择权，但有关这些债务的规定另有规定的除外。

（2）应作选择的当事人在履行期届至时未作选择的，则：

（a）该迟延选择构成根本不履行的，选择权转由对方当事人行使；

（b）该迟延选择不构成根本不履行的，对方当事人可以通知选择权人并另外确定一个合理期限，选择权人必须在该期间内作出选择。选择权人在该期间内仍未作出选择的，选择权转由对方当事人行使。

第 3-2：106 条　委托他人履行

委托他人履行债务的债务人，仍应对该履行负责。

第 3-2：107 条　第三人履行

（1）有关债务的规定并未要求债务人亲自履行债务的，在以下情况下，债权人不得拒绝第三人的履行：

（a）第三人履行债务取得了债务人的同意；

（b）第三人就履行具有合法利益，且债务人未履行债务或债务人很明显在履行期届至时将不会履行债务。

（2）第三人依本条第（1）款的规定履行债务的，免除债务人的债务，但第三人通过让与或清偿代位取得债权人的权利的除外。

(3) 债务无须债务人亲自履行,且在本条第(1)款规定之外的情形,债权人接受了第三人履行的债务的,债务人的债务得以免除,但债权人应就接受第三人履行而给债务人造成的损失承担责任。

第3-2:108条 支付的方式

(1) 到期款项的支付可以采取正常经营活动中所使用的任何一种方式。

(2) 债权人接受了支票或其他支付命令或支付承诺的,只有在这些命令或承诺被承兑时,该接受才有效。只有在这些命令或承诺不能被承兑时,债权人才可以强制履行原始的付款义务。

第3-2:109条 支付的币种

(1) 债权人和债务人可以约定只能以特定货币进行支付。

(2) 没有上述约定时,以非支付地流通货币标明的一笔款项,可以按付款到期日当地的现行汇率以支付地的流通货币支付。

(3) 在前款规定的情形,债务人在付款到期时没有付款的,债权人可以要求债务人按付款到期日或实际付款日支付地的现行汇率以支付地的流通货币支付。

(4) 金钱债务未明确具体币种的,应当以支付地的流通货币支付。

第3-2:110条 履行的充抵

(1) 债务人应当履行性质相同的数项债务,但其履行不足以清偿所有债务的,在符合本条第(5)款规定的情况下,债务人可以在履行时通知债权人其履行拟充抵的债务。

(2) 债务人没有作出这种通知的,债权人可以在合理期限内通知债务人以该履行充抵某项债务。

(3) 被充抵的债务尚未到期的,或违法的,或有争议的,依本条第(2)款的充抵无效。

(4) 当事人未为有效充抵的,在符合本条下款规定的情况下,债务人的履行依次充抵满足以下标准之一的债务:

(a) 到期债务或首先到期的债务;
(b) 债权人对其履行拥有的担保权最少的债务;
(c) 债务人负担最重的债务;
(d) 最先成立的债务。

以上无一标准可以适用的,债务人的履行则按比例充抵所有债务。

(5) 就金钱债务而言,债务人的付款首先充抵费用,其次充抵利息,最后充抵原本，债权人就充抵另有安排的除外。

第3-2：111条 未被受领的财产

（1）有义务交付或返还金钱之外的有形财产，且因债权人没有受领或取回该财产而仍占有该财产的人，负有采取合理措施保护和保存该财产的附随义务。

（2）有以下情形之一的，债务人的交付或返还义务以及前款所规定的附随义务得以免除：

（a）债务人以合理的条件将该财产提存在第三人处，该第三人持有该财产等待债权人的指令，债务人并就此通知了债权人；

（b）在通知债权人后以合理条件变卖该财产，并将净收益交付给债权人。

（3）但是，该财产易于腐坏或保存该财产费用过高，债务人应当采取合理措施予以处分。债务人将净收益交付给债权人后，其交付或返还义务免除。

（4）占有上述财产的债务人就其发生的合理费用，有权从变卖财产的收益中获得偿还或直接扣除。

第3-2：112条 未被受领的金钱

（1）债务人以适当方式交付金钱而债权人未予受领的，债务人可以在通知债权人后，依付款地的法律将金钱提存，以便债权人提取，债务人的付款义务因此免除。

（2）第三人以适当方式交付金钱，而根据具体情况债权人没有权利拒绝此履行的，准用本条第（1）款的规定。

第3-2：113条 履行的费用和程序

（1）履行债务的费用由债务人负担。

（2）就金钱债务而言，债务人的付款义务包括采取付款所必要的措施，完成付款所必要的程序。

第3-2：114条 履行消灭债务的效力

有以下情形之一的，完全履行具有消灭债务的效力：

（a）履行完全符合有关债务的规定；

（b）履行是法律规定的债务人免责事由之一。[①]

[①] 存在一些例外情形，即使履行并不严格地符合有关债务的规定，同样也具有消灭债务的效力。例如第3-2：107条（第三人履行）。参见 Christian von Bar and Eric Clive（eds），Principles, Definitions and Model Rules of European Private Law, Volume 1（Munich: sellier. european law publishers GmbH, 2009），p.771。

第三章 债务不履行的救济措施

第一节 一般规定

第 3-3:101 条 可以采取的救济措施

(1) 债务人不履行债务,且不存在免责事由的,债权人即可采取本章所规定的任何救济措施。

(2) 债务人不履行债务存在免责事由的,则债权人可以采取除强制实际履行和损害赔偿之外的任何救济措施。

(3) 债权人导致债务人不履行债务的,债权人不得采取任何救济措施。

第 3-3:102 条 救济措施的竞存

不相互排斥的救济措施可以竞存。尤其是,债权人的损害赔偿请求权不得因债权人采取了其他救济措施而丧失。

第 3-3:103 条 规定履行宽限期的通知

(1) 在债务不履行的所有情形,债权人均可以通知债务人并给予其一段履行宽限期。

(2) 在履行宽限期内,债权人可以拒绝履行其对待债务并可以请求损害赔偿,但不得采取其他救济措施。

(3) 债权人收到债务人在宽限期内也不履行债务的通知的,或在宽限期届满时债务仍未得到履行的,债权人可以采取任何救济措施。

第 3-3:104 条 因障碍而免责①

(1) 债务人不履行债务是因债务人不可控制的障碍所引起的,且债务人不能避免或克服该障碍或其后果的,债务人不履行债务可以免责。

(2) 债务因合同或其他法律行为而产生,且债务人在该债务发生时应当考虑到该障碍的,债务人不履行债务不能免责。

---

① 原文为:"impediment"(障碍),类似于"force majeure"(不可抗力)。本示范规则为了反映所有成员国中的类似概念,使用了"障碍"这一一般化的词语,用以涵盖所有具有此类性质的事件,包括自然事件、政府禁令(restraints of princes)、第三人的行为等。参见 Christian von Bar and Eric Clive (eds), Principles, Definitions and Model Rules of European Private Law, Volume 1 (Munich: sellier. european law publishers GmbH, 2009), pp.783-84。

（3）据以免责的障碍只是暂时的，则免责事由仅在该障碍存续期间内发生效力。但是，该迟延构成了根本不履行的，债权人可将其与根本不履行同样看待。

（4）据以免责的障碍是永久性的，则债务消灭。任何对待债务也消灭。就合同债务而言，因债务消灭而产生的恢复原状效力，准用本卷第三章第五节第四分节（恢复原状）的规定。

（5）债务人应当确保在其知道或应当知道具体情况后的合理期限内，通知债权人有关障碍及其对履行能力所造成的影响。债权人就其因未收到该通知所遭受的损失有权主张损害赔偿。

第3-3：105条　排除或限制救济措施的条款

（1）排除或限制因故意或重大过失造成他人人身伤害（包括致命伤害）的损害赔偿责任的合同或其他法律行为的条款，无效。

（2）排除或限制债务不履行的救济措施的条款，即使有效，且依第二卷第九章第四节关于不公平合同条款的规定仍然有效，但只要有悖于诚实信用与公平交易的原则，就不得主张。

第3-3：106条　与债务不履行相关的通知

（1）债权人因债务人不履行债务或预见到债务人不履行债务而向债务人发出通知，且这一通知已适当地发送或作出的，该通知发送过程中的迟延、错误或未能到达债务人，均不影响该通知发生效力。

（2）该通知自其在正常情况下应能到达债务人之时起生效。

第3-3：107条　就与规定不符未为通知

（1）就提供动产、其他财产或服务的债务而言，债务人提供的动产、其他财产或服务与有关债务的规定不相符的，债权人应当在合理期限内通知债务人，并指明与规定不符的性质，否则，债权人不能主张债务人的履行与有关债务的规定不相符。

（2）合理期限自提供动产、其他财产或完成服务之时起算，如果前者更晚，则自债权人发现或应当发现与规定不符之时起算。

（3）未为通知与债务人知道或应当知道的且未向债权人披露的事实相关的，债务人无权主张适用本条第（1）款的规定。

（4）债权人是消费者的，本条规定不适用。

第3-3：108条　经营者未能完成消费者依远程通讯的指令

（1）经营者未能履行其与消费者之间依远程通讯方式订立的合同中的债务的，应当立即通知消费者，并及时退还消费者所交付的款项，无论在什么情况下，最迟不得超过三十日。消费者对债务不履行的救济措施不受影响。

(2) 当事人不得为损害消费者的利益而排除本条规定的适用，也不得减损或变更其效力。

第二节 债务人对履行不符合规定的补救

第 3-3：201 条 适用范围

本节规定适用于债务人的履行不符合有关债务的规定的情形。

第 3-3：202 条 债务人的补救：一般规则

(1) 债务人可以在履行期限内作出一项新的与合同相符的履行。

(2) 债务人不能在履行期限内作出新的符合规定的履行，但在收到就与规定不符的通知后，立即提出在合理期限内自费进行补救的，债权人不得就债务不履行寻求任何救济，但在债务人在合理期限内就该不符合规定进行补救之前，可以拒绝履行对待债务。

(3) 本条第（2）款受下一条款的拘束。

第 3-3：203 条 债权人无须给债务人补救机会的情形

有以下情形之一的，债权人无须依前条第（2）款的规定给予债务人补救期间：

(a) 在履行期限内未能履行合同债务构成根本不履行的；

(b) 债权人有理由相信债务人明知其履行与规定不符且不符合诚实信用与公平交易原则而仍然履行的；

(c) 债权人有理由相信债务人不可能在合理期限内，并在不给债权人造成显著不便或不给债权人的合法利益造成其他损害的前提下实施有效的补救的；

(d) 补救在当时情况下是不合适的。

第 3-3：204 条 给予债务人补救机会的后果

(1) 在补救期间内，债权人可以拒绝对待债务的履行，但不得采取其他救济措施。

(2) 债务人在补救期间内不能实施有效的补救的，债权人可以采取任何救济措施。

(3) 尽管债务人就不符合规定的履行进行了补救，债权人仍保留就因债务人最初或嗣后不履行债务或因债务人实施补救所造成的损失请求赔偿的权利。

第 3-3：205 条 被更换标的的返还

(1) 债务人自愿地或根据第 3-3：302 条（非金钱债务的强制履行）

规定所作出的裁定,以更换的方式对不符合规定的履行进行补救的,债务人有权利,也有义务自费取回被更换的标的。

(2) 债权人就更换之前使用被更换的标的,无须支付费用。

第三节 请求强制履行的权利

第 3-3:301 条 金钱债务的强制履行

(1) 债权人有权请求支付到期的金钱债务。

(2) 债权人尚未履行金钱债务的对待债务,而很明显金钱债务的债务人不愿意接受该对待债务的履行的,债权人仍可继续履行并请求付款,但有以下情形之一的除外:

(a) 债权人无须付出重大的努力或花费高额费用即可进行合理的替代交易;

(b) 履行在当时情况下是不合理的。

第 3-3:302 条 非金钱债务的强制履行

(1) 债权人有权强制非金钱债务的实际履行。

(2) 实际履行包括对不符合有关债务的规定的履行的免费补救。

(3) 但是,有以下情形之一的,不得强制实际履行:

(a) 履行不合法或不可能;

(b) 履行将产生不合理的负担或费用;

(c) 履行具有人身属性,强制实际履行不合理。

(4) 债权人在知道或应当知道债务不履行后的合理期限内,没有请求履行的,丧失请求强制实际履行的权利。

(5) 债权人本可无须付出重大努力或花费高额费用即可进行合理的替代交易,而仍然坚持不合理的实际履行的,不得因为债务不履行而要求赔偿因此而增加的损失,或要求支付因此而增加的债务不履行约定赔偿金。

第 3-3:303 条 损害赔偿请求权不得排除

请求强制实际履行的权利依前条规定予以排除的事实,并不排除损害赔偿请求权。

第四节 拒绝履行

第 3-3:401 条 拒绝履行对待债务的权利

(1) 债权人应当在债务人履行之时或之后履行对待债务的,在债务人已经开始履行或已经履行完毕之前可以拒绝对待债务的履行请求。

(2) 债权人应当在债务人履行之前履行对待债务,但其合理地确信债务人在其债务履行期届至时将会不履行债务的,债权人在该确信存续期间可以拒绝对待债务的履行。但是,债务人为债务的履行提供了充分担保的,债权人丧失拒绝履行权。

(3) 债权人在本条第(2)款规定的情形下拒绝履行的,应在合理可行的期限内将该事实通知债务人,并对因违反这一义务给债务人造成的损失承担责任。

(4) 债权人依本条规定拒绝履行,可以是在具体情形下合理地全部拒绝履行或部分拒绝履行。

第五节 解除[①]

第 3-3:501 条 适用范围和定义

(1) 本节规定仅适用于合同债务及合同关系。

(2) 在本节中,"解除"(termination),是指合同关系的全部或部分解除,"解除"(terminate) 具有相应的含义。

第一分节 解除事由

第 3-3:502 条 因根本不履行而解除

(1) 债务人不履行合同债务构成根本不履行的,债权人可以解除合同。

(2) 有以下情形之一的,合同债务的不履行构成根本不履行:

(a) 债务的不履行实质性地剥夺了债权人根据合同可能从合同的全部或相关部分的履行中得到的利益,但在合同成立时债务人没有预见并不应当预见这一结果的除外;

(b) 债务的不履行是故意的或轻率的,且债权人有理由相信债务人将不会履行将来的债务。

[①] 原文为"termination"。"既有的权利、义务或法律关系的'termination',向以后失去效力,但另有规定的除外",与我国台湾法上的"终止"相当。由于本示范规则在"termination"之外另行规定了清偿、抵销和混同等合同关系的消灭事由,"termination"就不是合同关系消灭的一般性概念,如将其译为"终止"与我国合同法上的"终止"含义不符,同时本示范规则上又没有单独的"解除"概念,本书将其理解为合同关系消灭的一种事由,译为"解除"。在我国台湾法上,解除与终止虽均为形成权,都是消灭合同的法定事由,但解除使合同效力溯及既往地消灭,而终止则无溯及效力,仅仅是合同效力向将来消灭。在我国大陆法上,并无解除与终止的这种区分,解除的法律效力既可使合同效力溯及既往地消灭,也可使合同效力向将来消灭,而终止则作为合同关系消灭的一般概念,涵盖了清偿、解除、抵销、提存、免除、混同等各种情形,同时本示范规则对"termination"的事由和法律后果的规定与我国合同法上的解除事由和后果相当。

第 3-3：503 条　以通知规定履行宽限期后的解除

（1）债务人迟延履行合同债务后，债权人向债务人发出通知并规定了合理的履行宽限期，但债务人在该期间内仍未履行的，即使迟延履行合同债务本身不构成根本不履行，债权人也可以解除合同。

（2）债权人规定的履行宽限期过短的，债权人在通知后经过合理期限才能解除合同。

第 3-3：504 条　因预期不履行而解除

在合同债务履行期届满之前，债务人明确表示将不履行债务，或以其他方式明显表明将不履行债务，且该不履行构成根本不履行的，债权人可以解除合同。

第 3-3：505 条　因履行无充分担保而解除

债权人合理地确信债务人将会根本不履行合同债务，并要求债务人为届期履行提供担保，但在合理期限内债务人并未提供充分担保的，债权人可以解除合同。

第二分节　解除权的范围、行使和丧失

第 3-3：506 条　解除权的范围

（1）债务人因合同而产生的债务不可分时，债权人只能解除全部合同关系。

（2）债务人因合同而产生的债务，将被分开履行或以其他方式分割时：

（a）根据本节规定有理由解除与对待履行相对应的某部分债务的，债权人有权就该部分解除合同关系；

（b）只有在债权人不可能接受其他部分债务的履行或存在解除全部合同关系的理由时，债权人才可以解除全部合同关系。

第 3-3：507 条　解除的通知

（1）本节规定的解除权以向债务人发出通知的方式行使。

（2）根据第 3-3：503 条（以通知规定履行宽限期后的解除）的规定发出的通知中规定了自动解除的，如果债务人在该通知所规定的宽限期内仍未履行债务，则无须再为通知，解除在该宽限期或自通知时起的合理期限（择其较长者）届满时发生效力。

第 3-3：508 条　解除权的丧失

（1）债务已经履行迟延或债务的履行在其他方面不符合合同的规定的，除债权人在合理期限内发出解除通知之外，债权人丧失本节规定的解除权。

（2）债权人根据第 3-3：202 条（债务人的补救：一般规则）的规定为债务人提供了补救期间的，本条第（1）款规定的合理期限自补救期间届满时起算。在其他情形下，该合理期限自债权人知道或应当知道该履行或该履行与规定不符时起算。

（3）除债权人在解除权产生后的合理期限内发出解除通知之外，债权人丧失根据第 3-3：503 条（以通知规定履行宽限期后的解除）、第 3-3：504 条（因预期不履行而解除）或第 3-3：505 条（因履行无充分担保而解除）的规定依通知解除合同的权利。

第三分节 解除的效力

第 3-3：509 条 对合同债务的效力

（1）一旦依本节规定解除合同，当事人尚未履行的合同债务或未履行债务的相关部分终止履行。①

（2）但是，解除并不影响合同中的争议解决条款或其他在合同解除后仍应实施的条款的效力。

（3）依本节规定解除合同的债权人，保有就债务不履行所产生的既存的损害赔偿请求权或约定赔偿金给付请求权，此外，债权人还同样享有如果债务人不履行之前的债务（现已消灭），债权人本可以享有的损害赔偿请求权或约定赔偿金给付请求权。就该消灭的债务，不得仅因为债权人行使了解除权而认定其造成了或促成了损失的发生。

第四分节 恢复原状

第 3-3：510 条 因履行而取得的利益的返还

（1）一旦依据本节规定解除合同，因对方当事人履行义务而获得了利益的一方当事人（受领人），在合同全部或部分解除后，有返还该利益的义务。双方当事人均负返还义务的，构成对待给付关系。

（2）履行的内容是支付金钱的，所收到的金额即为应返还的数额。

（3）所取得的利益（非金钱）可以转让时，可以通过转让方式返还该利益。但是，转让将造成不合理的负担或费用的，该利益可以支付相当价

---

① 依本条本款规定，解除对于合同债务的效力仅是"come to an end"（终止履行），亦即合同关系原已存在，但自解除之时向未来消灭，没有溯及既往的效力，但另有规定的除外。参见 Christian von Bar and Eric Clive（eds），Principles, Definitions and Model Rules of European Private Law, Volume 1 (Munich: sellier. european law publishers GmbH, 2009), p. 887. 但就条文表述而言，本款与我国合同法第 97 条前段相同。

值的方式予以补偿。

（4）所取得的利益不能转让时，该利益可依第3-3：512条（利益的价值的支付）的规定以支付相当价值的方式补偿。

（5）利益返还义务及于自该利益取得的天然孳息或法定孳息。

第3-3：511条　无须返还的情形

（1）一方当事人的适当履行已有对方当事人的适当的对待履行相匹配的，无须承担本节规定的返还义务。①

（2）因对方当事人的不履行而导致对接受履行的一方当事人而言，已经履行的部分没有价值或价值有根本性的减少的，解除合同的一方可以选择将该履行视为不履行。

（3）本节规定的返还不适用于无偿合同的情形。

第3-3：512条　利益的价值的支付

（1）利益的受领人应当：

（a）收到的利益在应予返还前不能转让或不再能转让的，支付该利益（在履行时）的相当的价值；

（b）赔偿可返还利益在受领时和返还时的价值的减少。

（2）当事人约定了价款的，利益的价值依实际履行部分的价值占承诺履行的价值的比例确定。当事人没有约定价款的，利益的价值是已经知道履行与规定不符且意志自由的双方当事人应当合理确定的价值。

（3）因对方当事人不履行其对受领人的债务，受领人支付利益价值的责任减轻至以下程度：

（a）利益不能完全按照受领时的状况返还；

（b）受领人在没有补偿的情况下被迫处分利益或为了保存利益而将其维持在不利状态。

（4）因受领人基于合理但错误地相信与规定不符的履行，导致利益不能完全按照受领时的状况返还的，受领人支付利益价值的责任同样地减轻至该程度。

第3-3：513条　利用和改良

（1）受领人应就其利用利益偿付合理的价额，但受领人因该利用依第

---

① 本项规定主要针对分部、分期履行的情形，当事人已经适当履行的部分无须返还。不过，本项规定的适用范围并不局限于此，它同样适用于根本不履行之外的情形。参见Christian von Bar and Eric Clive（eds），Principles, Definitions and Model Rules of European Private Law, Volume 1 (Munich: sellier. european law publishers GmbH, 2009), pp. 898-99。

3-3：512条（利益的价值的支付）第（1）款的规定承担责任的除外。

（2）受领人对其根据本节规定应予返还的利益加以改良的，如果对方当事人通过买卖该利益可以轻易地获得改良价值，则受领人可以请求返还改良价值，但以下情形除外：

(a) 该改良是受领人不履行对对方当事人债务的结果；

(b) 受领人进行改良时知道或应当知道利益应予返还的。

第3-3：514条 返还期届满后的责任

（1）利益受领人应当：

(a) 支付返还期届满后不再能转让的利益（在履行时）的价值；

(b) 赔偿可返还的利益因返还期届满后利益状况的变化所造成的价值减少。

（2）在返还期届满后处分利益，且处分收益比利益更大时，应予支付的价值是处分所获得的收益的价值。

（3）因不履行利益返还义务而产生的其他责任不受影响。

第六节 价款的减少

第3-3：601条 减少价款的权利

（1）接受不符合有关债务的规定的履行的债权人可以减少价款。价款的减少应当与依实际履行所取得的价值和依符合规定的履行本可以取得的价值相比价值的减少相当。

（2）有权依前款规定减少价款的债权人已经支付的款项超过减少后的价款的，可以请求债务人返还该超过部分。

（3）已经减少价款的债权人，无权再请求赔偿已因此得到赔偿的损失，但仍有权请求赔偿其遭受的其他损失。

（4）本条规定准用于债权人支付价款之外的其他对待债务。

第七节 损害赔偿和利息

第3-3：701条 损害赔偿请求权

（1）债权人有权就因债务人不履行债务所造成的损失请求赔偿，但债务人的不履行可以免责的除外。

（2）可以请求赔偿的损失包括合理的可能发生的未来损失。

（3）"损失"包括经济损失和非经济损失。"经济损失"包括收入或利润的损失、发生的负担以及财产价值的减少。"非经济损失"包括疼痛与痛苦以及对生活质量的损害。

第 3-3：702 条　一般赔偿标准

对不履行债务所造成损失的一般赔偿标准，是使债权人尽可能地处于如果债务得以适当履行时其所处状态。这一赔偿标准包括对所受损失与所失利益的赔偿。

第 3-3：703 条　可预见规则

因合同或其他法律行为所产生的债务的债务人，仅对债务成立时债务人预见到的或应当预见到的因其不履行债务可能造成的损失承担责任，但该债务人不履行债务是故意的、轻率的或存在重大过失的除外。

第 3-3：704 条　可归因于债权人的损失

在债权人对债务不履行或其结果也负责任的范围内，债务人就债权人所受的损失不负责任。

第 3-3：705 条　损失的减少

（1）在债权人本可以采取合理措施减少损失的范围内，债务人就债权人遭受的损失不承担责任。

（2）债权人就其为减少损失所发生的合理费用，可以请求赔偿。

第 3-3：706 条　替代交易

债权人依第五节的规定全部或部分解除合同，并在合理期限内以合理的方式进行了替代交易的，有权在损害赔偿请求权范围内，请求赔偿依被解除的合同本可取得的价值与替代交易所取得的价值的差额。此外，债权人仍可就其他损失主张损害赔偿。

第 3-3：707 条　市价

债权人依第五节的规定全部或部分解除合同，且没有进行替代交易，但存在履行市价的，债权人有权在损害赔偿请求权的范围内，请求赔偿合同价款与解除时的市价之间的差额。此外，债权人仍可就其他损失主张损害赔偿。

第 3-3：708 条　迟延付款的利息

（1）债务人付款迟延的，不论该债务不履行是否可以免责，债权人均有权请求支付自付款到期日至实际付款日之间的利息，利率为付款地商业银行向基本客户短期贷出支付货币通行的平均利率。

（2）债权人还可就其他损失请求赔偿。

第 3-3：709 条　利息计入本金的情形

（1）依前条规定应付的利息每十二个月计入未付本金。

（2）本条第（1）款的规定不适用于当事人已就迟延付款的利息作出约定的情形。

第3-3:710条 商事合同中的利息

(1) 经营者迟延履行因提供动产、其他财产或服务的合同所产生的付款义务，且无第3-3:104条（因障碍而免责）规定的免责事由的，利息应当以本条第（4）款规定的利率计算，但应适用更高利率的除外。

(2) 依本条第（4）款规定的利率计算的利息，自合同规定的付款日或付款期届满日之次日开始计算。合同中没有约定付款日或付款期的，依该利率计算的利息自以下日期开始计算：

(a) 该债务人收到发票或其他相当的付款请求后三十日；

(b) 本款第（a）项所确定的日期更早或不确定，或不确定该债务人是否已收到了发票或其他相当的付款请求的，受领该动产或服务后三十日。

(3) 动产或服务是否符合合同的要求应当以验收或验证（acceptance or verification）的方式加以确定的，本条第（2）款（b）项所规定的三十日期间，自验收或验证之日起开始计算。

(4) 迟延付款的利率是欧洲中央银行在相应的半年的第一个日历日之前所实施的最近的主要再融资业务所适用的利率（"参照利率"），加七个百分点。对于没有加入第三阶段经济与货币联盟的成员国的货币，参照利率是该国中央银行所规定的相对应的利率。

(5) 债权人还可就其他损失主张损害赔偿。

第3-3:711条 与利息有关的不公平条款

(1) 经营者据以支付利息的条款规定，自晚于前条第（2）款第（a）项、第（b）项和第（3）款规定的利息起算日开始计算利息，或以低于前条第（4）款的规定的利率计算利息的，该条款在其构成不公平的范围内没有拘束力。

(2) 经营者晚于前条第（2）款第（a）项、第（b）项和第（3）款规定的利息起算日开始计算其偿付动产、其他财产或服务的价款的利息的条款，在其构成不公平的范围内没有剥夺债权人的利息请求权。

(3) 极大地背离良好的商事实践，违反诚实信用与公平交易原则的，构成本条所称的"不公平"。

第3-3:712条 约定的不履行赔偿金

(1) 有关债务的规定指出不履行债务的债务人应因此向债权人支付特定款项的，债权人可以依据该规定主张赔偿，而不管其实际损失是多少。

(2) 但是，尽管有相反的规定，如果考虑到因债务不履行所造成的实际损失和其他具体情况，合同或其他法律行为规定的款项显著过高的，该款项应减至合理数额。

第3-3:713条 计算损害赔偿金的货币

损害赔偿金应当以最能恰当地反映债权人损失的货币计算。

第四章 多数债务人与债权人

第一节 多数债务人

第3-4:101条 本节的适用范围

本节规定适用于两个或更多债务人有义务履行同一债务的情形。

第3-4:102条 连带债务、按份债务与共同债务

（1）多数债务人时，每个债务人都有义务履行全部债务，而债权人可以请求任一个债务人履行直到其债权足额受偿的，为连带债务。

（2）多数债务人时，每个债务人仅有义务履行部分债务，而债权人也只能向每个债务人请求履行该部分债务的，为按份债务。

（3）债务人有义务共同履行债务，而债权人也只能向全部债务人请求共同履行债务的，为共同债务①。

第3-4:103条 不同类型债务的发生

（1）一项债务是连带债务、按份债务还是共同债务，由有关债务的规定确定。

（2）有关债务的规定对此未作规定的，两个或更多债务人对同一债务的履行承担连带责任。尤其是两个或更多人对同一损害承担责任的，即应承担连带责任。

（3）债务人不是基于相同的规定或理由而承担责任，不影响其连带性。

第3-4:104条 按份债务下的责任

按份债务的债务人按相同份额承担责任。

---

① 原文为"joint obligations"，又译为共同一并之债（朱岩教授的译法）。共同债务在实践中较为少见，其与连带债务之间的区别是共同债务的债权人只能对所有债务人主张权利。共同债务不是各自独立的债务部分的简单结合，每个债务人应当与其他共同债务人合作共同履行债务。参见 Christian von Bar and Eric Clive (eds), Principles, Definitions and Model Rules of European Private Law, Volume 1 (Munich: sellier. european law publishers GmbH, 2009), pp. 973-74。

第3-4：105条　共同债务：就不履行请求金钱给付的特殊规则

因不履行共同债务而产生金钱给付请求权的，债务人就该给付对债权人承担连带责任，第3-4：102条（连带债务、按份债务与共同债务）第（3）款的规定无适用余地。

第3-4：106条　连带债务人之间的分担

（1）在连带债务人之间，债务人承担责任的份额相同。

（2）两个或更多债务人就同一损害承担连带责任的，在债务人之间承担责任的份额相同。但考虑到所有具体情况，特别是债务人的过错或由某债务人负责的危险源对损害发生或程度的影响，由债务人承担不同份额的责任更为合理的除外。

第3-4：107条　连带债务人之间的追偿

（1）连带债务人超过其份额履行债务的，有权向其他债务人中的任何一个在其未履行的份额范围内请求偿还该超出部分以及所发生的费用的相应份额。

（2）适用本条第（1）款规定的连带债务人，受债权人的在先权利和利益的约束，还可以行使债权人的包括从属性的担保权利在内的各种权利以及诉权，就其超过部分向其他债务人中的任何一个在其未履行的份额范围内请求偿还。

（3）连带债务人超过其份额履行债务，竭尽所有合理努力仍然不能从某个连带债务人取得其应分担部分的，则其他连带债务人，包括已履行的债务人，按比例增加其分担份额。

第3-4：108条　连带债务的履行、抵销和混同

（1）某一连带债务人所为的履行或抵销，或债权人对某一连带债务人所为的抵销，在履行或抵销的范围内，免除其他连带债务人对债权人的债务。

（2）某连带债务人与债权人之间的债务发生混同的，在涉及该债务人的份额范围内，免除其他债务人的债务。

第3-4：109条　连带债务的免除或和解

（1）债权人免除某一连带债务人的债务或与某一连带债务人达成和解，其他债务人在该债务人的份额范围内免除责任。

（2）在连带债务人之间，被免除债务份额的债务人，仅能够免除在免除时该份额范围内的债务，但并不免除该债务人根据第3-4：107条（连带债务人之间的追偿）第（3）款的规定在其后仍应承担责任的补充份额。

（3）债务人对同一损害承担连带责任的，本条第（1）款所规定的免除仅在防止债权人获得超额赔偿所必要的范围内适用，其他债务人在其份额未履行的范围内仍可对被免除债务或与债权人达成和解的债务人行使追偿权。

第 3-4：110 条　连带债务判决的效力

法庭就某一连带债务人对债权人的责任所作的判决不影响：

（a）其他连带债务人对债权人所承担的责任；

（b）第 3-4：107 条（连带债务人之间的追偿）规定的连带债务人之间的追偿权。

第 3-4：111 条　连带债务的诉讼时效

债权人对某一连带债务人行使债权的诉讼时效并不影响：

（a）其他连带债务人对债权人所承担的责任；

（b）第 3-4：107 条（连带债务人之间的追偿）规定的连带债务人之间的追偿权。

第 3-4：112 条　连带债务中其他抗辩的援引

（1）某一连带债务人可对债权人主张其他连带债务人有权主张的抗辩权，但专属于该其他债务人的抗辩权除外。主张该抗辩权不影响其他连带债务人主张该抗辩权。

（2）被要求分担债务的连带债务人可以对请求权人主张该债务人可对债权人主张的专属抗辩权。

第二节　多数债权人

第 3-4：201 条　本节的适用范围

本节适用于两个或更多债权人就同一债务均享有债权的情形。

第 3-4：202 条　连带债权、按份债权与共同债权

（1）多数债权人中，任一个债权人均可请求债务人为全部履行，债务人也可向任一个债权人为履行的，是连带债权。

（2）多数债权人中，每个债权人只能请求履行其所享有的份额，债务人仅在每个债权人的份额范围内向每个债权人负有义务的，是按份债权。

（3）多数债权人中，任何一个债权人只能基于全体债权人的利益请求履行，债务人必须向全体债权人为履行的，是共同债权。

第 3-4：203 条　不同类型债权的发生

（1）一项债权是连带债权、按份债权还是共同债权，由有关债权的规定确定。

（2）有关债权的规定对此未作规定的，多数债权人的权利是按份债权。

第 3-4: 204 条　按份债权的分配

在按份债权中，债权人享有相同的份额。

第 3-4: 205 条　共同债权中的履行困难

共同债权的某一债权人拒绝接受或不能受领履行的，债务人可以依第 3-2: 111 条（未被受领的财产）或第 3-2: 112 条（未被受领的金钱）的规定将财产或金钱向第三人提存，从而免除债务。

第 3-4: 206 条　连带债权的分配

(1) 在连带债权中，债权人享有相同的份额。

(2) 某一连带债权人受领的履行超过其份额的，必须在各自的份额范围内向其他债权人转移该超过部分。

第 3-4: 207 条　连带债权的内部关系

(1) 某一连带债权人免除债务人的债务不影响其他连带债权人的债权。

(2) 第 3-4: 108 条（连带债务的履行、抵销和混同）、第 3-4: 110 条（连带债务判决的效力）、第 3-4: 111 条（连带债务的诉讼时效）、第 3-4: 112 条（连带债务中其他抗辩的援引）的规定准用于连带债权。

第五章　合同的转让[①]

第一节　债权让与

第一分节　一般规定

第 3-5: 101 条　本节的适用范围

(1) 本节规定适用于依合同或其他法律行为让与债权的情形。

(2) 本节规定不适用于金融工具或投资证券的转让，这些转让必须在由发行人或为发行人维系的登记簿上登记，或还需满足其他条件或受到限制。

---

① 原文为："Change of parties"，直译为"当事人的变更"。本章规定债权让与、债务承担和合同的承受，这三种情形都涉及当事人的变更。参见 Christian von Bar and Eric Clive (eds), Principles, Definitions and Model Rules of European Private Law, Volume 2 (Munich: sellier. european law publishers GmbH, 2009), pp. 1011-1012.

第3-5:102条 定义

(1) 权利的"让与",是指一人(让与人)将权利移转给另一人(受让人)。

(2) "让与行为",是指旨在产生权利移转效力的合同或其他法律行为。

(3) 让与部分权利时,本节中关于权利让与的规定适用于权利的部分让与。

第3-5:103条 担保物权和信托规定的优先性

(1) 以担保目的的让与适用第九卷的规定,且该卷的规定优先于本章规定适用。

(2) 以信托目的的让与,无论委托还是受托,适用第十卷的规定,且该卷的规定优先于本章规定适用。

第二分节 债权让与的要件

第3-5:104条 基本要件

(1) 债权让与应当具备以下条件:

(a) 债权存在;

(b) 债权可以让与;

(c) 拟让与债权的人有权利或有权限移转债权;

(d) 受让人有权基于合同或其他法律行为、法庭裁定或法律的直接规定向让与人请求让与;

(e) 存在有效的让与债权的行为。

(2) 本条第(1)款第(d)项所规定的权利不必先于让与行为而取得。

(3) 同一合同或法律行为可以授予权利,也可以同时作为让与行为。

(4) 债权让与无须通知债务人,也无须征得债务人同意。

第3-5:105条 可让与性:一般规定

(1) 除非法律另有规定,所有债权均可以让与。

(2) 依法从属于其他权利的债权不得与该权利相分离而单独让与。

第3-5:106条 将来债权与未特定化的债权的让与

(1) 将来债权可以作为让与行为的标的,但在该债权成立并为让与行为所及时,该权利才移转。

(2) 数项债权可以一并让与而无须特定化,不过,在与其相关的让与发生时,它们应为让与行为所及。

第 3-5：107 条　部分让与

(1) 金钱债权可以部分让与。

(2) 非金钱债权只有在以下情形下才能部分让与：

(a) 债务人同意该让与；

(b) 债权是按份的且该让与不会显著地加重债务负担。

(3) 债权部分让与时，债权人就债务人因此而增加的费用，应当向债务人承担责任。

第 3-5：108 条　可让与性：合同禁止的效力

(1) 合同对债权让与的禁止或限制不影响该债权的可让与性。

(2) 但是，违反这一禁止或限制让与债权时：

(a) 债务人可以向让与人履行债务并因此而免除债务；

(b) 债务人保有对让与人的所有抵销权，就像该债权未曾让与一样。

(3) 在以下情形下，本条第（2）款的规定不予适用：

(a) 债务人已同意该让与；

(b) 债务人已使受让人合理地确信并不存在这一禁止或限制；

(c) 被让与的权利是因提供动产或服务而享有的偿付请求权。

(4) 尽管存在合同禁止或限制，但债权仍可让与，这并不影响让与人因违反这一禁止或限制的约定而应向债务人承担的责任。

第 3-5：109 条　可让与性：专属于债权人的权利

(1) 依履行的性质或债务人与债权人之间的关系，不能合理地请求债务人向债权人之外的人履行的债权，不得让与。

(2) 本条第（1）款的规定不适用于债务人同意让与的情形。

第 3-5：110 条　让与行为：成立及效力

(1) 在符合本条第（2）款及第（3）款规定的情况下，第二卷有关合同和其他法律行为的成立和效力的规定适用于让与行为。

(2) 第四卷第八编有关赠与合同的成立和效力的规定适用于无偿让与行为。

(3) 第九卷有关担保合同的成立和效力的规定适用于为担保目的的让与行为。

第 3-5：111 条　让与的权利或权限

第 3-5：104 条（基本要件）第（1）款第（c）项所规定的权利或权限条件，在让与行为成立时无须符合，但在债权发生让与时必须达到。

第三分节　让与人的允诺

第 3-5：112 条　让与人的允诺

（1）本条第（2）款至第（6）款规定的允诺包括在让与行为之中，但让与行为或具体情况另有明确的除外。

（2）让与人允诺：

(a) 被让与的债权存在或在债权发生让与时将会存在；

(b) 让与人有权利或在债权发生让与时将有权利让与该债权；

(c) 债务人对权利的主张没有抗辩权；

(d) 该债权不受让与人与债务人之间任何抵销权的影响；

(e) 该债权并非在先的对其他受让人的让与行为的标的，且不受为其他人设立的担保物权或任何其他权利负担的约束。

（3）让与人允诺已向受让人披露的有关权利的规定不会被修改，而且也不受未被披露的不利于受让人的协议的含义或效果的影响。

（4）让与人允诺债权据以产生的合同或其他法律行为中的条款，未经受让人同意不会修改，但这一修改已在让与行为中规定，或这一修改符合诚实信用原则，且受让人没有合理的理由反对的除外。

（5）让与人允诺不会订立或同意其后让与同一权利的行为，从而使其他人取得优先于受让人的顺位。

（6）让与人允诺将所有该让与尚未移转的可移转权利移转给受让人，或采取必要措施以完成该转移以担保该履行，且转让任何不可转让权利的收益以担保该履行。

（7）让与人并不承诺债务人是否具有或将具有履约能力。

第四分节　债权让与的效力

第 3-5：113 条　新债权人

一旦债权发生让与，就被让与的权利而言，让与人不再是债权人，而受让人成为债权人。

第 3-5：114 条　债权发生让与的时间

（1）在第 3-5：104 条（基本要件）规定的条件得以满足时，或在让与行为规定的一个较迟的发生时间届至时，债权发生让与。

（2）但是，在为让与行为时尚不存在的债权的让与，在除了那些仰赖于权利存在的条件之外的其他所有条件得以满足之时，视为债权已经发生让与。

（3）递次的让与行为同时满足第3-5：104条（基本要件）规定的条件的，最早的让与行为发生让与效力，但另有规定的除外。

第3-5：115条　移转给受让人的权利

（1）债权让与移转给受让人的，不仅包括主债权，还包括所有从属性权利以及可移转的从属性担保权利。

（2）在合同债权让与的同时，受让人取代让与人成为让与人根据同一合同所负债务的债务人的，在符合第3-5：302条（合同的承受）的规定的前提下，本条生效。

第3-5：116条　抗辩权和抵销权的效力

（1）对于受让人基于被让与的债权的请求权，债务人可以向受让人主张所有可以向让与人主张的实体和程序方面的抗辩权。

（2）但是，在以下情形下，债务人不得对受让人主张抗辩权：

（a）债务人已使受让人确信不存在这一抗辩权的；

（b）抗辩权是基于让与人违反禁止或限制让与的约定所产生的。

（3）就其对让与人的下列权利，债务人可以向受让人主张所有可以向让与人主张的抵销权：

（a）在债务人不能依向让与人履行而免除债务时已经存在的权利；

（b）该权利与被让与的权利有密切联系。

第3-5：117条　履行地点的效力

（1）当被让与的债权与在特定的地点支付金钱的债务相关时，受让人可以请求在同一国家内的任何地点支付；如果该国是欧盟成员国，还可以请求在欧盟内的任何地点支付。但就债务人因履行地点的变更而增加的费用，让与人应当向债务人承担责任。

（2）当被让与的债权与在特定的地点履行的非金钱债务相关时，受让人不得请求在其他地点履行债务。

第3-5：118条　自始无效、嗣后撤销、撤回、解除、撤销的效力

（1）本条适用于第3-5：104条（基本要件）第（1）款第（d）项规定的让与人权利是因合同或其他法律行为（基础合同或法律行为）所产生的情形，而不管其后是否有一个单独的该条第（1）款第（e）项所规定的让与行为。

（2）基础合同或法律行为自始无效的，债权不发生让与。

（3）债权发生让与后，基础合同或法律行为依第二卷第七章的规定被撤销，即视为该权利从来没有移转给受让人（对让与的溯及效力）。

（4）债权发生让与后，基础合同或法律行为依第二卷第五章的规定被撤回的，或合同关系依第三卷的规定而被解除的或赠与合同依第四卷第八编第四章的规定而被撤销的，对让与不产生溯及效力。

（5）本条规定不影响依本示范规则其他规定而产生的赔偿请求权。

第五分节 债务人的保护

第3-5：119条 向债权人之外的人履行

（1）债务人未收到让与人或受让人的让与通知，且不知道让与人不再有权受领履行的，可以向让与人履行，并因此免除债务。

（2）尽管让与人发出的让与通知中指明的受让人并不是债权人，债务人仍可因善意而向其履行，并因此免除债务。

（3）尽管声称是受让人的人发出的让与通知中指明的受让人并不是债权人，只有在债权人使该债务人合理并善意地确信债权已经被让与给该人时，债务人才能向该人履行，并因此免除债务。

第3-5：120条 让与的充分证据

（1）有合理理由相信债权已被让与但尚未收到让与通知的债务人，可以请求据信已让与权利的人提供让与通知，或权利并未让与或让与人仍然有权受领履行的确认。

（2）债务人收到的让与通知并非以文本形式记载于耐久介质上，或没有提供有关被让与的权利或受让人的姓名或名称和地址的充分信息的，债务人可以请求发出通知的人重新发出一份新的满足上述条件的通知。

（3）收到受让人而非让与人发出的让与通知的债务人，可以要求受让人提供该让与的可靠证据。可靠证据包括（但不限于），由让与人发出的以文本形式记载于耐久介质上的表明权利已经让与的陈述。

（4）依据本条规定提出请求的债务人在其请求被满足前可以拒绝履行。

第六分节 优先顺位规则

第3-5：121条 递次受让人之间的权利冲突

（1）同一人就同一债权为递次让与的，在后的受让人在其受让时既不知道也不可能知道在先的让与的，其受让被最先通知到债务人的受让人优先于任何在先的受让人。

（2）债务人即使知道还有其他竞存的请求权，仍然可以向最先通知人履行，并因此免除债务。

第3-5：122条 受让人与收到收益的让与人之间的权利冲突

债务人基于第3-5：108条（可让与性：合同禁止的效力）第（2）款

第（a）项或第 3-5：119 条（向债权人之外的人履行）第（1）款的规定而免除债务的，该收益为让与人所持有且可与让与人的其他财产合理区分的，受让人对让与人的收益请求权优先于其他竞存的请求权人的权利。

第二节 债务承担①

第 3-5：201 条 本节的适用范围
本节仅适用于依协议替代或增加新债务人的情形。

第 3-5：202 条 债务承担的类型
（1）债务承担的类型如下：
（a）原债务人免除债务（免责的债务承担）；
（b）原债务人仍为债务人以防止新债务人不适当履行债务（不完全的债务承担）②；
（c）原债务人和新债务人承担连带责任（并存的债务承担）。
（2）很明显有新债务人但不清楚债务承担的类型的，原债务人和新债务人承担连带责任（并存的债务承担）。

第 3-5：203 条 债权人的同意
（1）免责的债务承担和不完全的债务承担，均须债权人同意。
（2）债权人对免责的债务承担和不完全的债务承担可以事先同意。在这种情况下，债务承担仅于新债务人通知债权人新债务人与原债务人之间的协议时生效。
（3）并存的债务承担无须债权人同意。但是，在接到该权利的通知之后、明示或默示地接受该权利之前，债权人可以通过通知新债务人的方式及时拒绝将本权利授予新债务人。一旦拒绝，该权利视为从来没有授予过。

第 3-5：204 条 免责的债务承担
第三人经债权人和原债务人的同意可完全替代而成为债务人，原债务人因此免除债务。

第 3-5：205 条 免责的债务承担对抗辩权、抵销权和担保物权的效力
（1）新债务人可以对债权人主张原债务人可向债权人主张的所有抗辩权。

---

① 原文为："Substitution and addition of debtors"，直译为"债务人的替代和增加"。本书依我国学理通说将之译为债务承担。
② 我国民法上没有此种类型的债务承担。

（2）新债务人不得对债权人行使原债务人可向债权人行使的抵销权。

（3）新债务人不得对债权人主张因新债务人和原债务人之间的关系所产生的权利或抗辩。

（4）原债务人债务的免除也及于原债务人为债务履行而向债权人提供的任何人的担保或物的担保，该担保设立于作为原债务人与新债务人之间交易的一部分而转让给新债务人的财产之上的除外。

（5）原债务人的债务一旦免除，除新债务人之外的其他人为债务履行所提供的担保也免除，但担保人同意担保为债权人继续存在的除外。

第 3-5：206 条　不完全的债务承担

第三人可以与债权人和原债务人达成协议而不完全替代成为债务人，原债务人仍为债务人以防止新债务人不适当履行债务。①

第 3-5：207 条　不完全债务承担的效力

（1）不完全的债务承担对抗辩权和抵销权的效力与免责的债务承担相同。

（2）原债务人的债务未免除时，为该债务的履行所提供的任何人的担保或物的担保不因该债务承担受到影响。

（3）不符合本条第（1）款和第（2）款的规定的，原债务人所承担的责任适用调整从属保证人的责任的规则。

第 3-5：208 条　并存的债务承担

第三人可与债务人达成协议增加为债务人，此时，原债务人与新债务人承担连带责任。

第 3-5：209 条　并存的债务承担的效力

（1）依新债务人与债权人之间的合同，或新债务人为债权人所为的单独的单方法律行为，新债务人被增加为债务人的，新债务人不得向债权人主张任何因新债务人和原债务人之间的关系所产生的权利或抗辩。不存在上述合同或单方法律行为时，新债务人可以向债权人主张影响与原债务人之间协议的无效事由。

（2）不符合本条第（1）款的规定的，适用第三卷第四章第一节（多数债务人）的规定。

---

① 本条的原文为："A third person may agree with the creditor and with the original debtor to be incompletely substituted as debtor, with the effect that the original debtor is retained as a debtor in case the original debtor does not perform properly." 与第 3-5：202 条第（1）款第（b）项存在矛盾。

第三节 合同的承受

第 3-5：301 条 本节的适用范围

本节规定仅适用于协议转让。

第 3-5：302 条 合同的承受

（1）合同关系的一方当事人可以与第三人达成协议，且经合同关系的对方当事人同意，由该第三人替代其成为合同关系当事人。

（2）对方当事人的同意可以事先为之。在这种情况下，转让仅在该方当事人得到通知时发生效力。

（3）合同的承受涉及债权移转时，适用本章第一节关于债权让与的规定；涉及债务转移时，适用本章第二节关于债务承担的规定。

第四节 代理人破产时债权债务的移转

第 3-5：401 条 代理人破产时本人接管权利的选择权

（1）本条适用于代理人应本人的指示为本人的利益与第三人订立合同，但代理人，而非本人，是合同一方当事人的情形。

（2）代理人破产时，本人可以通过通知该第三人和代理人，接管代理人依该合同所产生的与该第三人有关的权利。

（3）第三人对本人主张其本可向代理人主张的任何抗辩权，并可采取权利自动从代理人让与给本人时本可采取的所有其他保护措施。

第 3-5：402 条 第三人的反选择

本人已依前条规定接管代理人的权利的，第三人可以通过通知本人和代理人的方式，选择向本人行使该第三人可向代理人行使的权利，但应受代理人可向该第三人主张的抗辩权的约束。

第六章 抵销与混同

第一节 抵销

第 3-6：101 条 定义和适用范围

（1）"抵销"，是指某人可以以其享有的对另一人的债权全部或部分清偿对该人所欠的债务的方法。

（2）本章规定不适用于破产中的抵销。

第3-6：102条　抵销的条件

双方当事人互负同种类的债务，在抵销时出现以下情况，并在以下范围内，任一方当事人均可以自己的债权抵销对方当事人的债权：

(a) 第一方当事人的履行已届期，或即使未届期，但第一方当事人要求对方当事人接受履行；

(b) 对方当事人的履行已届期；

(c) 每一方当事人均有权限为抵销目的而处分该方当事人的权利。

第3-6：103条　未确定的债权

(1) 债务人不得主张抵销其存在或价值未确定的债权，但抵销不会损及债权人的利益的除外。

(2) 双方当事人的权利因同一法律关系而产生的，推定债权人的利益未受损害。

第3-6：104条　外币的抵销

双方互负不同币种的金钱债务的，任一方当事人均可以自己的债权抵销对方当事人的债权，但当事人约定主张抵销权的一方当事人应以特定币种履行支付义务的除外。

第3-6：105条　依通知而抵销

抵销依通知对方当事人而生效。

第3-6：106条　两项或多项债权与债务

(1) 为抵销通知的当事人对对方当事人享有两项或多项债权的，通知仅在指明了与抵销相关的债权时才生效。

(2) 为抵销通知的当事人对对方当事人负有两项或多项债务的，准用履行充抵的规定。

第3-6：107条　抵销的效力

抵销自通知时起使双方债务在相等范围内消灭。

第3-6：108条　抵销权的排除

在以下情形下，抵销不生效力：

(a) 抵销被约定排除的；

(b) 权利不能被扣押的情况下，对之抵销的；

(c) 被抵销的权利是由故意不法行为产生的。

第二节　债务混同

第3-6：201条　依混同而消灭债务

(1) 同一人同时具有债务人和债权人地位的，债务消灭。

（2）但是，本条第（1）款规定不适用于消灭的后果将剥夺第三人权利的情形。

第七章 诉讼时效①

第一节 一般规定

第 3-7：101 条 适用诉讼时效的权利
债权因一段时间的经过而适用本章关于诉讼时效的规定。

第二节 诉讼时效期间及其起算

第 3-7：201 条 一般诉讼时效期间
一般诉讼时效期间为三年。

第 3-7：202 条 经法律程序确认的权利的诉讼时效期间
（1）经判决确认的权利的时效期间为十年。
（2）相同的规则适用于经仲裁裁决或其他与判决一样可以强制执行的法律文件确认的权利。

第 3-7：203 条 诉讼时效期间的起算
（1）一般诉讼时效期间自债务人应当履行债务时开始计算，就损害赔偿请求权而言，自产生该权利的行为之时开始计算。
（2）债务人所承担的是持续性地为一定行为或不为一定行为的债务，一般诉讼时效期间自每一次违反债务时开始计算。
（3）第 3-7：202 条（经法律程序确认的权利的诉讼时效期间）规定的诉讼时效期间自判决或仲裁裁决发生既判力或其他法律文件具备执行力时开始计算，但不得早于债务人应当履行债务之时。

---

① 传统民法上，时效分为取得时效（"acquisitive prescription"）和消灭时效（"extinctive prescription"）。前者规定于本示范规则第八卷，后者规定于本卷。本章原文为："Prescription"，但依本卷所定时效的效力，时效经过后，权利并不消灭，仅仅只发生债务人拒绝履行的权利（参见 Christian von Bar and Eric Clive (eds), Principles, Definitions and Model Rules of European Private Law, Volume 2 (Munich: sellier. european. law publishers GmbH, 2009), p. 1039）。本书采我国法的通称，将之译为"诉讼时效"。

第三节 诉讼时效期间的延长①

第 3-7:301 条 因不知道而中止

诉讼时效期间因债权人不知道或不应当知道以下事项而中止:

(a) 债务人的身份;

(b) 权利产生的事实,就损害赔偿请求权而言,还包括损害的种类。

第 3-7:302 条 因司法及其他程序而中止

(1) 诉讼时效期间因确认权利的司法程序的开始而中止。

(2) 诉讼时效期间的中止持续至具有既判力的裁决作出或案件以其他方式得以处理时。司法程序在时效期间最后六个月内结束,但未就实体权利作出裁决的,自该程序结束时起六个月之后,诉讼时效期间才届满。

(3) 前述规定准用于仲裁程序、调解程序、双方当事人的争议提交至第三方作出有拘束力的裁决的程序,以及所有其他旨在取得与权利有关的裁决而启动的程序。

(4) 调解程序是指一种有组织的程序,争议的双方或多方当事人试图在调解员的协助下达成协议,以解决彼此之间的争议。

第 3-7:303 条 因债权人不可控制的障碍而中止

(1) 因债权人不可控制且不能避免或无法克服的障碍,导致债权人无法寻求司法程序而主张权利的,诉讼时效期间中止。

(2) 本条第(1)款的规定仅适用于障碍发生或存在于时效期间最后六个月的情形。

(3) 在中止事由结束后继续计算的时效期间内,依障碍的期限或性质,债权人无法提起诉讼以主张权利的,在该障碍消除后六个月之后,诉讼时效期间才届满。

(4) 本条中,障碍包括心理障碍。

第 3-7:304 条 因磋商而推迟届满

当事人就权利或与该权利有关的请求权据以产生的具体情况进行磋商

---

① 传统民法上明确区分时效的中止("suspension")与中断("interruption"),本示范规则没有采纳这种类型化的方法。时效期间可以延长,也可以更新。其中,时效期间的延长包括时效期间的中止和推迟届满(a postponement of its expiry);时效期间的更新与"interruption"相当,但没有使用这一易生误解的语汇,而是以"renewal"(更新或重新起算)代之。参见 Christian von Bar and Eric Clive (eds), Principles, Definitions and Model Rules of European Private Law, Volume 2 (Munich: sellier. european law publishers GmbH, 2009), pp. 1160-1161.

的，磋商中最后一次沟通后一年后，诉讼时效期间才届满。

第 3-7：305 条　因无行为能力而推迟届满

（1）当事人无行为能力且无代理人的，其所享有的债权或针对其的债权，自其取得行为能力或聘任代理人时起一年后，诉讼时效期间才届满。

（2）无行为能力人与其代理人之间的权利，自其取得行为能力或聘任新的代理人时起一年后，诉讼时效期间才届满。

第 3-7：306 条　推迟届满：死者的遗产

债权人或债务人死亡的，属于死者遗产或针对死者遗产的权利，自该权利可由继承人或遗产代理人强制执行或对其强制执行时起一年后，诉讼时效期间才届满。

第 3-7：307 条　最长诉讼时效期间

时效期间不得因本章所规定的中止或推迟届满而超过十年，就人身损害赔偿请求权而言，不得超过三十年。这一规定不适用于第 3-7：302 条（因司法及其他程序而中止）所规定的中止情形。

第四节　诉讼时效期间的更新

第 3-7：401 条　因承认而更新

（1）债务人通过部分清偿、支付利息、提供担保，或其他方式对债权人承认权利的，诉讼时效期间重新开始计算。

（2）无论该权利原来是适用一般诉讼时效期间，还是适用第 3-7：202 条（经法律程序确认的权利的诉讼时效期间）规定的十年时效期间，新的时效期间均为一般诉讼时效期间。但是，在后一种情况下，本条规定的适用不得缩短该十年时效期间。

第 3-7：402 条　因尝试执行而更新

第 3-7：202 条（经法律程序确认的权利的诉讼时效期间）规定的十年时效期间，因债权人就执行所为的每一次合理尝试而重新开始计算。

第五节　诉讼时效的效力

第 3-7：501 条　一般效力

（1）诉讼时效期间届满后，债务人有权拒绝履行。

（2）债务人为履行债务所进行的偿付或转移，不得仅因诉讼时效期间届满而请求返还。

第 3-7：502 条　对从属性权利的效力

偿付利息请求权或其他从属性权利的诉讼时效期间，不得迟于主权利的诉讼时效期间届满。

第 3-7：503 条　对抵销的效力

诉讼时效期间已经届满的权利仍可被抵销，但债务人事先或在收到抵消通知后两个月内已经主张时效抗辩的除外。

第六节　依协议而变更诉讼时效

第 3-7：601 条　与诉讼时效有关的协议

（1）时效的条件可以由当事人通过协议而变更，特别是诉讼时效期间的缩短或延长。

（2）但是，时效期间不得被缩短至一年以下或延长至三十年以上。这一期间自第 3-7：203 条（诉讼时效期间的起算）规定的起算时间开始计算。

第四卷 有名合同及其权利与义务

第一编 买卖合同

第一章 适用范围与定义

第一节 适用范围

第 4.1-1：101 条 本编所适用的合同

(1) 第四卷本编规定适用于动产买卖合同及相关的消费品瑕疵担保。

(2) 本编规定准用于以下合同：

(a) 电力销售合同；

(b) 股票、股份、投资证券以及流通票据转让合同；

(c) 其他形式的无形财产，包括债权、工业和知识产权以及其他可让与的权利的让与合同；

(d) 许可使用信息或数据（包括软件和数据库）的权利并以此换取价款的合同；

(e) 动产或上述任何其他财产的互易合同。

(3) 本编规定不适用于不动产或不动产权利的买卖或互易合同。

第 4.1-1：102 条 待制造或待生产的动产

一方当事人以获得价款为目的而允诺为对方当事人制造或生产动产并将动产所有权移转给对方当事人的合同，首先被视为动产买卖合同。

第二节 定 义

第 4.1-1：201 条　动产[①]

在本卷本编中：

（a）"动产"一词包括在合同订立时尚不存在的动产；

（b）本编所称动产，除第 4.1-1：101 条（本编所适用的合同）之外，均包括该条第（2）款所规定的其他财产在内。

第 4.1-1：202 条　买卖合同

动产"买卖"合同，是指一方当事人（出卖人）在合同订立之时或之后将标的物的所有权移转于对方当事人（买受人）或第三人，买受人支付价款的合同。

第 4.1-1：203 条　互易合同

（1）动产"互易"合同，是指双方在合同订立之时或之后相互移转标的物所有权的合同。

（2）就将受领的标的物而言，各方当事人均为买受人；就拟转让的标的物而言，各方当事人均为出卖人。

第 4.1-1：204 条　消费买卖合同

在第四卷本编中，消费买卖合同是出卖人为经营者且买受人为消费者的动产买卖合同。

第二章　出卖人的义务

第一节　一般规定

第 4.1-2：101 条　出卖人义务的一般规定

出卖人必须：

（a）移转标的物的所有权；

（b）交付标的物；

[①] 本处原文为"goods"，常译为"货物"。就其在本示范规则的含义，大抵与"有形动产"相当（参见本书附录：定义），本书用传统大陆法上的语汇"动产"来指称"goods"。但在本卷中，"goods"却具有了"movables"或"movable assets"的含义，包括了传统大陆法的"权利"，与英美法语境下的"动产"相当。在本编的具体条文中，"the goods"也有译为"标的物"的。

(c) 按照合同要求移转代表标的物或与标的物相关的单证；

(d) 确保标的物与合同相符。

第二节 标的物的交付

第 4.1-2：201 条 交付

(1) 出卖人向买受人提供标的物①，或合同约定出卖人仅需交付代表标的物的单证的，出卖人向买受人提供单证，即履行了交付义务。

(2) 合同涉及由一个或系列承运人运送标的物的，出卖人将标的物移交给第一承运人以运交给买受人，并将买受人向持有标的物的承运人提取标的物时所必需的单证移交给买受人，出卖人即履行了交付义务。

(3) 本条所称的买受人包括根据合同约定出卖人应向其为交付的第三人。

第 4.1-2：202 条 交付地点与时间

(1) 交付的地点与时间依第 3-2：101 条（履行地点）以及第 3-2：102 条（履行时间）的规定而确定。本条有不同规定的，从其规定。

(2) 交付义务的履行需要移转代表标的物的单证的，出卖人必须按照合同约定的时间、地点以及形式移转该单证。

(3) 消费买卖合同涉及由一个或系列承运人运送标的物，并为消费者规定了交付日期的，在该日期届至时消费者必须能从最后承运人收到标的物或可向最后承运人提取标的物。

第 4.1-2：203 条 提前交付的补救

(1) 出卖人在交付日期之前交付标的物的，在出卖人行使权利不致给买受人带来不合理的不便或产生不合理的费用的情况下，出卖人可以在交付日期届至之前补交标的物遗漏部分或补足标的物数量上的短缺、更换已交付的与合同不符的标的物或采取其他方式纠正已交付的标的物与合同的任何不符之处。

(2) 出卖人在合同约定的交付期之前移转了相关单证的，在出卖人行使权利不致给买受人带来不合理的不便或产生不合理的费用的情况下，出卖人可以在交付期届至之前纠正单证与合同的任何不符之处。

---

① 原文为："making the goods… available to the buyer"，对交付采取了功能性的定义。交付通常情况下是移转对标的物的物理控制，但在没有移转标的物的物理控制的情况下，标的物能以其他方式为买受人所能取得，也构成交付。参见 Christian von Bar and Eric Clive（eds），Principles, Definitions and Model Rules of European Private Law, Volume 2 (Munich: sellier. european law publishers GmbH, 2009), p. 1259。

（3）本条不排除买受人就其不能由出卖人的补救所弥补的损失，依第三卷第三章第七节（损害赔偿和利息）的规定而享有的损害赔偿请求权。

第4.1-2：204条 标的物的运送

（1）合同规定由出卖人负责安排运送标的物的，出卖人必须订立必要的合同，按照通常的运输条件，用适当的运输方式，将标的物运送至指定地点。

（2）出卖人按照合同的约定将动产移送给承运人，但没有通过对动产进行标记或未以标的物装运单证或其他方式清楚地指明合同标的物的，出卖人必须向买受人发出托运通知，具体指明标的物。

（3）合同没有约定出卖人对运送标的物投保的，出卖人必须根据买受人的请求，向买受人提供所有必要的信息，以便买受人办理相关保险。

第三节 标的物与合同相符

第4.1-2：301条 标的物与合同相符

除非标的物具有以下情形，否则标的物与合同不符：

（a）符合合同约定的数量、质量和说明；
（b）符合合同约定的装运方式或包装方式；
（c）配备合同约定的附件、安装说明或其他说明；
（d）符合本节其他条款的规定。

第4.1-2：302条 符合合同目的、质量与包装要求

标的物必须：

（a）与合同订立时出卖人所知悉的特定目的相符，但情况表明买受人并未依赖于出卖人的技能和判断，或买受人的这种依赖不合理的除外；
（b）符合同类标的物通常的使用目的；
（c）具有出卖人向买受人提供的标的物的样品或模型的质量；
（d）符合同类标的物通用的装运方式或包装方式；没有通用方式的，以足以保存和保护标的物的方式装运或包装；
（e）配备必要的附件、安装说明或其他说明；
（f）具有买受人合理期待的质量和使用性能。

第4.1-2：303条 第三人陈述

标的物必须具有就标的物特性所作陈述中的质量和使用性能，该陈述由处于商业链条前端的生产者或生产者的代理人作出，并依第2-9：102条（视为合同条款的先合同陈述）的规定构成合同的一部分。

第4.1-2：304条 消费买卖合同中的不正确安装

依消费买卖合同提供的标的物没有正确安装的，在以下情况下，由不正确安装引起的与合同不符视为标的物与合同不符：

(a) 标的物由出卖人安装或由出卖人负责安装；

(b) 标的物应由消费者安装，但出卖人安装说明中的缺陷导致了消费者的不正确安装。

第 4.1-2：305 条　第三人的权利或请求权：一般规则

标的物免受第三人的任何权利或有充分合理根据的请求权的约束。但是，这一权利或请求权基于工业产权或其他知识产权所产生时，出卖人的义务适用后条规定。

第 4.1-2：306 条　第三人基于工业产权或其他知识产权的权利或请求权

(1) 标的物免受第三人基于工业产权或其他知识产权所享有的且为出卖人在合同订立时已经知道或应当知道的任何权利或请求权的约束。

(2) 但是，本条第（1）款规定并不适用于这一权利或请求权的发生是由于出卖人遵照买受人提供的技术图纸、设计、配方或其他此类说明的情形。

第 4.1-2：307 条　买受人知道标的物与合同不符

(1) 买受人在合同订立时知道或应当知道标的物与合同不符的情况的，出卖人不承担第 4.1-2：302 条（符合合同目的、质量与包装要求）、第 4.1-2：305 条（第三人的权利或请求权：一般规则）或第 4.1-2：306 条（第三人基于工业产权或其他知识产权的权利或请求权）所规定的责任。

(2) 买受人在合同订立时知道或应当知道安装指示说明中存在缺陷的，出卖人不承担第 4.1-2：304 条（消费买卖合同中的不正确安装）第（b）项所规定的责任。

第 4.1-2：308 条　确定标的物是否与合同相符的时间

(1) 出卖人对风险转移给买受人时即已存在的任何与合同的不符承担责任，即使这种不符在风险转移之后才显现出来，也不例外。

(2) 在消费买卖合同中，任何在风险转移给买受人之后六个月内显现出来的与合同不符均推定为在风险转移之时即已存在，但这种推定与标的物的性质或标的物与合同不相符的性质相矛盾的除外。

(3) 在适用第 4.1-2：304 条（消费买卖合同中的不正确安装）的情形中，本条第（1）款或第（2）款所称的风险转移给买受人的时间，可理解为安装完毕之时。

第 4.1-2：309 条　消费买卖合同中减损标的物与合同相符的权利的限制

在消费买卖合同中，在标的物与合同的不符引起出卖人注意之前，消费者与出卖人订立的任何合同条款或协议，如直接或间接地排除或限制了消费者基于出卖人确保标的物与合同相符的义务而产生的权利的，该条款或协议对消费者没有拘束力。

第三章 买受人的义务

第 4.1-3：101 条 买受人的主要义务
买受人必须：
（a）支付价款；
（b）受领标的物的交付；
（c）受领合同所约定的代表标的物或与标的物相关的单证。

第 4.1-3：102 条 标的物的形状、尺寸或其他特性的确定
（1）依合同约定，买受人应当对标的物的形状、尺寸或其他特性，或交付时间与方式作出详细说明，但其未在约定时间内或收到出卖人的请求后的合理期限内作出详细说明的，出卖人可以在不损害买受人其他权利的情况下，根据出卖人所知悉的买受人需求确定标的物的详细情况。

（2）出卖人确定详细情况之后，必须将其告知买受人并确定合理期限，以便买受人提出不同意见。买受人在收到该通知后未在出卖人确定的合理期限内提出不同意见的，出卖人对相关情况的确定具有拘束力。

第 4.1-3：103 条 依重量计价
依标的物重量计算价款的，如有疑义，应按标的物的净重计价。

第 4.1-3：104 条 交付的受领
买受人通过下述行为履行其受领义务：
（a）采取必要的、出卖人所合理期待的措施，以配合出卖人履行其交付义务；
（b）依合同约定受领标的物或代表标的物的单证。

第 4.1-3：105 条 提前交付和超额交付
（1）出卖人在约定的履行期之前交付全部或部分标的物的，买受人可以受领交付。在接受该交付不会不合理地损害买受人的利益的情况下，买受人不得拒绝受领。

（2）出卖人超过合同约定数量交付标的物的，买受人可以受领或拒绝该超过部分。

（3）买受人受领该超过部分的，则该部分视为依合同约定而提供，买

受人应就该超过部分按照合同价格支付价款。

（4）在消费买卖合同中，买受人基于合理理由确信出卖人知道其并未订购但仍故意地超过合同约定数量交付标的物的，本条第（3）款的规定不予适用。这一情形适用主动推销的相关规则。

第四章 救济措施

第一节 对减损救济的限制

第 4.1-4：101 条 消费买卖合同中减损标的物与合同不符的救济措施的限制

在消费买卖合同中，在标的物与合同的不符引起出卖人注意之前，消费者与出卖人订立的任何合同条款或协议，如直接或间接地排除或限制了第三卷第三章（债务不履行的救济措施）以及本章就标的物与合同不符所规定的买受人救济措施的，该条款或协议对消费者没有拘束力。

第二节 标的物与合同不符时买受人的救济措施的特别规定

第 4.1-4：201 条 标的物与合同不符时消费者的解除权

在消费买卖合同中，就标的物与合同不符的任何情形，消费者均可依第三卷第三章第五节（解除）的规定，以债务不履行为由解除合同关系，但这种不符微不足道的除外。

第 4.1-4：202 条 非经营者出卖人损害赔偿责任的限制

（1）出卖人为自然人且合同目的与其行业、营业或职业无关的，买受人就标的物与合同不符无权请求超过合同价款的损害赔偿金。

（2）当风险转移给买受人时，出卖人知道或应当知道标的物与合同不符相关的事实且其并未在风险转移前告知买受人的，出卖人无权依本条第（1）款的规定主张损害赔偿责任的限制。

第三节 检验及通知的要求

第 4.1-4：301 条 标的物的检验

（1）买受人应当根据具体情况在尽可能短的合理期限内检验标的物或将标的物提交检验。未尽到检验义务的，买受人即丧失根据第 3-3：107 条（就与规定不符未为通知）的规定以及第 4.1-4：302 条（就标的物与合同不符的通知）的补充规定所取得的标的物与合同不符相关的权利。

（2）合同涉及标的物运送的，检验可推迟至标的物运至目的地后进行。

（3）标的物在运送途中改运或买受人需重新发运标的物，买受人因此没有合理机会检验标的物，而出卖人在订立合同时已经知道或应当知道这种改运或重新发运的可能性的，检验可推迟到标的物运至新目的地后进行。

（4）本条规定不适用于消费买卖合同。

第 4.1-4：302 条　就标的物与合同不符的通知

（1）就经营者之间的合同而言，第 3-3：107 条（就与规定不符未为通知）关于在合理期限内为标的物与合同不符的通知的规定应当补充适用于以下各款规定。

（2）买受人在依合同实际接收标的物后至迟两年内未向出卖人为标的物与合同不符的通知的，丧失因标的物与合同不符而获得救济的权利。

（3）当事人已经约定标的物在一个确定期限内仍应符合其特定目的或通常目的的，在上述约定期限届满以前，本条第（2）款所规定的通知期限不得终止。

（4）本条第（2）款的规定不适用于第三人依第 4.1-2：305 条（第三人的权利或请求权：一般规则）以及第 4.1-2：306 条（第三人基于工业产权或其他知识产权的权利或请求权）的规定可主张的权利或请求权的情形。

第 4.1-4：303 条　部分交付的通知

在买受人有理由相信剩余部分将会交付的情况下，买受人无须向出卖人为未交付全部标的物的通知。

第 4.1-4：304 条　出卖人对标的物与合同不符的知悉

出卖人知道或应当知道标的物与合同不符相关的事实但其并未告知买受人的，不得援引第 4.1-4：301 条（标的物的检验）或第 4.1-4：302 条（就标的物与合同不符的通知）的规定。

第五章　风险负担的转移

第一节　一般规定

第 4.1-5：101 条　风险负担转移的后果

风险负担转移给买受人后，标的物的毁损或灭失不能免除买受人支付价款的义务,但标的物的毁损或灭失系出卖人的作为或不作为所造成的除外。

第 4.1-5:102 条 风险负担转移的时间

(1) 风险自买受人受领标的物或代表标的物的单证时由买受人承担。

(2) 但是,合同标的物尚未特定化的,在通过对标的物进行标记、装运单证、通知买受人或其他方式将标的物清晰地特定化之前,风险负担不应转移至买受人。

(3) 本条第(1)款规定的适用应当符合本章第二节的规定。

第 4.1-5:103 条 消费买卖合同中的风险负担转移

(1) 在消费买卖合同中,风险负担自买受人受领标的物时发生转移。

(2) 本条第(1)款的规定不适用于买受人没有履行受领义务且该债务不履行不能根据第 3-3:104 条(因障碍而免责)的规定免责的情形,此时,应当适用第 4.1-5:201 条(处于买受人支配下的标的物的风险负担)的规定。

(3) 除本条前款规定外,本章第三节的规定不适用于消费买卖合同。

(4) 当事人不得为损害消费者的利益而排除本条规定的适用,也不得减损或变更其效力。

第二节 特别规则

第 4.1-5:201 条 处于买受人支配下的标的物[①]的风险负担

(1) 标的物处于买受人的支配之下且买受人知悉这一事实的,风险自标的物应被受领之时起由买受人承担,但买受人有权依第 3-3:401 条(拒绝履行对待债务的权利)的规定拒绝履行受领义务的除外。

(2) 标的物处于买受人的支配之下且不在出卖人的经营场所的,风险自标的物应交付且买受人知道标的物在该地点处在其支配之下时由买受人承担。

第 4.1-5:202 条 标的物运送时的风险负担

(1) 本条适用于任何涉及标的物运送的买卖合同。

[①] 本条是第 4.1-5:102 条(风险负担转移的时间)这一一般规则的例外规定,适用于非消费买卖合同中的买受人可提取标的物但其未依约定提取的情形。其中,第一款适用于买受人应在出卖人的经营场所提取标的物的情形;第二款适用于买受人应在出卖人的经营场所之外的地方(例如仓库)提取标的物的情形。参见 Christian von Bar and Eric Clive (eds), Principles, Definitions and Model Rules of European Private Law, Volume 2 (Munich: sellier. european law publishers GmbH, 2009), pp. 1380-1382.

(2) 出卖人没有义务在特定地点交付标的物的,风险自出卖人依合同约定将标的物移交给第一承运人以运交买受人时由买受人承担。

(3) 出卖人有义务在特定地点将标的物移交给承运人的,风险自标的物在该地点移交给承运人时由买受人承担。

(4) 出卖人经授权保留控制标的物处分权的单证的,并不影响风险负担的移转。

第 4.1-5:203 条 买卖在途动产时的风险负担

(1) 本条适用于所有涉及在途动产买卖的合同。

(2) 自标的物移交给第一承运人时,风险由买受人承担。但是,根据具体情况,风险也可自合同订立时起由买受人承担。

(3) 出卖人在合同订立时已经知道或应当知道标的物已经毁损或灭失但未将此情况告知买受人的,标的物毁损、灭失的风险由出卖人承担。

第六章　消费品瑕疵担保[①]

第 4.1-6:101 条 消费品瑕疵担保的定义

(1) 消费品瑕疵担保,是指提供消费品瑕疵担保的人对消费品买卖合同中的消费者所作出的本条第(2)款各项所规定的任一允诺。提供消费品瑕疵担保的人可以是:

(a) 生产者或处于商业链条后端的人;

(b) 出卖人(在其作为标的物的出卖人所应负担的出卖人义务之外)。[②]

(2) 允诺可以是:

(a) 除误用、错误维护或意外事故外,标的物应在特定期间内保持其符合通常用途,等等;

(b) 标的物符合瑕疵担保文件或相关广告中规定的性能特征;

[①] 原文为:"Consumer goods guarantee",亦即既对消费者,又对标的物负担保责任。本示范规则还同时规定了人的担保(保证)和物的担保(担保物权),为避免混淆,本书采用了现译名。

[②] 承担瑕疵担保责任的人可能是销售者(出卖人)、生产者或处于商业链条后端的人。生产者和销售者所承担的责任是不同的,销售者通常只是在与合同相符机制下承担责任,销售者拟承担瑕疵担保责任的,应就此专门作出允诺。参见 Christian von Bar and Eric Clive (eds), Principles, Definitions and Model Rules of European Private Law, Volume 2 (Munich: sellier. european law publishers GmbH, 2009), p.1392。

(c) 依瑕疵担保文件中所列明的所有条件,
(i) 修理或更换标的物;
(ii) 全部或部分退还消费者为该标的物所支付的款项;
(iii) 提供其他救济措施。

第 4.1-6:102 条　瑕疵担保的拘束力

(1) 消费品瑕疵担保,不论是以合同还是以单方允诺形式作出,均对第一买受人具有拘束力。以单方允诺形式作出的瑕疵担保无须承诺即具有以上拘束力,即使瑕疵担保文件或相关广告中有相反规定,也不例外。

(2) 除非瑕疵担保文件有不同规定,瑕疵担保无须承诺也对瑕疵担保期内标的物的所有人具有拘束力。

(3) 瑕疵担保中以瑕疵担保权利人[①]完成诸如登记或购买通知等形式要件为瑕疵担保生效条件的要求,都对消费者没有拘束力。

第 4.1-6:103 条　瑕疵担保文件

(1) 提供消费品瑕疵担保的人必须向买受人提供符合以下要求的瑕疵担保文件(但已向买受人提供此类文件的除外):

(a) 表明买受人享有的法定权利不受瑕疵担保的影响;
(b) 指出瑕疵担保较之于与合同相符规则对于买受人的好处;
(c) 列举依瑕疵担保主张权利所需的全部基本资料,尤其是:
——瑕疵担保人的姓名或名称以及地址;
——接受通知人的姓名或名称以及地址,以及通知的程序;
——瑕疵担保的地域限制;
(d) 以浅显易懂的语言拟定;
(e) 以与提供标的物时所使用的语言相同的语言拟定。

(2) 瑕疵担保文件必须以文本形式记载于耐久媒质上,便于买受人领取和理解。

(3) 违反本条第(1)款和第(2)款的规定不影响瑕疵担保的有效性,瑕疵担保权利人仍可信赖该瑕疵担保并主张其效力。

(4) 担保人未履行本条第(1)款及第(2)款所规定的义务的,瑕疵担保权利人在不损害其他损害赔偿请求权的情况下可以请求瑕疵担保人提

[①] 原文为:"the guarantee holder",用以涵盖上文提到的第一买受人,以及瑕疵担保期内标的物的其他所有人,如依买卖、互易、赠与、继承等方式取得标的物所有权的人(但瑕疵担保文件另有规定的除外)。参见 Christian von Bar and Eric Clive (eds), Principles, Definitions and Model Rules of European Private Law, Volume 2 (Munich: sellier. european law publishers GmbH, 2009), p.1402.

供符合这些要求的瑕疵担保文件。

(5) 当事人不得为损害消费者的利益而排除本条规定的适用，也不得减损或变更其效力。

第 4.1-6：104 条 瑕疵担保的范围

瑕疵担保文件没有作出另外规定的：

(a) 瑕疵担保期为五年或标的物预计使用寿命，以两者中期间较短者为准；

(b) 在瑕疵担保期内，除因误用、错误维护或意外事故之外，标的物不再适合其通常使用目的或不再具有瑕疵担保权利人所合理期待的质量及使用性能的，瑕疵担保人的瑕疵担保义务开始生效；

(c) 在瑕疵担保的条件均得以满足的情况下，瑕疵担保人有义务对标的物进行修理或更换；

(d) 因主张瑕疵担保权利以及履行瑕疵担保义务而发生的费用均由瑕疵担保人承担。

第 4.1-6：105 条 就特定部分的瑕疵担保

仅就标的物的某个或几个特定部分提供瑕疵担保的，必须在瑕疵担保文件中明确地表明这种限制，否则该限制对消费者没有拘束力。

第 4.1-6：106 条 对瑕疵担保责任的排除或限制

瑕疵担保人可以在瑕疵担保文件中明确规定，排除或限制因标的物未按使用说明得以维护而给标的物所造成的故障或损害的瑕疵担保责任。

第 4.1-6：107 条 举证责任

(1) 瑕疵担保权利人在瑕疵担保期间主张消费品瑕疵担保权利的，瑕疵担保人就以下事项承担举证责任：

(a) 标的物与瑕疵担保文件或相关广告规定的性能特征相符；

(b) 标的物的故障或损害是因误用、错误维护、意外事故、未维护或瑕疵担保人没有责任的其他原因造成的。

(2) 当事人不得为损害消费者的利益而排除本条规定的适用，也不得减损或变更其效力。

第 4.1-6：108 条 瑕疵担保期的延长

(1) 标的物的缺陷或故障依瑕疵担保予以救济的，瑕疵担保期应予延长。延长的期间等于瑕疵担保权利人因该缺陷或故障不能使用标的物的时间。

(2) 当事人不得为损害消费者的利益而排除本条规定的适用，也不得减损或变更其效力。

第二编 租赁合同

第一章 适用范围及一般规定

第 4.2-1：101 条 动产租赁

（1）第四卷本编规定适用于动产租赁合同。

（2）动产租赁合同，是指一方当事人（出租人）允许对方当事人（承租人）在一定期间内使用租赁物，对方当事人向其支付租金的合同。租金可以采用金钱或其他交换价值的形式。

（3）第四卷本编的规定不适用于当事人将合同定名为租赁但约定在使用一段时间之后移转租赁物所有权的合同。

（4）合同具有融资目的，并不排除第四卷本编规定的适用。出租人可以起到融资人的作用，承租人也可以享有取得标的物所有权的选择权。[①]

（5）第四卷本编规定只调整因租赁合同所产生的合同关系。

第 4.2-1：102 条 消费租赁合同

在第四卷本编中，消费租赁合同，是指出租人为经营者而承租人为消费者的租赁合同。

第 4.2-1：103 条 消费租赁合同中减损租赁物与合同相符的权利的限制

在消费租赁合同中，在与合同不符引起出租人注意之前，消费者与出租人订立的合同条款或协议，如直接或间接地排除或限制了消费者基于出租人确保租赁物与合同相符的义务而产生的权利的，该条款或协议对消费者没有拘束力。

第 4.2-1：104 条 消费租赁合同中减损租赁物与合同不符的救济措施的限制

（1）在消费租赁合同中，当事人不得为损害消费者的利益而排除第三卷第三章有关救济措施的规定以及本编第三章和第六章有关救济措施的补充规定的适用，也不得减损或变更其效力。

（2）虽然有本条第（1）款的规定，当事人可以依约定限制出租人就

[①] 此即"融资租赁"（financial lease）。参见 Christian von Bar and Eric Clive (eds), Principles, Definitions and Model Rules of European Private Law, Volume 2 (Munich: sellier. european law publishers GmbH, 2009), p.1431.

与承租人的行业、营业或职业相关的损失所应承担的责任。但是，这一限制有悖于诚实信用与公平交易原则的，不得援引这一条款。

第二章　租赁期间

第 4.2-2：101 条　租赁期间的起算
（1）租赁期间自以下时间开始计算：
（a）依当事人约定的条款所确定的时间；
（b）所确定的租赁期间的起算点是一个时间段的，出租人在该时间段内所选定的任何时间；具体情况表明应由承租人选定该时间的，承租人在该时间段内所选定的任何时间；
（c）在其他情况下，订立合同后应任何一方当事人请求后的合理时间。
（2）承租人在本条第（1）款规定的时间之前即已取得对租赁物的控制的，租赁期间自承租人控制租赁物时开始计算。

第 4.2-2：102 条　租赁期间的届满
（1）定期租赁在当事人约定的条款所确定的时间终止。定期租赁不能依当事人单方事先通知而解除。
（2）不定期租赁在任何一方当事人发出的解除通知中所确定的时间终止。
（3）本条第（2）款规定的解除通知中确定的时间应当符合当事人的约定；当事人约定的条款中无法确定该时间的，解除通知中确定的时间应是该通知到达对方当事人之后的合理时间。否则，上述解除通知无效。

第 4.2-2：103 条　默示延期
（1）定期租赁依第 3-1：111 条（默示延期）的规定而延长，且延长之前，租赁物的成本已经分期摊入租金由承租人负担的，延长之后的应付的租金应考虑已付租金的数额而限定在一个合理的范围内。
（2）在消费租赁合同中，当事人不得为损害消费者的利益而排除本条第（1）款规定的适用，也不得减损或变更其效力。

第三章　出租人的义务

第 4.2-3：101 条　租赁物的提供
（1）出租人必须确保在租赁期间开始时并在第 3-2：101 条（履行地

点）确定的地点向承租人提供租赁物。

（2）尽管有前款规定，但出租人是按照承租人的具体说明从承租人选择的供应人处购得租赁物的，出租人则必须确保在承租人的经营场所，或根据具体情况在承租人的经常居住地，向承租人提供租赁物。

（3）出租人必须确保承租人能在整个租赁期间使用租赁物，并免受第三人妨碍或其他可能干扰承租人依合同约定使用租赁物的权利或有合理根据的请求权的约束。

（4）租赁物在租赁期间毁损、灭失的，出租人的义务依第 4.2-3：104 条（租赁期间租赁物与合同相符）的规定确定。

第 4.2-3：102 条　租赁期间开始时租赁物与合同相符
（1）出租人必须确保在租赁期间开始时租赁物符合合同的约定。
（2）除非租赁物具备以下情形，否则租赁物与合同不符：
（a）符合合同约定的数量、质量和说明；
（b）符合合同约定的装运方式或包装方式；
（c）配备合同约定的配件、安装说明或其他说明；
（d）符合第 4.2-3：103 条（符合合同目的、质量、包装等要求）的规定。

第 4.2-3：103 条　符合合同目的、质量、包装等要求
除非租赁物具备以下情形，否则租赁物与合同不符：
（a）符合合同订立时出租人所知悉的特定合同目的，但具体情况表明承租人并未依赖于出租人的技能和判断，或承租人的这种依赖不合理的除外；
（b）符合同类租赁物通常的使用目的；
（c）具有出租人向承租人提供的租赁物的样品或模型的质量；
（d）符合同类租赁物通用的装运方式或包装方式；没有通用方式的，以足以保全和保护租赁物的方式装运或包装；
（e）配备必要的配件、安装说明或其他说明；
（f）具备承租人合理期待的质量和使用性能。

第 4.2-3：104 条　租赁期间租赁物与合同相符
（1）考虑到正常损耗，出租人必须确保在整个租赁期间租赁物：
（a）保持合同约定的质量、数量和说明；
（b）符合租赁合同目的（即使这需要对租赁物进行改造）。
（2）本条第（1）款规定不适用于租赁物成本已经分期摊入租金而由承租人负担的情形。

(3) 本条第（1）款的规定不影响承租人依第 4.2-5：104 条（依合同约定使用租赁物）第（1）款第（c）项规定所承担的义务。

第 4.2-3：105 条　消费租赁合同中的不正确安装

依消费租赁合同提供的租赁物没有正确安装的，在以下情况下，因不正确安装引起的与合同不符视为租赁物与合同不符：

(a) 租赁物由出租人安装或由出租人负责安装；

(b) 租赁物应由消费者安装，但出租人安装说明中的缺陷导致了消费者的不正确安装。

第 4.2-3：106 条　配合租赁物的返还

出租人必须：

(a) 采取必要的措施确保承租人履行返还租赁物的义务；

(b) 依合同规定受领租赁物的返还。

第四章　承租人的救济措施：特别规定

第 4.2-4：101 条　承租人在租赁物与合同不符时的救济措施

(1) 承租人就租赁物的任何与合同不符都可以寻求救济，依第 3-3：302 条（非金钱债务的强制履行）的规定承租人有权强制实际履行，并可以请求赔偿因此支出的合理费用。

(2) 前款规定不影响出租人根据第三卷第二章第二节的规定就租赁物与合同不符进行补救的权利。

第 4.2-4：102 条　减少租金

(1) 承租人可以请求减少因租赁物迟延交付或与合同不符所导致的出租人履行价值降低期间的租金，不过，以履行价值的降低非由承租人造成为条件。

(2) 出租人根据第 3-3：103 条（规定履行宽限期的通知）、第 3-3：202 条（债务人的补救：一般规则）以及第 3-3：204 条（给予债务人补救机会的后果）的规定保留请求履行或补救的权利的，此段期间内的租金也可减少。

(3) 尽管有本条第（1）款的规定，承租人仍可能丧失在第 4.2-4：103 条（就租赁物与合同不符的通知）规定的期间减少租金的权利。

第 4.2-4：103 条　就租赁物与合同不符的通知

(1) 承租人未就租赁物与合同不符向出租人发出通知的，不得就租赁物与合同不符寻求救济。未及时通知的，在不合理的迟延期间内不认为租赁物与合同不符。承租人在知道或应当知道租赁物与合同不符后的合理期限内发出通知的，视为及时的通知。

（2）租赁期间届满的，适用第3-3：107条（就与规定不符未为通知）的规定。

（3）出租人知道或应当知道租赁物与合同不符相关的事实但并未告知承租人的，不得援引本条第（1）款和第（2）款的规定。

第4.2-4：104条 可向租赁物的供应人主张的救济措施

（1）本条规定适用于以下情形：

（a）出租人按照承租人的具体说明从承租人选择的供应人处购得租赁物；

（b）承租人提供租赁物的具体说明以及选择供应人时，主要不是依赖出租人的技能和判断；

（c）承租人认可供应合同的条款；

（d）供应人因供应合同所产生的债务，根据法律规定或合同约定，是对作为或看作是供应合同当事人的承租人所负担的债务；

（e）供应人对承租人所负担的债务未经承租人同意不得变更。

（2）承租人就租赁物的迟延交付或与合同不符无权强制出租人实际履行、减少租金或请求赔偿损失或利息，但债务不履行是因出租人的作为或不作为造成的除外。

（3）本条第（2）款的规定并不排除：

（a）承租人在其作为供应合同当事人本可以主张救济的范围内的拒绝接收租赁物的权利、依第三编第三章第五节（解除）的规定解除租赁合同的权利，或在接收租赁物以前拒付租金的权利；

（b）在第三人主张权利或有合理根据的请求权从而妨碍或以其他方式可能干扰承租人依合同约定使用租赁物时，承租人所能够采取的救济措施。

（4）未经出租人同意，承租人不得解除其与供应人依供应合同所产生的合同关系。

第五章 承租人的义务

第4.2-5：101条 支付租金的义务

（1）承租人必须支付租金。

(2) 租金无法根据合同条款、相关的法律规定或惯例或习惯做法确定的，租金是依第 2-9：104 条（价格的确定）规定所确定的金钱数额。

(3) 租金自租赁期间开始时起算。

第 4.2-5：102 条　支付时间

租金应当在以下时间支付：

(a) 当事人约定的交付租金的每个期间届满时；

(b) 当事人未约定分期交付租金的，定期租赁合同租赁期间届满时；

(c) 当事人未约定租赁期间且未约定分期交付租金的，合理期限间隔届满时。

第 4.2-5：103 条　租赁物的受领

承租人必须：

(a) 采取必要的措施以使出租人能够在租赁期间开始时履行其交付义务；

(b) 依合同约定取得对租赁物的控制。

第 4.2-5：104 条　依合同约定使用租赁物

(1) 承租人必须：

(a) 遵守合同条款约定的要求和限制；

(b) 考虑到租赁期间的长短、租赁合同的目的以及租赁物的特性，以具体情况下必要的注意义务使用租赁物；

(c) 考虑到租赁期间的长短、租赁合同的目的以及租赁物的特性，在合理范围内采取必要的措施维持租赁物的正常规格和功能。

(2) 租赁物的成本已经分期摊入租金而由承租人负担的，承租人必须使租赁物在整个租赁期间保持其在期间开始时的状态，同类租赁物的正常损耗除外。

第 4.2-5：105 条　避免危及或损及租赁物的管理行为

(1) 为了避免租赁物受到危险或损害，在出租人不能或难以采取相关措施的情况下，承租人必须采取出租人通常会采取的必要措施以维护和修理租赁物。

(2) 就为采取这些措施而发生的合理债务或费用（不管是金钱还是其他财产形式），承租人有权请求出租人补偿，或在具体情况下有权请求出租人返还。

第 4.2-5：106 条　维护和改良费用的补偿

(1) 承租人无权就其维护和改良租赁物请求补偿。

(2) 本条第（1）款的规定不排除或限制承租人的损害赔偿请求权，

以及根据第4.2-4：101条（承租人在租赁物与合同不符时的救济措施）、第4.2-5：105条（避免危及或损及租赁物的管理行为）或第八卷（动产所有权的取得与丧失）的规定所享有的权利。

第4.2-5：107条　告知义务

（1）相关具体情况通常需要出租人采取行动时，承租人必须告知出租人租赁物的损害或风险以及第三人的权利或请求权。

（2）承租人必须在其首次知道该情况及其性质后的合理期限内，依本条第（1）款的规定告知出租人。

（3）可以合理地期待承租人知道该情况的，推定其知道该情况及其性质。

第4.2-5：108条　出租人的修理和检查

（1）出租人在可能的情况下通知承租人后，承租人必须容忍出租人为维护租赁物、消除瑕疵以及预防风险对租赁物所为的必要修理及其他工作。但这一义务不排除承租人根据第4.2-4：102条（减少租金）的规定请求减少租金。

（2）承租人必须容忍出租人对租赁物所为的本条第（1）款规定之外的工作，但承租人有合理理由反对的除外。

（3）承租人必须容忍为本条第（1）款所指明的目的对租赁物所作的检查。承租人还必须接受潜在承租人在租赁期间届满前合理期限内对租赁物所作的检查。

第4.2-5：109条　返还租赁物的义务

租赁期间届满，承租人必须将租赁物返还至承租人取得租赁物的地点。

第六章　出租人的救济措施：特别规定

第4.2-6：101条　请求强制支付未来租金的权利的限制

（1）承租人已取得对租赁物的控制的，承租人拟返还租赁物且出租人接受其返还是合理的，出租人则无权强制其支付未来租金。

（2）依本条第（1）款规定排除强制实际履行的权利，并不影响出租人的损害赔偿请求权。

第4.2-6：102条　消费租赁合同中责任的减轻

（1）就消费租赁合同，出租人的损害赔偿请求权在损失已因及于该租赁物的保险所减轻的范围内减少，或根据具体情况出租人应投保的，出租人的损害赔偿请求权在损失可能因及于该租赁物的保险所减轻的范围内减少。

（2）本条第（1）款规定之外，还适用第三编第三章第七节的规定。

第七章　当事人的变更与转租

第 4.2-7：101 条　所有权移转及出租人的替代

（1）租赁物所有权从出租人移转至新所有人的，如果承租人在所有权移转时已经占有租赁物，则租赁物的新所有权人替代原出租人成为租赁合同当事人。原出租人作为保证人，对不履行租赁合同所发生的债务承担补充责任。

（2）所有权移转的撤销将会使当事人恢复至原先的地位，但在撤销之时债务已履行的除外。

（3）本条以上规定相应适用于出租人作为所有权以外其他权利的持有人的情形。

第 4.2-7：102 条　承租人债权的让与

未经出租人同意，承租人依租赁合同所享有的对出租人的债权不得让与。

第 4.2-7：103 条　转租

（1）未经出租人同意，承租人不得转租租赁物。

（2）转租请求无正当理由被拒绝的，承租人可以在合理时限内发出通知而解除租赁合同。

（3）在转租的情况下，承租人仍需履行租赁合同约定的承租人的义务。

第三编　服务合同

第一章　一般规定

第 4.3-1：101 条　适用范围

（1）第四卷本编规定：

(a) 适用于一方当事人（服务提供人）为对方当事人（客户）提供服务，对方当事人支付价款的合同；

(b) 准用于服务提供人为客户提供无偿服务的合同。

(2) 尤其适用于建筑、加工、保管、设计、信息或咨询以及医疗服务合同。

第4.3-1：102条 除外规定

本编规定不适用于运输、保险、提供担保或提供金融产品或服务的合同。

第4.3-1：103条 优先适用规则

法律适用发生冲突时：

(1) 第四卷第四编（委托合同）、第五编（商事代理、特许经营及经销合同）的规定优先于本编规定适用。

(2) 本编第三章至第八章的规定优先于本编第二章规定适用。

第二章 适用于服务合同的普遍规则

第4.3-2：101条 价款

服务提供人是经营者的，客户应当支付价款，但具体情况另有指明的除外。

第4.3-2：102条 先合同警示义务

(1) 服务提供人意识到被请求的服务存在以下风险的，服务提供人负有提醒客户的先合同义务：

(a) 不能达到客户所指明或所设想的工作成果的；

(b) 可能损害客户的其他利益的；

(c) 将比客户原本期待的要花费更多金钱或时间的。

(2) 客户存在下列情形的，本条第（1）款规定的警示义务不予适用：

(a) 已经知道本条第（1）款所规定的风险的；

(b) 应当知道上述风险的。

(3) 本条第（1）款所规定的风险已经存在且服务提供人违反警示义务的，服务提供人基于风险的出现，根据第4.3-2：109条（服务合同的单方变更）的规定对服务合同所作的变更不生效力，但是，服务提供人能够证明即使在适当履行警示义务的情形下客户仍将订立合同的除外。这一规定不影响客户寻求其他救济措施，包括对误解的救济措施。

(4) 客户知道存在非正常情形，很有可能导致服务提供人比其原来期待的要花费更多的金钱或时间，或在提供服务时会给服务提供人或他人造成危险的，客户负有提醒服务提供人的先合同义务。

(5) 出现本条第（4）款规定的情形但未适当提醒服务提供人的，服务提供人有权：

(a) 就未被提醒而遭受的损失请求赔偿；

(b) 调整实施服务的时间。

(6) 就本条第（1）款而言，考虑到服务提供人必须收集的与客户指定或设想的工作成果有关的信息，以及与提供服务相关的具体情况，根据服务提供人所知道的所有事实和情况，风险明显存在，则推定服务提供人已经知道该风险的存在。

(7) 就本条第（2）款第（b）项而言，不能仅仅因客户具有相关领域的知识或听从了具有相关领域知识的其他人的建议，就认定客户应当知道风险的存在，但其他具有相关领域知识的人是客户的代理人的除外，这一情形应适用第 2-1：105 条（知道等的推定）的规定。

(8) 就本条第（4）款而言，根据客户无须调查就能知道的事实或情况，风险明显存在的，则推定客户已经知道该风险的存在。

第 4.3-2：103 条　合作义务

(1) 合作义务尤其需要：

(a) 客户回复服务提供人所要求提供的为其履行合同义务所必需的合理信息；

(b) 客户发出与服务的实施有关的必要指令，以使服务提供人履行其合同义务；

(c) 在由客户取得许可或许可证的情况下，客户在必要时取得许可或许可证，以使服务提供人履行其合同义务；

(d) 服务提供人向客户提供合理机会，以使客户判断服务提供人是否依合同履行义务；

(e) 当事人合理地协调各自的行为，以使当事人履行其各自的合同义务。

(2) 客户没有履行本条第（1）款第（a）项或第（b）项规定的义务的，服务提供人可以拒绝履行债务，或依第 4.3-2：108 条（服务提供人的约定警示义务）的规定提醒客户后，依已经获得的信息和指令，在客户可能的合理预期、偏好以及优先选择的基础上履行。

(3) 客户没有履行本条第（1）款规定的义务导致服务比合同约定花

费更多金钱或时间的,服务提供人有权:

(a) 就其因客户不履行义务而遭受的损失请求赔偿;

(b) 调整实施服务的时间。

第 4.3-2:104 条　转包人(分包人)、工具和材料

(1) 服务提供人可以不经客户同意,将服务转包或分包①给第三人履行,但合同约定应由服务提供人亲自履行的除外。

(2) 服务提供人所聘用的转包人或分包人应当具有充分的资质。

(3) 服务提供人应当确保在实施服务时所使用的任何工具和材料符合合同约定和法律规定,且适于达到其特定的使用目的。

(4) 由客户指定分包人或由客户提供工具和材料的,服务提供人的责任适用第 4.3-2:107 条(遵守客户指令的义务)和第 4.3-2:108 条(服务提供人的约定警示义务)的规定。

第 4.3-2:105 条　具备相应技能及注意的义务

(1) 服务提供人实施服务,应当尽到以下义务:

(a) 以一个理性的服务提供人在具体情况下所应具有的注意及技能而实施;

(b) 符合适用于该服务的制定法或其他有效的法律规则的规定。

(2) 服务提供人声称具备更高标准的注意及技能的,应当以该注意及技能实施服务。

(3) 服务提供人是,或据称是专业服务团体的成员,相关部门或该团体设定了服务标准的,服务提供人应当以该标准中明示的注意和技能实施服务。

(4) 在确定客户有权期待的注意以及技能时所应考虑的因素,包括(但不限于):

(a) 向客户实施服务时所涉及的风险的性质、大小、频率以及可预见性;

(b) 损害已经发生的,防止该损害或类似损害发生的预防措施的成本;

(c) 服务提供人是否为经营者;

(d) 服务是否是有偿的,如果是有偿的,其价款是多少;

---

① 本处原文为 "subcontract the performance of the service in whole orin part",依转包、分包在我国法上的现有界定,本译文对 "subcontract" 作了转包、分包的区分,前者适用于 "in whole",后者适用于 "in part"。

(e) 可用于实施服务的合理时间。

(5) 本条规定的义务特别要求服务提供人采取合理的预防措施,以防止因实施服务而造成损害。

第 4.3-2：106 条　完成工作成果的义务

(1) 服务提供人必须完成客户在订立合同时指明或设想的特定成果。在该成果仅为设想而并未指明的情形时：

(a) 该设想的成果是客户可以合理地被期待所设想的成果；

(b) 客户没有理由相信存在该服务不会取得所设想的工作成果的重大风险。

(2) 根据服务合同的约定将工作成果的所有权移转给客户时,该工作成果免受第三人的任何权利或有合理根据的请求权的约束。第 4.1-2：305 条（第三人的权利或请求权：一般规则）以及第 4.1-2：306 条（第三人基于工业产权或其他知识产权的权利或请求权）的规定予以准用。

第 4.3-2：107 条　遵守客户指令的义务

(1) 有以下情形之一的,服务提供人应当遵循客户就实施服务及时作出的所有指令：

(a) 该指令本身是合同的一部分或规定于合同所称的任何文件之中；

(b) 该指令是客户行使合同赋予的选择权的结果；

(c) 该指令是行使双方当事人均可行使的选择权的结果。

(2) 服务提供人依本条第（1）款的规定遵循客户的指令,致使其没有履行第 4.3-2：105 条（具备相应技能及注意的义务）或第 4.3-2：106 条（完成工作成果的义务）中规定的一项或多项义务的,只要服务提供人依第 4.3-2：108 条（服务提供人的约定警示义务）的规定提醒了客户,服务提供人即不承担上述条文中所规定的责任。

(3) 服务提供人认为本条第（1）款所规定的指令是依第 4.3-2：109 条（服务合同的单方变更）的规定对合同所作的变更的,必须相应地提醒客户。服务提供人必须遵循该指令且该指令具有变更合同的效力,但客户及时地撤销了该指令的除外。

第 4.3-2：108 条　服务提供人的约定警示义务

(1) 服务提供人意识到被请求的服务存在以下风险的,服务提供人必须提醒客户：

(a) 不能完成客户在订立合同时指明或设想的工作成果；

(b) 服务可能损害客户的其他利益；

(c) 服务比合同约定的要花费更多金钱或时间,

上述风险的存在或是因为遵循客户所提供的或在为履行作准备时所收集到的信息或指令,或是因为其他风险的发生。

(2) 服务提供人必须采取合理措施确保客户理解警示的内容。

(3) 本条第(1)款规定的警示义务不适用于以下情形:

(a) 客户已经知道本条第(1)款所规定风险的存在;

(b) 客户应该知道上述风险。

(4) 本条第(1)款所称风险已经发生且服务提供人没有履行警示客户的义务的,服务提供人因该风险的发生依第4.3-2:109条(服务合同的单方变更)的规定发出的变更通知不生效力。

(5) 就本条第(1)款而言,根据服务提供人无须调查就能知道的所有事实及情况,风险明显存在的,则推定服务提供人已经知道该风险的存在。

(6) 就本条第(3)款第(b)项而言,不能仅因客户具有相关领域的知识或听从了具有相关领域知识的其他人的建议,就认定客户应当知道该风险的存在,但其他具有相关领域知识的人是客户的代理人的除外,这一情形应适用第2-1:105条(知道等的推定)的规定。

第4.3-2:109条 服务合同的单方变更

(1) 在不影响客户依第4.3-2:111条(客户的解除权)的规定所享有的解除权的情况下,任何一方当事人均可通知对方当事人,变更拟提供的服务,不过,应以考虑下列因素认为该变更是合理的为条件:

(a) 拟完成的工作成果;

(b) 客户的利益;

(c) 服务提供人的利益;

(d) 变更时的具体情况。

(2) 只有在以下情况下,才认为服务的变更是合理的:

(a) 服务提供人依第4.3-2:105条(具备相应技能及注意的义务),或根据具体情况,依第4.3-2:106条(完成工作成果的义务)的规定履行义务所必需的变更;

(b) 依第4.3-2:107条(遵守客户指令的义务)第(1)款的规定所发出的,且在收到警示之后未依该条第(3)款的规定及时撤销的指令引起了该变更;

(c) 该变更是对服务提供人依第4.3-2:108条(服务提供人的约定警示义务)的规定所作出的警示的合理反应;

(d) 该变更是具体情况变化的需要,这一具体情况的变化为依第3-

1：110条（法庭依情势变更而变更或解除）的规定变更服务提供人的义务提供了依据。

（3）因服务变更而引起的追加价款是合理的，且应以与最初确定原服务价款时相同的方法加以确定。

（4）因服务减少而计算应付价款，应当考虑利润的损失、节省的开支以及服务提供人将其剩余的服务能力用于其他目的的可能性等因素。

（5）服务的变更可能引起履行时间和履行期限的调整，履行时间的调整依服务变更所需的额外工作占实施原服务内容所需的工作的比例而定。

第 4.3-2：110 条　客户就预期不履行的通知义务

（1）客户在服务实施期间意识到服务提供人不能履行第 4.3-2：106 条（完成工作成果的义务）所规定的义务的，应当就此通知服务提供人。

（2）根据客户无须调查就能知道的所有事实及具体情况，客户有理由意识到的，则推定客户已意识到。

（3）因不履行本条第（1）款所规定的义务导致服务比合同约定要花费更多时间或金钱的，服务提供人有权：

（a）就因客户不履行通知义务而遭受的损失请求赔偿；

（b）调整实施服务的时间。

第 4.3-2：111 条　客户的解除权

（1）客户可以随时通知服务提供人解除合同关系。

（2）解除的效力适用第 3-1：109 条（依通知而变更或解除）第（3）款的规定。

（3）客户解除合同关系有正当理由的，无须为此承担损害赔偿责任。

（4）客户解除合同关系无正当理由的，解除仍然发生效力，但服务提供人可依第三卷的规定请求损害赔偿。

（5）本条中，有以下情形之一的，客户解除合同关系即有正当理由：

（a）客户根据合同的明示条款有权解除合同关系，并已满足了合同为此设定的任何条件；

（b）客户有权根据第三卷第三章第五节（解除）的规定解除合同关系；

（c）客户有权根据第 3-1：109 条（依通知而变更或解除）第（2）款的规定解除合同关系并给予了该条所要求的合理通知期间。

第三章 建筑合同

第 4.3-3:101 条 适用范围

(1) 本章规定适用于一方当事人（建造人）按照客户提供的设计图样，建造建筑物或其他构筑物，或实质性地改良既有建筑物或其他构筑物的合同。

(2) 本章规定准用于下列合同：

(a) 建造人按照客户提供的设计图样，建造动产或无形财产的合同[①]；

(b) 建造人按照自己提供的设计图样，建造建筑物或其他构筑物、实质性地改良建筑物或其他构筑物，或建造动产或无形财产的合同。

第 4.3-3:102 条 客户的合作义务

合作义务要求客户：

(a) 提供进入建筑工地的必要通道，以使建造人进场履行合同义务；

(b) 在合理期限提供必须由客户提供的部件、材料和工具，以使建造人履行合同义务。

第 4.3-3:103 条 防止损害构筑物的义务

建造人必须采取合理的预防措施防止对构筑物的任何损害。

第 4.3-3:104 条 与合同相符

(1) 建造人必须保证构筑物符合合同规定的质量和说明。需要建造多个构筑物的，数量也必须与合同相符。

(2) 除非满足以下条件，否则建筑物构成与合同不符：

(a) 构筑物符合建造人在订立合同时或依第 4.3-2:109 条（服务合同的单方变更）的规定变更相关事项时所知道的明示或默示的特定目的；

(b) 构筑物符合特定目的或同种类构筑物通常的使用目的。

(3) 客户依第 4.3-2:107 条（遵守客户指令的义务）的规定作出的指令是构筑物与合同不符的原因，且建造人依第 4.3-2:108 条（服务提供人的约定警示义务）的规定履行了警示义务的，客户无权就债务的不履

[①] 例如设计（construct）网站、软件的合同。参见 Christian von Bar and Eric Clive (eds), Principles, Definitions and Model Rules of European Private Law, Volume 2 (Munich: sellier. european law publishers GmbH, 2009), p.1700.

行寻求救济。

第 4.3-3：105 条　检查、监督以及验收

（1）客户可以以合理方式并在合理时间，对建造过程中使用的工具及材料、建造的过程以及已完工的构筑物进行检查或监督，但客户并无检查和监督的义务。

（2）当事人约定建造人应将使用的某种工具和材料、建造过程或构筑物已完工部分提交客户验收的，则建造人未经客户允许不得继续建造。

（3）没有或不充分的检查、监督及验收不能免除或减轻建造人的责任。这一规定也适用于客户根据合同有检查、监督及验收构筑物或其建造过程义务的情形。

第 4.3-3：106 条　构筑物的移交

（1）建造人认为构筑物或其中适用独立使用的部分已经完工并拟将其移交给客户的，客户应当在收到通知后的合理期限内受领该移交。构筑物或其相关部分与合同不符，且这不符导致其不适合使用的，客户可以拒绝受领该移交。

（2）客户受领构筑物，并不免除或减轻建造人的全部或部分责任。这一规定同样适用于客户根据合同有检查、监督及验收构筑物或其建造过程义务的情形。

（3）本条规定不适用于依合同不得移交给客户的情形。

第 4.3-3：107 条　价款的支付

（1）建造人根据前条规定将构筑物或其部分移交给客户时，客户应支付全部或相应比例价款。

（2）但是，在移交后，工程仍应依合同在该构筑物或其相关部分上继续进行的，客户可以在该工程完工之前拒绝支付该未完工部分的合理价款。

（3）依合同不得向客户移交的，价款应在工程完工、建造人对客户为完工通知且客户有机会对构筑物进行检查时支付。

第 4.3-3：108 条　风险负担

（1）本条规定适用于构筑物因建造人无法避免或克服的意外事件而毁损或灭失，且该毁损或灭失不可归责于建造人的情形。

（2）本条中的"相关时间"是指：

（a）构筑物应移交给客户的，依第 4.3-3：106 条（构筑物的移交）的规定已经移交或应当移交之时；

（b）在其他情形，工程完工且建造人已向客户为完工通知之时。

（3）在相关时间之前，因意外事件而发生本条第（1）款所规定的情形，且仍有可能履行合同的：

（a）建造人仍应当履行，或依具体情形再次履行；

（b）客户仅有义务对建造人依本条第（a）项的履行支付价款；

（c）履行时间依第 4.3-2：109 条（服务合同的单方变更）第（6）款的规定相应地延长；

（d）第 3-3：104 条（因障碍而免责）的规定可适用于建造人最初的履行；

（e）建造人对于客户提供的材料的损失不负赔偿责任。

（4）在相关时间之前，因意外事件而发生本条第（1）款所规定的情形，且不可能履行合同的：

（a）客户无须为已提供的服务支付价款；

（b）第 3-3：104 条（因障碍而免责）的规定可适用于建造人的履行；

（c）建造人对于客户提供的材料的损失不负赔偿责任，但应将构筑物或其残存部分返还给客户。

（5）在相关时间之后，因意外事件而发生本条第（1）款所规定的情形的：

（a）建造人无须再次履行；

（b）客户仍应支付价款。

第四章　加工合同

第 4.3-4：101 条　适用范围

（1）本章规定适用于一方当事人（加工人）为对方当事人（客户）就既有动产、无形财产或构筑物实施服务的合同，但不适用于在既有建筑物或其他构筑物上的建造工作。

（2）本章规定尤其适用于加工人修理、维护或清洁既有动产、无形财产或构筑物的合同。

第 4.3-4：102 条　客户的合作义务

合作义务要求客户：

（a）移交被加工物或转移其控制权给加工人，或提供进入实施服务场所的必要通道，以使加工人履行合同义务；

(b) 及时提供必须由客户提供的部件、材料及工具，以使加工人履行加工义务。

第 4.3-4：103 条　防止损害加工物的义务
加工人必须采取合理的预防措施防止对加工物的任何损害。

第 4.3-4：104 条　检查和监督
（1）服务在客户提供的场所实施的，客户可以以合理的方式并在合理时间，对加工所使用的工具和材料、服务的实施过程以及被加工物进行检查或监督，但客户并无检查和监督的义务。

（2）没有或不充分的检查或监督不能免除或减轻加工人的责任。这一规定也适用于客户根据合同有验收、检查或监督加工过程的情形。

第 4.3-4：105 条　加工物的返还
（1）加工人认为服务已充分完成并拟将加工物或其控制权返还给客户的，客户应当在收到通知后的合理期限内受领该返还或控制权。加工物不符合客户就该服务实施所要求的特定使用目的，且客户已将该目的告知加工人，或加工人基于其他情况有理由知道该目的的，客户可以拒绝受领该返还或控制权。

（2）加工人在客户提出请求后，应在合理期限内返还加工物或其控制权。

（3）客户受领加工物的返还或控制权，不能免除或减轻加工人不履行合同的责任。

（4）根据财产所有权取得的规定，加工人因履行合同义务而成为加工物的所有人或按份共有人的，加工人返还加工物时必须同时移转加工物的所有权或按份共有权。

第 4.3-4：106 条　价款的支付
（1）加工人依第 4.3-4：105 条（加工物的返还）的规定转移加工物或其控制权的，或客户虽无权利但拒绝受领加工物的返还的，客户应当支付价款。

（2）但是，在转移或拒绝后，依合同加工仍需继续的，客户在加工完成前可以拒绝支付该未完成部分的合理价款。

（3）依合同不得向客户转移加工物或其控制权的，价款应当在加工完成且加工人对客户为完成通知时支付。

第 4.3-4：107 条　风险负担
（1）本条规定适用于加工物因加工人无法避免或克服的意外事件而毁损或灭失，且该毁损或灭失不可归责于加工人的情形。

（2）在前款所述意外事件发生之前，加工人已经表明其认为加工已充分完成并拟将加工物或其控制权返还给客户的：

（a）加工人无须再为履行；

（b）客户必须支付价款。

当加工人将加工物的残存部分（如有）返还给客户或客户表示不再需要该残存部分时，客户应当支付价款。就后一种情形，加工人可以处分该残存部分并由客户承担费用。这一规定不适用于第4.3-4：105条（加工物的归还）第（1）款的规定有权拒绝受领加工物的返还的情形。

（3）当事人约定定期支付加工人价款的，客户应就在本条第（1）款所述的意外事件发生之前已经经过的每个期间向加工人支付价款。

（4）在本条第（1）款所述的意外事件发生后，加工人仍有可能履行合同义务的：

（a）加工人仍应继续履行，或根据情况再次履行；

（b）客户仅有义务对加工人依本款第（a）项的履行支付价款；这一规定不影响加工人依本条第（3）款的规定请求支付价款；

（c）加工人为取得新材料以替代客户所提供的材料所发生的费用，客户应当补偿，但客户已按加工人的要求提供了这些材料的除外；

（d）如有必要，履行时间可依第4.3-2：109条（服务合同的单方变更）第（6）款的规定加以延长。

本款规定不影响客户依第4.3-2：111条（客户的解除权）的规定解除合同关系的权利。

（5）在本条第（1）款所述情形，加工人不可能履行合同义务的：

（a）客户无须为已提供的服务支付价款；这一规定不影响加工人根据本条第（3）款的规定请求支付价款；

（b）加工人应将加工物及客户所提供的材料或其残存部分返还给客户，但客户表明不需要这些残存部分的除外。就后一种情形，加工人可以处分该残存部分并由客户承担费用。

第4.3-4：108条 责任的限制

合同是在两个经营者之间订立时，将加工人不履行债务的责任限定于正确履行时加工物价值的条款，在第2-9：405条（经营者之间订立的合同中"不公平"的含义）规定的意义上推定是公平的，但对因加工人或由其负责的任何人的故意或重大过失造成损害的责任的限制除外。

第五章 保管合同

第 4.3-5：101 条 适用范围

（1）本章规定适用于一方当事人（保管人）为对方当事人（客户）保管动产或无形财产的合同。

（2）本章不适用于以下财产的保管：

（a）构筑物；

（b）运送中的动产或无形财产；

（c）金钱或有价证券［但第 4.3-5：110 条（旅馆管理人的责任）第（7）款规定的情形除外］或权利。

第 4.3-5：102 条 保管场所和转保管人

（1）由保管人提供保管场所的，保管人必须提供适于保管保管物的场所。保管方式应是确保保管物以客户期待的状态得以返还的方式。

（2）未经客户同意，保管人不得转包保管义务。

第 4.3-5：103 条 保管物的保护和使用

（1）保管人应当采取合理的预防措施，以防止保管物的不必要的变质、腐烂或贬值。

（2）仅在客户同意的情况下，保管人才能使用保管物。

第 4.3-5：104 条 保管物的返还

（1）在不影响其他返还义务的情况下，保管人必须在约定时间返还保管物；合同关系在约定时间之前解除的，保管人必须在客户提出请求后的合理期限内返还保管物。

（2）保管义务终止且保管人恰当地请求客户受领返还的，客户必须受领保管物的返还。

（3）客户受领保管物的返还并不免除或减轻保管人不履行债务的责任。

（4）客户没有在本条第（2）款规定的时间受领保管物的返还的，保管人就拟出卖保管物的意图向客户发出合理警示后，可以依第 3-2：111 条（未被受领的财产）的规定出卖保管物。

（5）保管物在保管期间产生孳息的，保管人必须将该孳息与保管物一同返还客户。

（6）根据所有权取得的规定，保管人成为保管物所有人的，保管人必须返还相同类型、质量和数量的物并移转该物的所有权。本条规定准用于可替代物。

（7）本条规定准用于有接收保管物权利或权限的第三人请求返还的情形。

第 4.3-5：105 条　与合同相符

（1）除非保管物以与交付保管时相同的状态返还，否则保管物的保管即与合同不符。

（2）依保管物的性质或合同的约定，保管物不能以相同的状态返还的，当保管物不是以客户可以合理期待的状态返还时，保管物的保管即与合同不符。

（3）依保管物的性质或合同的约定，不能返还原物的，当保管物不是以与交付保管时相同的状态返还，或不是以相同的类型、质量和数量返还，或保管物的所有权未依第 4.3-5：104 条（保管物的返还）第（6）款的规定移转时，保管物的保管即与合同不符。

第 4.3-5：106 条　价款的支付

（1）保管物依第 4.3-5：104 条（保管物的返还）的规定返还给客户的，或客户虽无权利但拒绝受领保管物的返还的，客户应当支付价款。

（2）在客户支付价款之前，保管人可以拒绝返还保管物。此时适用第 3-3：401 条（拒绝履行对待债务的权利）的相应规定。

第 4.3-5：107 条　保管后的告知义务

保管结束后，保管人必须告知客户：

（a）保管物在保管期间所遭受的损害；

（b）客户在使用或运送保管物前必须采取的必要预防措施，但客户应当已经知道有必要采取这些预防措施的除外。

第 4.3-5：108 条　风险负担

（1）本条规定适用于保管物因保管人无法避免或克服的意外事件而遭受毁损或灭失，且该毁损或灭失不可归责于保管人的情形。

（2）在意外事件发生之前，保管人已经通知客户并要求客户受领保管物的返还的，客户必须支付价款。当保管人返还保管物的残存部分（如有），或客户向保管人表明不再需要该残存部分时，客户应当支付价款。

（3）在意外事件发生之前，保管人没有通知客户并要求客户受领保管物的返还的：

（a）当事人约定定期支付保管人价款的，客户应当就意外事件发生前已经经过的每个期间向保管人支付价款；

(b) 保管人仍有可能进一步履行合同义务的,在不影响客户依第 4.3-2:111 条(客户的解除权)的规定解除合同关系的前提下,保管人仍应继续履行;

(c) 保管人不可能履行合同义务的,除保管人有权依本款第(a)项的规定请求支付价款外,客户无须为已提供的服务支付价款;保管人必须向客户返还保管物的残存部分,但客户表明不需要该残存部分的除外。

(4) 客户向保管人表明不需要保管物的残存部分的,保管人可以处分该残存部分,并由客户承担费用。

第 4.3-5:109 条 责任的限制

保管合同是在两个经营者之间订立时,将保管人不履行债务的责任限定于保管物的价值的条款,在第 2-9:405 条(经营者之间订立的合同中"不公平"的含义)规定的意义上推定是公平的,但对因保管人或由其负责的任何人的故意或重大过失造成损害的责任的限制除外。

第 4.3-5:110 条 旅馆管理人的责任

(1) 旅馆管理人作为保管人对在该旅馆下榻并住宿的客人携带入店的物品的毁损、灭失承担责任。

(2) 就本条第(1)款而言,以下物品视为携带入店的物品:

(a) 客人在旅馆住宿期间置于旅馆的物品;

(b) 客人在旅馆住宿期间,由旅馆管理人或由旅馆管理人负责的人在旅馆外看管的物品;

(c) 客人在旅馆住宿的前后一段合理时间内,由旅馆管理人或由旅馆管理人负责的人在旅馆内外看管的物品。

(3) 旅馆管理人对物品因以下原因造成的毁损、灭失不承担责任:

(a) 由客人或客人的同伴、雇员、访客造成的;

(b) 由旅馆管理人无法控制的障碍造成的;

(c) 由物品本身的性质造成的。

(4) 排除或限制旅馆管理人就其本人或由其负责的人因故意或重大过失造成的物品的毁损、灭失而产生的责任的条款,构成第二卷第九章第四节所规定的不公平条款。

(5) 物品的毁损、灭失是由旅馆管理人或由其负责的人因故意或重大过失所造成的情况除外,客人应当及时将情况告知旅馆管理人。客人未能及时告知的,旅馆管理人不承担责任。

(6) 旅馆管理人在就其以旅馆管理人的身份为客人提供的住宿、餐饮及定制的服务而向客人享有的任何权利被满足之前,有权留置本条第

(1)款所述的任何物品。

(7)本条规定不适用于旅馆管理人与客人就携带入店的物品订立单独保管合同的情形。为保管目的而将物品移交给旅馆管理人且旅馆为保管目的而受领的,视为订立了单独的保管合同。

第六章 设计合同

第4.3-6:101条 适用范围

(1)本章规定适用于一方当事人(设计人)为对方当事人(客户)提供下列设计服务的合同:

(a)由客户或为客户建造的构筑物;

(b)由客户或为客户建造或提供的动产、无形财产或服务。

(2)一方当事人设计并提供包含了实施该设计的服务的合同,首先被视为提供设计服务的合同。

第4.3-6:102条 先合同警示义务

设计人的先合同警示义务尤其要求设计人提醒客户,设计人就特定问题缺乏特定技能,需要专家参与。

第4.3-6:103条 具备相应技能及注意的义务

设计人具备相应技能和注意的义务尤其要求设计人:

(a)将其设计工作与其他依合同为客户提供设计服务的人的工作相协调,以保证所有相关服务均能得以有效的实施;

(b)对其他设计人的工作进行必要整合,以确保设计与合同相符;

(c)包括了解释该设计的所有必要信息,以使一般能力的使用人(或设计人在合同订立时所知道的特殊使用人)能够有效实施该设计;

(d)使设计使用人能够有效实施该设计,而不存在违反公法规定的情形或设计人知道或应当知道的受到有正当理由的第三人权利的干扰的情形;

(e)提供在经济和技术上能有效实现的设计。

第4.3-6:104条 与合同相符

(1)除非设计能够使设计使用人依合理的技能和注意实施该设计而完成特定的成果,否则该设计即与合同不符。

(2)客户依第4.3-2:107条(遵守客户指令的义务)的规定作出的指令是与合同不符的原因,且设计人依照第4.3-2:108条(服务提供人的约定警示义务）的规定履行了警示义务的，客户无权就债务不履行寻求救济。

第4.3-6：105条　设计的移交

（1）设计人认为设计或其中适合独立于该设计的剩余部分而实施的部分，已经充分完成并拟将其转交给客户的，客户必须在收到通知后的合理期限内受领该设计。

（2）设计或相关部分与合同不符且该不符构成根本不履行的，客户可以拒绝受领该设计。

第4.3-6：106条　记录

（1）双方当事人履行完其他合同义务后，设计人应客户的请求必须移交所有相关文件或其复印件。

（2）设计人必须在合理期限内保管未予移送的相关文件。在文件销毁前，设计人应再次向客户提交这些文件。

第4.3-6：107条　责任的限制

合同是在两个经营者之间订立时，将设计人不履行债务的责任限定于由客户或为客户依设计建造或提供的构筑物、物品或服务的价值的条款，在第2-9：405条（经营者之间订立的合同中"不公平"的含义）规定的意义上推定是公平的，但对因设计人或由其负责的任何人的故意或重大过失造成损害的责任的限制除外。

第七章　信息和咨询合同

第4.3-7：101条　适用范围

（1）本章规定适用于一方当事人（信息服务提供人）为对方当事人（客户）提供信息或咨询服务的合同。

（2）第八章（医疗服务合同）就医疗服务中的告知义务规定了更为具体的规则，就此不适用本章规定。

（3）在本章以下规定中，信息服务包括咨询服务。

第4.3-7：102条　收集原始资料的义务

（1）信息服务提供人必须搜集为实施服务所必需的以下资料：

(a) 有关客户取得信息的特定目的的资料；

(b) 有关客户对信息的偏好和优先选择的资料；

(c) 有关客户基于信息可能作出的决定的资料；

(d) 有关客户的个人情况的资料。

(2) 旨在向一定人群提供信息服务的，拟收集的资料必须与该人群中个体的可能的目的、偏好、优先选择和个人情况相关。

(3) 信息服务提供人需要向客户收集资料的，必须向客户解释其所应提供的资料。

第 4.3-7：103 条　取得和使用专业知识的义务

信息服务提供人必须取得和使用提供该信息服务所必需的专业知识，使其达到专业信息或咨询服务提供人的标准。

第 4.3-7：104 条　具备相应技能和注意的义务

(1) 信息服务提供人具备相应技能和注意的义务尤其要求信息服务提供人：

(a) 采取合理措施，以确保客户理解信息的内容；

(b) 以一个理性的信息服务提供人在提供评论性信息时所应表现出来的技能和注意提供服务；

(c) 在客户基于该信息可能作出决策的任何情形，告知客户其中所涉及的可能影响到客户决策的风险。

(2) 信息服务提供人明示或默示地允诺向客户提供建议，以使客户能够作出相应决策的，信息服务提供人必须：

(a) 在对所收集的与客户的目的、偏好、优先选择以及个人情况有关的资料基于专业知识进行技术分析提出建议；

(b) 告知客户其可以亲自提供的与客户随后的决策有关的备选方案，以及备选方案与推荐方案相比的优势和风险；

(c) 告知客户其不能亲自提供的其他备选方案，但信息服务提供人明确告知客户只提供有限范围的备选方案或根据具体情况这一点非常明显的除外。

第 4.3-7：105 条　与合同相符

(1) 信息服务提供人必须提供符合合同要求的数量、质量和说明的信息。

(2) 信息服务提供人向客户所提供的事实性信息必须是对相关真实情况的正确描述。

第 4.3-7：106 条　记录

考虑到客户的利益，信息服务提供人必须在必要的范围内保存与依本章规定提供的信息相关的记录，并应客户的合理请求提供该记录或其摘要。

第 4.3-7：107 条　利益冲突

（1）信息服务提供人明示或默示地允诺向客户提供建议，以使客户能够作出相应决策的，信息服务提供人必须披露任何可能影响其履行义务的利益冲突。

（2）只要合同债务尚未完全履行，信息提供人就不得与第三人建立可能会与客户发生利益冲突的关系，但已向客户完全披露且客户已明示或默示同意的除外。

第 4.3-7：108 条　客户能力的影响

（1）其他人为客户提供服务，或客户的能力有限，并不能减轻信息服务提供人依本章规定所承担的义务。①

（2）客户已经知道或应当知道该信息的，免除信息提供人的相关义务。

（3）就本条第（2）款而言，无须调查该信息即对客户至为明显的，构成"客户应当知道"。

第 4.3-7：109 条　因果关系

信息提供人知道或应当知道客户随后的决策将以其所提供的信息为基础而作出，且客户作出这样的决策，并因此遭受损失的，只要客户能够证明如果信息服务提供人提供了所有必要信息，则客户会合理地、认真地考虑作出另外一个决策，则信息提供人不履行合同债务将被推定为造成了该损失。

第八章　医疗服务合同

第 4.3-8：101 条　适用范围

（1）本章规定适用于一方当事人（医疗服务提供人）为对方当事人（患者）提供医疗服务的合同。

（2）本章规定准用于医疗服务提供人为改善他人的身体或精神状态而

---

① 本条规定主要针对信息服务提供人以客户的能力作为抗辩而主张免责或限责的情形。依本条，仅仅是客户对信息服务所涉领域有所了解，不能作为信息服务提供人的抗辩事由；客户得到了其他专业人士的协助，也不能作为抗辩事由。信息服务提供人唯一可以主张的抗辩，是客户具体明确地知道了应提供但未提供的信息。参见 Christian von Bar and Eric Clive（eds），Principles, Definitions and Model Rules of European Private Law, Volume 3 (Munich: sellier. european law publishers GmbH, 2009), p.1920.

提供其他服务的合同。

(3) 患者不是合同当事人时,被视为第三人,享有合同赋予的相对于本章规定的医疗服务提供人的义务的权利。

第 4.3-8：102 条　初步评估

医疗服务提供人必须在提供医疗服务所必需的合理范围内：

(a) 当面询问患者的健康状况、症状、既往病史、过敏症、既往或其他现有的治疗、患者就治疗活动的偏好和优先选择；

(b) 实行必要的检查以诊断患者健康状况；

(c) 与医治过患者的其他医疗服务提供人商谈。

第 4.3-8：103 条　有关器械、药品、材料、设施和场所的义务

(1) 医疗服务提供人所使用的器械、药品、材料、设施和场所至少应具备公认的、合理的行业习惯所要求的质量,且应符合相应制定法的规定并适合实现其特定的使用目的。

(2) 当事人不得为损害患者的利益而排除本条规定的适用,也不得减损或变更其效力。

第 4.3-8：104 条　具备相应的技能和注意的义务

(1) 医疗服务提供人具备相应的技能和注意的义务,尤其要求医疗服务提供人为患者提供一个理性的医疗服务提供人在既定情况下所应具备的技能和注意义务。

(2) 医疗服务提供人缺乏以相应技能和注意为患者治疗所需要的相应经验或技能的,必须将患者转移给能够胜任的医疗服务提供人。

(3) 当事人不得为损害患者的利益而排除本条规定的适用,也不得减损或变更其效力。

第 4.3-8：105 条　告知义务

(1) 为给予患者对医疗服务的自由选择权,医疗服务提供人尤其需要告知患者以下事项：

(a) 患者当前的健康状况；

(b) 推荐治疗方案的性质；

(c) 推荐治疗方案的优势；

(d) 推荐治疗方案的风险；

(e) 推荐治疗方案的备选方案及其比较优势和风险；

(f) 不予治疗的后果。

(2) 在任何情况下,医疗服务提供人均应当告知患者可能会合理地影响其决定是否同意推荐治疗方案的任何风险或备选方案。风险的存在将对患者造成严重损害的,该风险则被视为可能会合理地影响患者决定的风险。告知义务适用第七章(信息和咨询合同)的规定,但另有规定的除外。

(3) 信息应当以患者可以理解的方式提供。

第 4.3-8:106 条　非必要或试验性治疗的告知义务

(1) 治疗对患者健康的保持或改善并非必要的,医疗服务提供人必须披露所有已知的风险。

(2) 如果治疗方案是试验性的,医疗服务提供人必须披露所有关于试验的目的、治疗方案的性质、治疗方案的优势、风险及备选方案的信息,即使这些仅仅是潜在的。

(3) 当事人不得为损害患者的利益而排除本条规定的适用,也不得减损或变更其效力。

第 4.3-8:107 条　告知义务的例外

(1) 在以下情形下,依告知义务在正常情况下本应提供的信息可以暂不告知患者:

(a) 基于客观理由可以认为告知患者将对患者的健康或生命造成严重且消极的影响的;

(b) 患者明确表示了不被告知的愿望,且不披露该信息不会危及第三人的健康或安全。

(2) 在必须紧急医治的情况下,无须履行告知义务。此时,医疗服务提供人嗣后必须尽可能地提供信息。

第 4.3-8:108 条　未经同意不得治疗的义务

(1) 未经患者基于事先知情而同意,医疗服务提供人不得实施治疗。

(2) 患者可以随时撤销其同意。

(3) 在患者没有能力表示同意时,医疗服务提供人不得实施治疗,除非:

(a) 已取得在法律上有权代表患者作出有关治疗决定的人或机构的同意;

(b) 已符合未经同意即可合法地实施治疗的规定或程序;

(c) 必须紧急医治。

(4) 在本条第(3)款所述的情形下,没有尽可能地考虑无行为能力的患者关于治疗的意见以及患者在丧失行为能力前明确表示的有关意见的,医疗服务提供人不得实施治疗。

(5) 在本条第(3)款所述的情形下,医疗服务提供人仅可实施旨在改善患者健康状况的治疗。

（6）在第 4.3-8：106 条（非必要或试验性治疗的告知义务）第（2）款所述情形下，同意必须以明示及特定的方式作出。

（7）当事人不得为损害患者的利益而排除本条规定的适用，也不得减损或变更其效力。

第 4.3-8：109 条　记录

（1）医疗服务提供人必须制作详细的治疗记录。这些记录尤其应当包括在初步当面询问、检查或商谈阶段所收集的信息，有关患者同意的信息以及与已实施的治疗活动有关的信息。

（2）经合理要求，医疗服务提供人必须：

（a）使患者能够得到这些记录，在患者没有能力表示同意的情形下，使有权代表患者作出决定的个人或机构能够得到这些记录；

（b）在合理范围内回答就这些记录的解释所提出的问题。

（3）患者遭受了人身伤害，并认为伤害是由于医疗服务提供人未履行相应的技能和注意义务所致，且医疗服务提供人没有履行本条第（2）款所规定的义务的，推定医疗服务提供人未履行相应的技能和注意义务以及该不履行与人身伤害之间存在因果关系。

（4）医疗服务提供人必须在合理期限内保存这些记录并对这些记录进行解释。这一合理期限自医疗活动结束后至少十年，具体取决于这些记录对患者或患者的继承人或代理人以及对今后的治疗的价值。对于那些即便在该合理期限届满后仍然十分重要的记录，医疗服务提供人在该期间届满后必须继续保存。医疗服务提供人因各种原因停止营业的，必须将这些记录储存或移交给患者供将来商谈之用。

（5）当事人不得为损害患者的利益而排除本条第（1）款至第（4）款规定的适用，也不得减损或变更其效力。

（6）医疗服务提供人不得将患者或与患者治疗有关的其他人的信息披露给第三人，但该披露是为保护第三人或公共利益所必需的除外。医疗服务提供人为统计、教育或科学目的可以匿名方式使用这些记录。

第 4.3-8：110 条　不履行义务的救济

医疗服务合同义务的不履行准用第三卷第三章（债务不履行的救济措施）以及第 4.3-2：111 条（客户的解除权）的规定，但以下情形除外：

（a）拒绝履行或解除合同关系将严重危及患者健康的，医疗服务提供人不得根据该章规定拒绝履行或解除合同关系；

（b）医疗服务提供人有权拒绝履行或解除合同关系并计划行使该权利的，必须将患者移交其他医疗服务提供人。

第 4.3-8：111 条　医疗机构的义务

（1）在履行医疗服务合同义务的过程中，如果医疗活动是在医院或其他医疗机构场所进行，且该医院或医疗机构不是医疗服务合同的当事人，则该医院或医疗机构必须向患者表明其不是合同当事人。

（2）无法明确医疗服务提供人的，医疗活动在其场所进行的医院或医疗机构，视为医疗服务提供人，但该医院或医疗机构在合理期限内向患者告知医疗服务提供人的身份的除外。

（3）当事人不得为损害患者的利益而排除本条规定的适用，也不得减损或变更其效力。

第四编　委托合同①

第一章　一般规定

第 4.4-1：101 条　适用范围

（1）第四卷本编规定适用于一方当事人（受托人）经对方当事人（委托人）授权或指示（委托）从事以下行为的合同或其他法律行为：

（a）在委托人和第三人之间订立合同或以其他方式直接影响委托人对第三人的法律地位②；

---

① 本编虽名为"Mandate contracts"，但却包括了我国合同法上的三类有名合同：委托合同、行纪合同和居间合同。本示范规则和德国民法典一样，区分代理权的授予和委托（合同），将委托作为代理权产生的基础关系，在调整范围上，代理章只调整外部关系，委托章调整内部关系。但与德国民法典不同的是，本示范规则采纳了英美法式的广义代理概念，包括了直接代理和间接代理，作为代理权的基础关系的本章也就具有了不同于德国民法典的特点。就委托合同中当事人的称谓，本示范规则使用了"the principal"和"the agent"，直译为"本人"和"代理人"，但由于本章的调整范围已经超越了代理，而包括了居间或经纪，本章没有像第二卷第六章那样使用"the representative"（代理人），而是使用了"the agent"一词。参见 Christian von Bar and Eric Clive（eds），Principles, Definitions and Model Rules of European Private Law, Volume 3（Munich：sellier. european law publishers GmbH, 2009），p. 2026. 据此，本译文按照我国法上的习惯称谓，将"the principal"和"the agent"分别译为"委托人"和"受托人"，不过，这里的受托人，包括了我国合同法上所称的受托人、行纪人和居间人。

② 本项即为直接代理的情形。关于"影响委托人对第三人的法律地位"的理解，参见本书第二卷第六章的相关翻译说明。

(b) 代表委托人与第三人订立合同或从事与第三人有关的其他法律行为，但该合同或其他法律行为的当事人不是委托人，而是受托人。①

(c) 采取适当措施导致或促成委托人与第三人之间订立合同，或从事将影响委托人对第三人的法律地位的其他法律行为。②

(2) 本编规定适用于受托人为委托人利益并依委托人指示从事一定行为的情形；本编规定还准用于受托人仅仅被授权但未允诺从事一定行为，但仍从事一定行为的情形。

(3) 本编规定适用于受托人提供有偿服务的情形；本编规定还准用于受托人提供无偿服务的情形。

(4) 本编仅适用于委托人与受托人之间的内部关系（委托关系）。本编不适用于委托人与第三人之间或受托人与第三人之间的关系（如有）。③

(5) 既适用本编规定又适用本卷第三编（服务合同）规定的合同，首先被视为委托合同。

(6) 本编的规定不适用于关于投资服务以及第 2004/30/EC，OJ L 145/1 号指令及其修正案、替代指令所规定的活动的合同。

第 4.4-1:102 条　定义

在本编中：

(a) 对受托人的"委托"，是指委托人的授权或指示，可依由委托人嗣后的指示而变更；

(b) "委托合同"，是指受托人经授权或指示从事一定行为的合同。关于委托合同的规定均适用于受托人经授权或指示从事的其他法律行为；

(c) "预期合同"（prospective contract），是指受托人经授权或指示去订立、磋商或促成的合同。关于预期的合同的规定均适用于受托人经授权或指示从事、磋商或促成的其他法律行为；

(d) 直接代理的委托，是指受托人以委托人名义或以其他表明影响委托人法律地位的意思的方式从事一定行为的委托；

(e) 间接代理的委托，是指受托人以自己的名义或以其他并不表明影响委托人法律地位的意思的方式从事一定行为的委托；

---

① 本项即为间接代理的情形。
② 本项即为居间（经纪、中介）的规定。参见 Christian von Bar and Eric Clive (eds), Principles, Definitions and Model Rules of European Private Law, Volume 3 (Munich: sellier. european law publishers GmbH, 2009), p. 2026.
③ 本示范规则第二卷第六章专章规定代理制度，该章规定不适用于代理人与本人之间的内部关系，适用于委托人与第三人之间或受托人与第三人之间的关系。

(f)"指令",是指在委托合同订立时或根据委托合同嗣后由委托人作出的与委托合同的履行或预期合同的内容有关的决定;

(g)"第三人",是指受托人拟与之订立、磋商、促成预期合同的当事人①;

(h)对受托人委托的"撤销",是指委托人收回委托,委托不再有效。

第 4.4-1:103 条　委托合同的期间

委托合同的订立:

(a)可以是不定期的;

(b)可以是定期的;

(c)可以是以完成特定事务为期限。

第 4.4-1:104 条　委托的撤销

(1)除后条另有规定外,委托人可以随时通知受托人撤销对受托人的委托。

(2)委托关系的解除具有撤销对受托人的委托的效力。

(3)当事人不得为损害委托人的利益而排除本条规定的适用,也不得减损或变更其效力,但满足后条规定条件的除外。

第 4.4-1:105 条　不可撤销的委托

(1)作为前条规定的例外,在以下情况下委托人不得撤销对受托人的委托:

(a)委托的作出是为了保护受托人除价款之外的合法利益;

(b)委托的作出是为了另一法律关系中当事人的共同利益,而不论该法律关系的当事人是否全部都是委托合同的当事人,且委托的不可撤销性旨在适当保护一方或多方当事人。

(2)尽管如此,有以下情形之一的,委托仍可撤销:

(a)委托依本条第(1)款第(a)项的规定不可撤销,且

(i)受托人的合法利益据以产生的合同关系因受托人不履行义务而解除;

(ii)受托人根本不履行委托合同规定的义务;

(iii)存在委托人可依第 4.4-6:103 条(委托人因特别的、严重的原

---

① 本章中"第三人"的意义与第 2-6:102 条所界定的"第三人"不同。参见 Christian von Bar and Eric Clive(eds),Principles,Definitions and Model Rules of European Private Law,Volume 3(Munich:sellier. european law publishers GmbH,2009),p. 2052。

因而解除）的规定解除委托合同的特别的、严重的原因的；

（b）委托依本条第（1）款第（b）项的规定不可撤销，且

（i）委托为其利益不可撤销的当事人同意撤销委托；

（ii）本条第（1）款第（b）项所规定的法律关系终止；

（iii）受托人根本不履行委托合同规定的义务，而依调整委托人与其他当事人之间法律关系的条款的规定，该受托人为另一受托人及时替代的；

（iv）存在委托人可依第4.4-6：103条（委托人因特别的、严重的原因而解除）的规定解除委托合同的特别的、严重的原因，而依调整委托人与其他当事人之间法律关系的条款的规定，该受托人为另一受托人及时替代的。

（3）依本条规定不得撤销委托的，撤销通知不生效力。

（4）本条规定不适用于委托关系根据本编第七章的规定而终止的情形。

第二章　委托人的主要义务

第4.4-2：101条　合作义务

第3-1：104条（合作）规定的合作义务，尤其要求委托人：

（a）应受托人的请求提供必要信息，以使受托人能履行委托合同的义务；

（b）依委托合同的规定或应依第4.4-4：102条（请求指令）的规定所发出的请求，就委托合同义务的履行发出指令。

第4.4-2：102条　价款

（1）受托人是在其经营活动中履行委托合同的义务的，委托人必须支付价款，但委托人期待或应当期待受托人无偿履行合同义务的除外。

（2）价款应当在受托人完成委托事务并向委托人报告时支付。

（3）当事人已就价款的支付达成协议，委托关系已经终止而委托事务尚未完成，价款应当在受托人报告其履行委托合同的义务时支付。

（4）委托事务是订立预期合同，且委托人直接或聘任他人为自己订立了预期合同的，如果预期合同的订立可全部或部分地归于受托人履行委托合同的义务，受托人则有权请求支付或按比例支付价款。

（5）委托事务是订立预期合同，且预期合同在委托关系已终止后订立

的，如果双方约定价款的支付仅以预期合同的订立为条件，且具有以下情形的，委托人仍须支付价款：

（a）该预期合同的订立主要是受托人努力的结果；

（b）该预期合同是在委托关系终止后的合理期限内订立的。

第 4.4-2：103 条　受托人发生的费用

（1）受托人有权请求支付价款时，推定该价款包括对受托人在履行委托合同义务时所发生的费用的偿还。

（2）受托人无权请求支付价款时或当事人约定费用应另外单独支付的，委托人必须偿还受托人在履行委托合同义务时所发生的合理费用。

（3）本条第（2）款所称的费用已经发生且受托人已将该费用向委托人报告的，受托人有权请求偿还该费用。

（4）委托关系已经终止但受托人据以取得报酬的成果尚未完成的，受托人有权就在履行委托合同义务时所发生的费用请求偿还。此时相应适用本条第（3）款的规定。

第三章　受托人履行义务

第一节　受托人的主要义务

第 4.4-3：101 条　依委托合同从事一定行为的义务

在委托关系的所有阶段，受托人都必须按照委托合同从事一定行为。

第 4.4-3：102 条　为委托人利益从事一定行为的义务

（1）受托人已经知道或应当知道委托人的利益的，受托人的行为应当符合该利益。

（2）受托人对委托人的利益没有充分了解，影响到受托人适当履行委托合同义务的，受托人应当向委托人请求告知相关信息。

第 4.4-3：103 条　具备相应的技能和注意的义务

（1）受托人应当以委托人依具体情况有权期待的注意和技能履行委托合同义务。

（2）受托人声称具有更高标准的注意及技能的，应当以该注意和技能履行委托合同义务。

（3）受托人是，或据称是，专业代理团体的成员，相关部门或该团体为专业代理设定了标准的，受托人应当以该标准中明示的注意和技能履行委托合同义务。

(4) 在确定就委托人有权期待的注意和技能时，所必须考虑的因素包括但不限于：

(a) 履行义务时所涉及的风险的性质、大小、频率及可预见性；

(b) 义务是否由非专业人士履行或其履行是否是无偿的；

(c) 履行义务的报酬的数额；

(d) 可合理用于履行义务的时间。

第二节 超越委托权限的后果

第 4.4-3：201 条 超越委托权限而行为

(1) 在以下情形下，受托人可以在委托权限之外从事一定行为：

(a) 为委托人利益，受托人有合理理由从事该行为；

(b) 受托人没有合理机会探知委托人在特定情形下的意思；

(c) 受托人不知道且不应当知道该特殊情形下的行为违背了委托人的意思。

(2) 本条第（1）款所规定的行为，在受托人与委托人之间具有与在委托权限之内的行为一样的后果。

第 4.4-3：202 条 追认的后果

受托人在非为前条所规定的情形下，为委托人利益超越委托权限订立合同的，委托人对该合同的追认免除了受托人对委托人的责任，但委托人在追认后及时地通知受托人其保留就受托人不履行义务的救济权利的除外。

第三节 非独占委托

第 4.4-3：301 条 不推定为独占

委托人可以直接或聘任其他受托人订立、磋商或促成预期合同。

第 4.4-3：302 条 转委托

(1) 受托人不经委托人同意即可全部或部分地将委托合同中的义务转委托，但委托合同规定受托人亲自履行的除外。

(2) 由受托人转委托的第三人必须具备适当的资格。

(3) 根据第 3-2：106 条（委托他人履行）的规定，受托人仍需对履行负责。

第四节 告知委托人的义务

第 4.4-3：401 条 履行进展的告知

在履行委托合同义务期间，受托人必须在依具体情况合理的范围内告知委托人为订立或促成预期合同所进行的磋商或其他措施的现状及其进展。

第 4.4-3：402 条 向委托人报告

（1）受托人必须及时地向委托人告知委托事务的结果。
（2）受托人必须向委托人报告：
（a）履行委托合同义务的方式；
（b）受托人履行上述义务时所垫付或收到的金钱或所发生的费用。
（3）本条第（2）款的规定准用于委托关系依第六章及第七章的规定而终止且委托合同的义务尚未完全履行的情形。

第 4.4-3：403 条 第三人身份的披露

（1）经委托人请求，受托人必须向委托人披露与之订立预期合同的第三人的姓名或名称及住址。
（2）就间接代理的委托，本条第（1）款的规定仅适用于受托人破产的情形。

第四章 指令和变更

第一节 指令

第 4.4-4：101 条 委托人的指令

（1）委托人有权对受托人发出指令。
（2）受托人必须遵循委托人的指令。
（3）指令存在以下情形的，受托人必须提醒委托人：
（a）依该指令履行委托合同义务将比委托合同的约定显著地增加金钱或时间；
（b）该指令与委托合同的目的不一致或在其他方面损害了委托人的利益。
（4）委托人的指令被视为依第 4.4-4：201 条（委托合同的变更）的规定对委托合同的变更，但委托人收到受托人的警示后及时撤销了指令的除外。

第4.4-4:102条 请求指令

（1）受托人就取得委托人作出与委托合同义务的履行或预期合同的内容相关的决定所需信息，必须请求委托人发出指令。

（2）委托事务是订立预期合同，且委托合同并未规定委托是直接代理委托还是间接代理委托的，受托人必须请求委托人发出指令。

第4.4-4:103条 未为指令的后果

（1）委托人未依委托合同约定或前条第（1）款的规定发出指令的，受托人可在相关范围内依第三卷第三章（债务不履行的救济措施）的规定寻求任何救济措施；或在根据已收集的信息和指令可以合理地推断的委托人的期待、偏好及优先选择基础上履行委托合同的义务。

（2）受托人根据合理推断的委托人的期待、偏好及优先选择履行委托合同义务的，受托人有权请求对预期合同的订立所授权的或所指示的价款和时间作出适当调整。

（3）委托人未依第4.4-4:102条（请求指令）第（2）款的规定发出指令的，受托人可以选择直接代理或间接代理，或依第3-3:401条（拒绝履行对待债务的权利）的规定拒绝履行。

（4）根据本条第（1）款的规定拟支付的调整后的价款必须合理，所采取的计算方法与确定履行委托合同义务的初始价款时所采取的计算方法相同。

第4.4-4:104条 没有时间请求指令或等待指令的情形

（1）受托人应当根据第4.4-4:102条（请求指令）的规定请求委托人发出指令，但在与委托人取得联系并请求指令之前，或在指令发出之前，受托人就需要从事一定行为的，受托人可以在根据已收集的信息和指令可以合理地推断的委托人的期待、偏好及优先选择基础上履行委托合同义务。

（2）在本条第（1）款规定的情形，受托人可以基于具体情况合理地请求对履行委托合同义务所授权的或所指示的价款和时间作出适当调整。

第二节 委托合同的变更

第4.4-4:201条 委托合同的变更

（1）在以下情形下，委托合同变更：

(a) 委托人实质性地变更对受托人的委托；

(b) 在收到依第4.4-4:101条（委托人的指令）第（3）款的规定

所发出的警示后,并未及时撤销其作出的指令。

(2) 在本条第(1)款所规定的委托合同变更的情形下,受托人有权:

(a) 请求对履行委托合同义务所授权的或所指示的价款和时间作出适当调整;

(b) 依第3-3:702条(一般赔偿标准)的规定请求损害赔偿,尽可能使受托人处于如果委托合同未变更时其所处的状态。

(3) 在本条第(1)款所规定的委托合同变更的情形下,受托人也可以因特别的、严重的原因的出现,依第4.4-6:105条(受托人因特别的、严重的原因而解除)的规定,向委托人发出解除通知,解除委托关系,但该变更微不足道或有利于受托人的除外。

(4) 根据本条第(2)款第(a)项的规定拟支付的调整后的价款必须合理,所采取的计算方法与确定履行委托合同义务的初始价款时所采取的计算方法相同。

第五章 利益冲突

第4.4-5:101条 与自己订立合同

(1) 受托人不得成为预期合同中委托人的相对人。

(2) 尽管如此,在以下情形下,受托人仍然可以成为预期合同中委托人的相对人:

(a) 双方当事人就此已在委托合同中明确表示同意的;

(b) 受托人已披露其拟成为预期合同相对人的意思,且:

(i) 委托人随后明确同意的;

(ii) 就同意或拒绝同意,委托人在经请求发表意见后,没有反对受托人成为相对人的;

(c) 委托人经其他途径知道或应当知道受托人成为相对人,且未在合理期限内予以反对的;

(d) 预期合同的内容已在委托合同中得以精确的规定,不会出现漠视委托人利益的风险。

(3) 委托人是消费者的,受托人只有在以下情形下,才能成为相对人:

(a) 受托人已披露该信息而委托人已明确同意受托人作为特定预期合同的相对人的;

(b) 预期合同的内容已在委托合同中得以精确的规定,不会出现漠视委托人利益的风险。

（4）当事人不得为损害委托人的利益而排除本条第（3）款规定的适用，也不得减损或限制其效力。

（5）受托人成为相对人的，无权请求支付作为受托人所提供的服务的价款。

第 4.4-5：102 条　双方委托

（1）受托人不得同时担任委托人及预期合同中委托人的相对人的受托人。

（2）尽管如此，在以下情形下，受托人仍然可以同时担任委托人及相对人的受托人：

（a）双方当事人就此已在委托合同中明确表示同意的；

（b）受托人已披露其拟担任双方受托人的意思，且

（i）委托人随后明确表示同意；

（ii）就同意或拒绝同意，委托人在经请求发表意见后，没有反对受托人担任相对人的受托人的；

（c）委托人经其他途径知道或应当知道受托人担任相对人的受托人，且未在合理期限内予以反对的；

（d）预期合同的内容已在委托合同中得以精确的规定，不会出现漠视委托人利益的风险。

（3）委托人是消费者的，受托人只有在以下情形下，才能担任双方的受托人：

（a）受托人已披露该信息而委托人已明确同意受托人也可以担任预期合同的相对人的受托人的；

（b）预期合同的内容已在委托合同中得以精确的规定，不会出现漠视委托人利益的风险。

（4）当事人不得为损害委托人的利益而排除本条第（3）款规定的适用，也不得减损或限制其效力。

（5）受托人依上述各款规定进行双方委托的，有权请求支付价款。

第六章　非因债务不履行而依通知的解除

第 4.4-6：101 条　依通知而解除：一般规定

（1）任何一方当事人均可随时通知对方当事人解除委托关系。

(2) 就本条第(1)款而言,撤销对受托人的委托视为解除委托关系。

(3) 对受托人的委托依第 4.4-1:105 条(不可撤销的委托)的规定不可撤销时,对委托关系的解除不发生效力。

(4) 解除的效力适用第 3-1:109 条(依通知而变更或解除)第(3)款的规定。

(5) 发出解除通知的当事人有正当理由解除委托关系的,无须为此承担损害赔偿责任。

(6) 发出解除通知的当事人无正当理由解除委托关系的,解除仍然生效,但对方当事人有权根据第三卷的规定请求损害赔偿。

(7) 在本条中,发出解除通知的当事人有以下情形的,即为有正当理由解除委托关系:

(a) 有权依合同的明示条款解除委托关系并满足了合同就此所规定的条件的;

(b) 有权根据第三卷第三章第五节(解除)的规定解除委托关系的;

(c) 有权根据本章其他任何条款的规定解除委托关系并满足了该条就此所规定的条件的。

第 4.4-6:102 条　委托人对不定期委托或特定事务委托的解除

(1) 委托合同是不定期委托或为特定事务而设立委托的,委托人可以随时通知受托人并在合理期限内解除委托关系。

(2) 委托是不可撤销时,本条第(1)款的规定不予适用。

(3) 当事人不得为损害委托人的利益而排除本条规定的适用,也不得减损或变更其效力。但满足第 4.4-1:105 条(不可撤销的委托)所规定的条件的除外。

第 4.4-6:103 条　委托人因特别的、严重的原因而解除

(1) 委托人因特别的、严重的原因可以通知受托人解除委托关系。

(2) 委托人因此而解除委托关系的,无须通知期间。

(3) 本条中,在委托合同订立时,拟根据委托合同履行受托人义务的当事人死亡或丧失行为能力的,构成特别的、严重的原因。

(4) 本条规定准用于委托人的继承人依第 4.4-7:102 条(委托人死亡)的规定终止委托关系的情形。

(5) 当事人不得为损害委托人或其继承人的利益而排除本条规定的适用,也不得减损或变更其效力。

第 4.4-6:104 条　受托人对不定期委托或无偿委托的解除

(1) 委托合同是不定期委托的,受托人可以随时通知委托人,并在合

理期限内解除委托关系。

（2）受托人无偿代表委托人的，受托人可以通知委托人，并在合理期限内解除委托关系。

（3）当事人不得为损害受托人的利益而排除本条第（1）款规定的适用，也不得减损或变更其效力。

第 4.4-6：105 条　受托人因特别的、严重的原因而解除

（1）受托人因特别的、严重的原因可以通知委托人解除委托关系。

（2）受托人因此而解除委托关系的，无须通知期间。

（3）在本条中，特别的、严重的原因包括：

（a）根据第 4.4-4：201 条（委托合同的变更）的规定变更合同；

（b）委托人死亡或丧失行为能力的；

（c）在委托合同订立时，拟根据委托合同履行受托人义务的当事人死亡或丧失行为能力。

（4）当事人不得为损害受托人的利益而排除本条规定的适用，也不得减损或变更其效力。

第七章　终止的其他事由

第 4.4-7：101 条　委托人或其他受托人订立预期合同

（1）委托合同订立的目的仅限于签订特定预期合同，委托人或其聘任的其他受托人已订立该预期合同的，委托关系终止。

（2）这种情况下，预期合同的订立视为依第 4.4-6：101 条（依通知而解除：一般规定）的规定所作的通知。

第 4.4-7：102 条　委托人死亡

（1）委托关系不因委托人死亡而终止。

（2）委托人的受托人和继承人因特别的、严重的原因，可依第 4.4-6：103 条（委托人因特别的、严重的原因而解除）或第 4.4-6：105 条（受托人因特别的、严重的原因而解除）的规定，发出解除通知，解除委托关系。

第 4.4-7：103 条　受托人死亡

（1）受托人死亡，委托关系终止。

（2）死亡时已发生的费用和其他到期的价款仍应支付。

第五编 商事代理、特许经营及经销合同

第一章 一般规定

第一节 适用范围

第 4.5-1：101 条 本编适用的合同类型

(1) 第四卷本编适用于商事代理、特许经营或经销关系的建立及管理合同，并准用于独立从事经营活动的一方当事人运用其技能与努力将对方当事人的产品引入市场的其他合同。

(2) 在本编中，"产品"包括动产和服务。

第二节 其他一般规定

第 4.5-1：201 条 优先适用规则

法律适用发生冲突时：
(a) 本编规定优先于第四编（委托合同）的规定适用；
(b) 本编第三章至第五章的规定优先于本编第二章的规定适用。

第二章 适用于本编所有合同的规则

第一节 先合同义务

第 4.5-2：101 条 先合同告知义务

为订立本编调整范围内的合同而进行磋商的当事人，应当在合同订立前的合理期限内并在良好商事习惯要求的范围内，向对方当事人提供充分的信息，以使对方当事人能在合理知情的基础上决定是否订立此类合同以及是否以商议中的条款订立合同。

第二节 当事人的义务

第 4.5-2：201 条 合作义务

第四卷本编调整范围内的合同的当事人必须积极和诚实地合作，并协

调各自的工作，以达成合同目的。

第 4.5-2：202 条　履行过程中的告知义务

合同关系存续期间，任何一方当事人都必须适时地向对方当事人提供自己所掌握并为对方所需要的所有信息，以达成合同目的。

第 4.5-2：203 条　保密义务

（1）一方当事人就其从对方当事人所获得的保密信息必须承担保密义务，无论是在合同关系存续期间还是在合同关系终止后，均不得泄露给第三人。

（2）当事人就其从对方当事人所获得的保密信息，不得用于合同之外的目的。

（3）已为当事人掌握或已向公众披露的信息，以及因经营活动必须向消费者披露的信息，不构成本条所称的保密信息。

第三节　合同关系的解除

第 4.5-2：301 条　定期合同

当事人可以自由决定不续展定期合同。一方当事人适时通知对方当事人表示愿意续展合同的，合同将不定期地续展，但对方当事人在合同期间届满前的合理期限内发出通知表示不续展合同的除外。

第 4.5-2：302 条　不定期合同

（1）不定期合同的任何一当事人均可以通知对方当事人解除合同关系。

（2）解除通知规定合同在合理期限后解除的，无须承担第 4.5-2：303 条（依不充分通知而解除合同的损害赔偿）所规定的损害赔偿责任。解除通知规定合同立即解除或在非合理期限后解除的，应当依该条规定承担损害赔偿责任。

（3）期限是否合理的判断因素，包括（但不限于）：

(a) 合同关系已经持续的时间；

(b) 已经进行的合理投资；

(c) 寻找合理备选方案所需要的时间；

(d) 惯例。

（4）合同关系每持续一年即赋予一个月的通知期间，最长不超过三十六个月，该期间推定为合理期限。

（5）对本人、特许权人或供应人发出通知的，通知期间在第一年不得少于一个月，第二年不得少于二个月，第三年不得少于三个月，第四年不得少于四个月,第五年不得少于五个月,第六年及此后的合同关系存续期间,不得少于六个月。当事人不得排除这一规定的适用,也不得减损或变更其效力。

(6) 比本条第(4)款与第(5)款所规定的期间更长期间的约定,只要在本人、特许权人或供应人所应遵守的约定期间不短于商事代理人、特许经营人或经销人所应遵守的约定期间的情况下,才有效。

(7) 就本编调整范围内的合同,本条规定取代第3-1:109条(依通知变更或解除)的规定。该条第(3)款的规定适用于解除的法律效果。

第4.5-2:303条 依不充分通知而解除合同的损害赔偿

(1) 一方当事人依第4.5-2:302条(不定期合同)的规定解除合同关系但未规定合理的通知期间的,对方当事人有权主张损害赔偿。

(2) 赔偿的一般标准应当相当于如果设定了合理的通知期间,对方当事人在合同仍将持续的额外期间内所能获得的收益。

(3) 年收益推定为受害人在此前三年根据合同所得到的平均收益;合同持续不足三年的,推定为受害人在该期间的平均收益。

(4) 第三编第三章第七节关于债务不履行的损害赔偿的一般规定可予以准用。

第4.5-2:304条 因债务不履行而解除

(1) 本编调整范围的合同中规定当事人可因非根本的债务不履行而解除合同的条款无效。

(2) 当事人不得排除本条规定的适用,也不得减损或变更其效力。

第4.5-2:305条 商誉的补偿

(1) 合同关系因任何原因而解除的(包括任何一方当事人因债务的根本不履行而解除),一方当事人可以在下列情形及范围内请求对方当事人就其商誉进行补偿:

(a) 第一方当事人显著地提高了对方当事人的营业量,且对方当事人继续从该营业中获得重大利益;

(b) 补偿的数额是合理的。

(2) 允许补偿并不妨碍当事人依第4.5-2:303条(依不充分通知而解除合同的损害赔偿)的规定请求损害赔偿。

第4.5-2:306条 存货、配件与材料

任何一方当事人撤销合同或解除合同关系的,其产品正被投入市场的一方当事人必须以合理的价格回购对方当事人的剩余存货、配件与材料,但对方当事人能够合理转卖的除外。

第四节 其他一般规定

第 4.5-2: 401 条 留置权

为了担保报酬、赔偿、损害赔偿以及补偿等请求权的行使,将产品投入市场的一方当事人有权留置其依合同占有的对方当事人的动产,直至对方当事人清偿债务。

第 4.5-2: 402 条 经请求签署文件

(1) 任何一方当事人均可请求对方当事人出具经其签署的以文本形式记载于耐久媒质上的文件,该文件应记载所有合同条款。

(2) 当事人不得排除本条规定的适用,也不得减损或变更其效力。

第三章 商事代理合同

第一节 一般规定

第 4.5-3: 101 条 适用范围

本章适用于一方当事人(商事代理人)持续地以自营的中介人的身份,为对方当事人(本人)磋商或订立合同,本人向商事代理人支付报酬的合同。

第二节 商事代理人的义务

第 4.5-3: 201 条 磋商与订立合同

商事代理人必须善尽合理的努力,为本人进行合同磋商并订立本人指示订立的合同。

第 4.5-3: 202 条 指示

商事代理人必须遵循本人的合理指示,但该指示实质性影响到商事代理人的独立性的除外。

第 4.5-3: 203 条 商事代理人在履行过程中的告知义务

告知义务尤其要求代理人向本人提供以下信息:

(a) 已磋商或已订立的合同;

(b) 市场情况;

(c) 客户的偿付能力以及与客户相关的其他特征。

第 4.5-3: 204 条 账目

(1) 商事代理人必须保存为本人所磋商和订立的合同有关的账目。

（2）商事代理人代理多个本人的，必须为每个本人保存相互独立的账目。

（3）本人基于重大理由对商事代理人是否保存账目提出质疑的，代理人必须应本人的请求允许独立会计师合理地查阅其账簿。本人必须就独立会计师所提供的服务支付报酬。

第三节 本人的义务

第 4.5-3：301 条 代理期间的佣金

（1）在以下情况下，商事代理人有权就其在代理期间与客户所订立的任何合同请求本人支付佣金：

（a）合同已经订立

（i）是商事代理人努力的结果；

（ii）且该合同的相对人是此前作为客户曾与商事代理人订立过同类合同的第三人；

（iii）或该合同的相对人属于商事代理人受托的特定地域或客户群体；

（b）或

（i）本人已经或本应已经履行其合同义务；

（ii）客户已经履行其合同义务或已经合法地拒绝履行。

（2）当事人不得为损害商事代理人的利益而排除本条第（1）款第（b）项第（ii）目规定的适用，也不得减损或变更其效力。

第 4.5-3：302 条 代理终止后的佣金

（1）在以下情况下，商事代理人有权就在代理终止后与客户所订立的任何合同请求本人支付佣金：

（a）或者

（i）与该客户订立合同主要是商事代理人在代理期间努力的结果，且该合同是在代理终止后的合理期限内订立；

（ii）第 4.5-3：301 条（代理期间的佣金）第（1）款所规定的条件，除了合同不是在代理期间内订立之外，均得以满足，且客户的要约在代理终止前即已到达本人或商事代理人；

（b）或者

（i）本人已经或本应已经履行其合同义务；

（ii）客户已经履行其合同义务或已经合法地拒绝履行。

（2）当事人不得为损害商事代理人的利益而排除本条第（1）款第（b）项第（ii）目规定的适用，也不得减损或变更其效力。

第 4.5-3：303 条　递次商事代理人的权利冲突

在先的商事代理人依第 4.5-3：302 条（代理终止后的佣金）的规定请求支付佣金的，在后的商事代理人则无权请求支付第 4.5-3：301 条（代理期间的佣金）所规定的佣金，但该佣金应由在先与在后代理人合理地分享的除外。

第 4.5-3：304 条　佣金支付的时间

（1）本人支付佣金不得晚于商事代理人有权请求支付该佣金时所在季度之次月的最后一日。

（2）当事人不得为损害商事代理人的利益而排除本条规定的适用，也不得减损或变更其效力。

第 4.5-3：305 条　佣金请求权的消灭

（1）消灭商事代理人基于与客户订立合同的佣金请求权的合同条款，只有在它同时规定该权利的消灭原因是非因可归责于本人的原因且客户不履行其合同义务的情况下，才有效。

（2）商事代理人的佣金请求权一旦消灭，商事代理人必须退还已经取得的佣金。

（3）当事人不得为损害商事代理人的利益而排除本条第（1）款规定的适用，也不得减损或变更其效力。

第 4.5-3：306 条　报酬

任何全部或部分依赖于所订立合同的数量与价值的报酬，推定为本章所称的佣金。

第 4.5-3：307 条　本人在履行过程中的告知义务

告知义务尤其要求本人向商事代理人提供以下信息：

（a）动产或服务的特性；

（b）买卖价格和条件。

第 4.5-3：308 条　承诺、拒绝承诺以及债务不履行的告知

（1）本人必须在合理期限内将以下事项告知商事代理人：

（a）本人对商事代理人为本人所磋商的合同的承诺或拒绝承诺；

（b）对商事代理人为本人所磋商或订立的合同的任何债务不履行。

（2）当事人不得为损害商事代理人的利益而排除本条规定的适用，也不得减损或变更其效力。

第 4.5-3：309 条　合同数量下降时的预先通知

（1）本人预见到其能订立的合同的数量将显著低于商事代理人的合理预期，本人必须在合理期限内向商事代理人发出预先通知。

(2) 就本条第（1）款而言，可以合理地期待本人预见到的，即推定本人已预见到。

(3) 当事人不得为损害商事代理人的利益而排除本条规定的适用，也不得减损或变更其效力。

第 4.5-3：310 条　佣金的告知

(1) 本人必须在合理期限内向商事代理人提供其有权获得的佣金的清单。清单中必须载明佣金数额的计算方法。

(2) 为计算佣金，本人应商事代理人的请求必须向商事代理人提供本人账簿的摘要。

(3) 当事人不得为损害商事代理人的利益而排除本条规定的适用，也不得减损或变更其效力。

第 4.5-3：311 条　账目

(1) 本人必须保存与商事代理人所磋商或订立的合同有关的账目。

(2) 本人有多个商事代理人的，必须为每个商事代理人保存相互独立的账目。

(3) 有以下情形之一的，本人应商事代理人的请求必须允许独立会计师合理地查阅本人的账簿：

(a) 本人未依第 4.5-3：310 条（佣金的告知）第（1）款或第（2）款的规定履行其义务的；

(b) 商事代理人基于重大理由对本人是否保存了账目提出质疑的。

第 4.5-3：312 条　补偿的数额

(1) 商事代理人有权依第 4.5-2：305 条（商誉的补偿）的规定请求补偿。补偿数额依以下标准计算：

(a) 以最近十二个月中与新客户所订立的合同数量以及与既有客户增加的营业量为基础计算的平均佣金，乘以：

(b) 本人在未来将可能继续从以上合同获得收益的年份数。

(2) 最终的补偿数额还须结合以下因素加以修正：

(a) 潜在的客户的减少，基于商事代理人所在地域的平均人口流动比率计算；

(b) 提前付款时的折扣，基于平均利率计算。

(3) 在任何情况下，补偿的数额不得超出一年的报酬，计算标准为商事代理人在此前五年中的年平均报酬；合同关系持续不足五年的，计算标准为合同关系存续期间的年平均报酬。

(4) 当事人不得为损害商事代理人的利益而排除本条规定的适用，也不得减损或变更其效力。

第 4.5-3：313 条　保付条款

（1）有关商事代理人保证客户将支付其与商事代理人磋商或订立的合同的标的物的价款的协议（保付条款），仅在以下条件及范围内有效：

（a）该协议以文本形式记载于耐久媒质上；

（b）该协议包括了商事代理人所磋商或订立的合同条款，或包括了与该协议中指明的特定客户所订立的合同；

（c）就当事人的利益而言，该条款是合理的。

（2）商事代理人就适用保付条款的合同可以请求支付合理数额的佣金（保付佣金）。

第四章　特许经营合同

第一节　一般规定

第 4.5-4：101 条　适用范围

本章适用于一方当事人（特许人）为取得报酬，授予对方当事人（被特许人）从事经营活动（特许经营活动）的权利，被特许人有权为自身利益，以自己的名义在特许人的经营体系下提供特定产品，被特许人有权利也有义务使用特许人的商号、商标或其他知识产权、技术秘密以及模式的合同。[①]

第 4.5-4：102 条　先合同告知义务

（1）第 4.5-2：101 条（先合同告知义务）的规定尤其要求特许人向被特许人提供有关以下事项的充分、及时的信息：

（a）特许人的企业名称及经历；

（b）相关的知识产权；

（c）相关技术秘密的特性；

（d）商业部门及市场情况；

（e）特定的特许经营模式及其运营；

（f）特许经营体系的架构及范围；

---

① 特许经营合同的当事人"the franchisor"、"the franchisee"，又译"特许权人"、"特许经营人"。本译文参照我国《商业特许经营管理条例》将之译为"特许人"、"被特许人"。

(g) 规费、特许经营费或其他任何定期支付的费用；

(h) 合同条款。

(2) 即使特许人未履行本条第（1）款所规定的义务并未构成第 2-7：201 条（误解）所规定的导致合同被撤销的误解，被特许人仍然有权根据第 2-7：214 条（损失的赔偿）第（2）款及第（3）款的规定请求损害赔偿，但特许人有理由相信信息已充分提供或已在合理期限内提供的除外。

(3) 当事人不得排除本条规定的适用，也不得减损或变更其效力。

第 4.5-4：103 条　合作义务

本章调整范围内的合同的当事人不得排除第 4.5-2：201 条（合作义务）的适用，也不得减损或变更其效力。

第二节　特许人的义务

第 4.5-4：201 条　知识产权

(1) 特许人必须授权被特许人在从事特许经营活动的范围内使用其知识产权。

(2) 特许人必须善尽合理的努力确保被特许人就该知识产权的使用不受妨碍和中断。

(3) 当事人不得排除本条规定的适用，也不得减损或变更其效力。

第 4.5-4：202 条　技术秘密

(1) 在合同关系存续期间，特许人必须向被特许人提供从事特许经营活动所必需的技术秘密。

(2) 当事人不得排除本条规定的适用，也不得减损或变更其效力。

第 4.5-4：203 条　协助

(1) 特许人必须向被特许人提供从事特许经营活动所必需的协助，可以采取业务培训、指导和建议的形式，并不得另外向被特许人收取费用。

(2) 特许人必须应被特许人的合理要求提供进一步的协助，但被特许人应为此支付合理费用。

第 4.5-4：204 条　供应

(1) 被特许人应当向特许人或其指定的供应人购买产品的，特许人必须确保在可行的情况下及合理时间内向被特许人供应其所合理订购的产品。

(2) 本条第（1）款的规定也适用于被特许人没有向特许人或其指定的供应人购买产品的法定义务，但事实上需要购买的情形。

(3) 当事人不得排除本条规定的适用，也不得减损或变更其效力。

第 4.5-4：205 条　特许人在履行过程中的告知义务

告知义务尤其要求特许人向被特许人提供有关以下事项的信息：

(a) 市场情况；
(b) 特许经营体系的商业业绩；
(c) 产品特性；
(d) 产品供应的价格与条件；
(e) 向消费者供应产品时的建议价格与条件；
(f) 特许人与该被特许区域内的消费者的相关联络；
(g) 广告宣传。

第 4.5-4：206 条　供应量下降时的预先告知

（1）被特许人应向特许人或其指定的供应人购买产品的，当特许人预见到其或其指定的供应人的供应量将显著低于被特许人的合理预期时，特许人必须在合理期间内预先告知被特许人。

（2）就本条第（1）款而言，可以合理期待特许人预见到的，推定特许人已预见到。

（3）本条第（1）款的规定也适用于被特许人没有向特许人或其指定的供应人购买产品的法定义务但事实上需要购买的情形。

（4）当事人不得为损害被特许人的利益而排除本条规定的适用，也不得减损或变更其效力。

第 4.5-4：207 条　特许经营体系的声誉与广告

（1）特许人必须善尽合理的努力提升并维护特许经营体系的声誉。

（2）特许人尤其应当计划并协调适当的广告宣传活动，以提升特许经营体系的声誉。

（3）就拟实施的提升与维护特许经营体系声誉的活动，被特许人无须另外支付费用。

第三节　被特许人的义务

第 4.5-4：301 条　规费、特许经营费及其他定期支付的费用

（1）被特许人应当依合同约定向特许人支付规费、特许经营费及其他定期支付的费用。

（2）规费、特许经营费及其他定期支付的费用系由特许人单方确定的，适用第 2-9：105 条（当事人单方确定）的规定。

第 4.5-4：302 条　被特许人在履行过程中的告知义务

第 4.5-2：202 条（履行过程中的告知义务）的规定尤其要求被特许

人向特许人提供有关以下事项的信息：
(a) 第三人已提出的或拟提出的与特许人的知识产权相关的请求权；
(b) 第三人对特许人知识产权的侵犯。

第 4.5-4：303 条　特许经营模式与指示

(1) 被特许人必须善尽合理努力，按特许人的经营模式从事特许经营活动。

(2) 被特许人必须遵循特许人就经营模式与维护特许经营体系声誉所作出的合理指示。

(3) 被特许人必须善尽合理注意义务以避免损害特许经营体系。

(4) 当事人不得排除本条规定的适用，也不得减损或变更其效力。

第 4.5-4：304 条　检查

(1) 被特许人必须允许特许人合理地进入其经营场所，以便特许人检查被特许人是否遵循被特许人的经营模式与指示。

(2) 被特许人必须允许特许人合理地查阅其会计账簿。

第五章　经销合同

第一节　一般规定

第 4.5-5：101 条　适用范围与定义

(1) 本章适用于一方当事人（供应人）同意向对方当事人（经销人）持续供应产品，经销人购买产品，或接受产品并付款，并以自己的名义、为自己的利益向他人供应该产品的合同（经销合同）。

(2) 排他的经销合同，指供应人同意就特定地域或特定的消费群体，仅向一家经销人供应产品的经销合同。

(3) 选择性经销合同，指供应人同意仅向依特定标准所选定的经销人直接或间接供应产品的经销合同。

(4) 排他的购买合同，指经销人同意仅向供应人或其指定的人购买产品，或接受产品并付款的经销合同。

第二节　供应人的义务

第 4.5-5：201 条　供应义务

供应人必须在可行的情况下向经销人供应其合理订购的产品。

第 4.5-5：202 条　供应人在履行过程中的告知义务

第 4.5-2：202 条（履行过程中的告知义务）规定的告知的义务要求供应人向经销人提供有关以下事项的信息：

(a) 产品的特性；

(b) 产品供应的价格与条件；

(c) 向消费者供应产品时的建议价格与条件；

(d) 供应人与消费者的相关联络；

(e) 与经营活动相关的广告宣传。

第 4.5-5：203 条　供应人在供应量下降时的预先告知

(1) 供应人预见到其供应量将显著低于经销人的合理预期的，应当在合理期限内预先告知经销人。

(2) 就本条第（1）款而言，可以合理地期待供应人预见到的，推定供应人已预见到。

(3) 就排他的购买合同而言，当事人不得排除本条规定的适用，也不得减损或变更其效力。

第 4.5-5：204 条　广告材料

供应人应当以合理价格向经销人提供为适当地经销与促销产品所需的广告材料。

第 4.5-5：205 条　产品的声誉

供应人应当善尽合理的努力以避免损害产品声誉。

第三节　经销人的义务

第 4.5-5：301 条　经销义务

在排他的经销合同与选择性经销合同中，经销人应当在可行的情况下善尽合理的努力以促销产品。

第 4.5-5：302 条　经销人在履行过程中的告知义务

就排他的经销合同与选择性经销合同而言，第 4.5-2：202 条（履行过程中的告知义务）规定的告知义务要求经销人向供应人提供有关下列事项的信息：

(a) 第三人已提出或拟提出的与供应人的知识产权相关的请求权；

(b) 第三人对供应人知识产权的侵犯。

第 4.5-5：303 条　经销人在需求量下降时的预先告知

(1) 就排他的经销合同与选择性经销合同而言，经销人预见到其需求量将显著低于供应人的合理预期的，应当在合理期限内预先告知供应人。

(2) 就本条第（1）款而言，可以合理地期待经销人预见到的，推定经销人已预见到。

第 4.5-5：304 条　指示

就排他的经销合同与选择性经销合同而言，经销人必须遵循供应人为确保产品的适当经销或维护产品的声誉或独特性所作的合理指示。

第 4.5-5：305 条　检查

就排他的经销合同与选择性经销合同而言，经销人必须允许供应人进入其经营场所，以便供应人能够查看经销人是否遵循合同约定的标准及供应人作出的合理指示。

第 4.5-5：306 条　产品声誉

就排他的经销合同与选择性经销合同而言，经销人应当善尽合理的努力，以避免损害产品声誉。

第六编　借款合同

第 4.6-1：101 条　适用范围

(1) 第四卷本编规定适用于借款合同，但以下合同除外：

(a) 经营者借款给消费者的借款合同；

(b) 贷款的发放是为了购买或维护不动产的借款合同。

(2) 借款合同，是指一方当事人（贷款人）向对方当事人（借款人）提供一定数量的货币贷款或透支贷款，供借款人在确定期限或不确定期限（贷款期间）内使用，借款人偿还依贷款所取得的金钱的合同。借款人是否应当支付利息或其他种类的报酬，由当事人约定。

(3) 货币贷款，是指贷款人出借给借款人的一定数额的金钱，借款人定期分期偿还或在贷款期间届满时偿还全部贷款。

(4) 透支贷款，是指借款人可以从其现金账户中提取超过账户余额的不定数额但受限制的资金。除非另有规定，透支贷款具有循环性，借款人可以反复不断地使用该贷款。

(5) 不能仅因合同推迟了金钱偿还义务的履行时间，就认定该合同就是借款合同，但该合同同时规定借款人在价款之外还应支付利息或其他任何费用的除外。

(6) 不过，当事人可以约定现有的到期的付款义务可作为借款合同在以后到期。

第4.6-1：102条　贷款人的主要义务

（1）贷款人应当依合同约定，在一定期间内，以一定方式，向借款人提供一定数额的贷款。

（2）该债务的履行期无法依有关债务的规定加以确定的，贷款人应当在借款人提出请求后的合理期限内向借款人提供贷款。

第4.6-1：103条　借款人领取贷款的义务

（1）贷款是采取货币贷款形式的，借款人应当依合同约定，在一定期间内，以一定方式，领取贷款。

（2）借款人领取贷款的时间无法依合同加以确定的，借款人应当在贷款人提出请求后的合理期限内领取贷款。

第4.6-1：104条　利息

（1）借款人应当依合同约定支付利息或其他任何形式的报酬。

（2）合同没有明确规定应付利息的，借款人应当支付利息，但双方当事人均为消费者的除外。

（3）利息自借款人领取货币贷款或利用透支贷款开始计算，至贷款期间届满时支付，或按年支付，以两者中更早发生者为准。

（4）前款规定应付的利息，每十二个月计入未付本金。

第4.6-1：105条　贷款用途

借款合同将贷款的使用限定于特定用途的，借款人应贷款人的请求应当向贷款人提供必要信息，以便贷款人核实贷款的用途。

第4.6-1：106条　偿还与终止

（1）借款人应当依借款合同的约定，在一定时间，以一定方式，偿还依贷款所取得的金钱。借款人偿还贷款的时间无法依合同加以确定的，借款人应当在贷款人提出请求后的合理期限内偿还贷款。

（2）借款人可以通过还款而任意终止透支。

（3）借款人无须支付利息或其他以贷款存续为基础的报酬的，借款人可以随时还款，从而终止借款关系。

（4）借款人可以随时还款，从而终止其他种类的定期借款合同。当事人不得排除本规定的适用，也不得减损或变更其效力。

（5）一年期以上的定期借款合同规定了固定利率的，借款人仅在提前三个月通知贷款人的条件下，才能依本条第（4）款的规定提前还款，终止借款合同。

（6）一旦依本条第（4）款、第（5）款的规定提前终止，借款人即应偿付所有至还款日的到期利息，并补偿贷款人因提前终止所遭受的损失。

（7）就不定期借款合同而言，在不影响本条第（2）款和第（3）款所规定的借款人权利的情况下，任何一方当事人均可于合理期间提前通知对方当事人解除合同关系。此时适用第3-1：109条（依通知变更或解除）的规定。

第七编　保证合同①

第一章　一般规定

第4.7-1：101条　定义

在本编中：

（a）"从属保证"是保证人为了担保债务人对债权人的现有或将来的债务的履行而对债权人承担的债务，该债务仅在主债务到期及应当履行的范围内履行；

（b）"独立保证"是担保人为担保目的而对债权人承担的债务，该债务明示或默示地表明不依赖于他人对债权人的债务；

（c）"保证人"是为担保目的而对债权人承担债务的人；

（d）"债务人"是对债权人负有被担保债务（如果有的话）的人，在与据称的债务相关的规定中，也包括表面债务人②；

（e）"起担保作用的共同债务"是由两个或多个债务人（其中须有一人为

---

① 本示范规则中同时规定了"personal security"和"proprietary security"，直译为"人的担保"和"物的担保"。其中，就"人的担保"而言，在本编中"人的担保"相当于我国担保法上的"保证"，除非特定情形，通译为保证；就"物的担保"而言，在本示范规则第九卷之下，"物的担保"与我国法上的"担保物权"相当，除非特定情形，通译为担保物权。关于"personal security"和"proprietary security"的含义，参见Christian von Bar and Eric Clive (eds), Principles, Definitions and Model Rules of European Private Law, Volume 3 (Munich: sellier. european law publishers GmbH, 2009), pp. 2486-87。

② 本示范规则并没有像有些国家的法律那样区分主债务人（the obligor，即被担保债务的债务人）以及保证债务的债务人（the debtor），而是将后者称为担保人、保证人（the security provider），将前者称为债务人（the debtor）。但在独立保证中，所置重的仅是担保人和债权人，此时，被担保债务没有必要，债务人也没有必要，所有本项使用了"如果有的话"一语。参见Christian von Bar and Eric Clive (eds), Principles, Definitions and Model Rules of European Private Law, Volume 3 (Munich: sellier. european law publishers GmbH, 2009), p. 2492。

保证人）所负担的债务，保证人承担债务的主要目的是为债权人提供担保；

(f) "总括保证"是为了担保债务人对债权人的所有债务的履行或担保现金账户借款余额的清偿的从属保证，或类似内容的保证；

(g) "物的担保"包括所有财产（动产或不动产，有形财产或无形财产）之上的担保物权；

(h) "被担保债务"是指已受担保保障的债务。

第4.7-1：102条 适用范围

(1) 本编适用于所有类型的自愿承担债务的人的担保，尤其适用于：

(a) 从属保证，包括有拘束力的安慰信所体现的保证；

(b) 独立保证，包括备用信用证所体现的保证；

(c) 起担保作用的共同债务。

(2) 本编规定不适用于保险合同。至于保证保险，本编仅在保险人所签发的单证中涉及了为债权人提供保证的内容的情况下才予以适用。

(3) 本编的规定不影响流通票据的保兑和保证背书规则，但适用于为票据保兑或保证背书所产生的债务提供保证的情形。

第4.7-1：103条 债权人的承诺

(1) 当事人拟依合同设立保证的，当设立保证的要约到达债权人时，即认为债权人对该要约表示了承诺，但要约要求承诺必须以明示方式作出，或债权人及时表示拒绝或需要时间考虑的除外。

(2) 保证也可以依旨在产生法律拘束力的单方允诺而设立，无须债权人承诺。此种情形准用本编规定。

第4.7-1：104条 起担保作用的共同债务

起担保作用的共同债务适用第一章和第四章的规定，此外还补充适用第三卷第四章第一节（多数债务人）的有关规定。

第4.7-1：105条 多数保证人：对债权人的连带责任

(1) 数个保证人为同一债务或某一债务的同一部分的履行提供担保，或为同一担保目的提供担保的，每个保证人在其对债权人所承担保证责任的范围内，与其他保证人对债权人承担连带责任。这一规定也适用数个保证人分别独立地提供担保的情形。

(2) 债务人或第三人在保证之外提供了物的担保的，准用本条第(1)款的规定。

第4.7-1：106条 多数保证人：内部追偿权

(1) 在前条规定的情形下，保证人之间或保证人与物上保证人之间的追偿权，适用第3-4：107条（连带债务人之间的追偿）的规定，并受本条以下各款规定的拘束。

（2）在符合本条第（8）款规定的情况下，第3-4：107条规定中每个保证人所分担的比例依本条第（3）款至第（7）款的规定确定。

（3）在保证人之间每个保证人按其所担保的最大风险占所有保证人所担保的最大总风险的比例承担保证责任，保证人另有约定的除外。确定该份额的时间是最后一项担保设立之时。

（4）就保证而言，最大风险依约定的最高担保额而确定；未约定最高担保额的，依被担保债务的数额而确定，所担保的是现金账户的，依信用额度而确定；被担保的现金账户没有信用额度的，依期末余额而确定。

（5）就担保物权而言，最大风险依约定的最高担保额而确定；未约定最高担保额的，依担保财产的价值而确定。

（6）本条第（4）款第一句所规定的最高担保额或本条第（5）款分别规定的最高担保额或财产价值，高于最后一项担保设立时的被担保债务数额的，依被担保债务数额确定最大风险。

（7）无限额保证担保无限额的贷款的，其他有限保证或有限物保的担保金额超过被担保贷款的期末余额的，这些有限担保的最大风险仅限于该期末余额。

（8）本条第（3）款至第（7）款的规定不适用于由债务人提供物的担保的情形，以及在债权人受清偿时已经不再对其承担债务的保证人。

第4.7-1：107条　多数保证人：对债务人的追偿权

（1）满足了其他保证人的追偿请求的保证人，可以依第4.7-2：113条（保证人履行之后的权利）第（1）款和第（3）款的规定，代位行使其他保证人对债务人的权利，包括该债务人为该其他保证人所设定的担保物权。此时准用第4.7-2：110条（债权人权利的限制）的规定。

（2）保证人根据第4.7-2：113条（保证人履行之后的权利）第（1）款及第（3）款或本条前款所规定的权利（包括债务人所设定的担保物权）对债务人进行追偿的，有权依第4.7-1：106条（多数保证人：内部追偿权）第（2）款及第3-4：107条（连带债务人之间的追偿）确定的份额分配从债务人取得的利益。此时准用第4.7-2：110条（债权人权利的限制）的规定。

（3）除非另有相反的明确规定，上述规定不适用于债务人自己提供物的担保的情形。

第4.7-1：108条　连带债务人规则的补充适用

在本编规定不予适用的情况下，第3-4：107条（连带债务人之间的追偿）至第 3-4：112 条（连带债务中其他抗辩的援引）关于多数债务人的规定可以补充适用。

第二章　从属保证

第 4.7-2：101 条　从属保证的推定
（1）任何以担保方式向债权人付款、履行其他债务或赔偿损失的允诺，均都被推定为从属保证，但债权人证明另有约定的除外。
（2）有拘束力的安慰信，推定为从属保证。

第 4.7-2：102 条　保证债务的从属性
（1）从属保证人履行保证债务的条件和范围，取决于债务人履行其对债权人的债务的条件和范围。
（2）保证债务不得超过债务人的债务。这一规则不适用于以下情形：
（a）债务人的债务在破产程序中被减轻或免除；
（b）因债务人无力履行债务导致的以其他方式减轻或免除债务人的债务①；
（c）因影响债务人个人的意外事件的发生而依法减少或免除其债务。
（3）除总括担保外，担保数额尚未确定且无法依当事人之间的协议加以确定的，保证人的保证债务限于担保生效时的被担保债务数额。
（4）除总括担保外，在保证债务生效之后，债权人与债务人之间关于被担保债务提前到期，或变更债务履行的条件以加重债务负担，或增加被担保债务数额的任何约定，均不影响保证债务。

第 4.7-2：103 条　保证人主张债务人的抗辩
（1）保证人可以对债权人主张债务人就被担保债务可以主张的任何抗辩。即使债务人因为其在保证债务生效后的作为或不作为已不能再主张该抗辩的，保证人仍可主张。
（2）在以下情形下保证人可以拒绝履行保证债务：
（a）债务人有权依第二卷第五章（撤回权）的规定撤回其与债权人之

---

① 本项规定主要是指特别法因战争、经济危机而减轻或免除陷入困境的债务人的债务的情形。参见 Christian von Bar and Eric Clive（eds），Principles, Definitions and Model Rules of European Private Law, Volume 3（Munich：sellier. european law publishers GmbH, 2009），p. 2585。

间的合同；

(b) 债务人有权依第3-3：401条（拒绝履行对待债务的权利）的规定拒绝履行；

(c) 债务人有权依第三卷第三章第五节（解除）的规定解除其与债权人之间的合同。

(3) 在保证债务生效时相关事实已为保证人所知的，保证人不得主张作为债务人的自然人或法人欠缺行为能力的抗辩，也不得主张作为债务人的法人不存在的抗辩。

(4) 债务人有权依前款规定以外的原因撤销被担保债务据以产生的合同，但未行使该撤销权的，保证人有权拒绝履行保证债务。

(5) 本条前款规定准用于被担保债务可以抵销的情形。

第4.7-2：104条　保证范围

(1) 保证担保的范围，在最高保证限额内（如果有的话），不仅包括主债务，也包括债务人对债权人的从债务，尤其是：

(a) 约定利息和迟延履行时的法定利息；

(b) 债务人不履行债务所产生的损害赔偿金、罚金或约定赔偿金；

(c) 以非司法途径追索以上各项而发生的合理费用。

(2) 保证范围亦及于债权人对债务人提起法律诉讼和执行程序所产生的合理费用，不过，应通知保证人债权人拟采取上述程序，使保证人有足够时间防止这些费用的发生。

(3) 总括担保的范围仅限于基于债权人与债务人间的合同所产生的债务。

第4.7-2：105条　保证人的连带责任

债务人与保证人承担连带责任，除另有约定外。因此，债权人既可以选择向债务人请求履行债务，也可以在保证范围内向保证人请求履行保证债务。

第4.7-2：106条　保证人的补充责任

(1) 约定保证人承担补充责任的，保证人可以向债权人主张其保证责任的补充性质。有拘束力的安慰信推定为仅产生补充责任。

(2) 在符合本条第(3)款的规定的情况下，债权人在请求保证人履行保证债务之前，必须先对债务人和其他就同一债务承担连带责任的保证人或物上保证人（如果有的话）采取适当措施，以使其债权得以清偿。

(3) 债权人从债务人和其他担保人获得清偿明显不可能或异常困难的，债权人不必依前款规定对其采取措施。这一除外规定尤其适用于针对上述债务人已启动破产程序或类似程序，或破产程序或类似程序因财产不足而无法启动的情形，但上述债务人就同一债务提供了物上担保的除外。

第 4.7-2：107 条　债权人的通知义务

（1）在债务人不履行或不能履行债务以及延长债务履行期限时，债权人应当及时通知保证人；这一通知的内容必须包括通知时债务人所负的被担保债务的数额、利息以及其他从债。发出通知后三个月内，债务人又有新的不履行情况的，债权人无须另外通知。债务不履行仅涉及从债的，债权人无须通知，但未履行的被担保债务数额已经达到了未清偿的被担保债务总额的百分之五的除外。

（2）另外，就总括担保而言，在以下情形下，债权人应当将其与债务人约定的债务增加的事实通知担保人：

（a）自担保设立时开始，债务增加额达到这一担保设立时被担保债务数额的百分之二十时；

（b）依本款规定发出通知或应发出通知后，被担保债务的数额比上述通知时的被担保债务数额增加百分之二十时。

（3）保证人知道或应当知道前述事实的，并在其知道或应当知道的前述事实的范围内，本条第（1）款和第（2）款的规定不予适用。

（4）债权人怠于或迟延依本条规定发出通知的，债权人对保证人的权利将受到必要的限制，以免保证人因此而遭受损失。

第 4.7-2：108 条　主张保证债权的期间

（1）在保证人承担连带责任的保证中，当事人直接或间接地约定了主张保证债权的期间（保证期间）的，保证人于该期间届满后即不再承担保证责任。但是，债权人在被担保债务履行期届满之后、保证期间经过之前向保证人请求履行保证债务的，保证人仍须承担保证责任。

（2）在保证人承担补充责任的保证中，当事人直接或间接约定了保证期间的，保证人于该期间届满后即不再承担保证责任。但是，在以下情况下，保证人仍须承担保证责任：

（a）债权人在被担保债务履行期届满之后、保证期间届满之前已告知保证人其拟请求保证人履行保证债务，并已依第 4.7-2：106 条（保证人的补充责任）第（2）款和第（3）款的规定开始采取适当措施以满足其债权；

（b）应保证人的请求，债权人每六个月将上述措施的进展情况通知保证人。

（3）被担保债务的履行期限与保证期间同时或在保证期间届满之前十

四日内届满的，债权人依本条第（1）款及第（2）款的规定应发出的履行债务的请求或信息，可以在本条第（1）款及第（2）款规定的时间之前发出，但不得超过保证期间届满之前十四日。

（4）债权人已依前述各款规定采取适当措施的，保证人承担的最大责任限于第4.7-2：104条（保证范围）第（1）款和第（2）款所确定的被担保债务数额。确定被担保债务数额的时间为约定的保证期间届满之时。

第4.7-2：109条　不定期保证的限制

（1）担保范围未限定于约定期间内产生的债务或未限定于履行期在约定期间内届满的债务的，任何一方当事人均可至少提前三个月通知对方当事人，限制担保范围。这一规定不适用于担保的效力仅及于特定债务或因特定合同所发生的债务的情形。

（2）由于上述通知，担保范围限定于该限制生效时履行期届满的被担保债务以及第4.7-2：104条（保证范围）第（1）款及第（2）款界定的从债务。

第4.7-2：110条　债权人权利的限制

（1）债权人的行为导致保证人不能代位行使债权人对债务人以及债权人对其保证人和物上保证人的担保权，或不能从债务人或提供担保的第三人①（如果有的话）获得充分追偿的，债权人对保证人的权利将受到必要的限制，以免保证人因债权人的行为而遭受损失。保证人已经履行了保证债务的，有权请求债权人赔偿前述损失。

（2）本条第（1）款规定仅适用于债权人的行为未达到合理谨慎的人处理自己事务所应有的注意义务标准的情形。

第4.7-2：111条　债务人对保证人的救济

（1）应债务人请求或经债务人明示或默示同意而提供保证的保证人，在以下情形下，可以向债务人寻求救济：

（a）被担保债务履行期届满而债务人不履行债务；

（b）债务人支付不能或财产状况严重恶化；

（c）债权人就保证债务已对保证人提起诉讼。

（2）债务人可以向保证人提供充分担保，以救济保证人。

第4.7-2：112条　保证人履行之前的通知与请求

（1）保证人向债权人履行保证债务之前，应当通知债务人，并请求其

---

① 原文为："third party security providers"，意即提供担保的第三人（除被担保债务的债权人和债务人之外的第三人。）

提供与被担保债务未清偿的数额以及可对债权人主张的所有抗辩或反请求的信息。

（2）保证人未遵守本条第（1）款的规定的，或未能主张债务人告知的或保证人通过其他途径知道的抗辩的，保证人依第 4.7-2：113 条（保证人履行之后的权利）的规定可对债务人行使的追偿权将受到限制，以免债务人因保证人的疏忽或懈怠而遭受损失。

（3）保证人对债权人的权利不受上述规定的影响。

第 4.7-2：113 条　保证人履行之后的权利

（1）保证人履行保证债务后，可以在其履行债务的范围内向债务人追偿。此外，保证人可以在前句规定范围内代位行使债权人对于债务人的权利。保证人对债务人的追偿权与通过代位取得的权利同时存在。

（2）保证人部分履行保证债务的，债权人对债务人的剩余债权优先于保证人依代位取得的权利。

（3）依本条第（1）款规定的代位权，债权人作为从属保证、独立保证以及担保物权的权利人所享有的一切权利均依法移转至保证人，不论债务人就该权利的移转有任何限制或排除的约定。保证人对其他担保人的权利仅能在第 4.7-1：106 条（多数保证人：内部追偿权）的范围内行使。

（4）债务人因无行为能力而对债权人不负责任，但保证人仍受保证债务的约束，并履行保证债务的，保证人对债务人的追偿权限于债务人因与债权人的交易而受有利益的范围内。这一规定也适用于债务人的法人资格不再存在的情形。

第三章　独立保证

第 4.7-3：101 条　适用范围

（1）保证的独立性不因仅一般性地规定基础债务（包括保证债务）而受到影响。①

（2）本章规定也适用于备用信用证。

---

① 通常情况下，独立担保都会规定一个基础合同（例如买卖或服务）或另一个担保债务（例如反担保），以指明债权人据以请求履行保证债务的具体事件。这种关于基础债务的一般性规定并不影响独立担保的独立性。参见 Christian von Bar and Eric Clive (eds), Principles, Definitions and Model Rules of European Private Law, Volume 3 (Munich: sellier. european law publishers GmbH, 2009), p. 2697.

第 4.7-3：102 条　保证人对债务人的通知

（1）保证人应当：

（a）在收到履行请求时立即通知债务人，并说明就其看来是否应当履行；

（b）在依请求履行后立即通知债务人；

（c）在拒绝履行请求时立即通知债务人，并说明拒绝的理由。

（2）保证人未遵守本条第（1）款的规定的，保证人依第 4.7-3：109 条（保证人履行之后的权利）的规定对债务人所享有的权利将受到限制，以免债务人因保证人的行为而遭受损失。

第 4.7-3：103 条　保证人履行保证债务

（1）保证人仅在履行请求是以书面形式作出并完全符合设立保证的合同或其他法律行为规定的条件时，才应履行保证债务。

（2）除非另有约定，保证人可以主张其对债权人的所有抗辩。

（3）保证人在收到文本形式的履行请求之后至迟不超过七日，必须及时：

（a）依请求履行保证债务；

（b）告知债权人拒绝履行，并说明拒绝理由。

第 4.7-3：104 条　一经请求即应履行的独立保证

（1）明确表明一经请求即应履行的独立保证，或从其所使用的条款中明白无误地推断出一经请求即应履行的独立保证，适用前条有关规定，但本条以下两款另有规定的除外。

（2）保证人仅在债权人的履行请求是以文本形式作出，并明确证实已满足履行保证债务所需的所有条件时，才应履行保证债务。

（3）前条第（2）款规定不适用于本条规定的情形。

第 4.7-3：105 条　明显滥用或欺诈的请求

（1）现有证据表明债权人的履行请求明显存在滥用或欺诈的，保证人没有义务遵守履行请求。

（2）在满足前款规定的条件的情况下，债务人可以禁止：

（a）保证人履行保证债务；

（b）债权人发出或利用履行请求。

第 4.7-3：106 条　保证人的返还请求权

（1）在以下情况下，保证人有权请求债权人返还其取得的利益：

（a）债权人的履行请求不符合条件，或其后不再符合条件；

（b）债权人的履行请求明显存在滥用或欺诈。

（2）保证人请求返还利益的权利适用第七卷（不当得利）的规定。

第 4.7-3：107 条　定期或未定期保证

（1）当事人直接或间接地约定了保证期间的，债权人在保证期间届满前有权请求保证人履行保证债务，并依第 4.7-3：103 条（保证人履行保证债务）第（1）款或第 4.7-3：104 条（一经请求即应履行的独立保证）的规定请求保证人履行保证债务的，即使保证期间已届满，保证人例外地仍须承担保证责任。第 4.7-2：108 条（主张保证债权的期间）第（3）款的规定予以准用。保证人的最大责任限于保证期间届满时债权人可以请求的数额。

（2）当事人没有约定保证期间的，保证人可以至少提前三个月通知对方当事人设定保证期间。保证责任限于保证人设定的保证期间届满时债权人可以请求的数额。前述各句不适用于是为特定目的而设立保证的情形。

第 4.7-3：108 条　担保权的让与

（1）债权人请求保证人履行保证债务的权利可以让与或以其他形式转让。

（2）但是，就一经请求即应履行的独立保证而言，请求履行保证债务的权利不能让与或以其他形式转让，而仅能由原债权人行使。但保证合同另有约定的除外。这一规定不妨碍保证收益的转让。

第 4.7-3：109 条　保证人履行之后的权利

第 4.7-2：113 条（保证人履行之后的权利）的规定准用于保证人在履行保证债务之后可以行使的权利。

第四章　消费者保证的特别规定

第 4.7-4：101 条　适用范围

（1）受本条第（2）款规定的拘束，本章规定适用于消费者提供保证的情形。

（2）有以下情形之一的，本章规定不予适用：

（a）债权人也是消费者；

（b）消费者保证人能对非自然人的债务人施加实质性影响。

第 4.7-4：102 条　法律适用规则

（1）受本章调整的保证，适用第一章和第二章的规定，但本章另有规定的除外。

（2）当事人不得为损害保证人的利益而排除本章规定的适用，也不得减损或变更其效力。

第 4.7-4：103 条　债权人的先合同义务

（1）在提供担保之前，债权人有义务向潜在的保证人解释：

（a）拟设立的保证的一般法律后果；

（b）依据债权人所获得的信息，鉴于债务人的财务状况，保证人可能面临的特别风险。

（2）债权人知道或有理由知道，基于债务人与保证人之间的信任与信赖关系，存在保证人未能自由地或在充分知情的情况下提供担保的重大风险的，债权人有义务确定保证人已经获得独立的建议。

（3）在保证人签署保证要约或保证合同至少五日前，仍未获得前款所要求的信息或独立建议的，保证人可以在得到前述信息或独立建议后的合理期限内撤销要约或撤销合同。这里，五日即视为合理期限，但具体情况另有要求的除外。

（4）与本条第（1）款或第（2）款的规定相反，保证人没有获得有关信息或独立建议的，可以在任何时候撤销要约或撤销合同。

（5）保证人依前款规定撤销了要约或合同，当事人所收到的利益的返还适用第七卷（不当得利）的规定。

第 4.7-4：104 条　形式

保证合同必须以文本形式记载于耐久媒质之上，并由保证人签名。不符合前句规定的保证合同无效。

第 4.7-4：105 条　保证责任的性质

本章中：

（a）旨在设立无限额保证的协议，无论是否属于总括担保，均视为设立有固定担保数额限制的从属保证，担保额度依第 4.7-2：102 条（保证债务的从属性）第（3）款的规定确定；

（b）从属保证人承担责任的性质是第 4.7-2：106 条（保证人的补充责任）所称的补充责任，但另有明确规定的除外；

（c）旨在设立独立保证的协议中，不考虑保证债务不依赖于其他人对债权人的债务的意思表示。只要具备了从属保证的其他条件，双方所设立的保证即视为从属保证。

第 4.7-4：106 条　债权人的年度报告义务

（1）在债务人同意的情况下，债权人应当每年告知保证人，债务人在告知时所负的被担保债务的数额、利息以及其他从债务。债务人的同意表示一旦作出，即不可撤销。

（2）第4.7-2：107条（债权人的通知义务）第（3）款和第（4）款的规定准用于本条。

第4.7-4：107条　定期保证的限制

（1）保证担保的范围限于在约定期间产生的债务或履行期在约定期间内届满的债务的，在担保生效后三年内，保证人可以至少提前三个月通知债务人，限制保证的效力。这一规定不适用于保证的效力，仅及于特定债务或因特定合同所产生的债务的情形。债权人在收到保证人限制保证的通知后，应当立即告知债务人。

（2）依该通知，保证的范围依据第4.7-2：109条（不定期保证的限制）第（2）款的规定而受到限制。

第八编　赠与合同

第一章　适用范围和一般规定

第一节　适用范围和定义

第4.8-1：101条　本编调整的合同

（1）第四卷本编适用于动产赠与合同。

（2）动产赠与合同，是指一方当事人（赠与人）无偿地将动产所有权移转予对方当事人（受赠人），并以施惠于受赠人的意图移转所有权的合同。

第4.8-1：102条　未来动产和待制造或待生产的动产

（1）在第四卷本编中，"动产"一词包括在合同订立时尚不存在或将为赠与人取得的动产。

（2）一方当事人承诺以惠及对方当事人的意图为对方当事人制造或生产动产，并承诺移转该动产的所有权予对方当事人的合同，首先视为赠与合同。

第4.8-1：103条　适用于其他财产

（1）本编准用于：

（a）赠与金钱的合同；

(b) 赠与电力的合同；
(c) 赠与股票、股份、投资证券和流通票据的合同；
(d) 赠与其他形式的无形财产，包括债权、工业产权、知识产权和其他可以让与的权利的合同；
(e) 无偿地授予使用信息或数据（包括软件和数据库）的权利的合同。
(2) 本编不适用于赠与不动产或不动产之上权利的合同。

第 4.8-1：104 条　适用于单方允诺和即时赠与

本编准用于赠与人以施惠于受赠人的意思无偿实施的以下行为：
(a) 单方面地承担移转动产所有权予受赠人的义务；
(b) 立即向受赠人移转动产所有权。

第 4.8-1：105 条　死因赠与

(1) 本编不适用于以下情形：
(a) 移转所有权义务的履行仅于赠与人死亡届期；
(b) 移转所有权或移转所有权的义务以赠与人死亡为停止条件；
(c) 移转所有权或移转所有权的义务以受赠人先于赠与人死亡为解除条件。
(2) 赠与人在其死亡之前已实施赠与或放弃所附条件的，不适用本条第（1）款的规定。

第二节　无偿与施惠的意图

第 4.8-1：201 条　无偿

移转所有权无须支付对价者，即为无偿。

第 4.8-1：202 条　并非完全无偿的交易

(1) 移转所有权的人收到了或有权请求部分对价的，该交易不是完全无偿。在以下条件下，该合同首先视为赠与合同：
(a) 该当事人承担移转所有权的义务尤其是出于施惠于对方当事人的意图；
(b) 双方均认为依履行所应给予的价款与实际价值明显不对等。
(2) 本条第（1）款所定合同依本示范规则被认定无效或被撤销，但依一般规定却并非无效或被撤销的，可以准用第 3-1：110 条（法庭依情势变更而变更或解除）的规定。
(3) 在本条第（1）款规定的情形下，一方当事人依本编规定行使撤销权，第 4.8-4：203 条（撤销的后果）适用于整个合同关系。对方当事人可以在撤销后的合理期限内支付合理的对价，以阻止撤销后果的发生。

第 4.8-1：203 条　施惠的意图
尽管赠与人有以下情形，亦应认为其有施惠于受赠人的意图：
(a) 赠与人有移转所有权的道义上的责任；
(b) 赠与人有促销目的。

第二章　成立与效力

第 4.8-2：101 条　形式要件
动产赠与合同非以文本形式记载于耐久介质之上，并经赠与人签字，无效。电子签名如不是第 1-1：107 条（"签名"及相似表述）第（4）款所规定的高级电子签名，并不足以构成本条所称签字。

第 4.8-2：102 条　形式要件的例外规定
前条规定不适用以下情形：
(a) 即时交付赠与物予受赠人，或以此种交付相当的方式将赠与物交付给受赠人，而不管是否发生所有权的移转；
(b) 经营者所作的赠与；
(c) 赠与的允诺已经公开宣布，在收音机或电视中播放或在印刷品中出版，且依具体情形并不过分。

第 4.8-2：103 条　误解
赠与合同系因对事实或法律的误解而订立的，无论是否满足第 2-7：201 条（误解）第（1）款第（b）项规定的条件，赠与人均可撤销该合同。

第 4.8-2：104 条　乘人之危
依赖于受赠人，或在与受赠人之间的信任关系中处于弱势地位的赠与人，可以依第 2-7：207 条（乘人之危）的规定撤销赠与合同，但是，受赠人证明其并没有利用赠与人的地位获得超额的利益或非常不公平的优势地位的除外。

第三章　义务与救济

第一节　赠与人的义务

第 4.8-3：101 条　主要义务
(1) 赠与人应当：

(a) 交付与合同相符的赠与物；
(b) 依合同约定移转赠与物所有权。
(2) 本节规定可参照适用于交付义务届期后所收取的孳息。

第 4.8-3：102 条　赠与物与合同相符

(1) 赠与物并不具备受赠人所合理预期的质量的，赠与物即与合同不符，但在合同订立之时受赠人已经知道或应当知道该质量瑕疵的除外。

(2) 在确定受赠人所合理预期的质量时应当考虑的因素，包括但不限于：
(a) 合同的无偿性；
(b) 受赠人已知悉的或明显为受赠人所知悉的赠与合同的目的；
(c) 赠与物的移转或交付是否是即时的；
(d) 赠与物的价值；
(e) 赠与人是否是经营者。

(3) 交付的赠与物不具备合同条款所明确规定的质量、数量或描述的，该赠与物即与合同不符。

第 4.8-3：103 条　第三人的权利或请求权

赠与物仍受第三人的权利或有合理根据的请求权的约束的，该赠与物即与合同不符，但受赠人已经知道或应当知道该第三人的权利或请求权的除外。

第二节　受赠人的救济措施

第 4.8-3：201 条　一般规定的适用

赠与人未履行合同约定的义务的，受赠人可依第三卷第三章（债务不履行的救济措施）的规定寻求救济，但本节另有规定的除外。

第 4.8-3：202 条　请求强制履行权利的限制

(1) 赠与物与合同不符的，受赠人不能依第 3-3：302 条（非金钱债务的强制履行）的规定请求更换或修理。

(2) 就赠与人将要取得的财产，受赠人不得依第 3-3：302 条（非金钱债务的强制履行）的规定请求强制履行。

第 4.8-3：203 条　合同解除时的返还

受赠人依第三卷第三章第五节（解除）的规定解除了赠与合同的，不适用第 3-3：511 条（无须返还的情形）第（3）款的规定。

第 4.8-3：204 条　出现障碍时损害赔偿请求权的排除

(1) 因赠与人无法避免、无法克服的障碍导致赠与人不履行赠与合同的，受赠人不得行使损害赔偿请求权。

（2）相应地适用第 3-3：104 条（因障碍而免责）第（3）款和第（5）款的规定。

（3）在确定赠与人无法避免、无法克服的障碍或其后果时，应当考虑赠与合同的无偿性。

（4）本条不影响因第六卷（侵权责任）的规定所产生的责任。

第 4.8-3：205 条　损害赔偿金的标准

（1）损害赔偿金应当足以弥补已合理地相信赠与人将履行赠与义务的受赠人所遭受的损失。

（2）法庭还可以追加判定损害赔偿金，但以该情形下该追加是公正的和合理的为前提。

（3）在确定第（2）款所规定的公正的和合理的损害赔偿金时，除了考虑赠与合同的无偿性和其他因素之外，还要顾及以下因素：

（a）当事人的意思表示与行为；

（b）赠与人的赠与目的；

（c）受赠人的合理预期。

（4）本条所规定的损害赔偿金的总额不得超过赠与人适当履行合同义务后受赠人所可能取得的收益。

（5）本条不影响因第六卷（侵权责任）的规定所产生的责任。

第 4.8-3：206 条　金钱给付义务的履行迟延

金钱给付义务履行迟延的，受赠人有权依第 3-3：708 条（迟延付款的利息）主张利息，但不履行义务因第 3-3：104 条（因障碍而免责）而免责，或受赠人的损害赔偿请求权因第 4.8-3：204 条（出现障碍时损害赔偿请求权的排除）的规定而排除的除外。

第三节　受赠人的义务

第 4.8-3：301 条　受领交付和接受移转的义务

（1）受赠人应当受领交付和接受所有权的移转。

（2）受赠人采取所有合理的行动以配合赠与人履行其交付义务和移转所有权义务的，即履行了受领交付和接受移转的义务。

第四节　赠与人的救济措施

第 4.8-3：401 条　一般规定的适用

受赠人未履行合同约定的义务的，赠与人可依第 3-2：111 条（未被受领的财产)、第 3-2：112 条（未被受领的金钱）以及第三卷第三章（债务不履行的救济措施）的规定寻求救济。

第四章 赠与人撤销赠与

第一节 撤销赠与的一般规定

第 4.8-4：101 条 不可撤销的情形及其例外规定
只有在以下情形下，赠与合同才可以撤销：
(a) 撤销权为合同条款所明确约定；
(b) 撤销权为本章条文所明确规定。

第 4.8-4：102 条 撤销权的行使与范围
(1) 赠与人可以通知受赠人的方式行使其撤销权。
(2) 适当考虑具体情况，部分撤销赠与的意思表示不能合理地肯定剩余部分的效力的，视为撤销整个赠与合同。

第 4.8-4：103 条 撤销的后果
(1) 一旦依本章规定撤销赠与合同，当事人依该合同尚未履行的义务不再履行。部分撤销时，尚未履行义务中的相应部分不再履行。
(2) 一旦依本章规定撤销赠与合同，受赠人即有义务返还赠与物。第七卷（不当得利）第五章和第六章的规定可参照适用，但本章另有规定的除外。

第 4.8-4：104 条 时间限制
撤销通知不能在合理期限内作出的，本章所定撤销权即因期限届满而消灭。这一"合理期限"应当适当考虑具体情况，并自赠与人知道或应当知道相关事实之日起计算。

第二节 赠与人的撤销权

第 4.8-4：201 条 受赠人忘恩负义
(1) 受赠人故意对赠与人实施严重不法行为而构成重大忘恩负义的，赠与人可以撤销赠与合同。
(2) 已知道相关事实的赠与人表示宽恕受赠人的，本条所规定的撤销则排除适用。
(3) 就本条第 (1) 款而言，第 4.8-4：104 条（时间限制）中规定的合理期限不少于一年,赠与人在该合理期限届满前死亡的,该期限中止计算,直至(新)撤销权人知道或应当知道相关事实。

(4) 就本条第(1)款而言,第7-6:101条(不利益)所规定的不利益抗辩不予适用。

第4.8-4:202条 赠与人穷困

(1) 赠与人因其个人财产或收入无法维持生计时,可以撤销赠与合同。

(2) 以下情形不影响对赠与人无法维持生计的认定:

(a) 赠与人有权请求他人提供生活费用,如果该人能够提供生活费用;

(b) 赠与人有权请求社会保障。

(3) 受赠人向赠与人提供生活费用,以使赠与人取得或将取得本条第(2)款规定的权利的,撤销权中止。

(4) 依本条第(1)款无法维持生计的赠与人,或即将无法维持生计的赠与人,可以拒绝尚未履行的合同义务的履行。本条第(3)款规定可相应适用于拒绝履行权。赠与人拒绝履行的,受赠人可以解除合同关系。

(5) 赠与人满足法律规定的或法庭裁定的供养义务的能力,或这些义务的存在,取决于赠与的有效撤销的,本条规则也予以适用。

(6) 本条所规定的撤销权不得因当事人的约定而限制或排除。

第4.8-4:203条 其他撤销权

(1) 赠与合同订立后,作为合同基础的其他基本情况发生了实质性的变更,且有以下情形之一的,赠与合同亦可撤销:

(a) 因该变更,受赠人所得利益明显不适当或明显过分;

(b) 因该变更,仍让赠与人受到该赠与合同约束明显地不公平。

(2) 仅在同时具备以下情况时,本条第(1)款规定才予以适用:

(a) 这一情况的变更在合同订立时无法预见,赠与人无法在合同中加以规定;

(b) 这一情况发生变更的风险不应由赠与人承担。

第五卷 无因管理[①]

第一章 适用范围

第 5-1:101 条 为本人利益而管理

(1) 本卷规定适用于某人（管理人）以惠及他人（本人）的显著意图而管理他人事务，且具有以下情况之一的情形：

(a) 管理人的行为有合理理由；

(b) 本人及时地认可了该行为，没有对管理人产生不利影响。

(2) 管理人具有以下情形之一的，其行为缺乏合理理由：

(a) 有合理的机会探知本人的意思而没有去探知；

(b) 知道或应当知道其管理事务违反了本人的意思。

第 5-1:102 条 履行他人义务的无因管理

管理人履行他人义务，该义务已届履行期，其履行关乎首要公共利益的紧迫需要[②]，且管理人以惠及履行受领人的显著意图而履行的，其义务由管理人履行的人为本人，并适用本章的规定。

第 5-1:103 条 除外规定

本卷规定不适用于以下情形：

[①] 原文为："Benevolent intervention in another's affairs"，直译为："对他人事务的好意介入"。该英语表达法直接译自拉丁语 *negotiorum gestio*。[参见 Christian von Bar and Eric Clive (eds), Principles, Definitions and Model Rules of European Private Law, Volume 3 (Munich: sellier. european law publishers GmbH, 2009), p. 2877.] 我国民法上的对应词是"无因管理"，与德国民法相当。本译文采纳"无因管理"译法，同时将当事人"the principal"和"the intervener"分别译为"本人"和"管理人"。

[②] 履行他人的赡养义务即其著例。参见 Christian von Bar and Eric Clive (eds), Principles, Definitions and Model Rules of European Private Law, Volume 3 (Munich: sellier. european law publishers GmbH, 2009), p. 2951.

(a) 管理人依对本人的合同债务或其他债务而有权限管理本人事务；

(b) 非依本卷规定而有权限无须本人同意即可管理其事务；

(c) 依对第三人的债务而管理本人事务。

第二章　管理人的义务

第 5-2：101 条　管理义务

(1) 在管理过程中，管理人应当：

(a) 善尽合理的注意义务以管理事务；

(b) 除涉及第 5-1：102 条（履行他人义务的无因管理）中规定的本人之外，以管理人明知的或可合理推知的符合本人意思的方式管理事务；

(c) 在可能且合理的情况下，将管理事务告知本人，并取得本人就进一步管理的同意。

(2) 管理人没有正当理由不得中断管理。

第 5-2：102 条　管理人违反义务所造成损害的赔偿

(1) 管理人违反本章所规定的义务而造成损害的，如果该损害是由管理人所造成、增加或故意维持的危险而引起的，管理人应当向本人承担赔偿责任。

(2) 考虑到管理人管理本人事务的理由及其他因素，可以在公平和合理的范围内，减轻或免除管理人的责任。

(3) 管理人在开始管理之时欠缺完全行为能力的，管理人仅在其依第六卷（侵权责任）的规定也需承担赔偿责任的情况下，才承担损害赔偿责任。

第 5-2：103 条　管理结束后的义务

(1) 管理结束后，管理人应当及时地向本人报告和说明，并将因管理而取得的利益移交予本人。

(2) 管理人在开始管理之时欠缺完全行为能力的，其移交义务受依第 7-6：101 条（不利益）的规定可得主张的抗辩的约束。

(3) 第三卷第三章关于债务不履行救济措施的规定准用于本条，但支付损害赔偿金或利息的责任应当受到前条第（2）款及第（3）款所规定的限制性条件的约束。

第三章 管理人的权利及权限

第 5-3:101 条 补偿请求权或偿还请求权

管理人对本人有补偿请求权。在具体情况下，管理人为管理目的而合理发生的债务或费用（不管是货币还是其他财产形式），有权请求本人偿还。

第 5-3:102 条 报酬请求权

（1）管理活动合理且在管理人职业或业务活动中实施的，管理人有请求支付报酬的权利。

（2）应付报酬的数额是在实施管理之时、之地，为获得和管理事务同样的履行，通常应当支付的合理数额。没有这一数额标准的，应当支付合理的报酬。

第 5-3:103 条 损害赔偿请求权

管理人管理本人事务是为了保护本人或本人的财产或利益免遭危险的，管理人就其因管理活动而遭受的人身伤害或财产损害所造成的损失，在以下情形下有权请求本人赔偿：

（a）管理活动造成或显著增加了上述人身伤害或财产损害的风险；

（b）该风险在可预见的范围内与本人所承担的风险相当。

第 5-3:104 条 管理人权利的限制或排除

（1）管理人在管理开始之时并无意请求本人补偿、偿还、支付报酬或赔偿的，根据具体情况，管理人的权利将受到限制或排除。

（2）考虑到管理本人事务是否旨在在共同危险的情况下保护本人，本人的责任是否会过重，管理人是否可能向他人主张适当救济以及其他因素，可以在公平和合理的范围内，限制或排除管理人的权利。

第 5-3:105 条 第三人对本人的补偿或赔偿义务

管理人管理本人事务是为了保护本人免受损害的，依第六卷（侵权责任）对引起本人此种损害负有责任的第三人，有义务补偿或根据具体情况偿还本人对管理人所承担的责任。

第 5-3:106 条 管理人充当本人代理人的权限

（1）在有利于本人的合理范围内，管理人可以充当本人的代理人，以进行法律交易或其他法律行为。

（2）但是，单方法律行为的相对人及时拒绝了该行为的，管理人作为本人代理人所为的单方法律行为无效。

第六卷 侵权责任[①]

第一章 基本规定

第 6-1: 101 条 基本规则

(1) 任何人遭受具有法律相关性的损害，有权请求故意或过失造成该损害的人或因其他事由对该损害的发生负有责任的人赔偿。

(2) 非因故意或过失造成具有法律相关性的损害的人，仅在第三章有专门规定时，才对具有法律相关性的损害的发生承担责任。

第 6-1: 102 条 防止损害的发生

具有法律相关性的损害有发生之虞的，将会因此遭受损害的人依本卷享有防止损害发生的权利。该权利针对如损害发生将对之负责的人行使。

第 6-1: 103 条 适用范围

第 6-1: 101 条（基本规则）及第 6-1: 102 条（防止损害的发生）

---

① 本卷原名："Non-contractual liability arising out of damage caused to another"，直译为："造成他人损害的非合同责任"。本示范规则的条文中没有使用"tort"（"侵权行为"）或"delict"（"不法行为"）的概念，而使用"non-contractual liability arising out of damage caused to another"。起草者的解释是"使用叙述性的语言而不是从某一国的法律制度借用一些专业术语"。某些专业术语的形成有其特定的历史背景和概念基础，很难传译。例如，"delict"（"不法行为"）本身就有过错之意，"tort"（"侵权行为"）从其起源即带有过错之意，而本卷并不限于过错。而且，"tort"不可避免地带有英国法的痕迹；"delict"或其相似概念在不同的国家具有不同的含义，有的国家甚至将犯罪行为也包括其中。为了供翻译之便，本示范规则牺牲了简洁，使用了"non-contractual liability arising out of damage caused to another"这一术语。参见 Christian von Bar and Eric Clive (eds), Principles, Definitions and Model Rules of European Private Law, Volume 4 (Munich: sellier. european law publishers GmbH, 2009), pp. 3083-84. 示范规则采取这种概念模式自有其"政治"原因：拟在欧盟成员国中获得更广泛的支持。在本中译本中，译者试图用我国民法的现有概念体系来传译示范规则，因此，使用了"侵权责任"，而舍弃"造成他人损害的非合同责任"。这样避免了采用新的叙述性语汇所可能造成的误解和不便。

的规定:
(a) 仅依本卷以下规定而适用;
(b) 既适用于法人,也适用于自然人,但另有规定的除外;
(c) 不适用于与其他私法规范的目的相抵触的情形;
(d) 不影响基于其他法定事由可以获得的救济。

第二章 具有法律相关性的损害

第一节 一般规定

第 6-2:101 条 "具有法律相关性的损害"的含义

(1) 在以下情形下,损失(无论是经济损失还是非经济损失)或伤害是具有法律相关性的损害:
(a) 本章以下规则对此作出了明确规定;
(b) 损失或伤害因侵犯法律所赋予的其他权利而产生;
(c) 损失或伤害因侵犯值得法律保护的利益而产生。

(2) 本条在第(1)款第(b)项或第(c)项规定的情形下,只有在根据具体情况依第 6-1:101 条(基本规则)或第 6-1:102 条(防止损害的发生)的规定,存在损害赔偿请求权或损害防止请求权是公平合理的情况下,该损失或伤害才构成具有法律相关性的损害。

(3) 在判断存在损害赔偿请求权或损害防止请求权是否公平、合理时,应当考虑归责基础①、损害或即将发生的损害的性质与因果关系②、遭受或即将遭受损害的人的合理期待以及公共政策。

(4) 本卷中:
(a) 经济损失包括收入或利润损失、费用负担以及财产价值的减少;
(b) 非经济损失包括痛苦与创伤,以及对生活质量的损害。

---

① 原文为:"the ground of accountability",是指故意、过失和对危险源的责任。参见 Christian von Bar and Eric Clive (eds), Principles, Definitions and Model Rules of European Private Law, Volume 4 (Munich: sellier. european law publishers GmbH, 2009), p. 3085。
② 原文为:"proximity of damage",直译为,损害的接近性,表达的是因果关系。参见 Christian von Bar and Eric Clive (eds), Principles, Definitions and Model Rules of European Private Law, Volume 4 (Munich: sellier. european law publishers GmbH, 2009), p. 3147。

第二节 具有法律相关性的损害的特别类型

第6-2:201条 人身伤害及其引发的损失

(1) 因对自然人的身体或健康的伤害而给自然人所造成的损失,以及该伤害本身,构成具有法律相关性的损害。

(2) 本卷中:

(a) 这一损失包括医疗保健费用,包括与受害人关系亲近的人为照顾受害人而支出的合理费用;

(b) 对精神健康的伤害仅在达到医学上可确定的伤害时,才构成人身伤害。

第6-2:202条 因受害人的人身伤害或死亡而造成的第三人损失

(1) 在伤害发生时,与受害人有特别亲近的人身关系①的自然人,因受害人的人身伤害或死亡而遭受的非经济损失,构成具有法律相关性的损害。

(2) 受害人遭受致其死亡的伤害时:

(a) 受害人从受伤到死亡所遭受的具有法律相关性的损害,成为对死者继承人的具有法律相关性的损害;

(b) 合理的丧葬费用,对于负担了该费用的人而言,构成具有法律相关性的损害;

(c) 死者生前扶养的自然人、若受害人不死亡则依制定法的规定将被扶养的自然人或死者生前提供照顾以及给予经济支持的自然人,因受害人死亡而遭受的扶养损失,构成具有法律相关性的损害。

第6-2:203条 对人格尊严、自由以及隐私的侵犯

(1) 对自然人的诸如自由和隐私等人格尊严权的侵犯所造成的损失,以及该损害本身,构成具有法律相关性的损害。

(2) 依内国法的规定,对名誉的损害所造成的损失以及该损害本身,也可构成具有法律相关性的损害。

第6-2:204条 散布有关他人的虚假信息造成的损失

知道或应当知道有关他人的信息是虚假的而仍予以散布,因此给他人

---

① 特别亲近的人身关系,包括正式的法律上的关系(配偶、子女、父母)或事实上的关系(同居伴侣、继父母等)。仅仅只是朋友关系或密切的职业或生意伙伴,并不足以构成特别亲近的人身关系。参见 Christian von Bar and Eric Clive (eds), Principles, Definitions and Model Rules of European Private Law, Volume 4 (Munich: sellier. european law publishers GmbH, 2009), p. 3226。

造成的损失，构成具有法律相关性的损害。

第 6-2：205 条　违反保密义务造成的损失

根据信息的性质或获取信息的具体情况，知道或应当知道该信息属于他人的保密信息而仍予以散布，因此给他人造成的损失，构成具有法律相关性的损害。

第 6-2：206 条　侵犯财产权或合法占有造成的损失

(1) 侵犯他人的财产权或对动产或不动产的合法占有而给他人造成的损失，构成具有法律相关性的损害。

(2) 本条中：

(a) 损失包括丧失对财产的使用权；

(b) 对财产权的侵犯包括对标的物的毁损或有形损坏（财产损害）、对权利的处分、对使用财产的妨碍以及对行使财产权的其他妨害。

第 6-2：207 条　因信赖错误的建议或信息而遭受的损失

因合理地信赖错误的建议或信息而作出决定所遭受的损失，在以下情况下，构成具有法律相关性的损害：

(a) 该建议或信息是由专业人士或在业务活动中提供的；

(b) 建议或信息的提供人，知道或应当知道建议或信息的受领人在作决定时将依赖此建议或信息。

第 6-2：208 条　不法侵害经营造成的损失

(1) 不法侵害他人的职业或业务活动所造成的损失，构成具有法律相关性的损害。

(2) 根据欧盟法或内国法的规定，因不正当竞争给消费者造成的损失，也构成具有法律相关性的损害。

第 6-2：209 条　政府因环境损害负担的费用

政府或其指定的主管机构为恢复遭到严重损害的自然环境要素，诸如空气、水流、土壤、动植物等，所负担的费用，构成具有法律相关性的损害。

第 6-2：210 条　因虚假陈述造成的损失

(1) 在不影响本节其他规定的情况下，因他人的虚假陈述，无论是言语上的还是行为上的，而遭受的损失，构成具有法律相关性的损害。

(2) 知道或确信陈述虚假并有意使受领人陷入错误的，才构成虚假陈述。

第 6-2：211 条　诱使债务不履行造成的损失

在不影响本节其他规定的情况下，诱使债务人不履行债务而给他人造

成的损失,仅在以下情况下,才构成具有法律相关性的损害:

(a) 遭受损失的人是债权人;

(b) 诱使债务不履行的人:

(i) 有意使债务人不履行债务;

(ii) 并非为合法保护其自身利益而诱使。

第三章 归 责

第一节 故意与过失

第 6-3:101 条 故意

以以下方式造成具有法律相关性的损害,即为故意:

(a) 有意造成此种损害;

(b) 知道此种损害或同类损害可能发生或必然发生,而仍有意为一定行为。

第 6-3:102 条 过失

以以下行为造成具有法律相关性的损害的,即为过失:

(a) 未达到制定法所规定的旨在保护受害人免受损害的特定注意义务标准;

(b) 没有上述标准的,未达到在具体情形下一个理性的谨慎的人应达到的注意义务标准。

第 6-3:103 条 未满十八周岁的人

(1) 未满十八周岁的人仅在没有达到一个理性的谨慎的同龄人在具体情形下的注意义务标准时,才根据第 6-3:102 条(过失)第(b)项的规定就其造成的具有法律相关性的损害承担责任。

(2) 未满七周岁的人,无论是故意还是过失造成损害,均不承担责任。

(3) 但是,本条第(1)款与第(2)款的规定不适用于以下情形:

(a) 受害人不能根据本卷的规定向他人取得赔偿;

(b) 考虑到当事人的经济能力以及其他具体情况,令其承担赔偿责任是公平的。

第 6-3:104 条 儿童或被监护人造成损害的责任承担

(1) 未满十四周岁的人的行为如由成年人所为将构成故意或过失的,

该未成年人的父母或其他法定监护人,应当就该未成年人的行为所造成的具有法律相关性的损害承担责任。

(2)在以下情况下,负有监护义务的机构或其他组织,应当就第三人遭受的具有法律相关性的损害承担责任:

(a)该损害是人身伤害、第6-2:202条(因受害人的人身伤害或死亡而造成的第三人损失)所规定的损失,或财产损害;

(b)被监护人故意或过失造成该损害;该被监护人未满十八周岁的,其行为如由成年人所为将构成故意或过失的;

(c)被监护人有可能造成此类损害。

(3)但是,监护人证明其监护无过错的,对被监护人所造成的损害不承担本条所规定的责任。

第二节 无过错责任[①]

第6-3:201条 雇员和代表人[②]造成损害的责任承担

(1)雇佣或以类似方式聘任他人者,在雇员或受聘人有以下情形的情况下,应当对第三人遭受的具有法律相关性的损害承担责任:

(a)在雇佣或聘任活动中造成该损害;

(b)因故意或过失造成损害,或因其他事由对损害负有责任。

(2)法人的代表人在其受聘担任代表人期间造成损害的,本条第(1)款的规定相应适用于该法人。代表人是指依法人章程的授权,有权代表法人实施法律行为的人。

第6-3:202条 不动产的危险状态造成损害的责任承担

(1)考虑到如下具体情况,不动产的状态无法确保在不动产之内或附近的人有权期待的安全性的,不动产的独立控制人对因此造成的人身伤害及其引发的损失、第6-2:202条(因受害人的人身伤害或死亡而造成的第三人损失)所规定的损失以及因财产损害造成的损失(不动产本身的损害除外)承担责任。

(a)不动产的性质;

(b)不动产的入口或通道;

---

① 原文为:"Accountability without intention or negligence",或称严格责任。参见Christian von Bar and Eric Clive(eds), Principles, Definitions and Model Rules of European Private Law, Volume 4(Munich: sellier. european law publishers GmbH, 2009), p.3453。

② 本处所使用的词也是"representatives",在第二卷至第四卷中,该词应译为"代理人"。

(c) 避免不动产处于此种不安全状态的成本。

(2) 根据某人对不动产的控制情形，可以合理地让其负担避免本条所规定的具有法律相关性的损害发生的义务的，该人即为不动产的独立控制人。

(3) 不动产所有人视为不动产的独立控制人，但所有人能证明另有不动产独立控制人的除外。

第 6-3：203 条　动物造成损害的责任承担

动物的保有人[①]就该动物造成的人身伤害及其引发的损失、第 6-2：202 条（因受害人的人身伤害或死亡而造成的第三人损失）所规定的损失以及因财产损害造成的损失承担责任。

第 6-3：204 条　缺陷产品造成损害的责任承担

(1) 产品生产者就缺陷产品造成的人身伤害及其引发的损失、第 6-2：202 条（因受害人的人身伤害或死亡而造成的第三人损失）所规定的损失承担责任；对消费者而言，产品生产者还应当就因财产损害造成的损失（产品自身的损害除外）承担责任。

(2) 将产品进口到欧洲经济区（the European Economic Area）并在其经营活动中出售、短期出租、租赁或经销的人，承担相应的责任。

(3) 在以下情形中，产品供应人亦承担相应责任：

(a) 生产者无法确定；

(b) 就进口产品而言，产品未标明进口者的身份（无论是否标明生产者的姓名或名称），但供应人在合理期间内告知受害人生产者或向其提供该产品的供应人的身份的除外。

(4) 能证明以下情形的人，就相关损害不承担本条规定的责任：

(a) 其未将产品投入流通；

(b) 造成损害的缺陷在产品投入流通时很可能不存在；

(c) 产品的制造非为经济目的而出售或经销，或未在经营活动中制造或经销产品；

(d) 缺陷是为使产品符合政府部门发布的强制性规定而引起的；

(e) 产品投入流通时的科学技术水平不足以发现该缺陷的存在；

(f) 就零部件的制造者而言，缺陷：

(i) 是由为其配备零部件的产品的设计造成的；

---

① 原文为："keeper"，又译为饲养人。为与本卷其他条文中的译法相统一，本处仍然采取了"保有人"的称谓。

(ii) 是因产品制造人的指示造成的。

(5) "生产者"是指：

(a) 产成品或零部件的制造人；

(b) 原材料的提炼人或开采人；

(c) 将自己的姓名或名称、商标或其他识别性标志标注于产品上，给人的印象是生产者的人。

(6) "产品"，是指可移动的有形财产，或电力。可移动的有形财产即使后来与其他动产或不动产相结合，也可构成产品。

(7) 考虑到以下具体情况，产品不具备人们有权期待的安全性能的，即为有缺陷：

(a) 产品的说明书；

(b) 可以合理地被期待的产品用途；

(c) 产品投入流通的时间。

但是，不能仅因嗣后有更好的产品投入流通而认定在先产品存在缺陷。

第6-3：205条　机动车辆造成损害的责任承担

(1) 机动车辆的保有人就因车辆的使用造成交通事故而造成的人身伤害及其引发的损失、第6-2：202条（因受害人的人身伤害或死亡而造成的第三人损失）所规定的损失以及因财产损害造成的损失（车辆及其运输的货物的损害除外）承担责任。

(2) "机动车辆"是指由机械动力驱动、用于陆上行驶的任何车辆，以及拖车，而不管其是否拖有机动车辆。机动车辆不包括轨道交通工具。

第6-3：206条　危险物质或排放物造成损害的责任承担

(1) 在以下情形下，物质的保有人或设施的操作人应当就该物质或该设施的排放物所造成的人身伤害及其引发的损失、第6-2：202条（因受害人的人身伤害或死亡而造成的第三人损失）所规定的损失、因财产损害造成的损失以及第6-2：209条（政府因环境损害负担的费用）所规定的费用承担责任：

(a) 在排放时（包括无排放物），考虑到接触物质时，该排放物的数量与特性如果没有适当控制，该物质或排放物极有可能造成此种损害；

(b) 损害是因该危险的实现所致。

(2) "物质"包括化学物质（固体、液体、气体均可）。微生物亦视为物质。

(3)"排放物"包括：
(a) 物质的释放或溢出；
(b) 电力的传导；
(c) 热、光及其他放射物；
(d) 噪音及其他振动；
(e) 对环境的其他无形影响。
(4)"设施"包括移动设施，以及在建设中或未投入使用的设施。
(5) 但是，在以下情形下，不依本条规定承担责任：
(a) 某人非因业务、营业或职业目的而保有该物质或操作该设施；
(b) 某人完全遵守了制定法所规定的物质控制或设施管理的相关标准。

第6-3：207条　其他具有法律相关性的损害的责任承担

内国法如有规定，在以下情形下，也应当就具有法律相关性的损害承担责任：
(a) 涉及第6-3：104条（儿童或被监护人造成损害的责任承担）至第6-3：205条（机动车辆造成损害的责任承担）之外的危险源的情形；
(b) 涉及物质或排放物的情形；
(c) 不适用第6-3：204条（缺陷产品造成损害的责任承担）第（4）款第（e）项的情形。

第6-3：208条　抛弃物

在本节中，抛弃不动产、车辆、物质或设施的人，在他人对抛弃物构成独立控制，或成为抛弃物保有人或操作人之前，仍应对抛弃物造成的损害承担责任。这一规定在合理范围内也适用于动物保有人。

第四章　因果关系

第6-4：101条　一般规定

(1) 具有法律相关性的损害被认为是某人行为的结果，或某人所负责的危险源造成的结果的，某人即对他人造成了损害。
(2) 在人身伤害或死亡时，不考虑受害人的易患病体质与其所遭受伤害的类型或程度的相关联性。

第6-4：102条　通谋

参与、教唆或实质性帮助他人造成具有法律相关性的损害的人，视为造成了该损害。

第 6-4：103 条　可供选择的原因

具有法律相关性的损害是由许多事件中的某一个或多个所引起，而不同的人对这些事件的发生负有责任，且可以确定损害是由其中之一所引起但无法确定是哪一个的，对其中任一事件的发生负有责任的人推定为造成了该损害，这一推定可依反证推翻。

第五章　抗辩事由

第一节　受害人的同意或行为

第 6-5：101 条　同意和自甘风险行为

（1）受害人有效地同意了具有法律相关性的损害，并且认识到或应当认识到该同意的后果的，加害人可以之作为抗辩。①

（2）这一规定同样适用于受害人知道造成损害的风险，仍自愿承担该风险并被视为已接受该风险的情形。②

第 6-5：102 条　与有过错与可归责性

（1）受害人的过错促成了具有法律相关性的损害的发生，或扩大了该损害的程度的，根据其过错程度减轻加害人的损害赔偿责任。

（2）但是，无须考虑以下因素：

（a）受害人非实质性的过错；

（b）过错或可归责性对损害发生的作用是非实质性的；

（c）受害人疏于注意也是交通事故中由机动车辆造成的人身伤害的促

---

① 典型的无效同意事由包括：受害人无行为能力；在同意前并非充分知情；违反法律规定或违背善良风俗。参见 Christian von Bar and Eric Clive（eds），Principles, Definitions and Model Rules of European Private Law, Volume 4 (Munich：sellier. european law publishers GmbH, 2009)，p. 3611。

② 自愿承担该风险并被视为已接受该风险，原文是："voluntarily takes that risk and is to be regarded as accepting it"，是指受害人自愿地暴露于该风险，中立的旁观者认为受害人确实接受了该风险。本项主要适用于参与武术、搏击或其他危险的体育运动的情形。不过，这一规则也可能适用于所有的侵权责任领域，例如：产品责任、机动车交通事故责任、动物致人损害责任。参见 Christian von Bar and Eric Clive（eds），Principles, Definitions and Model Rules of European Private Law, Volume 4 (Munich：sellier. european law publishers GmbH, 2009)，pp. 3612-13。

成原因之一时，但因重大疏忽未尽到具体情况显然要求的注意义务的除外。①

（3）本条第（1）款与第（2）款的规定也适用于依第6-3：201条（雇员和代表人造成损害的责任承担）的规定，受害人对其负有责任的人的过错促成了损害的发生，或扩大了损害程度的情形。

（4）根据第三章（归责）的规定，受害人对其负有责任的其他任何危险源促成了损害的发生，或扩大了损害的程度的，在其所影响的范围内，金钱赔偿责任同样应予减轻。

第6-5：103条　犯罪人对其他共犯造成的损害

在犯罪行为中，对其他参与或以其他方式协助犯罪的人非因故意所造成的具有法律相关性的损害，不产生损害赔偿请求权，但赋予受害人损害赔偿请求权符合公共政策的除外。

第二节　责任人或第三人的利益

第6-5：201条　法律赋予的权限

具有法律相关性的损害是由于行使法律所赋予的权限所造成的，加害人可以之作为抗辩。②

第6-5：202条　正当防卫、无因管理与紧急避险

（1）为了合理保护自己或第三人的权利或值得法律保护的利益，而造成具有法律相关性的损害，受害人对危及该权利或受保护的利益负有责任的，加害人可以之作为抗辩。就本条而言，第6-3：103条（未满十八周岁的人）的规定不予适用。

（2）这一规定也适用于管理人未违反义务而对本人造成具有法律相关性的损害的情形。

（3）为了保全自己或第三人的生命、身体、健康或自由免受紧急的危

---

① 本项但书的规定适用于受害人存在重大过失的情形，重大过失即"因重大疏忽未尽到具体情况显然要求的注意义务"，典型的示例是未系安全带、醉驾、闯红灯等。参见Christian von Bar and Eric Clive（eds），Principles, Definitions and Model Rules of European Private Law, Volume 4（Munich：sellier. european law publishers GmbH，2009），p. 3632。

② 本条所称的"权限"仅指那些法律所授予的妨害他人行使权利或以其他方式造成他人损害的权限（权力），例如，在警察到来之前私人合法扣押罪犯、向警察举报涉嫌犯罪的行为、合法狩猎时进入他人土地、从河流中取水等等。本条还排除公职人员或公共机构依法行使职权的情形。参见Christian von Bar and Eric Clive（eds），Principles, Definitions and Model Rules of European Private Law, Volume 4（Munich：sellier. european law publishers GmbH，2009），p. 3660。

险，而对他人财产造成具有法律相关性的损害，且不造成该损害则危险不能消除的，造成该损害的人在提供合理补偿之外不负损害赔偿责任。

第 6-5：203 条　公共利益的保护

为对民主社会的基本价值进行必要保护而对他人造成具有法律相关性的损害的，特别在损害是由媒体的信息传播造成时，加害人可以之作为抗辩。

第三节　无法控制的因素

第 6-5：301 条　心智不健全

（1）加害人在实施造成具有法律相关性的损害的行为时心智不健全的，仅在考虑到加害人的经济能力以及其他具体情况，由其承担责任是公平的情形下，才承担损害赔偿责任。这一责任仅限于合理补偿。

（2）加害人对其行为性质缺乏足够理解能力的，视为心智不健全，但缺乏理解能力是因加害人的不当行为所致的暂时性后果的除外。

第 6-5：302 条　不可控制的意外事件

具有法律相关性的损害是由无法以合理措施避免的、且不应由加害人承担风险的异常事件造成的，加害人可以之作为抗辩。

第四节　责任的约定排除或限制

第 6-5：401 条　责任的约定排除或限制

（1）不得排除或限制因故意造成具有法律相关性的损害所产生的责任。

（2）在以下情形下，不得排除或限制因重大疏忽未尽到具体情况显然要求的注意义务，并造成具有法律相关性的损害所产生的责任：

（a）在涉及人身伤害（包括致命伤害）的情形；

（b）对责任的排除或限制不合法或有违诚实信用与公平交易原则。

（3）不得排除或限制第 6-3：204 条（缺陷产品造成损害的责任承担）规定的损害赔偿责任。

（4）本卷所规定的其他责任可以被排除或限制，但制定法另有规定的除外。

第五节　第 6-2：202 条所规定的损失

第 6-5：501 条　对受害人的抗辩扩展至第三人

就人身伤害赔偿请求权可主张的抗辩，或在死亡未发生时本可主张的抗辩，也可对遭受了第 6-2：202 条（因受害人的人身伤害或死亡而造成的第三人损失）规定的损失的第三人主张。

第六章　救济措施

第一节　损害赔偿的一般规定

第 6-6：101 条　损害赔偿的目标与形式

（1）损害赔偿旨在使遭受了具有法律相关性的损害的人，恢复到损害未发生时其本可处的状态。

（2）考虑到所受损害的种类和程度以及其他具体情况，损害赔偿可以采取金钱（金钱赔偿）或其他最恰当的形式。

（3）有形财产遭受损害的，如果修复费用远远超出价值的减损，应当赔偿该价值的减损，以代替修复费用。考虑到饲养动物的目的，这一规定仅在适当的情形下适用于动物。

（4）损害赔偿仅在合理的情形下才能采取请求对具有法律相关性的损害的发生负有责任的人偿还因损害的发生所获得的利益的形式，以替代本条第（1）款规定的恢复原状。

第 6-6：102 条　琐利不计原则

微不足道的损害不予考虑。

第 6-6：103 条　利益的均衡

（1）遭受了具有法律相关性的损害的人因为该损害的发生而取得的利益，仅在公平合理的情形下，才予以考虑。

（2）在判断考虑这种利益是否公平合理时，应予权衡的因素包括所受损害的类型、加害人的可归责性，以及在第三人授予利益的情形，其授予该利益的目的。

第 6-6：104 条　多数受害人

多个受害人遭受具有法律相关性的损害，而对一个受害人的赔偿同时也是对其他受害人的赔偿的，其请求损害赔偿的权利准用第三卷第四章第二节（多数债权人）的规定。

第 6-6：105 条　连带责任

数人对于同一具有法律相关性的损害负有责任的，该数人承担连带责任。

第6-6:106条　损害赔偿请求权的让与

受害人可以让与其损害赔偿请求权,包括就非经济损失的损害赔偿请求权。

第二节　金钱赔偿

第6-6:201条　受害人的选择权

受害人可以选择是否请求金钱赔偿来恢复被损害的利益。

第6-6:202条　责任的减轻

损害非因故意造成,由加害人承担全部责任与加害人的可归责性、损害程度或防止损害发生的手段不相称的,在公平、合理的情形下,可以免除或减轻加害人的赔偿责任。

第6-6:203条　一次性赔偿与分期赔偿

(1) 金钱赔偿应当一次性支付,但有合理理由分期支付的除外。
(2) 对人身伤害以及非经济损失的金钱赔偿标准,由内国法规定。

第6-6:204条　伤害本身的金钱赔偿

对伤害本身的金钱赔偿,独立于对经济损失或非经济损失的金钱赔偿。

第三节　损害防止

第6-6:301条　损害防止请求权

(1) 损害防止请求权仅适用于以下情形:
(a) 损害赔偿不是充分的备选救济措施;
(b) 由将对损害承担责任的人防止该损害发生是合理的。
(2) 危险源是有形财产或动物,且由面临危险的人避免该危险不合理、不可能的,损害防止请求权即包括了危险源除去请求权。

第6-6:302条　为防止损害发生的损失的责任

为防止即将发生的损害的发生,或减轻已发生损害的范围或严重程度,而合理支出的费用或承受的其他损失,可以请求将为该损害的发生承担责任的人赔偿。

第七章　附　则

第6-7:101条　内国宪法

本卷规定的条款应当以与法院所在地的宪法相兼容的方式加以解释和

适用。

第 6-7：102 条　制定法的规定

由成员国的法律决定哪些法律规定为制定法的规定。

第 6-7：103 条　公法上的职能与法庭程序

本卷不调整个人或组织因为行使或不行使公法上的职责或履行法庭程序义务所产生的责任。

第 6-7：104 条　雇员、雇主、工会以及雇主协会的责任

本卷不调整以下责任：

(a) 在雇佣过程中产生的雇员对其他雇员、雇主或第三人的责任；

(b) 在雇佣过程中产生的雇主对雇员的责任；

(c) 在劳资纠纷处理过程中产生的工会和雇主协会的责任。

第 6-7：105 条　对已受补偿的人的责任的减轻或排除

受害人就其所受到的损害有权利通过其他途径，特别是保险人、基金或其他组织获得全部或部分补偿的，本卷所规定的责任是否可因这些权利而减轻或免除，由成员国法律决定。

第七卷 不当得利

第一章 一般规定

第 7-1：101 条 基本规则

（1）自己取得不当的利益而致他人受损害的人，应当将其取得的利益返还给受害人。

（2）本规则仅依本卷以下规定而适用。

第二章 利益没有合法依据的情形

第 7-2：101 条 所取得的利益没有合法依据的情形

（1）除以下情形之外，受益人所取得的利益没有合法依据：

（a）受益人根据合同或其他法律行为、法庭裁定或法律的直接规定，有权利对受害人主张该利益；

（b）受害人自愿且意思真实地同意了该损害。

（2）本条第（1）款第（a）项所称的合同或其他法律行为、法庭裁定或法律的直接规定无效、被撤销或因其他原因溯及地失去效力的，受益人无权取得以其为根据而取得的利益。

（3）但是，对根据法律的直接规定所取得的利益，只有在该法律规定的目的是受益人保有该利益的价值的情况下，受益人才视为有权取得该利益。

（4）在以下情形下，受益人所取得的利益也没有合法依据：

（a）受害人赋予利益但：

（i）所追求的目的没有达成；

（ii）所怀有的期望没有实现。

（b）受益人知道或应当知道该目的或预期；

(c) 受益人同意或应当同意在这种情况下应返还利益。

第 7-2：102 条　向第三人履行债务

受益人取得利益是因为受害人履行其对第三人所负的债务或误以为存在的债务的，在以下情形下，该利益的取得没有合法依据：

(a) 受害人自愿履行；

(b) 该利益仅仅是债务履行的附带结果。

第 7-2：103 条　自愿同意或履行

(1) 受害人无行为能力，或其同意受欺诈、强迫、威胁或乘人之危的影响的，受害人的同意即非自愿。

(2) 受害人履行债务因其无行为能力，或其受到欺诈、强迫、威胁或乘人之危，而失去效力的，受害人的履行即非自愿履行。

第三章　利益和损害

第 7-3：101 条　利益

(1) 当事人因以下情形而受有利益：

(a) 财产的增值或责任的减轻；

(b) 接受他人的服务或由他人为自己工作；

(c) 使用他人的财产。

(2) 在确定某人是否受有利益及利益的范围时，不考虑其取得利益之时或之后所遭受的损害。

第 7-3：102 条　损害

(1) 当事人因以下情形而受有损害：

(a) 财产的减少或责任的增加；

(b) 为他人提供服务或从事工作；

(c) 财产被他人使用。

(2) 在确定某人是否受有损害及损害的范围时，不考虑其遭受损害之时或之后所取得的利益。

第四章　因果关系

第 7-4：101 条　因果关系的情形

有以下情形之一的，尤其可以认定受益人所受利益与受害人所受损害之间存在因果关系：

（a）受害人将其财产转让给受益人；

（b）受害人为受益人提供服务或从事工作；

（c）受益人使用了受害人的财产，特别是在受益人侵犯了受害人的权利或受法律保护的利益的情形；

（d）受益人的某一财产因受害人而增值；

（e）受益人的某项责任被受害人免除。

第 7-4：102 条　间接代理人①

法律行为的当事人是经授权的间接代理本人的代理人的，本人因该法律行为或该法律行为所生债务的履行所受的利益或损害，被认为是代理人自己所受的利益或损害。

第 7-4：103 条　债务人对非债权人的履行；所受利益的善意转让

（1）债务人将利益转让给受益人，使得受害人丧失对债务人主张同样或类似利益的权利的，受益人所受的利益与受害人所受损害之间也存在因果关系。

（2）本条第（1）款规定特别适用于对受害人负有返还不当得利义务的人，在债务人依第 7-6：101 条（不利益）的规定享有抗辩权的情况下，将该利益转让给第三人的情形。

第 7-4：104 条　对债务人向非债权人履行的追认

（1）债务人以清偿债务的意图向第三人履行债务的，债权人可以追认该行为的效力。

---

① 本条的原文是："VII.-4：102 Intermediaries

Where one party to a juridical act is an authorised intermediary indirectly representing a principal, any enrichment or disadvantage of the principal which results from the juridical act, or from a performance of obligations under it, is to be regarded as an enrichment or disadvantage of the intermediary."

但在本书之后出版的完整版的条文修改成了：

"VII.-4：102 Indirect representation

Where a representative does a juridical act on behalf of a principal but in such a way that the representative is, but the principal is not, a party to the juridical act, any enrichment or disadvantage of the principal which results from the juridical act, or from a performance of obligations under it, is to be regarded as an enrichment or disadvantage of the representative."

两者之间除了措辞之外，并无实质的区别。通过与本示范规则的其他规定相比较，尤其是第二卷第六章（代理）、第四卷第四编（委托合同），本处所谓"the intermediary"，即为其他各处所称的"the indirect representative"，为使本书前后使用的概念相统一，本处将"the intermediary"径译为"间接代理人"。

(2)债权人的追认在债务人清偿的范围内消灭了其对债务人的权利,第三人所受的利益与债权人丧失对债务人的权利之间具有因果关系。

(3)在债权人与该第三人之间,债权人的追认并不意味着债权人同意放弃其对债务人的权利。

(4)本条规定同样适用于非金钱债务的履行。

(5)在债权人追认之前,对债务人已经启动破产或类似程序的,其他规定可以排除本条规定的适用。

第7-4:105条 因管理人的行为所引起的因果关系

(1)第三人未经授权而使用受害人的财产,导致受害人丧失该财产而增益于受益人的,受益人取得的利益与受害人所受的损害之间也存在因果关系。

(2)本条第(1)款的规定尤其适用于因管理人对他人动产的妨碍或处分,受害人依法律行为或法律规定丧失对该动产的所有权而受益人因此取得该动产所有权的情形。

第7-4:106条 对管理人行为的追认

(1)财产所有人可以追认管理人通过与第三人的法律行为对该财产的处分或其他使用。

(2)被追认的行为具有与经授权的代理人所为的法律行为相同的效力。在追认人与管理人之间,追认不意味着同意管理人使用财产。

第7-4:107条 类型或价值不完全相同

尽管利益与损害的类型与价值不完全相同,受益人所取得的利益也可能与受害人所遭受的损害之间存在因果关系。

第五章 利益的返还

第7-5:101条 可转让的利益

(1)利益是可转让的财产的,受益人可以将该财产转让给受害人而返还利益。

(2)财产的转让将会给受益人带来不合理的负担或费用的,受益人可以选择向受害人偿付财产的金钱价值而返还利益,以代替财产的转让。

(3)受益人已不可能转让财产的,其应向受害人偿付该财产的金钱价值而返还利益。

(4)但是,如果受益人通过交易已取得了替代物,在以下情形下,该

替代物应作为利益返还:

(a) 受益人在处分或丧失利益时为善意,且其选择返还替代物;

(b) 受益人在处分或丧失利益时非为善意,而受害人选择要求返还替代物且该选择是公平的。

(5) 受益人不知道且不应当知道所取得利益没有合法依据,或很可能嗣后没有合法依据的,受益人即为善意。

第7-5:102条　不可转让的利益

(1) 利益是不可转让的财产的,受益人应当向受害人偿还利益的金钱价值。

(2) 在以下情形下,受益人仅在不超过现存利益的范围内负返还义务:

(a) 受益人并未同意取得该利益;

(b) 受益人是善意的。

(3) 但是,受益人依协议而取得利益,该协议为该利益规定了价格或价值的,如果该协议因为与价格规定没有关系的原因而无效或被撤销,受益人至少应偿还该价额。

(4) 本条第(3)款规定的适用不能使受益人的责任超出利益的金钱价值。

第7-5:103条　利益的金钱价值;现存利益

(1) 利益的金钱价值,是具有达成协议的真实意图的提供人和受领人之间所合法达成的作为价款的一笔金钱。依该协议可以请求受领人偿还的提供人的支出,被认为是该价款的组成部分。

(2) 现存的利益,是指如果受益人未取得该利益,其保有的财产的减少或责任的增加。

第7-5:104条　利益的孳息和使用

(1) 利益的返还及于利益的孳息和使用;孳息和使用价值有所减少的,则返还现存利益。

(2) 但是,如果受益人恶意取得孳息或使用的,即使现存利益低于原孳息或原使用的价值,利益的返还仍及于该孳息或使用。

第六章　抗辩事由

第7-6:101条　不利益

(1) 受益人因处分该利益或其他原因受到损害的(不利益),在不利益的范围内，受益人无返还利益的义务，但即使不取得该利益，受益人仍须蒙受该不利益的除外。

（2）但是，在以下情形下，不考虑受益人的不利益：

（a）受益人取得了替代物；

（b）受益人在受不利益时并非善意，除非：

（i）即便利益已经返还，受害人也将蒙受该不利益；

（ii）受益人在取得利益时是善意，在利益返还义务履行期届满之前遭受不利益，且不利益是由于不应由受益人承担的风险的实现所引起；

（c）第 7-5：102 条（不可转让的利益）第（3）款适用的情形。

（3）受益人因对第三人为处分行为而依本条规定对受害人享有抗辩权的，受害人对该第三人的权利均不受影响。

第 7-6：102 条 善意与第三人为法律行为

在以下情形下，受益人没有返还利益的义务：

（a）受益人为取得该利益将另一利益授予第三人；

（b）受益人为法律行为时为善意。

第 7-6：103 条 违反法律规定

据以取得利益的合同或其他法律行为因违反了法律的基本原则〔第 2-7：301 条（违反基本原则的合同）〕或强制性规定而无效或被撤销的，如果利益的返还与作为该原则或规定的基础的法政策相抵触的，受益人则不负返还利益的义务。

第七章 与其他法律规定的关系

第 7-7：101 条 私法上的其他返还请求权

（1）其他法律规定基于撤回、解除、减少价款或其他情形授予或排除了利益返还请求权的，依合同或其他法律行为而取得利益的法律效力适用该相关规定。

（2）本卷规定不涉及利益返还请求权的物权效力。

（3）本卷规定不影响根据合同或其他私法规则所产生的返还请求权。

第 7-7：102 条 请求权的竞合

（1）如果受害人同时享有：

（a）本卷规定的不当得利返还请求权；

（b）（i）损害赔偿请求权（不管是对受益人还是对第三人）；

(ii) 因不当得利,根据私法上的其他规定产生的返还请求权,
则其中一项请求权的实现在其数额的范围内使其他请求权得以减少。

(2) 这一规定同样适用于某人使用受害人的财产而增益于另外的人的情形,并且依本卷规定:

(a) 使用人就其使用财产行为对受害人负有责任;

(b) 受益人就其财产的增值对受害人负有责任。

第7-7:103条 公法上的请求权

某人或某机构在行使公法上的职责中所取得或授予的利益是否适用于本卷,本卷不作规定。

第八卷 动产所有权的取得与丧失[①]

第一章 一般规定

第一节 适用范围及与其他规定之间的关系

第 8-1:101 条 适用范围

(1) 本编适用于动产所有权的取得、丧失与保护以及相关的特定事项。[②]

(2) 本编不适用于动产所有权以以下方式取得或丧失的情形:

(a) 概括承受,尤其是继承法和公司法规定的概括承受;

(b) 征收和没收;

(c) 动产或不动产的分离;

(d) 共有的分割,但第 8-2:306 条(从集合物中提取动产)或第 8-5:202 条(混合)规定的情形除外;

[①] 本卷主要调整"goods"所有权的取得和丧失。就"goods"在本示范规则中的含义,大抵相当于有形动产,与德国法系中的"动产"同义。但在英文语境中,"goods"只是"movables"或"movable property"的下位阶概念,后两者是指除了不动产之外的其他财产,在外延上包括了有形动产("goods"或"corporeal property")和无形动产或无形财产("intangibles"或"incorporeal property")。"goods"在中文语境中多被译为"货物",这大抵是因为《联合国国际货物销售合同公约》的官方中文文本中采用的译法(就该公约的翻译,本书译者即将出版的另一本译著《联合国国际货物销售合同公约教程》中有详细说明)。本译文没有采纳这一译法,但为行文简洁,直接以"动产"称之。

[②] "相关特定事项",仅指与占有有关的事项(例如占有的定义与保护)、因返还原物所引起的相关问题以及共有中的某些问题。参见 Christian von Bar and Eric Clive (eds), Principles, Definitions and Model Rules of European Private Law, Volume 5 (Munich: sellier. european law publishers GmbH, 2009), p. 4206。

(e) 财产共有关系中生者对死者名下财产的权利①，或继受份额的增加②，但本卷第五章规定的情形除外；

(f) 物的清偿代位，但本卷第五章规定的情形除外；

(g) 先占；

(h) 遗失物的拾得；

(i) 抛弃。

(3) 本卷适用于第九卷以非司法途径或以类似措施实现担保物权所导致的动产所有权的取得和丧失。本卷还可准用于以司法或类似途径实现担保物权所导致的动产所有权的取得和丧失。

(4) 本卷不适用于：

(a) 公司股份，或给付财产请求权或履行债务请求权的证权单证③，但第8-2：105条（等同于交付的行为）第（4）款所规定的交货凭证除外；

(b) 电力。

(5) 本卷准用于作为法定流通货币的纸币和硬币。

第8-1：102条　动产的登记

(1) 特定种类动产的所有权及其移转是否可以或应当在公共登记簿上登记，由内国法规定。

(2) 内国法规定的此类登记的效力，优先于本卷相应规定适用。

第8-1：103条　其他规定的优先适用

(1) 就为担保目的而移转或保留所有权而言，第九卷的规定优先于本卷规定适用。

(2) 就为信托目的而移转所有权而言，无论委托还是受托，第十卷的规定均优先于本卷规定适用。

第8-1：104条　第一卷至第三卷规则的适用

依本卷规定，物权效力由协议约定的，相应地适用第一卷至第三卷的

---

① 原文为"survivorship"，是指共有人中的生者，尤其是在其他共有人死亡时，有接管全部财产（或超过其原有份额）的权利。该财产自动地归属于依然健在的共有人。参见 Christian von Bar and Eric Clive (eds), Principles, Definitions and Model Rules of European Private Law, Volume 5 (Munich: sellier. european law publishers GmbH, 2009), pp. 4211-12.

② 原文为"accrual"，亦即财产的增加、继承份额的增加、遗赠份额的增加，本处涉及的是公司的股东撤资或退出的情形。参见上书4212页。

③ 原文为"documents embodying the right to an asset or to the performance of an obligation"，直译为"表彰给付财产请求权或履行债务请求权的单证"，但基于"表彰"在大陆汉语中的特定含义，改译为证权单证。

规定。

第二节 定 义

第 8-1：201 条 有形动产

"动产"，是指有形的、可移动的财产，包括船舶、轮船、气垫船或航空器、空间物体、动物、液体和气体。

第 8-1：202 条 所有权

"所有权"，是某人（"所有人"）对财产享有的最全面的权利，包括在法律范围内或与所有人的授权相一致[①]地使用、享有、改造、破坏、处分和取回财产的排他性权利。

第 8-1：203 条 共有

本卷所称的"共有"，是指两个或多个人（共有人）对整个动产享有不可分割的份额，每个共有人均可单独处分自己的份额，但当事人另有约定的除外。

第 8-1：204 条 定限物权[②]

本卷中，定限物权是指：

（a）本示范规则第九卷或内国法类型化为或视为物权的担保物权；

（b）本示范规则的其他条款或内国法类型化为或视为物权的使用权；

（c）第 8-2：307 条（保留所有权交易中受让人的期待权）规定的，或本示范规则的其他条款或内国法类型化为或视为物权的，取得所有权的期待权；

（d）本示范规则第十卷或内国法类型化为或视为物权的与信托有关的权利。

第 8-1：205 条 占有

（1）动产的占有，是指对动产的直接或间接的物理上的控制。

（2）直接的物理控制，是指由占有人亲自或为占有人实施控制的占有辅助人所实施的物理上的控制（直接占有）。

（3）间接的物理控制，是指借助于他人——他主占有人所实施的物理上的控制（间接占有）。

---

① 所有人可以授权他人行使其所有权的权能，例如，可以在所有物上为他人设定用益物权，此时，所有人即受该权利的拘束，在该权利存续期间，所有人不能处分所有物并免受该权利的拘束。

② "定限物权"（limited proprietary right），相对于完全物权——所有权而言，是所有权之外的其他物权，还可译为"他物权"。proprietary rights，既包括 ownership（所有权），又包括 limited proprietary rights（定限物权、他物权），是指 rights *in rem*（物权）。

第 8-1：206 条　自主占有

"自主占有人"，是指以所有的意思而对动产实施直接或间接的物理上的控制的占有人。自主占有人可以是所有人，也可以不是真正的所有人。

第 8-1：207 条　他主占有

(1)"他主占有人"，是指以以下方式之一对动产实施物理上的控制的人：

(a) 为自己利益而实施，且与赋予其占有权利的自主占有人存在特定的法律关系；

(b) 按照自主占有人的指令而实施，并且与自主占有人存在特定的合同关系，该自主占有人授予他主占有人在自主占有人偿付所有费用或成本之前，有权留置该动产。

(2) 他主占有人可以对动产实施直接或间接的物理上的控制。

第 8-1：208 条　占有辅助

(1)"占有辅助人"，是指：

(a) 代表自主占有人或他主占有人对动产实施直接的物理上的控制，并且不存在第 8-1：207 条（他主占有）第（1）款所规定的意图和特定法律关系的人；

(b) 自主占有人或他主占有人可以为了自己的利益向其发出利用动产的具有拘束力的指示。

(2) 占有辅助人，尤其可以是：

(a) 自主占有人或他主占有人的雇员或履行类似职能的人；

(b) 自主占有人或他主占有人基于实际理由授权其对动产进行物理上的控制的人。

(3) 偶然地为自主占有人或他主占有人准备实施或已经实施对动产的直接的物理上的控制的人，也是占有辅助人。

第三节　其他一般规定

第 8-1：301 条　可转让性

(1) 所有的动产均可转让，但法律另有规定的除外。合同或其他法律行为对动产转让的限制或禁止，并不影响动产的可转让性。

(2) 动产或不动产的未收取的孳息以及添附物或附属物[①]，是否可以

[①] 原文为"accessories or appurtenances"，两者之间存在重叠，本卷中并未作严格区分。两者均包括两物发生物理上的紧密结合，且该结合均处于所有人的意愿或指定的情形。不过，后者特别指与不动产相关联时。

或在何种程度上可以分开转让,由内国法规定。本卷第五章不受影响。

第二章 基于转让人的权利或权限的所有权移转

第一节 转让的要件

第 8-2:101 条 所有权移转的一般要件

(1) 依本章规定移转动产所有权,应当满足以下条件:

(a) 动产存在;

(b) 动产可以转让;

(c) 转让人有权利或权限移转所有权;

(d) 受让人有权依合同或其他法律行为、法庭裁定或法律的直接规定,向转让人主张所有权的移转;

(e) 协议约定了所有权的移转时间,且这一协议约定的条件已经成就;没有这种协议的,存在交付行为或等同于交付的行为。

(2) 在本条第(1)款第(e)项中,交付行为或等同于交付的行为,必须基于或可归因于因合同或其他法律行为、法庭裁定或法律直接规定所产生的权利。

(3) 合同或其他法律行为、法庭裁定或法律的直接规定使用笼统术语①来界定动产的,只有在动产特定化时,所有权才发生移转。动产构成特定集合物的一部分的,适用第 8-2:305 条(构成集合物组成部分的动产的转让)的规定。

(4) 所有权自法庭裁定或法律规定中确定的时间发生移转的,不适用本条第(1)款第(e)项的规定。

第 8-2:102 条 转让人的权利或权限

(1) 移转所有权时,转让人没有权利或权限的,只有当转让人其后取得转让权,或有权利或权限转让的人追认该转让时,转让才发生效力。

(2) 一旦追认,最初进行的转让的效力同于有权限的转让的效力。但是,其他人在追认前所取得的物权不受影响。

第 8-2:103 条 关于所有权移转时间的协议

所有权移转的时间可以由当事人依协议而确定。但根据内国法的规

---

① 原文为"generic terms",意为一般术语、通用术语、笼统术语。

定，登记是取得所有权的必要条件的除外。

第 8-2：104 条　交付

（1）在本卷中，根据第 8-1：205 条（占有）的规定，转让人放弃对动产的占有，而受让人取得对该动产的占有的，即为动产的交付。

（2）合同或其他法律行为、法庭裁定或法律规定涉及由承运人或系列承运人运送动产的，转让人的交付义务履行完毕，且承运人或受让人取得对该动产的占有时，即为动产的交付。

第 8-2：105 条　等同于交付的行为[①]

（1）在动产已为受让人占有的情况下，依合同或其他法律行为、法庭裁定或法律直接规定所产生的权利生效时，保留动产具有与交付同等的效力。

（2）在动产由第三人为转让人占有的情况下，第三人收到转让人将所有权移转于受让人的通知之时，或在通知载明的此后移转所有权之时，发生与交付同等的效力。这一规定同样适用于通知发送给第 8-1：208 条（占有辅助）规定的占有辅助人的情形。

（3）转让人放弃且受让人取得，能够使之取得该动产的占有的方法[②]的，发生与交付同等的效力。

（4）对动产实施物理上的控制的人签署了单证，其中允诺将动产交付给单证的当前持有人的，单证的转移与动产的交付具有同等的效力。上述单证可以采取电子形式。

第二节　转让的效力

第 8-2：201 条　所有权移转的效力

（1）在本章第一节规定的时间，所有权在转让人的处分权利或权限的范围内发生移转，并在当事人之间发生法律效力，同时取得对抗第三人的效力。

（2）所有权的移转不影响当事人之间基于合同或其他法律行为、法庭裁定或法律规定的条款所产生的权利与义务，例如：

（a）因风险转移所产生的权利；

[①] 原文为 "equivalents to delivery"。从本条规定看，既包括了观念交付［第（1）款为简易交付的规定；第（2）款为指示交付的规定］，又包括了拟制交付的规定［第（3）、（4）款］。

[②] 例如，房间或仓库的钥匙，进入存放动产场所的其他工具。

(b) 拒绝履行的权利;

(c) 收取孳息或利益的权利,或负担成本或费用的义务;

(d) 使用动产的权利,或不使用动产或不以其他方式处分动产的义务。

(3) 所有权的移转不影响依其他法律规定第三人享有的权利或可对抗第三人的权利,例如:

(a) 转让人的债权人基于破产法或相似规定撤销该转让的权利;

(b) 根据本示范规则第六卷(侵权责任)的规定,因第三人损害动产所产生的损害赔偿请求权。①

(4) 所有权已经发生移转,但转让人仍然享有拒绝交付动产的权利[本条第(2)款第(b)项]的,转让人行使拒绝履行的权利可以终止合同关系,依下条规定产生具有追溯既往的物权效力。②

第8-2:202条　自始无效、其后撤销、撤回、解除和撤销的效力

(1) 基础合同或其他法律行为自始无效的,所有权不发生移转。

(2) 所有权移转后,基础合同或其他法律行为依第二卷第七章的规定被撤销的,视为所有权从未移转给受让人(具有追溯既往的物权效力)。

(3) 根据第二卷第五章规定撤回合同的,或根据第三卷第三章规定解除合同关系的,或根据第四卷第八编规定撤销赠与的,所有权必须返还给原转让人。此时,既不发生具有追溯既往的物权效力,所有权也不发生立即返还的效果。第8-2:201条(所有权移转的效力)第(4)款的规定不受影响。

(4) 本条不影响根据本示范规则的其他规定所产生的任何返还请求权。

第8-2:203条　附条件的移转

(1) 当事人就所有权的移转约定了解除条件的,当所附条件成就时,所有权应立即返还。不过,此种返还受制于所有权返还时返还人(原受让人)处分权利或权限的限制。返还是否具有追溯既往的物权效力,不能由当事人依协议而约定。

---

① 本项规定限于遭受损失的人非为所有人的情形。参见 Christian von Bar and Eric Clive (eds), Principles, Definitions and Model Rules of European Private Law, Volume 5 (Munich: sellier. European law publisher, 2009), p. 4579.

② 基础合同或其他法律行为被认定无效或被撤销后,所有权视为从未移转给受让人。此即所谓"具有追溯既往的物权效力"。

（2）合同或其他法律行为就所有权的移转规定了停止条件的，当所附条件成就时，所有权发生移转。

第三节 特别规定

第 8-2：301 条　多次转让

（1）转让人故意多次转让同一动产的，最先满足本章第一节规定条件的受让人取得所有权。最先满足条件的受让人是次受让人的，还必须是不知道且不应当知道其他受让人的在先权利。

（2）最先满足本章第一节规定条件的次受让人，并不具备本条第（1）款规定的善意的，必须将动产返还给转让人。转让人对受让人的返还动产请求权，也可以由第一受让人行使。

第 8-2：302 条　间接代理

（1）依第 9-1：201 条（定义）规定的间接代理的委托合同，代理人代表本人自第三人处取得动产，本人直接取得动产的所有权（代理取得）。

（2）依第 9-1：201 条（定义）规定的间接代理的委托合同，代理人代表本人将动产转让给第三人，第三人直接取得动产的所有权（代理转让）。

（3）本人［第（1）款］或第三人［第（2）款］在以下情形下取得动产的所有权：

（a）代理人有权限代表本人转让或受领该动产；

（b）代理人与第三人之间依合同或其他法律行为、法庭裁定或法律的直接规定有权转让；

（c）第三人与代理人之间存在第 8-2：101 条（所有权移转的一般要件）第（1）款第（e）项规定的约定了所有权移转时间的协议，或交付或等同于交付的行为。

第 8-2：303 条　系列交易中直接交付时所有权的移转

一系列的合同或其他法律行为、法庭裁定或基于法律规定的权利均涉及同一动产的所有权的移转，且交付或等同于交付的行为在这一系列交易中的两方当事人之间直接实施的①，所有权即转移于受领人，其效果如同交易链中的在先当事人将所有权依次转让于后一当事人一样。

---

① 例如，A 将其动产转让给 B，B 在未取得该动产的占有之前又将该动产转让给 C，A 直接将该动产交付给 C。

第 8-2：304 条　主动推销的动产的所有权的转移

（1）经营者未经请求，即将动产交付给消费者的，消费者是否取得所有权取决于经营者是否有移转所有权的权利或权限。消费者也可以拒绝取得所有权；就此，可类推适用第 2-4：303 条（权利或利益的拒绝）的规定。

（2）第 2-3：401 条（未答复无债务）第（2）、（3）款的例外规定可相应地适用于本条所规定的情形。

（3）在本条中，交付是指消费者取得对动产的物理上的控制。

第 8-2：305 条　构成集合物组成部分的动产的转让

（1）本章中，"集合物"是指在一定空间或范围内聚集或混合的可区分的可替代物。[1]

（2）特定集合物中特定数量动产的转让，因标的物并没有依第 8-2：101 条（所有权移转的一般要件）第（3）款的规定特定化，而不发生效力的，受让人取得对该集合物的共有权。

（3）某一时刻受让人对集合物所享有的不可分割的份额，是受让人有权向转让人主张从集合物中分割的动产的数量与该时间集合物中动产总量之比。

（4）多个受让人有权向转让人主张的数量和转让人的数量（如果有的话）之和，因为集合物的减少而超过了集合物中的总量，集合物的减少首先由转让人承担，再由受让人按其所占不可分割的份额比例分担。

（5）转让人故意超过集合物中的总量转让动产的，只有受让人已支付对价，且不知道或不应当知道数量已超过集合物中的总量时，受让人有权向转让人主张超过集合物中总量的数量，才会体现在该受让人对集合物的不可分割的份额之中。因将超过集合物中总量的数量故意转让给了善意的、已支付对价的受让人，所有受让人有权向转让人主张的数量之和超过了集合物中的总量的，短少的数量由受让人按其所占不可分割的份额比例分担。

第 8-2：306 条　从集合物中提取动产

（1）每一受让人均可提取与其不可分割份额相对应数量的动产，且可

---

[1] 例如，储藏于特定货柜或仓库的动产，装在油罐中的汽油。可替代物不一定是相同种类和质量的物。参见 Christian von Bar and Eric Clive（eds），Principles, Definitions and Model Rules of European Private Law, Volume 5 （Munich：sellier. European law publisher, 2009），pp. 4803、4805。

以通过提取动产而取得该数量动产的所有权。

(2) 受让人提取的数量超过了与其不可分割份额相对应的数量的,受让人只有在支付了对价,且不知道和不应当知道该超过数量对其他受让人可能造成消极后果时,才能取得该超过数量的所有权。

第 8-2：307 条　保留所有权交易中受让人的期待权

在第 9-1：103 条(保留所有权交易:适用范围)规定的"保留所有权交易"中,转让人保留动产的所有权,受让人依合同条款支付价款及基于付款所享有的取得所有权的权利,具有对抗转让人的债权人的效力。

第三章　所有权的善意取得

第 8-3：101 条　通过没有权利或权限转让所有权的人的善意取得

(1) 虽然意图转让所有权的人(转让人)没有权利或权限转让动产的所有权,但在以下情形下,受让人仍取得所有权,而前所有人丧失所有权:

(a) 满足第 8-2：101 条(所有权移转的一般要件)第(1)款第(a)、(b)、(d)项以及第(2)款和第(3)款所规定的条件;

(b) 满足第 8-2：101 条(所有权移转的一般要件)第(1)款第(e)项所规定的交付或等同于交付的条件;

(c) 受让人为取得该动产已支付对价;

(d) 受让人不知道或不应当知道在本应依第 8-2：101 条(所有权移转的一般要件)的规定移转所有权之时,转让人没有权利或权限转让所有权。受让人必须举证证明其不应当知道转让人没有权利或权限。

(2) 本条第(1)款所规定的善意取得不适用于盗窃物,但受让人是从一个从事正常经营活动的转让人处取得动产的除外。第 8-4：102 条(文物)规定的被盗文物不适用善意取得。

(3) 受让人已经占有该动产的,只有在受让人从转让人取得占有的情况下,才能适用善意取得。

第 8-3：102 条　善意取得所有权并免受定限物权的约束

(1) 尽管动产之上有第三人的定限物权,且转让人没有权利或权限处分该动产并免受该第三人权利的约束,但在以下情况下,受让人仍然取得免受该第三人权利约束的所有权:

(a) 受让人以第二章或前条所规定的方式取得所有权;

(b) 满足第 8-2：101 条（所有权移转的一般要件）第（1）款第（e）项所规定的交付或等同于交付的条件；

(c) 受让人为取得该动产已支付对价；

(d) 受让人在所有权移转时不知道也不应当知道转让人没有权利或权限移转该动产所有权并免受第三人权利的约束。受让人必须举证证明其不应当知道转让人没有权利或权限。

(2) 前条第（2）款和第（3）款的规定适用于本条。

(3) 动产依第 8-2：105 条（等同于交付的行为）第（2）款规定的通知方式而转让的，被通知人对该动产的定限物权并不消灭。

(4) 本条适用于担保物权时，应补充适用第 9-6：102 条（因所有权的善意取得而导致担保物权的丧失）第（2）款的规定。

第四章 依持续占有而取得所有权[①]

第一节 依持续占有而取得所有权的要件

第 8-4：101 条 基本规则

(1) 自主占有人在以下情形之一，可以依持续占有动产而取得其所有权：

(a) 善意地、不间断地占有十年；

(b) 占有三十年。

(2) 在本条第（1）款第（a）项中：

(a) 占有人以所有人的意思而占有，且有证据合理地证明占有人具有该意思的，则该占有人是善意地占有；

(b) 占有人的善意可以推定。

(3) 通过盗窃取得动产占有的人，不能依持续占有而取得该动产的所有权。

第 8-4：102 条 文物

(1) 根据本章规定，取得欧盟理事会第 93/7/EEC 号指令第 1 条第

---

① 本章章名为："Acquisition of ownership by continuous possession"，它以非常直白的方式传达了"acquisitive prescription"（取得时效）的原意。为了避免与本示范规则第三卷第七章所使用的（消灭）时效相混淆，本章改用现名。参见 Christian von Bar and Eric Clive（eds），Principles, Definitions and Model Rules of European Private Law, Volume 5 (Munich: sellier. European law publisher, 2009), p. 4887.

（1）款规定的"文物"① 的所有权，无论该文物是否在1993年1月1日之前或之后被非法地转移，也无论该文物是否根本没有转移出成员国的领域，都需要持续占有该动产达到以下期间之一：

（a）善意地、不间断地占有三十年；

（b）占有五十年。

（2）成员国可以规定或维持比本条规定或内国法或国际规则更严格的规定，以确保对文物所有人更高水平的保护。

第8-4：103条　持续占有

（1）只要在一年内回复占有或提起回复占有的诉讼，占有人非自愿丧失占有仍可构成第8-4：101条（基本规则）所称的持续占有。

（2）自主占有人在占有期间的开始和终止时占有着动产的，推定占有人在整个期间持续地占有该动产。

第二节　取得时效的补充规定

第8-4：201条　无行为能力时的期间延长②

（1）当他人依持续占有取得所有权的时效开始计算时，所有人是无行

---

① Council Directive 93/7/EEC of 15 March 1993 on the return of cultural objects unlawfully removed from the territory of a Member State, Article 1

1. "Cultural object" shall mean an object which:

—is classified, before or after its unlawful removal from the territory of a Member State, among the "national treasures possessing artistic, historic or archaeological value" under national legislation or administrative procedures within the meaning of Article 36 of the Treaty, and

—belongs to one of the categories listed in the Annex or does not belong to one of these categories but forms an integral part of:

—public collections listed in the inventories of museums, archives or libraries' conservation collection.

For the purposes of this Directive, "public collections" shall mean collections which are the property of a Member State, local or regional authority within a Member States or an institution situated in the territory of a Member State and defined as public in accordance with the legislation of that Member State, such institution being the property of, or significantly financed by, that Member State or a local or regional authority;

—the inventories of ecclesiastical institutions.

② 期间的延长有两种形式，一是"suspension"；一是"postponement of expiry"。其中，"suspension"是指某事由的存续期间不计入时效期间，该事由结束后，原来经过的时效期间继续计算，可以译为"中止"，在中止事由出现之前，时效期间还未开始计算的，自中止事由结束时开始计算。"postponement of expiry"（延期）是指在延期事由存续期间，时效期间继续计算，但仅在特定的额外期间届满时才届满。参见 Christian von Bar and Eric Clive (eds), Principles, Definitions and Model Rules of European Private Law, Volume 5 (Munich: sellier. European law publisher, 2009), pp. 4954-4955。

为能力人且无代理人的,该取得时效自无行为能力状态终止或聘任代理人时开始计算。

(2) 在取得时效开始计算之后才出现无行为能力状态的,在无行为能力状态终止或聘任代理人后一年内,取得时效不届满。

(3) 所有人是无行为能力人,且自主占有人是其代理人的,只要这种关系存续,取得时效中止。在无行为能力状态终止或聘任新的代理人后一年内,取得时效不届满。

第8-4:202条　所有人无法控制的阻碍所引起的期间延长

(1) 因所有人无法控制且无法合理地避免或克服的障碍①,所有人无法行使其返还请求权的,取得时效中止。所有人仅仅不知道该动产之所在,不能导致本条所称的时效中止。

(2) 只有在该障碍出现或存续于取得时效届满前六个月内的,才适用本条第(1)款的规定。

(3) 当期限或障碍的性质决定了,取得时效中止事由结束后时效接续计算的剩余期间内,所有人无法提起诉讼以主张返还请求权的,该障碍消除后六个月内,取得时效不届满。

第8-4:203条　因司法程序或其他程序所引起的期间延长和更新②

(1) 所有人或代表所有人向自主占有人或代表自主占有人实施物理上的控制的人提起诉讼,质疑自主占有人的所有权或占有时,取得时效中止,直至作出具有既判力的裁决,或该案依其他方式得以处理。取得时效的中止仅对诉讼当事人及其所代表的人有效。

(2) 起诉被拒绝受理的,或败诉的,本条第(1)款规定的时效中止将不予考虑。起诉被拒绝受理仅仅是因为法院没有管辖权的,在该裁定作出六个月之内,取得时效不届满。

(3) 一旦胜诉,从裁决发生既判力或案件以有利于所有人的结果以其他方式得以处理时,重新计算新的取得时效。

(4) 这些规定可参照适用于仲裁程序或旨在取得与法院裁判相似的、具有强制执行力的文书的其他所有程序。

---

① 例如,所有人被绑架、因自然现象(雪崩、洪水)和外界失去联系、法庭休息。
② 更新(renewal),即为时效期间的中断(interruption)。参见 Christian von Bar and Eric Clive (eds), Principles, Definitions and Model Rules of European Private Law, Volume 5 (Munich: sellier. European law publisher, 2009), p. 4955。

第 8-4：204 条　因磋商所引起的延期

所有人和自主占有人或为自主占有人实施物理上控制的人，就所有权或自主占有人取得所有权的可能情形进行磋商的，自谈判中最后一次交流后六个月内，取得时效不届满。

第 8-4：205 条　因承认所引起的时效终止

自主占有人或为自主占有人实施物理上控制的人，承认所有人对动产的权利①时，取得时效终止。当原自主占有人以所有人的意思或像所有人那样实施直接或间接的物理上的控制时，新的取得时效开始计算。

第 8-4：206 条　计算前占有人的占有期间

（1）自主占有中一个人继受另一个人的占有，且前占有人和后占有人累计的占有期间满足了本章所规定的条件的，前占有人的占有期间应计入后占有人的占有期间。

（2）只有在依第 8-4：101 条（基本规则）第（1）款第（b）项的规定取得所有权时，恶意前占有人的占有期间才可以计入善意的后占有人的占有期间。

第三节　依持续占有取得所有权的效力

第 8-4：301 条　所有权的取得

（1）一旦取得时效届满，原所有人即丧失所有权，而自主占有人则取得所有权。

（2）自主占有人知道或应当知道该动产之上存在第三人的定限物权的，该权利将会继续存在，但该权利自身因相应期间，或三十年期间［第 8-4：101 条（基本规则）第（1）款第（b）项］或五十年期间［第 8-4：102 条（文物）第（1）款第（b）项］届满而消灭的除外。

第 8-4：302 条　依不当得利和非合同损害赔偿责任规定产生的权利的消灭

一旦自主占有人取得所有权，原所有人也丧失了根据不当得利（第七卷）和侵权责任（第六卷）的规定所产生的所有返还该动产的请求权以及所有请求偿付该动产的金钱价值或继续使用该动产的权利。

---

① 承认可以是明示的，也可以是依行为默示的；承认的内容也不仅限于所有人对动产的所有权。

第五章 加工、附合和混合

第一节 一般规定

第 8-5：101 条 当事人自治及和相关规定的关系

（1）加工、附合和混合①的法律后果，可以由当事人以协议的形式加以调整。本章第二节的规定适用于加工、附合和混合的以下情形：

(a) 未经材料所有人的同意；

(b) 虽经材料所有人的同意，但当事人没有就所有权归属达成协议。

（2）本条第（1）款所规定的协议可以规定以下内容：

(a) 本卷所确认的物权；

(b) 偿付请求权或其他履行请求权。

（3）保留所有权交易所及的动产的加工、附合和混合的效力由第九卷规定。

（4）依本章第二节规定所设立的担保物权适用第九卷担保物权的规定，但本章第二节另有规定的除外。当事人根据本条第（1）款的规定依协议而设立的担保物权适用第九卷担保物权的规定，但第 8-5：204 条（关于担保物权的补充规定）第（3）款另有规定的除外。

（5）本章不影响侵权责任（第六卷）规则的适用。无因管理（第五卷）的规定优先于本章规定适用。

第二节 默示规则和补充规定

第 8-5：201 条 加工②

（1）加工人提供劳务，将他人的材料加工成新物的，加工人成为新物的所有人；材料的所有人有权请求加工人偿付相当于加工时材料价值的价

---

① 区分三者的主要考量因素，包括：一方是否提供了劳务？如提供了劳务，是否产生了新物？如产生了新物，所提供的劳务在新物形成中起着多大的作用？在有些情况下，是否可以以经济上合理的方式将"统一体"分开？如不能，是否可能以经济上合理的方式将"统一体"分成相应的数量？参见 Christian von Bar and Eric Clive（eds），Principles, Definitions and Model Rules of European Private Law, Volume 5（Munich：sellier. European law publisher, 2009），p.5029, et seq.。

② 原文为"production"，而没有使用"processing"一词，主要是因为后者已被作为一种服务合同的子类型，规定于第四卷第三编。与"processing"不同的是，"production"不是仅限于工业加工或专业加工。

款，此种权利并由新物上的担保物权所担保。

(2) 本条第 (1) 款规定不适用以下情形：

(a) 加工人提供的劳务是次要的；

(b) 加工人知道材料属他人所有，且材料所有人不同意加工，但劳务的价值明显超过材料的价值的除外。

(3) 在本条第 (2) 款规定的情形下，没有加工出新物的，所有权属于材料所有人。在材料所有人为多人的情况下，所有权的归属则适用第 8-5：202 条 (混合) 或第 8-5：203 条 (附合) 的规定而确定。提供劳务的人有权依第七卷的规定主张不当得利请求权。在本款中，第 7-2：101 条 (所取得的利益没有合法依据的情形) 第 (1) 款第 (b) 项的规定并不排除加工人的不当得利请求权。

第 8-5：202 条　混合①

(1) 分属不同所有人所有的动产发生混合，一体物或混合物不能分离成其原有成分，或分离在经济上不合理，但有可能经济上合理地区分为成比例的数量的，这些人即成为该一体物或混合物的共有人，每人都按混合时各部分价值的比例分享混合物的份额。

(2) 每一共有人均可依其所享有的不可分割的份额，从该一体物或混合物中分离出相应的数量。

第 8-5：203 条　附合

(1) 本条适用于分属不同所有人的动产结合在一起，不能分离或分离在经济上不合理的情形。

(2) 组成合成物的某一部分可视为主要部分的，该部分所有人取得合成物的单独所有权，次要部分的所有人有权请求合成物的所有人依本款第二句偿付相应数额的价款，并由合成物之上的担保权所担保。第一句所规定的数额根据不当得利 (第七卷) 的规定计算；如果主要部分的所有人实施了附合，则该数额是各次要部分在附合时的价值。

(3) 各组成部分均不能视为主要部分的，各组成部分的所有人成为合成物的共有人，每个人根据附合时各部分价值的比例分享合成物的份额。该合成物由两个以上的部分组成，且某一组成部分对其他部分的重要性最

---

① 原文为 "Commingling"，这一中性的术语可以涵盖所有物理状态 (包括固体、液体和气体) 的动产之间的混合，它替代了、涵盖了固体的 "commixture"、液体和气体的 "confusion" 等传统的术语。参见 Christian von Bar and Eric Clive (eds), Principles, Definitions and Model Rules of European Private Law, Volume 5 (Munich: sellier. European law publisher, 2009), p. 5108。

小的，该部分的所有人有权请求共有人按附合时该部分价值所占比例支付相应价款，并由合成物之上的担保物权所担保。

（4）主要部分的所有人实施了附合，且明知次要部分由他人所有且次要部分的所有人不同意附合的，不适用本条第（2）款的规定，但主要部分的价值明显超过次要部分的价值的除外。各组成部分的所有人成为共有人，次要部分所有人的份额等于附合时各部分的价值。

第8-5：204条　关于担保物权的补充规定

（1）依上述关于加工和附合的条文的规定设立的担保物权，具有对抗第三人的效力，并无须材料或组成部分的原所有人取得占有或登记。

（2）在新物或合成物之上的担保物权因第三人善意取得所有权（第三章）而消灭的，该担保物权的效力即及于买卖价款。本条第（1）款规定可以相应地适用。

（3）依上述关于加工和附合的条文的规定而设立的担保物权，优先于加工人或主要部分的所有人在新物或合成物之上先前已设立的其他担保物权。材料的原所有人和加工人之间，或次要部分的原所有人和主要部分的所有人之间，依协议所设立的担保物权也适用上述规定。

第六章　所有权的保护和占有的保护

第一节　所有权的保护

第8-6：101条　所有权的保护

（1）所有人有权从任何对其动产实施物理上的控制的人那里，取得或回复对其动产的占有，但该人有权根据第8-1：207条（他主占有）的规定占有该动产的除外。

（2）他人妨害[①]所有人行使作为所有人的权利的，或有妨害之虞的，所有人有权请求确认所有权和保护令。

（3）根据具体情形，保护令可以：

（a）禁止即将发生的妨害[②]；

[①] 本处的妨害，仅限于有形的妨害（无形的妨害适用第6-3：206条的规定），而且不包括本条第（1）款规定的完全侵夺占有的情形。

[②] 学说上称为所有权妨害防止。

(b) 要求停止妨害;
(c) 要求除去妨害。

第 8-6: 102 条　基于无效或被撤销的合同或其他法律行为而转让的动产的返还

(1) 基于无效的或被撤销的合同或其他法律行为,动产将被转让或已经被转让,转让人可以根据前条第 (1) 款的规定主张返还请求权,以回复对其动产的物理上的控制。

(2) 基于无效或被撤销的合同或其他法律行为的转让发生后,受让人将动产返还给转让人的义务是应予同时履行的两个对待债务之一的,受让人可以根据第 3-3: 401 条 (拒绝履行对待债务的权利) 的规定拒绝履行返还动产的义务,直至转让人提出履行或已经履行其对待债务。

(3) 基于第 8-2: 203 条 (附条件的移转) 第 (1) 款规定的附解除条件的合同或其他法律行为而转让动产,且该解除条件已经成就的,也可适用上述条款的规定。

第二节　占有的保护[①]

第 8-6: 201 条　非法侵夺和妨害的定义

未经占有人同意或法律允许,而排除或妨碍占有人占有动产,即构成非法侵夺或妨害占有[②]。

第 8-6: 202 条　占有人的自力救济

(1) 占有人或第三人可以对非法侵夺或妨害占有的人,或有非法侵夺或妨害占有之虞的人,采取自力救济措施。

(2) 自力救济的方式限于为取回动产或停止或防止侵夺或妨害所必需的、即时的、适当的行为。

(3) 在本条第 (1) 款和第 (2) 款的限制性规定之下,自力救济措施也可以针对违反自主占有人和他主占有人之间的特定法律关系,而非法侵夺他主占有人的占有或妨害占有的间接自主占有人行使。这一规则同样适用于非法侵夺或妨碍其他他主占有人占有的间接他主占有人。

---

① 本节的名称为:"Protection of mere possession",直译为"单纯占有的保护"或"纯粹占有的保护"。本章区分了所有权的保护 (包括了对所有权人占有的完全侵夺的情形),以及单纯占有的保护。

② 本处所称的非法侵夺或妨害占有,均指没达到完全侵夺占有的情形。参见 Christian von Bar and Eric Clive (eds), Principles, Definitions and Model Rules of European Private Law, Volume 5 (Munich: sellier. European law publisher, 2009), p. 5200。

(4) 在实施本条规定的自力救济权的过程中，合法地造成侵夺或妨害占有的人的相关损害的，适用第6-5：202条（正当防卫、无因管理与紧急避险）的规定。

第8-6：203条　作为占有保护的返还请求权

(1) 他人侵夺自主占有人或他主占有人的占有的，不论根据第8-6：301条（更优占有时的返还请求权）的规定谁有权利或能更好地占有该动产，占有人均有权在一年内请求返还该动产。一年的期间从侵夺时开始计算。

(2) 返还请求权也可以向违反其与他主占有人之间的特定法律关系而侵夺他主占有人的占有的间接自主占有人主张。这一规则可以同等适用于非法剥夺其他他主占有人的占有的间接他主占有人。

(3) 在过去一年内主张返还请求权的人侵夺其他人的占有的，则排除返还请求权的适用。

(4) 本条第(1)款规定的"他人"援引第8-6：301条（更优占有时的返还请求权）所规定的所谓的占有动产的权利或更优的地位作为抗辩或反诉的，本条第(1)款所规定的返还动产的义务，可以转换为将动产移交法院或其他相关政府机关，或依相关机关的指令将动产移送第三人。

第8-6：204条　请求签发保护令以保护占有

(1) 他人非法地妨害了动产占有，或有妨害或侵夺之虞的，不论根据第8-6：301条（更优占有时的返还请求权）的规定谁有权利或能更好地占有、使用或以其他方式处分该动产，自主占有人或他主占有人均有权根据第8-6：101条（所有权的保护）第(3)款的规定在一年内申请保护令。一年的期间从妨害开始时起算；在反复妨害的情况下，从最后一次妨害开始时起算。

(2) 保护令也可以针对违反了其与他主占有人之间的特定法律关系而非法妨害他主占有人的间接自主占有人主张。这一规则可以同等适用于违反其与他主占有辅助人①之间的特定法律关系而非法妨碍他主占有辅助人的间接他主占有人。

(3) 本条第(1)款意义规定的"他人"援引所谓的有权利或更好地占有、使用或以其他方式处分该动产作为抗辩或反诉的，法院保护令将暂停发出，直至作出存在此种权利或地位的裁决，或被存在此种权利或地位的裁决所取代。

---

① 原文为"Subsidiary limited-right-possessor"。

第三节 更优占有的保护①

第 8-6：301 条 更优占有时的返还请求权

（1）依本条第（2）款的规定，在先的占有比他人的当前占有更"优"的，前自主占有人或前他主占有人有权向实施对动产的物理上控制的其他人，主张回复动产的占有。

（2）在先占有是善意占有、有权占有，而当前占有是无权占有时，在先占有比当前占有更"优"。两个占有都是善意占有、有权占有时，自所有人取得的占有优于自非所有人的自主占有人的占有；如果此点不适用，更早的有权占有优先。两个占有均属善意占有，但均属无权占有时，当前占有优先。

第 8-6：302 条 请求签发保护令以保护更优占有

他人妨害占有的，或有妨害或侵夺之虞的，自主占有人或他主占有人有权申请第 8-6：101 条（所有权的保护）第（3）款所规定的保护令。但是，在侵夺的情况下，该他人具有第 8-6：301 条（更优占有时的返还请求权）所规定的更优地位，或第三人有比自主占有人或他主占有人更好的使用或以其他方式处分动产权利的除外。

第四节 其他救济方式

第 8-6：401 条 侵权责任

所有人和他主占有人有权依第 6-2：206 条（侵犯财产权或合法占有造成的损失）的规定主张其所有权或占有被侵犯的损害赔偿请求权。

第七章 返还原物的其他问题

第 8-7：101 条 适用范围

（1）本章适用于以下条文规定的情形，即当动产由某人占有，且所有人有权在当时对此人请求取得或回复该动产的占有。

---

① 原文为："Protection of better possession"。本节试图消除纯粹占有的保护和所有权的保护之间的差距，主要适用于前占有人无权主张占有保护，又没有证据证明其享有所有权的情形。参见 Christian von Bar and Eric Clive (eds), Principles, Definitions and Model Rules of European Private Law, Volume 5 (Munich: sellier. European law publisher, 2009), p. 5276。

（2）满足第五卷规定的适用条件的，应适用该卷的决定，且应优先于本章规定适用。

（3）第五章的规定优先于本章规定适用。

第 8-7：102 条　占有期间动产的灭失或损坏

（1）动产在第 8-7：101 条（适用范围）规定的占有期间内灭失、损坏或毁损的，所有人因该动产的灭失或损坏所产生的权利，适用第六卷的规定。

（2）在本条中，不考虑所有人取得或回复占有的权利，占有动产的故意或过失即足以构成第六卷第三章意义上的可归责性。

第 8-7：103 条　占有期间动产的孳息、使用及其他利益

占有人在第 8-7：101 条（适用范围）规定的占有期间从动产中取得孳息、使用动产或从动产中获取其他利益①的，所有人因这些利益所产生的权利，适用第七卷的规定。

第 8-7：104 条　占有期间动产的支出或添附

（1）占有人在第 8-7：101 条（适用范围）所规定的占有期间为动产支付了费用或在动产上添附了其他财产的，占有人的费用返还请求权或添附返还请求权，适用第七卷的规定。

（2）为确保第（1）款所规定的权利的实现，占有人有权留置该动产。占有人在为动产支付费用或添附其他物时知道所有人的取得或回复占有的权利时，本款第一句不予适用。

---

① 其他利益是指因消耗或处分动产所取得的利益。例如，占有人烧所有人的煤取暖，或将之出卖给第三人以获取价款。

第九卷 动产担保物权[①]

第一章 一般规定

第一节 适用范围

第 9-1:101 条 适用范围的一般规则

(1) 本卷规定适用于动产之上依物权担保合同[②]所发生的以下权利:

(a) 担保物权;

(b) 依保留所有权交易所保留的所有权。

(2) 本卷所定担保物权规则准用于:

(a) 依担保目的的信托所发生的权利;

(b) 依单方法律行为所设立的动产担保物权;

(c) 财产法上的法定动产担保物权,不过应合于法律的规范意旨。[③]

第 9-1:102 条 动产之上的担保物权

(1) 动产担保物权是动产之上的定限物权,担保权人依此可就担保财产使其担保债权优先受偿。

[①] 原文为"Proprietary security in movable assets"。这里的"movable assets",既包括了有形动产(goods、movable corporeal assets),又包括了无形动产或无形财产(incorporeal assets、intangibles)。本卷中,除非特别指明,均在此含义下使用动产一语。

[②] 原文为"contracts for proprietary security",直译为物权担保合同,意即设立担保物权的合同,与我国物权法上担保物权设立合同相当。

[③] 原文为"security rights in movable assets implied by patrimonial law",是指内国法中的法定担保物权。这些法律中没有规定法定担保物权的具体内容,需要援引本示范规则的部分内容。本条第(1)款规定的是约定担保物权,第(2)款规定的非约定担保物权。参见 Christian von Bar and Eric Clive (eds), Principles, Definitions and Model Rules of European Private Law, Volume 6 (Munich: sellier. european law publishers GmbH, 2009), pp. 5389-90。

(2)"担保物权"一语包括:

(a) 普遍认为具有物权担保作用的那些定限物权,典型的如质权;

(b) 依物权担保合同所设定的,当事人意在使担保权人有权就担保财产使其担保债权优先受偿,或依合同可以达到这一效果的定限物权,至于名称如何,在所不问①;

(c) 其他依本卷规则被视为担保物权的权利,例如第 9-2:114 条(留置权)所规定的权利以及本条第(3)款所规定的权利。

(3) 依物权担保合同移转或拟移转动产的所有权,意在担保债务的履行或达到担保债务履行的效果的,仅能在该动产上为受让人设立担保物权。②

(4) 本条第(3)款的规定特别适用于:

(a) 有形动产所有权的担保移转③;

(b) 担保让与④;

(c) 出卖并租回;

(d) 出卖并转卖。

第 9-1:103 条　保留所有权交易:适用范围

(1) "保留所有权交易",是指提供动产的所有权人保留所有权,以担保债务的履行的情形。

(2) "保留所有权交易"一语包括:

(a) 买卖合同项下出卖人保留所有权;

---

① 这一适用范围包括了两项形式上的判断标准:"定限物权"和"物权担保合同"。不过,对此不能严格理解,当事人对"定限物权"的称谓无关紧要。参见 Christian von Bar and Eric Clive (eds), Principles, Definitions and Model Rules of European Private Law, Volume 6 (Munich: sellier. european law publishers GmbH, 2009), p.5394。

② 本款在将所有权的移转类型化为担保物权的设立时,采纳了两种功能方法:主观上有担保债务履行的意图和客观上有担保债务履行的效果。参见 Christian von Bar and Eric Clive (eds), Principles, Definitions and Model Rules of European Private Law, Volume 6 (Munich: sellier. european law publishers GmbH, 2009), p.5395。

③ 原文为"a security transfer of ownership of corporeal assets"。"担保"一语已经表明了当事人之间的主观意图。在实践中,这一意图通常在两方面得以确认和证明:第一,被转让的财产仍由"出卖人"占有;第二,当事人约定了所有权回复的相应条款,即相关债务清偿后,担保权人应将财产转回担保人。参见 Christian von Bar and Eric Clive (eds), Principles, Definitions and Model Rules of European Private Law, Volume 6 (Munich: sellier. european law publishers GmbH, 2009), p.5395。

④ 原文为"a security assignment"。与所有权的担保移转具有相同的结构和功能,只不过这里让与的是无形财产(intangible)。参见 Christian von Bar and Eric Clive (eds), Principles, Definitions and Model Rules of European Private Law, Volume 6 (Munich: sellier. european law publishers GmbH, 2009), p.5395。

(b) 分期付款买卖合同项下供应人所享有的所有权;

(c) 租赁合同项下租赁物的所有权,以承租人依合同约定在租赁期间届满时,无须支付对价或仅须支付名义上的对价,即享有取得租赁物的所有权或继续使用租赁物的选择权为前提条件(融资租赁);

(d) 意在实现担保目的或达到实现担保目的效果的寄售合同①项下供应人的所有权。

第 9-1:104 条 保留所有权交易:法律适用规则

(1) 除非另有明文规定,保留所有权交易适用以下担保物权规则:

(a) 第 9-2:104 条(可转让性、现实存在和特定化的特别规定)第(2)款至第(4)款;

(b) 第二章第三节和第四节;

(c) 第三章至第六章;

(d) 第七章第一节。

(2) 将担保物权规则适用于保留所有权交易时,应作以下变通:

(a) 担保财产分别指买卖合同、分期付款买卖合同、租赁合同或寄售合同项下所提供的财产;

(b) 在买卖合同项下保留所有权交易中,担保权人是指出卖人;担保人是指买受人;

(c) 在分期付款买卖合同项下保留所有权交易中,担保权人是指供应人;担保人是指分期付款买受人;

(d) 在融资租赁合同项下保留所有权交易中,担保权人是指出租人;担保人是指承租人;

(e) 在寄售合同项下保留所有权交易中,担保权人是指供应人;担保人是指受寄售人。

第 9-1:105 条 适用范围的除外规定

(1) 担保人营业地或居住地的内国法规定了小额信贷担保人的特殊保护规则的,本卷不适用于小额信贷的担保物权。

(2) 对本卷规定的某些事项,某一国际公约也调整且对成员国具有拘束力的,该国际公约中的这些规则对于该成员国而言,具有优先于本卷规

---

① 原文为 "contract of consignment"。寄售是指所有人将货物运送到代理商那里代销,并付给佣金,所有人在代理商销完货物之前仍保留未售完货物的所有权。本示范规则中没有规定此种有名合同,但就寄售合同的意义,似与本示范规则第四卷第五编"经销合同"(contract of distribution)相当。

则适用的效力。

第二节 定 义

第 9-1：201 条 定义

(1) 本卷中所使用的术语，定义如下：

(2) "添附物"，是指已经或即将与某一动产或不动产紧密结合，或已经或即将成为某一动产或不动产的组成部分，可以在经济上合理地从该动产或不动产中分离出来且不损坏该动产或不动产的有形动产。

(3) "所有权担保方式"包括：

(a) 保留所有权交易；

(b) 财产的所有权移转于买受人时，该财产之上担保以下权利的担保物权：

(i) 出卖人根据买卖合同所享有的给付价款请求权；

(ii) 贷款人对于其发放给买受人支付价款且确实已支付给出卖人的贷款的返还请求权。

(c) 任何以担保上述第(a)、(b)项所述款项返还为目的，而受让第(a)、(b)项所述权利的第三人所享有的权利。

(4) "物权担保合同"，是指包括以下内容的合同：

(a) 担保人同意为担保权人设定担保物权；

(b) 当所有权移转给被视为担保人的受让人时，担保权人可以保留担保物权；

(c) 财产的出卖人、出租人或其他供应人为担保其债权的清偿，有权保留所提供财产的所有权。

(5) "违约"，是指：

(a) 债务人不履行担保物权所担保的债务；

(b) 担保权人和担保人所约定的担保权人可以行使担保物权的其他任何事件或情形。

(6) "金融财产"，是指金融工具和金钱给付请求权（金钱债权）。

(7) "金融工具"，是指：

(a) 可流通的股票和同类的证券，以及可流通的债券和同类的债务证券；

(b) 其他可以交易和授权取得此类金融工具或导致现金结算的证券，但支付工具除外；

(c) 集体投资企业中的股权；

（d）货币市场工具；

（e）本款第（a）和（b）项所述的金融工具上的权利或与这些金融工具有关的权利。

（8）"无形财产"，是指非物质的财产，包括未持有证书的和间接持有的证券，及共有人对有形财产、集合物或基金所享有的不可分割的份额。

（9）在本示范规则中，"所有权"包括有形动产和无形财产的所有权。

（10）"移转占有型担保物权"，是指以担保权人或其他为其代为持有的人（债务人除外）占有有形担保物为条件的担保物权。

（11）"收益"，是指来源于担保财产的任何价值，如：

（a）通过出卖或其他处分，或通过收款，而实现的价值；

（b）因缺陷、损坏或丧失而取得的损害赔偿金或保险金；

（c）法定孳息和天然孳息①，包括分红；

（d）收益的收益。

（12）"担保权人"，可以是其权利被担保的债权人，也可以是以其本人名义为债权人持有担保物权的第三人，特别是作为受托人。

（13）"担保人"，可以是担保物权所及的债务的债务人，也可以是第三人。

第二章 担保物权的设立和效力范围

第一节 担保物权的设立

第一分节 一般规定

第 9-2：101 条 担保物权的设立方式

动产之上的担保物权可以以下方式设立②：

（a）担保人为担保权人创设担保物权；

---

① 原文为"civil and natural fruits"。civil fruits "come from the objects as a result of enjoying the rights which persons have over that object", and "will be gained based on length of time the owner has these rights and from the time of requesting these rights."与我国法上的"法定孳息"同义。至于"natural fruits"，译为"天然孳息"应无疑义。

② 本卷关于担保物权的设立规定了三种方式，就其用词而言，上位阶的概念用的是"create"或"creation"，应译为设立或成立。而通常设立担保物权的方式是担保人和担保权人达成担保协议，担保权人取得担保物之上的定限物权，担保物的所有权并不发生移转。这种方式即为本条第（a）项所称"grant"，本书为区别起见，将之译为创设。

(b) 担保权人将财产所有权移转给担保人时，保留担保物权；

(c) 担保权人留置标的物。

第 9-2：102 条　设立担保物权的一般要件

在动产之上设立动产担保物权应当符合以下条件：

(a) 该动产存在；

(b) 该动产可以转让；

(c) 被担保的权利存在；

(d) 满足创设担保物权、保留担保物权或留置标的物而设立担保物权的补充条件。

第 9-2：103 条　移转占有和非移转占有的担保物权

依合同而设立担保物权，无须担保权人占有担保财产，但当事人另有约定的除外。

第 9-2：104 条　可转让性、现实存在和特定化的特别规定

(1) 除金钱债权之外的其他债权，只要能转化为金钱债权，无论其是否可以转让，均可设立担保物权。

(2) 任何动产，即使其所有人曾承诺不转让该动产或不在该动产上设定权利负担，均可设立担保物权。这一规则也适用于债权，其是否因合同而生，则非所问，但依第 3-5：109 条（可让与性：专属于债权人的权利）第（1）款的规定，该债权不可转让的除外。

(3) 当事人拟在未来的、非特定化的①或不可转让的财产上设立担保物权的，仅在该财产实际存在、被特定化或可转让的情况下，担保物权才生效。本条第（2）款的适用不受影响。

(4) 本条第（3）款第一句可准用于在附条件的权利之上设立担保物权的情形，包括附条件的将来的、非特定化的或不可转让的权利。担保物权可以在现存的附条件的权利上设立，特别是在受让人依附条件的所有权移转中所享有的权利之上设立。②

---

① 原文为"generic"，意即种类物，本处为使上下文通畅，将其译为"非特定化的"。

② 本款第一句是指附条件的权利之上的担保物权，自该权利不再附条件时，才生效。第二句限制了第一句的适用，例如所有权的移转以买受人支付价款为条件，在支付价款之前，买受人虽然没有取得所有权，但取得了现存的附条件的权利（取得所有权的期待权），这一权利亦可设立担保物权。如所附条件没有成就，亦即买受人没有支付价款，出卖人因此解除合同关系的，买受人的附条件的权利消灭，其上的担保物权也消灭。参见 Christian von Bar and Eric Clive (eds), Principles, Definitions and Model Rules of European Private Law, Volume 6 (Munich: sellier. european law publishers GmbH, 2009), p. 5416.

(5) 本条第（3）款第一句可以准用于担保未来的或附条件的权利的担保物权的设立。

第二分节　担保物权的创设

第 9-2：105 条　创设担保物权的要件

在动产之上创设担保物权，除符合第一分节所规定的条件之外，还应满足以下条件：

(a) 当事人之间将拟担保的财产特定化；

(b) 担保人有权利或权限在该财产上创设担保物权；

(c) 担保权人有权以依物权担保合同而创设的担保物权来对抗担保人；

(d) 担保权人和担保人同意为担保权人创设担保物权。

第 9-2：106 条　通过创设而设立担保物权的时间

在符合第 9-2：110 条（延期设立）规定的情况下，通过创设而设立担保物权的具体时间为前条所规定的各项条件成就之时，但当事人另有约定的除外。

第 9-2：107 条　消费者所创设的担保物权

(1) 消费者作为担保人通过创设而设立的担保物权，只有在以下情形下才有效：

(a) 担保财产必须被个别区分；

(b) 在物权担保合同签订之时消费者尚未取得所有权的财产［本条第（2）款规定的金钱债权除外］，仅能用来担保为购置该财产所发放的贷款的返还。

(2) 消费者所享有的未来的薪酬、退休金或其他同类的收入等金钱债权，在满足消费者个人及其家庭的生活需要的范围内，不得设定担保物权。

第 9-2：108 条　担保物权的善意取得

(1) 即使担保人没有权利或权限处分有形财产，担保权人在以下情况下仍然有权利取得该财产之上的担保物权：

(a) 在担保物权设立之时，该财产或该财产的流通无记名单证[1]由担保人占有，或如果需要登记，该财产在国际或内国所有权登记簿上登记的所有权人为担保人；

---

[1] 原文为 "a negotiable document to bearer on the asset"。

(b) 担保权人不知道和不应当知道，担保人在担保物权设立时，没有权利或权限在该财产上创设担保物权。

(2) 就本条第(1)款(b)项而言，保留所有权交易的标的物已依第三章第三节的规定登记以对抗担保人的，在该财产上取得担保物权的担保权人，被视为知道担保人没有权利或权限在该财产上创设担保物权。

(3) 从所有人或有权占有人处盗窃的财产之上，排除担保物权的善意取得。

第 9-2：109 条　在担保财产之上善意取得担保物权

(1) 有形财产之上已有担保物权或其他定限物权的负担，且担保人没有权利或权限免受定限物权追及地处分该财产的，在以下情况下，担保权人取得担保物权，并免受这些定限物权的约束：

(a) 符合前条第(1)款第(a)项规定的条件；

(b) 担保权人不知道或不应当知道，担保人在担保物权设立之时，没有权利或权限不顾第三人的定限物权而创设担保物权。

(2) 就本条第(1)款第(b)项而言，既存担保物权已依第三章第三节的规定登记以对抗担保人时，在担保财产之上取得担保物权的担保权人，被视为已经知道担保人没有权利或权限不顾既存担保物权而创设担保物权。

(3) 虽然没有符合本条第(1)款规定的条件，但符合前条规定的条件的，担保权人取得担保财产之上的担保物权。该担保物权与在先权利之间的顺位适用一般规定。

第 9-2：110 条　延期设立

根据第 9-2：106 条（通过创设而设立担保物权的时间）的规定本应设立担保物权之时，第 9-2：107（消费者所创设的担保物权）和 9-2：108 条（担保物权的善意取得）规定的条件尚未达到的，上述规定中的条件一旦达到，担保物权即在该财产之上自动生效。

第 9-2：111 条　现金、流通票据和无记名单证之上的担保物权

现金、流通票据或无记名单证之上的担保物权可以不受在先权利的约束而设立，只要这些财产由担保权人直接占有，是否符合第 9-2：105 条（创设担保物权的要件）第(b)项、第 9-2：108 条（担保物权的善意取得）和第 9-2：109 条（在担保财产之上善意取得担保物权）所规定的条件，都不影响其效力。

第 9-2：112 条　物权法的一般规定

第八卷第二章中关于物权法一般事项的规定，准用于本卷。

第三分节　担保物权的保留

第 9-2：113 条　保留担保物权的要件

（1）在动产之上依保留方式而设立担保物权，除应符合第一分节规定的条件之外，还应满足以下条件：

（a）担保权人有权保留依物权担保合同所产生的担保物权以对抗受让人；

（b）担保权人将被保留担保物权的财产的所有权移转给受让人。

（2）前款规定的所有条件成就时，担保物权即依保留方式而设立。

（3）就本卷规则的适用而言，受让人视为担保人。

第四分节　留置权

第 9-2：114 条　留置权

某人依合同约定或法律规定，有权留置财产作为债务履行的担保，以对抗该财产的所有人的，该留置权导致移转占有型担保物权的产生。

第二节　保留所有权交易的成立

第 9-2：201 条　保留所有权交易

（1）在以下情形下，保留所有权交易将依第 9-1：103 条（保留所有权交易：适用范围）第（2）款的规定而成立：

（a）出卖人、供应人或出租人是所提供财产的所有人，或有权处分该财产；

（b）物权担保合同特别指明该财产；

（c）被担保的权利存在；

（d）出卖人、供应人或出租人保留所有权。

（2）转让以债务履行作为停止条件的，也构成本条第（1）款第（d）项所称的保留所有权。

第三节　特定种类财产之上担保物权的设立

第 9-2：301 条　金钱债权之上的担保物权

（1）在金钱债权之上设立担保物权，还受下列特定规则的约束。

（2）本示范规则第三卷第五章，除第 3-5：108 条（可转让性：合同禁止的效力）第（2）和（3）款及第 3-5：121 条（递次受让人之间的权利冲突）之外，均可准用于金钱债权的担保。

（3）担保人对担保权人享有的金钱债权，也可以由担保人为担保权人设立担保物权。

(4) 金钱债权之上担保物权的效力及于担保该金钱债权履行的任何保证债权或担保物权。

第 9-2：302 条　公司股份之上的担保物权
(1) 直接占有可流通的公司股票，视为占有公司股份。

(2) 未满足本条第（1）款所规定的条件的公司股份，不管是否登记，均不受转移占有型担保物权的支配。

(3) 公司股份之上担保物权的效力及于股息、红利股和股东依股份所获得的仅限于股份经济价值的其他财产和类似财产。

第 9-2：303 条　债券之上的担保物权
前条第（1）款和第（2）款的规定同样适用于债券。

第 9-2：304 条　流通物权凭证和流通票据之上的担保物权
(1) 流通物权凭证①的效力及动产的，物权凭证上的担保物权的效力也及于该动产。

(2) 对于流通票据而言，票据上的担保物权的效力也及于票据上所体现的权利。

(3) 占有流通物权凭证或流通票据，视为占有物权凭证上所指称的动产或享有票据上所体现的权利。

第 9-2：305 条　添附物之上的担保物权
(1) 动产或不动产的添附物之上可以设立担保物权。如果不动产规则有特别规定，担保物权的设立还应适用这些特别规则。

(2) 已设立担保物权的动产其后成为动产或不动产的添附物的，担保物权仍继续存在。

第 9-2：306 条　担保财产的收益
(1) 担保物权的效力及于因原担保财产的缺陷、损坏或灭失而产生的给付请求权，包括保险收益。

(2) 移转占有型担保物权的效力及于原担保财产的法定孳息和天然孳息，但当事人另有约定的除外。

(3) 经当事人同意，担保物权的效力也及于原担保财产的其他收益。

第 9-2：307 条　为加工或附合目的而使用担保财产
(1) 担保人已设立担保物权的原材料被加工成新物，经当事人同意，担保物权的效力及于：

(a) 加工物；

---

① 原文为："a negotiable document of title"。

(b) 担保人作为原材料的前所有人根据第 8-5：201 条（加工）的规定因加工所享有的对加工人的给付请求权。

(2) 物的结合已构成第 8-5：203 条（附合）所规定的不可分离或分离在经济上不合理的程度的，前款规定也相应地适用。

(3) 由于原材料的加工或附合，非保留所有权交易持有人的物的前所有人是否依法取得担保物权，以及该担保物权的效力和优先顺位等问题，适用第八卷第五章的规定。这些担保物权通过当事人的合意而设立的，则受第九卷规定的约束，但根据第 8-5：204 条（关于担保物权的补充规定）第（3）款的规定而享有超优先顺位。

(4) 在本条第（1）款第（b）项规定的情形之下，作为原材料上的原担保权人，担保权人的权利的效力及于第（3）款规定的担保物权。

第 9-2：308 条　为加工或附合目的而使用保留所有权交易的标的物

(1) 保留所有权交易的标的物的加工或附合的法律后果，适用第八卷第五章（加工、附合和混合）的规则；动产的所有人视为买受人、分期付款买受人、承租人或受寄售人。

(2) 保留所有权交易中的原材料被加工成新物的，经当事人约定，出卖人、供应人或出租人可以在以下财产上取得担保物权：

(a) 加工物；

(b) 基于本条第（1）款的规定被视为原材料的前所有人的买受人、分期付款买受人、出租人或受寄售人根据第 8-5：201 条（加工）的规定享有的对加工人的给付请求权。

(3) 前款规定相应地适用于动产的附合的情形。

(4) 在本条第（2）款第（b）项所规定的情形之下，出卖人、供应人或出租人的权利的效力及于买受人、分期付款买受人、出租人或受寄售人由于加工或附合所取得的在加工物或结合物之上的担保物权。

第 9-2：309 条　担保财产的混合

(1) 担保财产混合后，将一体物或混合物分离成其原有成分不可能或在经济上不合理，但有可能在经济上合理地将一体物或混合物区分为成比例的数量，则原担保财产上的担保物权继续存在于物之前所有人根据第 8-5：202 条（混合）第（1）款的规定对一体物或混合物享有的权利之上。这一担保物权以混合时各物的价值在一体物或混合物中的相应份额为限。

(2) 依前款规定而混合的物受保留所有权交易约束的，第 8-5：202 条（混合）第（1）款的适用应附以下条件：保留所有权交易持有人的权利继续存在于在混合时各物的价值在一体物或混合物中的相应份额之上。

（3）任何担保权人有权行使担保人的权利，以请求分割等同于该共有人在不可分割的一体物或混合物中所占比例［第8-5：202条（混合）第（2）款］的数量。

（4）担保权人持有的金融财产在基金中混合的，担保人对基金中的相应份额享有相应权利。本条第（1）款可以变通适用于此种情形。

（5）在本条第（1）、（2）和（4）款所规定的情形中，混合物或基金并不足以清偿所有的共有人的，适用第8-2：305条（构成集合物组成部分的动产的转让）第（4）和（5）款的相关规定。

第四节 担保物权的效力范围

第9-2：401条 被担保的权利

（1）担保物权，在其最高限额内（如果有的话），不仅担保主债权，也担保债权人对债务人的从债权，特别是给付以下内容的请求权：

（a）约定的违约利息；

（b）债务人不履行合同所产生的损害赔偿金、罚金或约定赔偿金；

（c）以非司法途径追索上述款项所产生的合理费用。

（2）对担保人和非担保人的债务人提起法律诉讼和执行程序所产生的合理费用的给付请求权，在已在足够的时间内通知担保人，担保权人拟启动相应的程序，以使担保人避免这些费用的情况下，为担保物权的效力之所及。

（3）总括担保仅仅担保因债务人和债权人之间的合同所产生的权利。

第三章 对抗第三人的效力[①]

第一节 一般规则

第9-3：101条 对抗第三人的效力

（1）根据本卷第二章之规定所设立的担保物权不具有对抗以下类型的

[①] 本章原文为："Effectiveness as against third persons"，系借鉴英美法上的"perfection"。［就该词的翻译，参见本书译者所翻译的《美国统一商法典及其正式评述》（第三卷）］本章有些规则也是直接来源于《美国统一商法典》。参见Christian von Bar and Eric Clive (eds), Principles, Definitions and Model Rules of European Private Law, Volume 6 (Munich: sellier. european law publishers GmbH, 2009), p. 5474.

第三人的效力①：

（a）担保财产之上的他物权人，包括有效的担保权人；

（b）已经对担保财产启动执行程序的债权人，以及已依法获得优先保护以对抗其后执行的债权人；

（c）担保人的破产管理人；

但是，符合本章规定的条件，构成例外情形的，除外。

（2）依本章规定取得对抗第三人效力的担保物权，根据本卷规定，无须另外约定，其效力即可及于原担保财产之外的其他财产的，担保物权效力的扩展不受本章规定的约束。②

（3）依善意取得方式取得的担保物权，不管是在保留所有权交易中还是在担保财产之上已存在在先的担保物权，都具有对抗保留所有权交易的持有人或在先担保权人的效力，即使不符合本章规定的条件，亦同。依善意取得方式取得的担保物权对抗其他第三人的效力问题，仍然受本章其他规则的约束。

第 9-3：102 条　取得对抗效力的方法

（1）所有类型财产之上的担保物权，均可根据本章第三节的规定，通过登记担保物权来取得对抗效力。

（2）担保物权也可以根据第二节的规定取得对抗效力：

（a）就有形财产而言，担保权人取得担保财产的占有；

（b）就无形财产而言，担保权人对担保财产实施控制。

第 9-3：103 条　担保物权以多种方法取得对抗效力

（1）已通过登记、占有或控制而取得对抗效力的担保物权，还可以通过其他方法取得对抗效力。对抗效力发生冲突的，所选择的方法中具有更强的效力者优先。

（2）前款规定也适用于不需要满足本章所规定的条件的担保物权通过登记、占有或控制而取得对抗效力的情形。

---

① 已有效设立的担保物权，仅在担保人和担保权人之间有效，同时亦可对抗本条第（1）款规定的第三人之外的人，如一般债权人。也就是说，已经设立但未取得对抗效力的担保物权并不具有完全的物权效力。这是理解本卷制度设计的关键，也是理解英美法尤其是美国法上的动产担保制度的关键。

② 如第 9-2：306 条（担保财产的收益）第（1）款；第 9-2：309 条（担保财产的混合）第（1）、（2）款。参见 Christian von Bar and Eric Clive (eds), Principles, Definitions and Model Rules of European Private Law, Volume 6 (Munich: sellier. european law publishers GmbH, 2009), p. 5476.

第9-3:104条　取得对抗效力方法的变更

取得对抗效力的方法发生变化的,只要前一方法终止时立即满足新方法的条件,则对抗效力不间断地继续存在。

第9-3:105条　不动产的添附物之上的担保物权

土地登记法律有相应规定的,不动产的添附物之上的担保物权也可以在附合之时通过在土地登记簿登记或批注,而取得对抗效力。

第9-3:106条　混合物之上的担保物权

(1) 已取得对抗效力的担保物权所及的有形财产发生混合的,担保物权在依第9-2:309条(担保财产的混合)的规定的混合物相应份额之上继续有效。

(2) 前款规定准用于金融财产混合入基金的情形。

第9-3:107条　所有权担保方式的登记

(1) 所有权担保方式只有通过登记,才能取得对抗效力。

(2) 在交付相关财产之日起三十五日内进行登记的,所有权担保方式自其设立之时起即具有对抗效力。

(3) 在交付相关财产之日起三十五日之后进行登记的,所有权担保方式仅从登记时起才具有对抗效力,且不具有第9-4:102条(超优先顺位)所规定的超优先顺位。

(4) 向消费者发放的贷款由所有权担保方式所担保的,该担保物权无须登记即具有对抗效力。这一例外规定不能适用于收益以及所提供的财产之外的其他财产之上的担保物权。

第9-3:108条　担保财产的进口

担保财产由欧盟之外的国家带入本地区的,只要在三个月内满足本章规定的条件,任何在先的有效担保物权仍将继续有效。

第二节　债权人占有或控制担保财产

第9-3:201条　占有

有形财产之上的担保物权,可以通过担保权人以以下方式取得担保财产的占有而取得对抗效力:

(a) 担保权人或其代理人(非担保人)对担保财产实施直接的物理控制;

(b) 担保财产由第三人(非担保人)持有的,该第三人与担保权人达成协议,仅为担保权人持有担保财产;

(c) 担保财产由担保权人和担保人共同持有,或由第三人为担保权人和担保人持有担保财产的,没有担保权人的明示同意,担保人将无法使用担保财产。

第 9-3：202 条 流通物权凭证和流通票据

（1）占有流通物权凭证或流通票据，即足以维系担保物权对于物权凭证所指称的动产或流通票据所体现的权利的对抗效力。

（2）本条第（1）款所规定的物权凭证所指称的动产，依合理标注了日期的正式信托收据交付给担保人或其他人不超过十日，以供装卸、出售、交换该动产的或以除了设立竞存的担保物权之外的其他方式加以处分的，该动产上的担保物权的效力不受影响。

第 9-3：203 条 有证书的股票和债券

前条第（1）款的规定可准用于可流通的直接持有的公司股票证书以及直接持有的债权证书的占有。

第 9-3：204 条 金融财产的控制

（1）担保权人可以通过对以下财产实施控制，而使担保物权取得对抗效力：

（a）为金融财产在金融机构中开立账户（中介金融财产）；

（b）对于非中介金融工具，在签发人设立或为签发人持有的登记簿，或依内国法构成判断权利存在的决定因素的登记簿上登记。①

（2）具有以下情形之一，即构成担保权人对本条第（1）款第（a）项规定的财产的控制：

（a）经担保人同意，担保权人已向开立账户的金融机构发出指示：未经担保权人同意，不得允许担保人处分账户中的财产；

（b）金融机构为担保权人在特殊账户中持有该财产；

（c）金融机构是担保权人。

（3）前款规定可准用于担保权人对本条第（1）款第（b）项规定的财产的控制。

（4）满足第（2）和（3）款规定的条件，必须通过书面、电子形式或其他耐久媒介的记录所证明。

第三节 登 记

第一分节 担保物权登记程序

第 9-3：301 条 欧洲担保物权登记簿；其他登记或备案系统

（1）本卷要求或允许的任何担保物权或保留所有权交易的登记，均可

---

① 例如，就公司股权登记簿而言，有的是由公司持有，有的是由专门从事公司股权登记的中立机构持有。参见 Christian von Bar and Eric Clive（eds），Principles, Definitions and Model Rules of European Private Law, Volume 6（Munich: sellier. european law publishers GmbH, 2009），p. 5492。

在欧洲担保物权登记簿上进行，但本条第（2）款另有规定的除外。

（2）就特定种类财产的担保物权，已经存在登记系统或权利凭证备案系统的，在这些系统中登记或备案的担保物权的效力，取决于是否遵守了这些系统的强制性规定。至于依成员国内国法而建立起来的系统，则受第9-3：312条（依内国法建立的其他登记或备案系统中与登记事项有关的过渡性规定）的约束。

（3）金融工具之上的担保物权在由金融工具签发人所设立或为其所持有的登记簿，或依内国法构成判断权利存在的决定因素的登记簿上登记，并不构成本节所称的登记。但是，如果满足第9-3：204条（金融财产的控制）第（3）款所规定的条件，则可以构成控制。

第9-3：302条　登记簿的结构和运行

（1）欧洲担保物权登记簿是以个人为编成模式，允许将对特定担保人的相关担保物权登记在一起。

（2）该登记簿以电子方式运行，由用户在网上直接访问。

第9-3：303条　保留所有权交易和担保物权

（1）就欧洲担保物权登记簿而言，保留所有权交易与担保物权之间没有区别。

（2）本节中，任何关于担保物权的规定均涵盖保留所有权交易。

第9-3：304条　确认是登记的前提条件

（1）向网上登记簿提交的任何声明，比如登记申请、修正或涂销登记簿中的登记事项，或同意的声明，都需要声明人予以确认。

（2）"确认"要求：

（a）使用网上登记系统为各个用户所派发的登录信息，该登录信息是用户初次登录登记系统后经验证其身份和联系方式后形成的；

（b）普遍采用的网上安全身份识别系统在欧盟或其他成员国投入运转后，也可以使用这些网上身份识别系统。

第二分节　登记事项

第9-3：305条　担保权人填写的登记事项和预告登记

（1）登记簿中的登记事项均可由担保权人直接填写。

（2）在相关的担保物权设立或物权担保合同签订之前或之后，都可以在登记簿上登记。

第9-3：306条　登记内容的最低要求

（1）登记事项只有在以下情况下才能被记入登记簿：

(a) 它指向特定的担保人；
(b) 它包含关于担保财产的最低声明；
(c) 它从财产类型表中指明担保财产所属的种类；
(d) 经担保人同意；
(e) 附有担保权人的声明，表明他将承担因错误登记而给担保人或第三人所造成损害的责任。

(2) 本条第（1）款第（b）项所称的声明，只需说明担保权人将在担保人的财产之上设立担保物权，或将保留担保财产的所有权以供担保。

第9-3：307条　登记事项的其他内容

登记簿中的登记事项可以包括以下附加内容：
(a) 债权人提供的有关担保财产或担保物权内容的补充信息；
(b) 登记有效期在通常的五年期间之前的，登记有效期；
(c) 担保的最高数额。

第9-3：308条　登记簿上所显示的内容

就每一项登记，登记簿上将出现以下内容，任何用户均可查到：
(a) 担保人的姓名或名称，以及联系方式；
(b) 担保权人的姓名或名称，以及联系方式；
(c) 登记日期；
(d) 第9-3：306条（登记内容的最低要求）第（1）款第（a）、(b)、(c)项规定的最少登记内容；
(e) 第9-3：307条（登记事项的其他内容）第（a）至（c）项规定的其他登记内容。

第9-3：309条　必须经担保人同意

(1) 只有担保人通过向登记簿提交声明同意登记，登记事项才能被记载于登记簿。此种同意可因担保人自由地向登记簿提交终止声明而终止。终止同意不影响在终止声明提交登记簿之前已经登记内容的效力。

(2) 担保人同意登记的声明是依物权担保合同设立担保物权的必要条件的，担保权人可以要求担保人提交同意声明。

(3) 本条不影响担保人与担保权人之间的担保协议的有效性、条件及效力，但同意登记的声明除外。

第9-3：310条　担保人身份、担保财产的描述和登记的效力

(1) 根据本卷的规定，特定担保人的财产之上担保物权的对抗效力或

优先顺位取决于登记的,只有符合以下条件,本分节所规定的登记簿中的登记事项才是充分的:

(a) 登记事项被登记在正确的担保人名下;

(b) 担保人关于担保财产的声明和登记簿上所显示的担保财产涵盖了担保物权所及的财产;

(c) 担保财产实际上属于登记中所指明的某类或某几类财产;

(d) 担保权人的声明使用的是欧盟的官方语言。担保权人可以增加翻译。

(2) 就本条第(1)款第(b)项规定而言:

(a) 只有担保权人在关于担保财产的声明中包括了初始担保财产之外的孳息、加工物、收益和其他财产时,登记才对这些财产有效。

(b) 对担保财产的描述无须特别指明个别财产。

(3) 填写登记事项的担保权人承担如下风险:

(a) 担保财产的描述错误、描述的翻译错误或担保财产类型的指示错误;

(b) 登记事项被登记在错误的人名下。

第9-3:311条 登记事项的修正

(1) 登记之后,担保权人可以修正其填写的任何登记事项。

(2) 只有在以下情形下,登记事项的修正才能记入登记簿:

(a) 该修正指向特定的登记事项;

(b) 该修正包含关于修正内容的声明;

(c) 附有担保权人的声明,表明他将承担因对初始登记的错误修正而给担保人或第三人所造成损害的责任。

(3) 修正后,登记簿将同时保存和显示原始文本及修正文本,以及修正日期。

(4) 登记事项的修正,仅在其不扩大担保权人的权利的情况下才有效。具体而言,修正可以通过以下方式来限缩担保权人的权利:将担保权人的权利顺位劣后于其他债权人;指示担保物权转让给其他债权人;根据担保权人关于担保财产的声明限缩担保财产的范围;设定或提前登记有效期。

(5) 担保权人的权利的扩大,只有规定在新的登记事项中时才有效。

第9-3:312条 依内国法建立的其他登记或备案系统中与登记事项有关的过渡性规定

(1) 根据成员国的内国法,担保物权在另外的登记系统中登记或在另外的权利凭证备案系统中备案的,只要此种系统仍然对于特定种类财产之上的担保物权有效运转,主管该系统的机构应在担保物权登记簿上登记,重申登记或备案的日期,以对抗担保人。在欧洲担保物权登记系统中登记,是本卷规定的登记或备案有效的必要条件。

(2) 就第四章所规定的优先顺位而言,在国内系统中的登记或备案的时间具有决定性作用。

第9-3:313条 登记证书自动传送至担保权人和担保人

在登记事项或登记被修正之后,相关证书将自动地传送至担保权人和担保人。

第9-3:314条 担任担保权人代理人的第三人

(1) 担保权人可以指定第三人作为其代理人,并将其作为其他内容予以登记。登记簿上将只出现代理人的姓名或名称以及联系方式,而不出现担保权人的相关信息。此时,只有符合上述各条规定的条件,以及第三人依第9-3:309条(必须经担保人同意)第(1)、(3)款的变通规定也表示同意的,该登记事项才能记入登记簿。

(2) 担保权人可以依第9-3:309条(必须经担保人同意)第(1)、(3)款的变通规定向登记簿提交声明,授权第三人代表担保权人向登记簿提交声明。

(3) 一旦登记事项中确定第三人担任担保权人的代理人,担保权人即应与第三人对担保权人依本节规定所负债务承担连带责任。

第三分节 担保人的保护

第9-3:315条 担保人的涂销或修正登记请求权

相应的担保物权不存在的,担保人有权向担保权人请求涂销或修正登记事项。

第9-3:316条 登记机构对有争议登记的审查

(1) 担保人在向担保权人主张涂销登记请求权或修正登记请求权时,可以申请登记机构协助。

(2) 一旦收到担保人的申请,登记机构应当询问担保权人是否同意担保人的请求。

(3) 在登记机构根据本条第(2)款的规定询问之后两个月内,担保权人未有反对意见的,登记事项将依担保人的请求予以涂销或修正。

(4) 担保权人在本条第(3)款规定的时限内提出反对意见的,将在担保人请求的范围进行异议登记。

（5）异议登记在以下情形之前一直存续：
(a) 担保人向登记机构发出声明撤回申请；
(b) 担保权人向登记机发出声明同意担保人的请求；
(c) 担保权人涂销了登记事项；
(d) 相关法庭已依担保人的请求作出了终局裁决。

第四分节 访问和查询登记簿

第 9-3：317 条 为查询目的而访问登记簿

为查询目的，任何人均可访问登记簿，但必须支付相应的费用；此类访问无须取得担保人或担保权人的同意。

第 9-3：318 条 查询登记簿

可以查询登记簿中针对个别担保人的登记事项，以及具体描述担保财产的登记事项。

第五分节 登记担保权人提供信息的义务

第 9-3：319 条 提供信息的义务

（1）任何登记的担保权人均有义务回复问询者所提出的关于登记事项所述的担保物权和担保财产的信息的请求，但这些请求应经担保人同意。

（2）请求所使用的语言必须是担保权人的经营场所或公司所在地或居住地所在的欧盟成员国的官方语言，或是英语。

（3）担保权人必须自收到请求及担保人的同意函之日起十四日内予以回复。

（4）担保权人既对问询者也对担保人承担回复依前款规定所提出的信息请求的义务。担保权人对因违反义务而给这两方当事人造成的损失承担责任。

第 9-3：320 条 信息的内容

（1）担保权人必须回复依前条规定提出的信息请求，提供当时在特定财产之上存在担保物权的信息。

（2）信息可以以下方式提供：
(a) 具体地陈述相关的财产是否已为担保权人提供担保；
(b) 转发担保人与担保权人的协议中关于提供或保留担保物权的相关部分。

（3）担保物权已转让的，登记簿上载明的担保权人必须披露受让人的姓名或名称及联系方式。

（4）信息所使用的语言必须是担保权人经营场所或公司所在地或居住地所在的欧盟成员国的官方语言，或是英语。

（5）以下情况无须提供信息：

（a）登记事项符合本条第（4）款的条件，从登记事项上可直接、明显地知悉相关财产不是担保财产；

（b）担保权人在过去的三个月内已经回复了同一请求人关于同一财产的信息请求，且所提供的信息仍未改变。

（6）本条规定不影响担保权人依第9-5：401条（担保权人告知担保物权内容的义务）的规定所应承担的告知有关被担保债务的信息的义务，不影响担保权人对担保人所承担的同等的告知有关被担保债务的信息的义务，也不影响担保权人不履行这些义务的法律后果的承担。

第9-3：321条　担保权人提供正确信息的法律后果

（1）担保权人根据本分节的规定，正确地向问询者告知相关的财产没有设定担保，该担保权人随后在这些财产上设立的担保物权，并不能依初始登记取得优越于问询者的担保物权的优先顺位。这一规则仅仅适用于问询者在提出信息请求后三个月内取得担保物权的情形。

（2）担保权人根据本分节的规定，正确地向问询者告知相关的财产已经设定担保的，问询者在该担保财产上不能取得免受该担保权人的担保物权约束的担保物权，即使问询者符合善意取得的条件，也是如此。

第9-3：322条　担保权人提供错误信息的法律后果

（1）根据本分节的规定，担保权人错误地向问询者告知相关的财产没有设定担保的，即使登记簿上的记载已经显示了该担保权人的权利，问询者仍然可依善意取得的规定在三个月内在该财产上取得免受该担保人的权利的约束的物权。

（2）根据本分节的规定，担保权人错误地向问询者告知相关的财产已经设定担保，且问询者仍然从担保人处取得相关财产之上的担保物权的，准用第9-3：321条（担保权人提供正确信息的法律后果）第（1）款第一句的规定。

第9-3：323条　担保权人未提供信息的法律后果

（1）担保权人没有依第9-3：319条（提供信息的义务）和第9-3：320条（信息的内容）的规定回复信息请求的，或错误地回复了相关财产中的担保物权已经转让的信息的，视为担保权人已经提供了相关财产没有设定担保的信息。此时，可分别准用第9-3：321条（担保权人提供正确信息的法律后果）第（1）款或第 9-3：322 条（担保权人提供错误信息的法律后果）第（1）款的规定。

（2）依第 9-3：319 条（提供信息的义务）和第 9-3：320 条（信息的内容）的规定，担保权人延误回复信息请求，在担保权人回复信息请求之前问询者已设立或取得物权的，适用前款规定。

第 9-3：324 条　请求的形式和提供信息的形式

依本分节所发出的信息请求和回复必须采用文本形式。两者都可以通过登记机构提供的电子通讯方式提交。此时，问询或回复的证明将由登记机构分别传送给问询者或担保权人，以作为另一方收到请求或答复的证据。

第六分节　登记的期间、续期和涂销

第 9-3：325 条　期间

（1）登记事项自载入登记簿五年后或在登记中记载的有效期届满时失效。

（2）一旦登记事项失效，则不再显示在登记簿上，任何用户也不再能直接访问。它将不再具有本节规定的任何法律效力。登记事项的内容被保存在登记机构的档案文件中以备查考。

第 9-3：326 条　续期

（1）除非登记事项中载明了有效期，登记事项可以在正常有效期间届满之前再续期五年。

（2）登记事项的续期依担保权人向登记机构发出续期声明而生效。

第 9-3：327 条　涂销

（1）担保权人可以在任何时间向登记机构发出涂销声明而涂销登记事项。

（2）就前款所规定声明的法律后果而言，准用第 9-3：325 条（期间）第（2）款的规定。

第七分节　担保物权或担保财产的转让

第 9-3：328 条　担保物权的转让：一般规则

（1）即使担保物权被转让，它仍将因初始登记而保持效力。

（2）即使没有依第 9-3：329 条（担保物权的转让：转让声明）的规定作出转让声明，自转让之时起，受让人也像担保权人一样受到本章第五分节的约束。

（3）转让人对因与登记事项有关的行为所造成的任何损失对受让人承担责任；同时，转让人对担保物权转让后、转让声明登记之前或转让人依第9-3：329条（担保物权的转让：转让声明）的规定宣布同意这一声明之前的修正或涂销登记行为所造成的损失也要向受让人承担责任。

第9-3：329条　担保物权的转让：转让声明

（1）担保物权转让后，初始登记依转让声明而修正。

（2）转让声明受第9-3：311条（登记事项的修正）和本条所规定的补充规则的约束。

（3）只有在以下情况下，转让声明才能记入登记簿：

（a）它指向特定的登记事项；

（b）它表明了被转让的担保物权；

（c）它指明了受让人；

（d）附有作出登记修正的人的声明，表明他将承担因错误登记而给担保权人或第三人所造成的损害的责任。

（4）转让声明可以由转让人登记，或经转让人同意后，由受让人登记。

（5）在担保物权转让的基础上和限度内，担保人有权请求转让人作出转让声明，且受让人有权请求转让人根据前款规定作出同意的表示。主张这些权利可参照第9-3：316条（登记机构对有争议的登记的审查）的规定。

（6）一旦登记转让声明，初始登记即作相应修正，且其效力不再及于已被转让的担保物权。

（7）一旦登记转让声明，对担保人的新登记事项将会自动生成，新登记事项将重申初始登记的内容，并表明该担保物权已转让给受让人。

（8）就新登记而言，受让人即取得本节中所称之担保人的地位，就被转让的担保物权而言，新登记维持由初始登记所确立的优先顺位。

第9-3：330条　担保财产的转让：一般规则

（1）无须在登记簿上进行新的登记，担保财产的所有权即可移转，但仍应受既存担保物权的约束。

（2）因登记簿上的初始登记所确立的担保财产之上担保物权的对抗效力和优先顺位的持续，适用第9-5：303条（担保财产的转让）的规定。

（3）在本节中，自转让之时起，受让人即取得被转让财产之上担保物权的担保人地位。

（4）买受人、分期付款买受人、出租人或受寄售人对所提供的财产或与所提供的财产有关的权利被转让，且受既存保留所有权交易的约束的，可以准用前款规定。

第 9-3：331 条　担保财产的转让：转让声明

（1）取得受既存担保物权约束的担保财产的所有权的受让人，有义务在登记簿中记载转让事项，但担保权人已登记了该转让声明的除外。

（2）受让人对因违反前款规定的义务而给持有被转让财产的担保物权之担保权人所造成的损失承担责任。

（3）在以下情况下，转让声明可以由受让人或担保权人记入登记簿：
（a）它表明了特定的担保人是受让人；
（b）它指明作为转让人的特定担保人的身份；
（c）它最低限度地描述了被转让的财产；
（d）它指明了被转让财产所属的某一或某些财产种类；
（e）附有作出转让声明的人的声明，表明他将承担因错误登记而给受让人、担保权人或第三人所造成的损害的责任。

（4）买受人、分期付款买受人、出租人或受寄售人对所提供的财产或与所提供的财产有关的权利被转让，且受既存保留所有权交易的约束的，可以准用前款规定。

第八分节　费　用

第 9-3：332 条　费用分担

（1）在当事人之间：
（a）每一方均分担网上安全身份识别系统的注册费用或准入费用；
（b）担保人必须承担其他由担保权人支出的与登记有关的合理费用。

（2）问询和回复问询的费用由问询者承担。

第九分节　登记簿建立前已设立的担保物权

第 9-3：333 条　登记簿建立之前已设立的担保物权

（1）欧盟担保物权登记簿启用之前已生效的担保物权，无须依本节规定而登记，即可保持其效力。

（2）根据成员国的内国法，担保物权已在权利凭证登记或备案系统登记或备案的，一旦本登记簿得以建立，原主管该登记系统的机构应在欧洲担保物权登记簿上登记，重申登记或备案的内容，包括登记或备案的日期，以对抗担保人。

第四章 优先顺位

第9-4：101条 优先顺位：一般规则

（1）同一财产之上，数个担保物权之间及担保物权与其他定限物权之间的优先顺位由相关时间之先后而确定，但另有例外规定的除外。

（2）"相关时间"，是指：

（a）就担保物权而言，如果登记了，是依本卷第三章第三节的登记时间，或是担保物权依本卷第三章其他规则的规定而取得对抗效力的时间，以两者间较早者为准；

（b）就其他定限物权而言，是设立时间。

（3）已取得对抗效力的担保物权优先于未取得对抗效力的担保物权，即使后者设立的时间在先。

（4）两个或更多未取得对抗效力的担保物权之间依其设立时间确定其优先顺位。

（5）保留所有权交易的标的物之上依善意取得规则取得的担保物权，或同一财产上不顾在先权利负担而依善意取得规则取得的担保物权，优先于保留所有权交易或在先的担保物权，但第9-4：108条（优先顺位的改变）另有规定的除外。

第9-4：102条 超优先顺位

（1）根据本卷第三章的规定，具有对抗第三人效力的所有权担保方式，优先于担保人所设立的任何担保物权或其他定限物权。

（2）依第9-3：204条（金融财产的控制）所规定的控制，或依占有而取得对抗效力的金融财产之上的担保物权，优先于同一财产之上其他任何担保物权或定限物权。如果已为不同的担保权人取得了控制，则适用第9-4：101条（优先顺位：一般规则）第（1）款和第（2）款第（a）项的规定。

（3）依第9-2：114条（留置权）的规定，基于留置标的物所产生的担保物权优先于该财产之上的其他任何权利。

（4）上述规定受第9-4：101条（优先顺位：一般规则）第（5）款和第9-4：108条（优先顺位的改变）的约束。

第9-4：103条 优先顺位的持续

（1）担保财产发生以下变化时，原优先顺位不受影响：

（a）担保财产成为动产的添附物；

（b）担保财产被用于加工成新物，或与其他财产相混合或附合，只要担保物权的效力及于担保人对加工、混合而形成的财产所享有的权利。

（2）动产成为不动产的添附物的，除调整不动产的法律另有规定外，也适用本条第（1）款第（a）项的规定。

第 9-4：104 条　孳息和收益：一般规则

（1）以下类型财产的孳息和收益之上的担保物权，维持初始担保财产之上的担保物权的优先顺位：

（a）与初始担保财产同类的孳息和收益；

（b）因初始担保财产的缺陷、损坏或灭失而产生的给付请求权，包括保险收益；

（c）初始担保财产的担保物权登记中已经涵盖的孳息和收益。

（2）在未为第（1）款所规定的情形下，孳息和收益之上担保物权的优先顺位，依第 9-4：101 条（优先顺位：一般规则）和第 9-4：102 条（超优先顺位）的一般规则予以确定。

第 9-4：105 条　孳息和收益：例外规定

（1）所有权担保方式的标的物或第 8-5：204 条（关于担保物权的补充规定）第（3）款所规定的财产的孳息和收益之上的担保物权，不具有初始担保财产之上担保物权的超优先顺位。

（2）前款规定不影响以下财产之上担保物权的超优先顺位：

（a）因初始担保财产的缺陷、损坏或灭失而取得的给付请求权，包括保险收益；

（b）初始担保财产的变价收益。

第 9-4：106 条　进口担保财产之上担保物权的优先顺位

担保财产从欧盟成员国之外带入本地区的，被带入欧盟之前已生效的担保物权只要符合第 9-3：108 条（担保财产的进口）规定的条件，其优先顺位即予以保留。

第 9-4：107 条　执行债权人的优先顺位

就优先顺位的确立而言，只要根据执行地的程序规则，对这些财产的执行程序的所有前提条件都已经满足，执行债权人自对特定财产开始执行之时起，即被视为取得有效的担保物权。

第 9-4：108 条　优先顺位的改变

（1）同一财产的担保物权与其他担保物权以及其他定限物权之间的优先顺位，可以依其权利因优先顺位的改变而受影响的所有权利人之间的文本形式的协议而改变。

（2）取得因优先顺位的改变而受到不利影响的担保物权或定限物权的第三人，只有在欧盟担保物权登记簿上的担保物权登记已作相应地修正的情况下，或在转让时第三人知道或应当知道优先顺位的改变时，才受到约束。

第五章 违约前的规则

第一节 一般原则

第 9-5：101 条 一般原则

（1）担保人和担保权人可以自由决定与担保财产有关的相互关系，但本示范规则另有规定的除外。

（2）违约前所达成的，担保权人取得担保财产所有权的协议，或有类似效果的协议，均为无效，但另有明确规定的除外。本款不适用于保留所有权交易。

第二节 担保财产

第 9-5：201 条 担保财产的保管和保险

（1）占有担保财产的当事人有义务将这些财产与其他人的财产区别开来保管，且必须善尽合理的注意义务，以保存和维护这些财产。

（2）其他当事人有权在任何合理的时间检查这些担保财产。

（3）担保人有义务像一个审慎的所有人在财产处于相同情形时通常会投保的那样为担保财产投保，以抵御相关风险。应担保权人的要求，担保人必须提供承保范围的证明。没有或仅有不充足的承保范围或没有此类证明的，担保权人有权办理充足的保险，且将相关费用加入担保债权的范围内。

第一分节 担保人的权利和义务[①]

第 9-5：202 条 一般权利

担保人有权占有担保财产时，担保人才有权以合理的方式使用这些担

[①] 本节主要适用于非移转占有型担保物权。参见 Christian von Bar and Eric Clive (eds), Principles, Definitions and Model Rules of European Private Law, Volume 6 (Munich: sellier. european law publishers GmbH, 2009), p. 5579.

保财产。

第 9-5：203 条　已担保的工业原料的使用

占有已设定担保的工业原料（比如原材料或半成品）的担保人，可以加工这些原料，但当事人明文禁止的除外。

第 9-5：204 条　销售者和制造者处分担保财产

(1) 在正常的经营活动中，作为销售者或制造者的担保人，可以处分其占有的以下类型的担保财产，并免予担保物权的约束：

(a) 标明出售或出租的财产，以及工业原料（存货）；

(b) 工业原料的加工物。

(2) 销售者或制造者不得处分已设定担保的设备，但担保权人有明确授权的除外。

第 9-5：205 条　未经授权的使用或处分

(1) 占有担保财产的担保人对担保权人负有不得违反本分节前条的限制性规定使用或处分该担保财产的义务。

(2) 除了对因不履行本条第（1）款规定的义务所造成的损失承担责任之外，违反这些限制性规定的担保人，还应当向担保权人说明因使用所取得的价值，并返还因处分所得的收益，但以担保债权未受清偿的数额为限。

第二分节　担保权人的权利和义务

第 9-5：206 条　限定的使用权

占有或控制担保财产的担保权人无权使用担保财产，但仅为保管和保护财产所必需的正当使用除外。

第 9-5：207 条　有权处分金融财产的银行

(1) 经明确同意，作为担保权人持有金融财产的银行或其他金融机构，有权使用、占用和处分这些担保财产。

(2) 担保物权一旦实现，担保权人仅负有向担保人移转同种类、同性质和同价值的金融财产的义务。

第 9-5：208 条　以法定孳息抵偿债务

担保物权的效力及于初始担保财产的法定孳息的，担保权人有权收取并以之充抵担保债权。即使担保债权未届清偿期，也不例外。

第三节　当事人变更

第 9-5：301 条　担保债权的转让

(1) 担保债权转让给其他债权人的，担保物权也随之转让给该债权人。

（2）转让人必须告知受让人担保被转让权利实现的任何担保物权。

（3）担保物权可以通过以下方式取得对抗第三人的效力：

（a）依第9-3：328条（担保物权的转让：一般规则）第（1）款所规定的初始登记；

（b）受让人取得担保财产的占有或控制；

（c）转让人同意为受让人占有或控制；

（d）没有满足第三章规定的要求担保物权也有效的。①

（4）担保物权仍然有效的，其优先顺位不受转让的影响。

第9-5：302条　担保债权的部分转让

由于部分转让担保债权，或将整个担保债权转让给不同的受让人，每人仅取得其中一部分，导致担保债权被分成几个部分的，则：

（a）每部分担保债权的持有人按其担保债权占整个担保债权的比例，享有部分担保物权；

（b）每部分担保债权的持有人的担保物权的对抗效力将分别确定；担保财产的占有或控制也可以由部分担保债权人代表其他人实施。

第9-5：303条　担保财产的转让

（1）担保财产的所有权移转给其他人的，担保财产之上担保物权的存在和对抗第三人的效力均不受影响。自移转时起，受让人视为担保人。

（2）转让人经授权处分担保财产并免受担保物权的约束的，或受让人基于善意取得该财产并免受担保物权的约束的，不适用前款规定。

（3）在担保财产的所有权移转之前，已在新所有人的未来财产之上为另一担保权人所设立的担保物权，不具有优先于在转让时被转让财产之上担保物权的顺位。

（4）买受人、分期付款买受人、出租人或受寄售人在受既存保留所有权交易的标的物之上的或与该标的物有关的权利的转让，准用本条上述规定。

---

① 主要包括：第9-3：301条（欧洲担保物权登记簿；其他登记或备案系统）第（2）款规定的某些担保物权；第9-3：107条（所有权担保方式的登记）第（4）款规定的消费者财产之上的所有权担保方式；第9-3：333条（登记簿建立之前已设立的担保物权）规定的欧洲担保物权登记簿建立之前的法定和约定担保物权。

第四节 担保权人告知担保物权内容的义务

第 9-5：401 条 担保权人告知担保物权内容的义务

（1）担保人有权要求担保权人提供，担保权人有义务应担保人的请求提供，与担保债务数额有关的信息。担保人还可以要求将该信息提供给第三人。

（2）担保人不是担保债务的债务人的，担保人依前款规定所享有的权利则取决于债务人的同意。①

第六章 消 灭

第 9-6：101 条 担保物权消灭的情形

（1）以下情形出现时，担保物权消灭：

（a）担保权人和担保人同意消灭；

（b）担保权人放弃担保物权。担保人回复对担保财产的占有的，推定担保权人放弃担保物权；

（c）担保财产灭失；

（d）担保权人取得担保财产的所有权；

（e）第三人取得担保财产的所有权，并免受该担保物权的约束；

（f）其他规定中规定或隐含的消灭情形，例如担保债权的债务人和债权人因继承或混同等变成同一人。

（2）担保债权完全消灭的，担保物权也消灭，尤其是在担保权人已获足额清偿的情形，但担保物权连同担保债权已移转给另外的人，该受让人向原担保权人所作的清偿除外。

（3）保留所有权交易的消灭准用本条第（1）款第（a）项至第（c）项、第（e）、（f）项和第（2）款的规定。买受人、分期付款买受人、出租人或受寄售人依买卖合同、分期付款买卖合同、融资租赁合同或寄售合同所取得的，对所提供的财产的权利或与该财产有关的权利不再存在的，

---

① 原文为"the security provider's right under the preceding Article"，直译为"担保人依前条规定所享有的权利"。疑有误，此处应为"前款"。完整版中已经对本款做了修正。参见 Christian von Bar and Eric Clive（eds），Principles, Definitions and Model Rules of European Private Law, Volume 6 (Munich: sellier. european law publishers GmbH, 2009), p. 5597。

保留所有权交易也消灭。

第9-6:102条　因所有权的善意取得而导致担保物权的丧失

(1) 第三人善意取得担保财产的所有权并免受担保物权的约束，是否导致担保物权的丧失，适用第8-3:102条（善意取得所有权并免受定限物权的约束）的规定。

(2) 就第8-3:102条（善意取得所有权并免受定限物权的约束）第(1)款第(d)项第一句而言，担保物权已依本卷第三章第三节的规定登记的，即视为受让人知道转让人没有权利或权限转让免受担保物权约束的所有权，但以下情形除外：

(a) 转让人是在从事正常的经营活动中实施交易行为；

(b) 登记簿显示的担保人并非转让人。

(3) 第三人善意取得被提供财产的所有权是否导致保留所有权交易的丧失，由第8-3:101条（通过没有权利或权限转让所有权的人的善意取得）第(2)款的规定决定。本条第(2)款可予以准用。

第9-6:103条　担保债权的消灭时效

即使担保债权已过消灭时效，且担保债权的债务人向债权人提出消灭时效抗辩后两年内，担保物权仍可强制执行。

第9-6:104条　消灭的法律后果

(1) 担保物权的全部或部分消灭，是指相关财产的权利负担相应地消灭。

(2) 担保物权消灭时，担保权人不再有权占有或控制担保财产，以对抗所有人。欧盟担保物权登记簿的登记涂销请求权，适用第9-3:315条（担保人的涂销或修正登记请求权）的规定。

(3) 担保权人必须告知持有担保财产的第三人有关担保物权消灭的信息，第三人是为担保权人持有该财产的，担保权人必须征求担保人的指示。

(4) 给付请求权设定了担保，且已向第三人（给付请求权的债务人）通知了担保事项的，担保权人必须通知该债务人担保物权消灭的信息。

(5) 保留所有权交易消灭时，出卖人、供应人或出租人对所提供的财产的所有权不再受本卷规定的约束。买受人、分期付款买受人、承租人或受寄售人取得所提供的财产的所有权或其使用所提供的财产的权利，由当事人的协议调整。欧盟担保物权登记簿的登记涂销请求权，适用本条第(2)款第二句的规定。

第9-6:105条　担保权人清算收益的义务

担保物权一旦消灭，担保权人即有义务清算担保财产的收益，并且将其移交给担保人。不管其是否收到、使用或消费这些收益，担保权人均应清算。

第9-6：106条　物上保证人①的追偿权

（1）担保人不是担保债权的主债务人（物上保证人），且其清偿了未受清偿的担保债务的，准用第4.7-2：113条（保证人履行之后的权利）、第4.7-1：106条（多数担保人：内部追偿权）及第4.7-1：107条（多数担保人：对债务人的追偿权）的规定。

（2）物上保证人对债务人的地位与提供从属保证的人相同。

第七章　违约和担保物权的实现②

第一节　一般规则

第9-7：101条　违约后担保权人的权利

（1）违约事件发生后，只要符合当事人约定的其他条件，担保权人即可以行使本章规定的权利。

（2）涉及第9-3：101条（对抗第三人的效力）第（1）款所列举的第三人，且符合该条规定条件的，只有在担保物权依本卷第三章的规定具有对抗效力时，担保权人才能行使本章规定的权利。不涉及此类第三人的，只要担保物权已经有效设立就够了。优先顺位的规则不受影响。

第9-7：102条　强制性规定

就实现担保物权的担保权人和担保人之间，本章的规则是强制性的，但另有相反规定的除外。

第9-7：103条　实现担保物权的司法途径和非司法途径③

（1）除非另有约定，担保权人可以以非司法途径实现担保物权。

---

① 原文为："third party security provider"，意即提供物上担保的第三人。
② 原文为："Default and enforcement"。其中，"enforcement"在本示范规则中至少有两种含义：一是强制履行（或强制执行）；二是实现（担保物权）。本卷中，"enforcement"的方式既包括了实现担保物权的司法途径（judicial enforcement），又包括了实现担保物权的非司法途径（extra-judicial enforcement）。
③ 实现担保物权的司法途径，是指担保权人申请法院或其他相关机关采取措施实现担保物权；实现担保物权的非司法途径，是指由担保权人自己采取措施实现担保物权。参见Christian von Bar and Eric Clive (eds), Principles, Definitions and Model Rules of European Private Law, Volume 6 (Munich: sellier. european law publishers GmbH, 2009), p. 5618。

(2) 消费者财产之上的担保物权只能由法院或其他主管机关实现，但在违约之后，消费者担保人同意以非司法途径实现担保物权的除外。

(3) 就保留所有权交易而言，当事人不得约定排除实现担保物权的非司法途径，本条第（2）款不予适用。

(4) 担保权人应以商业上合理的方式实现担保物权，并且尽可能取得担保人的合作；在涉及第三人的情况下，还要尽可能取得第三人的合作。

第 9-7：104 条　寻求法庭救济的权利和损害赔偿请求权

其权利受到实现担保物权的措施侵犯或对合法的实现措施享有抗辩权的当事人或第三人，可以：

(a) 请求管辖法庭或其他机关迅速作出裁决，指令当事人依本章规定采取实现措施；

(b) 请求有责任的当事人赔偿损失。

第 9-7：105 条　流质契约

(1) 违约前所达成的，在违约后由担保权人取得担保财产所有权的协议，或有类似效果的协议，均属无效。

(2) 本条第（1）款的规定不适用于以下情形：

(a) 担保财产是在公认的市场上以公开的价格进行交易的可替代物；

(b) 当事人事先约定了便于确定合理市场价格的其他方法。

(3) 本条第（2）款第（b）项规定对于消费者担保人不适用。

(4) 允许以物抵债的，担保权人也仅有权在以物抵债时公认的或同意的市场价格的范围内，取得担保财产的所有权。担保人有权要求返还超过担保债务的剩余部分。债务人对不足部分仍应承担清偿责任。

(5) 本条不适用于保留所有权交易。

第 9-7：106 条　担保人的赎回权

(1) 即使在违约后，只要清偿了担保债务的未受清偿部分，担保人即可以请求担保权人终止行使本章规定的权利，并返还担保财产的占有。

(2) 在以下情况下，本条第（1）款所规定的担保人的权利不再行使：

(a) 在第二节规定的实现担保物权的过程中，担保财产已被以物抵债或变卖，或担保权人已与第三人达成了具有拘束力的变卖财产的合同。

(b) 在依第三节规定行使权利的情形，保留所有权交易的持有人已经终止了由买卖合同、分期付款买卖合同、融资租赁合同和寄售合同所发生的关系。

第 9-7：107 条　对消费者实现担保物权的通知

(1) 担保权人至少应在开始实现担保物权之前十日内，以文本形式通知消费者担保人，并且，如担保人不是债务人且债务人也是消费者，还需通知债务人。只有在以上情形下，担保权人才可以依本章规定对消费者担保人行使其权利。

(2) 实现担保物权的通知必须：

(a) 明确指明担保物权所担保的债务，并列明通知发送日之前的未受清偿额；

(b) 说明当事人约定的实现担保物权的其他条件已经满足；

(c) 说明担保权人拟实现担保物权，并指明担保权人拟实现担保物权所针对的担保财产；

(d) 由担保权人签字或代表担保权人签字。

(3) 通知所使用的语言必须是消费者居住地的官方语言。

第 9-7：108 条　多数担保人的连带责任

(1) 数个担保物权担保同一债务或某一债务中的相同部分的，担保权人可以选择行使任一、数个或所有担保物权以满足其债权。相应地适用第 4.7-1：105 条（多数保证人：对债权人的连带责任）的规定。

(2) 除一个或多个担保物权之外，还有一人或多人提供了保证的，准用本条第（1）款的规定。

第 9-7：109 条　物上保证人的追偿权

担保债务已通过对担保人的财产实现担保物权得以清偿的，数个物上保证人之间或物上保证人与保证人之间的追偿权，以及担保人对债务人的追偿权，准用第 4.7-2：113 条（保证人履行之后的权利）、第 4.7-1：106 条（多数保证人：内部追偿权）及第 4.7-1：107 条（多数保证人：对债务人的追偿权）的规定。

第二节　担保物权的实现

第一分节　非司法途径：变现前的规则

第 9-7：201 条　担保权人占有有形财产的权利

(1) 担保权人没有权利占有有形担保财产，但以下情形除外：

(a) 担保权人行使这一权利时担保人同意；

(b) 担保人已依协议规定同意担保权人取得占有，且在担保权人行使这一权利时，担保人或实际持有人均未反对。

(2) 在对消费者实现担保物权时，实现担保物权的通知送达十日后，才能依本条第（1）款的规定取得占有。

（3）除非另有规定，本条第（1）款规定的取得占有的同意或协议，包括为取得占有而进入担保人或其他持有人的住所或场所的权利。

第9-7：202条　债权人固定和保存担保财产的权利

（1）担保权人有权采取必要的措施固定担保财产，以阻止未经授权使用或处分担保财产，且从物理上保护此财产。此时，准用前条第（1）款至第（3）款的规定。

（2）担保权人有权：

(a) 采取合理的措施保存、维护担保财产或为其投保，并且可以为此向担保人请求偿还；

(b) 为保存担保财产的价值而将担保财产出租给第三人；

(c) 采取担保人同意的任何其他保护性措施。

第9-7：203条　法庭或其他机关的介入

（1）占有财产的担保人或第三人拒绝交付或拒绝担保权人接触的，担保权人可以向管辖法庭或其他机关申请裁定，以取得担保财产的占有或有权接触担保财产。

（2）一旦收到当事人的申请，法庭或其他机关可以裁定采取前条所规定的任何保护性措施。

第9-7：204条　给付请求权的担保

（1）担保财产是担保人对第三债务人①所享有的给付请求权的，只有同时符合以下条件的，担保权人才能行使本章规定的权利：

(a) 担保权人向第三债务人送达以下通知：

(i) 担保人是消费者的，一份符合第9-7：107条（对消费者实现担保物权的通知）所有条件的实现担保物权的通知的复印件；

(ii) 其他情形的，一份符合该条第（2）款第（a）和（d）项规定所有条件的实现担保物权的通知；

(b) 担保权人尽可能精确地告知第三债务人，担保人对第三债务人的给付请求权的性质、数额和到期日等信息。

（2）第三债务人必须告知正在实现担保物权的担保权人，其所知的其他担保权人的竞存权利的数额和到期日。

第9-7：205条　流通票据

（1）第9-7：201条（担保权人占有有形财产的权利）、第9-7：202

---

① 原文为"the third party debtor"，是指给付请求权的债务人，为与担保债务（主债务）的债务人（debtor）相区别，将前者译为"第三债务人"，将后者译为"债务人"。

条（债权人固定和保存担保财产的权利）和第 9-7：203 条（法庭或其他机关的介入）的规定，也适用于流通票据的取得占有。

（2）第 9-7：204 条（给付请求权的担保）的规定不适用于流通票据。

第 9-7：206 条 流通物权凭证
前条规定也适用于流通物权凭证的取得占有。

第二分节 非司法途径：担保财产的变现

第 9-7：207 条 变现的一般规则
（1）担保权人有权通过以下方式之一将担保财产变现，并以其收益清偿担保债权：
（a）依第 9-7：211 条（通过强制拍卖、任意拍卖或私下交易而变卖）的规定变卖担保财产，但当事人另有约定的除外；
（b）向第三人出租担保财产并且收取孳息；
（c）依第 9-7：216 条（担保权人以担保财产抵偿债务）的规定取得担保财产的所有权；
（d）依第 9-7：214 条（给付请求权或流通票据之上担保物权的变现）的规定，采取给付请求权和流通票据的变现方法（收款、变卖或以物抵债）。

（2）依第 9-7：107 条（对消费者实现担保物权的通知）的规定应当发出实现担保物权的通知的，只有在该通知发送十日后，才适用本条第（1）款的规定。

（3）担保权人可以聘任私人代理人或向管辖法庭执行官员申请，采取所有或部分措施，以变现担保财产。

第 9-7：208 条 以非司法途径处分担保财产的通知
（1）担保权人只有在通知了其处分意图后，才能行使其处分担保财产的权利。

（2）担保财产容易腐烂的，或价值有快速减少之虞的，或是可快速在公认的市场上以公开的价格进行交易的可替代物的，不适用本条第（1）款的规定。

第 9-7：209 条 通知的收件人
前条所规定的通知，必须发至：
（a）担保人、债务人（如果不是担保人）以及担保权人所知道的对担保义务承担责任的其他人；

(b) 对担保财产享有权利的下列人员：

(i) 其他已经登记了担保物权的担保权人；

(ii) 开始实现担保物权时占有或控制担保财产的人；

(iii) 担保权人实际知道的对担保财产享有权利的其他人。

第 9-7：210 条　通知的时间和内容

(1) 第 9-7：208 条（以非司法途径处分担保财产的通知）所规定的通知必须适时地发出。至少在处分前十日送达收件人的，视为适时地发出通知。

(2) 该处分通知必须指明：

(a) 拟处分担保财产的时间和地点；

(b) 拟处分的担保财产的合理描述；

(c) 处分担保财产的最低价格以及支付条款；

(d) 担保人、债务人和其他利害关系人通过偿付担保债务的未受清偿部分而避免担保财产的处分的权利。

(3) 该处分通知必须使用能够预期通知到其收件人的语言。

第 9-7：211 条　通过强制拍卖、任意拍卖①或私下交易而变卖

(1) 以变卖的方式变现所有或部分担保财产，可以采取官方监督的拍卖（强制拍卖）或邀请公众参加的拍卖（任意拍卖）的方式。

(2) 以变卖的方式变现所有或部分担保财产，可以采取私下交易的方式，不过，此种方式应经当事人同意，或担保财产有公开的市场价格。

(3) 依上述规定而变卖担保财产的具体细节，可由担保权人决定。

(4) 该转让受既存在先权利的约束的，应买受人的要求，担保权人必须向买受人披露相关细节。

(5) 担保权人在强制拍卖或任意拍卖的变卖过程中取得担保财产的，担保人可以在拍卖后十日内撤销交易。

(6) 担保财产的所有人作为买受人参加了根据本条规定的担保财产的变现活动的，该变现即视为同意解除担保财产之上的担保负担。

---

① 原文为："public or private auction"，直译为"公开拍卖或私下拍卖"，拍卖都是公开的，为避免歧义，本书将其译为"强制拍卖或任意拍卖"。但在中文中，强制拍卖是指国家机关依照法律的规定，对被查封扣押的财产实行公开竞价、把物品卖给出价最高的竞买人、以清偿债务为目的的一种强制执行行为。而本处的"public auction"是指由官方监督的拍卖，其本意仍为一种实现担保物权的非司法途径，只不过是依第 9-7：207 条第（3）款的规定在担保财产变现过程中寻求了官方的协助而已，与强制拍卖还是有一定区别。

第 9-7：212 条　商业上合理的价格

（1）担保权人必须以商业上合理的价格变现担保财产。

（2）有担保权人可以进入的公开市场，按当时的市价出售，并已适当考虑到担保财产的特征的，该价格在商业上是合理的。

（3）前款规定无法适用时，担保权人如已采取在具体情况下可能采取的措施，则价格在商业上是合理的。

（4）变卖采取私下交易方式的，担保人可请求担保权人告知其预定的价格或价格范围。担保人能够证明此价格范围明显低于强制拍卖或任意拍卖可能合理达到的价格的，担保人即可请求担保权人准备任意拍卖或强制拍卖。除前条第（5）款另有规定之外，通过此种方式形成的价格对当事人均具拘束力。

第 9-7：213 条　以变卖方式变现后买受人对财产的权利

（1）买受人取得被变卖财产的权利，并不受以下权利的约束：

（a）担保人的权利；

（b）正在实现担保物权的担保权人的权利；

（c）顺位在后的担保权人的权利，无论是担保权人还是保留所有权交易的持有人；

（d）顺位劣后于正在实现的担保物权的其他定限物权的持有人的权利。

（2）除非正在实现担保物权的担保权人经授权处分免受担保物权约束的担保财产，或买受人依第 9-6：102 条（因所有权的善意取得而导致担保物权的丧失）的规定善意取得担保财产，变卖的财产之上的以下权利在转让后仍然存在：

（a）顺位在先的担保权人的权利，无论是担保物权还是保留所有权交易的持有人；

（b）其他顺位在先的定限物权。

（3）未遵守本章规定的通知要求，或违反了本章规定的拍卖或私下交易的程序性规定，都不影响买受人的地位。

（4）担保权人或担保人作为买受人参加了通过变卖方式的变现活动的，准用本条上述规定中关于变卖后果的规定。

第 9-7：214 条　给付请求权或流通票据之上担保物权的变现

（1）担保财产是给付请求权或流通票据的，担保权人可就未受清偿的债务向第三债务人收款，或变卖和转让给付请求权或流通票据，或直接以之抵偿债务。

(2) 作为担保财产的给付请求权或流通票据之上还有其他顺位在先的担保物权的，担保权人无权向顺位在先的担保权人主张给付请求权和流通票据。

(3) 除流通票据的债务人外，第三债务人可以拒绝偿付，除非担保权人送达了一式两份的写明具体数额的通知，并附有足够证据。

(4) 担保权人也可以收款或以其他方式，实现依第9-2：301条（金钱债权之上的担保物权）第（4）款的规定，作为给付请求权之上的担保物权效力所及的保证债权和担保物权。

第9-7：215条　收益的分配

(1) 依前述规定，以非司法途径变现担保财产所取得的收益，由担保权人根据以下顺序进行分配。

(2) 第一，已经实现担保物权的担保权人，可以以该收益清偿担保债权，以及因实现担保物权所发生的费用。

(3) 第二，扣除本条第（2）款规定款项之后，收益仍有剩余的，顺位劣后于正在实现的担保物权的担保权人，在其担保物权所担保的债务数额范围内受偿。存在数个顺位劣后的担保权人的，剩余收益将按这些权利之间的优先顺位予以分配。前段规定可准用于其顺位劣后于正在实现担保物权的担保权人的其他定限物权的持有人；这些定限物权的价值，而非担保债务，起着决定性作用。

(4) 第三，按照本条第（2）、(3) 款的规定扣除后的剩余收益必须返还担保人。

(5) 担保权人的受偿额不得超过约定的或登记的该担保权人的担保物权的最高数额。这一限制不适用于因实现担保物权而产生的合理费用。

第9-7：216条　担保权人以担保财产抵偿债务

在以下条件下，担保权人可以以担保财产全部或部分抵偿担保债权：

(a) 担保权人必须事先通知其欲以担保财产全部或部分抵偿担保债权的意图，具体说明相关细节；

(b) 该动议必须发送至第9-7：209条（通知的收件人）所规定的人；

(c) 必须符合第9-7：210条（通知的时间和内容）第（1）款，第（2）款第（b）、(d) 项，第（3）款及第9-7：212条（商业上合理的价格）第（1）款所规定的条件（参照适用）；

(d) 该动议必须指明在动议发送前营业日结束时未受清偿的担保数

额，以及意欲以担保财产抵偿的债务的数额；

(e) 每个收件人在收到该动议十日之内都没有以书面形式反对该动议。

第三分节 以司法途径实现担保物权

第9-7：217条 法律适用

(1) 以司法途径实现担保物权，将依担保权人请求执行的法庭或其他主管机关所在地的成员国的程序规则进行。

(2) 担保权人可以请求法庭或其他主管机关行使前述各分节所规定的任何权利。根据前述各分节的规定，无论这些权利是否依赖于当事人协议或同意，或是否被当事人的协议或约定所排除，也无论是否存在担保人或其他人的反对意见，这些权利可由法庭或其他主管机关行使。

第三节 保留所有权交易的特殊规则

第9-7：301条 保留所有权交易的违约后果

(1) 保留所有权交易的持有人，可以通过依第三卷第三章第五节的规定终止买卖合同、分期付款买卖合同、融资租赁合同或寄售合同中的合同关系，而行使其在保留所有权交易中所享有权利。

(2) 买受人、分期付款买受人、承租人或受寄售人转让或设立的被提供财产之上的任何权利将终止，除非：

(a) 买受人等已经获得授权设立或转让此种权利；

(b) 受让人受到第9-2：108条（担保物权的善意取得）至第9-2：111条（现金、流通票据和无记名单证之上的担保物权）或第9-6：102条（因所有权的善意取得而导致担保物权的丧失）的保护；

(c) 受让人的权利例外地享有优先于交易的持有人的顺位。

(3) 一旦转卖或转租，保留所有权交易的持有人有权获得超过所提供财产可被变现的原始价款的多余部分。

(4) 依协议约定或法律规定而受让保留所有权交易的第三人享有本条第(1)款至第(3)款所规定的权利。

第9-7：302条 占有、固定和保存

第9-7：201条（担保权人占有有形财产的权利）、第9-7：202条（债权人固定和保存担保财产的权利）、第9-7：203条（法庭或其他机关的介入），根据第9-1：104条（保留所有权交易：法律适用规则）第(2)款的规定变通后，适用于保留所有权的交易。

第十卷 信 托[①]

第一章 基本规定

第一节 适用范围及与其他规定之间的关系

第 10-1:101 条 本卷所适用的信托

(1) 本卷适用于根据第二章（信托的设立）的规定所设立的信托。

(2) 本卷规定也可准用于以下信托：

(a) 依以下方式设立的信托：

(i) 成文法规定的设立信托的意思表示；

(ii) 具有设立信托效力的法庭裁定；

(b) 由本示范规则之外的成文法的规定而产生的信托。[②]

(3) 在本卷中，"法庭"包括相关内国法授权的公职人员或公共机构，但不包括仲裁庭。

第 10-1:102 条 担保物权法的优先适用

就以担保为目的的信托而言，本示范规则第九卷（动产担保物权）的规定优先于本卷而适用。

[①] 就本卷，完整版的《欧洲示范民法典草案》并未逐条进行评述，直接影响到了本译文对条文原意的准确把握。据悉，有关本部分详细说明的《欧洲法原则：信托卷》将于 2012 年出版。

[②] 本卷关于信托的成立使用了三个词："constitution"、"arising"、"creation"，其中，"constitution"是指依法律行为或授权行为（法律或法庭裁定）而成立信托，本书译为"设立"；"arising"是指依法律直接规定而成立信托，本书译为"产生"；"creation"则是上述两者的上位阶概念，本书译为"成立"。参见 Christian von Bar and Eric Clive (eds), Principles, Definitions and Model Rules of European Private Law, Volume 6 (Munich: sellier. european law publishers GmbH, 2009), p. 5676。

第二节 定义、特殊效力和当事人

第 10-1：201 条 信托的定义

信托，是指受托人根据调整其法律关系的条款（信托条款），为受益人利益或为促进公共利益，管理或处分一个或多个财产（信托资金）的法律关系。

第 10-1：202 条 信托的特殊效力

（1）信托依据本卷第十章（与第三人的关系）的规定发生以下法律效力：信托资金独立于受托人个人财产，也独立于其他授予受托人或由受托人管理的财产。

（2）信托的效力特别（且除了信托资金授予受托人之外的其他原因）体现在以下方面：

（a）受托人个人的债权人不能对信托资金行使追索权，无论是通过执行程序还是破产程序；

（b）信托资金不受基于婚姻或家庭关系而分配财产规定的约束；

（c）受托人的继受人无权因受托人死亡而从信托资金中受益。

第 10-1：203 条 信托的当事人

（1）委托人，是依法律行为而设立或拟设立信托的人。

（2）受托人，是信托设立之时或之后，经聘任管理信托资金，并承担第 10-1：201 条（信托的定义）所规定义务的人。

（3）受益人，是根据信托条款的规定，有从信托财产中受益的权利或资格的人。

（4）信托辅助人，是根据信托条款的规定，有权力聘任或解任受托人或同意受托人辞任的人。①

（5）除本卷中另有规定之外：

（a）委托人也可以是受托人或受益人；

（b）受托人也可以是受益人；

（c）任何信托当事人也可以是信托辅助人。

（6）本卷中，某人的"继受人"，是指根据继承法的规定在该人死亡

---

① 原文为："trust auxiliary"。之所以选用这个词并确立其为当事人，主要是因为在依法律行为所设立的信托中，这种当事人的存在并不是强制性的，而是具有随意性。其主要目的在于协助信托机制的正常运转，而不是直接管理或处分信托资金。参见 Christian von Bar and Eric Clive（eds）, Principles, Definitions and Model Rules of European Private Law, Volume 6（Munich: sellier. european law publishers GmbH, 2009）, p. 5692。

时有权继受此人遗产的继承人或代理人。在具体上下文中，信托当事人（或前当事人）的规定，也适用于该人死亡后的继受人。

第 10-1：204 条　多数受托人

（1）有多个受托人的，信托即具有连带性。①

（2）信托财产被共同授予多个受托人的，受托人的共有权是共同的。

第 10-1：205 条　有权强制受托人履行债务的人

（1）受益人有权请求受托人履行与受益人的受益权利或受益资格有关的债务。

（2）以促进公共利益为目的的信托中，可以强制受托人履行债务的人包括：

（a）具有此种职能的公职人员或公共机构；

（b）对债务的履行享有充分利益的其他人；

（3）受托人可以强制其他共同受托人履行债务。

第 10-1：206 条　受益权利或受益资格

（1）信托条款规定，受托人在给定的条件下处分全部或部分信托资金，并将利益授予某人的，该人即享有受益权（利）。

（2）信托条款允许，受托人在给定的条件下处分全部或部分信托资金，并将利益授予某人，但此人是否能够获得此利益则由受托人或其他人酌情决定的，该人仅具有受益资格。

（3）受托人依信托条款中关于调整受益资格的规定，向该受益人发出通知，决定将利益授予该受益人，受益人的受益资格即转变为受益权。

（4）本卷中，"利益"不包括受托人行使对信托资金的追索权。

第三节　一般规则的修改与补充

第 10-1：301 条　无偿的引申意义

（1）本卷中，"无偿"指做某事或提供某财产、某服务，但不要求报酬。

（2）与法律行为所设立的权利或所提供的利益的价值相比，报酬的价值

---

① 即多个受托人的债务具有连带性，受益人可以向其中任一受托人请求履行。参见 Christian von Bar and Eric Clive (eds), Principles, Definitions and Model Rules of European Private Law, Volume 6 (Munich: sellier. european law publishers GmbH, 2009), p. 5696.

过于微小以至于可以忽略的，该法律行为或利益也视为本卷中的"无偿"。

第 10-1：302 条　通知

（1）本卷规定应通知某人，但通知实际上是不可行的，可以将该通知送至法庭。

（2）在有多个受托人的情况下，只要向其中一个受托人发出通知，即满足了通知受托人的要求，但是涉及受托人变更的通知，必须向变更生效后继续充当受托人的人（留任受托人）发送。

第 10-1：303 条　规则的强制性

本卷规则具有强制性，但另有规定的除外。

第二章　信托的设立

第一节　依法律行为而设立信托的基本规则

第 10-2：101 条　设立的要件

只要符合以下条件，无须其他要求，即可就委托人的资金设立信托：

（a）委托人作出了就该资金设立信托的意思表示；

（b）该意思表示符合第 10-2：201 条（意思表示的要件）所规定的要求；

（c）符合第 10-2：102 条（依转让而设立）或第 10-2：103 条（非依转让而设立）的规定。

第 10-2：102 条　依转让而设立

（1）设立信托的其他条件已经满足的，在实施意思表示的过程中，当信托资金转让给同意充当受托人的人，或意思表示中指定充当或即将充当受托人的人时，信托设立。

（2）赠与合同的规定准用于委托人与未来受托人之间所签订的，于委托人有生之年将信托资金转让给受托人的协议。

（3）委托人向有意成为信托资金受托人的人，作出了设立信托的具有拘束力的单方允诺的，该人即成为有权请求履行该允诺所设定债务的受托人，但该权利被抛弃的除外。

第 10-2：103 条　非依转让而设立

（1）设立信托的其他条件已经满足，有以下情况之一的，无须转让信托资金，信托仅依委托人的意思表示即可设立：

(a) 该意思表示指定委托人为唯一受托人；
(b) 该意思表示是遗嘱，且未指定受托人；
(c)（i）委托人已实施将信托资金转让给未来受托人所需的所有行为；
（ii）未来受托人没有或不能接受该资金；
（iii）意思表示没有作出相反规定。
（2）当信托根据本条第（1）款的规定而设立时，委托人成为受托人。

第二节 设立信托的意思表示

第 10-2：201 条 意思表示的要件

（1）本章第一节（依法律行为而设立信托的基本规则）所规定设立信托的意思表示的要求是：
(a) 该意思表示由委托人作出或由有权代表委托人的人作出；
(b) 该意思表示满足第 10-2：203 条（意思表示的形式要件）所规定的条件。
（2）意思表示无须对当事人通知或公开。

第 10-2：202 条 意思表示的方式

（1）某人通过陈述或行为，表示了已经或即将被授予资金的人，将作为受托人受到法律约束的意图，该人即作出了设立信托的意思表示。
（2）在确定遗嘱或其他规定财产权利的文件中的一个或多个陈述，是否构成就该财产设立信托的意思表示时，优先采取整体解释方法。

第 10-2：203 条 意思表示的形式要件

（1）资金的转让需要转让人签署文件的，仅有设立信托的意思表示，即没有效力，但该转让文件包括了该意思表示，或以相同或相似的形式作出意思表示的除外。
（2）委托人是唯一受托人的意思表示没有效力，但以和赠与的单方允诺相同的形式作出意思表示的除外。
（3）信托以表意人死亡为设立条件的，该意思表示即没有效力，但以遗嘱文件作出意思表示的除外。

第 10-2：204 条 意思表示的撤销或变更

（1）表意人可以在信托设立前的任何时间内，撤销或变更意思表示或其中的条款。
（2）撤销或变更未满足意思表示的形式要件的，无效。
（3）但是，信托文件中所规定的意思表示或条款，可以通过实质性地破坏或毁灭文件的方式予以撤销，只要该文件与该意思表示或条款有关，且相应的内国法允许通过该方式来撤销此类文件中具有法律效力的表述。

第 10-2：205 条　未满足要件的意思表示的效力

在实施未满足第 10-2：201 条（意思表示的要件）所规定的条件的意思表示的过程中，将资金转让给未来受托人的，受托人应当根据信托条款将资金返还给委托人。

第三节　信托的拒绝及受益权的抛弃

第 10-2：301 条　受托人拒绝信托的权利

（1）某人没有表示同意充当受托人，而在信托设立时成了受托人的，可以通过通知以下人之一而拒绝充当受托人：

（a）委托人；

（b）具有完全行为能力，且同意充当受托人的共同受托人。

（2）拒绝可以采用抛弃所有被授予的权利，或放弃整个信托的形式。一旦作出，即意味着抛弃权利，放弃信托。

（3）拒绝不得撤销。

（4）为拒绝信托而发生的合理费用，有权请求接受信托资金且同意充当受托人的共同受托人偿还；没有共同受托人的，有权请求委托人偿还。

（5）唯一的受托人拒绝信托，或没有接受信托资金且同意充当受托人的共同受托人的，委托人依第 10-2：103 条（非依转让而设立）第（1）款第（c）项的规定成为信托资金的受托人，但设立信托的意思表示另有规定的除外。

（6）除本条以上条款已作规定之外，拒绝的条件及其效力适用或类推适用第 2-4：303 条（权利或利益的拒绝）的规定。

第 10-2：302 条　受益权或受益资格的抛弃

受益人依第 2-4：303 条（权利或利益的拒绝）的规定放弃受益权或受益资格的权利，通过通知受托人的方式行使。

第四节　特殊情况的附加规定

第 10-2：401 条　赠与与信托的区别

（1）某人无偿地向他人转让财产，且无法确定转让人是否或在多大程度上是赠与财产，还是就此为转让人利益而设立信托的，受让人的意思可推定为：

（a）赠与给受让人，只要这种推定与当事人之间的关系或转让人过去或同时发生的交易相一致；

(b) 在其他所有情形下,受让人是代表转让人的利益的受托人。

(2) 通过证明转让时受让人无意仅为受让人利益而处分该财产,或根据具体情况确实是仅为受让人利益而处分该财产,可以推翻本条第(1)款的推定,从而适用本条第(1)款中的另外一种情形。

(3) 转让给多个受让人时(包括转让给转让人和其他人时),相应地适用本条第(1)款和第(2)款的规定。

(4) 证明或推定转让人意欲仅部分为受让人的利益而处分资金,或仅为一个受让人但并非共同受让人的利益而处分资金的,视为转让人意欲在该限度内为该受让人的利益而设立信托。

第10-2:402条 继承法规定的优先适用

信托自委托人死亡时发生效力的,关于以下内容,信托规则优先于继承法适用:

(a) 死者遗产如何处分以清偿丧葬费用或死者债务;

(b)(i) 委托人是否可以自由处分信托资金的任何部分;

(ii) 任何人是否因与死者之间的家庭关系或其他关系而享有对某部分资金的请求权;

(iii) 这种请求权如何得以满足。

第10-2:403条 与请求分割未决遗产的权利有关的信托

委托人表示,受遗赠人充当与委托人的遗产有关的受托人,且该意思表示满足了第10-2:201条(意思表示的要件)所规定的条件,但是该遗产还未转让的,该受遗赠人则为可向委托人死亡时承受该遗产的继受人主张权利的受托人。

第三章 信托资金①

第一节 初始信托资金的条件

第10-3:101条 信托资金

(1) 信托财产被授予同一受托人,且符合以下条件之一的,不管信托

---

① 原文为:"trust fund",直译为"信托基金"。本示范规则同时使用了"trust assets"("信托财产")和"trust fund"两个词(两词之间的区别见第10-3:101条)。为避免与我国实践中广泛采用的"基金"一词相区别,本书使用了"信托资金"的译名,但并不表明其财产形态是金钱。

财产是否属于同一种类，均构成独立的信托资金：

（a）与这些财产有关的信托条款表明，这些财产构成独立的资金，或要求统一管理这些财产；

（b）与这些财产有关的各别信托在履行信托义务过程中被合并。

（2）多个信托同时以相同条款为同一受托人而设立的，这些信托财产构成独立的信托资金，但信托条款另有规定的除外。

（3）在本卷中，"部分信托资金"，是指信托资金的份额、信托资金中的特定财产或财产份额，或可由信托资金中提取的特定数量。

第 10-3：102 条　信托财产的范围

信托财产可以由可转让的物权或其他权利构成。[①]

第 10-3：103 条　信托资金的确定与分离

（1）只有在以下情形下，信托才在资金上成立：

（a）在信托生效时，信托条款中已充分界定了该资金，或构成资金的财产可以依其他方式得以确定；

（b）在信托生效时，该资金与其他财产相分离。

（2）在意思表示的其他条款许可的范围内，拟就未分离资金成立信托的意思表示，在以下情况下，视为拟就包括该资金在内的整个混合财产成立信托的意思表示：

（a）受托人有义务分离该信托资金；

（b）在资金分离前，意思表示的条款所设定的权利和义务及于混合物的相应部分。

第二节　信托资金的变动

第 10-3：201 条　信托资金的增加

（1）信托成立后，受托人可以通过以下方式获得的符合信托财产范围的财产，构成信托资金的一部分：

（a）履行信托义务；

（b）作为信托资金的附属物，或利用信托资金；

[①] 本示范规则就信托财产规定了非常宽泛的概念，既可以是委托人自己的财产，也可以是非委托人的财产；财产形态也无太多限制，常见的信托财产包括金钱、储蓄账款或其他信用、土地、动产（例如古玩或艺术品）、公司股份和证券、知识产权、流通票据和其他无数的特定投资形式。参见 Christian von Bar and Eric Clive（eds），Principles, Definitions and Model Rules of European Private Law, Volume 6（Munich：sellier. european law publishers GmbH，2009），pp. 5707-08。

(c) 违反信托条款的规定利用受托人的地位所获得的信息或机会；

(d) 违反信托条款的规定处分该财产之时或之后。

(2) 存在多个受托人时，财产可依据本条的规定而构成信托资金的一部分，而无须所有受托人都取得该财产。

第 10-3：202 条　信托资金的减少

(1) 当财产不再授予承担第 10-1：201 条（信托的定义）所规定义务的人时，该财产则不再属于信托资金的一部分。

(2) 存在多个受托人时，只要财产授予至少一个有资格的受托人，则该财产仍然构成信托资金的一部分。

第 10-3：203 条　信托资金与其他财产的混合

(1) 信托财产与受托人的其他财产相混合，导致该信托财产不再具有可识别性的，信托存在于该混合物之上，同时类推适用第 8-5：202 条（混合）的规定，如同每份财产都有不同的所有人，根据初始信托的规定管理或处分混合物中的相应份额。

(2) 其他财产为受托人的个人财产的，混合物的减少均应按受托人个人财产的份额予以分担。

第 10-3：204 条　信托资金的灭失或耗尽

(1) 在信托义务履行过程中信托资金被完全处分，或因其他原因不再有信托资金的，信托终止。

(2) 受托人因未履行信托义务而负有恢复信托资金义务的，信托随信托资金之恢复而恢复。

第四章　信托条款及其无效[①]

第一节　信托条款

第 10-4：101 条　解释

在不违背单方法律行为的其他解释规则的情况下，如果信托条款的含义无法以其他方式加以确定，则优先采取以下解释方法：

[①] 原文为："Trust terms and invalidity"。有关 "invalidity" 的翻译参见本书第二卷的相关翻译说明。

(a) 对信托条款所使用的词语和表述进行整体解释;
(b) 避免将受托人的合理行为解释为债务不履行;
(c) 避免或尽量减少处分信托资金条款的不完整性;
(d) 信托于委托人有生之年无偿设立,且委托人已经或可能已经保留了受益权的,授权委托人该受益权或扩大这一权利。

第10-4:102条　信托资金的不完全处分

(1) 依具体情形,信托条款和本卷规定不会以其他方式处分信托资金的,应当为委托人的利益而处分信托资金。

(2) 但是,因不能实施为促进公共利益的信托,或因为履行信托义务未耗尽信托资金,而导致信托资金的不完全处分的,信托资金则将为促进与初始目的最为相似的公共利益而处分。

第10-4:103条　受益人的确定

(1) 旨在授予受益权的条款,只有在利益到期时委托人十分确定地指明了受益人,或受益人可依其他方法加以确定时,才有效。

(2) 信托条款允许受托人或第三人选定某一类别的人成为受益人的,只有在选定时能合理地确定所选之人属于该类别的,该条款才有效。

(3) 在信托成立之后才存在的人,也可以作为受益人。

第10-4:104条　受益权或受益资格的确定

(1) 受益权或受益资格,只有在利益到期或分派时,信托条款中充分界定了利益,或利益可依其他方法加以确定时,才有效。

(2) 拟分派的利益不能确定仅仅是因为第三人不能或没有作出选择的,受托人可以作出选择,但信托条款另有规定的除外。

第10-4:105条　偿还债权人的信托

以清偿债务为目的或为此类债权人利益而设立的信托,其效力相当于履行债务人的债务以免除债务人的负担而使债务人受益的信托。

第二节　信托条款的无效

第10-4:201条　委托人撤销

在不违背其他必要的变通规定的情况下,第二卷第七章(效力欠缺的情形)的规定,在适用于委托人有生之年无偿设立的信托时,可作如下修正:

(a) 因对事实或法律的误解而使信托得以设立,或使某信托条款得以订立，无论是否符合第2-7：201条（误解）第（1）款第（b）项所规定的条件，委托人均可以撤销该信托或该条款；

（b）依靠于受益人或在与受益人之间的信任关系中处于弱势的委托人，当且仅当信托或信托条款规定了受益人的利益的情况下，委托人可以撤销该信托或信托条款，但受益人能够证明其没有利用委托人的地位获得超额利益或完全不公平的优势的除外；

（c）发出撤销通知［第2-7：210条（撤销期间）］的合理期限，在以下情况下，不开始计算：

（i）委托人行使排他性权利以从收入中获取利益；

（ii）信托资金包括了一个或多个未到期受益权；

（d）适用本条第（c）项第（i）目的规定时，接受利益并不能被认为是对信托的默认。

第10-4：202条 撤销后受托人和第三人的保护

（1）受托人对信托资金的所有权不因撤销而影响。

（2）除非受托人知道或应当知道信托或信托条款可能被撤销：

（a）受托人不因信托被撤销前依信托条款而管理或处分信托资金而承担责任；

（b）受托人可对因撤销而有权享受利益的人，主张其可向撤销前有权享受该利益的受益人主张的抗辩；

（c）受益人保留撤销前所产生的对信托资金的追索权。

（3）在以下情况下，信托的撤销不影响在撤销前第三人已经取得的受益人受益权，或该受益权之上的担保物权或其他定限物权：

（a）该第三人不知道也不应当知道信托或信托条款可能被撤销；

（b）该处分并非无偿。

第10-4：203条 不可强制执行的信托目的

（1）为受益人利益或促进公共利益之外的目的的信托，是对委托人有效的信托。

（2）在以下情况下，受托人依据为促进不可强制执行的目的的原信托，享有处分信托资金的撤销权：

（a）此目的的促进不违反基本原则或强制性规定，且不与公共利益相冲突；

（b）可以合理地确定信托资金的任何处分是否是为了促进该目的；

（c）该处分与从该处分中所可能获得的利益并非明显不成比例。

第五章 受托人决策与权力

第一节 受托人决策

第10-5:101条 受托人的酌情决定

(1) 在遵守本卷规定的受托人义务和其他规则所规定的例外规定的情况下，受托人可以自由地决定是否、何时和如何行使其权力和酌情决定权，以最适当地履行其信托义务。

(2) 除信托条款或其他规则另有规定外，受托人不受、且不自认为会受，任何信托当事人或其他人的指令或意愿的约束。

(3) 受托人无须披露行使酌情决定权的理由，但信托以促进公共利益为目的或信托条款另有规定的除外。

第10-5:102条 多个受托人决策

存在多个受托人的，受托人权力和酌情决定权的行使，以简单多数决的方式进行，但信托条款或本卷其他规则另有规定的除外。

第10-5:103条 行使权力或酌情决定权时的利益冲突

除非信托条款另有规定，只要决策的效力是为受托人的利益而授予、确认或扩大受益权或受益资格，受托人可以不参与行使或不行使权力或酌情决定权。

第二节 受托人的权力

第一分节 一般规定

第10-5:201条 受托人的权力：一般规则

(1) 除受信托条款或本卷其他规则约束外，受托人可以以下方式履行信托义务：

(a) 像资金所有人可能合法实施的那样；

(b) 像一个经授权的人为他人实施的那样。

(2) 除信托条款另有限制或另有规定外，本节其他条文规定受托人在特殊情形下的权力。

第 10-5：202 条　最少受托人的限制

（1）受托人的人数少于信托条款或本示范规则所规定的最少数量的，受托人仅仅可以行使：

（a）聘任受托人的权力；

（b）申请法庭支持的权利；

（c）第 10-6：201 条（从信托资金中获得赔偿和补偿的权利）所规定的权利；

（d）受托人在以下范围内的其他权利或权力：

（i）该权利或权力的行使由信托条款所明确规定；

（ii）该权利或权力的行使为保护信托资金所必需；

（iii）该权利或权力的行使是为清偿已到期或即将到期的信托债务所必需。

（2）信托依转让给至少两个受托人而设立的，受托人的最少数量是两人，但信托条款另有规定的除外。

第二分节　受托人的特殊权力

第 10-5：203 条　授权代理人的权力

（1）受托人可以授权代理人代表其为一定行为，并且，除了本节以下条文另有限制性规定之外，可以委托其他人履行信托义务。

（2）多个受托人可以委托其中一人代表其为一定行为。

（3）但是，在决定是否或如何行使以下权力时，须由受托人亲自履行：

（a）分派受益人利益，或选择所欲促进的公共利益目的或促进方式的酌情决定权；

（b）变更受托人；

（c）委托履行信托义务。

（4）受托履行义务的人，在与该履行有关的范围内，与受托人具有相同的义务。

（5）在没有充足理由的情况下，受托人不得达成非书面形式的委托合同，或含有以下条款的委托合同：

（a）授予不可撤销委托的条款；

（b）排除第四卷第四编第三章第一节（受托人的主要义务）所规定的代理人义务的条款，或修改这些义务以损害本人利益的条款；

（c）允许代理人转委托的条款；

(d) 允许代理人利益冲突的条款；

(e) 排除或限制代理人因不履行义务而对委托人所应承担责任的条款。

(6) 受托人有义务监督代理人的履行情况，在必要时，给代理人下达指令或解除委托关系。

第 10-5：204 条　移转所有权给允诺充当受托人的人的权力

(1) 受托人可以将信托财产转让给允诺充当与该财产有关的受托人，且按原受托人的指令处分财产，如违反该指令，则一经请求，即将该信托财产返还给原受托人。

(2) 受领人必须是：

(a) 在其经营活动中作出此允诺的人；

(b) 由受托人控制的法人；

(c) 成文法中指定的有资格履行信托义务或满足为此目的而设定的条件的法人。

(3) 相应地适用第 10-5：203 条（授权代理人的权力）第 (5) 款、第 (6) 款的规定。

第 10-5：205 条　将物理上的控制移转给保管人的权力

(1) 受托人可以将信托财产和与该财产有关的文书，置于允诺保证信托财产安全，且一经请求即将该信托财产返还受托人的人的物理控制之下。

(2) 相应地适用第 10-5：204 条（移转所有权给允诺充当受托人的人的权力）第 (2) 款和第 (3) 款的规定。

第 10-5：206 条　委托的权力

受托人可以委托他人履行受托人的信托义务，行使受托人的权力，包括酌情决定权的行使、处分信托财产的权力和委托的权力，但仍应对依第 3-2：106 条（委托他人履行）的规定的履行承担责任。

第 10-5：207 条　选择投资的权力

受托人有义务以该信托资金投资的，受托人可以以任何方式投资，并且可以决定最适合于履行义务的特殊投资方式。

第 10-5：208 条　为审计提交信托账目的权力

在适当的时候，受托人可以提交信托账目，由一个独立的、有资格的审计人进行审计。

第六章 受托人和信托辅助人的权利与义务

第一节 受托人的义务

第一分节 一般规定

第 10-6：101 条 受托人的一般义务

(1) 受托人应当按照法律和信托条款的规定，以谨慎管理他人事务的态度，为受益人的利益或以促进公共利益为目的，管理信托资金和行使处分信托资金的权力。

(2) 尤其是，受托人应当以必要的注意与技能，公正与善意地为一定行为。

(3) 除信托条款另有规定之外：

(a) 这些义务包括由第 10-6：102 条（必要的注意和技能）和下一分节所规定的特别义务；

(b) 信托资金的管理或处分对受益人有益，仅就该受益人的经济利益而言。

第 10-6：102 条 必要的注意与技能

(1) 考虑到受托人的报酬请求权，受托人必须以一个合理适格和谨慎的人管理他人事务所具有的必要的注意和技能为一定行为。

(2) 受托人在其专业活动中为一定行为时，必须以一个专业人士所必需的注意与技能而行事。

第二分节 受托人的特别义务

第 10-6：103 条 分离、保护和保险的义务

(1) 受托人应当保持信托资金与其他财产相分离，且保护信托财产的安全。

(2) 尤其是，除非受托人已经尽到了特别安全保护义务，否则不能将信托财产置于有高度被滥用的风险的投资中。当信托财产是载有凭证持有人的债权的凭证时，如果该凭证根据第 10-5：205 条（将物理上的控制移转给保管人的权力）的规定置于保管人的妥善保管之下，则视为已经履行该注意义务。

(3) 受托人应当尽可能合理地为信托财产投保,以免遭受损失。

第 10-6:104 条 告知和报告的义务

(1) 受托人应当告知享有受益权的受益人,该信托的存在以及该受益人的权利。

(2) 受托人应当善尽合理的努力,以告知具有受益资格的受益人,该信托的存在以及该受益人的资格。

(3) 在确定本条第(2)款中何种努力是合理时,必须考虑以下因素:

(a) 所需费用是否与可能给受益人带来的利益的价值相称;

(b) 受益人是否属于受托人所指定的受益人的类别;

(c) 确定和联系受益人的可行性。

(4) 在合适的时候,受托人应当置备有关信托资金的现状与投资、信托债务以及信托财产的处分及其收益的材料,以供查阅。

第 10-6:105 条 保管信托账目的义务

受托人应当保管与信托资金有关的账目(信托账目)。

第 10-6:106 条 接受检查和允许复制信托文书的义务

(1) 受托人必须允许受益人或其他有权请求强制履行信托义务的人,检查信托文书和自费复制信托文书。

(2) 本条第(1)款不适用于:

(a) 与受托人基于其受托人身份对欲检查的人已经或将要提起的诉讼有关的法律顾问意见,以及为该诉讼所收集的证据;

(b) 受托人与其他受益人之间的联系情况,以及其他如披露即将导致受托人违反其作为受托人对他人的保密义务的联系情况。

(3) 受益人不提供为受托人保守秘密的充分保证的,受托人可以拒绝检查和复制含有秘密信息的信托文书的请求。

(4) 只要文书披露了受托人决定是否行使酌情决定权的理由、受托人在决定之前的磋商以及与该磋商有关的材料,受托人也可以拒绝检查和复制该文书的请求,但信托以促进公共利益为目的除外。

(5) 信托条款可以扩大本条所规定的检查权和复制权。

(6) 在本卷中,"信托文书"是指:

(a) 任何载有受托人与信托有关的意思表示(不管是否意图受到约束)的文件,以及任何修改信托条款的法律行为或法庭裁定;

(b) 受托人的会议记录;

(c) 受托人基于其身份所作的记录、所收到的通知和其他书面通讯,包括受托人聘请的并从信托资金中列支的法律顾问的意见书;

(d) 任何载有受托人所达成或作出的法律行为的文书；
(e) 处分信托财产的收据；
(f) 信托账目。

第 10-6：107 条　投资的义务

（1）委托人有义务以信托资金进行投资，只要其适于投资，并且特别是：

(a) 处分通常条件下既不产生收益也不会增值的财产，并以其处分收益投资；

(b) 受托人缺乏有效和谨慎投资相应规模和性质的信托资金所必需的专业知识的，采纳关于资金投资的专业建议；

(c) 分散投资以：

(i) 分散投资失败或损失的风险；

(ii) 使预期收入明显地超过潜在的失败或损失；

但信托资金很小，分散投资不适当的，除外。

(d) 在适当的间隔期内，审查保持或改变投资是否适当。

（2）受托人不得投资以下财产：

(a) 急需转让给受益人的或受益人急需使用的，或急需以之清偿信托债务的财产；

(b) 投资该财产可能会妨碍受托人履行本卷所规定的其他义务。

（3）投资的义务并没有授权受托人处分依信托条款的规定应由受托人保留或以实物转让给受益人的信托财产。

第 10-6：108 条　不得获取信托财产或信托债权人权利的义务

（1）受托人不得购买信托财产，或取得信托债权人对受托人的权利，无论是个人亲自实施还是通过代理人获取。

（2）因不履行本义务而签订的信托财产买卖合同，可以被任何信托当事人或有权强制信托义务的履行的人撤销。

（3）撤销权是不履行义务的救济措施的补充。

（4）本条准用于取得或使用信托财产的其他合同，或与信托债务相应的权利。

第 10-6：109 条　不得获取未经授权的利益或好处的义务

（1）受托人不得利用信托资金或其基于受托人身份所掌握的信息或机会，以获取利益，但该利用为信托条款所授权的除外。

（2）受托人不得以其对受益人所享有的个人债权，与受益人的受益权相抵销。

第10-6：110条　共同受托人的义务

受托人有义务：

（a）在履行信托义务时与共同受托人合作；

（b）在其知道或有理由怀疑以下情形时，采取适当的行为：

（i）某共同受托人不履行信托所规定的或因信托而产生的义务，或即将不履行；

（ii）该不履行可能或已经导致信托资金的损失。

第二节　受托人的权利

第10-6：201条　从信托资金中获得赔偿和补偿的权利

受托人就其在履行信托义务时发生的费用和信托债务，有权从信托资金中获得赔偿或补偿。

第10-6：202条　从信托资金中获得报酬的权利

（1）受托人有权从信托资金中获得信托条款规定的报酬。

（2）在专业活动中充当受托人的人，因其在履行信托义务时已经完成的工作，有权从信托资金中获得合理的报酬，但与信托条款的规定不符的除外。

（3）有以下情形之一的，本条第（2）款不予适用：

（a）具有受益人身份的受托人有权从信托资金获得重大的利益；

（b）信托因受托人与委托人之间的合同而设立；

（c）信托以促进公共利益为目的。

第10-6：203条　涉及未经授权而取得的权利

（1）本条适用于以下情形：

（a）受托人因不履行信托义务而取得财产或其他利益；

（b）因归人义务的履行，该财产成为信托资金的一部分，或该利益加入信托资金之中。

（2）受托人因取得财产所必然发生的费用或债务，有权获得赔偿或补偿。受托人先前已经全部或部分承担了第10-7：201条（受托人恢复信托资金的责任）规定的责任的，受托人在超额返还的范围内，有从信托财产中获得赔偿的权利。

（3）在以下情况下，受托人也有权获得合理的报酬：

（a）受托人取得财产是善意的并增加了信托资金的价值；

（b）受托人如是在履行信托义务时取得财产的，受托人就有权根据第10-6：202条（从信托资金中获得报酬的权利）第（3）款第（b）项的规定获得报酬。

（4）受托人因违反第10-6：109条（不得获取未经授权的利益或好处的义务）的规定而取得财产，但已经获得受益人有效同意的，受托人可以放弃本条第（2）款、第（3）款所规定的权利，并承袭该受益人的受益权。

（5）受托人依本条规定所享有的权利不得超过取得该财产的价值。

第10-6：204条　相对于受益人的权利

（1）受托人依第10-6：201条（从信托资金中获得赔偿和补偿的权利）的规定所享有的权利超过了信托资金的，受托人可以就其超过部分向受益人追偿。

（2）受益人依本条第（1）款所应承担的责任：

（a）限于受益人依据信托条款已获取的利益；

（b）受不当得利抗辩的约束，准用第7-6：101条（不利益）的规定。

（3）本条第（1）款规定的追偿权在赔偿或补偿请求权产生六个月后终止。

第10-6：205条　由信托资金付费投保个人责任险的权利

（1）就受托人投保责任险以防御第10-7：201条（受托人恢复信托资金的责任）规定的责任而发生的合理费用或债务，受托人有权从信托资金中获得赔偿或补偿。

（2）本条第（1）款不适用于以下情形：

（a）受托人因履行信托义务所享有的报酬请求权；

（b）保险是用于防御因故意或重大过失而不履行义务所产生的责任。

第三节　信托辅助人的义务

第10-6：301条　信托辅助人的义务

（1）信托辅助人知道受托人的身份且此信息并非显而易见的，信托辅助人应当披露受托人的身份。

（2）在决定是否行使权力时，信托辅助人有义务：

（a）基于善意而为一定行为；

（b）不得获取未经信托条款授权的利益。

第七章 不履行义务的救济措施

第一节 实际履行、司法审查和辅助救济措施

第10-7:101条 实际履行

(1) 强制实际履行信托义务，包括禁止受托人不依据信托条款的规定而处分，或以其他方式处理信托财产。

(2) 履行需要受托人行使酌情决定权的，实际履行不能强制执行。

第10-7:102条 司法审查

(1) 一旦信托当事人或有权申请强制执行信托义务的人提出申请，法庭可以审查受托人或信托辅助人的关于是否行使或怎样行使信托条款或本卷所授予的权力或酌情决定权的决定。

(2) 被受托人解任或被信托辅助人未经受托人同意而解任的前受托人，有权请求对该决定进行司法审查。

(3) 法庭可以撤销受托人或信托辅助人不理性的或严重不合理的、由不相关或不正确因素所引发的决定，法庭也可以撤销受托人或信托辅助人的其他滥用权力或超出了其权力范围的决定。

第10-7:103条 进一步的救济措施

其他规则可以规定，在实际不履行信托义务或有不履行信托义务之虞时：

(a) 依法庭裁定提供与信托资金及其管理和处分有关的账目和质询；

(b) 向法庭支付或转让信托资金中的现金或其他财产；

(c) 依法庭裁定聘任管理人管理信托资金；

(d) 由公职人员或公共机构行使受托人的权利和权力，特别是对于以促进公共利益为目的的信托；

(e) 暂停受托人管理和处分资金的权利与权力。

第二节 未经授权的利益的赔偿和归入

第10-7:201条 受托人恢复信托资金的责任

(1) 在以下情形下，受托人有责任恢复信托资金，以弥补其不履行信托规定的或因信托所产生的义务给信托资金所造成的损失：

(a) 不履行义务不能免责；

(b) 不履行义务因受托人未善尽必要的注意和技能而引起。

(2) 只有在其知道自己是受托人，或其明显是受托人的情况下，该人才承担本条第（1）款所规定的责任。

(3) 受托人并不能仅因为共同受托人之一、代理人或其他被委托履行的人或经授权接受信托财产的人造成信托资金的损失而承担责任。

(4) 本条第（3）款并不影响受托人基于以下情形所产生的责任：

(a) 本条第（1）款规定的因受托人自己不履行信托义务所产生的责任，特别是：

(i) 不履行聘任或聘用该人以及达成聘用协议时的善尽必要的注意和技能的义务；

(ii) 不履行监督该人的义务，以及不履行在情况所需时采取措施保护信托资金的义务。

(b) 基于委托履行［第 10-5：206 条（委托的权力）］所产生的责任；

(c) 依第 6-3：201 条（雇员和代表人造成损害的责任承担）所产生的责任；

(d) 因受托人的诱导、协助或合作而导致该人不履行义务所产生的责任。

(5) 第 3-3：702 条（一般赔偿标准）可以准用于确定恢复的计算。

(6) 受托人的以下权利中止，直至受托人完全恢复信托资金：

(a) 对信托资金的追索权；

(b) 受托人基于受益人的身份而享有的受益权。

(7) 本条规定受信托条款的约束。

第 10-7：202 条　受托人赔偿受益人的责任

(1) 依第 10-7：201 条（受托人恢复信托资金的责任）规定承担责任的受托人，尽管恢复了信托资金，也有义务赔偿没有获得其有权获得的利益的受益人，或若无不履行本应依信托条款有权获得利益的受益人。

(2) 受益人享有因不履行合同债务所发生的相同的赔偿请求权。

(3) 本条规定受信托条款的约束。

第 10-7：203 条　未经授权的利益的归入

受托人因不履行第 10-6：109 条（不得获取未经授权的利益或好处的义务）所规定的义务而获取利益，并且此利益未依第 10-3：201 条（信托资金的增加）的规定构成信托资金的一部分的，受托人应当将利益归入信托财产,不能依原物归入的,归入其金钱价值。

第三节 抗 辩

第 10-7：301 条　受益人对不履行的同意

(1) 委托人可以以受益人对不履行义务的有效同意来抗辩恢复、赔偿或归入信托利益的责任承担。

(2) 受益人同意受托人已构成不履行义务的行为,且具有以下情形之一的,构成受益人对不履行义务的同意：

(a) 受益人知道该行为将构成不履行义务;

(b) 该行为已明显将构成不履行义务。

(3) 无论不履行义务对同意的受益人有利还是不利,均适用本条第(1)款的规定。

(4) 受益人以受托人的身份参与不履行义务的,本条第(1)款的规定适用于任何有责任的共同受托人。连带债务人之间任何关于恢复信托资金或赔偿受益人的剩余责任的追偿权不受影响。

(5) 同意是因受托人提供的错误信息或受托人不履行告知义务所致的误解所引起时,该同意无效。

第 10-7：302 条　诉讼时效

请求履行信托义务的一般诉讼时效期间从受益人的利益届期时开始计算。

第 10-7：303 条　受托人的保护

(1) 经合理质询之后,受托人向有权取得授予的利益的人履行,即可免除义务。

(2) 有权享有该利益的受益人根据第七卷(不当得利)的规定对受领该利益的人享有的权利不受影响。

第四节 连带责任与丧失

第 10-7：401 条　连带责任

(1) 多个受托人对同一不履行义务负有责任的,他们的责任是连带的。

(2) 在连带债务人之间,责任的份额与每一债务人对不履行义务的相应责任成比例,应当考虑每一个债务人作为受托人的技能和经验。

(3) 债务人对其同意的不履行的相关责任,不能仅因债务人未积极参与引起该不履行的活动而减少。

第 10-7：402 条　与受托人串通的受益人的受益权的丧失

（1）受益人在受托人的不履行中与之串通的，法庭可以应受托人或其他受益人的请求而裁定与受托人串通的受益人的受益权丧失。

（2）已合法同意不履行但未与之串通的受益人的受益权，仅在受益人因该不履行而获益的范围内丧失。

（3）受益人的受益权因本条规定而丧失的，本应支付给该受益人的利益将用于清偿受托人的债务，直至债务消灭或受益权耗尽。

第八章　受托人或信托辅助人的变更

第一节　受托人变更的一般规定

第 10-8：101 条　变更受托人权力的一般规定

（1）信托成立之后，可以聘任受托人，受托人也可以辞任或解任。任命、辞任或解任的，可依：

(a) 以下权力：

(i) 信托条款规定的；

(ii) 根据本节规定授予受托人的；

(b) 依本节规定作出的法庭裁定。

（2）非依书面方式，本条第（1）款第（a）项所规定的权力的行使没有效力。这一规则同样适用于与权力行使有关的对受托人具有拘束力的指令。

（3）不再担任受托人的人行使信托条款所规定的权力，在通知留任的受托人之前，不发生效力。

（4）独任受托人的辞任或解任，只有在继任的受托人同时被聘任时才生效。

第 10-8：102 条　授予受托人变更受托人的权力

（1）依本节规定授予受托人的权力，仅可在以下情形下行使：

(a) 通过一致的决定；

(b) 在具体情况下，信托辅助人没有相应的权力，或受托人要求信托辅助人行使权力之后的合理期限内信托辅助人没有行使此种权力。

（2）除本条第（1）款规定的以外，受益人有解除与整个信托资金有关的信托的共同权力，受托人就应当依据受益人的共同指令而行使本节规定的权力。

(3) 信托条款可以修改或排除本节授予受托人的权力。

第二节 受托人的聘任

第 10-8：201 条 聘任的一般限制性条件

(1) 出现以下情形之一的，对受托人的聘任无效：

(a) 如果此人被聘任，共同受托人有权以该人的无行为能力、拒绝充当受托人或不适格为由而解任此人；

(b) 被聘任的人不同意充当受托人；

(c) 聘任超过了信托条款所规定的受托人的最大数量。

(2) 信托条款规定仅有一个受托人的，受托人的数量不能超过两个。

第 10-8：202 条 由信托辅助人或受托人聘任

(1) 受托人可以聘任另外的一个或更多受托人。

(2) 留任的受托人可以聘任继任的受托人，以替代不再充当受托人的人。

(3) 信托辅助人的自我聘任无效，但信托条款另有规定的除外。

第 10-8：203 条 依法庭裁定而聘任

应任何信托当事人或有权强制执行信托义务的履行的人的申请，法庭可以聘任：

(a) 继任的受托人，以替代不再充当受托人的人；

(b) 另外一个或更多受托人，条件是出现以下情形：

(i) 没有其他人能够或愿意行使聘任权；

(ii) 聘任有可能会促进依信托条款的规定有效和谨慎地管理、处分信托资金。

第三节 受托人的辞任

第 10-8：301 条 信托辅助人或共同受托人同意的辞任

(1) 在受托人辞任时有权聘任继任受托人的信托辅助人，可以同意受托人辞任。

(2) 信托辅助人仅在同时聘任继任受托人的情况下，才能未经留任受托人的同意而同意受托人辞任。

(3) 留任受托人可以同意辞任。

(4) 辞任后至少存在两个留任受托人或一个特别受托人时，受托人才能经信托辅助人或共同受托人同意而辞任。

(5) 本卷中,"特别受托人",是指:
(a) 具有充当受托人职能的公职人员或公共机构;
(b) 成文法中指定的具有受托人职能或满足为此目的而设定的条件的任何法人。

第 10-8:302 条 法庭同意的辞任

特别考虑到该受托人辞任后是否能保障有效和谨慎地根据信托条款的规定管理和处分信托资金,只要解除受托人的信托义务是公平的,法庭可以同意不能以其他方式辞任的受托人的辞任。

第四节 受托人的解任

第 10-8:401 条 由信托辅助人或共同受托人解任

(1) 法庭可能以无行为能力、拒绝充当受托人或不适格为由而解任受托人的,留任受托人即可解任该受托人。

(2) 信托辅助人或受托人对受托人的解任,至解任通知送至被解任的受托人时生效。

第 10-8:402 条 依法庭裁定而解任

应信托当事人的申请,法庭可以不经该受托人同意,也不考虑信托条款的规定,而解任受托人,只要受托人已不适合继续充当受托人,特别是基于以下理由:

(a) 该受托人无行为能力;
(b) 该受托人实际或预期严重不履行信托规定的或因信托而产生的义务;
(c) 该受托人不适格;
(d) 就应取得全体受托人一致同意的事项,该受托人总是或经常与其他共同受托人存在根本分歧;
(e) 该受托人的其他利益与信托规定的或因信托而产生的义务的履行存在根本冲突。

第五节 受托人变更的效力

第 10-8:501 条 对受托人义务与权利的影响

(1) 被聘任为受托人的人受信托约束并取得相应的权利与权力。除本条以下款项另有规定外,辞任或解任的受托人被解除与信托之间的关系,且丧失这些权利与权力。

(2) 在辞任或解任后合理期限届满前,与共同受托人的合作义务不终止。

（3）前受托人对信托资金的追偿权作为对留任受托人的权利而生效。受益人的赔偿、补偿或报酬请求权不受影响。

（4）前受托人仍然受以下义务约束：

(a) 第 10-6：109 条（不得获取未经授权的利益或好处的义务）规定的义务；

(b) 信托债务；

(c) 因不履行义务所产生的义务。

第 10-8：502 条　信托财产的归属和剥夺

（1）无须法庭作出相应裁定，出现以下情形之一的，信托财产的所有权即属于被聘任为受托人的人：

(a) 该财产的所有权可依转让人和受让人之间的协议而移转，无须进一步的转让行为或手续；

(b) 根据相应的内国法，该财产的所有权被视为一个属于受托人的团体。

（2）信托财产归属于被聘任为受托人的人，并不剥夺留任受托人的权利。

（3）辞任或解任的受托人丧失相应的权利。

第 10-8：503 条　信托文书的移交

留任或继任的受托人有权请求前受托人移交其占有的信托文书。信托文书的占有人有权自费制作或保留信托文书的复印件。

第 10-8：504 条　受托人死亡或解散的效力

（1）受托人中有一人死亡或法人受托人解散的，信托资金仍然属于留任受托人。这一规定适用于任何继受死者或被解散受托人的其他财产的人的排除。

（2）独任受托人死亡的，死亡受托人的继受人成为受托人，并且：

(a) 受托人的继受人受信托的约束并取得相应的权利与权力；

(b) 受托人的继受人在死亡受托人遗产的范围内对死亡受托人的信托债务承担责任；

(c) 信托资金属于受托人的继受人；

但是，受托人的继受人仅能行使第 10-5：202 条（最少受托人的限制）第（1）款所规定的权力，而不管继受人的数量。

（3）受托人处分信托资金的遗嘱无效，但是，信托条款可以赋予遗嘱聘任受托人的权力。

(4) 因不履行所产生的义务由死亡受托人的继受人承担。

第六节 信托辅助人死亡或解散

第 10-8：601 条 信托辅助人死亡或解散的后果

信托辅助人死亡或解散时，信托辅助人的权力终止，但是信托条款可以允许其通过遗嘱行使权力。

第九章 信托的终止和变更以及受益权的转让

第一节 信托的终止

第一分节 信托终止的一般规定

第 10-9：101 条 终止的方式

与资金或部分资金有关的信托可以依以下方式而终止：

(a) 委托人或受益人依信托条款规定的权利而解除信托；

(b) 委托人依第 10-9：103 条（委托人解除无偿信托的权利）的规定而解除信托；

(c) 受益人依第 10-9：104 条（受益人的解除权）的规定而解除信托；

(d) 受托人依第 10-9：108 条（受托人终止）的规定而终止信托；

(e) 权利、义务依据第 10-9：109 条（权利与义务的混同）的规定而混同。

第 10-9：102 条 终止对受托人责任的效力

(1) 在信托终止的范围内，受托人的相应责任免除。

(2) 除非相关当事人另有约定，信托终止并不免除受托人的以下责任：

(a) 因受托人不履行信托规定的或因信托所产生的义务而对受益人所应承担的责任；

(b) 对信托债权人的责任。

第二分节 委托人或受益人解除信托

第 10-9：103 条 委托人解除无偿信托的权利

(1) 除本条第 (2) 款和第 (3) 款另有规定之外，委托人不能仅因信

托是无偿设立而享有解除信托或信托条款的默示权利,而不管:

(a) 信托是否由委托人非依转让而设立;

(b) 委托人是否保留在其有生之年的受益权。

(2) 委托人可以解除为尚未存在的人所无偿设立的信托或信托条款。

(3) 委托人可以解除为他人利益设立的无偿信托,就像该利益依赠与方式而授予时受托人可以撤销对受益人的赠与一样。

第10-9:104条 受益人的解除权

(1) 有完全行为能力的受益人,可以解除全部或部分资金之上为受益人排他性利益而设立的信托。

(2) 每个受益人都具有完全行为能力的,多个受益人都有相应的共同权利,以解除全部或部分资金之上为这些受益人排他性利益而设立的信托。

(3) 解除部分资金上的信托将对为其他受益人或为促进公共利益的目的的剩余部分资金的信托造成负面影响的,不得解除信托。

第10-9:105条 "排他性利益"的含义

(1) 其中所有资金及其所产生的所有未来收益,均只能依信托条款的规定为该受益人或受益人的财产而处分时,资金或资金的一部分即视为受益人的排他性利益。

(2) 在本条第(1)款中,不考虑受益人同意的可能性,也不考虑受益人未行使与其自身利益相冲突的权利的可能性。

第10-9:106条 解除通知及其效力

(1) 委托人或受益人可以通过书面通知受托人的方式而行使解除权。

(2) 由委托人解除的全部或部分信托自信托为委托人获益时生效。

(3) 行使解除权的受益人指示受托人向受益人之外的其他人转让财产的,解除通知赋予该人享有从被转让的全部或部分资金中受益的权利。

(4) 受托人应当根据解除通知的规定立即转让全部或部分资金,但转让不可能或非法的除外。转让的义务取代了依信托条款管理和处分全部或部分资金的义务。

(5) 财产的份额不允许分割,而转让需要分割财产的,转让因此成为不可能。此时,受托人有义务:

(a) 分割财产并且转让已分割的份额,如果分割是可能的、合理的;

(b) 变卖财产,如果可能,转让收益的相应部分。

(6) 信托终止于必要的转让完成之时,信托也仅在必要的转让完成的范围内终止。

第 10-9：107 条　受托人的留置权

（1）受托人可以留置拟转让信托资金的相应部分，以清偿：

（a）信托债务；

（b）受托人享有的对资金的追偿权；

（c）转让费用和任何必要的财产分割或变卖的费用，

但以这些债务、权利和费用将被分配至拟转让的部分资金为条件。

（2）行使解除权的人补偿了被分配至拟转让的部分资金的这些债务、权利和费用的，留置权终止。

第三分节　其他终止形式

第 10-9：108 条　受托人终止

（1）受益人依第 10-9：104 条（受益人的解除权）第（1）款的规定享有解除信托的权利的，受托人可以通知受益人，催告受益人在该通知所确定的合理期限内行使该权利。受益人在规定的期间内未能行使该权利的，受托人可以将该信托转让给受益人而终止信托。受益人应当接受转让。

（2）其他规则作了相应规定的，受托人也可以通过向法庭交付信托资金中的款项或转让信托资金中的其他财产的方式而终止信托。

第 10-9：109 条　权利与义务的混同

（1）当独任的受托人也是唯一的受益人，且信托资金是为该受益人的排他性利益而设立时，信托终止。

（2）存在多个受托人的，只有在他们对利益享有共同的权利时，才相应适用本条第（1）款的规定。

（3）信托仍然与受益人的受益权相关的，受益权上有担保物权或其他定限物权的负担的，受托人则继续受该信托或权利负担的约束。

第二节　信托的变更

第 10-9：201 条　委托人或受益人变更信托

（1）信托条款可因委托人或受益人行使以下权利而变更：

（a）信托条款规定的权利；

（b）本条第（2）款规定的权利。

（2）有权解除信托的委托人或受益人，享有相应的变更信托条款的权利，只要这些条款与可能被解除的信托所及的全部或部分资金有关。

（3）多个受益人行使变更信托条款的共同权利，需要受益人达成具有这一内容的协议。

(4) 自行使变更权的人死亡时生效的，无效，但遗嘱文书有明确规定的除外。

(5) 非以书面通知受托人的，变更不发生效力。

第10-9:202条　依法庭裁定变更信托管理条款

(1) 应信托当事人或有权强制执行信托义务的履行的人的申请，法庭可以变更与信托资金管理有关的信托条款，但以该变更有可能促进更有效和谨慎地管理资金为前提。

(2) 本条第（1）款规定的变更，不得实质性地影响调整信托资金处分的信托条款的运行，除非法庭也有权力根据以下条款的规定而变更这些条款。

第10-9:203条　为受益人而依法庭裁定变更信托

(1) 应信托当事人或从不变更信托条款中受益的人的申请，法庭可以变更授予以下之人受益权或受益资格的信托条款：

(a) 尚未存在的人；

(b) 目前不符合所描述的条件的人，如某类型的成员资格，而权利是建立在该条件之上。

(2) 以上规定也适用于信托条款赋予遥远的时间之后的受益权或受益资格，或赋予以不可能发生的事件为条件的受益权或受益资格的情形。

第10-9:204条　为公共利益目的而依法庭裁定变更信托

(1) 因情势变更，再促进信托条款所规定的特殊的目的被认为是不恰当的，浪费资源的，应信托当事人或有权强制执行信托义务的履行的人的申请，法庭可以以促进公共利益为目的而变更信托条款。

(2) 本条第（1）款①所规定的变更必须有利于一般或特定公共利益目的，这些目的应与如果在情势变更后再设立信托，委托人所可能选择的目的相同。

第三节　受益权的转让

第10-9:301条　依法律行为转让受益权

(a) 除本条其他各款另有规定外，依法律行为转让受益权适用第三卷第五章第一节（债权让与）的规定。

(b) 无偿转让无效，但以书面形式转让的除外。

---

① 原文为第（2）款，但依上下文，应为第（1）款。

（c）以转让人死亡为生效条件的转让仅依继承法的相关规定而生效。

第十章 与第三人的关系

第一节 关于债权人的一般规定

第 10-10：101 条 关于债权人的基本规则

（1）受托人对其承担信托债务的人（信托债权人）可以从信托资金实现其权利［根据第 10-10：202 条（信托债权人与信托资金有关的权利）的规定］，但是其他债权人不得以如此方式实现权利，但本示范规则另有规定的除外。

（2）本条第（1）款的规定，不影响信托当事人的债权人行使该当事人与信托资金有关的权利。

第 10-10：102 条 信托债务的定义

（1）受托人以以下方式形成的债务，是信托债务：

（a）作为信托财产的所有人所发生的债务；

（b）为信托之目的，且依信托条款所发生的债务；

（c）以受托人的身份且依有偿合同或其他的法律行为所形成的债务，但债权人知道或应当知道债务不是依信托条款而产生的除外；

（d）因管理或处分信托资金或履行信托债务的作为或不作为所发生的债务；

（e）其他与信托财产具有实质性关系的债务。

（2）受托人对前受托人或已经行使拒绝权的候选受托人的赔偿、补偿或给付报酬的义务，也是信托债务。

（3）受托人的其他债务不是信托债务。

第二节 信托债权人

第 10-10：201 条 信托债权人对受托人的权利

（1）受托人对信托债务的清偿承担个人责任。

（2）除非受托人和信托债权人另有约定：

（a）责任并不限于信托债权强制执行时信托资金的价值；

（b）在符合受托人变更规则的情况下，即使信托资金不再授予受托人的，其责任也不终止。

(3) 合同一方当事人并不仅因为对方当事人披露其以受托人的身份签订合同，而被视为同意免除或限制其责任。

第 10-10：202 条　信托债权人与信托资金有关的权利

信托债权人可以从信托资金实现以下权利：

(a) 强制履行第 10-10：201 条（信托债权人对受托人的权利）规定的受托人的个人责任；

(b) 行使信托财产之上的担保物权。

第 10-10：203 条　委托人和受益人的保护

委托人或受益人不能仅因其身份而对信托债权人承担责任。

第三节　信托债务人

第 10-10：301 条　强制信托债务人履行债务的权利

(1) 受托人享有债权，且该权利构成信托财产的，强制该债务人（信托债务人）履行债务的权利属于受托人。

(2) 本条第（1）款的规定并不影响：

(a) 受益人请求受托人履行与对信托债务人的权利有关的信托义务的权利；

(b) 允许受益人成为起诉信托债务人的一方当事人，受托人也可以成为一方当事人的程序规则。

第 10-10：302 条　抵销

受托人对信托债务人的权利仅可以抵销以下权利：

(a) 与信托债务相应的权利；

(b) 受益人从信托资金中受益的权利。

第 10-10：303 条　信托债务人的免除

在以下情形下，受托人免除信托债务人的债务无效：

(a) 免除不是履行受托人的信托义务；

(b)（i）免除是无偿的；

(ii) 债务人知道或应当知道免除并不是履行受托人所负的信托义务。

第四节　信托财产和信托财产之上担保物权的取得人

第 10-10：401 条　受赠人和恶意取得人的责任

(1) 受托人转让信托财产给他人，且转让并没有遵守信托条款的规定的，受让人只有在以下条件下才能取得财产，但仍受该信托的约束：

(a) 转让是无偿的；

(b) 受让人知道或应当知道是受托人实施的转让，且没有遵守信托条款的规定。

（2）根据本条第（1）款规定的信托受让人享有请求返还作为交换所授予的任何利益的权利。

（3）本条第（1）款的信托，在以下情况下消灭：

(a) 受让人作为交换所提供的利益在履行信托义务时被处分；

(b) 受托人或第三人履行了恢复信托资金的义务。

（4）受让人在以下情形下构成应当知道：

(a) 如经合理谨慎的调查，情况将显而易见；

(b) 考虑到信托财产的性质和价值、该调查的性质与成本以及商业习惯，可以公平并合理地预见受让人在该情况下会进行该调查。

（5）受托人为他人在信托财产之上设立担保物权或其他定限物权时，则相应地适用本条规定。

第五节 第三人的责任和保护的其他规定

第 10-10：501 条 诱使或帮助滥用信托资金的责任

（1）根据第 6-2：211 条（诱使债务不履行造成的损失）的规定所产生的侵权责任由第（2）款的规定加以修正。

（2）受托人有责任恢复信托财产的，故意诱使受托人不履行信托义务的人，或故意帮助受托人不履行义务的人，与受托人承担连带责任。

第 10-10：502 条 对与受托人交易的第三人的保护

（1）受托人不履行信托义务而与非信托当事人签订的合同，无效或可撤销。

（2）不知道事实真相的人可以信赖信托文书外观上的效果以及其中陈述的真实性，以保护该非信托当事人的利益并对抗受托人。

附录·定义

[注意事项] 根据第 1-1：108 条 (《附录》中的定义) 的规定，本附录中的定义适用于本法中的所有规则，但条文中另有规定的除外。同时，本附录中所界定的词语的其他语法形式应作相应理解。为便于使用，直接从具体条文中提取的定义或从具体条文中引申的定义之后均括注了该条文的序号。不过，本附录中也涵盖一些在本法中经常使用，却未在具体条文中作出界定的术语，但不包括没有任何概念而仅作为某一特定条文或某一组条文起草手段的定义。

添附物、附件 (accessory)

在担保物权中，"添附物"，是指已经或即将与某一动产或不动产紧密结合，或已经或即将成为某一动产或不动产的组成部分，可以在经济上合理地从该动产或不动产中分离出来且不损坏该动产或不动产的有形动产。[第 9-1：201 条]

所有权担保方式 (acquisition finance device)

"所有权担保方式"，是指：(a) 保留所有权交易；(b) 已出卖财产的所有权移转予买受人时该财产之上的担保物权。该担保物权担保 (i) 出卖人的价金清偿请求权；或 (ii) 贷款人对于其发放给买受人支付价金且确实已支付给出卖人的贷款的返还请求权；(c) 任何以担保上述第 (a)、(b) 项所述款项返还为目的而受让第 (a)、(b) 项所述权利的第三人所享有的权利。[第 9-1：201 条第 (3) 款]

高级电子签名 (advanced electronic signature)

"高级电子签名"，是指具有以下性质的电子签名：(a) 属于签名人专有；(b) 能够识别签名人的身份；(c) 签署时制作数据仅由签名人控制；(d) 签署后对数据的任何改动均能被发现。[第 1-1：107 条第 (4) 款①]

---

① 原文为："I.—1：108 (4)"。疑有误。

让与行为（act of assignment）

让与权利的行为，是指旨在产生权利移转效力的合同或其他法律行为。[第 3-5：102 条第（2）款]

代理人（agent）

"代理人"，是指经授权代表他人的人。

财产（assets）

"财产"，是指具有经济价值的物，包括物（property）、具有金钱价值的权利，以及商誉。

让与（assignment）

权利的"让与"，是指一人（让与人）将权利移转给另外的人（受让人）。[第 3-5：102 条第（1）款]

授权（authorisation）

"授权"，是指代理权限的授予或维持。[第 2-6：102 条第（3）款]

权限（authority）

代表本人的代理人的"权限"，是指能影响本人法律地位的权力。[第 2-6：102 条第（2）款]

撤销（avoidance）

法律行为或法律关系的"撤销"，指一方当事人或法庭（视具体情况而定），援引一项效力欠缺事由，使得截至该时仍为有效的法律行为或法律关系溯及地自始无效。

互易合同（barter, contract for）

动产"互易合同"，是指双方在合同订立之时或之后相互移转标的物所有权的合同。[第 4.1-1：203 条]

受益人（beneficiary）

信托的"受益人"，是指根据信托条款的规定，有从信托财产中受益的权利或资格的人。[第 10-1：203 条第（3）款]

无因管理（benevolent intervention in another's affairs）①

"无因管理"，是指一人（管理人），未经授权，也无义务，以主要为他人（本人）利益的意图为一定行为。[第 5-1：101 条]

经营者（business）

"经营者"，是指为了与其自营业务、工作或职业相关的目的而为某种行为的自然人或者法人，是公有还是私有，是否以营利为目的，均无不

---

① 又译为："对他人事务的好意介入"。

可。[第1-1:106条第(2)款]

请求(权)(claim)

"请求(权)",是指基于权利主张而要求。

请求权人(claimant)

"请求权人",是指已提出请求或有理由提出请求的人。

起担保作用的共同债务(co-debtorship for security purposes)

"起担保作用的共同债务",是指由两个或多个债务人(其中须有一人为保证人)所负担的债务,保证人承担债务的主要目的是为债权人提供担保。[第4.7-1:101条第(e)项]

商事代理(commercial agency)

"商事代理",是指根据合同所产生的,由一方当事人(商事代理人)持续地以自营中介人的身份为对方当事人(本人)磋商或订立合同,本人则为此向代理人支付报酬的法律关系。[第4.5-3:101条]

金钱赔偿(compensation)

"金钱赔偿",是指以金钱形式的损害赔偿。[第6-6:101条第(2)款]

免责的债务承担、债务人的完全替代(complete substitution of debtor)

第三人替代原债务人而成为债务人,原债务人因此被免除债务的,是免责的债务承担。[第3-5:202条①]

条件(condition)

"条件",是将法律关系或效力仰赖于将来不确定事件的发生或不发生的条款。条件可分为停止条件或解除条件。[第3-1:106条]

行为(conduct)

"行为",是指任何形式的自愿举动(behaviour),可以是言语的或不用言语的:它包括一个或多个作为、消极或被动性质的举动(如受领某物而未提出反对或不为一定行为)以及持续性或间歇性的举动(如对某物的控制)。

秘密信息(confidential information)

"秘密信息",是指根据信息的性质或获取该信息的具体情况,接受该信息的当事人知道或应当知道该信息对对方当事人而言是秘密的信息。[第2-3:302条第(2)款]

建筑合同(construction, contract for)

"建筑合同",是指一方当事人(建造人)为对方当事人(客户)建造

---

① 原文为:"Ⅲ.—5:203"。疑有误。

某物，或为客户实质性地改良既有建筑物或构筑物的合同。[第 4.3-3：101 条]

消费者（consumer）

"消费者"，是指主要不是为了与其业务、营业或职业相关的目的而为某种行为的自然人。[第 1-1：106 条第（1）款]

消费买卖合同（consumer contract for sale）

"消费买卖合同"，是指出卖人为经营者且买受人为消费者的动产买卖合同。[第 4.1-1：204 条]

合同（contract）

"合同"，是指旨在产生具有拘束力的法律关系或产生其他法律效力的协议。合同是双方或多方法律行为。[第 2-1：101 条第（1）款]

合同债务（contractual obligation）

"合同债务"，是指因合同的明示或默示的条款而产生的债务，或法律直接强加给当事人的债务。

合同关系（contractual relationship）

"合同关系"，是指基于合同产生的法律关系。

共有（co-ownership）

第八卷所称的"共有"，是指两个或多个共有人对整个动产享有不可分割的份额，每个共有人均可单独处分自己的份额，但当事人另有约定的除外。（参较第 8-1：203 条）

有形物（corporeal）

就财产而言，"有形物"，是指具备物理上的存在形式，可以是固体、液体或气体。

成本（costs）

"成本"，包括费用。

对待履行（counter-performance）

"对待履行"，是指为了得到对方的履行而应为的履行。

法庭（court）

"法庭"，包括仲裁庭。

债权人（creditor）

"债权人"，是指有权请求对方当事人（债务人）履行金钱债务或非金钱债务的人。

损害（damage）

"损害"，是指任何形式的不利益（detrimental effect）。

损害赔偿金（damages）

"损害赔偿金"，是指作为对某些特定类型损害的赔偿，某人有权取得的或由法庭判给的一笔金钱。

债务人（debtor）

"债务人"，是指对对方当事人（债权人）负担金钱债务或非金钱债务的人。

违约（default）

与担保物权相关的"违约"，是指债务人不履行担保物权所担保的债务，以及担保权人和担保人所约定的担保权人可以实现担保物权的其他任何事件或情形。[第 9-1：201 条第（5）款]

抗辩（defence）

对请求权的"抗辩"，可以是法律上的反对，也可以是事实上的质疑，但不是对请求权人必须证明事项的单纯否认。具有充分依据的抗辩将使请求权全部或部分无效。

交付（delivery）

就任何交付动产的债务而言，"交付"，是指依有关债务的规定，移转动产的占有，或采取相应措施移转占有。第八卷（动产所有权的取得与丧失）中，转让人放弃对动产的占有，而受让人取得对该动产的占有的，即为动产的交付。合同或其他法律行为、法庭裁定或法律规定涉及由承运人或系列承运人运送动产的，转让人的交付义务履行完毕，且承运人或受让人取得对该动产的占有时，即为动产的交付。[第 8-2：104 条]

从属保证（dependent personal security）

"从属保证"，是指保证人为了担保债务人对债权人的现有或将来的债务的履行而对债权人承担的债务，该债务仅在主债务应当履行时及应当履行的范围内履行。[第 4.7-1：101 条第（a）项]

设计合同（design，contract for）

"设计合同"，是指一方当事人（设计人）为对方当事人（客户）设计拟由客户或为客户建造的构筑物，或由客户或为客户建造或提供的动产、无形财产或服务的合同。[第 4.3-6：101 条]

直接的物理控制（direct physical control）

直接的物理控制，是指由占有人亲自或为占有人实施控制的占有辅助人所实施的物理上的控制。[第 8-1：205 条]

歧视（discrimination）

"歧视"，是指因性别、民族或种族原因而造成以下情形的行为或状况：(a) 在类似的情况下，某人没有受到像其他人那样的待遇；(b) 一个表面中立的条款、标准或习惯做法将某一人群置于相较于其他不同的人群特别不利的地位。[第2-2：102条第（1）款]

经销合同（distribution contract）

"经销合同"，是指一方当事人（供应人）同意向对方当事人（经销人）持续供应产品，经销人购买产品，或接受产品、付款并以自己的名义、为自己的利益向他人供应该产品的合同。[第4.5-5：101条第（1）款]

经销关系（distributorship）

"经销关系"，是指基于经销合同所产生的法律关系。

按份债务（divided obligation）

两个或两个以上债务人负担债务，每个债务人仅有义务履行部分债务，而债权人也只能向每个债务人请求履行该部分债务的，为"按份债务"。[第3-4：102条第（2）款]

按份债权（divided right）

两个或两个以上债权人享有债权，债务人仅在每个债权人的份额范围内向每个债权人负有义务，每个债权人也只能请求履行其所享有的份额，为"按份债权"。[第3-4：202条第（2）款]

赠与合同（donation, contract for）

动产"赠与合同"，是指一方当事人（赠与人）无偿地将动产的所有权移转予对方当事人（受赠人），并以施惠于受赠人的意图移转所有权的合同。[第4.8-1：101条]

耐久媒质（durable medium）

"耐久媒质"，是指存储信息的材料，储存信息的时间足够长以便未来能参考该信息，以符合信息存储的目的，并且该介质允许一成不变地复制其中信息。[第1-1：106条第（3）款①]

义务（duty）

某人依相应的行为标准应该或被期待为一定行为的，即负有"义务"。义务可对特定的或不特定的债权人负担。义务并不必是法律关系的一个方面，义务的违反也不必然引起制裁。债务必定是义务，但并非所有的义务都是债务。

经济损失（economic loss）

参见"损失"。

---

① 原文为："I.-1：107（3）"。疑有误。

电子（electronic）

"电子",是指有关电、数字、磁、无线电、光学、电磁或类似的技术。[第 1-1: 107 条第（5）款]

电子签名（electronic signature）

"电子签名",是指以电子形式与其他电子数据相联系或存在逻辑关联的,用于确认签名人身份的数据。[第 1-1: 107 条第（3）款①]

金融财产（financial assets）

"金融财产",是指金融工具和金钱给付请求权。[第 9-1: 201 条第（6）款]

金融工具（financial instruments）

"金融工具",是指:（a）可流通的股票和同类的证券,以及可流通的债券和同类的债务证券;（b）其他可以交易和授权取得此类金融工具或导致现金结算的证券,但支付工具除外;（c）集体投资企业中的股权;（d）货币市场工具;（e）前述金融工具上的权利或与这些金融工具有关的权利。[第 9-1: 201 条第（7）款]

特许经营（franchise）

"特许经营",是指根据合同,一方当事人（特许人）为取得报酬,授予对方当事人（被特许人）从事经营活动（特许经营活动）的权利,被特许人有权为自身利益,以自己的名义在特许人的经营体系下提供特定产品,被特许人有权利也有义务使用特许人的商号、商标或其他知识产权、技术秘密以及模式的法律关系。[第 4.5-4: 101 条]

欺诈（fraudulent）

知道或确信陈述虚假,并旨在诱使信息受领者产生误解的,该不实陈述即为"欺诈"。不披露信息的意图在于使对方当事人产生误解的,该不披露信息的行为也为"欺诈"。[第 2-7: 205 条第（2）款]

根本不履行（fundamental non-performance）

合同债务的不履行在以下情形下构成"根本不履行":（a）债务的不履行实质性地剥夺了债权人根据合同可能从合同的全部或相关部分的履行中得到的利益,但在合同成立时债务人没有预见并不应当预见这一结果的除外;（b）债务的不履行是故意的或轻率的,且债权人有理由相信债务人将不会履行将来的债务。[第 3-3: 502 条第（2）款]

---

① 原文为:"I.-1: 108（3）"。疑有误。

总括担保（global security）

"总括担保"，是指为了担保债务人对债权人的所有债务的履行或担保现金账户借款余额的清偿的从属保证，或类似内容的保证。[第 4.7-1：101 条第（f）项]

诚实信用（good faith）

"诚实信用"，是一种主观心理态度。该心理态度具有以下特征：诚实，且不知道表面状况不是真实状况。

诚实信用与公平交易（good faith and fair dealing）

"诚实信用与公平交易"，是指一种行为准则。这一行为准则具有以下特征：诚实、公开并考虑到相关交易或法律关系的对方当事人的利益。[第 1-1：103 条]

有形动产（goods）

"有形动产"，是指有形的、可移动的财产，包括船舶、车辆、气垫船或航空器、太空物体、动物、液体以及气体。参见"动产"。[第 8-1：201 条]

重大过失（gross negligence）

因为过失严重背离了客观情况不言自明的注意标准的，为"重大过失"。

手写签名（handwritten signature）

"手写签名"，是指为了达到确认签名人身份的目的，而亲自书写的自己的名字或代表自己的标记。[第 1-1：108 条第（2）款]

骚扰（harassment）

"骚扰"，是指不受欢迎的行为（包括涉及性的行为），这些行为侵犯了或意在侵犯个人尊严，特别是当此类行为产生了畏惧、敌意、不名誉、羞辱或攻击性的情境时。[第 2-2：102 条第（2）款]

不动产（immovable property）

"不动产"，是指土地以及附着于土地、不能以通常人力改变其位置的物。

不完全的债务承担、债务人的不完全替代（incomplete substitution of debtor）

第三人替代原债务人而成为债务人，原债务人仍是债务人以防止新债务人不适当履行债务的债务承担，是"不完全的债务承担"。[第 3-5：202 条①]

---

① 原文为："Ⅲ.-5：205"。疑有误。

无形物（incorporeal）

"无形物"，就财产而言，指不具备固体、液体或气体等物理存在形式。

补偿（indemnify）

"补偿"，是指向他人偿付以确保其不遭受损失。

独立保证（independent personal security）

"独立保证"，是担保人为担保目的而对债权人承担的债务，该债务明示或默示地表明不依赖于他人对债权人的债务。[第 4.7-1：101 条第（b）项]

间接的物理控制（indirect physical control）

间接的物理控制，是指借助于他人——他主占有人所实施的物理上的控制。[第 8-1：205 条]

经过个别磋商的（individually negotiated）

参见"未经个别磋商的"和第 2-1：110 条。

不生效力（ineffective）

"不生效力"，就合同或其他法律行为而言，是指不发生法律效果，不论这种状态是暂时抑或永久的、普遍的抑或受到限制的。

破产程序（insolvency proceeding）

"破产程序"，是指一种集合的司法或管理程序，包括一个暂时程序。在这一程序中，已资不抵债或据信已资不抵债的人的事务由法庭或其他主管部门控制或监督，以便重组或清算。

无形财产（intangibles）

就担保物权而言，"无形财产"，是指非物质的财产，包括未持有证书的和间接持有的证券，及共有人对有形财产、集合物或基金所享有的不可分割的份额。[第 9-1：201 条第（8）款]

利息（interest）

"利息"，是指没有被推定计入本金的单利。

无效（invalid）

法律行为或法律关系"无效"，是指该行为或关系自始无效或已被撤销。

共同债务（joint obligation）

两个或两个以上债务人负担债务，债务人有义务共同履行债务，而债权人也只能向全部债务人请求共同履行债务的，为"共同债务"。[第 3-4：102 条第（3）款]

共同债权 (joint right)

两个或两个以上债权人享有债权,任何一个债权人只能基于全体债权人的利益请求履行,债务人必须向全体债权人为履行的,是"共同债权"。〔第 3-4:202 条第 (3) 款〕

法律行为 (juridical act)

"法律行为",是指旨在产生同样法律效力的任何陈述或协议,可以是明示的,也可以是依行为所默示的。法律行为可以是单方的、双方的或多方的。〔第 2-1:101 条第 (2) 款〕

保有人 (keeper)

动物、车辆或物质的"保有人",是指为自己的利益对其为有效使用或物理控制的人,以及对其享有控制权或使用权的人。

租赁 (lease)

"租赁",是指因合同所产生的,一方当事人(出租人)允许对方当事人(承租人)暂时使用租赁物,对方当事人向其支付租金的法律关系。〔第 4.2-1:101 条〕

定限物权 (limited proprietary right)

"定限物权",是指示范规则或内国法类型化为或视为物权的以下权利:(a) 担保物权;(b) 使用权;(c) 取得所有权的期待权〔包括第 8-2:307 条(保留所有权交易中受让人的期待权)规定的取得所有权的期待权〕;(d) 与信托有关的权利。〔第 8-1:204 条〕

他主占有人 (limited-right-possessor)

就动产而言,"他主占有人",是指以以下方式之一对动产实施物理上的控制的人:(a) 为自己利益而实施,且与赋予其占有权利的自主占有人存在特定的法律关系;(b) 按照自主占有人的指令而实施,并且与自主占有人存在特定的合同关系,该自主占有人授予他主占有人在自主占有人偿付所有费用或成本之前,有权留置该动产。〔第 8-1:207 条〕

借款合同 (loan contract)

"借款合同",是指一方当事人(贷款人)向对方当事人(借款人)提供一定数量的货币贷款或透支贷款,供借款人在确定期限或不确定期限(贷款期间)内使用,借款人偿还依贷款所取得的金钱的合同。借款人是否应当支付利息或其他种类的报酬,由当事人约定〔第 4.6-1:101 条第 (2) 款〕

损失 (loss)

"损失"包括经济损失和非经济损失。"经济损失"包括收入或利润的损失、发生的负担以及财产价值的减少。"非经济损失"包括疼痛与痛苦以及对生活质量的损害。[第 3-3:701 条第（3）款及第 6-2:101 条第 4 款]

委托（mandate）

对受托人的"委托"，是指委托人有关与第三人促成、磋商或订立合同或其他法律行为的授权或指示，该授权或指示可依由委托人嗣后的指示而变更。[第 4.4-1:102 条第（1）款第（a）项]

直接代理的委托（mandate for direct representation）

"直接代理的委托"，是指受托人以委托人名义或以其他表明影响委托人法律地位的意思的方式从事一定行为的委托。[第 4.4-1:102 条第（1）款第（d）项]

间接代理的委托（mandate for indirect representation）

"间接代理的委托"，是指受托人以自己的名义或以其他并不表明影响委托人法律地位的意思的方式从事一定行为的委托。[第 4.4-1:102 条第（1）款第（e）项]

债务的混同（merger of debts）

"债务的混同"，是同一人同时具有债务人和债权人地位的情形。[第 3-6:201 条]

归并条款（merger clause）

"归并条款"，是指合同文件中指出该合同文件归并了合同的全部条款的条款。[第 2-4:104 条]

货币贷款（monetary loan）

"货币贷款"，是指贷款人出借给借款人的一定数额的金钱，借款人定期分期偿还或在贷款期间届满时偿还全部贷款。[第 4.6-1:103 条第（3）款]

机动车辆（motor vehicle）

"机动车辆"，是指由机械动力驱动、用于陆上行驶的任何车辆，以及拖车，而不管其是否拖有机动车辆。机动车辆不包括轨道交通工具。[第 6-3:205 条第（2）款]

动产（movables）

"动产"，是指不动产之外的有形的及无形的财产。

过失（negligence）

某人未尽到在具体情况下可以合理地被期待的注意标准的，即为有"过失"。

非经济损失（non-economic loss）

参见"损失"。

不履行（non-performance）

债务"不履行"，是指债务的任何不履行，而不论其是否可以免责，包括迟延履行和瑕疵履行。[第3-1：101条第（3）款]

通知（notice）

"通知"包括信息或法律行为的传送。[第1-1：105条]

未经个别磋商的（not individually negotiated）

一方当事人所提供的合同条款，不管是否构成格式条款的一部分，只要是对方当事人不能影响其内容的形成，尤其是该条款事先已经拟定好，就是"未经个别磋商的"条款。[第2-1：110条]

债务（obligation）

"债务"，是指法律关系中的一方当事人（债务人）对对方当事人（债权人）所负的为一定履行的义务。[第3-1：101条第（1）款]

透支贷款（overdraft facility）

"透支贷款"，是指借款人可以从其现金账户中提取超过账户余额的不定数额但受限制的资金。除非另有规定，透支贷款具有循环性，借款人可以反复不断地使用该贷款。[第4.6-1：101条第（4）款]

自主占有人（owner-possessor）

"自主占有人"，是指以所有的意思而对动产实施直接或间接的物理上的控制的占有人。[第8-1：206条]

所有权（ownership）

"所有权"，是某人（"所有人"）对财产享有的最全面的权利，包括在法律范围内或与所有人的授权相一致地使用、享有、改造、破坏、处分和取回财产的排他性权利。[第8-1：202条]

履行（performance）

债务的"履行"，是指债务人为依据该债务应为的行为，或不为依据该债务不应为的行为。[第3-1：101条第（2）款]

人（person）

"人"，是指自然人或法人。

物理控制（physical control）

动产的"物理控制"，是指对动产的直接或间接的物理上的控制。[参较第8-1：205条]

占有（possession）

动产的"占有"，是指对动产的直接或间接的物理上的控制。[第8-1：205条]

占有辅助人（possession-agent）

动产的"占有辅助人"，是指代表自主占有人或他主占有人对动产实施直接的物理上的控制的人（比如雇员）（不存在他主占有所要求的意图或特定法律关系）；自主占有人或他主占有人可以为了自己的利益向其发出利用动产的具有拘束力的指示。偶然地为自主占有人或他主占有人准备实施或已经实施对动产的直接的物理上的控制的人，也是占有辅助人。［第 8-1：208 条］

移转占有型担保物权（possessory security right）

"移转占有型担保物权"，是指以担保权人或其他为其代为持有的人（债务人除外）占有有形担保物为条件的担保物权。［第 9-1：201 条第（10）款］

诉讼时效（prescription）

"诉讼时效"，就债务履行请求权而言，是指因规定期间的经过，产生债务人有权拒绝履行的法律效果。

推定（presumption）

"推定"，是指根据一个已知事实或事实状态的存在，可以推断另一事实或事实状态的存在，但有相反证明的除外。

价款（price）

"价款"，是指债务人为了取得某项商品或服务，依金钱债务的要求，以法律认可的货币形式所应为的支付。

收益（proceeds）

担保物权中的"收益"，是指来源于担保财产的任何价值，如：通过出卖或其他处分，或通过收款，而实现的价值；因缺陷、损坏或丧失而取得的损害赔偿金或保险金；法定孳息和天然孳息，包括分红；以及收益的收益。［第 9-1：201 条第（11）款］

加工合同（processing, contract for）

"加工合同"，是指一方当事人（加工人）为对方当事人（客户）就既有动产、无形财产或构筑物实施服务的合同（但在既有建筑物或其他构筑物上的建造工作除外）。［第 4.3-4：101 条］

生产者（producer）

"生产者"，就被制作的物而言，是指制作人或制造人；就原材料而言，是指提炼人或开采人；就被栽培、繁殖或饲养的物而言，指栽培人、养殖人或饲养人。第 6-3：204 条中另有特别的含义。

财产（property）

"财产"，是指一切可由所有人所有的东西，包括动产或不动产、有形财产或无形财产。

物的担保、担保物权（proprietary security）

"物的担保",包括所有财产（动产或不动产,有形财产或无形财产）之上的担保物权。[第4.7-1：101条第（g）项]

物权担保合同（proprietary security, contract for）

"物权担保合同",是指包括以下内容的合同:（a）担保人同意为担保权人设定担保物权;（b）当所有权移转给被视为担保人的受让人时,担保权人可以保留担保物权;（c）财产的出卖人、出租人或其他供应人为担保其债权的清偿,有权保留所提供财产的所有权。[第9-1：201条第（4）款]

公共假日（public holiday）

欧盟成员国或其中某个地区的"公共假日",是指该国或该地区官方公报中所公布的公共假日。[第1-1：110条第（9）款]

追认（ratify）

"追认",是指对法律效果的确认。

合理（reasonable）

"合理",应依行为的性质和目的、具体情形以及相关的惯例和习惯做法,客观地进行判断。[第1-1：104条]

对待（履行、给付）（reciprocal）

在以下情形下,一项债务与另一项债务构成对待履行关系:（a）一项债务的履行是为了换取另一项债务的履行;（b）一项债务是为了便于或接受另一项债务的履行;（c）一项债务与另一项债务或其标的存在明显的联系,可以合理地认为该项债务的履行依赖于另一项债务的履行。[第3-1：101条第（4）款]

轻率（recklessness）

知道行为在某方面存在明显且严重的风险,仍不顾风险是否实现,自愿地为该行为的,即为"轻率"。

租金（rent）

"租金",是指为在一定期间内使用租赁物而支付的金钱或其他交换价值。[第4.2-1：101条]

损害赔偿（reparation）

"损害赔偿",是指旨在使遭受了损害的人恢复到损害未发生时其本可处的状态的金钱赔偿或其他恰当形式。[第6-6：101条]

代理人（representative）

"代理人",是指经授权（有权限）以他人（本人）名义或以直接影响

本人法律地位的意图为一定行为,从而直接影响本人对第三人的法律地位的人。[第 2-6：102 条第（1）款]

要件（requirement）
"要件",是指特定结果的发生或特定权利的行使所必需者。

解除的（resolutive）
当条件成就时,法律关系或法律效力终止的,条件为"解除"条件。[第 3-1：106 条]

保留所有权交易（retension of ownership device）
"保留所有权交易",是指提供动产的所有权人保留所有权,以担保债务的履行的情形。[第 9-1：103 条]

撤销（revocation）
"撤销",(a) 就法律行为而言,是指享有相应权利的人将法律行为取消,从而使其不再具有效力;(b) 就被授予或转让的财产而言,是指享有相应权利的人将其取消从而使其恢复到原有的状态或将其返还给授予人或转让人。

权利（right）
"权利",根据上下文,是指:(a) 与债务或责任存在相互关系者(如在"当事人根据合同产生的权利与义务严重失衡"中);(b) 一项物权(如所有权);(c) 一项人格权利(如维护人格尊严的权利,或自由权与隐私权);(d) 依法授予的产生特定后果的权力(如撤销合同的权利);(e) 采取特定救济措施的权利(如请求司法裁定强制履行合同债务的权利);或(f) 为或不为影响他人法律地位的一定行为以免产生不利后果的权利(如在"拒绝履行对待债务的权利"中)。

买卖合同（sale，contract for）
动产或其他财产的"买卖合同",是指一方当事人(出卖人)在合同订立之时或之后向将标的物的所有权移转于对方当事人(买受人)或第三人,买受人支付价款的合同。[第 4.1-1：202 条]

动产担保物权（security right in movable asset）
"动产担保物权",是动产之上的定限物权,担保权人依此可就担保财产使其担保债权优先受偿。[第 9-1：202 条第（1）款]

服务合同（services，contract for）
"服务合同",是指一方当事人(服务提供人)为对方当事人(客户)提供服务,对方当事人支付价款的合同。[第 4.3-1：101 条]

抵销（set-off）
"抵销",是指某人可以以其享有的对另一人的债权全部或部分清偿对

该人所欠的债务的情形。[第 3-6：101 条]

签名（signature）

"签名"，包括手写签名、电子签名或高级电子签名，以及可被推定为签名人所签署的任何标记。[第 1-1：108 条第（2）款]

连带债务（solidary obligation）

两个或两个以上债务人负担债务，每个债务人都有义务履行全部债务，而债权人可以请求任一个债务人履行直到其债权足额受偿的，为"连带债务"。[第 3-4：102 条第（1）款]

连带债权（solidary right）

两个或两个以上债权人享有债权，任一个债权人均可请求债务人为全部履行，债务人也可向任一个债权人为履行的，是"连带债权"。[第 3-4：202 条第（1）款]

格式条款（standard terms）

"格式条款"，是指为与不同当事人的多次交易使用而预先拟定，未经当事人个别磋商的合同条款。[第 2-1：109 条]

保管合同（storage, contract for）

"保管合同"，是指一方当事人（保管人）为对方当事人（客户）保管动产或无形财产的合同。[第 4.3-5：101 条]

（清偿）代位（subrogation）

就权利而言，"代位"指向他人为一定支付或履行，从而根据法律规定取得该他人对第三人的权利的程序。

债务承担、债务人的替代（substitution of debtor）

"债务承担"，是指债务人与债权人约定第三人完全或不完全替代债务人，原合同仍然有效的情形。[第 3-5：202 条] 参见"免责的债务承担"和"不完全的债务承担"。

供应、提供（supply）

"供应"动产或其他财产，是指以出售、赠与、互易、出租或其他方式使他人可以得到财产；"提供"服务，是指以有偿或无偿方式向他人提供服务。除非另有不同规定，"供应"包括动产、其他财产和服务的供应。

停止的（suspensive）

条件成就时，法律关系或法律效力开始发生效力的，该条件为"停止条件"。[第 3-1：106 条]

默示延期（tacit prolongation）

"默示延期"，是指以下情形：当合同规定了债务在某一确定的期间内持续履行或重复履行,且在该期间届满后双方当事人继续履行债务时,该合同即成为不定期合同,但具体情况与当事人对该延期的默示同意不一致的除外。[第3-1:111条]

条款(term)

"条款",是指合同或其他法律行为、法律、法庭裁决或具有法律拘束力的惯例或习惯做法中的明示或默示的条文。条款包括条件。

解除(termination)

既有的权利、义务或法律关系的"解除",向以后失去效力,但另有规定的除外。

文本形式(textual form)

"文本形式",是指以字母或其他可以理解的文字在可以阅读的载体上所表达的文本,这些载体使得文本的内容得以以有形形式记录或复制。[第1-1:106条第(2)款①]

合同的承受(transfer of contractual position)

"合同的承受",是指三方当事人达成协议,由第三人替代合同关系的一方当事人,接受该当事人的权利、义务和整个合同地位的情形。[第3-5:302条]

医疗服务合同(treatment, contract for)

"医疗服务合同",是指一方当事人(医疗服务提供人)为对方当事人(患者)提供医疗服务或为改善他人的身体或精神状态而提供其他服务的合同。[第4.3-8:101条]

信托(trust)

"信托",是指受托人根据调整其法律关系的条款(信托条款),为受益人利益或为促进公共利益,管理或处分一个或多个财产(信托资金)的法律关系。[第10-1:201条]

受托人(trustee)

受托人,是信托设立之时或之后,经聘任管理信托资金,并承担上述信托的定义中所规定义务的人。[第10-1:203条第(2)款]

委托人(truster)

委托人,是依法律行为而设立或拟设立信托的人。[第10-1:203条第(1)款]

不当得利(unjustified enrichment)

"不当得利",是指不具备法律上原因的利益。

---

① 原文为:"I.-1:107(2)"。疑有误。

有效（valid）

法律行为或法律关系"有效"，是指其既非无效，亦未被撤销。

无效（void）

法律行为或法律关系的"无效"，是指其自始、当然无效。

可撤销（voidable）

法律行为或法律关系的"可撤销"，是指该行为或关系存在瑕疵，很可能被撤销，并因此溯及地失去法律效力。

撤回（withdraw）

"撤回"合同或其他法律行为的权利，是指无须说明理由，且无须承担债务不履行的责任，而在特定期限内消灭基于合同或其他法律行为而产生的法律关系的权利。[第2-5：101条至第2-5：105条]

拒绝履行（withholding performance）

"拒绝履行"，是一种不履行合同债务的救济措施，是指合同一方当事人在对方当事人已经开始履行或已经履行完毕之前可以拒绝对待债务的履行请求。[第3-3：401条]。

工作日（working days）

"工作日"，是指除星期六、星期日和公共假日之外的日期。[第1-1：110条第（9）款第（b）项]

书面形式（writing)

"书面形式"，是指直接记载于纸张或其他有形耐久介质的文本形式和文字形式。[第1-1：106条第（1）款①]

---

① 原文为："I.-1：107（1）"。疑有误。

索引·词汇表①

abandonment［抛弃（物）］ 第6-3：208条；第8-1：101条

ability to pay（支付能力） 第3-5：112条

acceptance（承诺） 《导论》第51段；第2-4：204条至第2-4：211条

    assent to an offer, definite（对要约的同意，定义） 第2-4：208条

    commercial agency（商事代理） 第4.5-3：308条

    conditional（附条件的） 第2-4：208条

    conduct（行为） 第2-4：204条至第2-4：205条

    early performance（提前履行） 第3-2：103条

    fixed time（固定期间） 第2-4：202条；第2-4：205条

    inactivity（不作为） 第2-4：204条

    late（迟到的） 第2-4：207条

    modified（变更的） 第2-4：208条

    personal security（保证） 第4.7-1：103条

    silence（沉默） 第2-4：204条

    statement（陈述） 第2-4：204条

    time limit（期限） 第2-4：206条

    unilateral undertaking（单方允诺） 第2-1：103条

accessories（添附物、附件） 第4.1-2：301条；第4.1-2：302条；第4.2-3：102条；第4.2-3：103条；第9-1：201条；《附录》

    security rights（担保物权） 第9-2：305条；第9-3：105条

    transferability（可转让性） 第8-1：301条

accommodation（住宿） 第2-5：201条；第4.3-5：110条

account（账户） 另参见 accounting（报告）

    current account（现金账户） 第4.7-1：101条；第4.7-1：106条

accountability for damage（损害赔偿责任的承担） 第6-1：101条；第6-2：101条；第6-3：101条至第6-3：104条；第6-3：201条至第6-3：208条；第6-5：102条

---

① 应当注意的是，本词汇表并不完全是取自导论、原则和示范规则条文的相关表述，同时，在导论、原则和示范规则条文的翻译过程中，根据上下文对中文表述做了相应变通。因此，本词汇表与正文并不完全一致。

abandonment（抛弃物） 第6-3：208条

alternative causes（可供选择的原因） 第6-4：103条

animals, damage caused by（动物，造成的损害） 第6-3：203条；第6-3：208条

children, damage caused by（儿童，造成的损害） 第6-3：104条

contributory fault（与有过错） 第6-5：102条

emissions（排放物） 第6-3：206条

employees, damages caused by（雇员，造成的损害） 第6-3：201条；第6-5：102条

immovable, unsafe state（不动产，危险状态） 第6-3：202条

intention（故意） 第6-3：101条

minors（未成年人） 第6-3：103条

motor vehicles（机动车辆） 第6-3：205条

negligence（过失） 第6-3：102条

parental care（法定监护） 第6-3：104条

parents（父母） 第6-3：104条

producer of a product（产品的生产者） 第6-3：204条

representatives（代理人） 第6-3：201条；第6-5：102条

source of danger（危险源） 第6-3：207条；第6-4：101条

substances, dangerous（物质，危险） 第6-3：206条

supervised persons（被监护人） 第6-3：104条

accountant, independent（会计师，独立的） 第4.5-3：204条；第4.5-3：311条

accounting（报告）

commercial agency（商事代理） 第4.5-3：204条；第4.5-3：311条

principal（本人） 第4.5-3：311条

accrual（继受份额的增加） 第8-1：101条

acknowledgement of receipt（收到的确认） 第2-3：202条

ACQP（现行私法原则） 参见 Acquis Principles（现行私法原则）

acquis communautaire（欧盟现行私法）《导论》第24、59、63、68-69段；《原则》第10、46段

Acquis Principles（现行私法原则）《导论》第57段

Acquisition, representation for（代理取得） 第8-2：302条

acquisition finance device（所有权担保方式） 第9-1：201条；《附录》

registration（登记） 第9-3：107条

superpriority（超优先顺位） 第9-4：102条；第9-4：105条

acquisition of ownership（所有权的取得）《导论》第2、37、43、53段；《原则》第14、36段；第8-1：101条

cultural objects（文物） 第8-4：102条

continuous possession（持续占有）《原则》第37段；第8-4：101条至第8-4：103条；第8-4：201条至第8-4：206条

extrajudicial enforcement（以非司法途径实现） 第8-1：101条

· 447 ·

free of limited proprietary rights（免受定限物权的约束） 第8-3：102条

free from a prior security right（免受在先担保物权的拘束） 《原则》第53段

good faith acquisition（善意取得） 《原则》第37、53段；第8-3：101条至第8-3：102条

incapacity（无行为能力） 第8-4：201条

act of assignment（让与行为） 第3-5：102条；第3-5：104条；第3-5：112条；第3-5：114条；第3-5：118条；《附录》。另参见 assignment（让与）

 formation（成立） 第3-5：110条

 gratuitous（无偿的） 第3-5：110条

 security purpose（担保目的） 第3-5：110条

 successive（递次的） 第3-5：114条

 validity（效力） 第3-5：110条

acting at own risk（自甘风险） 第6-5：101条

acknowledgement（承认） 第3-7：401条

actio pauliana（债权保全之诉） 《原则》第4段

Action Plan on a More Coherent European Contract Law（构建更为统一的欧洲合同法行为计划） 《导论》第1、59段．

 Way Forward（前进之路） 《导论》第61段

addition of new debtors（债务承担、新债务人的增加） 第3-5：201条至第3-5：202条；第3-5：208条

consent（同意） 第3-5：203条

effects（效力） 第3-5：209条

rejection of right conferred（拒绝所赋予的权利） 第3-5：203条

solidary liability（连带责任） 第3-5：202条；第3-5：208条

advanced electronic signature（高级电子签名） 第1-1：107条；《附录》

advantage, undue（利益，不正当的） 《原则》第49、53段

advertisement（广告） 第2-4：201条；第2-9：102条

advertising campaigns（广告宣传） 第4.5-4：205条；第4.5-4：207条；第4.5-5：202条

advertising materials（广告宣传材料） 第4.5-5：204条

advice（建议） 第4.3-1：101条；第4.5-4：203条

 incorrect（错误） 第6-2：207条

adviser（顾问） 第4.3-7：103条；另参见 information provider（信息服务提供人）

agent（受托人、代理人） 《导论》第30段；第4.4-1：101条；《附录》

acting beyond mandate（超越委托权限而行为） 第4.4-3：201条至第4.4-3：202条

authorisation（授权） 第4.4-1：102条

counter-option of third party（第三人的反选择） 第3-5：402条

death（死亡） 第4.4-7：103条

expenses incurred（发生的费用） 第4.4-2：103条；第4.4-3：402条；第4.4-7：103条

fundamental nonperformance（根本不履行）

第4.4-1：105条

insolvency（破产） 《导论》第29段；第3-5：401条至第3-5：402条；第4.4-3：403条

instruction（指示） 第4.4-1：102条

mandate（委托） 第4.4-1：102条；

mandate contract（委托合同） 第4.4-1：101条

obligations（债务） 第4.4-3：101条至第4.4-3：103条；第4.4-3：401条至第4.4-3：403条

skill and care, obligation of（具备相应的技能和注意的义务） 第4.4-3：103条

standards, professional（标准，专业） 第4.4-3：103条

subcontracting（转委托） 第4.4-3：302条

aggrieved party（受害人） 《导论》第51段

agreement（协议、合意） 《导论》第45段；第2-1：101条；第2-1：103条；第2-9：101条。另参见contract（合同）

express（明示的） 第2-9：101条

failure to reach an agreement（未能达成协议） 第2-3：301条

intention of reaching an agreement（达成协议的意图） 第2-3：301条

negotiations（磋商） 第2-3：301条

proprietary effect（物权效力） 第8-1：104条

sufficient（充分的） 第2-4：101条；第2-4：103条

tacit（默示的） 第2-9：101条

termination by（解除） 第3-1：108条

variation by（变更） 第3-1：108条

air（空气） 第6-2：209条

aircraft（航空器） 第8-1：201条；《附录》"goods"（"有形动产"）

alienation（转让、让渡） 《原则》第14、61段

representation for alienation（代理转让） 第8-2：302条

ambiguous terms（不明确条款） 《原则》第46段；第2-8：103条

animal（动物） 第8-1：201条；《附录》"goods"（"有形动产"）。另参见fauna（动物群）

abandonment（抛弃物） 第6-3：208条

damage caused by（造成的损害） 第6-3：203条；第6-3：208条

damaged（遭受损害） 第6-6：101条

keeper（保有人） 第6-3：203条；第6-3：208条；《附录》

source of danger（危险源） 第6-6：302条

application, intended field of（适用，范围） 第1-1：101条；另参见coverage of DCFR（《欧洲示范民法典草案》的适用范围）

application, uniformity of（法律适用，统一性） 第1-1：102条

appropriation（以物抵债） 第9-5：207条；第9-7：105条；第9-7：207条

appurtenances, transferability（附属物，

可转让性） 第 8-1：301 条

arbitral award, right established by（仲裁裁决，经其确认的权利） 第 3-7：202 条

arbitral tribunal（仲裁庭） 《附录》"court"（"法庭"）

arbitration proceedings（仲裁程序） 第 2-9：410 条；第 3-7：302 条；第 8-4：203 条

arms' length, dealing at（不受对方控制，交易）《原则》第 11 段

assets（财产） 《导论》第 26 段；《原则》第 30 段；《附录》

  alteration, unilateral（变更，单方） 第 2-9：410 条

  conformity（与合同相符） 第 2-9：410 条

  decrease（减少） 第 7-5：103 条

  encumbrance〔（担保）负担〕 第 9-2：105 条。另参见 assets, encumbered（担保财产）

  enrichment（利益） 第 7-4：101 条；第 7-5：101 条

  good faith acquisition（善意取得）《原则》第 37、53 段

  importation（进口） 第 9-3：108 条；第 9-4：106 条

  increase（增值） 第 7-3：101 条；第 7-7：102 条

  information（信息） 第 2-3：101 条至第 2-3：103 条；第 2-3：106 条

  movables（动产） 参见 movable assets（动产）

  non-conformity（与合同不符） 第 3-3：107 条

  security rights〔（动产）担保物权〕

《原则》第 37、53 段

  transferability（可转让性） 第 9-2：102 条

  use of（使用） 第 7-3：101 条；第 7-7：102 条

assets, encumbered（担保财产） 第 9-2：105 条；第 9-5：201 条至第 9-5：205 条

  access to（进入） 第 9-7：203 条

  appropriation（以物抵债） 第 9-7：105 条；第 9-7：207 条；第 9-7：216 条

  auction, private（拍卖，任意） 第 9-7：211 条

  auction, public（拍卖，强制） 第 9-7：211 条

  civil fruits（法定孳息） 第 9-5：208 条

  disposition（处分） 第 9-5：204 条至第 9-5：205 条

  enforcement notice（实现担保物权的通知） 第 9-7：207 条至第 9-7：210 条

  financial assets（金融财产） 第 9-2：207 条

  immobilization（固定） 第 9-7：202 条

  industrial material（工业原料） 第 9-5：203 条

  inspection（检查） 第 9-5：201 条

  insurance（保险） 第 9-5：201 条；第 9-7：202 条

  inventory（存货） 第 9-5：204 条

  notice possession, right to take（通知，取得占有的权利） 第 9-7：201 条；第 9-7：203 条

  preservation（保存） 第 9-5：201

条；第9-5：206条；第9-7：202条

price, commercially reasonable（价格，商业上合理的）　第9-7：212条

proceeds, account for（收益，清算）　第9-6：105条

proceeds, distribution of（收益，分配）第9-7：215条

realisation（变现）　第9-7：207条至第9-7：216条

sale（变卖）　第9-7：211条至第9-7：213条

transfer of ownership（移转所有权）　第9-5：303条

up-keep（保管）　第9-5：201条；第9-5：206条；第9-7：202条

use（使用）　第9-5：202条至第9-5：203条；第9-5：205条至第9-5：206条

assignability（可让与性）　第3-5：104条至第3-5：105条；第3-5：107条至第3-5：109条

prohibition, contractual（禁止，合同）　《导论》第29、79段；第3-5：108条

assignee（受让人）　第3-5：102条至第3-5：105条；第3-5：113条；《附录》"assignment"（"让与"）

assignment（让与）　《导论》第29、34、53段；《原则》第46、55段；第3-5：101条；第3-5：104条；第3-5：114条；第3-5：118条至第3-5：119条；《附录》

accessory right（从属性权利）　第3-5：105条；第3-5：115条

act of（行为）　参见act of assignment（让与行为）

avoidance, subsequent（撤销，其后的）

《导论》第29段；第3-5：118条

consent（同意）　第3-5：104条；第3-5：108条至第3-5：109条

defences（抗辩）　第3-5：112条；第3-5：116条

discharge of debtor（债务人免除债务）　第3-5：116条；第3-5：119条；第3-5：121条至第3-5：122条

effects（效力）　第3-5：113条至第3-5：118条

entitlement to assign（让与的权利）　第3-5：104条；第3-5：111条至第3-5：112条；第3-5：118条

existence of right assigned（拟让与的权利存在）　第3-5：104条；第3-5：112条

future right（未来的权利）　第3-5：106条；第3-5：114条

independent personal security（独立保证）　第4.7-3：108条

invalidity, initial（无效，自始）　《导论》第29段；第3-5：118条

lease of goods（动产租赁）　第4.2-7：102条

monetary obligation（金钱债务）　第3-5：107条

non-monetary obligation（非金钱债务）　第3-5：107条；第3-5：117条

notice of（通知）　第3-5：104条；第3-5：119条至第3-5：120条

part of a right（部分权利）　第3-5：102条；第3-5：107条

performance to person who is not the creditor（向债权人之外的人履行）　第3-5：119条

place of performance（履行地点）

第 3-5：117 条

priority（优先顺位） 第 3-5：112 条；第 3-5：121 条

primary right（主权利、主债权） 第 3-5：115 条

proceeds of performance（履行收益）《导论》第 29 段；第 3-5：122 条

proceeds, transfer of（收益，转让） 第 3-5：112 条

prohibition, contractual（禁止，合同的）《导论》第 29、79 段；第 3-5：108 条；第 3-5：116 条

proof, adequate（证据，充分） 第 3-5：120 条

protection of debtor（债务人的保护）第 3-5：119 条至第 3-5：120 条

reparation, right to（损害赔偿，请求权）
第 6-6：106 条

restriction（限制） 第 3-5：108 条；第 3-5：116 条

revocation（撤销）《导论》第 29 段；第 3-5：118 条

rights personal to the creditor（专属于债权人的权利） 第 3-5：109 条

rights, transfer of（权利，让与） 第 3-5：112 条；第 3-5：115 条

security purpose（担保目的） 第 3-5：103 条；第 3-5：110 条；第 9-1：102 条

security rights, supporting（担保物权，从属性的） 第 3-5：115 条

set-off（抵销） 第 3-5：112 条；第 3-5：116 条

successive purported assignments（递次的意向让与） 第 3-5：121 条

termination（解除）《导论》第 29 段；

第 3-5：118 条

trust（信托） 第 3-5：103 条

undertakings by assignor（让与人允诺）
第 3-5：112 条

unspecified right（未特定化的权利、未特定化的债权） 第 3-5：106 条

withdrawal（撤回）《导论》第 29 段；第 3-5：118 条

assignor（让与人） 第 3-5：102 条；第 3-5：113 条；《附录》"assignment"（"让与"）

assistance（协助） 第 4.5-4：203 条

auction（拍卖） 第 2-5：201 条

private auction（任意拍卖） 第 9-7：211 条

public auction（强制拍卖） 第 9-7：211 条

audio recordings（录音制品） 第 2-5：201 条

authentication（确认） 第 1-1：107 条；第 9-3：304 条；《附录》"electronic signature"（"电子签名"）；《附录》"handwritten signature"（"手写签名"）

authorisation（授权） 《导论》第 51 段；第 2-6：102 条至第 2-6：103 条；第 4.4-1：101 条至第 4.4-1：102 条；《附录》

ending（终止） 第 2-6：112 条

express（明示的） 第 2-6：103 条

implied（默示的） 第 2-6：103 条

restriction（限制） 第 2-6：112 条

authority（权限） 第 2-6：102 条至第 2-6：104 条；《附录》

acting without（无权代理） 第 2-

6：102条；第2-6：107条

delegation（授权） 第2-6：104条

to dispose（处分权限） 第2-7：102条

grant（授予权限） 第2-6：104条

incidental acts（附属行为） 第2-6：104条

lack of（缺乏） 第2-6：107条

representative（代理人） 第2-6：102条至第2-6：104条；第2-6：106条；第2-6：112条

automated commercial premises（自动化经营场所） 第2-5：201条

automatic vending machine（自动售货机） 第2-5：201条

aval（保兑） 第4.7-1：102条

avoidance（撤销） 《原则》第10、19段；第2-7：212条；《附录》

assignment，retroactive effect on（让与，溯及效力） 《导论》第29段；第3-5：118条

coercion（强迫） 第2-7：206条

confirmation of the contract（合同的确认） 第2-7：211条

damages（损害赔偿） 第2-7：214条

donation（赠与） 第4.8-2：103条

effects（效力） 第2-7：212条；第2-7：303条

fraud（欺诈） 第2-7：205条

mistake（误解） 第2-7：201条至第2-7：203条

notice of（通知） 第2-7：209条至第2-7：211条

ownership of property（财产所有权） 第2-7：303条

partial（部分） 第2-7：213条

principal（本人） 第2-6：109条

remedies［救济（措施）］ 第2-7：214条至第2-7：216条

retroactive proprietary effect（溯及既往的物权效力） 第8-2：202条

rights to avoid（撤销权） 《附录》"right"（"权利"）

threats（威胁） 第2-7：206条

unfair exploitation（乘人之危） 第2-7：207条

baggage insurance policies（行李保险单） 第2-5：201条

banknotes（纸币） 第8-1：101条

bargaining power（谈判能力） 《原则》第3、10段

barter（互易） 第4.1-1：101条；第4.1-1：203条；《附录》"barter, contract for"（"互易合同"）

supply of goods（提供商品） 《附录》"supply"（"供应、提供"）

battle of forms（格式之争） 第2-4：209条

beneficiary（受益人） 第10-1：203条；《附录》

ascertainability（确定） 第10-4：103条

class of persons（人的类别） 第10-4：103条

collaboration in trustee's non-performance（串通受托人不履行） 第10-7：402条

compensation（金钱赔偿） 第10-7：202条

consent to non-performance（同意不履行义务） 第10-7：301条

eligibility for benefit（受益资格） 第10-1：206条；第10-4：104条；

第10-6：104条；第10-9：203条

exclusive benefit（排他性利益） 第10-9：105条；第10-9：109条

forfeiture of right to benefit（受益权的丧失） 第10-7：402条

liability to trust creditors（对信托债权人的责任） 第10-10：203条

rejection of right to benefit/eligibility for benefit（抛弃受益权或受益资格） 第10-2：302条

right to benefit（受益权） 第10-1：206条；第10-4：104条；第10-6：104条；第10-9：203条

right to performance（履行请求权）第10-1：205条

several beneficiaries（多数受益人）第10-9：104条

terminate, right to（解除，权利） 第10-9：104条；第10-9：106条

transfer of right to benefit（受益权的转让） 第10-9：031条

variation of trust terms（信托条款的变更） 第10-9：201条

benefits（利益） 第8-2：201条；第10-1：206条

equalisation of（均衡） 第6-6：103条

fruits received from（收取的孳息） 第3-3：510条

gratuitous（无偿的） 第10-1：301条

improvements（改良） 第3-3：513条

not transferable（不可转让的） 第3-3：510条；第3-3：512条

restitution（返还） 第3-3：510条至第3-3：514条

return due（返还期届满） 第3-3：514条

transferable（可转让的） 第3-3：510条；第3-3：512条

use of（使用） 第3-3：513条

value（价值） 第3-3：510条；第3-3：512条；第3-3：514条

value, recompense for reduction in（价值，赔偿减少） 第3-3：512条；第3-3：514条

benevolent intervention in another's affairs（无因管理） 《导论》第18、36、43、54段；《原则》第12-13、30、49-50段；第5-1：103条；第8-5：101条；《附录》

another person's duty（他人的义务）第5-1：102条

breach of duty（违反义务） 第5-2：102条

damage（损害） 第5-2：102条；第6-5：202条

duties during intervention（管理义务） 第5-2：101条至第5-2：103条

intervener（管理人） 参见 intervener（管理人）

intervention to benefit another（管理他人事务） 第5-1：101条

necessary expenses（必要的费用） 《原则》第49段

overriding public interest（首要公共利益） 第5-1：102条

principal（本人） 参见本人（principal）

reparation（损害赔偿） 第5-2：102条

unsolicited goods/services（主动推销的商品、服务） 第2-3：401条

beverages（饮料） 第2-5：201条；第4.3-5：110条

bills of exchange（汇票）　第1-1：101条

binding comfort letter（有拘束力的安慰信）　第4.7-1：102条；第4.7-2：101条

　　subsidiary liability（补充责任）　第4.7-2：106条

binding effect［拘束（效）力］《导论》第28段；《原则》第44段；第2-1：101条；第2-1：103条。另参见binding force（拘束力）

binding force（拘束力）　《原则》第20、35段。另参见binding effect［拘束（效）力］

blameworthiness（可责难性）　《原则》第50段

bonds（债券）　第9-1：201条；第9-2：303条；第9-3：203条

bonus shares（红利股）　第9-2：302条

Books of the DCFR（《欧洲示范民法典草案》的各卷）　《导论》第41-44段

borrower（借款人）　第4.6-1：101条；第4.6-1：103条至第4.6-1：106条

　　taking up of the loan（领取贷款）　第4.6-1：103条

brackets, square（方括号）　《导论》第79段

breach of confidence（违反保密义务）　第6-2：205条

breach of contract（违反合同）

　　inducement of a contract party（诱使合同当事人）　《原则》第4段

breeder（饲养人）　《附录》"producer"（"生产者"）

brokers（经纪人）　《导论》第30段

building（建筑物）　第4.3-3：101条；另参见immovables（不动产）

bulk（集合物）　第8-2：305条

　　delivery out of the bulk（从集合物中提取）　第8-1：101条；第8-2：306条

　　identified（特定化）　第8-2：101条；第8-2：305条

　　quantity in excess（数量上超过）　第8-2：305条

　　specified quantity（特定数量）　第8-2：305条

undivided share（不可分割的份额）　第9-1：201条

burden of proof（举证责任）

　　consumer（消费者）　第2-3：104条；第2-9：410条

　　consumer goods guarantee（消费品瑕疵担保）　第4.1-6：107条

　　discrimination（歧视）　第2-2：105条

　　information duties（告知义务）　第2-3：103条至第2-3：104条

burdens incurred（发生的负担、费用）　第3-3：701条；第6-2：101条；第6-2：209条；第6-3：206条

business［经营（者）］　第1-1：105条；第6-3：206条；《附录》

　　address（地址）　第2-3：103条；第2-3：106条；第2-3：108条

　　donation（赠与）　第4.8-2：102条；第4.8-3：102条

　　identity（身份）　第2-3：103条；第2-3：106条；第2-3：108条

　　impairment, unlawful（侵害，不法）　第6-2：208条

　　information duties（告知义务）　第2-3：101条至第2-3：109条

name（姓名或名称） 第2-3：108条

marketing（推销、营销） 第2-3：102条

ordinary course of（正常活动） 第3-2：108条

place of（场所） 第3-2：101条

representative in the consumer's state（在消费者所在州的代理人） 第2-3：108条

statements, pre-contractual（陈述，先合同的） 第2-9：102条

supervisory authority（授权机构） 第2-3：108条

VAT identification number（增值税识别码） 第2-3：108条

business-to-business-contracts（经营者之间的合同） 《原则》第8-10段；第2-3：101条

confirmation of contract（合同的确认） 第2-4：210条

lack of conformity（与合同不符） 第4.1-4：302条

limitation of liability（责任的限制）第4.3-4：108条

unfairness（不公平） 第2-9：405条；第4.3-4：108条

business-to-consumer-contracts（经营者与消费者之间的合同）。另参见 consumer contracts（消费合同）

unfair terms（不公平条款） 第2-9：402条至第2-9：403条

business method（经营模式） 第4.5-4：303条与第4.5-4：304条；《附录》"franchise"（"特许经营"）

buyer（买受人） 第4.1-1：202条；《附录》"sale, contract for"（"买卖合同"）

barter（互易） 第4.1-1：203条

damages（损害赔偿） 第4.1-4：202条

delivery, taking（交付，受领） 参见 taking delivery（受领交付）

documents（单证） 第4.1-3：101条；第4.1-3：104条

obligations（债务） 第4.1-3：101条至第4.1-3：102条

payment of the price（价款的支付）第4.1-3：101条

specification of the goods（标的物的特定化） 第4.1-3：102条

taking delivery（受领交付） 第4.1-3：101条；第4.1-3：104条至第4.1-3：105条

capacity（能力） 参见 legal capacity（行为能力）

capital（本金）

addition of interest（利息计入） 第3-3：709条；第4.6-1：104条

free movement of capital（资本的自由流动） 《导论》第22段

care（注意义务） 第4.3-2：105条；第6-3：102条；第6-5：401条。另参见 standard of care（注意义务标准）

reasonably careful person（理性的谨慎的人） 第6-3：102条至第6-3：103条

carriage（运送） 第4.1-2：201条至第4.1-2：202条；第4.1-2：204条；第4.1-5：202条

delivery of the goods（动产的交付）第8-2：104条

case law（判例法） 《导论》第63段

cash settlements（现金结算） 第9-

1：201 条
catalogue（目录） 第 2-4：201 条
catering（饮食服务） 第 2-5：201 条
causa（约因） 《原则》第 56 段
causation（因果关系） 第 6-4：101 条
 alternative causes（可供选择的原因） 第 6-4：103 条
 collaboration（通谋） 第 6-4：102 条
 death（死亡） 第 6-4：101 条
 personal injury（人身伤害） 第 6-4：101 条
certainty（确定性） 参见 legal certainty（法律的确定性）
change of circumstances（情势变更）《导论》第 52 段；《原则》第 17、21-22 段；第 3-1：110 条
 donation contracts（赠与合同） 第 4.8-4：203 条
 service contracts（服务合同） 《原则》第 22 段；第 4.3-2：109 条
change of parties（合同的转让、当事人的变更） 《导论》第 29 段
charges（费用） 第 8-2：201 条
chat（聊天） 第 2-3：104 条
chemicals（化学物质） 第 6-3：206 条
cheques（支票） 第 1-1：101 条
 method of payment（支付的方式） 第 3-2：108 条
children（儿童） 《原则》第 52 段。另参见 minors（未成年人）；person under 7（未满七周岁的人）；person under 14（未满十四周岁的人）；person under 18（未满十八周岁的人）
circumstances, change of（情势，变更） 参见 change of circumstances（情势变更）
CISG（《联合国国际货物销售合同公约》）《导论》第 25、63 段
civil procedure（民事诉讼程序） 《导论》第 38 段
claim（请求权） 《导论》第 53 段；《附录》
claimant（请求权人） 《附录》
clauses（条款） 《导论》第 53 段
cleaning（清洁） 第 4.3-4：101 条
client（客户） 第 4.3-1：101 条
 design（设计） 第 4.3-6：101 条
 directions（指令） 第 4.3-2：107 条
 competence（适格的） 第 4.3-7：108 条
 co-operation（合作） 第 4.3-4：102 条
 duty to warn, pre-contractual（警示义务，先合同的） 第 4.3-2：102 条
 information, contract for the provision of（提供信息服务的合同） 第 4.3-7：101 条；第 4.3-7：108 条
 knowledge（知道） 第 4.3-7：108 条
 processing（加工） 第 4.3-4：101 条至第 4.3-4：102 条
 solvency（破产） 第 4.5-3：203 条
 storage（保管） 第 4.3-5：101 条
co-creditors（共同债权人） 第 3-4：203 条
co-debtorship for security purposes（起担保作用的共同债务） 第 4.7-1：101 条至第 4.7-1：102 条；第 4.7-1：104 条；《附录》

coercion（强迫） 《原则》第 42 段；第 2-7：206 条
    damages（损害赔偿） 第 2-7：214 条
    disadvantage（损害） 第 7-2：103 条
    remedies（救济（措施）） 第 2-7：215 条至第 2-7：216 条
    third persons（第三人） 第 2-7：208 条
coins（硬币） 第 8-1：101 条
collaboration（通谋） 第 6-4：102 条
collaborator, criminal（共犯，刑事的）《原则》第 48 段；第 6-5：103 条
collection（收款） 第 9-7：207 条
collective investment undertakings（集体投资企业） 第 9-1：201 条
combination of goods（动产的附合）《原则》第 15、36、53 段；第 8-5：101 条；第 8-5：203 条
    agreement（协议） 第 8-5：101 条
    component parts（组成部分） 第 8-5：203 条
    encumbered goods（担保财产） 第 9-2：307 条
    principal part（主要部分） 第 8-5：203 条
    retention of ownership（所有权保留） 第 8-5：101 条；第 9-2：308 条
    subordinate parts（次要部分） 第 8-5：203 条
comfort letter（安慰信） 参见 binding comfort letter（有拘束力的安慰信）
comments on the DCFR（《欧洲示范民法典草案》的评论） 《导论》第 3、25、75 段
commercial agency（商事代理） 《导论》第 54 段；第 4.5-1：101 条；第 4.5-3：101 条；《附录》。另参见 commercial agent（商事代理人）
    accounting（账目） 第 4.5-3：204 条；第 4.5-3：311 条
    acceptance of negotiated contracts（经磋商的合同的承诺） 第 4.5-3：308 条
    commission（佣金） 第 4.5-3：301 条至第 4.5-3：306 条；第 4.5-3：310 条
    compensation（金钱赔偿） 第 4.5-2：401 条
    conclusion of contracts（合同的成立） 第 4.5-3：201 条；第 4.5-3：203 条
    confidentiality（保密） 第 4.5-2：203 条
    co-operation（合作） 第 4.5-2：201 条
    damages（损害赔偿） 第 4.5-2：302 条至第 4.5-2：303 条；第 4.5-2：305 条；第 4.5-2：401 条
    definite period（定期） 第 4.5-2：301 条
    del credere clause（保付条款） 第 4.5-3：313 条
    del credere commission（保付佣金） 第 4.5-3：313 条
    goodwill, indemnity for（商誉的补偿） 第 4.5-2.305 条；第 4.5-3：312 条
    indefinite period（不定期） 第 4.5-2：301 条至第 4.5-2：303 条
    indemnity（补偿） 第 4.5-2：305 条；第 4.5-2：401 条
    information during performance（履行期间的信息）

第 4.5-2：202 条；第 4.5-3：203 条；第 4.5-3：307 条至第 4.5-3：308 条

information duty, pre-contractual（告知义务，先合同的） 第 4.5-2：101 条

instructions（指示） 第 4.5-3：202 条

materials（材料） 第 4.5-2：306 条

negotiation of contracts（合同磋商）第 4.5-3：201 条；第 4.5-3：203 条

non-performance（不履行） 第 4.5-2：304 条

non-performance of negotiated contracts（不履行经磋商的合同） 第 4.5-3：308 条

number of contracts（合同的数量）第 4.5-3：306 条

payment（付款） 第 4.5-3：304 条

period of notice（通知期间） 第 4.5-2：302 条至第 4.5-2：303 条

rejection of negotiated contracts（经磋商合同的拒绝） 第 4.5-3：308 条

remuneration（报酬） 第 4.5-2：401 条；第 4.5-3：306 条

retention, right of（留置权） 第 4.5-2：401 条

spare parts（配件） 第 4.5-2：306 条

stock（存货） 第 4.5-2：306 条

termination（解除） 第 4.5-2：301 条至第 4.5-2：304 条

terms of the contract, document on request（合同条款，经请求签署文件） 第 4.5-2：402 条

volume of contracts, decreased（合同数量，下降） 第 4.5-3：309 条

withhold, right to（拒绝履行，权利） 第 4.5-3：301 条至第 4.5-3：302 条

commercial agent（商事代理人） 第 4.5-3：101 条；另参见 commercial agency（商事代理）

accounting（账目） 第 4.5-3：204 条

commission, entitlement to（佣金请求权） 第 4.5-3：301 条

independence（独立） 第 4.5-3：202 条

inform, obligation to（告知，义务） 第 4.5-3：203 条

obligations（债务） 第 4.5-3：201 条至第 4.5-3：204 条

successive agents（递次的代理人） 第 4.5-3：303 条

commercial contracts（商事合同） 《导论》第 29 段；第 3-3：710 条

commercial practice, good（商事实践，良好的）参见 good commercial practice（良好的商事实践）

commingling（混合） 《原则》第 15、36、53 段；第 8-1：101 条；第 8-5：101 条；第 8-5：202 条

agreement（协议） 第 8-5：101 条

division of co-ownership（共有的分割） 第 8-1：101 条；第 8-5：202 条

encumbered goods（担保财产） 第 9-2：309 条

retention of ownership（所有权保留） 第 8-5：101 条；第 9-2：308 条至第 9-2：309 条

security rights（担保物权） 第 9-3：106 条

commission（佣金） 第 4.5-3：301 条至第 4.5-3：305 条

    extinction（消灭） 第 4.5-3：305 条

    payment（支付） 第 4.5-3：304 条

commitments（允诺、承诺） 第 2-9：410 条

Common Frame of Reference《共同参照框架》》 《导论》第 1、6、39、59-60、74、78、80 段

    coverage（适用范围） 《导论》第 65-70 段

    optional instrument（选择性文件） 《导论》第 80 段

communication（通讯、传送）

    commercial（商务） 第 2-3：102 条

    direct and immediate communication（直接的、即时的通讯） 第 2-3：104 条

    distance（远程） 第 2-3：106 条；第 2-5：201 条；第 3-3：108 条

    inaccuracy（错误） 第 2-7：202 条

    language（语言） 第 2-9：109 条

    late acceptance（迟到的承诺） 第 2-4：207 条

    real time distance communication（实时远程通讯） 第 2-3：104 条

Community law（欧共体法律） 《导论》第 25 段；《原则》第 7 段

companies（公司） 第 1-1：101 条

company law（公司法） 《导论》第 38 段；第 8-1：101 条

company shares（公司股份） 第 8-1：101 条

security rights（担保物权） 第 9-2：302 条

compensation（金钱赔偿） 《原则》第 32 段；第 6-6：101 条；第 6-6：201 条至第 6-6：204 条；《附录》

depreciation of value（价值的减损）第 6-6：101 条

disproportionate liability（不相称的责任）

    第 6-6：202 条

election（选择） 第 6-6：201 条

lump sum（一次性支付） 第 6-6：203 条

periodical payment（分期支付） 第 6-6：203 条

repair, cost of（修复费用） 第 6-6：101 条

competition（竞争） 《原则》第 59 段

competition, law of（竞争，法律） 《原则》第 5 段。另参见 unfair competition（不正当竞争）

complaint handling（投诉处理） 第 2-3：102 条

complex contracts（复杂合同） 《原则》第 9、20 段

computation of time（时间的计算） 《导论》第 27 段；第 1-1：110 条

action, specified（行为，特定的） 第 1-1：110 条

days, period expresses in（日，以日确定的期间） 第 1-1：110 条

document reaching the addresses（到达受领人的文件） 第 1-1：110 条

event, specified（事件，特定的） 第 1-1：110 条

hours, period expressed in（小时，以小时确定的期间） 第 1-1：

110 条

month（月） 第 1-1：110 条

months, period expressed in（月，以月确定的期间） 第 1-1：110 条

public holidays（公共假日） 第 1-1：110 条

Saturday（星期六） 第 1-1：110 条

Sunday（星期日） 第 1-1：110 条

time, specified（时间，特定的） 第 1-1：110 条

two days or more（两天或更长的时间） 第 1-1：110 条

weeks, period expressed in（星期，以星期确定的时间） 第 1-1：110 条

working days（工作日） 第 1-1：110 条

years, period expressed in（年，以年确定的期间） 第 1-1：110 条

computer software（计算机软件）参见 software（软件）

conditional rights/obligations（附条件的权利、义务）《导论》第 45 段

condition（条件）《附录》；《附录》"term"（"条款"）

 fulfilment solely on intention of business（其成就取决于经营者的意思） 第 2-9：410 条

 resolutive（解除） 第 3-1：106 条；《附录》；《附录》"condition"（"条件"）

 suspensive（停止） 第 3-1：106 条；《附录》；《附录》"condition"（"条件"）

conduct（行为）《导论》第 65 段；第 2-4：102 条；第 2-4：105 条；第 2-8：102 条；《附录》；《附录》"good faith and fair dealing"（"诚实信用与公平交易"）

 acceptance by（依行为而承诺） 第 2-4：204 条至第 2-4：205 条

 acting at own risk（自甘风险） 第 6-5：101 条

 damage, accountability of（损害，可归责性） 第 6-3：101 条

 dishonest conduct（不诚实的行为）《原则》第 40、42、48 段

 intention to be legally bound（产生法律拘束力的意思表示） 第 2-4：302 条

 misrepresentation（不实陈述） 第 2-7：205 条

 negligence（过失） 第 6-3：102 条

 unlawful conduct（非法行为）《原则》第 40、42、48 段

 unreasonable conduct（不理性的行为）《原则》第 40、42、48 段

confidence（保密） 第 6-2：205 条

confidentiality（秘密） 第 2-3：302 条；《附录》"confidential information"（"秘密信息"）

 breach（违反） 第 2-3：302 条；第 6-2：205 条

 commercial agency（商事代理） 第 4.5-2：203 条

 court order（法庭裁定） 第 2-3：302 条

 distributorship（经销） 第 4.5-2：203 条

 franchise（特许经营） 第 4.5-2：203 条

confirmation of the contract（合同的确认） 第 2-4：210 条；第 2-7：

211 条

conflict of interest（利益的冲突）

 mandate（委托） 第 4.4-5：101 条至第 4.4-5：102 条

 representation（陈述） 第 2-6：109 条

 trustee（受托人） 第 10-5：103 条

conformity（与合同相符）

 construction（建筑） 第 4.3-3：104 条

 consumer contract（消费合同） 第 2-9：410 条；第 4.2-3：105 条

 design（设计） 第 4.3-6：104 条

 donation contract（赠与合同） 第 4.8-3：101 条至第 4.8-3：103 条

 lease of goods（动产租赁） 第 4.2-3：102 条至第 4.2-3：105 条；第 4.2-4：101 条；第 4.2-4：103 条

 sale of goods（动产买卖） 第 4.1-2：301-309 条；第 4.1-4：201 条

 storage（保管） 第 4.3-5：105 条

 structure（构筑物） 第 4.3-3：104 条

 time for establishing（确定时间） 第 4.1-2：308 条

consent（同意） 第 6-5：101 条

 disadvantage（损害） 第 7-2：101 条

 informed（知情的） 第 4.3-8：108 条

 revocation（撤销） 第 4.3-8：108 条

 treatment（医疗服务） 第 4.3-8：108 条

consideration（约因） 《原则》第 56 段

consignment（寄售） 第 9-1：104 条；第 9-2：308 条；第 9-5：303 条；第 9-7：301 条

constitutional law（宪法） 第 1-1：102 条；第 6-7：101 条

construction services（建筑服务） 《原则》第 22 段

construction work（建造工作） 第 4.3-4：101 条

construction, contract for（建筑，合同） 第 4.3-1：101 条；第 4.3-3：101 条，《附录》。另参见 service contracts（服务合同）

 acceptance（承诺） 第 4.3-3：105 条至第 4.3-3：106 条

 components（部件） 第 4.3-3：102 条

 conformity（与合同相符） 第 4.3-3：104 条

 co-operation（合作） 第 4.3-3：102 条

 damage to structure, prevention of（对构筑物造成损害，防止） 第 4.3-3：103 条

 destruction of structure（破坏构筑物） 第 4.3-3：108 条

 directions of the client（客户的指令）第 4.3-3：104 条

 inspection（检查） 第 4.3-3：105 条

 materials（材料） 第 4.3-3：102 条；第 4.3-3：105 条

 price, payment of（价款，支付） 第 4.3-3：107 条

 risks（风险） 第 4.3-3：108 条

 structure（构筑物） 第 4.3-3：103 条至第 4.3-3：108 条

 structure, handing over（构筑物移交） 第 4.3-3：106 条；第 4.3-3：108 条

 supervision（监督） 第 4.3-3：105 条

 tools（工具） 第 4.3-3：102 条；

第 4.3-3：105 条

withhold, right to（拒绝履行，权利）
第 4.3-3：107 条

constructor（建造人） 第 4.3-3：101 条；《附录》"construction, contract for"（"建筑合同"）

consultations（商谈） 第 4.3-8：102 条；第 4.3-8：109 条

将来（future） 第 4.3-8：109 条

consumer（消费者） 《导论》第 28、63 段；《原则》第 46 段；第 1-1：105 条；《附录》。另参见 consumer contracts（消费合同）

 average consumer（一般消费者） 第 2-3：102 条

 burden of proof（举证责任） 第 2-9：410 条

 death（死亡） 第 2-9：410 条

 disadvantage, significant（不利，特别）
第 2-3：103 条；第 2-3：108 条至第 2-3：109 条；第 2-9：403 条

 evidence（证据） 第 2-9：410 条

 failure to respond（未予答复） 第 2-3：401 条

 information（信息） 第 2-3：102 条

 lack of information（不了解信息）
《原则》第 59 段；

 legal action, exclusion/restriction of right to take（法律行为，排除、限制消费者采取） 第 2-9：410 条

 mandate（委托） 第 4.4-5：101 条

 personal injury（人身伤害） 第 2-9：410 条

 personal security（保证） 第 4.7-4：101 条至第 4.7-4：107 条

 remedies, exclusion/restriction of right to exercise（救济措施，排除、限制行使） 第 2-9：410 条

 withdrawal, right of（撤回，权利）
第 2-5：106 条

consumer acquis（现行消费者法）
《导论》第 61-62、68、72 段

consumer contract（消费合同） 《导论》第 40 段；《原则》第 8、10 段。另参见 consumer（消费者）

 acknowledgement of receipt（收到的确认） 第 2-3：202 条

 derogation to the detriment of the consumer（减损以损害消费者的利益）《原则》第 46 段

 conformity（与合同相符） 第 2-9：410 条

 damages（损害赔偿） 第 2-9：410 条

 distance, conclusion at a（远程合同，订立） 第 2-3：106 条；第 2-5：201 条

 duration, fixed（期间，定期的）
第 2-9：410 条

 duration, indeterminate（期间，不定期的） 第 2-9：410 条

 guarantee（瑕疵担保） 第 2-9：410 条。另参见 consumer goods guarantee（消费品瑕疵担保）

 information duties（告知义务） 第 2-3：102 条至第 2-3：104 条；第 2-3：109 条

 input errors（输入错误） 第 2-3：201 条

 interpretation（解释） 第 2-9：410 条

 non-performance（债务不履行） 第 3-3：108 条

price（价款、价格） 第2-9：410条

remedies［救济（措施）］ 第2-9：410条

set-off（抵销） 第2-9：410条

standard terms（格式条款）《原则》第9段

statements, pre-contractual（陈述，先合同的） 第2-9：102条

termination（解除） 第2-9：411条

terms not individually negotiated（非经个别磋商的条款） 第2-1：110条

timeshare contract（分时度假合同）第2-5：202条

unfair contract terms（不公平合同条款） 第2-9：403条；第2-9：407条至第2-9：410条

withdrawal, right of（撤回，权利）第2-5：201条；第2-9：410条

consumer contract for lease（消费租赁合同） 第4.2-1：102条；第4.2-2：103条；第4.2-6：102条

conformity of the goods（租赁物与合同相符） 第4.2-3：105条

installation of the goods, incorrect（租赁物的安装，不正确的） 第4.2-3：105条

lack of conformity（与合同不符） 第4.2-1：103条

liability, reduction of（责任，减轻） 第4.2-6：102条

limitation of liability（责任的限制） 第4.2-1：104条

remedies［救济（措施）］ 第4.2-1：104条

consumer contract for sale（消费买卖合同） 第4.1-1：204条；第4.1-2：304条；第4.1-4：101条；第4.1-4：301条；《附录》

carriage of the goods（标的物的运送） 第4.1-2：202条

conformity of the goods（标的物与合同相符） 第4.1-2：304条；第4.1-2：308条至第4.1-2：309条；第4.1-4：201条

excess quantity（超过数量） 第4.1-3：105条

guarantee（瑕疵担保）参见consumer goods guarantee（消费品瑕疵担保）

installation of the goods, incorrect（标的物的安装，不正确的） 第4.1-2：304条；第4.1-2：307条至第4.1-2：308条

lack of conformity（与合同不符） 第4.1-4：101条；第4.1-4：201条至第4.1-4：202条

passing of risk（风险负担的转移） 第4.1-5：103条

termination（解除） 第4.1-4：201条

consumer credit［消费信贷（合同）］ 《导论》第76段；第9-3：107条；另参见credit（信贷）

consumer goods guarantee（消费品瑕疵担保） 第4.1-6：101条至第4.1-6：108条

binding nature（具有拘束力） 第4.1-6：102条

burden of proof（举证责任） 第4.1-6：107条

costs（费用） 第4.1-6：104条

exclusion of liability（责任的排除）

第 4.1-6：106 条
guarantee document（瑕疵担保文件）
第 4.1-6：101 条；第 4.1-6：103 条至第 4.1-6：104 条
guarantee period（瑕疵担保期间）
第 4.1-6：104 条；第 4.1-6：108 条
limitation of liability（责任的限制）
第 4.1-6：106 条
specific parts of the goods（标的物的特定部分） 第 4.1-6：105 条
consumer law（消费者法） 《导论》第 67 段
consumer Directives（消费者指令）《导论》第 61、69 段
consumer goods guarantee（消费品瑕疵担保） 第 2-9：411 条
consumer protection（消费者保护）《导论》第 12、61、63 段；《原则》第 9、20、46、53、59 段
good faith（善意） 《导论》第 72 段
Consumer Sales Directive（消费买卖指令） 《导论》第 61 段
consumer security provider（消费者担保人） 《原则》第 53、55 段；第 4.7-4：101 条至第 4.7-4：107 条；第 9-2：107 条
enforcement notice（实现担保物权的通知）
第 9-7：107 条；第 9-7：207 条
consumption, everyday（日常消费品）第 2-5：201 条
continuous possession（持续占有）《原则》第 37、53 段；第 8-4：101 条
acknowledgement of the owner's rights to the goods（承认所有人对动产的权利）
第 8-4：205 条
acquisition of ownership（所有权的取得）
第 8-4：301 条至第 8-4：302 条
arbitration proceedings（仲裁程序）第 8-4：203 条
cultural objects（文物） 第 8-4：102 条
impediment beyond owner's control（所有人无法控制的障碍） 第 8-4：202 条
incapacity（无行为能力） 第 8-4：202 条
involuntary loss of possession（非自愿丧失占有） 第 8-4：103 条
judicial proceedings（司法程序） 第 8-4：203 条
negotiations（磋商） 第 8-4：204 条
period required（法定期间） 第 8-4：101 条至第 8-4：102 条；第 8-4：201 条至第 8-4：206 条
predecessor in possession（前占有人）第 8-4：206 条
successor in good faith（善意的后占有人） 第 8-4：206 条
contra proferentem rule（不利于条款提供人的解释） 《导论》第 28 段；第 2-8：103 条
contract（合同） 《导论》第 28、44-45、50、67 段；第 1-1：101 条；第 2-1：101 条；《附录》
adaptation（变更、调整）《原则》第 28 段；第 2-7：203 条；第 2-7：304 条
apparent contract（表面的合同） 第

2-9：201 条

apparent meaning（表面的含义） 第 2-8：201 条

between businesses（经营者之间的） 参见 business-to-business contracts（经营者之间的合同）

bilateral（双方的） 第 2-1：101 条

conclusion（订立、成立） 第 2-3：201 条；第 2-4：101 条；第 2-4：205 条；第 2-4：211 条。另参见 formation of contract（合同的成立）

contents（内容）《导论》第 34 段

favouring the contract（促进合同交易）《原则》第 17 段

fixed duration（定期） 第 2-9：410 条

fundamental principles, infringement（基本原则，违反） 第 2-7：301 条

gratuitous contracts（无偿合同） 第 3-3：511 条

illegality（违反法律规定）《原则》第 4-5 段；第 7-6：103 条

impossibility, initial（不能，自始）第 2-7：102 条

indeterminate duration（不定期）《原则》第 20 段；第 2-9：410 条

ineffective（不生效）《附录》

intention［意思（表示）］ 第 2-4：101 条至第 2-4：102 条

interpretation（解释） 第 2-4：104 条；第 2-8：101 条至第 2-8：107 条

invalidity（无效、效力欠缺） 第 2-7：101 条至第 2-7：102 条；第 2-7：212 条；《附录》"invalid"（无效的）

linked contracts（关联合同） 第 2-5：106 条

mandatory rules, infringement of（强制性规定，违反） 第 2-7：302 条

merger clause（归并条款） 第 2-4：104 条

mixed contracts（混合合同）《导论》第 53 段；第 2-1：107 条

modification（变更） 第 2-7：303 条

multilateral（多方的） 第 2-1：101 条

negotiations（磋商）《导论》第 13 段

nullity（无效） 第 2-7：301 条；第 2-7：303 条至第 2-7：304 条

obligatory force（强制执行力）《原则》第 17 段

partial ineffectiveness（部分不生效） 第 2-1：108 条

partial invalidity（部分无效） 第 2-1：108 条

pre-contractual statements（先合同陈述）
第 2-9：102 条

prolongation, tacit（延期，默示的） 第 3-1：111 条

prospective（预期） 第 4.4-1：102 条；另参见 mandate contract（委托合同）

specific contracts（有名合同）《导论》第 35、40、43、53 段；第 2-3：106 条

terms（条款） 第 2-3：103 条；第 2-3：106 条；第 2-9：101 条至第 2-9：108 条

unfair terms（不公平条款） 第 2-

9：401条至第2-9：411条
　voidable contracts（可撤销合同）
　　《原则》第42、55段
contract document（合同文件）　第2-4：104条；第2-4：210条
　language versions（语言版本）　第2-8：107条
　not individually negotiated terms（未经个别磋商的条款）　第2-9：103条
contract law（合同法）　《导论》第13、40段
European Contract Law（欧洲合同法）《导论》第1段
　general contract law（合同法总则）《导论》第69段；《原则》第7段
contract for sale（买卖合同）　参见 sale of goods（动产的买卖）
contract terms（合同条款）
　ambiguous terms（不明确条款）　《原则》第46段；第2-8：103条
　agreement, sufficient（协议，充分的）第2-4：103条
　alteration, unilateral（变更，单方）第2-9：410条
　determination（确定）　第2-9：107条
　determination by third person（由第三人确定）　第2-9：106条
　determination, unilateral（单方确定）第2-9：105条
　textual form（文本形式）　第2-3：105条至第2-3：106条
contractual freedom（合同自由）　参见 freedom of contract（合同自由）
contractual loyalty（合同诚信）　《导论》第13段；《原则》第17段
contractual obligation（合同义务、合同债务）　《导论》第45-46、69、74段；第1-1：101条；第3-1：101条；《附录》。另参见 non-performance of contractual obligations（不履行合同债务）
　information（信息）　第2-3：103条
　transfer without consent（无须同意而转让）　第2-9：410条
contractual rights（合同权利、合同债权）　《导论》第74段；第1-1：101条；第3-1：101条
　information（信息）　第2-3：103条
　transfer without consent（未经同意即转让）　第2-9：410条
contractual relationship（合同关系）《导论》第50-51、67段；《原则》第28段；《附录》
　duration, indeterminate（期间，不确定的）　第2-9：410条
　termination（解除）　第2-4：105条；第2-9：410条；第3-3：501条；第3-3：506条
　termination by agreement（依协议而解除）　第3-1：108条
　termination by notice（依通知而解除）第3-1：109条
　transfer of contractual position（合同的承受、合同地位的转让）　第3-5：301条至第3-5：302条
　variation by agreement（依协议而变更）第3-1：108条
　variation by notice（依通知而变更）第3-1：109条
contractual security（合同安全）　《导论》第13、15段；《原则》第17-29段

contributory fault（与有过错）　《原则》第51段；第6-5：102条

control, event beyond（不可控制的意外事件）　第6-5：302条

conveyances, fraudulent（转让，虚假的）　《原则》第4段

conveyances of land（土地的转让）《原则》第55段

cooling off period（犹豫期）　《原则》第20段

co-operation（合作）　《导论》第13段；《原则》第17、22、24段；第3-1：104条；第3-1：106条；第4.3-2：103条

 commercial agency（商事代理）　第4.5-2：201条

 construction contract（建筑合同）　第4.3-3：102条

 distributorship（经销）　第4.5-2：201条

 franchise（特许经营）　第4.5-2：201条；第4.5-4：103条

 mandate（委托）　第4.4-2：101条

 processing（加工）　第4.3-4：102条

co-ownership（共有）　第8-1：203条；第8-5：202条；《附录》

 division（分割）　第8-1：101条；第8-5：202条

corporeal movables（有形动产）

 transfer of ownership（所有权的移转）　《导论》第29段

costs（成本、费用）　第8-2：201条；《附录》

 performance（履行）　第3-2：113条

counter-performance（对待履行、对待给付）　第3-1：109条；《附录》

 separate parts, obligations to be performed in（单独部分，分开履行的义务）　第3-3：506条

court（法庭）　第10-1：101条；《附录》

court order（法庭裁定）　第7-2：101条

court proceedings（法庭程序）　第6-7：103条

coverage of DCFR（《欧洲示范民法典草案》的调整范围）参见 Draft Common Frame of Reference（《欧洲示范民法典草案》）

credit（信贷）　《原则》第61段；第2-5：106条；第4.6-1：101条至第4.6-1：102条。另参见 consumer credit（消费信贷）

 purpose（用途）　第4.6-1：104条

creditor（债权人）　《导论》第51、65段；第3-1：102条；《附录》

 entitlement to assign（让与的权利）第3-5：111条

 plurality of creditors（多数债权人）第3-4：201条至第3-4：207条

 secured creditor（担保债权人）　第9-5：401条

criminal law（刑法）　《导论》第18段；《原则》第5段

criminal offence, damage caused to collaborator（刑事犯罪，共犯所引起的损害）　第6-5：103条

cross-payment（交互支付）　《原则》第55段。另参见 set-off（抵销）

cultural diversity（文化的多样性）《导论》第12、16、19段

cultural objects（文物）　第8-4：102条

cure（补救） 《导论》第53段；《原则》第28段；第3-3:201条至第3-3:205条
    allowing opportunity to cure（给予补救的机会） 第3-3:204条
    damages（损害赔偿） 第3-3:204条
currency（货币） 第3-2:109条；《附录》"price"（价款）。另参见money（金钱）
    damages（损害赔偿） 第3-3:713条
    foreign（外国的） 第2-9:410条；第3-6:104条
    set-off（抵销） 第3-6:104条
current account（现金账户） 第4.6-1:101条；第4.7-1:101条；第4.7-1:106条
damage（损害） 《导论》第65段；《原则》第34段；第2-5:105条；第6-1:101条；第6-2:101条；《附录》
    accountability（可归责性） 第6-1:101条；第6-3:101条至第6-3:104条；第6-3:201条至第6-3:208条
    authority conferred by law（法律赋予的权限） 第6-5:201条
    benefits, equalisation of（利益，均衡） 第6-6:103条
    benevolent intervention（无因管理） 第6-5:202条
    causation（因果关系） 第6-4:101条
    contributory fault（与有过错） 第6-5:102条
    consent to the damage suffered（同意遭受损害） 《原则》第51段

    danger, imminent（危险，紧急的） 第6-5:202条
    defences（抗辩） 第6-5:101条至第6-5:103条；第6-5:201条至第6-5:203条
    impending（即将发生的） 第6-1:102条
    injury（伤害） 第6-2:101条
    intention（故意） 第6-3:101条
    liability（责任） 参见liability（责任）
    minors（未成年人） 第6-3:103条
    necessity（紧急避险） 第6-5:202条
    negligence（过失） 第6-3:101条
    prevention of damage（损害的防止） 《原则》第33段；第6-1:102条；第6-2:101条
    property damage（财产损害） 第6-2:206条
    public policy（公共） 第6-5:103条
    reparation（损害赔偿） 第6-1:101条；第6-2:101条
    self-defence（正当防卫） 第6-5:202条
    solidary liability（连带责任） 第3-4:103条
    source of the damage（损害源） 《原则》第51段
    trivial（微不足道的） 第6-6:102条
damage caused to another（给他人造成的损害） 《导论》第36段。另参见non-contractual liability arising out of damage caused to another（侵权责任）

damages（损害赔偿）　《原则》第27段；第3-3：303；《附录》
　currency（货币）　第3-3：713条
　disproportionately high amount（过高的数额）　第2-9：410条
　gain（所得、利益）　第3-3：702条
　general measure（一般计算方法、一般标准）　第3-3：702条
　information duties, breach of（告知义务，违反）　第2-3：501条
　invalidity of contracts（合同无效）　第2-7：304条
　late payment（迟延付款）　第3-3：708条
　legally relevant（具有法律相关性的）　第6-2：101条；第6-2：201条至第6-2：211条
　loss（损失）　第3-3：701条至第3-3：702条；第6-2：101条
　non-performance（债务不履行）　第3-3：101条；第3-3：204条；第3-3：302条；第3-3：701条至第3-3：702条
　price difference（价款差额）　第3-3：707条
　reinstatement of damaged interest（恢复被损害的利益）　第6-6：201条
　remedies, cumulation of［救济（措施），竞存］　第3-3：102条
　specific performance, excluded（实际履行，排除）　第3-3：303条
　substitute transaction（替代交易）　第3-3：706条
databases（数据库）　第4.1-1：101条；第4.8-1：103条

death（死亡）　第6-3：104条；第6-3：202条至第6-3：206条；第6-4：101条
　agent（代理人）　第4.4-7：103条
　causation（因果关系）　第6-4：101条
　consumer（消费者）　第2-9：410条
　creditor（债权人）　第3-7：306条
　debtor（债务人）　第3-7：306条
　donor（赠与人）　第4.8-1：105条
　loss suffered by third persons（第三人所遭受的损失）　第6-2：202条；第6-5：501条
　mandate relationship, termination（委托关系，终止）　第4.4-6：103条；第4.4-7：102条至第4.4-7：103条
　principal（本人）　第4.4-6：103条；第4.4-7：102条
　trust auxiliary（信托辅助人）　第10-8：601条
　trustee（受托人）　第10-1：202条；第10-8：504条
debtor（债务人）　《导论》第51段；第3-1：102条；第4.7-1：101条；《附录》
　addition（增加）　参见addition of new debtors（债务承担、新债务人的增加）
　capacity（行为能力）　第4.7-2：103条
　plurality of debtors（多数债务人）　第3-4：101条至第3-4：112条
　substitution（替代）　参见substitution of new debtors（新债务人的替代）

declaration of ownership（所有权的确认）
第8-6：101条

default（违约） 第9-7：101条

default rules（缺省规则） 《原则》
第2、22、28、57段

defence（抗辩） 《附录》

    acting at own risk（自甘风险） 第6-5：101条

    consent（同意） 第6-5：101条

    disenrichment（不利益） 第7-6：101条

    event beyond control（不可控制的意外事件） 第6-5：302条

definitions（定义） 《导论》第9、23、33、59-60、69段；第1-1：108条；《附录》

del credere clause（保付条款） 第4.5-3：313条

del credere commission（保付佣金） 第4.5-3：313条

del credere guarantee（保付保证） 第4.5-3：313条

delay（迟延） 第3-1：102条；第3-3：503条

    alternative obligations, choice between（选择之债，选择） 第3-2：105条

    damages（损害赔偿） 第3-3：708条

    interest（利息） 第3-3：708条至第3-3：709条

delegate（授权） 第2-6：104条

delict（不法行为） 《导论》第48、69段

delivery（交付） 《原则》第53段；第2-3：102条；第4.1-2：101条至第4.1-2：203条；第4.1-3：104条；第8-2：104条；《附录》

early（提前） 第4.1-2：203条；第4.1-3：105条

equivalents（等同的行为） 第8-1：101条；第8-2：105条

excess quantity（超过数量） 第2-3：401条；第4.1-3：105条

partial（部分） 第4.1-4：303条

place（地点） 第4.1-2：202条

time（时间） 第4.1-2：202条

delivery charges（送货费用） 第2-3：107条

de minimis rule（琐利不计规则） 第6-6：102条

democratic society（民主社会） 第6-5：203条

dependent personal security（从属保证） 第3-5：207条；第4.7-1：101条；第4.7-2：101条；《附录》。另参见 personal security（保证）

    ancillary obligations（从债务） 第4.7-2：104条；第4.7-2：107条

    binding comfort letter（有拘束力的安慰信） 第4.7-2：101条；第4.7-2：106条

    consumer security provider（消费者保证人） 第4.7-4：105条

    creditor's rights, reduction（债权人的权利，减少） 第4.7-2：110条

    defences（抗辩） 第4.7-2：103条

    dependence（依赖） 第4.7-2：102条

    enforcement proceedings（执行程序） 第4.7-2：104条

    legal proceedings（法律程序） 第4.7-2：104条

    notification（通知） 第4.7-2：107条；第4.7-2：112条

part performance（部分履行） 第 4.7-2：113 条

relief by debtor（债务人解除） 第 4.7-2：111 条

request for information（请求告知） 第 4.7-2：112 条

rights after performance（履行后的权利）
第 4.7-2：113 条

subsidiary liability（补充责任） 第 4.7-2：106 条

time limit（时效） 第 4.7-2：108 条至 4.7-2：109 条

deposits payable（到期定金） 第 2-3：107 条

design, contract for（设计，合同）
第 4.3-1：101 条；第 4.3-6：101 条；《附录》。另参见 services, contract for（服务合同）

acceptance（承诺） 第 4.3-6：105 条至第 4.3-6：106 条

business-to-business contracts（经营者之间的合同） 第 4.3-6：107 条

conformity（与合同相符） 第 4.3-6：104 条

copies of documents（文件复本）
第 4.3-6：106 条

designer（设计人） 参见 designer（设计人）

documents, handing over of（文件，移交） 第 4.3-6：106 条

documents, storage of（文件，保管）
第 4.3-6：106 条

handing over（移交） 第 4.3-6：105 条

liability, limitation of（责任的限制）
第 4.3-6：107 条

non conformity（与合同不符） 第 4.3-6：104 条至第 4.3-6：105 条

notification（通知） 第 4.3-6：105 条

records（记录） 第 4.3-6：106 条

services（服务） 第 4.3-6：101 条

user（使用人） 第 4.3-6：103 条至第 4.3-6：104 条

designer（设计人） 第 4.3-6：101 条；另参见 design, contract for（设计合同）

care（注意义务） 第 4.3-6：103 条

duty to warn, pre-contractual（警示义务，先合同的） 第 4.3-6：102 条

skill（技能） 第 4.3-6：103 条

designs（设计） 第 4.1-2：306 条

destruction（毁坏） 第 2-5：105 条

digital（数字的） 第 1-1：107 条

dignity, right to（人格尊严，权利） 《原则》第 7, 32 段；第 2-2：102 条；第 6-2：203 条；《附录》"right"（"权利"）

diligence, professional（勤勉，专业）
第 2-3：102 条

direct possession（直接占有） 第 8-1：205 条；《附录》"direct physical control"（"直接的物理控制"）

directions（指令） 第 4.3-2：103 条；第 4.3-2：107 条；第 4.4-1：102 条

construction contracts（建筑合同）
第 4.3-3：104 条

failure to give（未作指令） 第 4.4-4：103 条

mandate contracts（委托合同） 第 4.4-1：101 条至第 4.4-1：102 条；第 4.4-2：101 条；第 4.4-4：101

条至第 4.4-4：104 条；第 4.4-4：201 条

 request for（请求指令） 第 4.4-4：102 条；第 4.4-4：104 条

Directive on Unfair Terms in Consumer Contracts（《消费者合同不公平条款指令》） 《导论》第 72 段

Directives（《指令》） 《导论》第 61、67、69、72 段

 implementation（实施） 《导论》第 64 段

 terminology（术语） 《导论》第 64 段

disadvantage（损害） 第 7-1：101 条；第 7-3：102 条；第 7-6：101 条

 consent（同意） 第 7-2：101 条

 indirect representation（间接代理） 第 7-4：102 条

  type（类型） 第 7-4：107 条

  value（价值） 第 7-4：107 条

discrimination（歧视） 《原则》第 1、7、32、41 段；第 2-2：102 条；《附录》。另参见 non-discrimination（非歧视）

 burden of proof（举证责任） 第 2-2：105 条

  harassment（骚扰） 第 2-2：102 条

  instruction to discriminate（有差别对待的指示） 第 2-2：102 条

  remedies［救济（措施）］ 第 2-2：104 条

  unequal treatment, justified（不平等待遇，正当的） 第 2-2：102 条

disenrichment, defence of（不利益，抗辩） 《原则》第 35、50 段；第 7-6：101 条；另参见 enrichment（利益）

赠与合同，撤销（donation contract, revocation of） 第 4.8-4：201 条

good faith（善意） 第 7-6：101 条至第 7-6：102 条

display of goods（商品陈列） 第 2-4：201 条

dispossession（丧失占有） 第 8-6：201 条

distance contracts（远程合同） 《导论》第 62 段；《原则》第 20 段；第 2-3：103 条；第 2-3：106 条

 non-performance（债务不履行） 第 3-3：108 条

 time of performance（履行时间） 第 3-2：102 条

distribution contract（经销合同） 《导论》第 54 段；第 4.5-1：101 条；第 4.5-5：101 条；《附录》

 advertising materials（广告宣传材料） 第 4.5-5：204 条

 compensation（金钱赔偿） 第 4.5-2：401 条

 confidentiality（秘密） 第 4.5-2：203 条

 co-operation（合作） 第 4.5-2：201 条

 damages（损害赔偿） 第 4.5-2：302 条至第 4.5-2：303 条；第 4.5-2：305 条；第 4.5-2：401 条

 definite period（定期） 第 4.5-2：301 条

 exclusive（排他的） 第 4.5-5：101 条；第 4.5-5：203 条；第 4.5-5：301 条至第 4.5-5：306 条

 exclusive purchasing contract（排他的购买合同） 第 4.5-5：101 条

 goodwill, indemnity for（商誉，补偿）

· 473 ·

第 4.5-2：305 条

indemnity（补偿） 第 4.5-2：305 条；第 4.5-2：401 条

indefinite period（不定期） 第 4.5-2：301 条至第 4.5-2：303 条

information during performance（履行期间的信息） 第 4.5-2：202 条；第 4.5-5：202 条

information, pre-contractual（信息，先合同的） 第 4.5-2：101 条

inspection（检查） 第 4.5-5：305 条；

instruction（指示） 第 4.5-5：304 条

intellectual property rights（知识产权） 第 4.5-5：302 条

materials（材料） 第 4.5-2：306 条

non-performance（债务不履行） 第 4.5-2：304 条

period of notice（通知期间） 第 4.5-2：302 条至第 4.5-2：303 条

products, reputation（产品，声誉） 第 4.5-5：205 条；第 4.5-5：306 条

remuneration（报酬） 第 4.5-2：401 条

requirements, decreased（需求量，下降） 第 4.5-5：303 条

retention, right of（留置，权利） 第 4.5-2：401 条

selective（选择性的） 第 4.5-5：101 条；第 4.5-5：301 条至第 4.5-5：306 条

supplier（供应人） 第 4.5-5：101 条

supply capacity, decreased（供应能力，下降） 第 4.5-5：203 条

spare parts（配件） 第 4.5-2：306 条

stock（存货） 第 4.5-2：306 条

termination（解除） 第 4.5-2：301 条至第 4.5-2：304 条

terms of the contract, document on request（合同条款，经请求签署文件） 第 4.5-2：402 条

distributor（经销人） 第 4.5-5：101 条；另参见 distribution contract（经销合同）

obligations（债务） 第 4.5-5：301 条至第 4.5-5：306 条

distributorship（经销） 《附录》。另参见 distribution contract（经销合同）

divided obligation（按份债务） 第 3-4：102 条；《附录》

liability（责任） 第 3-4：104 条

divided right（按份债权） 第 3-4：202 条至第 3-4：204 条；《附录》

apportionment（比例） 第 3-4：204 条

dividends（股息） 第 9-2：302 条

documents（单证、文件） 第 4.1-2：101 条；第 4.1-2：201 条；第 4.3-6：106 条

equivalents to delivery（等同于交付的行为） 第 8-1：101 条；第 8-2：105 条

doing（作为） 第 3-1：102 条

dominant position（优势地位） 《原则》第 1 段；第 2-8：103 条

donation, contract for（赠与，合同） 《导论》第 2、18、54 段；《原则》第 55 段；第 3-5：110 条；第 4.8-1：101 条；第 4.8-2：101 条至第 4.8-2：

104 条；第 10-2：401 条；《附录》
102 条

avoidance（撤销）　第 4.8-2：103 条

immediate donation（即时赠与）　第 4.8-1：104 条

by business（经营者作出的）　第 4.8-2：102 条；第 4.8-3：102 条

immovable property（不动产）　第 4.8-1：103 条

change of circumstances（情势变更）　第 4.8-4：203 条

immovable property rights（不动产权利）　第 4.8-1：103 条

conformity of the goods（标的物与合同相符）　第 4.8-3：101 条至第 4.8-3：103 条；第 4.8-3：202 条

impediment（障碍）　第 4.8-3：204 条

impoverishment of the donor（赠与人贫困）　第 4.8-4：202 条①

damages（损害赔偿）　第 4.8-3：204 条至第 4.8-3：205 条

incorporeal property（无形财产）　第 4.8-1：103 条

data（数据）　第 4.8-1：103 条

databases（数据库）　第 4.8-1：103 条

industrial property rights（工业财产）　第 4.8-1：103 条

delay（迟延）　第 4.8-3：206 条

information, contracts conferring rights in（信息，赋予权利的合同）　第 4.8-1：103 条

electricity（电力）　第 4.8-1：103 条

electronic signature（电子签名）　第 4.8-2：101 条

ingratitude of the donee（受赠人忘恩负义）　第 4.8-4：201 条

enforcement of performance（强制履行）　第 4.8-3：202 条

intellectual property rights（知识产权）　第 4.8-1：103 条

form（形式）　第 4.8-2：101 条至第 4.8-2：102 条

intention to benefit（施惠的意图）　第 4.8-1：101 条；第 4.8-1：202 条至第 4.8-1：203 条

future goods（未来动产）　第 4.8-1：102 条

investment securities（投资证券）　第 4.8-1：103 条

goods（动产）　第 4.8-1：102 条；第 4.8-3：102 条

irrevocability（不可撤销）　第 4.8-4：101 条

goods to be manufactured（待制造的动产）　第 4.8-1：102 条

mistake（误解）　第 4.8-2：103 条

money（金钱）　第 4.8-1：103 条；第 4.8-3：206 条

gratuitousness（无偿）　第 4.8-1：101 条；第 4.8-1：201 条至第 4.8-1：202 条；第 4.8-3：102 条

negotiable instruments（流通票据）　第 4.8-1：103 条

immediate delivery（即时交付）　第 4.8-2：102 条；第 4.8-3：

public statement（公开陈述）　第

---

① 原文为："IV. H. -4：201"，疑有误。

4.8-2：102 条

remedies［救济（措施）］ 第 4.8-3：201 条；第 4.8-3：401 条

restitution（返还） 第 4.8-3：203 条

revocation（撤销） 第 4.8-4：101 条至第 4.8-4：104 条；第 4.8-4：201 条至第 4.8-4：203 条

shares（股份） 第 4.8-1：103 条

software（软件） 第 4.8-1：103 条

stocks（股票） 第 4.8-1：103 条

termination（解除） 第 4.8-3：203 条

third party rights/claims（第三人的权利、请求权）第 4.8-3：103 条

time limits（时限） 第 4.8-4：104 条；第 4.8-4：201 条

transfer of ownership（所有权移转） 第 4.8-1：101 条；第 4.8-1：104 条；第 4.8-3：101 条；第 4.8-3：301 条

transferable rights（可移转的权利） 第 4.8-1：103 条

unfair exploitation（乘人之危） 第 4.8-2：104 条

donee（受赠人） 第 4.8-1：101 条

ingratitude（忘恩负义） 第 4.8-4：201 条

obligations（债务） 第 4.8-3：301 条

predeceasing the donor（先于赠与人死亡） 第 4.8-1：105 条

donor（赠与人） 第 4.8-1：101 条

death（死亡） 第 4.8-1：105 条

impoverishment（贫困） 第 4.8-4：202 条

obligations（债务） 第 4.8-3：101 条至第 4.8-3：103 条

doorstep, contracts negotiated at the（上门推销合同） 《原则》第 20 段

double mandate（双方委托） 第 2-6：109 条；第 4.4-5：102 条

Draft Common Frame of Reference（《欧洲示范民法典草案》） 《导论》第 1、6、74-77 段

coverage（调整范围） 《导论》第 34-40、66、73 段；第 1-1：101 条

general rules（一般规定） 第 1-1：102 条

special rules（特别规定） 第 1-1：102 条

durable medium（耐久介质） 第 1-1：106 条；第 2-3：106 条；《附录》

duress（胁迫） 《原则》第 6、8 段

duty（义务） 《导论》第 51 段；《附录》

breach（违反） 《附录》"duty"（"义务"）

information（信息） 第 2-3：101 条至第 2-3：109 条

pre-contractual（先合同的） 第 2-3：101 条至第 2-3：105 条

duty to co-operate（合作义务） 参见 co-operation（合作）

e-commerce（电子商务） 《导论》第 67 段

economic loss（经济损失） 《原则》第 32、60 段；第 3-3：701 条；第 6-2：101 条；《附录》"loss"（"损失"）

burdens incurred（发生的负担、费用） 第 3-3：701 条；第 6-2：101 条

income（收入） 第 3-3：701 条；第 6-2：101 条

injury as such［伤（损）害本身］ 第 6-6：204 条

profit（利润）　第3-3：701条；第6-2：101条

value of property, reduction in（财产的价值，减少）　第3-3：701条；第6-2：101条

economic welfare（经济福祉）　《导论》第12、16、20段；《原则》第58-59、61段。另参见 welfare（福祉）

effectiveness of security rights［担保物权的（对抗）效力］　第9-3：101-104条

　control（控制）　第9-3：102条至第9-3：103条；第9-3：204条

　method, change of（方法，变更）　第9-3：104条

　possession（占有）　第9-3：102条至第9-3：103条；第9-3：201条至第9-3：203条

　registration（登记）　第9-3：102条至第9-3：103条；第9-3：301条至第9-3：333条。另参见 European register of proprietary security（欧洲担保物权登记簿）

efficiency（效率）　《导论》第12、15-16、22段；《原则》第1-3、14-15、40、54-62段

　public purposes（公共目的）　《原则》第58-61段

electrical（电的）　第1-1：107条

electricity（电力）　第4.1-1：101条；第6-3：206条；第8-1：101条

　donation（赠与）　第4.8-1：103条

　product（产品）　第6-3：204条

electromagnetic（电磁的）　第1-1：107条

electronic（电子的）　第1-1：107条；《附录》

electronic mail（电子邮箱）　第2-3：104条

electronic means（电子方式）　第2-3：104条至第2-3：105条；第2-9：103条

acknowledgement of receipt（收到的确认）　第2-3：202条

input errors（输入错误）　第2-3：105条；第2-3：201条；第2-7：201条

electronic signature（电子签名）　第1-1：107条；第4.8-2：101条；《附录》

　advanced electronic signature（高级电子签名）　第1-1：107条；《附录》

emergency（紧急情况）　《原则》第30、49段；第4.3-8：107条至第4.3-8：108条

emissions（排放物）　第6-3：206条至第6-3：207条

employees（雇员）　第6-7：104条

　possession-agent（占有辅助人）　第8-1：208条

employers（雇主）　第6-7：104条

employers' associations（雇主协会）　第6-7：104条

employment（雇佣）　《导论》第38段；第1-1：101条

　damage caused in the course of employment（雇佣活动中造成的损害）《原则》第51段；第6-3：201条

encumbrance［（权利）负担］　第9-2：301条。另参见 assets, encumbered（财产，担保）

　termination of security right（担保物权的消灭）　第9-6：104条

endorsement（背书）　参见 security

endorsement（保证背书）

enforcement（强制履行、执行、实现）
《导论》第38段；第1-1：101条；
第3-7：302条；第3-7：306条

 court assistance（法庭协助）　第9-7：104条

 damages（损害赔偿）　第9-7：104条

 enforcement notice（实现担保物权的通知）　第9-7：107条

 extra-judicial enforcement（以非司法途径实现担保物权）　第8-1：101条；第9-7：103条

 method of payment（支付的方式）　第3-2：108条

 performance（履行）　第3-3：301条至第3-3：303条

 proceedings, cost（程序，费用）　第4.7-2：104条

 specific performance（实际履行）　第3-3：302条；第4.2-6：101条

 security rights（担保物权）　第9-7：103条

enforcement of performance [强制（实际）履行]　《原则》第17、26、44段

enrichment（利益）　第7-3：101条；另参见unjustified enrichment（不当得利）

 asset（财产）　第7-4：101条；第7-4：105条第7-4：106条

 attribution（因果关系）　第7-4：101条至第7-4：107条

 counter-benefit（对等利益）　《原则》第35段

 coercion（强迫）　第7-2：103

 consent（同意）　第7-2：101条；第7-5：102条

 contract（合同）　第7-2：101条

 court order（法庭裁定）　第7-2：101条

 discharge from liability（免除责任）　第7-4：101条；第7-4：104条

 disenrichment（不利益）　第7-4：103条；第7-6：101条

 fruits（孳息）　第7-5：104条

 good faith（善意）　第7-4：103条；第7-5：101条；第7-6：101条至第7-6：102条

 expectation, not realised（期望，未实现的）　第7-2：101条

 fraud（欺诈）　第7-2：103条

 incapacity（无行为能力）　第7-2：103条

 indirect representation（间接代理）　第7-4：102条

 juridical act（法律行为）　第7-2：101条

 justified（有合法依据的）　第7-2：102条至第7-2：103条

 monetary value（金钱价值）　第7-5：102条

 non-creditor, performance to（非债权人，向其履行）　第7-4：103条至第7-4：104条

 non-transferable（不可转让的）　第7-5：102条

 obligation to third person, performance of（对第三人的债务，履行）　第7-2：102条至第7-2：103条

 price（价款、价格）　第7-5：102条

 purpose, not achieved（目的，未达成的）　第7-2：101条

 return of the benefit（利益的返还）

《原则》第35段

reversal（返还） 第7-1：101条；第7-5：101条至第7-5：104条；第7-7：102条

rule of law（法律直接规定） 第7-2：101条

saving（现存） 第7-5：102条至第7-5：104条

service（服务） 第7-4：101条

substitute（替代） 第7-6：101条

threats（威胁） 第7-2：103条

transfer to third person in good faith（向善意第三人转让） 第7-4：103条

transferable（可转让的） 第7-5：101条

type（种类） 第7-4：107条

unfair exploitation（乘人之危） 第7-2：103条

unjustified（没有合法依据的） 第7-2：101条

use of（使用） 第7-5：104条

use of asset without authority（未经授权而使用财产） 第7-4：105条至第7-4：106条

value（价值） 第7-4：107条；第7-5：101条至第7-5：103条

environmental impairment（环境损害） 第6-2：209条

equal bargaining power（平等的谈判能力） 参见 bargaining power（谈判能力）

equal treatment（平等对待） 《原则》第1、41段

unequal treatment, justified（不平等待遇，无正当理由的） 第2-2：102条

equivalent, supply of（相当的财产或服务，提供） 第2-9：410条

established practice（既有的实践）《导论》第63段

estate agents（不动产代理人） 《导论》第30段

ethnic origin（民族） 《原则》第7段；第2-2：101条；《附录》"discrimination"（"歧视"）

European Contract Law（欧洲合同法）《导论》第1段。另参见 Action plan on a More Coherent European Contract Law（构建更加统一的欧洲合同法行为方案）

European Economic Area（欧洲经济区） 第6-3：204条

European legislation（欧盟立法） 《导论》第64、69、71段

European Private Law（欧盟私法）《导论》第57、70段

European register of proprietary security（欧洲担保物权登记簿） 第9-3：301条至第9-3：333条

access（访问） 第9-3：317条

advance filing（预告登记） 第9-3：305条

agent of the creditor（债权人的代理人） 第9-3：314条

amendments of entries（登记事项的修正） 第9-3：304条；第9-3：311条；第9-3：313条；第9-3：315条至第9-3：316条

assets, encumbered（财产，担保） 第9-3：310条；第9-3：319条

authentication（确认） 第9-3：304条

· 479 ·

certification of entry（登记证书）
第9-3：313条

contested entries（有争议的登记）
第9-3：316条

costs（费用）　第9-3：317条；第9-3：332条

declaration of consent（同意的声明）
第9-3：304条；第9-3：309条至第9-3：310条；第9-3：314条

declaration of transfer（转让的声明）
第9-3：329条；第9-3：331条

deletion of entries（涂销登记）　第9-3：304条；第9-3：315条至第9-3：316条；第9-3：327条

duration of entries（登记期间）　第9-3：325条

electronic register［电子登记（簿）］
第9-3：302条；第9-3：324条

entries［登记（事项）］　第9-3：305条至第9-3：314条

entries, additional content［登记（事项），其他内容］　第9-3：307条至第9-3：308条；第9-3：314条

entries, minimum content［登记（事项），最低要求］　第9-3：306条；第9-3：308条

expiry of entries（登记有效期）　第9-3：325条

filing entries（登记事项）　第9-3：304条

information（信息）　第9-3：319条至第9-3：324条

language（语言）　第9-3：310条；第9-3：319条至第9-3：320条

online register（网上登记）　第9-3：302条

registration office（登记机构）　第9-3：316条

renewal of entries（登记的续期）　第9-3：326条

requests for information（信息请求）
第9-3：319条；第9-3：324条

retention of ownership devices（保留所有权交易）　第9-3：303条

search（查询）　第9-3：318条

security provider（担保人）　第9-3：310条

security rights（担保物权）　第9-3：303条

security rights before register started to operate（登记簿启用之前的担保物权）
第9-3：333条

textual form（文本形式）　第9-3：324条

transfer of security rights（担保物权的转让）　第9-3：328条至第9-3：329条

transfer of encumbered assets（担保财产的转让）　第9-3：330条至第9-3：331条

translations（翻译）　第9-3：310条

Europeanisation of private law（私法的欧洲化）　《导论》第8段

event beyond control（不可控的意外事件）　第6-5：302条

evidence（证据）　第2-9：410条

examinations（检查）　第4.3-8：109条

excess quantity（超过数量）　第2-3：401条

exclusive distribution contract（排他的经

销合同） 第 4.5-5：101 条；第 4.5-5：203 条；第 4.5-5：301 条至第 4.5-5：306 条。另参见 distribution contract（经销合同）

exclusive purchasing contract（排他的购买合同） 第 4.5-5：101 条。另参见 distribution contract（经销合同）

execution, attempted（执行，尝试） 第 3-7：402 条

execution creditor（执行债权人） 第 9-4：107 条

expectations, reasonable（期待，合理的） 《原则》第 17、19、25、35、37 段

expenditure（费用） 第 7-5：103 条；第 8-7：104 条

expenses（费用） 第 3-2：110 条；《附录》"costs"（成本、费用）
    agent（代理人） 第 4.4-2：103 条；第 4.4-7：103 条

expert knowledge（专业知识） 第 4.3-7：103 条至第 4.3-7：104 条

exploitation, unfair（乘人之危） 参见 unfair exploitation（乘人之危）

exposure（披露） 《原则》第 32 段

expropriation（征收） 第 8-1：101 条

externalities（外部性） 《原则》第 3 段

extinction（消灭） 第 3-2：114 条

fair dealing（公平交易） 《导论》第 13、27-28 段；《原则》第 22-23、25 段。另参见"good faith and fair dealing"（"诚实信用与公平交易"）

fairness（公平） 《导论》第 13、36、50-51 段

fairness test（公平检验） 《原则》第 11 段

family relationships（家庭关系） 《导论》第 38 段；第 1-1：101 条

fatal injury（致命伤害） 第 3-3：105 条；第 6-2：202 条；第 6-5：401 条

fault（过错）
    contributory（与有过错） 第 6-5：102 条
    insubstantial（非实质的） 第 6-5：102 条

fauna（动物群） 第 6-2：209 条

faveur pour le contract（促进合同交易） 《原则》第 17、28 段

favouring the contract（促进合同交易） 《原则》第 17、28 段

financial assets（金融财产） 第 9-1：201 条；第 9-2：309 条；第 9-3：204 条；《附录》
    appropriation（以物抵债） 第 9-5：207 条
    commingling（混合） 第 9-3：106 条
    disposition（处分） 第 9-5：207 条
    intermediated financial assets（中介金融财产） 第 9-3：204 条
    satisfaction of secured right（清偿担保债权） 第 9-5：207 条
    use（使用） 第 9-5：207 条

financial instruments（金融工具） 第 2-9：410 条；第 3-5：101 条；第 9-1：201 条；《附录》
    registration（登记） 第 9-3：301 条

financial leasing（融资租赁） 第 9-1：103 条至第 9-1：104 条

financial products（金融产品） 第 2-9：410 条；第 4.3-1：102 条

financial services（金融服务） 《导论》第 61 段；第 2-9：410 条；第 4.3-1：102 条

alteration, unilateral（变更，单方）
第 2-9：410 条

rate of interest, right to change（利率，变更的权利） 第 2-9：410 条

withdrawal, right of（撤回，权利）
第 2-5：201 条

finding（遗失物的拾得） 第 8-1：101 条

fitness for purpose（合同目的）
第 4.1-2：302 条；第 4.1-2：307 条

flexibility（灵活性）《原则》第 22 段

flora（植物群） 第 6-2：209 条

food（食物） 第 2-5：201 条；第 4.3-5：110 条

foreseeability（可预见性） 第 2-1：105 条；第 3-3：703 条

forfeiture（没收、丧失） 第 8-1：101 条；第 10-7：402 条

form（形式）《导论》第 28 段；《原则》第 55 段；第 2-1：106 条

modification of contracts（合同的变更）
第 2-4：105 条

termination of contractual relationships（合同关系的解除） 第 2-4：105 条

formalities（形式要件） 参见 form（形式）

formation of contract（合同的成立）
《导论》第 34 段；《原则》第 19 段；第 2-4：101 条

agreement, sufficient（合意，充分的）
第 2-4：101 条；第 2-4：103 条

electronic means（电子形式） 第 2-3：105 条；第 2-3：201 条至第 2-3：202 条

legal relationship, binding（法律关系，具有拘束力） 第 2-4：101 条至

第 2-4：102 条

formulae（公式、规则） 第 4.1-2：306 条

franchise（特许经营）《导论》第 54 段；第 4.5-1：101 条；第 4.5-4：101 条；《附录》

accounting books（账簿） 第 4.5-4：304 条

advertising campaigns（广告宣传）
第 4.5-4：205 条；第 4.5-4：207 条

advice（建议） 第 4.5-4：203 条

assistance（协助） 第 4.5-4：203 条

business method（经营模式） 第 4.5-4：101 条；第 4.5-4：303 条至第 4.5-4：304 条

commercial sector（商业部门） 第 4.5-4：102 条

compensation（金钱赔偿） 第 4.5-2：401 条

confidentiality（秘密） 第 4.5-2：203 条

co-operation（合作） 第 4.5-2：201 条；第 4.5-4：103 条

damages（损害赔偿） 第 4.5-2：302 条至第 4.5-2：303 条；第 4.5-2：305 条；第 4.5-2：401 条；第 4.5-4：102 条

definite period（定期） 第 4.5-2：301 条

fees（费用） 第 4.5-4：102 条；第 4.5-4：301 条

goodwill, indemnity for（商誉，补偿） 第 4.5-2.305 条

guidance（指导） 第 4.5-4：203 条

indefinite period（不定期） 第4.5-

2：301 条至第 4.5-2：303 条

indemnity（补偿）　第 4.5-2：305 条；第 4.5-2：401 条

information during performance（履行期间的信息）　第 4.5-2：202 条；第 4.5-4：205 条；第 4.5-4：302 条

information, pre-contractual（信息，先合同的）　第 4.5-2：101 条；第 4.5-4：102 条

inspection of franchisee's premises（检查被特许人的场所）　第 4.5-4：304 条

instructions（指示）　第 4.5-4：303 条至第 4.5-4：304 条

intellectual property rights（知识产权）　第 4.5-4：101 条至第 4.5-4：102 条；第 4.5-4：201 条；第 4.5-4：302 条

know-how（技术秘密）　第 4.5-4：101 条至第 4.5-4：102 条；第 4.5-4：202 条；《附录》"franchise"（"特许经营"）

market conditions（市场情况）　第 4.5-4：102 条；第 4.5-4：205 条

materials（材料）　第 4.5-2：306 条

method（方法）　第 4.5-4：102 条

network（体系）　参见 franchise network（特许经营体系）

non-performance（不履行债务）　第 4.5-2：304 条

period of notice（通知期间）　第 4.5-2：302 条至第 4.5-2：303 条

periodical payments（定期支付）　第 4.5-4：102 条；第 4.5-4：301 条

pre-contractual information（先合同的信息）　第 4.5-4：102 条

remuneration（报酬）　第 4.5-2：401 条

retention, right of（留置，权利）　第 4.5-2：401 条

royalties（特许经营费）　第 4.5-4：102 条；第 4.5-4：301 条

spare parts（配件）　第 4.5-2：306 条

stock（存货）　第 4.5-2：306 条

supply capacity, decreased（供应能力，下降）　第 4.5-4：206 条

supply of products（提供产品）　第 4.5-4：204 条

termination（解除）　第 4.5-2：301 条至第 4.5-2：304 条

terms of the contract, document on request（合同条款，经请求签署文件）　第 4.5-2：402 条

trademark（商标）　第 4.5-4：101 条

trade name（商号）　第 4.5-4：101 条

training courses（培训课程）　第 4.5-4：203 条

franchise business（特许经营活动）　第 4.5-4：101 条；第 4.5-4：201 条；第 4.5-4：303 条；《附录》"franchise"（"特许经营"）

franchise network（特许经营体系）　第 4.5-4：101 条至第 4.5-4：102 条；第 4.5-4：205 条；第 4.5-4：207 条；第 4.5-4：303 条

commercial results（商业业绩）　第 4.5-4：205 条

reputation（声誉）　第 4.5-4：207

条；第 4.5-4：303 条

franchisee（被特许人） 第 4.5-4：101 条；另参见 franchise（特许经营）

 obligations（债务） 第 4.5-4：301-304 条

franchisor（特许人） 第 4.5-4：101 条；另参见 franchise（特许经营）

 obligations（债务） 第 4.5-4：201 条至第 4.5-4：207 条

fraud（欺诈） 《导论》第 72 段；《原则》第 6、8、42、49 段；第 2-7：101 条；第 2-7：205 条

 damages（损害赔偿） 第 2-7：214 条

 disadvantage（损害） 第 7-2：103 条

 good faith and fair dealing（诚实信用与公平交易） 第 2-7：205 条

 misrepresentation（不实陈述） 第 2-7：205 条

 non-disclosure（不披露） 第 2-7：205 条

 remedies［救济（措施）］ 第 2-7：215 条至第 2-7：216 条

 third persons（第三人） 第 2-7：208 条

free movement of capital（资本的自由流动） 《导论》第 22 段

free movement of goods（商品的自由流动） 《导论》第 22 段

free movement of persons（人员的自由流动） 《导论》第 22 段

free movement of services（服务的自由流动） 《导论》第 22 段

freedom（自由） 《导论》第 12、15-16、22 段；《原则》第 1-15、56、62 段

freedom of contract（合同自由） 《导论》第 13 段；《原则》第 1-11、42-43、59 段

freedom to negotiate（磋商的自由） 第 2-3：301 条

freedom of the person（人的自由） 《原则》第 32 段

fruits（孳息） 第 4.8-3：101 条；第 8-2：201 条；《附录》"proceeds"（"收益"）

 civil fruits（法定孳息） 第 9-5：208 条

 legal fruits（法定孳息） 第 3-3：510 条

 natural fruits（天然孳息） 第 3-3：510 条

 restitution（返还） 第 3-3：510 条

 security rights（担保物权） 第 9-2：306 条；第 9-4：104 条至第 9-4：105 条

 transferability（可转让性） 第 8-1：301 条

 unjustified enrichment（不当得利） 第 7-5：104 条

fund（基金） 第 9-1：201 条；第 9-2：309 条；第 9-3：106 条

fundamental freedoms（基本自由） 《导论》第 17 段；第 1-1：102 条

fundamental non-performance［根本不履行（债务）］ 《原则》第 41、55 段；第 3-2：105 条；第 3-3：203 条；第 3-3：502 条；第 3-3：504 条至第 3-3：505 条；第 4.3-6：105 条；第 4.4-1：105 条；第 4.5-2：305 条；《附录》

fundamental principles（基本原则） 《导论》第 11、14-15、59 段

 infringement（违反） 第 2-7：101

条；第 2-7：301 条；第 7-6：103 条

funeral expenses（丧葬费用） 第 6-2：202 条；第 10-2：402 条

gain（所得、利益） 第 3-3：702 条

gaming（赌博） 第 2-5：201 条

gases（气体） 第 6-3：206 条；第 8-1：201 条；《附录》"goods"（"有形动产"）；《附录》"incorporeal"（"无形物"）

gender（性别） 《原则》第 7 段
 gender neutrality（terminology）[中性（术语）] 《导论》第 48 段

gift（赠与物） 《附录》"supply"（"供应、提供"）。另参见 donation, contract for（赠与合同）

global security（总括担保） 第 4.7-1：101 条；第 4.7-2：102 条；第 4.7-2：104 条；第 4.7-2：107 条；第 4.7-4：105 条；《附录》

coverage（担保范围） 第 9-2：401 条

good commercial practice（良好的商事实践） 《原则》第 8 段；第 2-3：101 条；第 2-9：405 条；第 3-3：711 条

good faith（诚实信用、善意） 《导论》第 13、27-28、72 段；《原则》第 17、23、42、53 段；《附录》
 enriched person（受益人） 第 7-4：103 条；第 7-5：101 条至第 7-5：102 条；第 7-6：101 条至第 7-6：102 条
 inconsistent behaviour（矛盾的行为） 《原则》第 25 段；第 1-1：103 条

good faith acquisition（善意取得） 《原则》第 37 段；第 8-3：101 条至第 8-3：102 条
 cultural objects（文物） 第 8-3：101 条；第 8-4：102 条
 limited proprietary rights（定限物权） 第 8-3：102 条
 prior security rights（在先的担保物权） 第 9-2：108 条至第 9-2：109 条；第 9-6：102 条
 proprietary security, loss of（担保物权，丧失） 第 9-6：102 条
 security rights（担保物权） 《原则》第 37 段；第 9-2：108 条至第 9-2：109 条；第 9-3：321 条至第 9-3：322 条
 stolen goods（盗赃物） 第 8-3：101 条；第 9-2：108 条

good faith and fair dealing（诚实信用与公平交易） 《原则》第 42 段；第 1-1：102 条；第 3-1：103 条；第 3-1：106 条；《附录》
 authorization, principal's（授权，本人的） 第 2-6：103 条
 exclusion of liability（责任的排除） 第 6-5：401 条
 fraud（欺诈） 第 2-7：205 条
 implied terms（默示条款） 第 2-9：101 条
 information, disclosure of（信息，披露） 第 2-7：205 条
 interpretation of contracts（合同的解释） 第 2-8：102 条
 invalidity of contracts/juridical acts（合同、法律行为的无效） 第 2-1：106 条
 mistake（误解） 第 2-7：201 条
 negotiations（磋商） 《原则》第 42

段；第 2-3：301 条

non-conformity（与合同不符） 第 3-3：203 条

remedies, exclusion of［救济（措施），排除］ 第 2-7：215 条

remedies, restriction of［救济（措施），限制］ 第 2-7：215 条

restriction of liability（责任的限制） 第 6-5：401 条

standard of conduct（行为准则） 第 1-1：103 条

unfair exploitation（乘人之危） 第 2-7：207 条

unfair terms（不公平条款） 第 2-9：403 条至第 2-9：406 条

goods（有形动产） 《导论》第 2 段；第 4.1-1：201 条；第 8-1：201 条；《附录》

acceptance（验收） 第 3-3：710 条

accessories（添附物） 第 4.1-2：301 条至第 4.1-2：302 条；第 4.2-3：102 条至第 4.2-3：103 条

alteration, unilateral（变更，单方） 第 2-9：410 条

availability（实用性） 第 4.2-3：101 条；第 4.2-5：103 条；第 4.2-5：109 条

carriage（运送） 第 4.1-2：204 条；第 4.1-4：301 条；第 4.1-5：202 条

combination of goods（动产的附合）《原则》第 15、53 段

commingling of goods（动产的混合）《原则》第 15、53 段

conformity（与合同相符） 第 2-9：410 条；第 3-3：710 条；第 4.1-2：301 条至第 4.1-2：309 条；第 4.2-3：102 条至第 4.2-3：105 条

corporeal movables（有形的动产）《导论》第 26 段

damage（损害） 第 4.1-5：101 条

delivery（交付） 第 4.1-2：201 条至第 4.1-2：204 条；第 4.1-3：102 条；第 4.1-4：303 条

description（说明） 第 4.1-2：301 条；第 4.2-3：102 条至第 4.2-3：104 条

donation（赠与） 第 4.8-1：102 条；第 4.8-3：102 条

examination（检验） 第 4.1-4：301 条

fitness for purpose（合于合同目的） 第 4.1-2：302 条；第 4.1-2：307 条；第 4.1-4：302 条；第 4.2-3：103 条至第 4.2-3：104 条

free movement of goods（商品的自由流动）《导论》第 22 段

improvements（改良） 第 4.2-5：106 条

information（信息） 第 2-3：101 条至第 2-3：103 条；第 2-3：106 条

installation instructions（安装说明） 第 4.1-2：301 条至第 4.1-2：302 条；第 4.2-3：102 条至第 4.2-3：103 条

instructions（指示） 第 4.1-2：301 条至第 4.1-2：302 条；第 4.2-3：102 条至第 4.2-3：103 条

lease（租赁） 参见 lease of goods（动产租赁）

life-span, estimated（使用寿命，预计）

第4.1-6：104条

loss（损失）　第4.1-5：101条

maintenance（维护）　第4.2-5：105条至第4.2-5：106条

manufacture（制造）　第4.1-1：101条

marketing（推销、营销）　第2-3：102条

non-conformity（与合同不符）　第3-3：107条

not yet existing（尚未存在）　第4.1-1：201条

packaging（包装）　第4.1-2：301条至第4.1-2：302条；第4.1-2：307条；第4.2-3：102条至第4.2-3：103条

performance capabilities（履行能力）　第4.1-2：302条至第4.1-2：303条；第4.2-3：103条

placed at buyer's disposal（处于买受人支配之下）　第4.1-5：201条

production（加工）　《原则》第53段；第4.1-1：101条

products（产品）　第4.5-1：101条

quality（质量）　第4.1-2：301条至第4.1-2：303条；第4.1-2：307条；第4.2-3：102条至第4.2-3：104条

quantity（数量）　第4.1-2：301条；第4.2-3：102条；第4.2-3：104条

recovery［返还（原物）］　第8-6：102条；第8-6：203条；第8-7：101条至第8-7：104条

registration（登记）　第8-1：102条

repair（修理）　第4.2-5：105条

return（返还）　第4.2-3：106条；第4.2-6：101条

sale（出卖）　《附录》"sale, contract for"（"买卖，合同"）。另参见sale of goods（动产的买卖）

specification（特定化）　第4.1-3：102条；第4.2-4：107条

statement by third persons（第三人陈述）　第4.1-2：303条

stock of（存货）　第2-4：201条

supply（提供）　《附录》

third party rights（第三人权利）　第4.1-2：305条至第4.1-2：307条；第4.1-4：302条

transfer of ownership（所有权移转）　第4.1-1：101条

transferability（可转让性）　第8-1：301条；第8-2：101条

transit, goods sold in（在途，动产出卖）　第4.1-4：301条；第4.1-5：203条

unfair contract terms（不公平合同条款）　第2-9：410条

unsolicited（主动推销）　第2-3：401条

verification（验证）　第3-3：710条

weight（重量）　第4.1-3：103条

withdrawal period（撤回期间）　第2-5：103条

goods and services（商品和服务）　《导论》第26段

goodwill（商誉）　第4.5-2：305条；第4.5-3：312条；《附录》"assets"

("财产")

Green Paper on the Review of the Consumer Acquis（消费者现行法审查绿皮书）《导论》第 61-62、68 段

gross negligence（重大过失）　参见 negligence（过失）

grossly excessive demands（非常过分的要求）　《原则》第 44、50、60 段

grower（栽培人）　《附录》"producer"（生产者）

guarantee（瑕疵担保）　《导论》第 51 段；第 2-9：410 条；另参见 consumer goods guarantee（消费品瑕疵担保）

guarantee insurance（保证保险）第 4.7-1：102 条

guidance（指导）　第 4.5-4：203 条

handwritten signature（手写签名）第 1-1：107 条；《附录》

harassment（骚扰）　第 2-2：102 条；《附录》

health（健康）　《原则》第 32 段

heat（热）　第 6-3：206 条

heir（继承人）　第 10-1：203 条

hire-purchase（分期付款买卖）
　retention of ownership device（保留所有权交易）　第 9-1：103 条至第 9-1：104 条；第 9-2：308 条；第 9-5：303 条；第 9-7：301 条

horizontal instrument（平行文件）《导论》第 61-63 段

hospital（医院）　第 4.3-8：111 条

hotel-keeper, liability（旅馆管理人，责任）　第 4.3-5：110 条
　storage contract, separate（保管合同，独立的）　第 4.3-5：110 条
　withhold, right to（拒绝履行，权利）第 4.3-5：110 条

hovercraft（气垫船）　第 8-1：201 条；《附录》"goods"（"有形动产"）

human dignity（人类尊严）　参见 dignity, right to（人格尊严，权利）

human rights（人权）　《导论》第 12、16-17 段；《原则》第 33 段；第 1-1：102 条

illegality（违反法律规定、非法）《原则》第 4-5 段；第 6-5：401 条；第 7-6：103 条

immovables（不动产）
　abandonment（抛弃物）　第 6-3：208 条
　control, independent（控制，独立）第 6-3：202 条
　loss（损失）　第 6-2：206 条
　product（产品）　第 6-3：204 条
　unsafe state（危险状态）　第 6-3：202 条

immovable property（不动产）　《导论》第 38 段；第 1-1：101 条；《附录》。另参见 immovables（不动产）
　construction（建造）　第 2-5：201 条
　donation（赠与）　第 4.8-1：103 条
　loan contracts（借款合同）　第 4.6-1：101 条
　rental（租金）　第 2-5：201 条
　sale（出卖）　第 2-5：201 条
　separation（分离）　第 8-1：101 条
　timeshare contract（分时度假合同）第 2-5：202 条

immovable property security rights（不动产担保物权）　第 1-1：101 条

immovable structures（构建物）　参见 immovables（不动产）

immovables（不动产）　第 4.3-3：

101 条；第 4.3-5：101 条
 accessories（添附物） 第 9-3：105 条
 construction（建造） 第 4.3-3：101 条
 design（设计） 第 4.3-6：101 条
 processing（加工） 第 4.3-4：101 条
 proprietary security（担保物权） 第 4.7-1：101 条；第 9-3：105 条
 storage（保管） 第 4.3-5：101 条
impediment（障碍） 第 3-3：104 条
 beyond creditor's control（债权人无法控制） 第 3-7：303 条
 donation contract（赠与合同） 第 4.8-3：204 条
 notice of（通知） 第 3-3：104 条
 permanent（永久性的） 第 3-3：104 条
 prescription period（时效期间） 第 3-7：303 条
 psychological impediment（心理障碍） 第 3-7：303 条
 temporary（暂时的） 第 3-3：104 条
implied terms（默示条款） 《导论》第 52 段；第 2-9：101 条
importation of encumbered assets（担保财产的进口） 第 9-3：108 条；第 9-4：106 条
impossibility（不可能） 《原则》第 27 段
impossibility, initial（不能，自始） 第 2-7：102 条
improvements（改良） 第 3-3：513 条
imputation of performance（履行的充抵） 第 3-2：110 条；第 3-6：106 条

inactivity（不作为） 第 2-4：204 条
incapacity（无行为能力） 第 3-7：305 条
 disadvantage（损害） 第 7-2：103 条
 principal（本人） 第 4.4-6：105 条
income（收入） 第 3-3：701 条；第 6-2：101 条
 encumbrance［（担保）负担］ 第 9-2：107 条
inconsistent behaviour（矛盾的行为） 《原则》第 17、25 段；第 1-1：103 条
incorporeal property（不动产） 第 4.1-1：101 条
 donation（赠与） 第 4.8-1：103 条
incorporeal things（不动产）
 construction（建造） 第 4.3-3：101 条
 design（设计） 第 4.3-6：101 条
 storage（保管） 第 4.3-5：101 条
 transportation（运输） 第 4.3-5：101 条
incorrect information, provision of（错误信息，提供） 《导论》第 72 段
incorrect installation（错误安装） 第 4.1-2：304 条；第 4.1-2：307 条至第 4.1-2：308 条；第 4.2-3：105 条
indemnify（补偿） 《导论》第 65 段；《附录》
independent personal security（独立保证） 第 4.7-1：101 条；第 4.7-3：101 条至第 4.7-3：109 条；《附录》。另参见 personal security（保证）
 assignment（让与） 第 4.7-3：108 条
 benefits, security provider's right to reclaim（利益，保证人请求返还的权

利）

第 4.7-3：106 条

consumer security provider（消费者保证人） 第 4.7-4：105 条

defences（抗辩） 第 4.7-3：103 条

demand, abusive（请求，滥用的）

第 4.7-3：105 条

demand for performance（请求履行）

第 4.7-3：103 条

demand, fraudulent（请求，欺诈的）

第4.7-3：105 条至第 4.7-3：106 条

demand, manifestly abusive（请求，明显滥用的） 第 4.7-3：105 条至第 4.7-3：106 条

first demand（一经请求） 第 4.7-3：104 条；第 4.7-3：108 条

notification（通知） 第 4.7-3：102 条

proceeds of security（担保的收益）

第 4.7-3：108 条

rights after performance（履行之后的权利） 第 4.7-3：109 条

time limit（期间限制） 第 4.7-3：107 条

transfer（转让） 第 4.7-3：108 条

index（指数）

price-indexation clauses（价格指数化条款） 第 2-9：410 条

stock exchange index（股票交易市场指数） 第 2-9：410 条

indirect possession（间接占有） 第 8-1：205 条；《附录》"indirect physical control"（"间接的物理控制"）

indirect representation（间接代理）

《导论》第 29 段；第 4.4-1：102 条；第 4.4-3：403 条；第 4.4-4：102 条

transfer of ownership（所有权移转）

第 8-2：302 条

unjustified enrichment（不当得利）

第 7-4：102 条

individually negotiated terms（经个别磋商的条款） 第 2-1：110 条；《附录》"individually negotiated"（"经过个别磋商的"）

burden of proof（举证责任） 第 2-1：110 条

merger clause（归并条款） 第 2-4：104 条

individuals（个人） 《原则》第 57 段

industrial dispute（劳资纠纷） 第 6-7：104 条

industrial material（工业原料） 第 9-5：203 条

industrial property rights（工业产权）

第 4.1-1：101 条；第 4.1-2：305 条至第 4.1-2：307 条；第 4.1-4：302 条

donation（赠与） 第 4.8-1：103 条

inequality of bargaining power（谈判能力的不平等） 《原则》第 3、10 段

informality（不要式） 《原则》第 55 段

information（信息） 《原则》第 8-9 段

clarity（明晰度） 第 2-3：106 条

commercial agency（商事代理）

第 4.5-2：202 条

confidential information（秘密信息）

第 2-3：302 条；第 4.5-2：203 条；第 6-2：205 条

decision, subsequent（决定，嗣后的）

第 6-2：207 条

description（说明） 第 4.3-7：105 条

disclosure（披露） 第 4.3-8：109 条

distributorship（经销） 第 4.5-2：202 条

duties（义务） 参见 information duties（告知义务）

factual（事实性的） 第 4.3-7：105 条

form（形式） 第 2-3：106 条

franchise（特许经营） 第 4.5-2：202 条

incorrect（错误的） 第 2-7：204 条；第 6-2：204 条；第 6-2：207 条

language（语言） 第 2-3：102 条

non-disclosure, fraudulent（未披露，欺诈的） 第 2-7：205 条

quality（质量） 第 4.3-7：105 条

quantity（数量） 第 4.3-7：105 条

supply of goods/ services（提供商品、服务） 第 2-3：101 条

information, contract for the provision of（信息，提供信息服务的合同） 第 4.3-1：101 条；第 4.3-7：101 条 另参见 services, contract for（服务，合同）

advice（建议） 第 4.3-7：101 条

causation（因果关系） 第 4.3-7：109 条

client（客户） 第 4.3-7：101 条；第 4.3-7：108 条

conflict of interest（利益冲突） 第 4.3-7：107 条

conformity（与合同相符） 第 4.3-7：105 条

data, preliminary（资料，原始的） 第 4.3-7：102 条

decision, alternative（决策，供选择的） 第 4.3-7：109 条

decision, subsequent（决策，其后的） 第 4.3-7：104 条；第 4.3-7：109 条

expert knowledge（专业知识） 第 4.3-7：103 条至第 4.3-7：104 条

factual information（事实性信息） 第 4.3-7：105 条

gratuitous（无偿的） 第 4.8-1：103 条

provider（提供人） 参见 information provider（信息提供人）

recommendation（建议） 第 4.3-7：104 条；第 4.3-7：107 条

records（记录） 第 4.3-7：106 条

information duties（告知义务、信息披露义务） 《导论》第 28 段；《原则》第 8、59 段；第 2-3：101-109 条；第 4.5-2：101 条

breach（违反） 第 2-3：104 条至第 2-3：105 条；第 2-3：109 条；第 2-3：501 条

burden of proof（举证责任） 第 2-3：103 条至第 2-3：104 条

clarity of information（信息的明晰度） 第 2-3：106 条

damages（损害赔偿） 第 2-3：501 条

form of information（信息的形式） 第 2-3：106 条

pre-contractual（先合同的） 《导论》第 62-63 段；《原则》第 19 段；第 2-3：101；第 2-3：109 条；第 2-7：201 条

remedies［救济（措施）］ 第 2-3：

109 条

 specific（特殊的） 第 2-3：103 条

withdrawal（撤回） 《导论》第 62-63 段

 withdrawal period（撤回期间） 第 2-3：109 条

information provider（信息提供人）

 第 4.3-7：101 条

 care（注意义务） 第 4.3-7：104 条

 conflict of interest（利益冲突）

  第 4.3-7：107 条

 expert knowledge（专业知识）

  第 4.3-7：103 条至第 4.3-7：104 条

 obligations（债务） 第 4.3-7：102 条至第 4.3-7：104 条

 skill（技能） 第 4.3-7：104 条

injury（伤害） 《原则》第 34 段；第 6-2：101 条

 body（身体） 第 6-2：201 条

 compensation（金钱赔偿） 第 6-6：204 条

 fatal（致命的） 参见致命伤害（fatal injury）

 health（健康） 第 6-2：201 条

 mental health（心理健康） 第 6-2：201 条

 personal（人身） 参见人身伤害（personal injury）

input errors（输入错误） 第 2-3：105 条；第 2-3：201 条；第 2-7：201 条

insolvency（破产）

 agent（代理人） 《导论》第 29 段；第 3-5：401 条至第 3-5：402 条

 set-off（抵销） 第 3-6：101 条

 insolvency administrator of security provider（担保人的破产管理人）

  第 9-3：101 条

insolvency law（破产法） 《原则》第 4 段

insolvency proceeding（破产程序）

 第 4.7-2：102 条；《附录》

 performance to non-creditor, ratification（向非债权人履行，追认）

  第 7-4：104 条

inspection（检查） 第 2-5：105 条

 assets, encumbered（担保财产）

  第 9-5：201 条

 exclusive distribution contract（排他的经销合同） 第 4.5-5：305 条

 franchise（特许经营） 第 4.5-4：304 条

 lease of goods（动产租赁） 第 4.2-5：108 条

 processing（加工） 第 4.3-4：104 条

 selective distribution contract（选择性经销合同） 第 4.5-5：305 条

installation（安装） 第 6-3：206 条

 abandonment（抛弃物） 第 6-3：208 条

 operator（操作人） 第 6-3：206 条

 standards of control, statutory（控制标准，法定的） 第 6-3：206 条

installation instructions（安装说明）

 第 4.1-2：301 条至第 4.1-2：302 条；第 4.1-2：307 条；第 4.2-3：102 条至第 4.2-3：103 条

instructions（指示）

 commercial agency（商事代理） 第 4.5-3：202 条

 to discriminate（歧视） 第 2-2：102 条

exclusive distribution contract（排他的经销合同） 第4.5-5：304条

franchise（特许经营） 第4.5-4：303条至第4.5-4：304条

lease of goods（动产租赁） 第4.2-3：102条至第4.2-3：103条

mandate（委托） 第4.4-1：101条

sale of goods（动产买卖） 第4.1-2：302条

selective distribution contract（选择性经销合同） 第4.5-5：304条

insurance（保险） 《导论》第61段；第4.3-1：102条；第4.7-1：102条

assets, encumbered（担保财产） 第9-5：201条

baggage insurance policies（行李保险单） 第2-5：201条

carriage of goods（标的物的运送） 第4.1-2：204条

guarantee insurance（保证保险） 第4.7-1：102条

Principles of European Insurance Contract Law（欧洲保险合同法原则） 《导论》第58段

short-term insurance policies（短期保险单） 第2-5：201条

travel insurance policies（旅游保险单） 第2-5：201条

intangibles（无形财产） 第9-1：201条；第9-3：102条；《附录》

intellectual property rights（知识产权） 第4.1-2：305条至第4.1-2：307条

distributorship（经销） 第4.5-5：302条

donation（赠与） 第4.8-1：103条

franchise（特许经营） 第4.5-4：101条至第4.5-4：102条；第4.5-4：201条；第4.5-4：302条

sale（买卖） 第4.1-1：101条

intention（意图、意思） 《原则》第51段；第2-1：105条；第2-4：102条；第2-4：301条至第2-4：302条

damage（损害） 第6-3：101条

interest（利息） 《导论》第29段；第3-2：110条；第3-7：401条；《附录》

addition to capital（列入本金） 第3-3：709条；第4.6-1：104条

commercial contracts（商事合同） 第3-3：710条

interest rate（利率） 第3-3：708条；第3-3：710条

late payment of money（迟延付款） 第3-3：708条至第3-3：711条

loan contract（借款合同） 第4.6-1：101条；第4.6-1：104条

prescription period（时效期间） 第3-7：401条；第3-7：502条

rate, unilateral change（利率，单方变更） 第2-9：410条

reference rate（参照利率） 第3-3：710条

short-term lending rate（短期贷款利率） 第3-3：708条

unfair terms（不公平条款） 第3-3：711条

intermediaries（中介人、间接代理人） 第7-4：102条

internal market（内部市场） 《导论》第12、16、19、21、40、61段

internet related chat（网络聊天） 第2-3：104条

interpretation（解释） 《导论》第34

段;《原则》第 17、28 段;第 1-1:
102 条

against dominant party（不利于占优势
一方的解释）《导论》第 30 段;
第 2-8:103 条

against supplier of term（不利于条款
提供人的解释） 第 2-8:103 条

conduct of the parties（当事人的行为）
第 2-8:102 条

contract as a whole（合同整体解释）
第 2-8:105 条

contracts（合同） 第 2-8:101 条
至第 2-8:107 条

good faith and fair dealing（诚实信用
与公平交易） 第 2-8:102 条

intention of the parties（当事人的意
思） 第 2-8:101 条

juridical acts（法律行为） 第 2-8:
201 条至第 2-8:202 条

nature of the contract（合同的性质）
第 2-8:102 条

negotiated terms（经过个别协商的条
款） 第 2-8:104 条

negotiations, preliminary（协商，前
期） 第 2-8:102 条

purpose of the contract（合同的目的）
第 2-8:102 条

records（记录） 第 4.3-8:109 条

usages（惯例） 第 2-8:102 条

intervener（管理人） 第 5-1:101
条。另参见 benevolent intervention in
another's affairs（无因管理）

authority（权限） 第 5-3:106 条

care, reasonable（注意，合理的）
第 5-2:101 条

duties（义务） 第 5-2:101 条至第
5-2:103 条

indemnification（补偿） 第 5-3:
101 条;第 5-3:104 条至第 5-3:
105 条

liability（责任） 第 5-2:102 条

reasonable ground for acting（行为的
合理理由） 第 5-1:101 条

reimbursement（偿还） 第 5-3:
101 条;第 5-3:104 条至第 5-3:
105 条

remuneration（报酬） 第 5-3:102
条;第 5-3:104 条

reparation for loss（损失的赔偿）
第 5-3:103 条至第 5-3:104 条

representative（代理人） 第 5-3:
106 条

interviews, preliminary（面谈，初步的）
第 4.3-8:109 条

invalidity（无效、效力欠缺）《原则》
第 17 段;第 2-7:101 条;第 2-7:
212 条;《附录》"invalid"（"无效"）

invalidity, initial（无效，自始）

assignment（让与） 《导论》第 29
段;第 3-5:118 条

transfer of ownership（所有权的移转）
第 8-2:202 条

inventory（存货） 第 9-5:204 条

investment activities（投资活动）
第 4.4-1:101 条

investment security（投资证券） 第 3-
5:101 条;第 4.1-1:101 条

donation（赠与） 第 4.8-1:103 条

investment services（投资服务）
第 4.4-1:101 条

item, defective（物，瑕疵）《导论》
第 29 段

replacement（更换） 第 3-3:
205 条

joint obligation（共同债务） 第 3-4：
102 条；《附录》
  money claimed for non-performance
（就不履行债务请求金钱给付）
第 3-4：105 条
joint right（共同债权） 第 3-4：202-
203 条；第 3-4：205 条；《附录》
juridical act（法律行为） 《导论》第 28、
34、44-45、51 段；第 1-1：101 条；
第 2-1：101 条；《附录》
  bilateral（双方的） 第 2-1：101 条
  express（明示的） 第 2-1：101 条
  gratuitous（无偿的） 第 10-1：
301 条
  illegality（违反法律规定） 第 7-6：
103 条
  implied（默示的） 第 2-1：101 条
  intention（意思表示） 第 2-4：301
条至第 2-4：302 条
  interpretation（解释） 第 2-8：201
条至第 2-8：202 条
  invalidity（无效、效力欠缺） 第 2-
7：101 条；《附录》"无效"（"invalid"）
  multilateral（多方的） 第 2-1：
101 条
  notice（通知） 第 1-1：109 条
  partial ineffectiveness（部分不生效）
第 2-1：108 条
  partial invalidity（部分无效） 第 2-
1：108 条
  unilateral（单方） 第 2-1：101 条
  validity（有效） 《附录》"valid"（"有效"）
  voidability（可撤销） 《附录》
"voidable"（"可撤销"）
  void（无效） 《附录》"void"（"无效"）
jurisdiction clauses（管辖权条款）
第 2-9：409 条
justice（正义、公平） 《导论》第
12、15-17、22 段；《原则》第 1、3、
12-13、40-53、62 段
  protective justice（保障性正义） 《原则》第 40 段
keeper（保有人） 《附录》
  animal（动物） 第 6-3：203 条
  motor vehicle（机动车） 《原则》
第 51 段；第 6-3：205 条
  substance（物质） 第 6-3：206 条
know-how（技术秘密） 第 4.5-4：
101 条至第 4.5-4：102 条；第 4.5-
4：202 条；《附录》"franchise"（"特许经营"）
knowledge（知识、知道） 第 2-1：
105 条
  expert（专业） 第 4.3-7：103 条
  imputed（推定的） 第 2-1：105 条
invalidity of contracts/juridical acts（合同、法律行为的无效） 第 2-1：
106 条
lack of conformity（与合同不符）
第 4.1-4：304 条
  scientific（科学的） 第 6-3：
204 条
  technical（技术的） 第 6-3：
204 条
labour, contributing（劳务，提供）
第 8-5：201 条
lack of conformity（与合同不符）
第 4.1-4：101 条；第 4.1-4：201 条至
第 4.1-4：202 条；第 4.2-4：101 条
land（土地） 《附录》"immovable property"（"不动产"）

land register（土地登记簿） 第9-3：105条

landlord［地主（土地所有人）］ 《原则》第18段

language（语言） 《导论》第12、16、19段；第2-9：109条

 clear and comprehensible（清晰易懂） 第2-5：104条

 consumer goods guarantee document（消费品瑕疵担保文件） 第4.1-6：103条

 contract, conclusion of（合同，订立） 第2-3：105条

 DCFR（《欧洲示范民法典草案》）《导论》第47-48段

 information（信息） 第2-3：102条；第2-3：106；第2-5：104条

 linguistic discrepancies（语言上的矛盾） 第2-8：107条

 plain and intelligible（浅显易懂的） 第2-3：102条；第2-3：106条；第2-9：402条；第2-9：406条；第4.1-6：103条

lease of goods（动产租赁） 《导论》第54段；《原则》第46段；第4.2-101条；《附录》"lease"（"租赁"）

 acceptance of goods（受领租赁物） 第4.2-5：103条

 availability of the goods（租赁物的实用性） 第4.2-1：101条

 conformity of the goods（租赁物与合同相符） 第4.2-1：101条；第4.2-3：102-105条；第4.2-4：101条；第4.2-4：103条

 consumer contract（消费合同） 第4.2-1：102条；第4.2-2：103条；第4.2-3：105条；第4.2-6：102条

 control of the goods（租赁物的控制） 第4.2-2：101条；第4.2-5：103条；第4.2-6：101条至第4.2-6：102条

 damages（损害赔偿） 第4.2-6：101条至第4.2-6：102条

 financing purpose（融资目的） 第4.2-1：101条

 future rent（未来租金） 第4.2-6：101条

 goods（有形动产） 第4.2-5：103条至第4.2-5：104条。另参见goods（有形动产）

 improvement of goods（租赁物的改良） 第4.2-5：105条

 inspections（检查） 第4.2-5：108条

 insurance（保险） 第4.2-6：102条

 lack of conformity（与合同不符） 第4.2-4：101条

 lessee（承租人） 参见 lessee（承租人）

 lessor（出租人） 参见 lessor（出租人）

 maintenance of goods（租赁物的维护） 第4.2-5：105条至第4.2-5：106条

 ownership, change in（所有权变动） 第4.2-7：101条

 period（期间） 参见 lease period（租赁期间）

 repair of goods（租赁物的修理） 第4.2-5：105条；第4.2-5：108条

 rent（租金） 第4.2-1：101条；

另参见租金（rent）

rent reduction（降低租金）　第 4.2-4：102 条

return of the goods（返还租赁物）　第 4.2-3：106 条；第 4.2-5：109 条；第 4.2-6：101 条

specific performance（实际履行）　第 4.2-6：101 条

sublease（转租）　第 4.2-7：103 条

supply of goods selected by lessee（提供承租人选定的租赁物）　第 4.2-4：104 条

termination（解除）　第 4.2-4：104 条

withhold performance（拒绝履行）　第 4.2-4：104 条

lease period（租赁期间）　第 4.2-2：101 条至第 4.2-2：102；第 4.2-4：103 条

definite（定期的）　第 4.2-2：102 条

indefinite（不定期的）　第 4.2-2：102 条至第 4.2-2：103 条

notice of termination（解除通知）　第 4.2-2：102 条

obligation to pay rent（支付租金的义务）　第 4.2-5：101 条

prolongation, tacit（延期，默示的）　第 4.2-2：103 条

leasing（租赁）　《导论》第 68 段；第 9-1：103 条至第 9-1：104 条；第 9-2：308 条；第 9-5：303 条；第 9-7：301 条

re-leasing（转租赁）　第 9-7：301 条

legacy（遗产）　第 10-2：403 条

legal capacity（行为能力）　《导论》第 38 段；《原则》第 52 段；第 1-1：101 条；第 2-7：101 条

legal certainty（法律的确定性）　《导论》第 12 段；《原则》第 22、36、53 段；第 1-1：102 条

legal culture（法律文化）　《原则》第 62 段

legal entity（法人实体）　第 4.7-2：103 条；第 4.7-2：113 条

legal person（法人）　《原则》第 3、16 段；第 6-1：103 条；《附录》"person"（"人"）

business（经营者）　第 1-1：105 条

representative（代表人）　第 6-3：201 条

trustee（受托人）　第 10-8：301 条

legal relationship（法律关系）　第 2-4：101 条；《附录》"duty"（"义务"）

binding（有拘束力的）　第 2-4：101 条至第 2-4：102 条

invalidity（无效）　《附录》"invalid"（"无效"）

legal security（法律的安全性）　《原则》第 1 段。另参见 security（underlying principle）[安全（根本原则）]

leisure services（休闲服务）　第 2-5：201 条

lender（贷款人）　第 4.6-1：101 条至第 4.6-1：102 条

lesion（身体伤害）　《原则》第 44 段

lessee（承租人）　第 4.2-1：101 条。另参见 lease of goods（动产租赁）

assignment of rights to performance（债权的让与）　第 4.2-7：102 条

consumer（消费者）　第 4.2-1：102 条至第 4.2-1：104 条

handling of the goods（使用租赁物）　第 4.2-5：104 条

inform, obligation to（告知，义务）
第 4.2-5：107 条

obligations（债务） 第 4.2-5：101
条至第 4.2-5：109 条

option to become owner of the goods
（成为租赁物所有人的选择权）
第 4.2-1：101 条

supply contract（供应合同） 第
4.2-4：104 条

lessor（出租人） 第 4.2-1：101 条。
另参见 lease of goods（动产租赁）

business（经营者） 第 4.2-1：
102 条

financing party（融资人） 第 4.2-
1：101 条

obligations（债务） 第 4.2-3：101
条至第 4.2-3：106 条

ownership（所有权） 第 4.2-7：
101 条

substitution［替代（物）］ 第 4.2-
7：101 条

letter, late acceptance（信件，迟到承诺）
第 2-4：207 条

liability（责任）

court proceedings（法庭程序） 第
6-7：103 条

decrease（减少） 第 4.7-3：101 条

employees（雇员） 第 6-7：104 条

employers（雇主） 第 6-7：104 条

employers' associations（雇主协会）
第 6-7：104 条

exclusion（排除） 第 6-5：401 条

good faith and fair dealing（诚实信用
与公平交易） 第 6-5：401 条

increase（增值） 第 4.7-5：103 条

indemnified persons（已受补偿的人）
第 6-7：105 条

limitation（限制） 参见 limitation of
liability（责任的限制）

non-contractual（侵权、非合同） 第
6-1：101 条

public law functions（公法职能） 第
6-7：103 条

reduction on equitable grounds（依公
平而减轻） 《原则》第 1 段

restriction（限制） 第 6-5：401 条

solidary（连带的） 第 6-6：105 条

trade union（工会） 第 6-7：
104 条

liberté contractuelle（合同自由） 《导论》
第 13、15 段

liberty, right to（自由，权利） 第 6-
2：203 条；《附录》"right"（"权利"）

light（光） 第 6-3：206 条

limitation of liability（责任的限制）

consumer goods guarantee（消费品瑕
疵担保） 第 4.1-6：106 条

design（设计） 第 4.3-6：107 条

processing（加工） 第 4.3-4：
108 条

storage（保管） 第 4.3-5：109 条

limited proprietary rights（定限物权）
第 8-1：204；第 9-1：102 条；《附录》

good faith acquisition（善意取得）
第 8-3：102 条

priority（优先顺位） 第 9-4：
101 条

limited-right possessor（他主占有人）
第 8-1：206 条；《附录》

linguistic diversity（语言的多样性）
《导论》第 12、16、19 段

liquids（液体） 第 6-3：206 条；第
8-1：201 条；《附录》"goods"（"有
形动产"）；《附录》"incorporeal"（"无

形物")

literal meaning（字面含义） 第2-8：101条

living expenses（生活费用） 第9-2：107条

loan contract（借款合同） 《导论》第2段；第4.6-1：101条；《附录》
 borrower（借款人） 第4.6-1：101条；第4.6-1：103条
 early repayment（提前还款） 第4.6-1：106条
 interest（利息） 第4.6-1：101条；第4.6-1：104条
 lender（贷款人） 第4.6-1：101条至第4.6-1：102条
 monetary loan（货币贷款） 第4.6-1：101条；第4.6-1：103条；《附录》
 overdraft（透支贷款） 第4.6-1：101条
 remuneration（报酬） 第4.6-1：101条；第4.6-1：104条
 taking up of the loan（领取贷款） 第4.6-1：103条
 termination（终止） 第4.6-1：106条

loan period（借款期间） 第4.6-1：101条

long-term contracts（长期合同） 《原则》第9、22段

loss（损失） 《导论》第65段；《原则》第34段；第2-5：105条；第6-2：101条；《附录》
 advice, incorrect（建议，错误的） 第6-2：207条
 attributable to creditor（由债权人造成的）
 第3-3：704条
 breach of confidence（违反保密义务） 第6-2：205条
 business, unlawful impairment of（经营，不法侵犯） 第6-2：208条
 consequential（引发的） 第6-2：201条；第6-3：202条至第6-3：206条
 dignity, infringement of（人格尊严，侵犯） 第6-2：203条
 economic（经济） 参见 economic loss（经济损失）
 environmental impairment（环境损害） 第6-2：209条
 foreseeability（可预见性） 第3-3：703条
 future loss（未来的损失） 第3-3：701条
 incorrect information, reliance on（错误的信息，信赖） 第2-7：204条；第6-2：207条
 liberty, infringement of（自由，侵犯） 第6-2：203条
 misrepresentation, fraudulent（不实陈述，虚假的） 第6-2：210条
 non-economic（非经济） 参见 non-economic loss（非经济损失） non-performance（债务不履行） 第3-3：701条
 non-performance of obligation by third person, inducement of（第三人不履行债务，诱使） 第6-2：211条
 personal injury（人身伤害） 第6-2：201条
 possession, infringement of lawful（占有，侵犯合法的） 第6-2：206条
 preventing damage（损害防止） 第6-

· 499 ·

6：302 条

privacy, infringement of（隐私，侵犯）
第 6-2：203 条

property damage（财产损害）　第 6-2：206 条；第 6-3：202 条至第 6-3：206 条

property, infringement of（财产权，侵犯）　第 6-2：206 条

reduction by creditor（债权人减少）
《原则》第 42 段；第 2-3：501 条；第 3-3：705 条

third persons（第三人）　第 6-2：202 条；第 6-3：202 条至第 6-3：206 条；第 6-5：501 条

unfair competition（不正当竞争）　第 6-2：208 条

loss of ownership（所有权的丧失）
《导论》第 2、37、43、53 段；《原则》第 14、36 段；第 8-1：101 条

extrajudicial enforcement（以非司法途径实现）　第 8-1：101 条

lottery（博彩）　第 2-5：201 条

loyalty（诚信）　《导论》第 15、18 段；《原则》第 17 段

loyauté（诚信）　《导论》第 13 段

loyauté contractuelle（合同诚信）　《导论》第 13 段

magazines（杂志）　第 2-5：201 条

magnetic（磁的）　第 1-1：107 条

maintenance（扶养）　第 4.3-4：101 条；第 6-2：202 条

maker（制作人）　《附录》"producer"（生产者）

mandate（委托）　第 4.4-1：102 条；《附录》。另参见 mandate contract（委托合同）

change, significant（变更，实质）　第 4.4-4：201 条

irrevocable（不可撤销）　第 4.4-1：105 条；第 4.4-6：101 条至第 4.4-6：102 条

mandate contract（委托合同）　《导论》第 30、54 段；第 4.4-1：101 条至第 4.4-1：102 条；第 4.5-1：201 条

accounting（报告）　第 4.4-3：402 条

agent（代理）　参见 agent（代理）

authorisation（权限）　第 4.4-1：101 条至第 4.4-1：102 条

changes（变化）　第 4.4-4：101 条；第 4.4-4：201 条；第 4.4-6：105 条

conflict of interest（利益冲突）　第 4.4-5：101 条至第 4.4-5：102 条

co-operation（合作）　第 4.4-2：101 条

damages（损害赔偿）　第 4.4-4：201 条

direct representation（直接代理）　第 4.4-1：102 条；第 4.4-4：102 条至第 4.4-4：103 条；《附录》"mandate for direct representation"（"直接代理的委托"）

directions（指令）　第 4.4-1：101 条至第 4.4-1：102 条；第 4.4-2：101 条；第 4.4-4：101 条至第 4.4-4：104 条

directions, request for（请示指令）　第 4.4-4：102 条；第 4.4-4：104 条

double mandate（双方委托）　第 4.4-5：102 条

duration（期限）　第 4.4-1：103 条

exclusivity（独占） 第 4.4－3：301 条

expenses incurred by agent（受托人发生的费用） 第 4.4－2：103 条；第 4.4－3：402 条；第 4.4－7：103 条

fixed period（定期） 第 4.4－1：103 条

gratuitous（无偿的） 第 4.4－1：101 条；第 4.4－2：103 条；第 4.4－6：104 条

indefinite period（不定期） 第 4.4－1：103 条；第 4.4－6：102 条；第 4.4－6：104 条

indirect representation（间接代理）《导论》第 29 段；第 4.4－1：102 条；第 4.4－3：403 条；第 4.4－4：102 条至第 4.4－4：103 条；《附录》"mandate for indirect representation"（"间接代理的委托"）

information（信息） 第 4.4－2：101 条；第 4.4－3：401 条至第 4.4－3：403 条

instruction（指示） 第 4.4－1：101 条至第 4.4－1：102 条

mandate relationship（委托关系） 第 4.4－1：101 条

money received（收取的金钱） 第 4.4－3：402 条

money spent（垫付的金钱） 第 4.4－3：402 条

non-performance, fundamental（不履行债务，根本的） 第 4.4－1：105 条

personal performance（亲自履行） 第 4.4－3：302 条

price（价款） 第 4.4－1：101 条；第 4.4－2：102 条至第 4.4－2：103 条

price, adjustment（价款，调整） 第 4.4－4：103 条至第 4.4－4：104 条；第 4.4－4：201 条

principal（本人） 参见 principal（本人）

progress of performance（履行过程） 第 4.4－3：401 条至第 4.4－3：403 条

prospective contract（预期合同） 第 4.4－1：102 条；第 4.4－2：102 条；第 4.4－3：301 条；第 4.4－3：401 条至第 4.4－3：403 条；第 4.4－7：101 条

ratification（追认） 第 2－6：111 条；第 4.4－3：202 条

remedies［救济（措施）］ 第 4.4－4：103 条

revocation（撤销） 第 4.4－1：102 条；第 4.4－1：104 条至第 4.4－1：105 条；第 4.4－6：101 条

self-contracting（与自己订立合同） 第 4.4－5：101 条

subcontracting（转包、分包） 第 4.4－3：302 条

task, particular（事务，特定的） 第 4.4－1：103 条；第 4.4－6：102 条

termination（解除） 参见 mandate relationship（委托关系）

third party（第三人） 第 4.4－1：102 条；第 4.4－3：403 条

warn, duty to（警示，义务） 第 4.4－4：101 条

withhold, right to（拒绝履行，权利） 第 4.4－4：103 条

· 501 ·

mandate relationship（委托关系）
第 4.4-1：101 条；第 4.4-7：103 条
至第 4.4-4：104 条。另参见 mandate
contract（委托合同）

 damages（损害赔偿） 第 4.4-6：
101 条

 termination（解除） 第 4.4-1：104
条至第 4.4-1：105 条；第 4.4-2：
103 条；第 4.4-3：402 条；第 4.4-
6：101 条至第 4.4-6：105 条；第
4.4-7：101 条至第 4.4-7：103 条

 termination for extraordinary and serious reason（因特别的、严重的原因而解除） 第 4.4-6：103 条；第
4.4-6：105 条

 termination by successors of the principal（本人的继受人解除） 第
4.4-6：103 条

mandatory rules（强制性规定） 《原则》
第 2-3、11 段；第 21：102 条

 illegality（违反法律规定） 第 4.7-
6：103 条

 infringement（违反） 第 2-7：101
条；第 2-7：302 条

 trusts（信托） 第 10-1：303 条

 unfair terms（不公平条款） 第 2-
9：401 条

manufacturer（制造人） 第 6-3：204
条；《附录》"producer"（生产者）

market conditions（市场情况）
第 4.5-3：203 条；第 4.5-4：102 条

market efficiency（市场效率） 《原则》
第 58-60 段

market failure（市场失灵） 《原则》
第 59 段

marketing（市场营销） 《原则》第 46
段；第 2-3：102 条；第 2-9：102
条；第 4.5-1：101 条

mass（一体物） 第 8-2：305 条；
第 8-5：202 条；第 9-2：309 条

materials（材料） 第 4.3-2：104 条；
第 4.3-3：102 条；第 4.3-4：102
条；第 4.3-8：103 条；第 4.5-2：
306 条

matrimonial relationships（婚姻关系）
第 1-1：101 条

media（媒体） 第 6-5：203 条

mediation（调解） 《导论》第 29 段；
第 3-7：302 条

medical treatment（医疗服务） 《原则》
第 46 段，另参见 treatment, contract
for（医疗服务，合同）

medicines（药） 第 4.3-8：103 条

mental health（心理健康） 第 6-2：
201 条

mental incompetence（心智不健全）
第 6-5：301 条

mentally incompetent persons（心智不健全的人） 《原则》第 52 段

merger clause（归并条款） 第 2-4：
104 条；《附录》

merger of debts（债务的混同） 第 3-
6：201 条；《附录》

 solidary obligation（连带责任） 第
3-4：108 条

micro-credits（小额信贷） 第 9-1：
105 条

microorganisms（微生物） 第 6-3：
206 条

mind, state of（心理，状态） 第 2-
1：105 条

minors, damage caused by（未成年人，造成的损害） 第 6-3：103 条至
第 6-3：104 条

minimum intervention（最小程度的干预）
《原则》第 11 段

misrepresentation（不实陈述） 第 2-7：205 条。另参见 fraud（欺诈）
 conduct（行为） 第 2-7：205 条
 fraudulent（虚假的） 第 2-7：205 条；第 6-2：210 条；《附录》
 loss（损失） 第 6-2：210 条
 words（语言） 第 2-7：205 条

mistake（误解） 《导论》第 72 段；《原则》第 6、8、19、49 段；第 2-7：101 条；第 2-7：201 条
 adaptation of contract（合同的变更） 第 2-7：203 条
 avoidance（撤销） 第 2-7：201 条
 both parties（双方当事人） 第 2-7：201 条；第 2-7：203 条
 damages（损害赔偿） 第 2-7：214 条
 donation（赠与） 第 4.8-2：103 条
 good faith and fair dealing（诚实信用与公平交易） 第 2-7：201 条
 inaccuracy in communication（沟通时的不准确） 第 2-7：202 条
 inexcusable（不可原谅的） 第 2-7：201 条
 performance of the contract（合同的履行） 第 2-7：203 条
 remedies［救济（措施）］ 第 2-3：109 条；第 2-3：201 条；第 2-7：215 条至第 2-7：216 条
 risk of（风险） 第 2-7：201 条
 service contracts（服务合同） 第 4.3-2：102 条
 third persons（第三人） 第 2-7：208 条

mixed contracts（混合合同） 《导论》第 53 段；第 2-1：107 条
 primary category（主要类别） 第 2-1：107 条

mixture（混合物） 第 8-2：305 条；第 8-5：202 条；第 9-2：309 条

model（模型） 第 4.1-2：302 条；第 4.2-3：103 条

model rules（示范规则） 《导论》第 9、24、41-42、55-56、59-60 段
 development（发展） 第 1-1：102 条
 interpretation（解释） 第 1-1：102 条

modification of contracts（合同的变更） 《原则》第 20 段；第 2-7：303 条
 form（形式） 第 2-4：105 条

monetary loan（货币贷款） 第 4.6-1：101 条；第 4.6-1：103 条；《附录》

monetary obligation（金钱债务） 第 3-3：301 条
 assignment（让与） 第 3-5：107 条；第 3-5：117 条
 ratification（追认） 第 4.7-4：104 条

money（金钱、货币） 第 3-2：108 条；第 3-2：112 条；第 3-3：301 条；第 3-3：510 条；第 4.3-5：101 条。另参见 currency（货币）
 depositing（提存） 第 3-2：112 条
 donation（赠与） 第 4.8-1：103 条
 not accepted（未被受领） 第 3-2：112 条
 reimbursement（偿还） 第 3-2：102 条

money market instruments（货币市场工具） 第 9-1：201 条

money orders, international（汇款单，

国际的） 第2-9：410条

month（月） 第1-1：110条

motor vehicle（机动车） 《原则》第51段；第6-3：205条；《附录》

 damage caused by（造成的损害） 第6-3：205条；第6-3：208条；第6-5：102条

 trailer（拖车） 第6-3：205条

movable assets（动产） 《导论》第2、43、53段

 security rights（担保物权） 第9-1：101条至第9-1：102条

movable property（动产） 《导论》第37、40、68段

movables（动产） 第8-1：201条；《附录》

 construction（建造） 第4.3-3：101条

 design（设计） 第4.3-6：101条

 product（产品） 第6-3：204条

 storage（保管） 第4.3-5：101条

 transportation（运送） 第4.3-5：101条

national law（内国法、国内法） 《导论》第25、63、73段

 constitutional law（宪法） 第6-7：101条

 damage, accountability for（损害，可归责性） 第6-3：207条

 non-economic loss, quantification（非经济损失，量化） 第6-6：203条

 notation of security rights（担保物权的备案） 第9-3：301条；第9-3：312条

 personal injury, quantification（人身伤害，量化） 第6-6：203条

 registration of ownership（所有权的登记） 第8-1：102条；第8-2：103条

 registration of security rights（担保物权的登记） 第9-3：301条；第9-3：312条

 statutory provisions（制定法的规定） 第6-7：102条

national notes in the DCFR（《欧洲示范民法典草案》国别注释） 《导论》第71、73、75段

natural person（自然人） 《导论》第38段；《原则》第3、16段；第1-1：101条；第6-1：103条；《附录》"person"（"人"）

 business（经营者） 第1-1：105条

 consumer（消费者） 第1-1：105条

 legal capacity（行为能力） 第1-1：101条

 mental condition（心理状态） 第4.3-8：101条

 physical condition（生理状态） 第4.3-8：101条

 status［（法律）地位］ 第1-1：101条

necessity（紧急避险） 第6-5：202条

negligence（过失） 《导论》第65段；《原则》第50-52段；第6-3：102条；《附录》

 gross（重大） 第3-3：105条；第3-3：703条；第4.3-4：108条；第4.3-6：107条；《附录》"gross negligence"（"重大过失"）

 standard of care（注意义务的标准） 第6-3：102条

negotiable documents of title（流通物权凭证） 第9-2：304条；第9-7：206条
 security right in the goods（动产担保物权） 第9-3：202条
negotiable instruments（流通票据） 《导论》第38段；第1-1：101条；第4.1-1：101条；第9-2：304条；第9-7：205条
 aval（保兑） 第4.7-1：102条
 donation（赠与） 第4.8-1：103条
 realisation of security（担保物权的变现） 第9-7：214条
 security endorsement（保证背书） 第4.7-1：102条
 security right in the right embodied（所体现权利之上的担保物权） 第9-3：202条
negotiations（磋商、谈判） 《导论》第13段；《原则》第42段；第2-3：301条
 breaking off（中断） 第2-3：301条
 duty to negotiate in good faith（依诚实信用而磋商的义务） 第2-3：301条
 freedom to negotiate（磋商自由） 第2-3：301条
 good faith and fair dealing（诚实信用与公平交易） 第2-3：301条
 intention of reaching an agreement（达成协议的意图） 第2-3：301条
 prescription period, postponement（时效期间，延期） 第3-7：304条
negotiorum gestio（无因管理） 参见 benevolent intervention in another's affairs（无因管理）

network, franchise（体系，特许经营） 第4.5-4：207条；第4.5-4：303条
net weight（净重） 第4.1-3：103条
newspapers（报纸） 第2-5：201条
noise（噪声） 第6-3：206条
non-conforming performance（不适当履行） 《原则》第28段
non-conformity（与合同不符） 《导论》第53段；第3-3：201条至第3-3：205条
 cure（补救） 第2-3：202条至第2-3：205条
 design（设计） 第4.3-6：104条至第4.3-6：105条
 knowledge（知道） 第3-3：203条
 notice（通知） 第3-3：107条；第4.1-4：302条
 price reduction（减少价款） 第3-3：601条
 replacement（更换） 第3-3：205条
 service contract（服务合同） 第4.3-2：110条
non-contractual liability（非合同责任、侵权责任） 《原则》第31-33段；第8-5：101条
 inducement to breach the contract（诱使违反合同） 《原则》第4段
 protection of the person（该人的保护）
non-contractual liability arising out of damage caused to another（侵权责任） 《导论》第17-18、43、54、69段；《原则》第4、12-13、30、31、45、51段；第6-1：101条
non-contractual obligations（非合同义务、非合同债务） 《导论》第13、36、46、74段；《原则》第12-13、30-35、

47-52 段；第 1-1：101 条

non-contractual rights（非合同权利、非合同债权） 《导论》第 74 段；第 1-1：101 条

non-disclosure of information（不披露信息） 第 2-7：205 条；第 4.3-8：107 条

 fraudulent（虚假的） 第 2-7：205 条

non-discrimination（非歧视） 《导论》第 17 段；第 2-2：101 条；第 3-1：105 条。另参见 discrimination（歧视）

 ethnic origin（民族） 《原则》第 7 段；第 2-2：101 条

 racial origin（种族） 《原则》第 7 段；第 2-2：101 条

 sex（性别） 第 2-2：101 条

non-economic loss（非经济损失） 《原则》第 32 段；第 3-3：701 条；第 6-2：101 条；第 6-2：202 条；《附录》"loss"（"损失"）

 assignment of right to reparation for（损害赔偿请求权的让与） 第 6-6：106 条

 injury as such［伤（损）害本身］ 第 6-6：204 条

 pain（疼痛） 第 3-3：701 条；第 6-2：101 条

 quality of life, impairment of（生活质量，损害） 第 3-3：701 条；第 6-2：101 条

 quantification（量化） 第 6-6：203 条

 suffering（痛苦） 第 3-3：701 条；第 6-2：101 条

non-monetary obligation（非金钱债务） 第 3-3：302 条

 assignment（让与） 第 3-5：107 条；第 3-5：117 条

ratification（追认） 第 4.7-4：104 条

non-performance（债务不履行） 《导论》第 29 段；《原则》第 17、20、27、60 段；第 3-1：102 条；《附录》。另参见 payment for non-performance（因不履行债务的偿付）

 additional period of time for performance（履行宽限期） 第 3-3：103 条；第 3-3：503 条

 anticipated（预期） 《原则》第 61 段；第 3-3：401 条；第 3-3：504 条

 caused by creditor（债权人引起的） 第 3-3：101 条

 damages（损害赔偿） 第 3-3：204 条；第 3-3：302 条；第 3-3：701 条至第 3-3：702 条

 excused（可免责的） 第 3-3：101 条；第 3-3：104 条；第 3-3：701 条；第 3-3：708 条

 fundamental（根本的） 《原则》第 41、55 段；第 3-2：105 条；第 3-3：203 条；第 3-3：502 条；第 3-3：504 条至第 3-3：505 条；第 4.3-6：105 条；第 4.4-1：105 条；第 4.5-2：305 条；《附录》

 grossly negligent（重大过失） 第 3-3：703 条

 impediment beyond the debtor's control（债务人无法控制的障碍） 《原则》第 44 段；第 3-3：104 条

 intentional（故意的） 第 3-3：703 条

 non-performance caused by the claimant（请求权人造成的债务不履行）

《原则》第 45 段；第 3-3：101 条

notice（通知） 第 3-3：106 条

reckless（轻率的） 第 3-3：703 条

remedies［救济（措施）］ 第 3-3：101 条；第 3-3：105 条

remedies, alternative［救济（措施），可供选择的］ 第 2-7：216 条

remedies, cumulation of［救济（措施），竞存］ 第 3-3：102 条

stipulated payment（约定的偿付） 第 3-3：302 条；第 3-3：509 条；第 3-3：712 条

non-possessory security（非移转占有型担保） 《原则》第 15、55 段；第 9-2：103 条

non-repeat players（单笔交易者）《原则》第 46 段

not doing（不作为） 第 3-1：102 条

notes in the DCFR（《欧洲示范民法典草案》注释） 《导论》第 3、25、71、73、75 段

notice（通知） 第 1-1：109 条；《附录》

 additional period of time for performance（履行宽限期） 第 3-3：103 条；第 3-3：503 条

 agent（代理人） 第 1-1：109 条

 avoidance（撤销） 第 2-7：209 条至第 2-7：211 条

 business/consumer relations（经营者与消费者的关系） 第 1-1：109 条

 delivery to addressee（向受领人递送） 第 1-1：109 条

 electronic means, transmission by（依电子手段传送） 第 1-1：109 条

non-performance（债务不履行） 第 3-3：106 条

reasonable（合理的） 《原则》第 42 段

reaching the addressee（到达受领人的） 第 1-1：109 条

revocation（撤回） 第 1-1：109 条

set-off（抵销） 第 3-6：105 条至第 3-6：106 条

termination by（解除） 第 3-1：109 条

unilateral juridical act（单方法律行为） 第 2-4：301 条

variation by（变更） 第 3-1：109 条

notices of termination（解除通知）《导论》第 51 段

notification of security provider（担保人的通知） 第 4.7-2：107 条

nullity（无效） 第 2-7：301 条；第 2-7：303 条至第 2-7：304 条

ownership of property（财产所有权） 第 2-7：303 条

obligation（债务） 《导论》第 44、50-51 段；第 2-1：101 条；《附录》

 alternative obligations（选择之债） 第 3-2：105 条

 change of circumstances（情势变更） 第 3-1：110 条

 conditional（附条件的） 第 3-1：106 条

 continuing（持续性的） 第 3-7：203 条

 contractual（合同的） 第 3-3：501 条

 divided（按份的） 第 3-4：102 条至第 3-4：104 条；《附录》"divided obligation"（"按份债务"）

 divisible（可分的） 第 3-3：506 条

extinction（消灭） 第3-2：114条
indivisible（不可分的） 第3-3：506条
joint（共同） 第3-4：102条至第3-4：103条；第3-4：105条；《附录》。另参见"joint obligation"（"共同债务"）
merger of debts（债务的混同） 第3-6：201条
monetary（金钱的） 第3-1：102条；第3-2：101条；第3-2：109条至第3-2：110条；第3-2：113条；第3-3：301条
non-discrimination（非歧视） 第3-1：105条
non-monetary（非金钱的） 第3-1：102条；第3-3：302条
non-performance（不履行） 第3-1：102条；第3-3：101条
performance（履行） 第3-1：102条；第3-2：101条至第3-2：114条
reciprocal（对待） 第3-1：102条；第3-2：103条至第3-2：104条；第3-3：301条；第3-3：401条；第3-3：510条；第3-3：601条；第8-6：102条；《附录》
secured（担保） 第4.7-1：101条
separate parts（单独部分） 第3-3：506条
solidary（连带） 第3-4：102条至第3-4：103条
termination by agreement（依协议而解除） 第3-1：108条
termination by notice（依通知而解除） 第3-1：109条
terms（条款） 第3-1：102条

time-limited（时效） 《导论》第45段；第3-1：107条
variation by agreement（依协议而变更） 第3-1：108条
variation by notice（依通知而变更） 第3-1：109条
obligations, law of（债法） 《导论》第40段
occupation（先占） 第8-1：101条
offer（要约） 《导论》第51段；第2-4：201条
　acceptance, modified（承诺，变更） 第2-4：208条
　additional terms（附加条款） 第2-4：208条
　different terms（不同条款） 第2-4：208条
　fixed time for acceptance（承诺期间） 第2-4：202条
　irrevocable（不可撤销的） 第2-4：202条
　public, offer made to the（向公众发生的） 第2-4：201条至第2-4：202条
　rejection（拒绝） 第2-4：203条；第2-4：208条；第3-2：103条
　revocation（撤销） 第2-4：202条
off-premises contracts（经营场所之外签订的合同） 《导论》第62段
operator（操作人） 第6-3：206条
optical（光学的） 第1-1：107条
optional instrument（选择性文件） 《导论》第59段
other party（对方当事人、另一方当事人） 《导论》第51段
overdraft facility（透支贷款） 第4.6-

1：101 条；《附录》

termination（终止） 第 4.6-1：106 条

overriding principles（最主要的原则、首要原则） 《导论》第 14、16、22 段

owner（所有人） 第 8-1：202 条

  premises（经营场所） 《原则》第 51 段

  remedies［救济（措施）］ 第 8-6：401 条

  right to obtain/recover possession（取得、恢复占有的权利） 《原则》第 38 段

owner-possessor（自主占有人） 第 8-1：206 条；《附录》

  acquisition of ownership（所有权的取得） 第 8-4：101 条；第 8-4：103 条

ownership（所有权） 《导论》第 2、36 段；第 8-1：202 条；第 9-1：201 条；《附录》

  acquisition（取得） 《导论》第 2、37、43、53 段；《原则》第 14、36-37 段。另参见 acquisition of ownership（所有权的取得）

  good faith acquisition immovable property（不动产的善意取得） 第 1-1：101 条

  lease of goods（动产租赁） 第 4.2-7：101 条

  loss（丧失） 《导论》第 2、37、43、53 段；《原则》第 14、36 段。另参见 loss of ownership（所有权的丧失）

  passing of ownership（所有权的移转） 《原则》第 15、53 段；第 8-2：101 条。另参见 transfer of ownership（所有权的移转）

protection（保护） 第 8-1：101 条；第 8-6：101 条至第 8-6：102 条

pacta sunt servanda（有约必守） 《原则》第 20 段

pain（疼痛） 第 3-3：701 条；第 6-2：101 条

paper（纸张） 第 1-1：106 条

parental care（法定监护） 第 6-3：104 条

parents（父母） 第 6-3：104 条

part payment（部分清偿） 第 3-7：401 条

party autonomy（当事人自治、意思自治） 《导论》第 28 段；《原则》第 2、14-15 段；第 2-1：102 条。另参见 freedom of contract（合同自由）

passing of ownership（所有权的移转） 《原则》第 15、53 段；第 8-2：101 条

passing of risk（风险负担的转移） 第 4.1-5：101 条；第 8-2：201 条；第 8-2：201 条

  carriage of goods（标的物的运送） 第 4.1-5：202 条

  consumer contract for sale（消费买卖合同） 第 4.1-5：103 条

  goods placed at buyer's disposal（处于买受人支配下的标的物） 第 4.1-5：201 条

  goods sold in transit（在途动产的买卖） 第 4.1-5：203 条

  time（时间） 第 4.1-5：102 条

patient（患者） 《原则》第 46 段；第 4.3-8：101 条

  consent（同意） 第 4.3-8：108 条至第 4.3-8：109 条

  free choice regarding treatment（自由

选择治疗措施）　第 4.3－8：
105 条

health condition（健康状况）　第
4.3－8：102 条；第 4.3－8：105 条

information（信息）　第 4.3－8：105
条至第 4.3－8：108 条

not contracting party（非合同当事人）
第 4.3－8：101 条

payment（偿付、支付、付款）　第 2－
3：102 条；第 2－9：410 条；第 3－2：
108 条；第 3－3：510 条。另参见 right
to payment（偿付请求权）

　　ability to pay（偿付能力）　第 3－5：
112 条

　　commission（佣金）　第 4.5－3：304 条

　　currency（货币）　第 3－2：109 条

　　formalities（程序）　第 3－2：113 条

　　interest（利息）　第 3－7：401 条

　　method（方式）　第 3－2：108 条

　　part payment（部分清偿）　第 3－7：
401 条

　　place（地点）　第 3－2：101 条

　　rent（租金）　第 4.2－5：102 条

　　storage（保管）　第 4.3－5：106 条

　　time（时间）　第 3－2：102 条；第
4.6－1：101 条

　　withdrawal, right of（撤回，权利）
第 2－5：105 条

payment for non-performance（因不履行
债务而偿付）

　　grossly excessive（非常过分）　《原
则》第 44 段

payment schedule（分期付款计划）
第 2－3：107 条

payphone, public（公用电话）　第 2－
5：201 条

PECL（《欧洲合同法原则》）参见 Princi-

· 510 ·

ples of European Contract Law（《欧洲
合同法原则》）

PEL（《欧洲法原则》）　参见 Princi-
ples of European Law（《欧洲法原则》）

penalty clauses（惩罚条款）　《原则》
第 60 段

pensions, future（退休金，未来的）
第 9－2：107 条

performance（履行）　《导论》第 51 段；
第 2－3：102 条；第 3－1：101 条至第 3－
1：102 条；《附录》。另参见 right to per-
formance（履行请求权、债权）

　　additional period（宽限期）　第 3－
3：103 条；第 3－3：503 条

　　assurance of due performance（到期履
行的担保）　第 3－3：505 条

　　conforming（与合同相符）　第 3－3：
511 条

　　continuous（持续的）　第 3－1：109
条；第 3－1：111 条

　　costs（成本）　第 3－1：110 条；第
3－2：113 条

　　current price（现价）　第 3－3：
707 条

　　delayed（迟延）　第 3－1：102 条

　　doing（作为）　第 3－1：102 条

　　early performance（提前履行）　第
3－2：103 条

　　enforcement（强制执行）　《原则》
第 17、26 段；第 3－3：301 条至第
3－3：303 条

　　entrusted to another person（委托第三
人）　第 3－2：106 条

　　expensive（昂贵的）　第 3－3：
302 条

　　extinctive effect（消灭效力）　第 3－
2：114 条

formalities（程序） 第3-2：113条

impossible（不可能） 第3-3：302条

imputation（充抵） 第3-2：110条

intervals, regular（时间间隔，定期的） 第3-1：109条

late（迟延） 第3-3：508条

methods, alternative（方式，可供选择） 第3-2：105条

non-conforming（与合同不符） 第3-3：201条至第3-3：205条；第3-3：508条；第3-3：511条

not doing（不作为） 第3-1：102条

order of performance（履行顺序） 《原则》第41段；第3-2：104条

part performance（部分履行） 第4.7-2：113条

periodic（定期履行） 第3-1：109条；第3-1：111条

personal（亲自履行） 第3-2：107条；第3-3：302条；第3-5：109条

prescription, effect of（时效，效力） 第3-7：501条

place（地点） 第3-2：101条；第3-5：117条

repeated（重复） 第3-1：109条；第3-1：111条

simultaneous（同时） 第3-2：104条

solidary obligation（连带债务） 第3-4：108条

standards of（标准） 第2-3：101条

third person（第三人） 第3-2：106条至第3-2：107条

time（时间） 第3-2：102条至第3-2：103条

unlawful（不合法、非法） 第3-3：302条

unreasonably burdensome（不合理的负担） 第3-3：302条

unwanted performance（不必要的履行） 《原则》第61段

withhold, right to（拒绝履行，权利） 第3-3：204条；第3-3：401条

period of notice（通知期间） 《原则》第20段

periodicals（期刊） 第2-5：201条

person（人） 《原则》第32段；《附录》。另参见 legal person（法人）、natural person（自然人）

free movement of persons（人员的自由流动） 《导论》第22段

incapacity（无行为能力） 第4.4-6：105条；第3-7：305条；第4.7-2：103条

reputation（名誉） 第6-2：203条

supervised（被监护人） 第6-3：104条

person under 7, damage caused by（未满七周岁的人，造成的损害） 第6-3：103条至第6-3：104条

person under 14, damage caused by（未满十四周岁的人，造成的损害） 第6-3：104条

person under 18, damage caused by（未满十八周岁的人，造成的损失） 第6-3：103条至第6-3：104条

personal injury（人身伤害） 《原则》第32、51段；第2-9：410条；第6-2：201条至第6-2：202条；第6-3：

202条至第6-3：206条

causation（因果关系） 第6-4：101条

defences（抗辩） 第6-5：501条

exclusion of liability（责任的排除） 第3-3：105条；第6-5：401条

fatal injury（致命伤害） 第3-3：105条；第6-2：202条；第6-5：401条

mental health（心理健康） 第6-2：201条

non-economic loss（非经济损失） 第6-2：202条

quantification（量化） 第6-6：203条

restriction of liability（责任的限制） 第3-3：105条；第6-5：401条

third persons, loss suffered by（第三人，遭受的损失） 第6-2：202条

personal security（保证） 第4.7-1：102条

  acceptance（承诺） 第4.7-1：103条

  consumer security provider（消费者保证人） 第4.7-4：101条至第4.7-4：107条

  dependent（从属） 第4.7-1：101条至第4.7-1：102条；第4.7-2：101条至第4.7-2：113条；第4.7-4：105条

  global（总括） 第4.7-1：101条；第4.7-2：104条；第4.7-4：105条

  independent（独立） 第4.7-1：101条至第4.7-1：102条；第4.7-3：101条至第4.7-3：109条；第4.7-4：105条

information, annual（信息，年度） 第4.7-4：106条

maximum risk（最大风险） 第4.7-1：106条

time limit［时间限制（保证期间）］ 第4.7-4：107条

undertaking（允诺） 第4.7-1：103条

unilateral promise（单方允诺） 第4.7-1：103条

unlimited（无限的） 第4.7-1：106条；第4.7-4：105条

personal security contracts（保证合同） 《导论》第54、61段；《原则》第46段

non-professional providers（非专业保证人） 《原则》第46、55段；第4.7-4：101条至第4.7-4：107条

withdrawal, right of（拒绝履行，权利） 第2-5：201条

personality rights（人格权） 《原则》第30、32段；《附录》"right"（"权利"）

physical integrity（身体完整） 《原则》第32段

physical control（物理上的控制） 第8-2：105条；《附录》。另参见possession（占有）

place of business（经营场所） 第3-2：101条

  change（变更） 第3-2：101条

pledge（质权） 第9-1：102条

plurality of creditors（多数债权人） 《导论》第34、52段；《原则》第41段

plurality of debtors（多数债务人） 《导论》第34、52段；《原则》第41段

possession（占有） 《原则》第14、34、36段；第6-2：206条；第8-1：205条；《附录》

addition of parts（添附其他财产）
第8-7：104条

benefits from the goods（从动产中获取利益） 第8-7：103条

better possession（更优占有） 《原则》第39段；第8-6：301条至第8-6：302条

continuous possession（持续占有） 《原则》第37、53段；第8-4：101条至第8-4：103条；第8-4：301条至第8-4：302条

direct physical control（直接的物理控制） 第8-1：205条至第8-1：208条；《附录》

dispossession（丧失占有） 第8-6：201条至第8-6：202条

equivalent of delivery（等同于交付的行为） 第8-2：105条

expenditure（费用） 第8-7：104条

fruits（孳息） 第8-7：103条

indirect physical control（间接的物理控制） 第8-1：205条至第8-1：207条；《附录》

interference, unlawful（妨害，非法） 《原则》第38段；第8-6：201条至第8-6：202条

protection（保护） 《原则》第39段；第8-6：201条至第8-6：204条

recovery of goods（返还动产） 第8-6：203条；第8-7：101条至第8-74：104条

reparation（损害赔偿） 第8-6：401条

retention（留置） 第8-7：104条；第9-2：114条；第9-4：102条

self-help（自力救济） 第8-6：202条

use of the goods（使用动产） 第8-7：103条

possession-agent（占有辅助人） 第8-1：208条；《附录》

possessory security right（移转占有型担保物权） 第9-1：201条；第9-2：103条；《附录》

practice, established（习惯做法，已经确立的） 《导论》第63段

practices（习惯做法） 第2-1：104条；第2-4：205条

good commercial practice（良好的商事实践） 第2-3：101条

language（语言） 第2-9：109条

price（价格） 第2-9：104条

quality（质量） 第2-9：108条

terms of contract（合同条款） 第2-9：101条

pre-contractual duties（先合同义务） 《原则》第46段

pre-contractual statements（先合同陈述） 《导论》第52段

pre-contractual information（先合同信息） 《导论》第69、72段；《原则》第19段

predictability（可预见性） 《导论》第12段

premises（场所） 《原则》第51段

prescription（时效） 《导论》第29、34段；《原则》第1、29、61段；第3-7：101条；《附录》

arbitral award, right established by（仲裁裁决，确立的权利） 第3-7：202条至第3-7：203条

effects（效力） 第3-7：501条至第3-7：503条

judgment, right established by（判决，确立的权利） 第3-7：202条至第3-7：203条；第3-7：401条

modification by agreement（依协议而变更） 第3-7：601条

part payment（部分清偿） 第3-7：401条

payment of interest（利息的支付） 第3-7：401条

period（期间） 参见 prescription period（时效期间）

security rights（担保物权） 第3-7：401条；第9-6：103条

set-off（抵销） 第3-7：503条

solidary obligation（连带债务） 第3-4：111条

trusts（信托） 第10-7：302条

prescription period（时效期间） 第3-7：101条。另参见 prescription（时效）

acknowledgement of the right（权利的承认） 第3-7：401条

ancillary rights（从属性权利） 第3-7：502条

attempted execution（尝试执行） 第3-7：402条

commencement（开始） 第3-7：203条

continuing obligation（持续债务） 第3-7：203条

deceased's estate（死者遗产） 第3-7：306条

expiry（到期） 第3-7：501条至第3-7：503条

expiry, postponement of（到期，延期） 第3-7：304条至第3-7：307条

extension（延期） 第3-7：301条至第3-7：307条

general（一般） 第3-7：201条；第3-7：203条；第3-7：401条

impediment beyond creditor's control（债权人无法控制的障碍） 第3-7：303条

incapacity, person subject to（无行为能力人） 第3-7：305条

judicial proceedings（司法程序） 第3-7：302条

legal proceedings, right established by（法律程序，确立的权利） 第3-7：202条至第3-7：203条；第3-7：401条

lengthening（延长） 第3-7：601条

maximum length（最长期间） 第3-7：307条

negotiations（磋商） 第3-7：304条

reduction（缩短） 第3-7：601条

renewal（更新） 第3-7：401条至第3-7：402条

res judicata（既判力） 第3-7：302条

suspension（中止） 第3-7：301条至第3-7：303条；第3-7：307条

presumption（推定） 《附录》

prevention of damage（损害的防止） 《原则》第33段；第6-1：102条至第6-1：103条；第6-6：301条至第6-6：302条

price（价款、价格） 《附录》

adequacy（适当的） 《原则》第44段；第2-9：406条

adjustment（调整） 第 4.4-4：103 条至第 4.4-4：104 条；第 4.4-4：201 条

advertisement（广告） 第 2-4：201 条

calculation basis（计算依据） 第 2-3：107 条

catalogue（目录） 第 2-4：201 条

commercially reasonable（商业上合理的） 第 9-7：212 条

construction contract（建筑合同） 第 4.3-3：107 条

current（现行的） 第 3-3：707 条

determination（确定） 第 2-9：104 条至第 2-9：107 条；第 2-9：410 条

determination by third person（第三人确定） 第 2-9：106 条

determination, unilateral（确定，单方） 第 2-9：105 条

display of goods（商品陈列） 第 2-4：201 条

fluctuations（波动） 第 2-5：201 条；第 2-9：410 条

increase（增加） 第 2-9：410 条

information（信息） 第 2-3：102 条至第 2-3：103 条；第 2-3：106 条至第 2-3：107 条

payment schedule（分期付款计划） 第2-3：107 条

practices（习惯做法） 第 2-9：104 条

recommended（建议的） 第 4.5-4：205 条

reduction（减少） 参见 price reduction（减少价款）

services（服务） 第 4.3-2：101 条

stated prices（特定的价格） 第 2-4：201 条

usages（惯例） 第 2-9：104 条

price reduction（减少价款） 《原则》第27段；第 3-3：601 条；第 4.7-7：101 条

damages（损害赔偿） 第 3-3：601 条

price-indexation clauses（价格指数化条款） 第 2-9：410 条

principal（本人） 《导论》第 30 段；第 2-6：101 条至第 2-6：112 条；第 4.4-1：101 条

accounting（说明） 第 4.5-3：311 条

authorization（授权） 第 2-6：103 条

avoidance（撤销） 第 2-6：109 条

benevolent intervention in another's affairs（无因管理） 第 5-1：101 条

commercial agency（商事代理） 第 4.5-3：101 条；第 4.5-3：301 条至第 4.5-3：313 条

co-operation（合作） 第 4.4-2：101 条

death（死亡） 第 4.4-6：103 条；第 4.4-6：105 条；第 4.4-7：102 条

directions（指令） 第 4.4-4：101 条至第 4.4-4：104 条

incapacity（无行为能力人） 第4.4-6：105 条

inform, obligation to（告知，义务） 第 4.5-3：307 条至第 4.5-3：308 条

instructions（指示） 第 4.5-3：202 条

515

legal position in relation to third party（对第三人的法律地位） 第2-6：105条

mandate contract（委托合同） 第4.4-1：101条；第4.4-7：102条

obligations（债务） 第4.4-2：101条至第4.4-2：103条

unidentified（未明确的） 第2-6：108条

warn, duty to（警示，义务） 第4.5-3：309条

wishes（愿望） 第4.4-3：201条

Principes directeurs du droit européen du contrat（《欧洲合同法指导原则》）《导论》第13-14段；《原则》第1、3-4、17-18、20、23-26、28、42段

principles（原则）《导论》第9-11、59-60段

 fundamental principles（基本原则）《导论》第11、14段

 overriding principles（最重要的原则）《导论》第14、16、22段

 underlying principles（根本原则）《导论》第14-15、22段；《原则》第1-62段；第1-1：102条

Principles of European Contract Law（《欧洲合同法原则》）《导论》第8、10、34、44、49-53段

Principles of European Insurance Contract Law（《欧洲保险法原则》）《导论》第58段

Principles of European Law（《欧洲法原则》）《导论》第54段

priority of security rights（担保物权的优先顺位） 第9-2：109条；第9-3：310条；第9-3：321条；第9-4：101条至第9-4：108条

continuation（持续） 第9-4：103条

security right and limited proprietary rights（担保物权与定限物权） 第9-4：101条

several security rights（多数担保物权） 第9-4：101条

superpriority（超优先顺位） 第9-4：102条

transfer of secured right（担保物权的转让） 第9-5：301条

privacy, right to（隐私，权利） 第6-2：203条；《附录》"right"（"权利"）

private law（私法）《导论》第18-19、40段

procedure（程序） 第1-1：101条

proceeds（收益） 第9-1：201条；《附录》

 distribution（分配） 第9-7：215条

 security rights（担保物权） 第9-2：306条；第9-4：104条至第9-4：105条

proceeds of proceeds（收益的收益） 第9-1：201条；《附录》"proceeds"（"收益"）

processing, contract for（加工，合同） 第4.3-1：101条；第4.3-4：101条；《附录》

 client（客户） 参见client（客户）

 components（部件） 第4.3-4：102条

 control, return of（控制，返还） 第4.3-4：105条；第4.3-4：107条

 co-operation（合作） 第4.3-4：102条

 damage, prevention of（损害，防止）

第 4.3-4：103 条
destruction of thing processed（损坏加工物） 第 4.3-4：107 条
inspection（检查） 第 4.3-4：104 条
limitation of liability（责任的限制） 第 4.3-4：108 条
materials（材料） 第 4.3-4：102 条
ownership of thing processed（加工物的所有权） 第 4.3-4：105 条
price, payment of（价款，偿付） 第 4.3-4：106 条至第 4.3-4：107 条
processor（加工人） 参见 processor（加工人）
return of thing processed（加工物的返还） 第 4.3-4：105 条；第 4.3-4：107 条
risks（风险） 第 4.3-4：107 条
supervision（监督） 第 4.3-4：104 条
termination（解除） 第 4.3-4：107 条
tools（工具） 第 4.3-4：102 条
withhold, right to（拒绝履行，权利） 第 4.3-4：106 条

processor（加工人） 第 4.3-4：101 条
producer（生产者） 《原则》第 51 段；第 6-3：204 条；《附录》
  acquisition of ownership（所有权的取得） 第 8-5：201 条
production（加工） 《原则》第 15、36、53 段；第 8-5：101 条
  agreement（协议） 第 8-5：101 条
  encumbered goods（担保财产） 第 9-2：307 条
  retention of ownership（所有权保留） 第 8-5：101 条；第 9-2：308 条

products（产品） 第 4.5-1：101 条；第 6-3：204 条；第 9-2：308 条
  circulation, put into（投入流通） 第 6-3：204 条
  components（部件） 第 6-3：204 条
  defective（缺陷） 第 6-3：204 条；第 6-3：207 条
  distinctiveness（区分） 第 4.5-5：304 条
  goods（动产） 第 4.5-1：101 条
  import（进口） 第 6-3：204 条
  reputation（声誉） 第 4.5-5：205 条；第 4.5-5：304 条；第 4.5-5：306 条
  safety（安全） 第 6-3：204 条
  semi-finished（半成品） 第 9-5：203 条
  services（服务） 第 4.5-1：101 条
  supplier（供应人） 第 6-3：204 条
profession（职业） 第 6-2：207 条至第 6-2：208 条；第 6-3：206 条
profit（利润） 第 3-3：701 条；第 6-2：101 条
prolongation, tacit（延期，默示） 参见 tacit prolongation（默示延期）
promises（允诺） 《导论》第 28 段
  unilateral（单方的） 《导论》第 51 段
promissory notes（本票） 第 1-1：101 条
property［财产（权）］ 《导论》第 65 段；《原则》第 34、51 段；第 1-1：101 条；第 3-2：111 条；《附录》"assets"（"财产"）
  corporeal（有形的） 第 3-2：111 条；《附录》"corporeal"（"有形物"）

· 517 ·

damage（损害） 参见 property damage（财产损害）

delivery（交付） 第3-2：111条

destruction（破坏） 第6-2：206条；第8-1：202条

disposal（处分） 第8-1：202条

enjoy（享有） 第8-1：202条

exercise（行使） 第6-2：206条

immovable（不动产） 第4.1-1：101条；第4.7-1：101条

incorporeal（无形的） 第4.1-1：101条；《附录》

infringement（侵犯） 第6-2：206条

intangible（无形的） 第4.7-1：101条

loss（损失） 第6-2：206条

modification（改造） 第8-1：202条

movable（动产） 第4.7-1：101条

not accepted（未受领的） 第3-2：111条

preservation（保存） 第3-2：111条

proceeds of sale（变卖收益） 第3-2：111条

proprietary security（担保物权） 第4.7-1：101条

protection（保护） 第3-2：111条

recovery（取回） 第8-1：202条

return（返还） 第3-2：111条

tangible（有形的） 第4.7-1：101条

unjustified enrichment（不当得利） 第4.7-7：101条

use of（使用） 第6-2：206条；第8-1：202条

value, reduction in（价值，减少） 第3-3：701条；第6-2：101条

property damage（财产损害） 第6-2：206条；第6-3：202条至第6-3：206条

property law（物权法、财产法） 《导论》第13、37、40、54段；《原则》第14、36、53段；第1-1：101条；第9-2：112条

remedies［救济（措施）］ 《原则》第38段

proposal（提议） 第2-4：201条

proprietary rights（担保物权） 《原则》第14段

limited proprietary rights（定限物权） 第8-1：204条

proprietary security（物的担保、担保物权） 《导论》第2、36-37、43、53、61段；《原则》第15、36、53、61段；第4.7-1：101条；第4.7-1：105条；第8-5：101条；第9-1：101条；《附录》。另参见 security rights（担保物权）

agreement（协议） 第8-5：101条

combination of goods（动产的附合） 第8-5：203-204条

contract for（合同） 第9-1：201条；《附录》"proprietary security, contract for"（"物权担保，合同"）

default（违约） 《附录》"default"（"违约"）

enforcement（实现） 《原则》第53段

good faith acquisition（善意取得） 第9-6：102条

maximum risk（最大风险） 第4.7-1：106条

non-possessory proprietary security（非移转占有型担保物权） 《原则》第55段

prior security rights（在先的担保物权） 《原则》第37、53段

priority（优先顺位） 《原则》第53段；第8-5：204条

production of goods（动产的加工） 第8-5：201条；第8-5：204条

registration（登记） 《原则》第36、55段；第9-3：301条至第9-3：333条。另参见 European register of proprietary security（欧洲担保物权登记簿）

termination（消灭） 第9-6：101条

protection, need of（保护，需要） 《导论》第12段

consumers（消费者） 《导论》第12段。另参见 consumer protection（消费者保护）

protection order（保护令） 第8-6：101条；第8-6：204条；第8-6：302条

protection of ownership（所有权的保护） 参见 ownership（所有权）

protection of possession（占有的保护） 参见 possession（占有）

public holiday（公共假日） 第1-1：110条；《附录》

public interest（公共利益） 第6-5：203条

public law（公法） 《导论》第18段；第1-1：101条

liability（责任） 第6-7：103条

unjustified enrichment（不当得利） 第4.7-7：103条

public policy（公共政策） 《原则》第3、5、48段；第6-2：101条；第6-5：103条

public register（公共登记簿） 第8-1：102条

public statement（公开陈述） 第4.8-2：102条

pure economic loss（纯粹经济损失） 参见 economic loss（经济损失）

quality（质量） 第2-9：108条；第4.1-2：301条至第4.1-2：303条

standards of（标准） 第2-3：101条

quality of life（生活质量） 第3-3：701条；第6-2：101条

quantity, excess（数量，超过） 第2-3：401条

race（种族） 《原则》第7段；第2-2：101条；《附录》"discrimination"（"歧视"）

radiation（放射物） 第6-3：206条

raiser（养殖人） 《附录》"producer"（"生产者"）

ratification（追认） 第2-6：107条；第2-6：111条；第4.4-3：202条；《附录》"ratify"（"追认"）

intervener's acts（管理人的行为） 第4.7-4：106条

mandate, acting beyond（委托，越权行为） 第4.4-3：202条

performance to non-creditor（向非债权人履行） 第4.7-4：104条

rationality（理性） 《导论》第12段

raw material（原材料） 第6-3：204条；第9-5：203条；《附录》"producer"（"生产者"）

real time distance communication（实时远

程通讯) 第 2-3：104 条

realization（变现） 第 9-7：207 条至第 9-7：216 条。另参见 assets, encumbered（财产，担保）

appropriation（以物抵债） 第 9-7：207 条；第 9-7：216 条

collection（收款） 第 9-7：207 条

notice（通知） 第 9-7：208 条至第 9-7：210 条

private auction（任意拍卖） 第 9-7：207 条

proceeds, distribution of（收益，分配） 第 9-7：215 条

public auction（强制拍卖） 第 9-7：207 条

sale, private（私下变卖） 第 9-7：207 条

reasonableness（合理） 《原则》第 22 段；第 1-1：104 条；《附录》"reasonable"（"合理的"）

reasonably careful person（合理谨慎的人） 《原则》第 51 段

receipt, acknowledgement of（收到，确认） 第 2-3：202 条

receiver（管理人） 第 10-7：103 条

recipient（受领人） 第 3-3：510 条

reciprocal obligations（对待债务） 《原则》第 41 段；《附录》"reciprocal"["对待（履行、给付）"]。另参见 obligation（债务）

recklessness（轻率） 第 3-3：703 条；《附录》

recommendation（建议） 第 4.3-7：104 条

conflict of interest（利益冲突） 第 4.3-7：107 条

records（记录）

consultations（商议） 第 4.3-8：109 条

design（设计） 第 4.3-6：106 条

examinations（检验） 第 4.3-8：109 条

information, contract for the provision of（信息服务，提供合同） 第 4.3-7：106 条

interpretation（解释） 第 4.3-8：109 条

interviews, preliminary（面谈，初步的） 第 4.3-8：109 条

treatment（治疗） 第 4.3-8：109 条

redemption（赎回） 第 9-7：106 条

redress procedures（救济程序） 第 2-3：103 条

reduction of price（价款的减少） 《原则》第 27 段

registration（登记） 第 8-1：102 条；第 9-3：301 条至第 9-3：333 条。另参见 European register of proprietary security（欧洲担保物权登记簿）

proprietary security rights（担保物权） 《原则》第 36、55 段

security rights（担保物权） 第 9-3：102 条

reinstatement of damaged interest（恢复受损害的利益） 第 6-6：101 条；第 6-6：201 条

relationship, contractual（关系，合同） 参见 contractual relationship（合同关系）

relationship, legal（关系，法律） 参见 legal relationship（法律关系）

release（免除） 第 3-4：109 条；第 3-4：207 条

reliance, reasonable（信赖，合理的）
《导论》第 12 段；《原则》第 17、
19、25、35、37 段；第 1-1：103 条；
第 2-8：101 条
incorrect information（错误的信息）
第 2-7：204 条
remedies［救济（措施）］ 《原则》
第 17 段；第 2-9：410 条
  actual performance（实际履行）
《原则》第 26 段
  compensation（金钱赔偿） 第 6-6：
201 条至第 6-6：204 条
  cumulation（竞存） 第 3-3：102 条
  damages（损害赔偿） 《原则》
第 27 段
  discrimination（歧视） 第 2-2：104 条
  exclusion（排除） 第 2-9：410 条；
第 3-3：105 条
  limitation（限制） 第 2-9：410 条
  non-performance（债务不履行）
第 3-3：101 条
  overlapping（竞存的） 第 2-7：216 条
  prevention（防止） 第 6-6：301 条
至第 6-6：302 条
  reduction of price（减少价款）
《原则》第 27 段
  reparation（损害赔偿） 第 6-6：
101 条
  restriction（限制） 第 3-3：105 条
  termination（解除） 《原则》第
27 段
  withholding of performance（拒绝履
行） 《原则》第 27 段
remuneration（报酬）
  commercial agency（商事代理）
第 4.5-3：306 条
  intervener（管理人） 第 5-3：102
条；第 5-3：104 条
  reasonable（合理的） 第 5-3：
102 条
rent（租金） 第 4.2-1：101 条；
第 4.2-2：103 条；第 4.2-3：104
条；第 4.2-5：101 条至第 4.2-5：
102 条；第 4.2-5：104 条；《附
录》。另参见 lease of goods（动产租
赁）
  future rent（未来的租金） 第 4.2-
6：101 条
  reduction（降低） 第 4.2-4：
102 条
  withhold, right to（拒绝履行，权利）
第 4.2-4：104 条
repair（修理） 第 4.2-5：104 条；
第 4.2-5：108 条；第 4.3-4：101
条；第 6-6：101 条
reparation（损害赔偿） 《原则》第 13、
51 段；第 6-6：101 条；《附录》
  assignment（让与） 第 6-6：
106 条
  compensation（金钱赔偿） 第 6-6：
101 条；第 6-6：201 条
  contributory fault（与有过错） 第 6-
5：102 条
  de minimis rule（琐利不计原则） 第
6-6：102 条
  intervener（管理人） 第 5-3：103
条至第 5-3：104 条
  plurality of persons（多数当事人）
第 6-6：104 条
  prevention（防止） 第 6-6：301 条
至第 6-6：302 条
  recovery（恢复） 第 6-6：101 条
  solidary liability（连带责任） 第 6-
6：105 条

replacement（更换） 第3-3：205条

representation（代理） 《导论》第52段

  for acquisition（取得） 第8-2：302条

  for alienation（转让） 第8-2：302条

  conflict of interest（利益冲突） 第2-6：109条

  damages（损害赔偿） 第2-6：107条

  direct representation（直接代理） 第4.4-1：102条；第4.4-4：102条

  external relationships（外部关系） 第2-6：101条

  indirect representation（间接代理） 《导论》第29段；第4.4-1：102条；第4.4-3：403条；第4.4-4：102条

  internal relationship（内部关系） 第2-6：101条

  principal, unidentified（本人，未明确的） 第2-6：108条

  ratification（追认） 第2-6：107条；第2-6：111条

  third party（第三人） 第2-6：102条；第2-6：105条至第2-6：109条；第2-6：111条至第2-6：112条

  representative（代理人） 第2-6：101条至第2-6：102条；第2-6：105条；《附录》

    accountability for damage caused by（造成的损害的可归责性） 第6-3：201条

    acting in own name（以自己的名义实施） 第2-6：106条

  authorization（授权） 第2-6：102条至第2-6：103条；第2-6：112条

  authority（权限） 第2-6：102条至第2-6：104条；第2-6：112条

    double mandate（双方委托） 第2-6：109条

    intervener（管理人） 第5-3：106条

    self-contracting（与自己订立合同） 第2-6：109条

    several representatives（多数代理人） 第2-6：110条

requirement（要件、要求） 《附录》

res judicata（既判力） 第3-7：302条；第8-4：203条

resale（转卖） 第9-1：102条；第9-7：301条

rescission（解除） 《导论》第48段

residence, habitual（住所，居住） 第3-2：101条

  change（变更） 第3-2：101条

resolutive condition（解除条件） 第3-1：106条；《附录》"resolutive"（"解除的"）

responsibility for damage caused（造成损害的责任） 《原则》第51段

restitution（恢复原状、返还） 《导论》第73段；第3-1：106条至第3-1：108条；第3-3：104条

  benefits（利益） 第3-3：510条

  conforming performance（与合同相符的履行） 第3-3：511条

  gratuitous contracts（无偿合同） 第3-3：511条；第4.8-3：203条

  withdrawal（撤回） 第2-5：105条

retention of ownership device（保留所有权交易）《原则》第 36 段；第 4.5-2：401 条；第 8-2：307 条；第 9-1：101 条；第 9-1：103 条；第 9-2：201 条；《附录》

combination（附合）　第 8-5：101 条；第 9-2：308 条

commingling（混合）　第 8-5：101 条；第 9-2：308 条

default（违约）　第 9-7：301 条

enforcement（实现担保物权）　第 9-7：103 条

European register（欧洲登记簿）　第 9-3：303 条

good faith acquisition（善意取得）　第 9-3：101 条

good faith acquisition of supplied asset（所提供财产的善意取得）　第 9-6：101 条

immobilisation（固定）　第 9-7：302 条

possession, right to take（占有，取得的权利）　第 9-7：302 条

preservation（保存）　第 9-7：302 条

production（加工）　第 8-5：101 条；第 9-2：308 条

rights to acquire（取得所有权的期待权）　第 8-1：204 条

security purposes（担保目的）　第 8-1：103 条

termination（消灭）　第 9-6：101 条

termination of contractual relationship（合同关系的解除）　第 9-7：301 条

retroactive proprietary effect（溯及既往的物权效力）　第 8-2：201 条至第 8-2：203 条

revocation（撤销）　《附录》

assignment, retroactive effect on（让与，溯及效力）　《导论》第 29 段；第 3-5：118 条

mandate（委托）　第 4.4-1：104 条至第 4.4-1：105 条

notice（通知）　第 4.4-1：105 条

offer（要约）　第 2-4：202 条

transfer of ownership（所有权的移转）　第 8-2：202 条

reward（报酬）　第 4.8-1：201 条至第 4.8-1：202 条；第 10-1：301 条

right（权利）　《附录》

right to dispose（处分权）　第 2-7：102 条

right to payment（给付请求权）　第 9-1：201 条；第 9-6：104 条。另参见 financial assets（金融财产）

encumbrance［（担保）负担］　第 9-2：301 条；第 9-7：204 条

realisation of security（担保物权的变现）　第 9-7：214 条

right to performance（履行请求权、债权）　《导论》第 51、53 段；《原则》第 17、27 段；第 3-1：101 条；第 4.3-5：101 条。另参见 performance（履行）

ancillary（从属性权利）　第 3-7：502 条

assignability（可让与性）　《原则》第 55 段；第 3-5：104 条至第 3-5：109 条

assignment, effect of（让与，效力）　第 3-5：115 条

communal（共同的）　第 3-4：

203 条

conditional（附条件的） 第 3-1：106 条

divided（按份的） 第 3-4：202 条至第 3-4：204 条

joint（共同的） 第 3-4：202 条；《附录》"joint right"（"共同债权"）

non-discrimination（非歧视） 第 3-1：105 条

sale（变卖） 第 4.1-1：101 条

security rights（担保物权） 第 9-2：104 条

set-off（抵销） 第 3-6：101 条

solidary（连带） 第 3-4：202 条至第 3-4：203 条；第 3-4：206 条至第 3-4：207 条

termination by agreement（依协议而解除） 第 3-1：108 条

termination by notice（依通知而解除） 第 3-1：109 条

terms（条款） 第 3-1：102 条

time-limited（时效） 《导论》第 45 段；第 3-1：107 条

transferability（可转让性） 第 9-2：104 条

unascertained（未确定的） 第 3-6：103 条

variation by agreement（依协议而变更） 第 3-1：108 条

variation by notice（依通知而变更） 第 3-1：109 条

right to withdrawal（撤回权） 参见 withdrawal（撤回）

right to risk, passing of（转移风险的权利） 参见风险负担的转移 passing of risk

risks（风险） 另参见 acting at own

risk knowingly（自甘风险）

accepting risks（接受风险） 《原则》第 51 段

own creation of risks（自己造成的风险） 《原则》第 40 段

responsibility for the creation of risks（导致风险的责任） 《导论》第 12 段

Roman law（罗马法） 《原则》第 4 段

rule of law（法律的直接规定） 第 4.7-2：101 条

salary, future（薪酬，未来的） 第 9-2：107 条

sale, contract for（买卖，合同）《附录》。另参见 sale of goods（动产的买卖）

sale of goods（动产的买卖） 《导论》第 54、68 段；《原则》第 46 段；第 4.1-1：101 条至第 4.1-1：102 条；第 4.1-1：202 条

carriage of the goods（标的物的运送） 第 4.1-2：201 条；第 4.1-2：204 条

consumer contract（消费合同） 第 4.1-1：204 条；第 4.1-2：202 条；第 4.1-2：304 条；第 4.1-4：301 条；第 4.1-5：103 条

damages（损害赔偿） 第 4.1-2：203 条

delivery of goods（标的物的交付） 第 4.1-2：101 条；第 4.1-2：201 条至第 4.1-2：204 条

documents representing the goods（代表标的物的单证） 第 4.1-2：101 条；第 4.1-2：202 条；第 4.1-3：104 条

documents, transfer of（单证，转移） 第 4.1-2：101 条；第 4.1-2：202

条至第 4.1-2：203 条

excess quantity, delivery of（超过数量，交付） 第 2-3：401 条

insurance（保险） 第 4.1-2：201 条；第 4.1-2：204 条

passing of ownership（所有权的移转）《原则》第 53 段；第 8-2：101 条

passing of risk（风险负担的转移） 第 4.1-5：101 条至第 4.1-5：102 条；第 4.1-5：201 条至第 4.1-5：203 条

retention of ownership device（保留所有权交易） 第 9-1：103 条至 9-1：104 条；第 9-2：308 条；第 9-5：303 条

sale and lease-back（出卖并租回） 第 9-1：102 条

sale and resale（出卖并转售） 第 9-1：102 条

sample（样品） 第 4.1-2：302 条；第 4.2-3：103 条

Saturday（星期六） 第 1-1：110 条

saving（现存利益） 第 4.7-5：103 条

secured creditor（担保债权人、担保权人）《原则》第 53 段；第 9-1：201 条

secured obligation（担保债务） 第 4.7-1：101 条

sécurité contractuelle（合同安全）《导论》第 13、15 段

security（担保） 第 4.3-5：101 条

ancillary rights（从属性权利） 第 9-2：401 条

contractual interest（约定利息） 第 4.7-2：104 条；第 9-2：401 条

coverage（担保范围） 第 4.7-2：104 条；第 9-2：401 条

creditor's conduct（债权人的行为）

第 4.7-2：110 条

damages（损害赔偿金） 第 4.7-2：104 条；第 9-2：401 条

debtor（债务人） 第 4.7-1：101 条

default interest（违约利息） 第 9-2：401 条

enforcement proceedings, cost（执行程序，费用） 第 4.7-2：104 条；第 9-2：401 条

extra-judicial recovery（以非司法途径追索） 第 9-2：401 条

form（形式） 第 4.7-4：104 条

global（总括） 第 4.7-1：101 条。另参见 global security（总括担保）

independence（独立） 第 4.7-3：101 条

interest（利息） 第 4.7-2：104 条

investment securities（投资证券） 第 4.1-1：101 条

legal proceedings, cost（法律程序，费用） 第 4.7-2：104 条；第 9-2：401 条

maximum amount（最高限额） 第 9-2：401 条

notification by creditor（债权人通知） 第 4.7-2：107 条

notification by security provider（担保人通知） 第 4.7-2：112 条

penalty（罚金） 第 9-2：401 条

personal（人的） 参见 personal security（保证）

prescription period, renewal（时效期间，更新） 第 3-7：401 条

provision of（提供） 第 4.3-1：102 条

proprietary（物的） 参见 proprietary security（担保物权、物的担保）

relief by debtor（债务人免除） 第4.7-2：111条

security provider（担保人） 参见 security provider（担保人）

storage（保管） 第4.3-5：101条

time limit（时间限制） 第4.7-2：108条

withhold, right to（拒绝履行，权利） 第4.7-2：103条

security (underlying principle)［安全（根本原则）］《导论》第12、15-18、22段；《原则》第1、12-13、16-39、62段

contractual security（合同安全）《原则》第17-29段

transferable（可转让性） 第2-9：410条

security assignment（让与担保） 第9-1：102条

security over movable property（动产之上的担保）《导论》第68段

security endorsement（保证背书） 第4.7-1：102条

security provider（担保人） 《原则》第53段；第4.7-1：101条；第9-1：201条

consumer security provider（消费者保证人）《原则》第53、55段；第4.7-4：101条至4.7-4：107条；第9-2：107条；第9-7：107条

defences（抗辩） 第4.7-2：103条

information, right to（信息，权利） 第9-5：401条

insolvency administrator（破产管理人） 第9-3：101条

notification by creditor（债权人通知） 第4.7-2：107条

recourse against debtor（对债务人的追偿权） 第4.7-1：106条；第9-7：109条

recourse, internal（追偿，内部） 第4.7-1：106条

redemption, right of（赎回，权利） 第9-7：106条

reimbursement（偿还） 第4.7-2：113条

several security providers（数担保人） 第4.7-1：107条

solidary liability（连带责任） 第4.7-1：105条；第4.7-2：105条；第9-7：108条

subsidiary liability（补充责任） 第4.7-2：106条；第4.7-2：108条；第4.7-4：105条

third party security provider（物上保证人） 第9-6：106条

security rights（担保物权） 第8-1：204条；第9-1：101条。另参见 proprietary security rights（担保物权）

accessories（添附物） 第9-2：305条

agreement（协议） 第9-5：101条

cash（现金） 第9-2：111条

conditional rights（附条件权利） 第9-2：104条

creation（设立） 第9-2：101条至第9-2：103条

creation, delayed（设立，延期） 第9-2：110条

default（违约） 第9-7：101条至第9-7：102条；第9-7：105条

documents to bearer（无记名单证） 第9-2：111条

effectiveness（对抗效力） 第9-3：101条至第9-3：104条；第9-5：301条；第9-5：303条

encumbered assets（担保财产） 参见 assets, encumbered（财产，担保）

enforcement（实现） 《原则》第53段；第9-7：101条至107条

enforcement, extra-judicial（实现，非司法途径） 第9-7：103条；第9-7：201条；第9-7：207条至216条

enforcement, judicial（实现，司法途径） 第9-7：103条；第9-7：217条

enforcement notice（实现担保物权的通知） 第9-7：107条

European register（欧洲登记簿） 第9-3：303条

fruits（孳息） 第9-2：306条

future assets（未来财产） 第9-2：104条；第9-5：303条

future rights（未来权利） 第9-2：104条

generic assets（种类物） 第9-2：104条

good faith acquisition（善意取得） 《原则》第37段；第9-2：108条至第9-2：109条；第9-3：321条至第9-3：322条；第9-4：101条

granting（创设） 第9-2：101条；第9-2：105条至第9-2：112条

movable assets（动产） 第9-1：102条；《附录》"security right in movable asset"（"动产担保物权"）

negotiable documents of title（流通物权凭证） 第9-2：304条

negotiable instruments（流通票据） 第9-2：111条；第9-2：304条

possession, right to take（占有，取得的权利） 第9-7：201条；第9-7：203条

predefault agreement（违约前的协议） 第9-7：105条

prescription（消灭时效） 第9-6：103条

priority（优先顺位） 第9-3：310条；第9-4：101条至第9-4：108条；第9-7：101条

proceeds（收益） 第9-2：306条

ranking（顺位） 第9-4：101条；第9-4：108条

registration（登记） 第9-3：102条

retaining（保留） 第9-2：101条

retention（留置） 第9-2：101条；第9-2：113条

retention of possession（留置） 第8-7：104条；第9-2：114条；第9-4：102条

substitution of new debtors（债务承担、新债务人的替代） 第3-5：205条；第3-5：207条

superpriority（超优先顺位） 第9-4：102条

termination（消灭） 第9-6：101条至第9-6：106条

transfer（转让） 第9-3：328条至第9-3：329条

transfer of encumbered assets（担保财产的转让） 第9-3：330条至第9-3：331条；第9-5：303条

transfer of secured right（担保债权的转让） 第9-5：301条至第9-5：

302 条

　　untransferable asset（不可转让的财产）　第 9-2：104 条

security transfer of ownership of corporeal assets（有形财产所有权的担保移转）　第 9-1：102 条

selective distribution contract（选择性经销合同）　第 4.5－5：101 条；第 4.5-5：301 条至第 4.5-5：306 条。另参见 distribution contract（经销合同）

self-contracting（与自己订立合同）　第 2-6：109 条；第 4.4-5：101 条

　　consumer（消费者）　第 4.4－5：101 条

self-defence（正当防卫）　第 6－5：202 条

self-help（自力救济）　第 8-6：202 条

seller（出卖人）　第 4.1-1：202 条

　　barter（互易）　第 4.1-1：203 条

　　conformity of goods（标的物与合同相符）　第 4.1-2：101 条；第 4.1-4：304 条

　　non-business（非经营者）　第 4.1-4：202 条

　　obligations（债务）　第 4.1－2：101 条

　　transfer of ownership（所有权的移转）　第 4.1-2：101 条

　　specification of the goods（标的物的特定化）　第 4.1-3：102 条

semi-finished products（半成品）　第 9-5：203 条

service provider（服务提供人）　第 4.3-1：101 条

　　business（经营者）　第 4.3-2：101 条；第 4.3-2：105 条

　　care［注意（义务）］　第 4.3-2：105 条

duty to warn（警示义务）　第 4.3-2：102 条；第 4.3-2：108 条

expenditure（费用）　第 4.7－5：103 条

skill（技能）　第 4.3-2：105 条

standards, professional（标准，专业）　第 4.3-2：105 条

services（服务）　《导论》第 54、61、68 段。另参见 services, contracts for（服务，合同）

acceptance（验收）　第 3-3：710 条

accommodation（住宿）　第 2－5：201 条

alteration, unilateral（变更，单方）　第 2-9：410 条

capacity（能力）　第 2-4：201 条

catering（饮食服务）　第 2－5：201 条

conformity（与合同相符）　第 2-9：410 条

free movement of services（服务的自由流动）　《导论》第 22 段

information（信息）　第 2-3：101 条至第 2-3：103 条；第 2-3：106 条

leisure（休闲）　第 2-5：201 条

marketing（推销、营销）　第 2-3：102 条

non-conformity（与合同不符）　第 3-3：107 条

products（产品）　第 4.5-1：101 条

solicited（要求）　第 4.3-5：110 条

transport（运输）　第 2-5：201 条

unsolicited（主动推销的）　第 2-3：401 条

unwanted services（不需要的服务）

《原则》第13段

verification（验证） 第3-3：710条

services, contract for（服务，合同） 第4.3-1：101条；第4.3-1：103条；第4.4-1：101条；《附录》。另参见 services（服务）

change of circumstances（情势变更） 第4.3-2：109条

client（客户） 参见 client（客户）

construction services（建筑服务）《原则》第22段

co-operation（合作）《原则》第22段；第4.3-2：103条

damages（损害赔偿） 第4.3-2：103条

damage, prevention of（损害，防止） 第4.3-2：105条

design, carrying out（设计，实施） 第4.3-6：101条

directions by the client（客户的指令）《原则》第22段；第4.3-2：103条；第4.3-2：107条

duties to warn, pre-contractual（警示义务，先合同的） 第4.3-2：102条；第4.3-2：107条至109条

information（信息） 第2-3：101条；第4.3-2：103条

licences（许可证） 第4.3-2：103条

long-term contracts（长期合同）《原则》第22段

marketing（推销、营销） 第2-3：102条

materials（材料） 第4.3-2：104条

non-conformity, anticipated（与合同不符，预期的） 第4.3-2：110条

ownership, transfer of（所有权，移转） 第4.3-2：106条

permits（许可） 第4.3-2：103条

price（价款） 第2-4：201条；第4.3-1：101条；第4.3-2：101条；第4.3-2：105条；第4.3-2：109条

processing（加工） 第4.3-4：101条

result（工作成果） 第4.3-2：106条至第4.3-2：108条；第4.3-2：110条

risk（风险） 第4.3-2：102条；第4.3-2：105条

service provider（服务提供人） 参见 service provider（服务提供人）

subcontractors（分包人、转包人） 第4.3-2：104条

supply（提供） 第4.3-2：103条

termination（解除） 第4.3-2：111条

time（时间） 第4.3-2：105条

time, adjustment of（时间，调整） 第4.3-2：103条；第4.3-2：110条

tools（工具） 第4.3-2：104条

unfair contract terms（不公平合同条款） 第2-9：410条

variation（变更）《原则》第22段；第4.3-2：102条；第4.3-2：107条；第4.3-2：109条

warnings of impending changes（提醒即将发生的变化）《原则》第22段

withdrawal, rights of（撤回，权利） 第2-5：201条

withhold performance（拒绝履行）

· 529 ·

第 4.3-2：103 条
set-off（抵销）　《导论》第 29、34 段；《原则》第 55 段；第 3-6：101 条至第 3-6：102 条；第 3-6：106 条至 107 条；第 4.7-2：103 条；《附录》
　assignment（让与）　第 3-5：116 条
　consumer contract（消费合同）　第 2-9：410 条
　exclusion（排除）　第 3-6：108 条
　foreign currency（外币）　第 3-6：104 条
　notice（通知）　《原则》第 55 段；第 3-6：105 条至第 3-6：106 条
　prescription, effect of（时效，效力）　第 3-7：503 条
　solidary obligation（连带债务）　第 3-4：108 条
　substitution of new debtors（债务承担、新债务人的替代）　第 3-5：205 条；第 3-5：207 条
　two or more obligations（两个或更多的债务）　第 3-6：106 条
　two or more rights（两个或更多的权利）　第 3-6：106 条
　unascertained rights（未确定的权利）　第 3-6：103 条
settlement（结算）　第 3-1：108 条；第 3-3：509 条；第 3-4：109 条
　sex（性别）　第 2-2：101 条；《附录》"discrimination"（"歧视"）
share（份额）　第 4.1-1：101 条
　donation（赠与）　第 4.8-1：103 条
share certificates（股票）　第 9-1：201 条；第 9-2：302 条
ships（船舶）　第 8-1：201 条；《附录》"goods"（"有形动产"）
signatory（签署的）　第 1-1：107 条

signature（签名）　第 1-1：107 条；《附录》
　advanced electronic signature（高级电子签名）　第 1-1：107 条；《附录》"solidary liability"（"连带责任"）
　electronic signature（电子签名）　第 1-1：107 条；第 4.8-2：101 条；《附录》
　handwritten signature（手写签名）　第 1-1：107 条；《附录》
silence（沉默）　第 2-4：204 条
simulation（虚伪）　第 2-9：201 条
skill（技能）　第 4.3-2：105 条
　agent（代理人）　第 4.4-1：103 条
small businesses（小经营者）　《原则》第 10、46、57 段
social responsibility（社会责任）　《导论》第 12、16、18 段
social welfare law（社会福利法）　《导论》第 18 段
soft law（软法）　《导论》第 24 段
software（软件）　第 2-5：201 条；第 4.1-1：101 条
　donation（赠与）　第 4.8-1：103 条
　supply by electronic means（以电子方式提供）　第 2-5：201 条
soil（土壤）　第 6-2：209 条；《附录》"incorporeal"（"无形物"）
solidarity（连带）　《导论》第 12、16、18-19 段
　liability（责任）　参见 solidary liability（连带责任）
solidary creditors（连带债权人）　《原则》第 41 段；第 3-4：206 条。另参见 solidary right（连带债权）
solidary debtors（连带债务人）

《原则》第 41 段；第 3-4：106 条。另参见 solidary liability（连带责任）

 apportionment（以物抵债） 第 3-4：106 条

 defences（抗辩） 第 3-4：112 条

 recourse（追偿） 第 3-4：107 条；第 3-4：110 条至第 3-4：111 条

 share of liability（责任份额） 第 3-4：106 条

solidary liability（连带责任） 第 3-4：103 条；第 3-4：105 条。另参见 solidary debtors（连带责任）

 addition of new debtors（并存的债务承担、新债务人的增加） 第 3-5：202 条；第 3-5：208 条

 damage（损害赔偿） 第 6-6：105 条

 security providers（担保人） 第 4.7-1：105 条；第 4.7-2：105 条；第 4.7-2：108 条；第 9-7：108 条

 trustees（受托人） 第 10-7：401 条

solidary obligation（连带责任） 第 3-4：102 条；《附录》

 judgment, effect of（判决，效力） 第 3-4：110 条

 merger of debts（债务的混同） 第 3-4：108 条

 performance（履行） 第 3-4：108 条

 prescription（时效） 第 3-4：111 条

 release（免除） 第 3-4：109 条

 set-off（抵销） 第 3-4：108 条

solidary right（连带债权） 第 3-4：202 条至第 3-4：203 条；第 3-4：206 条至第 3-4：207 条；《附录》

solidary trust（连带信托） 第 10-1：204 条

source of the damage（损害源） 《原则》第 51 段

source of danger（危险源） 第 6-3：207 条；第 6-4：101 条

 animal（动物） 第 6-6：301 条

space objects（空间物体） 第 8-1：201 条；《附录》"goods"（"有形动产"）

spare parts（配件） 第 4.5-2：306 条

specific contracts（有名合同） 《导论》第 35、40、43、53 段；第 2-3：106 条

specific performance（实际履行） 第 3-3：101 条；第 3-3：302 条

 damages（损害赔偿） 第 3-3：303 条

 lease of goods（动产租赁） 第 4.2-6：101 条

stability（稳定性） 《原则》第 62 段

stand-by letter of credit（备付信用证） 第 4.7-1：102 条；第 4.7-3：101 条。另参见 independent personal security（独立保证）

standard of care[注意（义务）的标准] 《原则》第 52 段；第 4.7-2：110 条；第 6-3：102 条

standard contract terms（格式合同条款） 《导论》第 59 段；《原则》第 9-10、46 段

 conflicting（相冲突） 第 2-4：209 条

 transparency（明晰） 第 2-9：402 条

standard form contract（格式合同） 《原则》第 10 段

standard terms（格式条款） 第 2-1：109 条至第 2-1：110 条；《附录》。另

· 531 ·

参见 standard contract terms（格式合同条款）
state of mind（心理状态）　第 2-1：105 条
statements（陈述）　第 2-1：101 条；第 2-4：102 条；第 2-4：105 条；
　　acceptance（承诺）　第 2-4：204 条
　　inaccuracy（错误）　第 2-7：202 条
　　intention to be legally bound（产生法律拘束力的意思表示）　第 2-4：302 条
　　pre-contractual（先合同）　第 2-9：102 条
　　public statement（公开陈述）　第 4.8-2：102 条
status［(法律)地位］　《导论》第 38 段；第 1-1：101 条
status quo［(法律)地位］　《原则》第 31、39、53 段
statutory provisions（制定法的规定）　第 6-7：102 条
stipulated payment for non-performance（约定的债务不履行损害赔偿额）　《原则》第 60 段；第 3-3：712 条
stipulations in favour of third parties（为第三人利益的规定）　《导论》第 53 段；《原则》第 4 段
stock exchange index（股票交易指数）　第 2-9：410 条
stock exchange quotation（股票交易市场行情）　第 2-9：410 条
stock of goods（存货）　第 2-4：201 条；第 4.5-2：306 条
　　exhaustion（耗尽）　第 2-4：201 条
stocks（存货）　第 4.1-1：101 条
　　donation（赠与）　第 4.8-1：103 条
storage, contract for（保管，合同）　第 4.3-1：101 条；第 4.3-5：101 条；《附录》
　　client（客户）　参见 client（客户）
　　conformity（与合同相符）　第 4.3-5：105 条
　　destruction of thing stored（保管物的损坏）　第 4.3-5：108 条
　　fruit, handing over（孳息，移交）　第 4.3-5：104 条
　　limitation of liability（责任的限制）　第 4.3-5：109 条
　　obligation to inform, post-storage（告知义务，保管后）　第 4.3-5：107 条
　　ownership of thing stored（保管物的所有权）　第 4.3-5：104 条至第 4.3-5：105 条
　　place（地点）　第 4.3-5：102 条
　　price, payment of（价款，支付）　第 4.3-5：106 条；第 4.3-5：108 条
　　protection of thing stored（保管物的保护）　第 4.3-5：103 条
　　remains of thing stored（保管物的残存部分）　第 4.3-5：108 条
　　return of thing stored（保管物的返还）　第 4.3-5：104 条至第 4.3-5：106 条；第 4.3-5：108 条
　　risks（风险）　第 4.3-5：108 条
　　sale of thing stored（保管物的变卖）　第 4.3-5：104 条
　　storer（保管人）　参见 storer（保管人）
　　subcontracting（转包、分包）　第 4.3-5：102 条
　　use of thing stored（保管物的使用）　第 4.3-5：103 条
　　withhold, right to（拒绝履行，权利）

第4.3-5：106条

storer（保管人）　第4.3-5：101条
 hotel-keeper（旅馆管理人）　第4.3-5：101条；第4.3-5：110条

structure（构筑物）　参见 construction contract（建筑合同）

subcontracting（转包、分包）　第4.3-2：104条；第4.3-5：102条；第4.4-3：302条；第10-5：203条

sublease（转租）　第4.2-7：103条

subrogation（清偿代位）　第8-1：101条；《附录》

substance（物质）　第6-3：206条至第6-3：207条
 abandonment（抛弃物）　第6-3：208条
 keeper（保有人）　第6-3：206条；《附录》
 standards of control, statutory（控制标准，法定）　第6-3：206条

substitution of new debtors（债务承担、新债务人的替代）　第3-5：201条至第3-5：202条；《附录》"substitution of debtor"（"债务承担、债务人的替代"）
 complete substitution（免责的债务承担、完全替代）　第3-5：202-205条；《附录》"complete substitution of debtor"（"免责的债务承担、债务人的完全替代"）
 consent（同意）　第3-5：203条
 defences, effects on（抗辩，效力）　第3-5：205条；第3-5：207条
 discharge of original debtor（原债务人免除债务）　第3-5：202条；第3-5：204条至第3-5：205条
 incomplete substitution（不完全的债务承担、不完全替代）　第3-5：202条至第3-5：203条；第3-5：206条至第3-5：207条；《附录》"incomplete substitution of debtor"（"不完全的债务承担、债务人的不完全替代"）
 security rights, effects on（担保物权，效力）　第3-5：205条；第3-5：207条
 set-off, effects on（抵销，效力）　第3-5：205条；第3-5：207条

succession law（继承法）　《导论》第38段；《原则》第55段；第1-1：101条；第8-1：101条；第10-2：402条

successor（继受人）　第10-1：203条

suffering（痛苦）　第3-3：701条；第6-2：101条

Sunday（星期日）　第1-1：110条

superpriority（超优先顺位）　第9-2：307条；第9-4：102条

supervised persons, damage caused by（被监护人，造成的损害）　第6-3：104条

supervision（监督）
 construction（建造）　第4.3-3：105条
 processing（加工）　第4.3-4：104条

supplement of the parties' agreement（当事人的协议补充）　《原则》第28段

supplier（供应人）　第4.5-5：101条；第9-2：308条。另参见 distribution contract（经销合同）
 obligations（债务）　第4.5-5：201条至第4.5-5：205条

supplier of term（条款提供人）　第2-

8：103条

supply［提供（供应）］ 第4.2-4：104条；第4.5-4：204条；《附录》

 equivalent（相当的财产或服务） 第2-9：410条

 information, disclosure of（信息，披露） 第2-3：101条

 stated prices（特定的价格） 第2-4：201条

 unsolicited goods/services（主动推销的商品、服务） 第2-3：401条

survivorship（财产共有关系中生者对死者名下财产的权利） 第8-1：101条

suspensive condition（停止条件） 第3-1：106条；《附录》"suspensive"（"停止的"）

tacit prolongation（默示延期） 《导论》第29-30段；第3-1：111条；《附录》

 lease period（租赁期间） 第4.2-2：103条

tangible durable medium（有形耐久介质） 第1-1：106条

tangible object（有形财产） 第6-6：101条

tax law（税法） 《导论》第18段

taxes（税收） 第2-3：107条

technical drawings（技术图纸） 第4.1-2：306条

telecommunication operators（电信运营商） 第2-5：201条

telephone（电话） 第2-3：104条

tenant（承租人） 《原则》第18段

tender, new and conforming（履行，新的与合同相符的） 第3-3：202条

terminate（解除） 第3-3：501条

termination（解除） 《导论》第51、53段；《原则》第20、27、44段；第2-9：410条；第3-3：501条；第3-3：509条；第4.7-7：101条；《附录》

 agreement（协议） 第3-1：108条

 anticipated non-performance（预期不履行） 《原则》第61段；第3-3：401条；第3-3：504条；第3-3：508条

 assignment, retroactive effect on（让与，溯及效力） 《导论》第29段；第3-5：118条

 assurance of due performance, inadequate（到期履行的担保，不充分的） 第3-3：505条；第3-3：508条

 change of circumstances（情势变更） 第3-1：110条

 contractual obligations（合同债务） 第3-3：501-505条

 contractual relationships（合同关系） 第3-3：501条

 delay in performance（迟延履行） 第3-3：503条

 divisible obligations（可分的债务） 第3-3：506条

 donation（赠与合同） 第4.8-3：203条

 effects（效力） 第3-3：509条

 extraordinary and serious reason（特别的、严重的原因） 第4.4-6：103条；第4.4-6：105条

 fundamental nonperformance（根本不履行） 《原则》第41、55段；第3-3：502条；第3-3：504条至第3-3：505条

 indivisible obligations（不可分的债务） 第3-3：506条

loss of right to terminate（解除权的丧失） 第 3-3：508 条

mandate relationship（委托关系） 第 4.4-1：104 条；第 4.4-6：101 条至第 4.4-6：105 条；第 4.4-7：101 条至第 4.4-7：103 条

notice（通知） 《原则》第 20 段；第 3-1：109 条；第 3-3：503 条；第 3-3：507 条至第 3-3：508 条

notices of termination（解除通知）《导论》第 51 段

restitution of benefits（利益的返还） 第 3-3：510 条至第 3-3：514 条；第 3-3：706 条至第 3-3：707 条

separate parts, obligations to be performed in（单独部分，分开履行的义务） 第 3-3：506 条

substitute transaction（替代交易） 第 3-3：706 条

terminology of the DCFR（《欧洲示范民法典草案》的术语） 《导论》第 4、50、65 段

terms（条款） 《导论》第 53 段；《附录》"term"（"条款"）

    additional（附加的） 第 2-4：208 条；第 2-4：210 条

    contract（合同） 第 2-9：101 条

    different（不同的） 第 2-4：208 条；第 2-4：210 条

    implied（默示的） 第 2-9：101 条

    interpretation（解释） 第 2-8：103 条至第 2-8：106 条

    negotiated（经过个别磋商的） 第 2-8：104 条

    not individually negotiated（未经个别磋商的） 第 2-1：110 条；第 2-8：103 条；第 2-9：103 条；第 2-9：402 条至第 2-9：403 条；《附录》

    obligation（债务） 第 3-1：102 条

    right（权利） 第 3-1：102 条

    standard terms（格式条款） 第 2-1：109 条

    statements, pre-contractual（陈述，先合同的） 第 2-9：102 条

    unfair（不公平的） 参见 unfair contract terms（不公平合同条款）

testaments（遗嘱） 《原则》第 55 段

variation of trust terms（信托条款的变更） 第 10-9：201 条

testing（测试） 第 2-5：105 条

textual form（文本形式） 第 1-1：106 条；《附录》

assignment, notice of（让与，通知） 第 3-5：119 条

confirmation of a contract（合同的确认） 第 2-4：210 条

contract terms（合同条款） 第 2-3：105 条至第 2-3：106 条；第 2-9：103 条

right to withdraw（撤回权） 第 2-5：104 条

security, contract of（担保，合同） 第 4.7-4：104 条

third parties（第三人） 《导论》第 53 段；《原则》第 17-18 段；第 2-6：101 条至第 2-6：102 条

    identity（身份） 第 4.4-3：403 条

third party claims（第三人的请求权）《导论》第 30 段；第 4.1-2：305 条

third party rights（第三人的权利）《导论》第 30 段；《原则》第 4、56 段；第 2-9：301 条至第 2-9：303 条；第 4.1-2：305 条

benefits（利益） 第 2-9：301 条至第 2-9：303 条
defences（抗辩） 第 2-9：302 条
 performance（履行） 第 2-9：302 条
 rejection of benefit（利益的拒绝） 第 2-9：303 条
 remedies［救济（措施）］ 第 2-9：302 条
 revocation of benefit（利益的撤销） 第 2-9：303 条
 rights（权利） 第 2-9：301 条至第 2-9：303 条
third persons loss（第三人损失） 第 6-2：202 条；第 6-5：501 条
 performance by（履行） 第 3-2：107 条
 security rights, effectiveness as agains（担保物权，对抗效力） 第 9-3：101 条至第 9-3：309 条；第 9-3：201 条至第 9-3：204 条
threats（威胁） 《原则》第 42 段；第 2-7：101 条；第 2-7：206 条
 damages（损害赔偿） 第 2-7：214 条
 disadvantage（损害） 第 4.7-2：103 条
 remedies［救济（措施）］ 第 2-7：215 条至第 2-7：216 条
 third persons（第三人） 第 2-7：208 条
time computation（时间的计算） 参见 computation of time（时间的计算）
 performance（履行） 参见 time of performance（履行时间）
time of performance（履行时间） 《导论》第 29 段；第 3-2：102 条

time-limited rights/obligations（附期限的债权、债务） 《导论》第 45 段；第 3-1：107 条
timeshare contract（分时度假合同） 《原则》第 11、20 段；第 2-5：202 条
 预付款（advance payment） 第 2-5：202 条
 withdrawal, right of（撤回，权利） 第 2-5：202 条
tools（工具） 第 4.3-2：104 条；第 4.3-3：102 条；第 4.3-3：105 条；第 4.3-4：102 条；第 4.3-4：104 条
tort（侵权） 《导论》第 48、69 段
trade（业务） 第 6-2：207 条至第 6-2：208 条；第 6-3：206 条
trademark（商标） 第 6-3：204 条；《附录》"franchise"（"特许经营"）
trade name（商号） 第 2-3：108 条；《附录》"franchise"（"特许经营"）
trade union（工会） 第 6-7：104 条
traffic accident（交通事故） 第 6-3：205 条；第 6-5：102 条
trailer（拖车） 第 6-3：205 条
training courses（培训课程） 第 4.5-4：203 条
transfer of contractual position（合同的承受、合同地位的转让） 第 3-5：302 条；《附录》
transfer of goods（动产的转让） 《原则》第 15、55 段；第 8-2：101 条
transferability（可转让性） 第 8-1：301 条
transfer of ownership（所有权的移转） 第 4.1-1：202 条；第 4.1-2：101 条；第 8-2：101 条至第 8-2：102 条
 avoidance, effect of（撤销，效力）

第 2-7：212 条；第 8-2：202 条

avoided contract/juridical act（被撤销的合同、法律行为） 第 8-6：102 条

barter（互易） 第 4.1-1：203 条

chain of transactions（交易链） 第 8-2：303 条

donation（赠与） 第 4.8-1：101 条；第 4.8-3：101 条

effects（效力） 第 8-2：201 条至第 8-2：203 条

immediate（即时） 第 4.8-1：104 条

indirect representation（间接代理） 第 8-2：302 条

initial invalidity（自始无效） 第 8-2：202 条

invalid contract/juridical act（无效合同、法律行为） 第 8-6：102 条

lease of goods（动产租赁） 第 4.2-1：101 条

multiple transfers（多次转让） 第 8-2：301 条

ratification（追认） 第 8-2：102 条

recovery of goods（返还动产） 第 8-6：102 条

resolutive condition（解除条件） 第 8-2：203 条；第 8-6：102 条

security purposes（担保目的） 第 8-1：103 条；第 9-1：102 条

service contract（服务合同） 第 4.3-2：106 条

suspensive condition（停止条件） 第 8-2：203 条

transferee（受让人） 第 8-3：101 条

transferor（转让人） 第 8-3：101 条

trust（信托） 第 8-1：103 条

unilateral undertaking（单方允诺） 第 4.8-1：104 条

unsolicited goods（主动推销的商品） 第 8-2：304 条

transit, goods sold in（在途动产的买卖） 第 4.1-4：301 条；第 4.1-5：203 条

transparency（明晰） 第 2-9：402 条；第 2-9：407 条

transport, contracts for（运输，合同） 第 2-5：201 条；第 4.3-1：102 条；第 4.3-5：101 条

travel insurance policies（旅游保险单） 第 2-5：201 条

traveller's cheques（旅行支票） 第 2-9：410 条

treating like alike（同等对待） 《原则》第 40-41、53 段

treatment, contract for（医疗服务，合同） 《原则》第 46 段；第 4.3-1：101 条；第 4.3-8：101 条；《附录》。另参见 services, contract for（服务，合同）

alternatives（备选方案） 第 4.3-8：105 条至第 4.3-8：106 条

assessment, preliminary（评估，初步的） 第 4.3-8：102 条

choice（选择） 第 4.3-8：105 条

consent of patient（患者的同意） 第 4.3-8：108 条

consultation（商谈） 第 4.3-8：102 条

disclosure of information（信息披露） 第 4.3-8：109 条

emergency（紧急情况） 第 4.3-8：107 条至第 4.3-8：108 条

examination（检查） 第4.3-8：102条

experimental（试验性） 第4.3-8：106条

future（未来的） 第4.3-8：109条

inform, obligation to（告知，义务） 第4.3-7：101条；第4.3-8：105条至第4.3-8：108条

installations（安装） 第4.3-8：103条

instruments（器械） 第4.3-8：103条

interview of the patient（与患者面谈） 第4.3-8：102条

materials（材料） 第4.3-8：103条

medicines（药） 第4.3-8：103条

mental condition of a person（人的心理状态） 第4.3-8：101条

non-disclosure of information（未披露信息） 第4.3-8：107条

non-performance（债务不履行） 第4.3-8：110条

physical condition of a person（人的身体状态） 第4.3-8：101条

premises（场所） 第4.3-8：103条

professional practice（行业习惯） 第4.3-8：103条

proposed（推荐的） 第4.3-8：105条

records, adequate（记录，充分的） 第4.3-8：109条

revocation of consent（同意的撤销） 第4.3-8：108条

risks（风险） 第4.3-8：105条至第4.3-8：106条

skill and care, obligation of（具备相应的技能和注意，义务） 第4.3-8：104条；第4.3-8：109条

termination（解除） 第4.3-8：110条

unnecessary（不必要的） 第4.3-8：106条；第4.3-8：108条

withhold performance（拒绝履行） 第4.3-8：110条

treatment provider（医疗服务提供人） 第4.3-8：101条

identity（身份） 第4.3-8：111条

skill and care, obligation of（具备相应技能和注意，义务） 第4.3-8：104条

treatment-providing organisations（医疗机构） 第4.3-8：111条

trust（信托） 《导论》第2、37、43段；《原则》第15段；第10-1：101条；第10-1：103条；第10-1：303条；《附录》

avoidance（撤销） 第10-4：201条至第10-4：202条

assignment（让与） 第3-5：103条

bad faith acquirers, liability（恶意取得，责任） 第10-10：401条

charitable purposes（慈善目的） 《原则》第15段

commercial purposes（商事目的） 《原则》第15段

confirmation, implied（确认，默示的） 第10-4：201条

constitution（设立） 第10-1：101条；第10-2：101条至第10-2：103条

court order（法庭裁定） 第10-1：

101 条

declaration of intention to constitute a trust（设立信托的意思表示） 第 10-2：101 条；第 10-2：201 条至第 10-2：205 条；第 10-6：106 条

documents（文件） 参见 trust documents（信托文件）

donation（赠与） 第 10-2：401 条

donees, liability（受赠人, 责任） 第 10-10：401 条

effects（效力） 第 10-1：202 条

enactment（成文法） 第 10-1：101 条

familial purposes（家庭目的）《原则》第 15 段

gratuitous（无偿的） 第 10-1：301 条；第 10-9：101 条；第 10-9：103 条

intention to create a trust, declaration of（设立信托的意思, 表示） 第 10-3：103 条

joint（共同的） 第 10-1：204 条

legacy（遗产） 第 10-2：403 条

merger of right/obligation（权利、义务的混同） 第 10-9：101 条；第 10-9：109 条

notice（通知） 第 10-1：302 条

paying a debt, purpose of（清偿债务, 目的） 第 10-4：105 条

prescription（诉讼时效） 第 10-7：302 条

proprietary rights（物权） 第 8-1：204 条

public benefit purposes（公益目的） 第 10-1：201 条；第 10-1：205 条；第 10-5：101 条；第 10-6：202 条；第 10-7：103 条；第 10-9：204 条

public officer/body（公职人员/公共机构） 第 10-1：205 条；第 10-7：103 条

security purposes（担保目的） 第 9-1：101 条；第 10-1：102 条

solidary（连带的） 第 10-1：204 条

specific performance（实际履行） 第 10-7：101 条

succession law（继承法） 第 10-2：402 条

termination（解除） 第 10-9：101 条至第 10-9：109 条

termination by trustee（受托人解除） 第 10-9：108 条

third parties dealing with trustees（与受托人交易的第三人） 第 10-10：502 条

unenforceable purposes（不可强制执行的目的） 第 10-4：203 条

unfair exploitation（乘人之危） 第 4.8-2：104 条

variation（变更） 第 10-9：201 条至第 10-9：204 条

trust accounts（信托账目） 第 10-5：208 条；第 10-6：105 条至第 10-6：106 条

trust assets（信托财产） 第 10-3：101 条至第 10-3：102 条

acquisition（取得） 第 10-6：108 条；第 10-6：203 条

disposals（处分） 第 10-6：104 条；第 10-6：107 条

insurance（保险） 第 10-6：103 条

mixing with other assets（与其他财产

相混合）　第10-3：202条
physical control（物理上的控制）
　　第10-5：205条
proceeds（收益）　第10-6：104条
safeguard（保护）　第10-6：103条
storage（保管）　第10-6：103条
transfer of title（所有权移转）　第10-5：204条
use（使用）　第10-6：108条
trust auxiliary（信托辅助人）　第10-1：203条；第10-6：301条
appointment of trustees（受托人聘任）第10-8：102条；第10-8：202条；第10-8：301条
death（死亡）　第10-8：601条
dissolution（解散）　第10-8：601条
removal of trustees（受托人解聘）第10-8：401条
self-appointment（自我聘任）　第10-8：202条
trust creditors（信托债权人）　第10-6：108条；第10-10：101条；第10-10：201条至第10-10：203条
trust debtors（信托债务人）　第10-10：301条
discharge（免除）　第10-10：303条
trust debts（信托债务）　第10-6：104条；第10-6：108条；第10-6：201条；第10-8：501条；第10-10：101条至第10-10：102条；第10-10：201条
withhold, right to（留置，权利）第10-9：107条
trust documents（信托文件）　第10-6：106条；第10-8：503条；第10-10：502条
copying（复制）　第10-6：106条
inspection（检查）　第10-6：106条
legal adviser, opinions of（法律顾问，意见）　第10-6：106条
storage（保管）　第10-5：205条
trust fund（信托资金）　第10-1：201条；第10-3：101条；第10-6：104条
accounts（账目）　第10-7：103条
additions（增加）　第10-3：201条
administration（管理）　第10-6：101条；第10-7：103条；第10-8：203条
ascertainability（确定）　第10-3：103条
disposal（处分）　第10-6：101条；第10-6：107条；第10-7：103条
disposal, incomplete（处分，不完全）第10-4：102条
exclusive benefit（排他性利益）　第10-9：105条
exhaustion（耗尽）　第10-3：204条
inquiries（质询）　第10-7：103条
investments（投资）　第10-5：207条；第10-6：103条；第10-6：107条
loss（损失）　第10-3：204条
receiver（管理人）　第10-7：103条
reinstatement（恢复）　第10-7：201条至第10-7：202条
segregation（分离）　第10-3：103条；第10-6：103条
subtractions（减少）　第10-3：

202 条

testamentary disposition（遗嘱处分）
第 10-8：504 条

transfer to trustee（向受托人转让）
第 10-2：102 条

use（使用） 第 10-6：109 条

Dtrust terms（信托条款） 第 10-1：201 条；第 10-4：101 条至第 10-4：103 条

 administrative trust terms（信托管理条款） 第 10-9：202 条

 avoidance（撤销） 第 10-4：201 条至第 10-4：202 条

 interpretation（解释） 第 10-4：101 条

 variation（变更） 第 10-9：201 条至第 10-9：204 条

trustee（受托人）《导论》第 36 段；第 10-1：203 条；《附录》

 acquistions, unauthorised（取得，未经授权） 第 10-6：203 条

 additional trustees（另外的受托人） 第 10-8：202 条至第 10-8：203 条

 appointment（聘任） 第 10-8：101 条；第 10-8：201 条至第 10-8：203 条；第 10-8：501 条

 authorisation of agent（代理人的权限） 第 10-5：203 条

 beneficiary（受益人） 第 10-6：202 条

 care［注意（义务）］ 第 10-6：101 条至第 10-6：102 条；第 10-7：201 条

 change（变更） 第 10-8：101 条至第 10-8：102 条；第 10-8：501 条至第 10-8：504 条

 compensation of beneficiary（受益人的金钱赔偿） 第 10-7：202 条

 conflict of interest（利益冲突） 第 10-5：103 条；第 10-8：402 条

 continuing trustee（留任受托人） 第 10-8：101 条；第 10-8：202 条；第 10-8：301 条；第 10-8：401 条

 co-operation（合作） 第 10-8：501 条

 co-trustees, obligations regarding（共同受托人，义务） 第 10-6：110 条

 corporate（公司） 第 10-8：504 条

 death（死亡） 第 10-1：202 条；第 10-8：504 条

 decision-making（决策） 第 10-5：101 条至第 10-5：102 条；第 10-5：203 条

 defences（抗辩） 第 10-7：301 条

 delegation（委托） 第 10-5：206 条

 disagreement（分歧） 第 10-8：402 条

 discharge（免除） 第 10-9：102 条

 discretions（酌情决定） 第 10-5：101 条至第 10-5：102 条；第 10-7：101 条

 dissolution（解散） 第 10-8：504 条

 divesting of trust assets（剥夺信托财产） 第 10-8：502 条[①]

 enrichment, unauthorised（利益，未经授权的） 第 10-7：203 条

 expenditure（费用） 第 10-6：201 条；第 10-6：203 条；第 10-6：

[①] 原文为："X.-8：501"。疑有误。

205 条

fairness（公平） 第 10-6：101 条
至第 10-6：102 条

good faith（诚实信用） 第 10-6：
101 条至第 10-6：102 条

inability（无行为能力） 第 10-8：
401 条至第 10-8：402 条

indemnification（补偿） 第 10-6：
201 条；第 10-6：203 条至第 10-
6：205 条

inform, obligation to（告知，义务）
第 10-6：104 条

insurance against liability（保险以防御
责任） 第 10-6：205 条

invest, obligation to（投资，义务）
第 10-6：107 条

judicial review（司法审查） 第 10-
7：102 条

liability（责任） 第 10-6：205 条；
第 10-7：201 条至第 10-7：203
条；第 10-7：401 条；第 10-9：
102 条；第 10-10：201 条

mandate（委托） 第 10-5：203 条

maximum number（最大数量） 第
10-8：201 条

minimum number（最小数量） 第
10-5：202 条

minutes of meetings（会议记录）
第 10-6：106 条

non-contractual liability arising out of
damage caused to another（侵权责
任） 第 10-10：501 条

non-performance of obligations（不履
行债务） 第 10-8：402 条；第
10-8：501 条；第 10-8：504 条；
第 10-10：501 条至第 10-10：
502 条

obligations（债务） 第 10-6：101
条至第 10-6：110 条

personal patrimony（个人财产） 第
10-3：203 条

personal performance（亲自履行）
第 10-5：203 条

plurality of trustees（多数受托人）
第 10-1：204 条；第 10-1：302
条；第 10-3：201 条至第 10-3：
202 条；第 10-5：102 条；第 10-
5：203 条；第 10-6：110 条；第
10-7：401 条；第 10-9：109 条

powers（权力） 第 10-5：201 条
至第 10-5：208 条

recourse of former trustee（前受托人
的追偿权） 第 10-8：501 条

refusal of trust（拒绝信托） 第 10-
2：301 条；第 10-8：401 条

reimbursement（赔偿） 第 10-6：
201 条；第 10-6：203 条至第 10-
6：205 条

removal（解任） 第 10-8：101 条；
第 10-8：401 条至第 10-8：402
条；第 10-8：501 条

remuneration（报酬） 第 10-6：
102 条；第 10-6：202 条至第 10-
6：203 条

resignation（辞任） 第 10-8：101
条；第 10-8：301 条至第 10-8：
302 条；第 10-8：501 条

rights（权利） 第 10-6：201 条
至第 10-6：205 条

set-off（抵销） 第 10-10：302 条

skill（技能） 第 10-6：101 条至第
10-6：102 条；第 10-7：201 条

solidary liability（连带责任） 第
10-7：401 条；第 10-10：501 条

special trustees（特别受托人） 第10-8：301条

substitute trustee（继任的受托人） 第10-8：101条；第10-8：202条至第10-8：203条

termination of the trust（信托的解除） 第10-9：108条

testamentary disposition（遗嘱处分） 第10-8：504条

unsuitability（不适格） 第10-8：401条至第10-8：402条

vesting of trust assets（授予信托财产） 第10-8：501条

withhold, right to（留置，权利） 第10-9：107条

truster（委托人） 第10-1：203条；《附录》

declaration of intention to constitute a trust（设立信托的意思表示） 参见 trust（信托）

liability to trust creditors（对信托债权人的责任） 第10-10：203条

terminate, right to（解除，权利） 第10-9：101条；第10-9：103条；第10-9：106条

variation of trust terms（信托条款的变更） 第10-9：201条

UN Convention on Contracts for the International Sale of Goods（《联合国国际货物销售合同公约》） 《导论》第25、63段

underlying principles（根本原则） 《导论》第14、22段；《原则》第1-62段；第1-1：102条

undertaking（允诺） 参见 unilateral undertaking（单方允诺）

unfair（不公平） 参见 unfairness（不公平）

unfair competition（不正当竞争） 第6-2：208条。另参见 competition, law of（竞争法）

unfair contract terms（不公平合同条款） 《原则》第10、44、46段；第2-9：401条至第2-9：411条

business-to-business contracts（经营者之间的合同） 第2-9：405条

business-to-consumer contracts（经营者与消费者之间的合同） 第2-9：403条；第2-9：407条至第2-9：410条

effects（效力） 第2-9：408条

jurisdiction clauses, exclusive（管辖权条款，专属） 第2-9：409条

maintenance of the contract（合同的维系） 第2-9：408条

non-business parties, contracts between（非经营者当事人，之间的合同） 第2-9：404条

presumption of unfairness（不公平的推定） 第2-9：410条

unfair exploitation（乘人之危） 《原则》第6、8、43段；第2-7：101条；第2-7：207条

adaptation of contract（合同的变更） 第2-7：207条

damages（损害赔偿） 第2-7：214条

disadvantage（损害） 第7-2：103条

donation（赠与） 第4.8-2：104条

good faith and fair dealing（诚实信用与公平交易） 第2-7：207条

remedies［救济（措施）］ 第2-7：215条至第2-7：216条

· 543 ·

third persons（第三人） 第2-7：208条

unfair terms（不公平条款） 参见 unfair contract terms（不公平合同条款）

unfairness（不公平） 《导论》第79段；《原则》第44段；第2-9：403-410条

    exclusion（排除） 第2-9：406条

    main subject matter of the contract（合同的主要标的） 第2-9：406条

    price, adequacy（价款，适当） 第2-9：406条

Unidroit Principles of International Commercial Contracts（《国际统一私法协会国际商事合同原则》） 《导论》第25段

uniformity of application（法律适用的统一） 第1-1：102条

unilateral juridical act（单方法律行为） 第2-1：101条；第2-4：301条。另参见 juridical act（法律行为）

    certainty, sufficient（确定，充分的） 第2-4：301条

    change of circumstances（情势变更） 第3-1：110条

    intention to be legally bound（产生法律拘束力的意思表示） 第2-4：301条至第2-4：302条

    interpretation（解释） 第2-8：201条

    notice（通知） 第2-4：301条

    rejection（拒绝） 第2-4：303条

unilateral promises（单方允诺） 《导论》第51段

unilateral undertaking（单方允诺） 《导论》第28段；《原则》第56段；第2-1：103条；第4.7-1：103条

    transfer of ownership（所有权的移转） 第4.8-1：103条

universal succession（概括承受） 第8-1：101条

unjustified enrichment（不当得利） 《导论》第36、43、53-54、69段；《原则》第12-13、30、35、48-49段；第7-1：101条；第7-2：101-103条；《附录》。另参见 enrichment

    avoidance, effects of（撤销，效力） 第2-7：212条；第2-7：303条

    concurrent obligations（请求权的竞合） 第7-7：102条

    disadvantage（损害） 第7-1：101条；第7-3：102条

    good faith（诚实信用） 《原则》第48段

    goods, unsolicited（商品，主动推销的） 第2-3：401条

    illegality（违反法律规定） 第7-6：103条

    non-innocent use of another's assets（他人财产的无害使用） 《原则》第35、48段；第7-5：102条

    non-transferable benefits, received without consent（不可转让的利益，未经同意而受领） 《原则》第13段

    nullity, effect of（无效，效力） 第2-7：303条

    private law rules（私法规则） 第7-7：101条

    reversal（返还） 第7-1：101条；第7-5：101条至第7-5：104条；第7-7：102条

    services, unsolicited（服务，主动推销的） 第2-3：401条

    use of asset（财产的使用） 第7-7：102条

unsolicited goods（主动推销的商品）
《原则》第 53 段
unwanted conduct（不受欢迎的行为）
第 2-2：102 条
unwanted services（不需要的服务）
《原则》第 13 段
usages（惯例）　第 2-1：104 条；第 2-4：205 条
　　contract terms（合同条款）　第 2-9：101 条
　　interpretation of contract（合同的解释）　第 2-8：102 条
　　language（语言）　第 2-9：109 条
　　price（价格）　第 2-9：104 条
　　quality（质量）　第 2-9：108 条
validity（有效）　《导论》第 34 段；《附录》"valid"（"有效的"）
value（价值）
　　benefits（利益）　第 3-3：512 条；第 3-3：514 条
　　depreciation of（减损）　第 6-6：101 条
　　diminished（减少）　第 3-1：110 条
　　disadvantage（损害）　第 7-4：107 条
　　enrichment（利益）　第 7-4：107 条；第 7-5：101 条至第 7-5：103 条
　　property（财产）　第 3-3：701 条；第 6-2：101 条
variation（变更）　《原则》第 44 段
　　agreement（协议）　第 3-1：108 条
　　　change of circumstances 变更（情势）　第 3-1：110 条
　　　notice（通知）　第 3-1：109 条
　　service contracts（服务合同）《原则》第 22 段

VAT identification number（增值税识别码）　第 2-3：108 条
vehicles（车辆）　第 6-3：205 条；《附录》"keeper"（"保有人"）。另参见 motor vehicles（机动车辆）
　　abandonment（抛弃物）　第 6-3：208 条
venire contra factum proprium（出尔反尔）　《原则》第 25 段；第 1-1：103 条
vessels（船舶）　第 8-1：201 条；《附录》"goods"（"有形动产"）
vibrations（振动）　第 6-3：206 条
video recordings（录像制品）　第 2-5：201 条
visitor（访客）　《原则》第 18 段
voice over internet protocol（网络聊天）　第 2-3：104 条
void（无效）　《原则》第 30 段；《附录》
voidable contracts（可撤销合同）　《原则》第 42、55 段；《附录》"voidable"（可撤销的）
vulnerable, protection of the（弱势群体，保护）　《原则》第 46、52 段
water（水）　第 6-2：209 条
Way Forward（前进之路）　参见 Action plan on a More Coherent European Contract Law（构建更加统一的欧洲合同法行为方案）
weak, protection of the（弱者，保护）　《原则》第 1、6、11、40、59 段
welfare（福祉）　《导论》第 16、19-20 段；《原则》第 1、59 段。另参见 economic welfare（经济福祉）
wills（遗嘱）　《导论》第 38 段；第 1-1：101 条
wireless（无线的）　第 1-1：107 条

545

withdrawal（撤回） 第 2-5：105 条
　diminution in the value（价值减少）
　　第 2-5：105 条
　payment, return of（款项，返还）
　　第 2-5：105 条
　restitution（恢复原状） 第 2-5：
　　105 条
withdrawal, right of（撤回，权利）
　《导论》第 73 段；《原则》第 46 段；
　第 2-5：101 条至第 2-5：106 条；
　第 2-5：201 条；第 2-9：410 条；
　第 7-7：101 条；《附录》"withdraw"
　（"撤回"）
　adequate information（充分信息）
　　第 2-3：103 条；第 2-3：106 条；
　　第 2-5：104 条至第 2-5：105 条
　assignment, retroactive effect on（让与，
　　溯及效力） 《导论》第 29 段；第
　　3-5：118 条
　business premises, contracts negotiated
　　away from（在经营场所之外磋商的
　　合同） 第 2-5：201 条
　consumer（消费者）《原则》第 20
　　段；第 2-3：109 条；第 2-5：105
　　条至第 2-5：106 条；第 2-5：
　　201 条
　exercise（行使） 第 2-5：102 条至
　　第 2-5：104 条
　information duties（告知义务）
　　《导论》第 62 段；第 2-3：102 条至
　　第 2-3：103 条；第 2-3：105 条至
　　第 2-3：106 条
　liability（责任） 第 2-5：105 条
　linked contracts（关联合同） 第 2-
　　5：106 条
　notice（通知） 第 2-5：102 条至第
　　2-5：103 条；第 2-5：105 条

real time distance communication（实时
　远程通讯） 第 2-3：104 条
　restitution（恢复原状） 第 2-5：
　　105 条
　returning the subject matter of the con-
　　tract（退回合同标的物） 第 2-
　　5：102 条
　transfer of ownership（所有权的移转）
　　第 8-2：202 条
withdrawal period（撤回期间） 第
　2-3：109 条；第 2-5：103 条至第
　2-5：104 条
withhold, right to（拒绝履行，权利）
　《原则》第 27、41、61 段；第 3-3：401
　条；第 8-2：201 条；《附录》"withhol-
　ding performance"（"拒绝履行"）
　assignment, request for notice of（让
　　与，请求的通知） 第 3-5：
　　120 条
　commercial agency（商事代理）
　　第 4.5-3：301 条至第 4.5-3：
　　302 条
　construction（建造） 第 4.3-3：
　　107 条
　delivery, taking of（交付，受领）
　　第 4.1-5：201 条
　hotel-keeper（旅馆管理人） 第
　　4.3-5：110 条
　lease of goods（动产租赁） 第 4.2-
　　4：104 条
　mandate（委托） 第 4.4-4：103 条
　processing（加工） 第 4.3-4：
　　106 条
　security（担保） 第 4.7-2：103 条
　service contract（服务合同） 第
　　4.3-2：103 条
　storage（保管） 第 4.3-5：106 条

treatment（医疗） 第 4.3-8；110 条

trustee（受托人） 第 10-9：107 条

working days（工作日） 第 1-1：110 条；《附录》

writing（书面形式） 《原则》第 55 段；第 1-1：106 条；第 2-1：106 条；《附录》

young persons under 18（未满十八周岁的年轻人） 《原则》第 52 段。另参见 persons under 18（未满十八周岁的人）

译后记

本书的英文全名为"Principles, Definitions and Model Rules of European Private Law: Draft Common Frame of Reference",直译为《欧洲私法的原则、定义和示范规则:共同参照框架草案》。为使书名更加简洁,根据原书主编之一冯·巴尔教授的建议,改译为《欧洲示范民法典草案——欧洲私法的原则、定义和示范规则》。①

欧洲示范民法典草案的研究起草过程一直受到国内学者的关注,不仅有不少专论②、译文③见诸报章,更有以此为研究对象的博硕论文。④ 早

---

① 由于《欧洲民法典》(European Civil Code)一词不仅关乎立法技术问题,还包含着很强的意识形态因素,很容易导致偏见和感情用事,并足以影响这一事业的发展。主事者遂改头换面,尽量将民法典建构成一种中立的非政治的技术性问题,反映在称谓上,就有了"共同参照框架"("the Common Frame of Reference")这一较少敏感性的用语。参见朱淑丽:《比较法学者对"共同欧洲私法"的推动》,载《华东政法大学学报》,2008(2)。冯·巴尔教授一直强调,将"the Common Frame of Reference",译为《欧洲民法典》不妥,其理由除了上述之外,主要在于:本书内容尚未涵盖一部民法典本应具备的内容。但如将其直译为"共同参照框架"又不能在中文语境下完全反映本书的功用,冯·巴尔教授建议将之译为"Model Civil Code"(《示范民法典》)。

② 如张彤:《欧洲一体化进程中的欧洲民法趋同和法典化研究》,载《比较法研究》,2008(1);付俊伟:《现代欧盟私法的发展方向:人权保障与社会正义》,载《中共中央党校学报》,2009(6);付俊伟:《欧盟民法典草案之述评》,载《民商法论丛》第43卷,447页以下;付俊伟、Jan Smits:《欧盟民法典草案之物权法评论》,载《民商法论丛》第44卷,555页以下;朱淑丽:《比较法学者对"共同欧洲私法"的推动》,载《华东政法大学学报》,2008(2);朱淑丽:《以欧盟为中心看欧洲民法的法典化趋向》,载《河北法学》,2009(2);朱淑丽:《欧洲民法典运动及其对传统法制的冲击》,载《比较法研究》,2010(5);赵晓钧:《欧洲一体化与动产物权法》,载《政治与法律》,2008(1);王金根:《欧洲民法典草案及其对我国民法典的借鉴意义》,载《西部法学评论》,2010(6)。

③ 如[意]比स卡:《鉴于欧洲民法典编纂的短论》,薛军译,载《中外法学》,2004(6);[德]文德浩:《统一民法典之探索:欧盟与中国之比较》,翟寅生译,载《清华法学》,2010(4);[意]阿尔多·贝杜奇:《制定一个欧洲民法典?——〈共同参考框架草案〉(DCFR)及其历史根源》,罗智敏译,载《比较法研究》,2010(6)。

④ 如张彤:《欧洲私法趋同背景下的欧洲民法法典化研究》,中国政法大学研究生院2007年度法学博士论文;张斐:《欧洲法律一体化研究——以制定〈欧洲民法典〉为中心》,华东政法大学2003年度法学硕士论文。

在该草案各卷草拟过程中，张新宝教授即为应我国侵权责任法立法之需，在主编的《侵权法论丛》中刊载了冯·巴尔教授主持起草的"造成他人损害的非合同责任"的草案。《欧洲示范民法典草案临时纲要版》（the interim outline edition）于 2008 年公布后，中国人民大学出版社即在张新宝教授的引荐下与外方出版社洽谈中译本版权事宜。本书在 2009 年出版后，中国人民大学出版社即取得了中译本的专有出版权。在张教授的主持下，有关欧洲民法典的系列出版物纳入中国人民大学出版社的出版计划，其中，张教授安排我翻译本书。

自从接到本任务后，我即着手开始翻译，原拟于 2009 年年底完成译本，后由于全身心地参加国家国土资源发展战略的研究，暂时搁置本书的翻译工作。及至 2010 年 4 月，本书的译稿初步完成，只待最后通校。其间发现《民商法论丛》第 43 卷、第 44 卷刊载了《欧洲私法的原则、定义和示范规则》的中文本①，即意欲比对该译文进行全面的校对，如此所需时间甚巨，加之其时正办理赴美访学的相关事宜，校对工作一度暂停。

来到美国中北部小城明尼阿波利斯之后，我即重拾译稿，着手全面通校，并利用明尼苏达大学法学院的丰富藏书，尤其是欧洲示范民法典草案的六大卷完整版，了解学者在条文的字里行间所要传达的意思，如此下来，感恩节已经到了。我旋即将相关译稿分送我的学生帮忙校对，同时交中文系的研究生就汉语表达再作斟酌，至此，圣诞节又到了。前后算起来，这本译著花了一年多的时间。

就本书的完成，所要感谢的人甚多。首先是中国人民大学法学院的张新宝教授，张教授作为法学翻译界的大家，本世纪初的译作《欧洲比较侵权法》即享誉中文话语圈，正是张教授的信任，才有了我的参与；正是张教授在翻译过程中的指点，才最大限度地减少了本书翻译中的纰漏。其次要感谢我在翻译过程中所参考过的相关译本的译校者，他们分别是翻译《欧洲合同法原则》第一、二部分的韩世远教授、赵秀文教授，翻译《欧洲合同法原则》第三部分的朱岩教授，翻译和校对《欧洲侵权行为法草案》的刘生亮博士、魏磊杰博士、蒋军洲博士、缪英硕士，翻译《欧洲民法典：商业代理、特许经营与分销合同（第八次草案）》的李宇博士，尤其是我在校对过程中所主要参考的《欧洲私法的原则、定义和示范规则》

---

① 实际上，《民商法论丛》第 43 卷所依据的版本是本书之前出版的临时纲要版，而《民商法论丛》第 44 卷所依据的是正式版本中第八、九、十卷，但第四卷中新加入的有名合同及对临时纲要版的修正未作反映。

的译者唐超博士、邹双卫博士、李来孺博士、崔欣博士、潘诗韵博士、贺林波博士、马登科博士及校者付俊伟博士。正是这些译文，才有了我对原文更为准确的把握。再次要感谢通读译稿并给出建设性意见的缪宇博士、陈清清硕士（她同时还是英国语言文学的学士）。正是你们无私的帮助，才使本书尽早地与读者见面。

当然，我还要感谢伴我左右的家人，特别是我的爱人和女儿。对她们的亏欠总是太多：在国内，平日自己诸事缠身，忽略了她们太多的感受；在美国，情况好像并没有好转，虽然没有了迎来送往的"杂事"，但自己依旧埋头于书本。看着爱人日渐消瘦的面容，想起了我们在法大3号楼、芍药居17号楼、安苑东里1区10号楼、太月园11号楼的点点滴滴，15年来风风雨雨，无怨无悔，心中感激无以言表；看着女儿一天天长大，想起了她咿呀学语时的神情，想起了她蹒跚学步时的勇敢，想起了她独自赴港参加夏令营时的自得，想起了她第一次佩戴眼镜时的姿态，心中惬意油然而生。

中译本在英文版出版近两年后总算面世了，这部法典究竟对于中国民法典的编纂会起到什么作用，现在还无法评说。但至少有一点，它丰富了最新的比较法资料，提供了经过全欧洲众多学者详加思考之后的融合方案。当然，比本译本更有意义的是欧洲示范民法典草案完整版的翻译。法律出版社已经取得完整版的中文版专有出版权，并由梁慧星教授主持翻译（承蒙谢鸿飞博士抬爱，我也有幸参与其中，承担第九卷《动产担保物权》的翻译工作）。这部巨著包括了欧洲示范民法典的示范规则及其逐条评述和注释（包括了欧洲各国的比较法资料），值得期待。

书是出版了，遗憾也留下了，我期盼着来自读者们的批评。

高圣平

2011年8月于美国明尼苏达大学法学院工作室

Principles, Definitions and Model Rules of European Private Law: Draft Common Frame of Reference (DCFR), Outline Edition
By Christian von Bar, Eric Clive and Hans Schulte-Nölke
and Hugh Beale, Johnny Herre, Jérôme Huet, Matthias Storme, Stephen Swann, Paul Varul, Anna Veneziano and Fryderyk Zoll

Copyright © 2009 by sellier. european law publishers GmbH, Munich. All rights reserved.

Simplified Chinese translation copyright © 2011 by China Renmin University Press.

图书在版编目（CIP）数据

欧洲示范民法典草案：欧洲私法的原则、定义和示范规则/欧洲民法典研究组，欧盟现行私法研究组编著；高圣平译. —北京：中国人民大学出版社，2011.11
 ISBN 978-7-300-14754-3

Ⅰ.①欧… Ⅱ.①欧…②欧…③高… Ⅲ.①私法-研究-欧洲 Ⅳ.①D950.3

中国版本图书馆 CIP 数据核字（2011）第 232591 号

国家社科基金后期资助项目
欧洲示范民法典草案：欧洲私法的原则、定义和示范规则
欧洲民法典研究组
欧盟现行私法研究组　编著
高圣平　译
Ouzhou Shifan Minfadian Caoan：Ouzhou Sifa de Yuanze Dingyi he Shifan Guize

出版发行	中国人民大学出版社			
社　　址	北京中关村大街 31 号	邮政编码	100080	
电　　话	010-62511242（总编室）	010-62511398（质管部）		
	010-82501766（邮购部）	010-62514148（门市部）		
	010-62515195（发行公司）	010-62515275（盗版举报）		
网　　址	http://www.crup.com.cn			
	http://www.ttrnet.com（人大教研网）			
经　　销	新华书店			
印　　刷	涿州市星河印刷有限公司			
规　　格	165 mm×238 mm　16 开本	版　次	2012 年 2 月第 1 版	
印　　张	35 插页 2	印　次	2012 年 2 月第 1 次印刷	
字　　数	583 000	定　价	96.00 元	

版权所有　侵权必究　印装差错　负责调换